MANUALE

a cura di **Fosco Foglietta**

CONCORSO PER COLLABORATORE E ASSISTENTE AMMINISTRATIVO

NELLE AZIENDE SANITARIE (ASL e aziende ospedaliere)

Manuale di preparazione

Contributi di:
Mattia Altini, Stefano Carlini, Luca Dimasi,
Alberto Fabbri, Andrea Ferroci,
Diego Lorenzetti, Elena Prati

› SCHEMI DI ATTI E PROVVEDIMENTI AMMINISTRATIVI
› NORMATIVA

concorsi pubblici

MAGGIOLI EDITORE

Maggioli Editore è un marchio di Maggioli S. p. A.
Azienda con sistema qualità certificato ISO 9001: 2008

47822 Santarcangelo di Romagna (RN) • Via del Carpino, 8
Tel. 0541/628111 • Fax 0541/622595
www. maggiolieditore. it
e-mail: clienti.editore@maggioli. it

Finito di stampare nel mese di novembre 2019
nello stabilimento Maggioli S.p.A.
Santarcangelo di Romagna

Indice

Introduzione alla lettura

di *Fosco Foglietta*

Il presente "Manuale per i concorsi nel ruolo amministrativo delle ASL e delle aziende ospedaliere" non vuole essere soltanto un testo utile per la preparazione di chi voglia cimentarsi nei concorsi indetti dalle Aziende Sanitarie e Ospedaliere dei vari Servizi Sanitari Regionali, ma si propone anche come supporto conoscitivo della evoluzione del Sistema Sanitario italiano cercando di far comprendere quali siano stati i mutamenti più significativi che hanno caratterizzato il suo – più o meno incisivo – mutare nel tempo e quali le cause che, di volta in volta, hanno ispirato tali cambiamenti.

Ne consegue come la impostazione espositiva sia connotata dalla diacronicità, in modo tale che – per ciascuno degli argomenti considerati – se ne colgano le successive modificazioni.

Una trattazione, dunque, che configura il SSN come il frutto di un processo dinamico di revisione; progressivamente aggiornato in ragione delle esperienze che andavano maturando e delle nuove esigenze (cliniche, assistenziali ed economiche) che emergevano da contesti epidemiologici, culturali, scientifici e gestional-organizzativi in rapida evoluzione. Contesti inevitabilmente condizionati sia dalla crescita delle esigenze di qualità assistenziale da parte della utenza, sia da una "visione" degli obiettivi di salute che non può non risentire dello status socio-economico-culturale complessivo di ogni Paese, sia, infine, dalla costante germinazione di nuove tecniche, tecnologie e campi sperimentali proiettati verso la medicina del futuro.

Il Servizio Sanitario italiano è uno dei pochi sistemi ad impianto pubblico universalistico ancora esistenti. Nonostante la crisi che lo ha travagliato (e che ancora incombe pericolosamente) resiste e si impone come esempio positivo (per alcuni aspetti e in alcuni dei suoi territori regionali, in particolare) nelle analisi comparative effettuate da qualificati organismi scientifici internazionali. Deve essere, dunque, valutato come un organismo vitale che sa plasmarsi in rapporto al divenire dei fabbisogni assistenziali e al comparire di nuovi condizionamenti multifattoriali.

È sulla base di questi presupposti che il volume si articola non considerando semplicemente i testi delle numerose normative che si sono giustapposte, le une accanto alle altre, negli ultimi quaranta anni, ma cerca di individuare alcune, corpose, tematiche che qualificano gli aspetti più rilevanti di quella costruzione, straordinariamente complessa, che è il Sistema Sanitario e Socio-Sanitario italiano. Da qui il tentativo di illustrare le mutazioni più significative avvenute, nel corso degli anni, all'interno del percorso definito da tali, molteplici, normative.

A premessa si pone uno sguardo storico alla formazione di una sanità cresciuta attraverso la maturazione del pensiero scientifico occidentale e la creazione di Sistemi strettamente correlati ai principi e ai valori che hanno informato di sé gli innumerevoli ordinamenti statuali (democratici e non) via via consolidatisi – in Europa e nel mondo – negli ultimi quattro secoli.

Accenniamo, poi, a quelle tematiche che, più di altre, hanno influito sulle dinamiche di cambiamento del SSN. Tematiche manifestatesi – dal 1978 ad oggi – in alcune, grandi elaborazioni legislative, organiche e onnicomprensive, oltre che in una miriade di norme settoriali.

1) La nostra riflessione non può che iniziare considerando i **presupposti costituzionali alla esigibilità del diritto alla salute**. I presupposti e (ahimè) i limiti che sono andati crescendo con l'affermarsi (prima attraverso interpretazioni giurisprudenziali, poi a seguito della codificazione di un nuovo principio costituzionale) del rispetto delle compatibilità finanziarie.

2) Segue una prima **comparazione diacronica fra i diversi livelli di fruibilità** delle **prestazioni assistenziali** prima e dopo l'avvento del SSN (nel 1978). Una espansione della "offerta" dovuta al cambiamento radicale di un paradigma sistemico fondato su nuovi principi ispiratori e criteri erogativi.

3) Fra questi principi e criteri si evidenziano, per rilevanza, quelli che definiscono le **modalità di finanziamento del SSN**. *Nulla quaestio* per quanto concerne il ricorso alla fiscalità generale e la definizione degli algoritmi ripartitori del Fondo Sanitario Nazionale fra le diverse regioni italiane. Criticità enormi e ricorrenti, invece, per ciò che concerne il rapporto fra il dimensionamento del Fondo e le necessità finanziarie determinate dai costi indotti dal funzionamento del Sistema. Ed è proprio lo iato (calcolato in centinaia di miliardi di lire, prima dell'anno 2000, e in decine di miliardi di euro, dopo) fra la dotazione dell'FSN, definita annualmente dalle leggi finanziarie e il fabbisogno reale conseguente ai costi effettivamente sostenuti, che ha rappresentato il principale fattore stimolativo dei cambiamenti intervenuti, dopo la legge 833/1978, mediante l'approvazione dei decreti legislativi 502 e 517/1993 e 229/1999. Cambiamenti che hanno riguardato sia l'impianto istituzionale del SSN sia i conseguenti assetti organizzativi e gestionali.

4) Altro tema delicatissimo (che si è ripresentato costantemente nell'intreccio determinatosi fra revisioni e interpretazioni del principio di "sussidiarietà verticale" previsto nel Titolo V della Costituzione e una sterminata serie di leggi regionali) appare essere quello rappresentato dal **rapporto fra competenze statuali e regionali**. Ciò ha generato molteplici conflitti costituzionali e legittimato un interrogativo pressoché permanente: quali aspetti di ordine generale sono ancora in grado di delineare il perimetro della uniformità nazionale del Servizio Sanitario e quali, invece, caratterizzano in modo precipuo l'autonomia dispositiva delle singole regioni?

5) L'analisi storico-comparativa delle leggi, costitutive e di riforma, del SSN, non può che prendere l'avvio dal **percorso modificativo della "natura" delle Unità Sanitarie Locali**, così come originariamente previste dall'impianto della legge 833/1978. È un lungo processo di incisivi cambiamenti verso la conquista, da un lato, di margini sempre più ampi di autonomia aziendale e l'affermarsi, dall'altro, della primazia regionale nel formalizzare un rapporto fiduciario con il *dominus* monocratico delle Aziende (il loro Direttore generale) tagliando completamente fuori, dalle responsabilità di gestione, le rappresentanze degli enti locali.

6) A seguito di questo cambiamento della architettura istituzionale si stravolge completamente l'impianto originariamente previsto (legge 833) per la ***governance* aziendale**. Si passa, infatti, dal "collegiale" (espressione dei comuni ricompresi nel territorio delle ASL) al "monocratico" (il Direttore generale viene nominato con decreto del Presidente della Giunta regionale). Si definiscono nuove, penetranti responsabilità in capo al D.G. nell'ambito della distinzione (che definirei epocale per tutta la pubblica amministrazione) fra competenze di "governo" e di "gestione". Con riferimento a queste ultime si vanno, via via, configurando anche i nuovi profili della responsabilità professionale. Un *risk management* che travalica la pura e semplice sfera dell'esercizio clinico e subisce la forte, positiva evoluzione di una normativa sempre più tutelante nei confronti degli operatori sanitari.

7) Non meno incisiva si presenta, poi, la strada percorsa dalla **revisione organizzativa degli assetti di USL/ASL** lungo la direttrice che porta da una concezione iper-settoriale dell'autonomia dei singoli servizi (sia sanitari che amministrativi) giustapposti gli uni agli altri, alla individuazione di soluzioni organizzative aggreganti che pongono il "**Dipartimento**" come mattone costitutivo di tutta l'architettura interna e che identificano – come elementi generali e uniformi della struttura aziendale – alcuni, grandi pilastri (il presidio ospedaliero; il Distretto; il Dipartimento di prevenzione...) su cui impiantare la quasi totalità delle funzioni erogative.

8) Nulla come **l'integrazione socio-sanitaria** subisce una rivalutazione netta passando dalla sua trascurabile marginalità nelle USL (legge 833) ad un ruolo di primaria importanza nelle Aziende USL (d.lgs. 229/1999). Le tre forme di tale integrazione (istituzionale, gestionale e professionale) trovano nel Distretto il proprio luogo elettivo di esplicazione e manifestano nuove criticità, lì dove occorre discernere (attraverso controversi sforzi interpretativi) quali prestazioni debbano essere assicurate ponendo i relativi costi a carico del Fondo Sanitario Nazionale e quali, invece, debbano essere pagate direttamente da ogni, singolo, cittadino/utente.

9) Il tema della "**committenza**" si sviluppa da un duplice punto di vista:

- da un lato, qualifica in modo unico e originale la "funzione programmatoria" assegnata al Distretto: calcolare il rapporto fra il bisogno assistenziale (quantità di prestazioni) complessivamente espresso dalla popolazione residente e la corrispondente "offerta" di servizi erogati non solo dalla stessa struttura distrettuale, ma anche da ogni altra fonte erogativa (ospedali, *in primis*) presente all'interno e/o all'esterno dell'ASL;

- dall'altro lato, si considerano le caratteristiche che devono essere possedute da tutti coloro (pubblici o privati) che intendono offrire prestazioni assistenziali (sanitarie e socio-sanitarie). Caratteristiche di ordine fisico/strutturale per ottenere l'"autorizzazione al funzionamento" e di natura organizzativo-funzionale per acquisire l'"accreditamento"; premessa, questo, per potersi, poi, convenzionare con i vari Servizi Sanitari Regionali.

10) Un ulteriore aspetto che si modifica radicalmente nel corso della evoluzione normativa riguarda il **ruolo** che viene, in qualche modo, **assegnato al "cittadino"** (non ancora o già paziente) e **alle sue forme associative**.

All'inizio, un qualche, vago accenno ad un possibile coinvolgimento; dopo venti anni, la specificazione di un protagonismo che si sostanzia di: partecipazione ad organismi precipuamente destinati a consentirgli di svolgere un compito di valutazione/controllo della qualità assistenziale e di formulazione di proposte migliorative (i Comitati Consultivi Misti); capacità di concorso volontario alla organizzazione di attività assistenziali (in particolare, socio-sanitarie); accettazione o rifiuto consapevole dei trattamenti terapeutici propostigli (consenso informato); ecc. Il tutto nell'ambito di un processo – non normativo, bensì culturale – che tende a modificare in profondità il rapporto fra ogni terapeuta e i propri pazienti.

11) La esigibilità del diritto alla salute non si sostanzia solo di interpretazioni costituzionali; acquista spessore – sulla base delle prestazioni erogabili – a mano a mano che normative specifiche delimitano il campo dei **"livelli essenziali di assistenza"**. Definiscono, in altri termini, ciò che deve essere garantito a tutti i cittadini, a parità di bisogno, sull'intero territorio nazionale e ciò che non può, invece, essere coperto dal FSN, rimanendo a carico dell'*out of pocket* individuale.

Si registrano – dal 1978 ad oggi – cambiamenti assai significativi. Si affermano, infatti, nuovi criteri selettivi; si dettagliano meglio i contenuti di intere aree assistenziali in rapporto a specifiche condizioni di bisogno; si delimitano, conseguentemente, gli spazi che si aprono alla offerta della "sanità integrativa".

12) Il capitolo della **informazione sanitaria** a favore del cittadino subisce un drastico cambiamento di rotta a partire dagli anni 2000. Prima, qualche accenno a strumenti cartacei come la carta dei servizi; dopo, l'irrompere della informazione on-line veicolata dalla **sanità digitale** (in particolare, attraverso il Fascicolo Sanitario Elettronico). L'avvento della sanità elettronica sostanzia, peraltro, un insieme di altri approcci innovativi: da un lato, un potenziale, enormemente accresciuto, di dati collettivi che vanno ad alimentare "banche" nazionali (l'NSIS ministeriale, ad es.); dall'altro lato, l'imporsi, sempre più insistente, del tema della privacy; dall'altro ancora, la digitalizzazione sanitaria costituisce un *medium* strumentale che tende, progressivamente e rapidamente, a mutare il ruolo degli operatori della sanità in rapporto, sia allo sviluppo della integrazione professionale (continuità dell'assistenza) sia alla loro capacità di concorrere alle strategie di *management* (programmazione e controllo).

13) Un'altra area di incisivi cambiamenti è quella rappresentata dalla definizione dei **rapporti fra il SSN e l'università**, con le conseguenti declinazioni gestionali relative: alle Aziende ospedaliere/universitarie; ai meccanismi di reclutamento e di amministrazione del personale; alla ripartizione delle risorse finanziarie e patrimoniali e, infine, a quel delicatissimo campo di attività che racchiude le molteplici facce della ricerca scientifica.

A questa prima parte che analizza la evoluzione degli assetti istituzionali e organizzativi del Servizio Sanitario Nazionale ne segue una seconda, non meno rilevante, che concerne le **principali aree** in cui si esprime **l'azione amministrativa mediante la quale le Aziende** (territoriali e ospedaliere) del **SSN gestiscono le proprie risorse**.

Peraltro, la conoscenza delle regole che sottendono al funzionamento degli apparati amministrativi consente di:
- garantire tempestività e qualità negli approvvigionamenti dei fattori produttivi, siano essi beni materiali o personale;
- favorire un adeguato supporto logistico e infrastrutturale;
- assicurare il rispetto dei principi di trasparenza e libera concorrenzialità prevenendo anche eventuali conflittualità che generano ricorsi in sede giurisdizionale, spesso generatori di spesa e di allungamento dei tempi procedurali.

Nel Manuale si è cercato di esplorare il sistema delle regole per il funzionamento della pubblica amministrazione – con peculare riferimento al SSN – evidenziandone i mutamenti nel tempo. Si è inteso fornire una chiave di lettura non limitata ad un solo, specifico momento storico, ma che possa essere interpretata anche quale conseguenza di un generale cambiamento del contesto socio-politico ed economico e che aiuti a riconoscerne il reale valore, consentendo al lettore di dare applicazione pratica a norme e regolamenti nel contesto aziendale (nel modo più efficiente ed efficace per l'amministrazione).

In un sistema quale è il **Servizio Sanitario Nazionale**, caratterizzato da assoluta unicità nel panorama delle pubbliche amministrazioni, le regole di funzionamento della macchina amministrativa trovano diverse difficoltà interpretative ed applicative.

Nel corso degli ultimi decenni, il *"leit-motiv"*, quasi sempre presente per le pubbliche amministrazioni, in particolare per il SSN, è stato quello di avvicinare il sistema pubblico al modello privatistico ed aziendale, mutuandone le positive esperienze, qualora applicabili.

Di seguito alcuni esempi.

- La sensibilità verso la **tematica dei controlli** da parte della pubblica amministrazione è da sempre presente ed elevata, anche se il profilo di esercizio dei medesimi è apparso più orientato alla osservanza formale dei precetti normativi, che non alla valutazione dell'efficienza dei processi di lavoro e dell'efficacia della complessiva azione gestionale. La normativa nazionale, a far tempo dai primissimi anni '90, ha favorito una progressiva maturazione del senso di adeguatezza, non soltanto formale, dell'azione e dei risultati delle pubbliche amministrazioni.
- Il **tema della produttività** è entrato prepotentemente nella normativa attinente ai rapporti di lavoro, a partire dalla privatizzazione del pubblico impiego (1992) fino alla riforma "Brunetta" e alla più recente riforma Madia. Il **sistema premiante**, secondo una logica di tipo aziendalistico, è allo stato attuale divenuto oggetto di regolamentazione normativa e non più lasciato all'appannaggio di alcuni volenterosi "manager pubblici".
- L'**organizzazione dei servizi e le regole** che consentono di definire i **processi** di **acquisizione del personale** hanno subito un avvicinamento al sistema aziendalistico privato; per esempio, con il superamento della Pianta Organica, oggi sostituita dalla Dotazione Organica e dal Piano dei fabbisogni, si ha a disposizione uno strumento flessibile ed adeguato ad un sistema dinamico di offerta in continua evoluzione.
- La normativa che regola il **sistema contabile** delle pubbliche amministrazioni è forse quella che ha subito, nel corso degli ultimi anni, le più radicali trasformazioni. La contabilità pubblica di impianto finanziario è stata completamente superata da una normativa di impronta totalmente civilistica. Le Aziende del SSN in tal senso sono state pioniere fin dal 1996.
- La **prevenzione della corruzione** è stata materia oggetto di evoluzione e di importanti interventi normativi, conseguenti all'alto livello di attenzione generato dal contesto sociale degli ultimi anni e che ha evidenziato la necessità di introdurre strumenti finalizzati ad incentivare il recupero di valori etici e morali.

Infine, il volume conterrà un **compendio di nozioni relative al diritto pubblico e a quello amministrativo**.

A completamento, una serie di allegati concernenti: **la cernita di schemi di atti amministrativi** (determine e delibere) ritenuti di particolare rilievo; alcuni **testi normativi fondamentali** (quelli che hanno scandito i passaggi fondamentali nella trasformazione progressiva del SSN – on-line –); il **compendio** di tutti **i riferimenti normativi citati** nel volume; il **compendio** di tutte le **sentenze giurisprudenziali** richiamate nel testo; le **note** e i **riferimenti bibliografici**.

Capitolo 1
Breve visione storica comparata

di *Fosco Foglietta*

Se esiste un indicatore di progresso che, accanto al diffondersi della istruzione (di base e di medio/alto livello), qualifica i diversi gradi: di civiltà; di protezione sociale e di attenzione ai bisogni prioritari della popolazione, esso corrisponde certamente al gradiente di qualità assicurato dai sistemi di tutela della salute.

Se esiste un fattore che consente una facile comparazione fra realtà statuali diversamente collocate nel tempo e nello spazio (misurando l'efficacia del loro *welfare* e, quindi, la propensione a introdurre, nelle strategie di governo, elementi di equità e di eguaglianza) esso coincide con la strutturazione dei vari Servizi Sanitari, sociosanitari e sociali.

In epoche lontane la scienza medica non esisteva e, ai suoi albori, coincideva con la conoscenza di rimedi naturali (stregoni, sciamani) o con la ricerca di fantasiose soluzioni occulte (alchimisti); oppure, ancora, con trattamenti scaturiti dalla totale ignoranza della fisiologia umana e, non infrequentemente, da convincimenti fondati sulla superstizione e il pre-giudizio (si pensi allo smodato impiego dei salassi, ad es., o, ancor peggio, agli impacchi di feci per combattere le ferite ulcerose).

Tutto ciò riguarda, peraltro, in misura pressoché esclusiva, la medicina occidentale, stante il fatto che quella orientale (essenzialmente cinese) si andava affermando sulla base di presupposti "teologici" (il mantenimento o il recupero degli equilibri energetici – positivi e negativi – presenti nell'essere umano in analogia con quanto avviene in tutti gli ambiti della creazione) e di osservazioni empiriche costate la vita, e atroci sofferenze, a migliaia di prigionieri (così nasce l'agopuntura).

Va considerato, inoltre, come la bassissima attesa di vita alla nascita (si stima che questa si attestasse attorno ai 35 anni, in tutta Europa, nel XII e XIII secolo, ad es.) impedisse la conoscenza di quella amplissima serie di patologie che tendono a comparire in età avanzata.

Ancora una volta (osservando l'evolvere del pensiero e delle conquiste del genere umano) l'avvento dell'"Illuminismo" – con la sua pratica osservazione dei fenomeni naturali e l'applicazione del metodo scientifico per indagarne i meccanismi funzionali – ha comportato un poderoso balzo in avanti sulla via della conoscenza (e, quindi, della capacità della scienza di intervenire positivamente sulla realtà). Con lenta ma costante gradualità si sviluppano, in tal modo, la cognizione (attraverso l'anatomia) della struttura del corpo umano e la comprensione (mediante l'osservazione fisiologica) del suo regolare funzionamento. Da qui, la successiva evidenziazione delle molteplici disfunzioni, alterazioni, degenerazioni, ecc., che a tale funzionamento sono provocate dall'insorgere di piccole e grandi patologie.

Per almeno quattro secoli la storia della medicina sta tutta qui: nella identificazione delle malattie e nella ricerca dei rimedi più efficaci per curarle. Un percorso euristico certamente non banale all'interno dei vari campi del "sapere medico": da quello farmacologico (con scoperte "salvavita" che vanno dalla semplice eliminazione dei batteri attraverso il lavaggio delle mani, alla scoperta della penicillina) a quello della "semeiotica" (che ha consentito di approfondire la relazione eziopatologica fra sintomi e cause generative delle malattie) a quello – in epoche sempre più recenti – della diagnostica strumentale (precisa e predittiva come non mai); della tecnologia chirurgica (raffinata, sempre meno invasiva e supportata da strumentazioni avveniristiche) della evoluzione terapeutica, affidata a ricerche sperimentali che non conoscono sosta (dalla bio-genetica alla stimolazione auto-immunitaria, all'impiego dei più recenti ritrovati della ricerca molecolare, radioisotopica, nucleare, ecc.).

Da alcuni decenni a questa parte si è, poi, ritenuto che la pura e semplice equivalenza: cura della malattia uguale a tutela della salute non fosse più sufficiente a contenere l'assai più ampio campo delle attività capaci di preservare l'essere umano dalla comparsa di vecchie e nuove "noxe" patogene. Nasce, così, la crescente attenzione verso pratiche e trattamenti di natura preventiva (nella sua duplice accezione di "prevenzione primaria" – con riferimento a quelle azioni che puntano ad impedire l'insorgere della malattia – e di "prevenzione secondaria"; ovverosia, di quell'insieme di interventi che possono accertare precocemente la manifestazione dei sintomi predittivi della malattia allo scopo di combatterla per tempo con assai maggiore efficacia).

Infine, gli organismi internazionali preposti alla tutele della salute (OMS, *in primis*) hanno ritenuto di dover allargare l'area di azione sottesa a tale tutela introducendo il concetto di "benessere". La salute non viene più considerata come assenza di malattia, bensì come il risultato di una serie di interventi pro-attivi, volti a migliorare la qualità della vita, eliminando numerosi eccessi (quali, ad es. il consumo di alcool, droghe e tabacco) e adottando comportamenti salutari (sani stili di vita) che fanno leva tanto su di una corretta alimentazione, quanto su di una sufficiente attività motoria. Non solo; il "benessere" deriva anche da un equilibrato rapporto fra corpo e mente; lavoro e tempo libero; quantità di consumi e assenza di inquinamento; ecc. In altri termini, la finalità del "viver bene" (benessere) può essere raggiunta se all'obiettivo della prevenzione e del contrasto delle malattie si aggiunge quello di coinvolgere altri fattori che attengono, da un lato, alla complessità multiforme dell'essere umano (corpo e mente) e, dall'altro, alla dimensione antropologica di ogni comunità (il suo livello di igiene dell'aria e dell'acqua; il "peso" rappresentato da sacche più o meno ampie di analfabetismo e povertà; il livello, all'opposto, di istruzione e di reddito *pro capite*; ecc.).

L'evoluzione sopra accennata (dalla cura delle malattie alla loro prevenzione, al perseguimento del "benessere") si è andata manifestando – nel corso dell'ultimo secolo – attraverso modalità, e in misura, diverse, a seconda dell'atteggiamento che i vari Stati hanno assunto al riguardo. Si confrontano, essenzialmente, **quattro tipologie**: **Stati totalitari a forte connotazione ideologica**; **Stati totalitari**, sostanzialmente, di **origine autocratico-tribale**; **Stati democratici** (e monarchie costituzionali) a forte **impianto liberale**; **Stati democratici** informati da principi – più o meno incisivi – di **natura socialdemocratica**.

La relazione fra tali tipologie (e i loro codici morali) e i corrispondenti Sistemi Sanitari non si presenta linearmente correlata alla difformità dei vari ordinamenti. Intervengono, infatti, anche altre variabili che dipendono sia da visioni di *welfare* quasi contrapposte (si pensi al N.H.S. inglese e a quello statunitense) sia dalle profonde disuguaglianze che sono generate da "prodotti interni lordi" (la ricchezza del Paese) profondamente diversi.

Ciò premesso, si possono, però, enucleare alcune **linee di tendenza** sufficientemente omogenee. Ad esempio:

– All'interno della galassia degli **Stati totalitari**, quelli connotati da una forte **impronta marxista** (URSS, Cuba, ecc.) hanno riservato alla creazione di un accettabile (o buono) Sistema Sanitario (prevalentemente orientato alla cura delle malattie) un sufficiente impegno finanziario. La salute viene considerata, infatti, come un bene sociale di primaria grandezza e rappresenta, dunque, un obiettivo prezioso per ogni governo che si professi ideologicamente di "sinistra".

– Risulta essere, mediamente, assai diversa la posizione espressa dai **totalitarismi di "destra"**. Durante il regime dei colonnelli in Grecia, Cile e Argentina, il tenore di vita delle popolazioni (in particolare, della parte economicamente più fragile) subì una brusca contrazione, a partire proprio dall'abbattimento della qualità dei rispettivi Servizi Sanitari.

– Le **dittature** non caratterizzate da riferimenti ideologici – in genere, **radicate** nei **Paesi più poveri** e **di origine dinastica o dinastico/tribale** – esprimono nei confronti dei bisogni primari dei propri cittadini – a partire dalla tutela della salute – un'attenzione assolutamente marginale. Le oligarchie al potere, molto sensibili all'arricchimento personale, si dedicano, infatti, allo sfruttamento delle risorse del Paese, non tanto per ricavarne ricchezze da investire in beni e servizi sociali, quanto piuttosto per gonfiare i "portafogli" dei potenti di turno. Ne consegue che in questi Paesi si **muore molto** e si **muore presto** (la vita media non supera i 40/45 anni), poiché i loro Sistemi Sanitari hanno pochi mezzi; scarsa tecnologia; presidi rari e concentrati solo in alcuni centri urbani; penuria di beni fungibili (dai farmaci ai dispositivi chirurgici). L'idea stessa di prevenzione è, poi, del tutto assente.

In verità, questa tristissima situazione risulta essere molto diffusa anche in alcuni Paesi i cui governi si ispirano nominalmente al modello democratico (in Africa e in America latina se ne trovano parecchi). La tendenza al depauperamento rapinoso delle risorse appare essere una sorta di "costante"che taglia trasversalmente quelle dittature e quelle democrazie in cui la povertà fa aggio sulle differenze tipologiche, all'insegna di comportamenti comunemente orientati ad esprimere: disattenzione e inettitudine; indifferenza nei confronti dei problemi delle proprie comunità; propensione marcata per ogni forma corruttiva.

– Nel campo degli **Stati** davvero **democratici** e **liberali** il tema di come sconfiggere la malattia e tutelare la salute si impone fra i più importanti e complessi. La qualità della vita delle popolazioni dipende, in larghissima misura, dalla efficacia dei sistemi sanitari. In ragione di ciò i costi ingenti che devono essere sostenuti vengono considerati opportunamente sopportabili. In **teoria**, queste considerazioni dovrebbero incentivare, ovunque, l'instaurarsi di **servizi sanitari pubblici di buona efficacia** (clinica e assistenziale) e orientati a sviluppare ogni forma possibile di prevenzione.

Così in teoria, per l'appunto, ma non nella pratica delle soluzioni adottate.

Queste ultime risentono in misura determinante, infatti, delle opzioni socio-politico-culturali, su cui poggiano i principi e i valori connotativi dei diversi Stati (soprattutto, democratici e occidentali). In ragione di ciò, si notano **differenze radicali** fra quei **governi** che si sono **ispirati** (e si ispirano tutt'ora) in modo predominante alla **dottrina liberista** e quelli che hanno, invece, battuto la via del **credo socialdemocratico**.

Il **campione assoluto della prima scelta** si incarna nelle soluzioni adottate dagli **Stati Uniti d'America** (da più di un secolo, con qualche, timido, accenno di cambiamento solo nell'ultima esperienza presidenziale di Barak Obama). In odio ad un *welfare state* che, anche nella versione di un Servizio Sanitario pubblico, viene considerato come un prodotto dell'ideologia social-comunista, i governi USA hanno optato per una **copertura del bisogno di assistenza sanitaria** pressoché totalmente **affidata al libero mercato delle compagnie di assicurazione** (al netto dei loro possenti "cartelli" speculativi e dei modestissimi interventi gratuiti a favore della popolazione anziana e povera – *medic care* e *medic aid*).

Ciò ha comportato una serie di conseguenze assai negative: i costi elevati delle polizze hanno fatto sì che siano rimasti senza tutela circa 80 milioni di persone; inoltre, i cittadini già malati al momento della richiesta di stipula della polizza, o in età avanzata, sono, di fatto, esclusi dalla possibilità di essere curati a fronte di patologie di una certa gravità e/o di malattie croniche; il mercato del farmaco, senza interventi calmieranti da parte dello Stato, mantiene elevatissimi i prezzi dei prodotti più efficaci (di ultima generazione, in particolare) fino a 20/30 volte superiori a quelli praticati nei Servizi Sanitari pubblici dei Paesi europei (e non solo: è, infatti, arcinota la denuncia del regista Michael Moore effettuata comparando la realtà USA con quella cubana). Inoltre, gli accertamenti, minuziosi e ossessivi, prima dell'accensione o del rinnovo della polizza (allo scopo di individuare eventuali patologie già in essere) e l'enorme numero di contenziosi che esplodono fra i cittadini/utenti e le compagnie assicurative (allo scopo di ottenere risarcimenti milionari) e fra queste e i medici che avrebbero determinato, a causa dei loro comportamenti colposi, il danno contestato hanno fatto sì che le polizze di ri-assicurazione dei professionisti levitassero a livelli di costo insostenibili. Ne consegue come negli USA sia sempre più difficile trovare specialisti ortopedici, ostetrico-ginecologi, oculisti, ecc.

Tutto ciò determina una **duplice conseguenza**: la prima consiste nel fatto che, all'interno del Sistema Sanitario statunitense, le **cure di buon livello** siano **appannaggio** solo delle **persone occupate** (molti contratti di lavoro includono il costo assicurativo) e relativamente **ricche**. La seconda conseguenza comporta che il **costo complessivo dell'assistenza sanitaria** che il "sistema paese" deve sostenere raggiunga un valore pari al **16/17% del PIL**. Una cifra enorme, fra le più alte del mondo occidentale, nel mentre le agenzie internazionali (OMS; Bloomberg ed altro) che assegnano il *rating* ai Servizi Sanitari collocano gli Stati Uniti fra il **45° e il 50° posto** nell'ambito dei paesi a capitalismo maturo.

Sul **versante opposto** a quello del sistema statunitense, troviamo, invece, pressoché **tutti i Paesi europei**; a partire dalla Gran Bretagna che, pur avendo un impianto culturale essenzialmente liberista, ha per prima adottato (già negli anni '30) un "National Health Service" pressoché totalmente finanziato (all'epoca, assai meno oggi) con fondi pubblici.

All'interno di tale opzione di fondo si notano, poi, **alcune differenze**, se osserviamo il panorama offerto dalle democrazie europee.

Da un lato si collocano quei Sistemi Sanitari in cui **convivono e si integrano componenti finanziate direttamente dallo stato** (essenzialmente di natura preventiva e di assistenza ai malati cronici, ad esempio) con **altre** (relative alla cura di tutte le patologie possibili) i cui costi vengono coperti attraverso **forme** di **assicurazione obbligatoria pubblica** (con finanziamento a carico, i n parte, di fondi statali; in parte di contributi richiesti ai lavoratori e, in parte, di quote pagate dalle imprese).

Dall'altro lato, troviamo, invece, i **sistemi che vengono finanziati** (al netto di alcuni contributi puntiformi che sono richiesti ai singoli cittadini) mediante la costituzione di un **"Fondo Sanitario Nazionale"**, la cui consistenza (per l'Italia, circa 118 miliardi di euro) è assicurata attingendo dalla **fiscalità generale**.

Entrambe le fattispecie sopra indicate si ispirano a principi di universalità delle cure, di equità nelle risposte assistenziali e di eguaglianza nelle condizioni di accesso. Principi tipicamente propri di un *welfare state* che intende assicurare ai cittadini varie forme di tutele sociali (dalla scuola alla sanità, per l'appunto) essenzialmente gratuite, allo scopo di sottrarle – in ambiti sensibilissimi del vivere civile – alle dinamiche (talvolta, proterve) di un capitalismo rampante ed iniquo.

Stimolazione della ricchezza individuale e, contemporaneamente, controllo delle tensioni sociali; sviluppo collettivo del Paese e crescita del benessere di ogni persona; tutela dei diritti civili e sociali e definizione di un congruo insieme di corrispondenti doveri. Questi sono i capisaldi di una ispirazione etica che contraddistingue il radicamento del pensiero socialdemocratico (fin dal secondo dopoguerra) in numerosi Stati europei.

Il **finanziamento assicurato dalla fiscalità generale** determina, peraltro, il realizzarsi di un altro valore fondamentale, mutuato dai codici morali di quei governi che si ispirano ai principi dell'illuminismo: la **solidarietà**. Nel caso specifico, si manifesta nel semplice, ma fondamentale fatto che la fascia di età ricompresa fra i 18 e i 64 anni di età (ovverosia, quella che è più impegnata in attività lavorative produttrici di reddito e, quindi, di gettito fiscale) essendo relativamente più giovane tende ad usufruire in misura limitata dei servizi sanitari. All'opposto, la fascia di età ricompresa fra gli 0 e i 17 anni e quella che congloba tutti gli ultrasessantacinquenni consumano, normalmente, assai di più in termini di assistenza, contribuendo, però, molto di meno in termini fiscali.

Ne consegue che chi consuma di più "paga" di meno, in ragione del fatto che chi contribuisce maggiormente al finanziamento del Servizio SN ne fruisce, mediamente, in misura minore. Dunque, l'equilibrio globale fra il budget complessivo assicurato, ogni anno, al SSN e la spesa sanitaria generata dal consumo di prestazioni da parte di tutti i cittadini, si fonda su di un trasferimento di risorse potentemente solidale.

Se analizziamo, inoltre, comparativamente, la **qualità dei sistemi sanitari** nei vari Paesi che hanno adottato un **servizio pubblico**, notiamo come essa non sia una variabile seccamente correlata al reddito *pro capite* nazionale (la ricchezza del Paese). Certamente, i 70 euro medi annui *pro capite* della Svizzera, a fronte dei 38 euro italiani, fanno la differenza in merito al "comfort" alberghiero delle strutture di ricovero e cura; ma non è sulla base di questi parametri che si misura la bontà complessiva dei sistemi sanitari. L'indicatore principale è rappresentato, infatti, dal rapporto che si instaura fra i risultati ottenuti in termini di salute e i costi sostenuti per acquisirli (rapporto fra efficacia clinica ed efficienza gestionale).

Con riferimento a tale indicatore, l'Italia presenta una spesa sanitaria *pro capite* di circa 1,5 euro inferiore alla media europea (e di oltre 2 euro minore rispetto a Germania, Francia, Paesi scandinavi, ecc.), nel mentre i suoi indicatori di salute (dalla attesa di vita alla nascita, ai tassi di mortalità delle principale patologie) sono fra i migliori del mondo (dati OMS). La sanità del nostro Paese si è, conseguentemente, collocata, fino ad ora, fra i primi 5/6 posti di quella particolare classifica che gli organismi sanitari internazionali stilano periodicamente, confrontando i sistemi di 100 Paesi a medio/alto sviluppo (e questo, considerando l'Italia come corpo unitario, mentre sappiamo quanto siano differenziate, al suo interno, le "performance" di qualità assistenziale da regione a regione).

Infine, i *welfare* dei Paesi ad impianto socialdemocratico si sono evoluti, nel tempo, integrando l'assistenza prevalentemente correlata alle malattie acute (da trattarsi, in larga misura, all'interno delle strutture ospedaliere) con altre forme di intervento che, da un lato, privilegiano sempre di più risposte affidate a servizi territoriali e approcci di natura preventiva (primaria e secondaria) e, dall'altro, puntano a fornire soluzioni unitarie a bisogni connotati da aspetti non solo sanitari (fisici e psichici) ma anche sociali. A ciò aggiungasi che, con l'invecchiare della popolazione e la necessità di ampliare enormemente le lungo-assistenze ai malati cronici – prevalentemente a domicilio – si impone la esigenza di coinvolgere nei processi assistenziali (accanto ai professionisti: medici, infermieri, assistenti sociali, psicologi, riabilitatori, ecc.) anche le risorse della famiglia (*caregiver*) e quelle del volontariato di prossimità.

Nonostante le note positive poc'anzi attribuite al sistema sanitario italiano, non si può non essere consci (al fine di evitare accenti troppo lusinghieri) che **molti aspetti** del suo funzionamento **devono essere migliorati**. Ciò vale, ad esempio: per le profonde differenze che si riscontrano fra l'assistenza erogata nel Nord Italia e quella ottenibile nel Centro/Sud (differenze che generano, ad es., una minore attesa di vita alla nascita in questi ultimi territori; una qualità prestazionale decisamente più bassa e flussi di mobilità sanitaria imponenti); per una relativa carenza di assistenze domiciliari (a fronte di quanto avviene nei Paesi del Nord Europa) e per i disagi che l'utente deve sopportare al fine di accedere ai servizi (i lunghi tempi di attesa). In buona sostanza, tutto è perfettibile.

Non ci si deve, però, mai, dimenticare l'abissale differenza che esiste fra quei cittadini che possono ottenere ogni possibile risposta ai propri bisogni di salute nell'arco di 30 km e quelli che devono percorrerne, invece, centinaia per trovare risposte limitate e scadenti. Fra quei cittadini che possono fruire di prestazioni gratuite o a prezzi modesti e quelli che devono, invece, pagare cifre tanto più cospicue quanto più potenzialmente mortali o invalidanti sono le malattie di cui soffrono. Fra coloro che devono impazzire nel cercare ciò di cui hanno bisogno (bussando alla porta di ogni ambulatorio od ospedale vicino e lontano) e coloro che, all'opposto, vengono "presi in carico" dal sistema (dai suoi servizi e professionisti) sulla base di percorsi, preordinati, di "continuità assistenziale". Fra i pazienti che si vedono negare i farmaci dalle loro assicurazioni "truffa" e quelli a cui vengono assicurati gratuitamente tutti i farmaci salvavita; ecc.

Quando ci si straccia le vesti alle nostre latitudini – con fremiti di sdegno e mal repressa iracondia – per qualche mese di attesa o "fila" agli sportelli, occorrerebbe ricordarsi sempre di tali diversità.

Capitolo 2
Premesse costituzionali al diritto alla salute e interpretazioni giurisprudenziali

di *Luca Dimasi*

2.1. La tutela della salute: cenni introduttivi

La salute è tutelata dall'**art. 32 Cost.** (1), che la definisce non solo un ***"diritto fondamentale"*** dell'**individuo**, bensì anche un ***"interesse della collettività"***.

La tutela della salute è ascrivibile, pertanto, alla categoria dei diritti c.d. inviolabili della persona di cui all'art. 2 Cost.

Più nello specifico, essa costituisce un tipico **diritto sociale**, il quale comprende sia l'interesse alle cure in caso di malattia sia quello, più generale, a condizioni di vita e di lavoro che non mettano in pericolo il bene salute.

Tanto premesso, occorre evidenziare, però, che l'appartenenza della tutela in parola al novero dei diritti definiti di "terza generazione", non basta a spiegare, con sufficiente chiarezza, la struttura giuridica del diritto alla salute, posto che quest'ultima risulta essere, per la verità, assai più articolata: ad un nucleo di diritto a prestazione (il diritto alle cure e, segnatamente, il diritto alle cure gratuite), si aggiungono, infatti, situazioni soggettive che hanno le caratteristiche tipiche dei diritti di libertà, come accade, per esempio, nel caso del diritto a non farsi curare oppure con riguardo alla c.d. libertà di cura (scelta del medico e della terapia).

Pertanto, quando si afferma che il diritto alla salute si configura come un diritto di tipo sociale, si allude essenzialmente alla sua origine storica; ma se lo si passa al crivello dell'indagine analitica, la sua connotazione giuridica si presenta, come si è appena detto, multiforme.

Ciò è dovuto, in parte, all'ampiezza della redazione dell'art. 32 Cost. e, in parte, alla complessità e varietà delle situazioni che la medesima disposizione si trova a disciplinare.

Infatti, proprio in ragione della rilevanza e della trasversalità dei valori a cui la salute si riferisce, la dottrina giuridica e, ancor di più, il legislatore e

---

(1) Il quale recita che: "*1. La Repubblica tutela la salute come fondamentale diritto dell'individuo e interesse della collettività, e garantisce cure gratuite agli indigenti. 2. Nessuno può essere obbligato a un determinato trattamento sanitario se non per disposizione di legge. La legge non può in nessun caso violare i limiti imposti dal rispetto della persona umana*".

la giurisprudenza hanno trovato in essa il necessario presupposto costituzionale per dare fondamento e tutela a molte delle nuove pretese che fanno seguito alle innumerevoli trasformazioni economiche, sociali e tecnologiche succedutesi nel corso degli anni.

Quattro sono, in particolare, gli elementi che caratterizzano, dal punto di vista della formulazione, l'art. 32 Cost.:

- la qualificazione della salute come *"diritto fondamentale"*;
- la sua diretta riferibilità all'individuo;
- la contestuale qualificazione quale *"interesse della collettività"*;
- l'attribuzione alla Repubblica della sua tutela.

L'importanza del primo aspetto va correlata alla circostanza per cui non tutti i diritti costituzionalmente garantiti sono qualificati come "fondamentali"; al pari di come non tutte le libertà garantite a livello costituzionale sono qualificate come "inviolabili".

In particolare, la fondamentalità o l'inviolabilità del diritto assume uno spessore specifico alla luce dell'art. 2 Cost., cioè della norma che fonda la rilevanza costituzionale e meta-giuridica di talune tipologie di diritti. È in base, infatti, a tale disposizione – secondo la quale *"la Repubblica riconosce e garantisce i diritti inviolabili dell'uomo, sia come singolo che nelle formazioni sociali ove si svolge la sua personalità, e richiede l'adempimento dei doveri inderogabili di solidarietà politica, economica e sociale"* – che l'ordinamento giuridico tutela i diritti umani fondamentali, riconoscendo loro una priorità nel sistema di valori costituzionali, che li rende inviolabili sia dai poteri pubblici che da quelli privati

La priorità dell'individuo e degli elementi che lo qualificano rispetto al potere pubblico e all'organizzazione amministrativa costituisce una scelta che contraddistingue l'ordinamento giuridico del suo complesso. In questo contesto, si comprende, quindi, il motivo per cui la tutela della salute assume, altresì, quale terzo elemento fondante la sua posizione giuridica all'interno dell'ordinamento costituzionale, la caratteristica di *"interesse della collettività"*: la dimensione collettiva non rappresenta più, come accadeva, invece, in passato, un limite alla tutela individualistica della salute, ma va ben oltre, va a fondare, cioè, quel necessario vincolo di solidarietà tra individuo e collettività, nell'ambito del quale è possibile inquadrare i diversi interventi pubblici diretti alla tutela della salute stessa.

La caratteristica di *"diritto fondamentale"* e, insieme, di *"interesse della collettività"*, che la tutela della salute è venuta ad assumere con l'entrata in vigore della Costituzione, non esaurisce, tuttavia, il novero delle novità introdotte in campo sanitario dall'art. 32 Cost.

La legge fondamentale non si limita, infatti, ad affermare sulla carta la natura fondamentale del diritto in questione, ma ancora siffatto riconoscimento a un conseguente obbligo di intervento da parte dello Stato, affidando allo stesso il compito di garantire *"cure gratuite agli indigenti"*.

In altre parole, l'art. 32 Cost. sancisce il dovere, per tutti i livelli istituzionali della Repubblica, di porre in essere le condizioni strutturali per un'effettiva tutela della salute nei confronti di tutti gli individui. Questo implica che l'autorità pubblica ha l'obbligo di adoperarsi attivamente, al fine di garantire le prestazioni sanitarie nel caso in cui un cittadino versi in stato di malattia e richieda assistenza allo Stato, acquisendo le risorse necessarie, predisponendo i mezzi e i beni, reclutando il personale, costituendo gli ospedali e, in definitiva, organizzando e rendendo effettivo il servizio di assistenza e di prevenzione sanitaria.

L'analisi del diritto alla salute richiede, però, un'ulteriore serie di considerazioni.

Non si può non evidenziare, *in primis*, come nel diritto di cui si tratta sia rinvenibile, oltre ad una "pretesa in positivo", da intendersi come rivendicazione a ricevere determinate cure da parte dello Stato, anche un'azionabilità *a contrario*, la quale consiste nella **libertà** di **decidere volontariamente** se e come **intervenire** sul **proprio stato di salute** (c.d. diritto all'autodeterminazione).

Dopo aver sancito, al comma 1, il diritto alle cure, l'art. 32 Cost. stabilisce, difatti, che *"nessuno può essere obbligato a un determinato trattamento sanitario se non per disposizione di legge"*; e aggiunge: *"La legge non può in nessun caso violare i limiti imposti dal rispetto della persona umana"*.

Ci si trova di fronte, grazie a un divieto così esplicito, alla costituzionalizzazione, come già detto, del diritto di ciascuno ad autodeterminarsi in ordine alla propria salute; e ciò proprio in forza di quel principio personalistico che pervade l'intera Carta costituzionale. In questo senso, l'art. 32 Cost. rimanda e completa, dunque, quella libertà personale, sancita dall'art. 13 Cost., che, aprendo l'elencazione delle libertà fondamentali, impone che nessun aspetto della sfera individuale di ciascuno possa restare escluso dalla piena tutela costituzionale.

Quanto detto non significa, tuttavia, che il "diritto ad essere ammalato" non debba conoscere dei limiti che possono derivare allorquando tale diritto finisca col confliggere con altri valori e principi costituzionali, come l'ordine pubblico o la salute pubblica.

In questi casi, è riservata, infatti, al legislatore la potestà di individuare i casi in cui sia possibile un intervento di natura coercitiva, che limiti detta libertà.

Al riguardo, a parte alcuni casi specifici, il novero più rilevante di interventi imposti dalla legge sulla salute dei singoli è sicuramente quello dei cc.dd. **trattamenti sanitari obbligatori** (TSO); espressione, questa, che fa riferimento a tutte quelle procedure sanitarie che, in forza della riserva di legge prevista dallo stesso comma 2 dell'art. 32 Cost., possono essere praticate ad un individuo anche senza il consenso di quest'ultimo.

In realtà, in una definizione così ampia rientrano **sia i trattamenti** detti **coattivi sia quelli definiti**, invece, obbligatori. La differenza tra le due tipologie risiede nel fatto che, mentre i trattamenti coattivi si riferiscono a interventi sanitari ai quali la persona viene sottoposta con la forza (come nel caso delle cure operate nei confronti dei malati di tipo psichiatrico), con riguardo ai trattamenti obbligatori, la mancata sottoposizione agli stessi viene sanzionata solo in forma indiretta (ad esempio, chi decide di non vaccinarsi potrebbe non essere ammesso a scuola oppure nel luogo di lavoro).

- ***L'interpretazione costituzionale del diritto alla salute***

Fino a questo momento, si è parlato di salute, senza cercare, però, di attribuire a detto termine un significato preciso. Allo stesso modo, nulla è stato detto con riguardo al necessario contemperamento tra il diritto in questione e gli altri interessi costituzionalmente protetti.

Con riguardo al primo aspetto, va rilevato come la nozione di salute sia, in realtà, polisemica, difficile, perciò, da inquadrare in termini giuridici: essa varia, infatti, a seconda dei momenti storici e dei diversi ordinamenti statuali.

La malattia veniva concepita, nei secoli passati, unicamente come alterazione della salute del singolo; conseguentemente, ammalarsi, morire di quel male oppure guarirne erano tutte eventualità che si riteneva facessero parte del destino individuale. In accordo con questa concezione, l'arte medica si esprimeva solo in termini di diagnosi e cura della malattia di un particolare infermo o di una determinata categoria di malati (medicina sociale).

Non si comprendeva, quindi, con chiarezza ciò che è divenuto manifesto oggi, ovverosia che, dal punto di vista sanitario, il destino dell'uomo, di ogni uomo, è strettamente legato a quello del luogo in cui lavora e del più vasto spazio in cui vive: il che sta a significare che la salute è, prima di tutto, equilibrio tra la società e il suo ambiente fisico.

E, difatti, l'Organizzazione mondiale della sanità (OMS) definisce attualmente la salute come uno *"stato di completo benessere fisico, mentale e sociale e non solamente l'assenza di malattia o di inabilità"*; vale a dire, come una condizione di armonico equilibrio funzionale, fisico e psichico dell'organismo dinamicamente integrato nel suo ambiente naturale e sociale.

La stessa Corte costituzionale, rifacendosi alla definizione testé richiamata, ha precisato, ampliando così la portata della pienezza e dell'esaustività già riconosciute al diritto in parola, che *"la tutela della salute riguarda la generale e comune pretesa dell'individuo a condizioni di vita, di ambiente e di lavoro che non pongano a rischio questo bene essenziale"*.

Ciò significa che non basta prodigare notevoli risorse economiche e umane nella cura delle malattie già in atto o anche nella diagnosi precoce di quelle che si trovano in uno stato incipiente (quantunque questo sia utile e necessario), senza che si rivolgano uguali o superiori attenzioni alla rimozione delle cause ambientali e sociali che le determinano.

La salute è, però, anche un concetto estremamente soggettivo, nel senso che la percezione del proprio stato di salute varia, di fatto, da individuo a individuo e dipende, per buona parte, anche dai valori, dalle credenze, dalla cultura, oltre che, come ovvio, dalla sensibilità individuale.

Ne consegue che la salute rappresenta un fenomeno *multidimensionale*, che non è possibile rappresentare con un solo indicatore: alla tradizionale dimensione clinica si sono aggiunte quella sociale, psicologica, funzionale ed economica.

Tralasciando, per un attimo, l'analisi delle problematiche di natura economica, preme soffermarsi, innanzitutto, sull'analisi delle diverse dimensioni del bene in questione, che, in accordo con l'OMS, si possono ricondurre a tre aree principali:

- le ***condizioni fisiche***, rappresentate sia attraverso i tradizionali indicatori della pratica medica (sintomi, diagnosi, gravità) sia mediante l'utilizzo di scale che esprimono la capacità funzionale di svolgere i compiti della vita quotidiana (ad esempio, salire le scale, fare la spesa, vestirsi, ecc.);
- le ***condizioni mentali***, le quali esprimono la percezione individuale del benessere, lo stato emotivo, la vitalità oppure il disagio psichico, la depressione e ogni altra situazione che può anche essere indipendente da alterazioni di tipo organico;
- la ***dimensione sociale***, attraverso la quale è possibile cogliere la capacità, da un lato, di intrattenere rapporti con l'ambiente esterno, attraverso le interazioni personali e la partecipazione sociale, e, dall'altro, di svolgere ruoli nella vita comunitaria, liberi da limitazioni fisiche o mentali.

Quanto all'aspetto economico, va osservato, invece, come nel passaggio dalla sua affermazione alla sua effettiva attuazione il diritto alla salute venga ad assumere, per così dire, una natura "condizionata", in quanto garantito sì ad ogni persona, ma nei limiti del bilanciamento che il legislatore è obbligato ad operare con gli altri diritti e interessi che parimenti sono protetti dalla Costituzione.

Un diritto, pertanto, quello a ricevere prestazioni sanitarie, ad un tempo fondamentale e vincolato ai limiti oggettivi che l'ordinamento incontra con riguardo alle risorse organizzative e, in particolare, finanziarie di cui è possibile, in concreto, disporre.

Ciò nonostante, la giurisprudenza costituzionale è piuttosto netta nell'individuare un preciso limite entro il quale il legislatore è legittimato, attraverso l'esercizio della propria potestà discrezionale, a bilanciare il diritto all'assistenza sanitaria con ulteriori interessi costituzionalmente garantiti, assicurando, in tal modo, un'area normativa di tale diritto che deve essere esclusa da detto bilanciamento. Tale area coincide con il "*nucleo irriducibile del diritto alla salute protetto dalla Costituzione come ambito inviolabile della dignità umana, il quale impone di impedire la costituzione di situazioni prive di tutela, che possano appunto pregiudicare l'attuazione di quel diritto*".

Esiste, pertanto, un contenuto essenziale del diritto alle cure, quale emanazione funzionale del diritto alla salute individuale, che prevale su ogni altro interesse, in forza, come si è appena visto, della natura fondamentale del diritto alla salute, riconosciuto ad ogni individuo ed indisponibile al legislatore.

Quel che più conta, però, è che in talune fattispecie estreme i profili di carattere economico diventano recessivi; e il famoso caso "Di Bella" ne costituisce la riprova più evidente. Il diritto ad una prestazione sanitaria che poteva recuperare il bene stesso dalla vita costrinse, infatti, il renitente Ministero della salute a venire a patti con le richieste dei pazienti e a stipulare protocolli di intesa per la sperimentazione del farmaco.

Una sentenza della Corte costituzionale suggellava questa posizione: con essa, la Corte estendeva, appunto, l'erogazione gratuita di farmaci a pazienti affetti da patologie tumorali fra quelli sottoposti alla sperimentazione clinica di ciò che veniva chiamato "multitrattamento Di Bella".

La Corte, nella motivazione, fece leva sul concetto di "speranza di vita", facendo prevalere tale speranza sul divieto legislativo dell'erogazione gratuita di cure la cui efficacia non fosse stata scientificamente provata. In particolare, la Corte affermò che "*nei casi di esigenze terapeutiche estreme, impellenti e senza risposte alternative come quelle che si verificano in alcune patologie tumorali, va considerato che dalla disciplina della sperimentazione, così prevista, scaturiscono indubbiamente aspettative comprese nel contenuto minimo del diritto alla salute. Sì che non può non ammettersi, in forza del principio di uguaglianza, che il concreto godimento di tale diritto fondamentale dipenda, per i soggetti interessati, dalle diverse condizioni economiche*".

Successivamente, lo stesso giudice delle leggi avrà modo di ribadire detto orientamento, precisando che, sebbene la tutela della salute non possa non subire, come detto, il condizionamento che il legislatore incontra nel distribuire le risorse economiche di cui dispone, nondimeno "*le esigenze della finanza pubblica non possono assumere, nel bilanciamento del legislatore, un peso talmente preponderante da comprimere il nucleo irriducibile del diritto alla salute protetto dalla Costituzione come ambito inviolabile della dignità umana*".

A ciò si aggiunge, poi, l'affermazione secondo cui "*il principio contenuto nell'art. 32 Cost. postula [...] che il diritto alle cure gratuite sia assicurato anche al cittadino che, in disagiate condizioni economiche, si rechi all'estero. I motivi del soggiorno al di fuori del territorio nazionale possono essere i più vari: familiari, di ricerca di un'occupazione, di apprendimento di una lingua o di una professione, ovvero puramente affettivi, culturali o di svago. A tali motivi non è consentito collegare una aprioristica valutazione negativa, perché l'espatrio può costituire in ogni caso fattore di arricchimento e sviluppo della personalità*". Il rilievo operato dalla Corte è certamente significativo; anzi, l'obbligatorietà della soluzione additiva, benché solo di principio, adottata con la dichiarazione di illegittimità costituzionale delle previsioni legislative relative alla fruizione di cure gratuite da parte di cittadini italiani in condizioni disagiate che si trovino temporaneamente all'estero assume, per il vero, un'importanza ancor più cogente, nella misura in cui si considera che l'espatrio è garantito dalla Costituzione quale componente della sfera giuridica dei singoli, come una libertà individuale specificata espressamente dall'art. 16, a prescindere da una sua precisa finalizzazione, salvo il rispetto dei doveri costituzionali (obblighi familiari, tributari o militari). In altri termini, si tratta di un aspetto della personalità umana che va tutelato, prescindendo da qualsiasi tipo di motivazione che può portare il singolo ad entrare o uscire dal territorio nazionale.

Con riguardo al diritto all'assistenza – anzi, a questo in connessione con il diritto alla salute – va, inoltre, osservato come il richiamo al bilanciamento, da parte del legislatore, con altri valori costituzionali e, segnatamente, con le esigenze di carattere finanziario sia già presente in un'importante pronuncia del 1990, con la quale la Corte costituzionale ebbe modo di dichiarare non fondata la questione di legittimità costituzionale dell'art. 6, primo e secondo comma, della legge della Provincia autonoma di Trento n. 6 del 1983 nella parte in cui prevede che l'assunzione a carico dell'Unità sanitaria locale delle spese conseguenti a prestazioni erogate nei confronti di anziani *"non autosufficienti"* ricoverati nelle case di riposo possa essere limitata sulla base di parametri riferiti al numero delle persone assistibili e al costo *pro capite*.

Inoltre, sempre sotto il profilo dell'assistenza, menzione a parte merita la sentenza n. 406 del 29 ottobre 1992, la quale risolve varie questioni di legittimità costituzionale che erano sorte con riguardo alla legge n. 104 dello stesso anno. Afferma, infatti, la Corte: *"La legge impugnata, rispondendo ad un'esigenza profondamente avvertita, è diretta ad assicurare in un quadro globale ed organico la tutela del portatore di handicap [e] il suo complessivo disegno è fondato sulla esigenza di perseguire un evidente interesse nazionale, stringente e infrazionabile, quale è quello di garantire in tutto il territorio nazionale un livello uniforme di realizzazione di diritti fondamentali dei soggetti portatori di handicap. Al perseguimento di un simile interesse partecipano, con lo Stato, gli enti locali minori e le regioni, nel quadro dei principi posti dalla legge e secondo le modalità ed i limiti necessari ad assicurare l'effettivo soddisfacimento dell'interesse medesimo"*.

Infine, a seguito dell'intervenuta riforma del Titolo V della Costituzione, il giudice delle leggi non avrebbe, invero, più necessità di riferirsi, in casi similari, all'aleatorio quanto contestato criterio della "infrazionabilità dell'interesse" per giustificare un intervento legislativo statale, dal momento che al legislatore nazionale viene riservata, attraverso la previsione contenuto nel novellato articolo 117, comma 2, lett. *m)*, la competenza esclusiva nell'individuazione dei *"livelli essenziali delle prestazioni concernenti i diritti civili e sociali"*. Non solo: l'art. 119 Cost. riconosce, altresì, allo Stato la possibilità di destinare risorse aggiuntive ed effettuare interventi speciali in favore di determinati comuni, province e città metropolitane, al fine di *"promuovere lo sviluppo economico, la coesione e la solidarietà sociale, per rimuo-*

vere gli squilibri economici e sociali, per favorire l'effettivo esercizio dei diritti alla persona, o per provvedere a scopo diversi dal normale esercizio delle loro funzioni" (comma 5).

Detto in altre parole, e come ben sintetizzato da Cesare Pinelli, il legislatore costituzionale aveva "*in mente un'ipotesi di inadempimento politico ad un obbligo costituzionalmente statuito [sicché] il difficile rapporto fra principio di eguaglianza e potenziamento delle autonomie territoriali sembra trovare criteri costituzionali di composizione sufficientemente equilibrati*".

- ***L'elaborazione del diritto alla salute nella giurisprudenza della Corte di Cassazione***

Anche la giurisprudenza della Corte di Cassazione offre spunto significativi in ordine all'individuazione della concreta portata applicativa da attribuirsi ai principi, sanciti all'interno dell'art. 32, comma 1, Cost., in materia di tutela della salute.

In particolare, due sono le pronunce che vale qui la pena di richiamare. Nella prima, la Suprema Corte ha affermato che "*l'art. 32 configura indubbiamente un autentico diritto soggettivo inviolabile, sia per il suo carattere intrinseco, sia per la reale esigenza di applicarlo in conformità con altri fondamentali interessi, del pari costituzionalmente protetti. Va, tuttavia, osservato al riguardo che la configurazione della salute individuale quale bene meritevole di immediata tutela (e, perciò, integrante un diritto soggettivo perfetto) – stante la collocazione del suddetto art. 32 nel Titolo II della parte I della Carta costituzionale e data, altresì, la sua stessa formulazione con l'attribuzione del dovere di tutela alla «Repubblica», al complesso, cioè, dell'ordinamento giuridico e della comunità organizzata – non significa che un tale dovere sia stato tradotto in un adempimento cui sia sempre tenuta, e sotto tutti i profili, la pubblica amministrazione attraverso gli organi del Servizio Sanitario. Il dettato costituzionale acquista sì operatività immediata e non limitata dall'organizzazione predisposta per l'attuazione del diritto alla salute, ma restano affidate al legislatore l'ampiezza e le modalità della tutela della salute, attraverso anche la determinazione dell'entità dello sforzo finanziario che la collettività deve sostenere a questo fine, limitando il citato art. 32 l'erogazione delle cure gratuite a favore dei soli indigenti*".

Come dire: "*il diritto alla salute è sempre soggetto alla determinazione degli strumenti, dei tempi e dei modi di attuazione della relativa tutela da parte del legislatore ordinario*".

Conforme al consolidato orientamento della Suprema Corte, secondo la quale il diritto alla salute si esprimerebbe in una duplice componente oppositiva e pretensiva – quest'ultima atteggiandosi, relativamente alla prestazioni rese dal Servizio Sanitario Nazionale, unicamente come interesse legittimo –, è anche un'altra pronuncia con la quale gli Ermellini hanno stabilito che "*la domanda dell'assistito rivolta ad ottenere il rimborso di spese ospedaliere effettuate all'estero, non previamente autorizzate dalla regione, attiene non già ad un diritto soggettivo bensì ad un mero interesse legittimo, attesa la discrezionalità riservata all'autorità amministrativa titolare del potere di autorizzazione nel valutare la propria capacità di soddisfazione tempestivamente ed in forma adeguata, anche sotto il profilo della disponibilità finanziaria, le esigenze sanitarie del richiedente, salva tuttavia l'ipotesi in cui a fondamento della domanda vengano dedotte situazioni di emergenza – che comportano per l'assistito pericolo di vita o di aggravamento della malattia o di non adeguata guarigione evitabili soltanto con cure tempestive, non ottenibili dalla struttura pubblica – giacché in tale caso mancando ogni potere autorizzatorio discrezionale della p.a. (e non essendo rilevante in contrario l'eventuale discrezionalità tecnica della stessa nell'apprezzamento dei motivi di urgenza) oggetto della domanda è il diritto primario e fondamentale alla salute, il cui necessario temperamento con altri interessi pure costituzionalmente protetti, quali le risorse disponibili del Servizio Sanitario Nazionale con le conseguenti legittime limitazioni dello stesso a mezzo di leggi, regolamenti e atti amministrativi generali, non vale a sottrargli la consistenza di diritto soggettivo perfetto, tutelabile davanti al giudice ordinario".*

Ne deriva che la caratterizzazione recessiva del diritto di cui all'art. 32 nella sua dimensione preventiva viene meno in tutte quei casi in cui ricorrano malattie di particolare gravità o di lunga durata ovvero nelle ipotesi di urgenza, relativamente ai quali la tutela della salute trova applicazione nel suo contenuto essenziale.

Rifacendosi all'interpretazione di cui sopra, la Corte di Cassazione ha anche affermato che *"quando la domanda di rimborso sia relativa a spese ospedaliere, sostenute all'estero, per un ricovero reso necessario da motivi di urgenza, costituita da una situazione di pericolo di vita o di aggravamento della malattia o di una non adeguata guarigione, viene in considerazione una posizione dell'assistito avente natura di diritto soggettivo perfetto, il diritto alla salute, riconducibile all'art. 32 Cost., in quanto in tali casi difetta un potere della p.s. espressione di discrezionalità amministrativa ed il cui esercizio sia suscettibile di determinare l'affievolimento di quella posizione, sussistendo, invece, soltanto un potere di apprezzamento dell'urgenza della prestazione sanitaria ottenuta all'estero, secondo i criteri di discrezionalità tecnica, il cui esercizio (in funzione della specie dell'accertamento della concreta sussistenza della situazione di urgenza), non essendo espressione di un potere di supremazia della p.s., è sempre inidoneo a determinare l'affievolimento del diritto soggettivo, tanto più di un diritto soggettivo primario e fondamentale come quello della salute (il quale, del resto, se può subire il contemperamento con altri interessi costituzionalmente protetti, quali le risorse finanziarie disponibili dal Servizio Sanitario, e può essere limitato da leggi, regolamenti o atti amministrativi generali, non vede mai, pure in tali casi, degradata la sua consistenza di diritto soggettivo perfetto)".*

Si può affermare, pertanto, che il concetto di diritto all'assistenza farmaceutica e sanitaria elaborato dalla Suprema Corte si configura, per così dire, a geometria variabile, a seconda, come già detto, del verificarsi o meno di determinate condizioni di gravità e/o di urgenza.

2.2. La tutela della salute in ambito comunitario: cenni

Sebbene, inizialmente, il Trattato di Roma non avesse previsto alcuna competenza espressa della Comunità in ambito sanitario, la frequente correlazione tra i diritti sociali e le quattro libertà espressione del mercato unico hanno fatto emergere la necessità di incentivare, anche a livello comunitario, l'integrazione dei sistemi di *welfare* almeno sotto alcuni profili, nella misura, cioè, in cui essi sono in grado di incidere con le azioni di promozione e di tutela della concorrenza e del mercato interno.

Per rispondere a queste esigenze, a partire dagli anni Settanta, gli sforzi comunitari si sono dapprima concentrati sulla previsione di una disciplina comune in materia di sicurezza sociale, introdotta con il regolamento del Consiglio dell'Unione n. 1408 del 1971, successivamente modificato ed integrato alla fine degli anni '80 e 2000.

Il regolamento in questione prevedeva tre tipi di assistenza sanitaria:

1. quella diretta ai **lavoratori migranti**, in base alla quale essi potevano accedere al sistema sanitario sia dello Stato di residenza che dello Stato in cui esercitano la loro attività;
2. quella diretta a garantire l'accesso ai sistemi sanitari nei Paesi membri nel corso di **soggiorni temporanei** in caso di **emergenza**;
3. quella con cui i **cittadini comunitari**, previo rilascio di un'apposita autorizzazione, potevano recarsi in un **altro Stato membro** per ricevere cure, con diritto al rimborso, alle tariffe dello Stato erogatore, da parte del sistema sanitario dello Stato di appartenenza.

È, tuttavia, a partire dagli anni Novanta con il Trattato di Maastricht e successivamente con quello di Amsterdam che l'Unione europea è venuta acquisendo una sempre maggiore rilevanza in campo sanitario: l'art. 152 del TCE, oggi confluito, con qualche variazione all'esito del Trattato di Lisbona, nell'art. 168 del TFUE, integralmente dedicato alla sanità pubblica, consente, infatti, alla Comunità di adottare tutte le misure volte ad assicurare un livello elevato di protezione della salute umana, indirizzandone, in particolare, l'azione alla prevenzione delle malattie, sia attraverso la promozione dell'attività di ricerca sulle loro cause sia mediante l'implementazione sanitaria.

L'art. 152 ha attribuito, inoltre, agli Stati membri e alla Comunità il compito di coordinare le rispettive azioni in materia di sanità pubblica, mentre al Consiglio dell'Unione è stato attribuito il potere di emanare raccomandazioni e di adottare, con la procedura di codecisione, provvedimenti riguardanti i parametri di qualità e di sicurezza in ordine ad organi e sostanze di origine umana, oltre che in materia veterinaria e fitosanitaria, e, più in generale, di protezione della salute, ma ribadendo, in ogni caso, che *"l'azione comunitaria nel settore della sanità pubblica rispetta appieno le competenze degli Stati membri in materia di organizzazione e fornitura di servizi sanitari e di assistenza medica"* (comma 5).

Peraltro, nel campo della salute pubblica, l'art. 152 si inserisce sullo sfondo di un'attenzione verso le politiche sociali e sanitarie da sempre presente nei Trattati.

L'art. 2 della versione consolidata del Trattato di Roma indicava, infatti, fra i compiti della Comunità anche quello del raggiungimento di un elevato livello di protezione sociale, mentre all'interno dell'art. 3.1 conteneva la menzione di *"un contributo al conseguimento di un elevato livello di protezione della salute"*.

Il diritto alle cure sanitarie è stato codificato, poi, all'interno della Carta dei diritti fondamentali dell'Unione europea, siglata nel 2000 ed adottata nel 2007, il cui valore è stato ulteriormente rafforzato in seguito all'entrata in vigore del Trattato di Lisbona, il quale ha precisato che la Carta possiede lo stesso valore giuridico dei Trattati.

L'art. 35 della Carta in questione sancisce, in particolare, il diritto per ogni individuo *"di accedere alla prevenzione sanitaria e di ottenere cure mediche alle condizioni stabilite dalle legislazioni e dalle prassi nazionali"*, assicurando contemporaneamente, nella definizione ed attuazione delle politiche ed attività dell'Unione, la garanzia di un *"livello elevato di protezione della salute umana"*.

Nel 2004, la Comunità è tornata ad occuparsi del regime di sicurezza sociale e di politica sanitaria con il regolamento n. 833/2004, mentre nel 2008 è stata emanata una proposta di direttiva concernente l'applicazione dei diritti dei pazienti relativi all'assistenza sanitaria transfrontaliera, il cui *iter* di approvazione si è concluso nel 2011.

Con il Trattato di Lisbona, entrato in vigore nel 2010, è stato esteso, inoltre, al Parlamento europeo il compito di adottare tutte le misure necessarie al ravvicinamento delle disposizioni degli Stati membri aventi ad oggetto l'instaurazione ed il funzionamento del mercato interno anche in materia sanitaria (art. 114 TFUE).

Segnatamente, al Parlamento è attribuito il potere di adottare, insieme al Consiglio, con la procedura legislativa ordinaria e previa consultazione del Comitato economico e sociale e del Comitato delle regioni, *"misure di incentivazione per proteggere e migliorare la salute umana, in particolare per lottare contro i grandi flagelli che si propagano oltre frontiera, misure concernenti la sorveglianza, l'allarme e la lotta contro le gravi minacce per la salute a carattere transfrontaliero, e misure il cui obiettivo diretto sia la protezione della sanità pubblica in relazione al tabacco e all'abuso di alcol, ad esclusione di qualsiasi armonizzazione delle disposizioni legislative e regolamentari degli Stati membri"*.

Infine, il nuovo art. 168 TFUE ha ulteriormente accentuato il ruolo di coordinamento della Commissione, prescrivendo che delle relative azioni sia informato anche il Parlamento.

Ma i caratteri dell'Europa sociale non sono tracciati solo dal diritto dei Trattati. La protezione della salute umana è affidata, infatti, anche a numerosi documenti programmatici (come l'Agenda sociale europea del 2000), oltre che agli atti di diritto comunitario derivato. Un ruolo centrale è svolto, inoltre, come si vedrà meglio nel paragrafo che segue, dalla giurisprudenza della Corte di Giustizia, la quale è intervenuta più volte a tutela del diritto alla salute.

Si parla, a tal proposito, correttamente di multi-level *governance*, ovverosia di un diritto europeo della sicurezza sociale come area in cui le norme europee e quelle nazionali si combinano ed interagiscono fra di loro.

- ***La giurisprudenza comunitaria***

Come si è visto, tutte le scelte legislative in materia di tutela della salute sono assoggettabili al controllo operato dai giudici costituzionali, quali garanti supremi, e più "immediati", dei diritti fondamentali.

Ciò nondimeno, il diritto alla salute trova, parimenti, garanzia, seppur in via indiretta, nella giurisprudenza della **Corte di giustizia dell'Unione europea**, attraverso pronunce che hanno ad oggetto altri diritti e interessi afferenti alle materie affidate all'Unione dai Trattati istitutivi, ma che, come detto, finiscono con l'involvere anche la tutela della salute.

Del resto, la salute, come risorsa di vita quotidiana, non può essere scissa dalle sue componenti essenziali, che comprendono, oltre all'assenza di malattia, anche l'ambiente e l'alimentazione.

Anzi, è prima di tutto dalla protezione dell'ambiente naturale e di lavoro e dal controllo delle tecniche di produzione degli alimenti e di altre sostanze, compresi i preparati farmaceutici, che si misura il grado di protezione della salute offerto ai singoli dall'ordinamento giuridico.

Non è un caso, dunque, che la tutela della salute trovi protezione negli interventi dei giudici comunitari proprio nelle sue accezioni più settoriali, quali appunto il diritto all'ambiente o il diritto alla sicurezza ed alla salute delle condizioni di lavoro.

Con riguardo alla tutela dell'ambiente, in un'importante sentenza, la Corte ha avuto occasione di delineare i principi cardine dell'intervento comunitario nel **settore ambientale**. La Corte europea di giustizia era stata chiamata a pronunciarsi sulla corretta interpretazione dell'art. 5 del regolamento n. 3093/94/CE sulle sostanze che riducono lo strato di ozono. Secondo la Corte, il succitato articolo deve essere interpretato nel senso che vieta totalmente l'uso e, di conseguenza, l'emissione in commercio di sostanze che risultano essere dannose per l'ozono.

Analogamente, la Corte è intervenuta anche nel **settore dei rifiuti** applicando rigorosamente il principio del *chi inquina paga*, introducendo, tra l'altro, un'interpretazione assai estensiva del concetto di rifiuto. Come non ricordare, a tal proposito, la pronuncia con la quale la medesima Corte ha condannato l'Italia per la tardiva applicazione della direttiva europea 1999/31, recepita nel nostro ordinamento con il d.lgs. n. 36/2003, rilevando che *"il trattamento applicato alle discariche autorizzate tra il 16 luglio 2001 e il 27 marzo 2003 è stato quello riservato alle discariche preesistenti e non quello, più rigoroso, previsto per le discariche nuove"*?

In alcuni casi, l'ambiente, inteso come oggetto di tutela, prescinde addirittura dall'ambito territoriale dell'Unione, per afferire a tutti i Paesi destinatari dei rifiuti – anche soggetti a riciclo – prodotti all'interno del territorio comunitario. In ben due pronunce, la Corte ha ribadito che il recupero, lo smaltimento e il trasferimento di rifiuti comportano un pericolo non soltanto per l'ambiente, ma anche per la salute umana. *"Il riferimento alla messa in riserva di materia di cui al punto R13 dell'allegato IIB della direttiva del Consiglio 15 luglio 1975, 75/442/CEE, relativa ai rifiuti [...]"*, affermano i giudici costituzionali, *"vale non solamente per i casi in cui il deposito viene effettuato presso l'impresa nella quale devono essere eseguite le restanti operazioni menzionate in tale allegato, ma anche per quelli in cui il deposito di materiali precede la spedizione verso una siffatta impresa, indipendentemente dal fatto che quest'ultima sia ubicata all'interno o all'esterno della Comunità"*.

Secondo la Corte, è irrilevante, quindi, che una partita di rifiuti sia depositata nel luogo in cui avviene il recupero finale o in altro luogo, dal momento che le definizioni di recupero e smaltimento non comportano alcun limite geografico. Pertanto, essendo il regolamento applicabile alle esportazioni che avvengono al di fuori del territorio comunitario, è irrilevante che l'operazione di recupero successiva al deposito avvenga all'interno o all'esterno della Comunità.

Analogo rigore si rinviene in altri interventi relativi all'immissione sul mercato di prodotti che potrebbero danneggiare la salute del consumatore. Significativa, al riguardo, è la pronuncia con la quale la Corte ha dichiarato l'illegittimità di quelle disposizioni che, in contrasto con gli artt. 2 e 5, n. 1 della direttiva n. 79/112/CE, consentono l'uso di una denominazione di vendita che impedisce all'acquirente, nello Stato in cui il prodotto viene venduto, di stabilire la natura effettiva dello stesso.

In un altro caso emblematico, avente ad oggetto **prodotti cosmetici**, i giudici europei ebbero a chiarire che la direttiva n. 76/768/CE intende conciliare l'obiettivo della libertà di circolazione dei prodotti cosmetici e quello della salvaguardia della sanità pubblica. Ne consegue che gli importatori di prodotti cosmetici devono comunicare alle autorità preposte alla tutela della salute e della vita delle persone il nome o la ragione sociale del produttore, le sua sede legale e quella dell'officina di produzione, nonché l'elenco completo e dettagliato delle sostanze contenute nel prodotto commercializzato. Tale obbligo di comunicazione consente, infatti, alle autorità competenti, nei casi di alterazione della salute, di trametterе il più rapidamente possibile ai servizi sanitari informazioni indispensabili al fine di garantire un trattamento pronto ed adeguato. Per la Corte, tale obbligo di comunicazione è proporzionato all'obiettivo della tutela della salute delle persone.

Tale tutela rileva, poi, come si è detto, anche ai fini della protezione dei lavoratori. Con particolare riferimento alla problematica della **sicurezza nei luoghi di lavoro**, i giudici comunitari hanno condannato l'Italia per non aver adottato taluni requisiti minimi vincolanti della direttiva n. 89/655/CEE, relativa agli standard minimi di sicurezza e di salute per l'uso di attrezzature particolari da parte dei lavoratori.

In un'altra pronuncia, la Corte di giustizia europea ha avuto modo di sottolineare, invece, come una disposizione nazionale che obbliga il datore di lavoro a ridurre l'esposizione dei lavoratori all'agente cancerogeno a prescindere dalla valutazione del rischio, prevista dall'art. 3 della direttiva n. 90/394/CEE, non sia contraria a detta normativa in quanto essa costituisce una misura volta a garantire una maggiore protezione delle condizioni di lavoro già permessa dalla normativa comunitaria.

Vi è, infine, una serie significativa di casi in cui la Corte europea ha avuto modo di pronunciarsi su questioni di carattere più generale, ma non per questo meno importanti o significative. Di particolare interesse risultano due pronunce, relativamente recenti, aventi ad oggetto la libertà di movimento dei cittadini-pazienti nell'Unione europea.

Nel corso del 2004, i giudici comunitari si sono pronunciati sul **rimborso** delle **spese sostenute per cure effettuate all'estero**. Il signor Leichtle, dipendente del Bundesanstalt für Arbeit, nel febbraio 2000, chiedeva che fossero dichiarate rimborsabili le spese che avrebbe sostenuto per una cura da effettuare presso uno stabilimento termale di Ischia nel periodo dal 29 aprile al 13 maggio di quell'anno. Il medico fiduciario dell'Ufficio del lavoro competente per l'unità amministrativa di appartenenza del ricorrente comunicava che, sebbene la cura fosse necessaria per il ripristino della capacità lavorativa del dipendente, il trattamento all'estero non era indispensabile. In seguito, anche il medico fiduciario dell'Ufficio federale del lavoro si esprimeva nello stesso senso, osservando che, dalla documentazione prodotta, il paziente non risultava aver seguito in precedenza alcuna cura in Germania, sebbene nelle stazioni termali tedesche vengano praticate, con buoni risultati, numerose cure per la patologia di cui trattasi. In seguito a questo parere, il 29 febbraio 2000, l'Ufficio federale del lavoro respingeva, quindi, la domanda del signor Leichtle. Il 7 marzo 2000, lo stesso dipendente impugnava la decisione con un'opposizione, che veniva parimenti respinta il giorno 22 dello stesso mese, a motivo del fatto che, conformemente alle disposizioni amministrative generali per il rimborso delle spese di malattia, assistenza, parto e decesso previste dall'ordinamento tedesco, il costo di una cura termale svolta all'estero può essere rimborsato solo qualora si riesca a provare, dopo aver soddisfatto altre condizioni, che l'effettuazione della cura all'estero garantisce le maggiori prospettive di successo.

Ciò nonostante, l'interessato si sottoponeva alla terapia ad Ischia, nelle date previste. I costi delle prestazioni mediche ammontavano ad euro 239,12, le spese di viaggio ad euro 326,72 e quelle di alloggio ad euro 1.124,84. Il ricorrente chiedeva che venisse riconosciuta la rimborsabilità delle spese mediche e termali.

Nel caso in parola, devono considerarsi, in modo particolare, le conclusioni dell'Avvocato Generale Dàmaso Ruiz-Jarabo Colmer, presentate il 10 luglio 2002. In via generale, egli ha ritenuto che: gli artt. 49 e 50 del Trattato di Amsterdam ostano ad una disposizione nazionale, come l'art. 13, n. 3, punto 3, in combinato disposto con l'art. 8, n. 3, punto 2 delle norme tedesche in materia di rimborso delle spese di malattia, che nega il rimborso delle spese connesse ad una cura termale effettuata in un altro Stato membro quando il paziente non ha atteso di ottenere il riconoscimento della rimborsabilità prima di iniziare il trattamento; gli artt. 40 e 50 del Trattato di Amsterdam ostano, inoltre, ad una disposizione nazionale come l'art. 13, n. 3, punto 1 delle norme tedesche in materia di rimborso delle spese di malattia, che, con riguardo ad una cura termale effettuata nel Paese, fa dipendere la presa in carico delle spese relative al vitto, all'alloggio, alle tasse di soggiorno e al referto medico di fine cura da un certificato medico attestante la necessità del trattamento e dal previo riconoscimento della rimborsabilità da parte dell'ufficio competente, mentre, per una cura svolta in uno stabilimento di un altro Stato membro, esige, in via supplementare, che un medico attesti ufficialmente le maggiori prospettive di successo per una cura effettuata nel medesimo stabilimento.

Con un'altra sentenza, la Corte ha anche ampliato il regime di sicurezza sociale disciplinato dai regolamenti nn. 1408/71 e 574/72.

Si tratta del caso di una cittadina tedesca, residente in Spagna, alle cui autorità ella si era rivolta per ottenere il rilascio dei formulari (E111 ed E112), necessari per ricevere l'assistenza sanitaria in Germania. Senonché, i medici del Servizio Sanitario tedesco consigliavano alla ricorrente, in considerazione del particolare intervento da effettuare e delle condizioni di urgenza in cui lo stesso avrebbe dovuto essere realizzato, di rivolgersi ad una clinica universitaria di Zurigo. Questa, secondo i medici tedeschi, sarebbe stata, infatti, una struttura ospedaliera maggiormente idonea a praticare l'intervento, in grado di poter salvare la vita della paziente. Alla richiesta di rimborso delle spese sanitarie sostenute dalla signora Keller, le autorità sanitarie spagnole avevano opposto il loro rifiuto, affermando che non potevano accollarsi spese che non risultavano essere state da loro autorizzate.

Di qui, l'intervento della Corte europea che ha ribadito, invece, il principio secondo cui la libertà di movimento all'interno dell'Unione sottende, altresì, la reciproca fiducia tra i medici dei diversi sistemi sanitari nazionali, dalla quale discende che l'istituzione competente (nel caso di specie, il Servizio Sanitario spagnolo) non è legittimata a richiedere il ritorno del paziente, al fine di sottoporlo agli esami medici che essa ritiene opportuni e offrirgli le opzioni assistenziali adeguate. A nulla rileva, infatti, secondo i giudici europei che le cure in oggetto siano state erogate al di fuori del territorio comunitario, atteso che il criterio determinante è dato dal collegamento tra l'assicurato e un regime previdenziale e di sicurezza sociale di uno Stato membro.

Capitolo 3
Prima e dopo la legge 833/1978: dalla segmentazione assistenziale all'universalismo del Servizio Sanitario Nazionale

di *Fosco Foglietta*

3.1. Prima della riforma sanitaria, un lungo percorso

• ***I primi decenni del Novecento***

Il lungo cammino che ha segnato la evoluzione del sistema sanitario e socio-sanitario italiano inizia (come del resto si è verificato in pressoché tutti gli Stati europei e nel continente nord-americano) con lo sviluppo di molteplici forme filantropico-caritatevoli. Queste sorgono, inizialmente, nel composito mondo delle confessioni religiose, ma si arricchiscono, successivamente – soprattutto nel nord-Europa e negli Stati Uniti – di quelle "opere di misericordia" laiche, fortemente supportate dai valori dell'umanesimo liberale e socialista, che hanno segnato – nel XX e XXI secolo – alcune delle pagine più edificanti dell'impegno sociale e civile all'interno dei processi costitutivi delle neonate democrazie occidentali.

In Italia, l'impegno assistenziale delle opere di religione, pressoché esclusivamente cattoliche, non può che risultare (per l'ovvia presenza, sul proprio territorio, del "Soglio Petrino") estremamente ampio e diffuso. È, però, rivolto, inizialmente, non ai cittadini, ma ai bisognosi; non a chi vanta diritti, ma a chi ne è pressoché totalmente privo essendo povero; non a tutti coloro che, indipendentemente dalla condizione sociale di appartenenza, presentano necessità assistenziali, ma solo a diseredati e miserevoli.

Lo Stato, il Pubblico, risultava totalmente assente. L'assistenza sanitaria, fino alla fine dell'800, non veniva contemplata come una funzione istituzionale. Anzi, lo era soltanto come una componente marginale degli aspetti relativi alla pubblica sicurezza.

A partire dagli ultimi anni del XX secolo, questo scenario tende a mutare in ragione, soprattutto, di due poderosi processi di cambiamento: l'uno, essenzialmente politico-istituzionale; l'altro, affidato alla intraprendenza delle avanguardie sindacali e politiche ispirate dalla ideologia socialista.

La **legge Crispi del 1890** conclude un percorso ventennale che porta alla statalizzazione dell'assistenza privata/confessionale, consegnando ai pubblici poteri le **Opere Pie** (IPAB) di derivazione religiosa e assegnando loro il compito di assistere i poveri sia in salute che in malattia, oltre che a favorirne l'educazione, l'istruzione e l'avvio ad una qualche attività lavorativa. Quasi contemporaneamente inizia a prendere sostanza la crescente capacità di autotutela espressa dalle forme organizzate di varie categorie di lavoratori. Nascono, così, le **prime "Casse mutue"** previdenziali e di assistenza, inizialmente destinate ad assicurare un parziale indennizzo economico in caso di morte o di invalidità permanente del lavoratore a seguito di incidenti verificatisi nell'esercizio delle sue attività.

Con l'andare del tempo tale tutela si amplia ricomprendendo anche l'invalidità temporanea e parziale, nonché l'insorgere di malattie di origine professionale.

Una siffatta mutualità nasce e si espande in un contesto contributivo totalmente privato (in prima battuta, a carico del solo lavoratore) e si caratterizza per un approccio di tipo essenzialmente assicurativo: la corresponsione del "premio" avviene esclusivamente al verificarsi del "rischio" assicurato. Nessuna azione preventiva, quindi, né interventi generali e collettivi per il contrasto di patologie sociali.

Osservando alcuni aspetti di fondo dei sopra citati processi evolutivi è doveroso sottolineare come, da un lato, l'acquisizione della titolarità e degli strumenti dell'assistenza (originariamente confessionali) da parte dello Stato non ne muti la vocazione caritatevole (orientata prevalentemente al contrasto della povertà) e, dall'altro, le forme previdenziali e di assicurazione malattia si collochino in un ambito esclusivamente privatistico. Ciò produce, comunque, qualche effetto positivo non solo mitigando le conseguenze dei danni subiti dal lavoratore, ma anche incidendo sul ricorrente timore, espresso dalle istituzioni, che "masse" di lavoratori scontenti e preoccupati potessero creare problemi di "pubblica sicurezza". Un lavoratore più tranquillo rispetto al proprio futuro e più rapidamente recuperato alla sua piena capacità produttiva suscitava inoltre, nei datori di lavoro, quel tanto di interesse che era necessario per motivare un loro coinvolgimento in termini di co-finanziamento delle forme assicurative.

Si giunge, così, ad un secondo momento topico di cambiamento che incide – e non poco – sulle modalità di erogazione e sul ruolo assunto dalle pubbliche istituzioni.

- ***Il Testo unico del 1934***

Si fa riferimento, in particolare, a quanto andò verificandosi durante il **ventennio fascista**: una poderosa serie di interventi di sanità pubblica che venne codificata nel **"Testo unico delle leggi sanitarie"** del 1934 (un'opera "omnia" di diritto sanitario composta di circa 400 articoli).

Ne citiamo i tratti salienti.

Lo Stato entrava in campo attraverso un articolato insieme di azioni volte essenzialmente: a tutelare la salute collettiva combattendo alcune, diffuse, patologie sociali, a creare le prime forme di controllo della salubrità dell'acqua e dell'aria, a introdurre modalità di autorizzazione e controllo su strutture e attività sanitarie e, infine, a porre in capo agli enti locali (mediante l'assunzione di alcuni operatori sanitari che hanno fatto la storia d'Italia) un sistema capillare di tutela dell'ambiente e di assistenza alla popolazione povera.

In particolare:

- si rendono obbligatorie e assicurate da presidi pubblici la prevenzione, profilassi e assistenza di alcune endemiche e perniciose **"malattie sociali"**, quali, ad es: il vaiolo, la Tbc, il tracoma, le malattie veneree, la malaria, la pellagra. Patologie diffusissime nelle aree più povere del Paese, frutto di denutrizione e scarse condizioni igieniche. Si crearono, per realizzare "campagne" efficaci e continuative di contrasto, vaste reti di ambulatori, dispensari, strutture di ricovero (si pensi ai "sanatori" antitubercolari);
- si costituisce una "linea verticale"di governo della sanità pubblica, con al vertice il Ministero degli interni – a testimonianza di come le condizioni di salute del popolo italiano fossero ancora viste in termini di pubblica sicurezza – e con articolazioni periferiche strutturate nelle province e nei comuni. Sorgono, così, gli **"uffici sanitari provinciali e comunali"** i cui compiti riguardavano essenzialmente la vigilanza e la profilassi delle malattie infettive (con obbligo di segnalazione e contrasto). Non diversamente, ma con una specifica attenzione all'allevamento del bestiame e alla sua macellazione e vendita, si qualificano i **veterinari provinciali**. Infine, si costituiscono i **"laboratori di analisi provinciali"** articolati in due sezioni: "medico-micrografica" per il controllo delle malattie infettive e di quelle sociali; "clinica", dedicata al monitoraggio della salubrità ambientale (aria, acqua, rifiuti tossici, ecc.);
- in tutti i comuni italiani si attivano le **"condotte mediche, ostetriche e veterinarie"**. Le prime due, in particolare, rappresentano una evoluzione (capillare e affidata alle pubbliche autorità) delle precedenti modalità di assistenza, confessionale e caritatevole, alle famiglie povere. Questi sono, dunque, i pazienti "elettivamente" posti a carico del medico e dell'ostetrica condotti, in un contesto sociale ancora dominato – soprattutto nel Sud d'Italia – da miseria endemica, bassissima istruzione, rachitismo e deficit mentali diffusi.

Oltre a garantire l'assistenza richiesta per contingenti problemi di salute, il medico condotto (e l'ostetrica nell'area di propria competenza) svolgeva anche un'azione embrionalmente pro-attiva, attraverso controlli periodici volti a cogliere i sintomi precoci di eventuali malattie infettive. A ciò si aggiungevano anche altre prestazioni gratuite, quali, ad es. la somministrazione dei farmaci, l'assistenza complessiva alle persone affette da malaria, le vaccinazioni obbligatorie.

Oltre i confini dei loro compiti istituzionali i medici condotti rappresentavano anche il primo punto di riferimento (non essendo ancora comparse, in larga parte d'Italia, le forme incipienti delle "assicurazioni malattia") per i cittadini che poveri non erano e ai quali il medico condotto poteva offrire i propri servigi a pagamento.

Infine, il sistema sanitario pubblico dell'epoca si fece carico di una serie di altri adempimenti (per il tramite prevalente degli uffici ministeriali). In particolare: vennero istituite numerose **scuole di formazione professionale** per figure sanitarie non laureate, si approvarono regolamenti minuziosi per la **produzione**, **vendita** e **somministrazione dei farmaci**, si stabilirono i criteri mediante i quali esercitare un debito controllo sul corretto funzionamento delle strutture sanitarie (dagli ospedali ai consultori, agli ambulatori, ai dispensari, ecc.) pubbliche e, soprattutto, private.

Questo impianto di sanità pubblica ha retto, nelle sue architetture fondamentali, fino all'avvento, nel 1978, della legge di riforma sanitaria (l. 833).

3.2. Dal 1968 al 1978: una grande stagione di riforme settoriali

Ovviamente, nel corso di circa 45 anni, si sono verificati alcuni cambiamenti, sia nella implementazione dei contenuti assistenziali, sia nei riferimenti istituzionali. Al riguardo, da notare la costituzione, nel **1958**, del **"Ministero della sanità"** cui vennero attribuite alcune competenze sottratte al "Ministero degli interni". Competenze, peraltro, inizialmente assai modeste, relative alla sola "igiene e profilassi" oltre che alla generica "sovraintendenza" ai servizi sanitari. Rimaneva, invece, ancora in capo al "Ministero degli interni" la "vigilanza amministrativa" sulle gestioni ospedaliere e non veniva intaccato il potere di indirizzo politico e gestionale del "Ministero del lavoro e della previdenza sociale" su tutti gli enti mutualistici.

Naturalmente, dal 1958 al 1978, il "Ministero della sanità" andò progressivamente aumentando il proprio potere di indirizzo e di controllo. A tal riguardo, va rimarcata (come vedremo *infra*) la radicale revisione dell'ordinamento ospedaliero a seguito dell'approvazione della legge Mariotti, n. 32 del 1968.

- ***Il "sottosistema" degli enti locali***

Sul piano del cambiamento organizzativo e del potenziamento quali/quantitativo dell'"offerta" assistenziale si sono, inoltre, registrati almeno quattro sviluppi estremamente significativi.

Il primo è rappresentato dalla progressiva **implementazione** del "set" delle **vaccinazioni obbligatorie**. Subentrarono: l'antidifterica, l'antipertosse, l'antitetanica e, soprattutto, per l'enorme valore sociale che assunse, la vaccinazione antipolio. Questa (scoperta da Sabin) portò, negli anni '80, alla scomparsa della poliomielite nel mondo occidentale, risolvendo una minaccia che aveva rappresentato, fino ad allora, uno degli ultimi incubi per milioni di genitori.

Con la **l. 405** del **1975** vengono istituiti, in Italia, i **"consultori familiari"** (ad immagine e somiglianza dei *family planning* inglesi) allo scopo di: assistere psicologicamente e socialmente la coppia e la famiglia, favorendo con ciò una maternità e paternità responsabile, tutelare la salute della donna e del "prodotto del concepimento", fornire una corretta informazione anticoncezionale. Assegnando alla norma regionale il compito di programmare l'attivazione e di definire i criteri di funzionamento dei consultori, la legge 405 affida la loro gestione ai comuni (singoli o consorziati). Il personale di cui il consultorio può avvalersi è costituito sia dagli operatori dei distretti USL (a seguito della loro, successiva, attivazione) sia, nella contingenza più immediata, dagli ufficiali sanitari comunali e dai medici e dalle ostetriche condotti.

Con la **l. 180** del maggio del **1978** (alcuni mesi prima, quindi, dell'approvazione della legge di Riforma sanitaria) si viene a realizzare una radicale modifica nella organizzazione dell'**assistenza psichiatrica**.

La **legge Basaglia** traeva spunto da significativi presupposti valoriali che negavano, da un lato, quello "stigma"che aveva connotato – fino ad allora – il malato di mente come un fattore di pubblica insicurezza (giustificando in tal senso il "ricovero coatto") e cercavano di ridurre, dall'altro, riconoscendo la sola valenza patologica della patologia psichiatrica, il timore ancestrale indotto dalla follia.

Si introduce – come elemento originale di rottura con il passato – la proceduralizzazione del "trattamento sanitario obbligatorio". Provvedimento straordinario, a fronte della "normalità" del ricovero ospedaliero volontario (all'interno, quindi, di nosocomi polispecialistici nei quali il servizio psichiatrico si colloca accanto ad altre strutture di ricovero) e la cui autorizzazione deve essere concessa – a seguito di motivata richiesta da parte di un medico di "sanità pubblica" – dal sindaco territorialmente competente (in quanto "autorità sanitaria locale"). Il TSO risulta, quindi, eccezionale e la sua durata non deve superare, di norma, i sette giorni.

La malattia mentale viene, pertanto, ricondotta, per la sua prevenzione, diagnosi, cura e riabilitazione, alla presa in carico da parte dei "**servizi territoriali di psichiatria e di igiene mentale**", con ciò avviando un percorso di graduale superamento degli ospedali psichiatrici. Il trattamento della malattia mentale esce, quindi, dalla terrificante esperienza dell'abbruttimento totale della persona – concepita come pericoloso recluso da abbandonare ad un destino di irrecuperabile degrado psico-fisico – per inserirsi a pieno titolo nell'alveo delle competenze sanitarie e sociosanitarie esercitate dal sistema sanitario nazionale. In tal modo si cerca di assicurare anche al paziente psichiatrico (non più reietto) il "rispetto della dignità della persona e dei diritti civili e politici garantiti dalla Costituzione".

Con il **d.P.R. 616 del 1977**, si è avviato un massiccio trasferimento di funzioni dallo Stato alle regioni e agli enti locali, sciogliendo, contemporaneamente, una miriade di organismi nazionali e locali. Si realizza, così, una modificazione sostanziale dell'assetto del potere pubblico, valorizzando le autonomie locali a scapito del blocco statuale/ministeriale, residuo dell'architettura centralistica di ispirazione fascista.

Fra le molteplici competenze afferenti ai **"servizi sociali"** (secondo la classificazione adottata dal d.P.R.) si collocano anche **"sanità ed assistenza"**. In questi campi di attività il decreto non solo dà mandato alle regioni di aggregare i comuni secondo ambiti territoriali particolarmente idonei ad assicurare una gestione efficiente dei servizi, ma crea anche le premesse affinché si sfrutti questa opportunità di riordino istituzionale per sperimentare nuove formule assistenziali, attivando servizi non ancora presenti nella tradizionale "offerta" degli enti locali.

Nacquero, così, fra il 1976 e il 1977, in molte regioni italiane, i primi **"Consorzi intercomunali sociosanitari"** il cui compito si esaurì con l'avvento delle USL a seguito dell'approvazione della l. 833 nel 1978 e delle successive normative regionali di applicazione (all'incirca, intorno agli anni '80). In un quinquennio, i "Consorzi" operarono, in moltissime realtà, uno sforzo autenticamente innovativo (tipico dello "Stato nascente") capace di generare una serie di nuovi servizi territoriali sanitari, socio-sanitari e sociali. Si pensi, ad esempio, alla organizzazione dei primi servizi di **"medicina del lavoro"** (fino ad allora del tutto estranea alle competenze degli ufficiali sanitari provinciali e comunali). Furono, altresì, i "Consorzi" a farsi carico dei neonati "consultori familiari" e a implementare i primi nuclei di **"medicina di comunità"**, ampliando e potenziando le funzioni tradizionali della medicina scolastica. Sorsero i primi **servizi** per il **contrasto** delle **alcool-tossicodipendenze (i Sert)** sulla base di un bisogno che andava, purtroppo, crescendo esponenzialmente e che, nel corso di qualche anno (da metà degli anni '80 in poi), si sarebbe ingigantito, in modo improvviso e drammatico, a seguito del dilagare dell'infezione HIV. I Sert furono un primo baluardo a fronte di questa nuova pestilenza, svolgendo sia una azione diagnostica precoce e di assistenza – nei limiti del possibile – extraospedaliera, sia una strategia di prevenzione connotata da campagne informative ricorrenti e dalla presa in carico precoce dei pazienti a maggior rischio, sia per la adozione di interventi psico-sociali e farmacologici finalizzati alla "riduzione del danno".

Il d.P.R. 616 operò, inoltre, un ampio trasferimento di funzioni e responsabilità dal Governo centrale alle regioni in materia di **prevenzione** e **controllo** della **salubrità ambientale**, di nuovo intaccando il "blocco" delle competenze del "Ministero degli interni" (e di una serie di enti nazionali da esso fetati) così come definite, nel 1934, dal "Testo unico delle leggi sanitarie".

- ***Il "sottosistema" degli enti mutualistici***

Se, da un lato, l'incremento delle vaccinazioni obbligatorie, la nascita dei consultori familiari, la riforma dell'assistenza psichiatrica, la creazione dei Consorzi intercomunali socio-sanitari rappresentarono un fronte di crescita quantitativo e qualitativo dell'assistenza pubblica, dall'altro, l'espansione del "sottosistema mutualistico" (con le sue migliaia di piccoli e grandi enti e casse mutua) ridusse drasticamente la rilevanza del ruolo del medico condotto, inteso come unico presidio territorialmente capillarizzato.

Dunque, alla fine degli anni '70, accanto al "sottosistema degli enti locali" (così come succintamente descritto) si era affiancato, in parallelo, un secondo "sottosistema", di enorme rilevanza, quello degli "enti mutualistici".

Dalle embrionali esperienze delle "casse di mutuo soccorso" prevalentemente collegate alle società operaie dei primi anni del '900, la copertura assicurativa – originariamente privata e destinata al solo lavoratore pagante – andò espandendosi, fino alla metà degli anni '40, essenzialmente lungo due direttrici: la prima, vide la istituzione, da parte dello Stato, di alcuni **grandi enti** di **assicurazione malattia** (ad es., l'Ente mutualità fascista) il cui monte risorse non era più solo il frutto di una contribuzione volontaria, ma derivava anche, in buona misura, da trasferimenti finanziari garantiti dallo Stato. La seconda, che rese **obbligatoria**, per legge, la **copertura assicurativa** di **alcuni rischi fondamentali**, inizialmente limitati a morte ed invalidità, per poi ricomprendere anche l'insorgere della malattia (professionale e non).

Inoltre, questo allargamento del perimetro dei rischi tutelati e l'intervento del contributo pubblico generarono due ulteriori conseguenze: innanzi tutto, si assistette alla **esplosione quantitativa** degli **istituti assicurativi** collegati a piccole e grandi categorie di lavoratori dipendenti (dai "facchini" del porto di Genova alle maestranze dell'Ansaldo; ad es., dalle casse mutue dei giornalisti a quelle degli artigiani e via discorrendo). In un secondo momento si garantì una qualche forma di assicurazione anche alle categorie tradizionalmente più povere, a partire dai lavoratori della agricoltura.

La stessa linea di approccio andò, peraltro, confermandosi, dopo la fine del Regime fascista, anche nei primi anni '50. Di fatto, l'orientamento della politica sanitaria e sociale tendeva a mantenere in vigore la distinzione fra un'assistenza – ancora intesa come soccorso a persone disagiate – e una "previdenza sociale" – di cui era parte sostanziale la cura delle malattie – destinata ad assicurare la tutela di giusti diritti al cittadino-lavoratore che, allo scopo, versava un adeguato contributo.

Inoltre, il campo di intervento della previdenza sociale era concepito come un sistema a due livelli: nel primo, affidato all'assicurazione obbligatoria potentemente sostenuta anche da fondi statali, veniva garantito uno "standard minimo di prestazioni" finalizzato a coprire i rischi più diffusi, ma anche meno impegnativi (il così detto "piccolo rischio"). Nel secondo livello si collocavano, invece, le risposte assicurative acquistabili direttamente da ogni utente (individuale o collettivo) ricorrendo al libero mercato delle assicurazioni private.

Di fatto, fu l'**assicurazione obbligatoria** ad espandersi viralmente a fasce sempre più ampie di lavoratori (vi furono ricompresi tutti quelli autonomi, ad es.) e, fatto di enorme rilevanza, ai loro familiari.

Ne conseguì che, in circa trent'anni (dal 1945 al 1974, anno in cui vennero sciolte le "mutue"), gli assicurati passarono da 16 ad oltre 51 milioni di persone, per una spesa complessiva di 4534 miliardi di lire, contro i 4 miliardi del 1945, i 70 del 1948 e i 91 del 1950. Dunque, poco meno del 90% della popolazione. Agli inizi degli anni '60, era assicurata da 35 grandi enti nazionali (Inam, Enpdep, Enpas, ecc.) e da circa 280 casse mutue locali o aziendali (Casse mutue dei commercianti, degli artigiani, dei coltivatori diretti, di alcune, grandi aziende manifatturiere, ma anche di piccole realtà di "nicchia"...).

Questa miriade di organismi garantiva, certamente, una larga tutela assistenziale, ma lo faceva in modo estremamente eterogeneo. Le diversità fra mutua e mutua riguardavano, sia il peso contributivo ancora posto sulle spalle del lavoratore (e del suo datore di lavoro in caso di attività non autonoma) sia, soprattutto, l'**articolazione tipologica** delle **prestazioni assistenziali**. Gli enti maggiori assicuravano non solo l'assistenza di base, ma anche prestazioni diagnostiche di livello superiore, visite specialistiche ambulatoriali, ricoveri ospedalieri, assistenza farmaceutica e financo cicli di interventi riabilitativi e di cure termali, ecc. Le mutue più piccole (in particolare, le "casse" locali e aziendali di modeste dimensioni) fornivano, invece, solo una parte del ricco corredo prestazionale garantito dai colossi assicurativi nazionali.

A queste diversità di offerta assistenziale se ne aggiungevano, poi, altre relative alla **non uguaglianza** nelle **condizioni** di **accesso**. Quasi tutte le strutture erogative gestite dagli enti di maggiori dimensioni erano, infatti, concentrate in contesti urbani grandi e medi. I piccoli comuni e le aree periferiche ne erano, invece, del tutto sguarniti.

Inoltre, nonostante che l'estensione delle copertura assicurativa raggiungesse (pur con tutte le disomogeneità accennate) circa il 90% della popolazione italiana, rimaneva uno "zoccolo duro" di circa 5 milioni di cittadini che ne erano più o meno stabilmente esclusi (in quanto disoccupati o inoccupati) e che galleggiavano nelle pieghe dell'assistenza residuale alla popolazione povera.

Infine, nel corso di un trentennio, il contributo da parte dello Stato, a favore di gestioni, grandi e piccole, in progressivo **dissesto finanziario** andò assumendo proporzioni gigantesche.

Sono fondamentalmente tre le cause che hanno generato una tale situazione (sempre più) critica:

- il sostanziale **blocco** della **entità** del **"premio assicurativo"** corrisposto dal singolo lavoratore e dal suo datore di lavoro. A partire dagli anni '60, il "monte contribuzione" posto a carico dei privati venne, di fatto, "congelato, a fronte di un forte incremento dei costi sostenuti dal "sottosistema mutualistico" (a causa dell'aumento della quantità e della qualità dei servizi erogati);
- l'**estensione** degli **aventi diritto** all'assistenza ben al di là dei soli lavoratori assicurati. L'ampliamento riguardò, in prima battuta, i compo-

nenti dei nuclei familiari: le **mogli** e i **figli** dei **lavoratori**. In particolare, il numero degli anni in cui questi ultimi (non essendo ancora in grado di inserirsi autonomamente nel mondo del lavoro) rimanevano a carico del capo famiglia "occupato" andò rapidamente crescendo a seguito sia dell'allungamento del periodo di frequenza scolastica obbligatoria (fino al 14° anno di età) sia dell'incremento notevole dei giovani che si iscrivevano all'università, posticipando da un minimo di quattro ad un massimo di sei anni il momento del loro ingresso nel mondo del lavoro.

In seconda battuta, la categoria dei percettori di assistenza che, finanziariamente, non vi contribuivano per nulla si estese all'ampio mondo dei **"pensionati"**. Con alcuni provvedimenti legislativi assai discutibili si inaugurò, nel 1973, la stagione delle "pensioni baby". Privilegio riservato ad alcune categorie del pubblico impiego (in particolare, gli insegnanti) che consentiva loro di godere della pensione per lunghissimi periodi di tempo. In molti casi il trattamento di quiescenza scattava, infatti, attorno ai 45 anni dopo aver pagato i contributi per poco più di 20 anni.

Infine, a partire dalla fine degli anni '60, i **costi** che il "sottosistema degli enti mutualistici" doveva sostenere per continuare ad assicurare l'**assistenza ospedaliera lievitarono** in misura esponenziale a seguito della riforma "Mariotti" (l. 132/1968). A seguito della standardizzazione di parametri assistenziali e strutturali qualitativamente superiori rispetto alla situazione precedente, la spesa relativa a tale assistenza passò, fra il 1963 e il 1973, da 304 a 2364 miliardi di lire, con un incremento del 678% (il triplo di quello osservato, ad es., per la spesa farmaceutica territoriale).

In ragione di tutte le considerazioni fin qui esposte, gli enti mutualistici subirono, progressivamente, gli esiti infausti di una **crescente crisi** sia degli equilibri finanziari che dell'indice di gradimento espresso dai cittadini italiani. Crisi che portò al loro scioglimento (nella fase propedeutica all'avvento della riforma sanitaria) nel 1976. Basti pensare che il "sottosistema mutualistico" andò accumulando disavanzi stratosferici, fra il 1967 e il 1974, tali che il Ministero del tesoro dovette intervenire con oltre 3500 miliardi di lire allo scopo di evitare che il non pagamento dei debiti contratti con gli enti ospedalieri ne decretasse, di fatto, la chiusura.

La crisi complessiva del "sottosistema" ne richiedeva, quindi, anzi, ne imponeva, un superamento radicale, attraverso la revisione netta dei suoi principi costitutivi e delle sue modalità di funzionamento.

- ***Il "sottosistema" ospedaliero***

Il terzo sottosistema che andò affermandosi nel panorama dell'assistenza sanitaria pre-riforma è rappresentato da quello degli **"enti ospedalieri"**. Con la **l. 132** del **1968** (la c.d. **legge Mariotti**) tutti gli "istituti di pubblica assistenza" (ovverosia Ipab derivanti, in larghissima parte, dalla statalizzazione delle Opere Pie confessionali operata dalla legge Crispi del 1890) che gestivano strutture ospedaliere, nonché tutti i presidi amministrati da organismi locali (ad es., i comuni) o nazionali (ad es., i "sanatori" afferenti all'Inps) furono trasformati in "enti ospedalieri".

Il loro "governo" venne attribuito a "consigli di amministrazione" e a presidenti espressi sia dalla comunità locale di riferimento, sia dai cc.dd. "originari interessi", allo scopo di mantenere un minimo di continuità con quel mondo caritatevole e filantropico che fino ad allora aveva, in qualche modo, assicurato l'assistenza. Alle rappresentanze istituzionali venne, poi, affiancato un organismo tecnico di consulenza – il "consiglio dei sanitari" – espressione partecipativa del personale ospedaliero.

La "rivoluzione" introdotta dalla legge Mariotti rispetto al mezzo secolo precedente riguardava, peraltro, in particolare, cinque aspetti:

- Il collocamento di ogni struttura ospedaliera all'interno di un **assetto gerarchico** che le classificava come **"zonali"**, **"provinciali"** e **"regionali"** in ragione delle loro **dimensioni**, essendo, queste, la conseguenza del bacino di utenza di riferimento (dal piccolo territorio locale alle grandi aree sub-regionali) e, quindi, del numero delle specialità presenti (di base, oppure di media ed alta complessità).
- La predeterminazione, allo scopo di assicurare il necessario livello di qualità, di **"standard assistenziali"** che correlavano il "minutaggio" di impegno del personale (medico, paramedico e tecnico) alla gravità della patologia di cui era affetto ogni paziente ricoverato.
- La **strutturazione organizzativa** interna, basata su reparti specialistici e sub-specialistici e su servizi di radiologia e di laboratorio, individuati come dotazione diversamente peculiare per ciascuno dei tre livelli di complessità sopra indicati.
- Il personale – suddiviso in ruoli e figure professionali diverse: medici, paramedici (allora si denominavano così gli infermieri generici e professionali) tecnici e amministrativi – che doveva assicurare gli standard assistenziali. Gli operatori erano, prevalentemente, **assunti in "ruolo"**, per concorso, e costituivano la **dotazione organica** di ogni presidio ospedaliero.
- L'ospedale poteva gestire anche altri servizi non specificamente collegati al ricovero. Ad es., programmi embrionali di prevenzione attraverso i "centri per le malattie sociali", funzioni didattiche in collaborazione con le università, attività di ricerca.

È ben comprensibile come questa assistenza ospedaliera non più affidata a stuoli di solerti monache, a personale (spesso non di ruolo) la cui consistenza quantitativa dipendeva dalle disponibilità finanziarie del "soggetto" gestore piuttosto che da esigenze diagnostiche e terapeutiche, alla presenza saltuaria di medici di base e condotti, ecc., ma qualificata da un poderoso incremento di strutture specialistiche che richiesero dotazioni organiche di personale 3 – 4 volte superiore a quello precedentemente impiegato – facesse lievitare la spesa posta a carico degli enti pagatori, ovverosia delle "mutue" (o, in alternativa, come si è sottolineato, dello Stato centrale) in modo pazzesco.

La genesi del "sottosistema degli enti ospedalieri" rappresentò, quindi, da un lato, una definitiva spallata al precario equilibrio finanziario del "sottosistema mutualistico" e, dall'altro, una significativa anticipazione di quella universalità del diritto al ricovero ("l'assistenza ospedaliera pubblica è svolta a favore di tutti i cittadini italiani e stranieri", recita la l. 132) che costituirà la "cifra" ideologicamente predominante (dieci anni dopo) della riforma sanitaria del 1978.

3.3. L'avvento della riforma sanitaria

Come si è appena illustrato, la situazione della sanità italiana, fra il 1976 e il 1978, a conclusione di oltre mezzo secolo di cambiamenti sistemici, presentava criticità di genere vario, in rapporto: alla relativa non interconnessione fra enti locali, mutue ed enti ospedalieri, alla estrema disomogeneità dei livelli di assistenza e delle condizioni di accesso ai servizi, alla non tutela sanitaria di alcuni milioni di persone e all'accumulo costante di enormi disavanzi.

Aspetti che reclamavano da tempo un definitivo e radicale rinnovamento istituzionale capace di superare non solo le criticità poc'anzi evidenziate, ma anche di rimodulare il sistema sanitario in funzione della necessità di porre il **paziente** al **centro** di un assetto della "offerta" che garantisse il più possibile una risposta complessiva e continuativa ai suoi bisogni.

Ne consegue un sistema sanitario totalmente diverso, ispirato a principi e criteri che trovano riferimento nell'art. 32 della Costituzione italiana (oltre che in un dibattito culturale che, in quegli anni, si andava sviluppando a livello planetario).

Recita l'**art. 32** della **Costituzione italiana**: "*La Repubblica tutela la salute come fondamentale diritto dell'individuo e interesse della collettività e garantisce cure gratuite agli indigenti. Nessuno può essere obbligato a un determinato trattamento sanitario se non per disposizione di legge*".

Al netto di un riferimento, ancora rivolto al passato, relativo alla garanzia di assistenza gratuita per gli indigenti, il vero viraggio ideale, rispetto alla precedente concezione dell'assistenza sanitaria, consiste nel porre l'accento sulla **"tutela della salute"** e **non solo** sulla **cura della malattia**. La "tutela della salute" già contiene in sé quelle suggestioni culturali e scientifiche che, a trent'anni di distanza, troviamo espresse nella "dichiarazione di Alma Ata" (approvata dall'assemblea generale dell'ONU nel 1977).

Dichiarazione in cui tale "tutela" viene perentoriamente correlata alla esplicazione di interventi di prevenzione "primaria" (come evitare l'emergere delle malattie attraverso stili di vita sani) e "secondaria" (diagnostica precoce, *screening*). Inoltre, si amplia lo spettro degli obiettivi di tutela fino a ricomprendervi la conquista e la difesa del "benessere", inteso come coacervo di aspetti non solo sanitari, ma anche di natura economica, culturale, sociale, ambientale e psico-relazionale.

Di non minore importanza (anzi, è su questo che si concentra, in larghissima parte, l'attenzione del dibattito politico) risulta essere l'affermazione di come la "tutela della salute" debba considerarsi un "fondamentale diritto dell'individuo e interesse dalla comunità".

Diritto, dunque, e **non concessione caritatevole**. Dell'individuo e non del solo lavoratore. Di valenza comunitaria, con ciò introducendo un rapporto virtuoso fra il singolo cittadino e il contesto antropologico in cui vive. La collettività, dunque, ha tutto l'interesse a preservare e a recuperare la salute dei propri componenti (che in tal modo sono più produttivi, consumano meno risorse pubbliche, rendono più serena la reciproca convivenza, concorrono con maggiore intensità alla crescita culturale e sociale della comunità stessa). Ogni cittadino, a sua volta, trae un grande beneficio dall'essere oggetto di un tale interesse collettivo.

Ci sono voluti oltre trent'anni – dopo l'approvazione della Carta costituzionale – prima che il "diritto alla salute" trovasse una coerente risposta sistemica nell'avvento del **Servizio Sanitario Nazionale**.

- ***La legge 833/1978: principi ispiratori***

L'incipit della riforma introdotta dalla **l. 833/1978** è dato dal suo art. 1: "*il Servizio Sanitario Nazionale è costituito dal complesso delle funzioni, delle strutture e delle attività destinati alla promozione, al mantenimento e al recupero della salute fisica e psichica di tutta la popolazione senza distinzione di condizioni individuali o sociali e secondo modalità che assicurino l'eguaglianza dei cittadini nei confronti del servizio. L'attuazione del SSN compete alla Stato, alle regioni e agli enti locali territoriali, garantendo la partecipazione dei cittadini*".

Sezionando il testo citato ne ricaviamo l'insieme di quei principi costitutivi della Riforma che segnano un viraggio dirompente rispetto a quanto si era realizzato fino ad allora (in oltre un secolo di storia). Dunque:

– il SSN è "costituito dalle funzioni, dalle strutture e dalle attività destinate (...)", ovverosia, da un corredo di interventi, assetti organizzativi e risorse (umane, strutturali e strumentali) che derivano – in prima battuta e in larga misura – dai precedenti sottosistemi e vengono gradualmente portati ad erogare in modo "unificato" (nei tempi e con le modalità previsti dal primo "Piano sanitario nazionale") le "prestazioni sanitarie già erogate dai disciolti enti mutualistici, dalle mutue aziendali e dagli enti e casse, servizi e gestioni autonome degli enti previdenziali". Così recita l'art. 57 della l. 833 esplicitando uno dei più rilevanti obiettivi strategici della riforma: la **unificazione** (non ancora la omogeneizzazione) di quel **coacervo prestazionale** che rappresentava il frutto di uno sviluppo stratificatosi difformemente lungo le tre, precedenti, direttrici sottosistemiche;

– funzioni, strutture e attività sono destinate alla "promozione, al mantenimento e al recupero della salute fisica e psichica". **Salta** completamente la **logica ispiratrice** delle **"assicurazioni malattia"**, in ragione della quale le strutture sanitarie si attivavano solamente al verificarsi del "rischio" assicurato (ovverossia, una volta che l'evento patogeno si fosse manifestato). Al contrario, la **"promozione e il mantenimento"** della **salute** perseguono sia un'ampia funzione informativa ed educativa, sia l'adozione, da parte dei cittadini, di comportamenti idonei a perseguire la ricerca di stili di vita sani (prevenzione primaria). Ma anche la funzione di recupero si riferisce non tanto al contrasto della malattia per ottenerne il superamento, quanto piuttosto ad un più risolutivo ripristino dello stato di salute. Evocativo di quel "benessere" – non a caso fisico e psichico – che la dichiarazione di Alma Ata poneva come obiettivo, largo e futuribile, di un nuovo umanesimo sanitario.

Si può fin da ora osservare che questo **"incipit"** all'**attività di prevenzione** non ha trovato, nei primi decenni di sviluppo della riforma, un coerente impegno realizzativo. Tutta l'attenzione è stata rivolta, prima, ai servizi ospedalieri, poi, a quelli territoriali (sanitari e socio-sanitari). Solo di recente un'adeguata maturazione culturale ha dedicato maggiore interesse ai temi della prevenzione primaria (vedi, *infra*, il "Piano nazionale della prevenzione"). Infine, nella dimensione del recupero si impone con evidenza del tutto nuova l'attività di "**riabilitazione** e di **recupero funzionale**" sottraendola agli angusti confini in cui l'aveva relegata l'INAIL per oltre quarant'anni;

– la salute fisica e psichica deve, peraltro, essere assicurata a "tutta la popolazione senza distinzione di condizioni individuali e sociali".

Dalla segmentazione categoriale, dalla distinzione fra poveri e lavoratori assicurati, dalla non copertura assistenziale ai disoccupati, inoccupati e giovani in cerca di prima occupazione, dalle profonde disparità dei livelli quantitativi e qualitativi dell'assistenza, si giunge, infine, all'applicazione del **principio** della **"universalità delle cure"**.

Dunque, tutti i cittadini, in quanto tali, devono poter ricevere l'assistenza di cui hanno bisogno. Anzi, si amplia il novero di coloro che ne possono usufruire ricomprendendo anche i non italiani temporaneamente domiciliati nel nostro Paese. Il principio è chiaro, forte, sfidante (non ancora offuscato dalle revisioni derivanti da problemi di compatibilità finanziarie). Finalmente, il diritto alla salute propugnato dall'art. 32 della Costituzione sembra trovare una soluzione profondamente egualitaria e assolutamente democratica, "senza se e senza ma" (lo si deduce, peraltro, implicitamente, giacché nel testo dell'art. 1 non vi si fa un esplicito riferimento, come avverrà, invece, successivamente, nel d.lgs. 229/1999).

Il **SSN** si fa carico di prospettare un **equo interscambio**: a tutti i cittadini viene assicurata la necessaria copertura assistenziale, nel mentre ognuno di essi concorre a coprirne i costi in proporzione al proprio gettito fiscale. L'"universalità delle cure" viene, pertanto, garantita attraverso la costituzione di un "Fondo Sanitario Nazionale" alimentato da una quota percentuale del "Prodotto Interno Lordo". Se ne fa, quindi, carico la **"fiscalità genera-**

le" dello Stato. Questa opzione non è solo coerente con il superamento della logica mutualistica, collegata a specifiche, parziali e distinte, contribuzioni, ma rappresenta anche la formula tecnicamente più efficace per dare sostanza al **"principio di solidarietà"**. Infatti, in ragione di ciò, all'interno della comunità nazionale, contribuiscono maggiormente alla costituzione del **"Fondo Sanitario Nazionale"** coloro che, essendo giovani occupati e percettori di reddito, pagano più tasse, pur usufruendo in misura modesta di cure ed assistenza. All'opposto, i minori, da un lato della scala demografica, e gli anziani, dall'altro, contribuiscono marginalmente (non essendo ancora percettori di reddito, o essendolo in misura più modesta) alla creazione del "Fondo", anche se sono loro i maggiori consumatori di interventi e prestazioni assistenziali. Tale discrasia trova formale rappresentazione nelle modalità di ripartizione dell'FSN. La **"quota capitaria pesata"** viene, infatti, parametrata con indice pari ad 1 nella fascia di età ricompresa fra i 18 ed i 64 anni, salendo a 2,5 fra gli 0 e i 17 anni, per poi giungere al suo picco, pari a 4, oltre i 65 anni.

Si realizza, in tal modo, un potente flusso di solidarietà intergenerazionale e intercategoriale. In linea di principio l'"universalismo assistenziale" rappresenta una vera e propria rivoluzione copernicana. Nella pratica attuativa, però, inerzie istituzionali e vischiosità burocratiche determinarono gravi ritardi. Si dovette, ad esempio, attendere la metà degli anni '90 affinché la fiscalizzazione generale superasse i residui sperequativi derivanti dal vecchio sottosistema mutualistico (basti pensare che ancora nel 1991 il gettito derivante dalla mutualità rappresentava il 56% della spesa sanitaria complessiva);

– il SSN garantisce, inoltre, la salute fisica e psichica di tutta la popolazione secondo modalità "che assicurino l'eguaglianza dei cittadini nei confronti del servizio". Questo riferimento al **principio dell'egualitarismo** deve essere declinato nelle seguenti due versioni: **equità** nella somministrazione delle cure e dell'assistenza; **parità** nelle **condizioni** di **accesso** del cittadino/paziente ai servizi di cui necessita.

L'equità consiste nel fornire ad ogni paziente le stesse risposte assistenziali a parità di bisogno. E risposte più immediate e incisive a coloro che presentano maggiori necessità a fronte di condizioni di salute particolarmente gravi.

La eguaglianza nelle condizioni di accesso postula, invece, assetti organizzativi e operativi, nonché una quantità e qualità di offerta prestazionale tale da consentire, in tutti i punti di erogazione del sistema sanitario, la stessa tempestività di risposta, l'identico sforzo nella eliminazione di barriere fisiche e, soprattutto, burocratiche, l'assenza di ogni favoritismo clientelare, le stesse dinamiche di "presa in carico", ecc. Si deve onestamente riconoscere come questi due principi (che al contempo rappresentano anche finalità strategiche del SSN) non siano stati, fino ad ora, uniformemente rispettati sull'intero territorio nazionale. Anzi, con l'andare del tempo, sia la eterogeneità delle soluzioni organizzative adottate dalle singole regioni, sia la incapacità di alcune di esse nel garantire l'equilibrio di bilancio, hanno introdotto progressivamente condizioni di profonda disuguaglianza (con particolare riferimento alle regioni del Sud Italia). Tale situazione viene illustrata in modo esplicito dal fatto che l'attesa di vita alla nascita delle popolazioni meridionali risulta oggi, ridotta, rispetto alla media nazionale, di circa 3 anni.

• ***I "soggetti istituzionali" della riforma***

I "soggetti istituzionali" protagonisti dell'attuazione della riforma sono individuati nello **Stato**, nelle **regioni** e negli **enti locali**.

Lo **Stato**, ovviamente, sia perché il Servizio Sanitario è, per l'appunto, nazionale, sia perché ne garantisce, in larghissima parte, il finanziamento, sia perché alcune **regole** del **gioco** (dai criteri concorsuali ai contratti collettivi per il personale dipendente, alle normative per l'acquisto di beni e servizi, ad es.) sono **identiche** sull'**intero territorio nazionale**, sia, infine, perché (almeno in linea di principio) in ogni punto erogativo del Paese dovrebbero essere assicurati i medesimi **"livelli essenziali di assistenza"**. L'importanza della statualità si rafforza, inoltre, se la si considera, in senso lato, come la principale garanzia, in campo sanitario e socio-sanitario, per promuovere il consolidamento di quel ***welfare state*** "previdenziale" che ha rappresentato una delle principali conquiste delle democrazie liberal-costituzionali, ad ispirazione socialdemocratica, soprattutto in Europa. *Welfare state* che, ora, appare in crisi e richiede un profondo ripensamento, un poco per mutazione ideologica e molto per necessità economica.

Le **regioni** (come viene approfonditamente esposto in altra parte del volume) concorrono alla realizzazione del SSN in duplice modo: danno applicazione, all'interno dei propri Servizi Sanitari Regionali, alle normative nazionali e legiferano autonomamente in rapporto alle aree di esclusiva competenza loro assegnate. Si colloca in quest'ambito tutto ciò che afferisce alla organizzazione dei servizi all'interno delle Aziende sanitarie territoriali e ospedaliere (pur nel rispetto degli indirizzi generali formulati dall'ordinamento statuale attraverso le grandi normative "quadro" di riforma e una nutrita serie di provvedimenti puntuali).

Gli **enti locali** rimangono protagonisti della gestione delle **Unità sanitarie Locali** fino al 1992, poi vengono marginalizzati (come specificheremo fra breve), rimanendo loro, solamente, una qualche funzione di natura programmatoria a livello sia aziendale che distrettuale.

Infine, le pubbliche istituzioni devono assumersi l'onere di dar corso costitutivo alla riforma anche per quanto concerne la **"partecipazione dei cittadini"**. Per il vero, l'art. 1 della l. 833 non va oltre questa petizione di principio. Affermazione, dunque, densa di potenzialità e che risponde all'orientamento generale che in tutti gli Stati democratici punta a favorire le forme della partecipazione popolare. Di fatto, nella concretezza dei processi realizzativi *post* legge 833, i vari ordinamenti regionali hanno prodotto modesti sforzi applicativi e della "partecipazione dei cittadini" si sono perse le tracce fino al d.lgs. 229 del 1999.

L'art. 19 della legge 833 fissa un altro principio che si pone a corollario di un Servizio Sanitario che si definisce nazionale: "la **libera scelta** del **medico** e del **luogo di cura**", il che può avvenire, "per motivate ragioni, in caso di urgenza o di temporanea dimora", in "luogo diverso da quello abituale" mediante i servizi di "qualsiasi Unità sanitaria". Si fissa, in altri termini, la piena legittimità della **"mobilità sanitaria"**; croce e delizia di un sistema che, da un lato, vede crescere – nella concreta disomogeneità della offerta assistenziale espressa dalle varie regioni – la transumanza dei pazienti dai territori del Sud a quelli del Nord, ma, dall'altro, non confina alcun paziente all'interno di ghetti ambientali e/o istituzionali che gli impediscano di ricevere una equa assistenza sull'intero territorio nazionale.

3.4. La prima riforma della riforma

Con la **prima riforma** della **riforma** operata dai **dd.llgs. 502/1992** e **517/1993** si introducono rilevantissimi cambiamenti di ordine istituzionale, organizzativo e gestionale (si passa, infatti, dalle USL alle ASL), ma si toccano solo marginalmente i principi fondativi del SSN. Per il vero, qualche tendenza verso un contenimento del totale impegno pubblico si era andata manifestando con una certa vivacità sia all'interno del sistema (alimentata, in particolare, dal "Ministero della economia e delle finanze", preoccupato dalla ennesima discrasia fra la disponibilità del FSN e le spese effettivamente sostenute), sia al suo esterno, su scala europea. Alcune forze politiche proposero, ad esempio, l'introduzione di una maggiore concorrenzialità da parte della sanità privata, una compartecipazione alla spesa da parte della utenza, la distinzione fra "grandi rischi" a carico del servizio pubblico e "piccoli rischi" accollabili ad un'assistenza integrativa pagata dai singoli cittadini. Il loro parziale accoglimento non operò, peraltro, lo snaturamento dei capisaldi del SSN e non trovò, poi, un riscontro confermativo nella seconda riforma della riforma: quella introdotta dal d.lgs. 229/1999 (la così detta riforma Bindi). Al contrario, il Ministro Rosy Bindi affermò con forza l'intenzione di ripristinare una piena continuità con i principi fondamentali della legge istitutiva del SSN e, prima di giungere all'approvazione del decreto, varò il "Piano Sanitario Nazionale 1998/2001" – denominato "Patto di solidarietà per la salute" – che fissava dieci grandi obiettivi definendo, per ciascuno di essi, il ruolo che dovevano svolgere sia le istituzioni, sia i "soggetti" della società civile, allo scopo di assicurarne il raggiungimento.

3.5. La seconda riforma della riforma

Di questa riaffermazione dei valori essenziali che devono trovare riscontro anche nella terza stagione del sistema sanitario italiano, troviamo esplicito riferimento nell'art. 1 del **d.lgs. 229/1999**. Innanzi tutto – a differenza di quanto era dato notare nel testo dell'art. 1 della l. 833 – viene esplicitato un richiamo diretto al principio costituzionale del "diritto alla salute". Vi si esplicita, infatti, che la "tutela della salute" deve essere intesa come "diritto fondamentale dell'individuo e della collettività". Questo imprescindibile binomio (che è oggetto, tuttora, del surreale dibattito relativo alla obbligatorietà o meno delle vaccinazioni) va, peraltro, garantito "nel rispetto della dignità e della libertà della persona umana". Espressione, questa, che se da un lato richiama la libera scelta delle cure da parte del malato, dall'altro introduce il vasto tema (la cui importanza andrà crescendo nel tempo) della **"umanizzazione"** dell'assistenza, con la conseguente esigenza di assicurare una buona relazionalità fra i pazienti e gli operatori sanitari e socio-sanitari, di eliminare quegli ostacoli alla fruizione dei servizi che mortificano i malati ed le loro famiglie, di allestire ambienti che tutelino riservatezza e dignità della persona, ecc. Un'altra rilevante variazione rispetto al testo della l. 833 consiste nel passare dalla indeterminatezza complessiva delle co-responsablità di "Stato, regioni ed enti locali" ad una duplice, più netta e incisiva, imputazione di responsabilità, crescenti sul versante regionale, in dissoluzione sul versante degli enti locali.

Infatti, il "complesso delle funzioni e delle attività assistenziali dei Servizi Sanitari Regionali" costituisce l'architettura sostanziale su cui si fonda il SSN. Questo viene, dunque, inteso come **aggregazione** di quegli **assetti istituzional-organizzativi**, **gestionali** ed **operativi** che sono attribuiti alla **piena autonomia** dispositiva delle singole **regioni**. Si introduce, così, il concetto di una **sanità "federale"** che si consolida nel perenne confronto e, talvolta, conflitto fra le prerogative statuali (vecchie e nuove) e la esplicitazione dei margini di autodeterminazione che la esperienza via via maturata – *de facto* – dai Servizi Sanitari regionali impone all'attenzione del legislatore e della Corte costituzionale.

Sul versante degli enti locali si deve prendere atto della loro *capitis deminutio*. Sono privati, infatti, della titolarità della gestione delle USL che i dd.llgs. 502/517 trasformano in **"Aziende sanitarie locali"** a guida monocratica (scelta confermata e rafforzata, poi, dal d.lgs. 229/1999).

Un altro elemento di particolare novità che distingue il profilo funzionale delineato dalla l. 833 da quello elaborato nelle successive riforme della riforma consiste nel **perseguimento** dei **"Livelli Essenziali di Assistenza"**. Se la prima finalità del SSN scaturito dalla 833 era rappresentata dalla "unificazione dei livelli delle prestazioni sanitarie" provenienti dall'universo settoriale dei tre precedenti sottosistemi, la "deontologia" del SSN ad impronta "Byndiana" consiste nel giungere a garantire i "livelli essenziali e uniformi di assistenza" a tutti i cittadini italiani. Un'assistenza, quindi, non superflua e non difforme. Appare, peraltro, corretta la indicazione che pone la periodica revisione dei "livelli essenziali" nell'ambito della predisposizione dei **"Piani sanitari nazionali"**. Il legislatore dimostra di sapere, infatti, che le esigenze mutano nel tempo imponendo frequenti aggiornamenti e che il PSN appare strumento flessibile nella sua riproposizione periodica (ordinariamente triennale) e, quindi, particolarmente idoneo a cogliere l'evoluzione del bisogno assistenziale.

Infine, i **"livelli essenziali ed uniformi di assistenza"** devono essere garantiti facendo riferimento ai seguente **principi fondamentali**:

- il "**rispetto della dignità** della **persona umana**", con ciò rinforzando l'importanza della "umanizzazione" dell'assistenza;
- la risposta al **"bisogno di salute"**, confermando il superamento del concetto di "cura della malattia" per richiamare, invece, la essenzialità anche di interventi a connotazione preventiva;
- la **"equità nell'accesso all'assistenza"** rieditando i criteri relativi sia alla ponderazione della intensità delle cure rispetto alle condizioni di salute del paziente, sia alla eguaglianza nelle condizioni di accesso ai servizi, ovunque questi siano ubicati sul territorio nazionale e indipendentemente dallo *status* socio-economico del cittadino/utente;
- la **"qualità delle cure e della loro appropriatezza"**, principio inedito (ovvero non espresso negli articoli introduttivi della l. 833 e dei successivi decreti di riforma) ma di grandissima rilevanza. Esso pone, infatti, una necessità che è andata consolidandosi nel tempo: la essenzialità dell'assistenza non deve in alcun modo abbattere la qualità delle prestazioni erogate, ma non si identifica, a sua volta, con la loro abbondanza e varietà. Occorre, invece, rispettare il **criterio** dell'**appropriatezza** in una duplice versione: **"clinica"**, lì ove si forniscono risposte terapeuticamente efficaci-essenziali e non ridondanti al minor costo possibile; **"organizzativa"**, allorquando una data prestazione viene erogata nel contesto operativo che, a parità di efficacia clinica, consente di assicurare il massimo di efficienza (in ambito ambulatoriale, piuttosto che in "costanza di ricovero", ad es.);
- la **"economicità nell'impiego delle risorse"**, abbinando a quanto si è già indicato con riferimento all'"appropriatezza clinica e organizzativa" tutto il vastissimo tema della efficienza gestionale. Questa deriva dalla ricerca e dal rispetto dei "costi" più convenienti in rapporto: ai vari beni e servizi di cui il SSN deve dotarsi, ad ogni tipologia di prestazione, ad interi percorsi assistenziali, ecc., nell'ambito del tentativo, fino ad ora mal riuscito, di calcolare (per poi imporre) "costi medi standard".

Capitolo 4
Il finanziamento del Servizio Sanitario Nazionale

di *Fosco Foglietta, Diego Lorenzetti*

4.1. Il sistema di finanziamento del SSN – Fondo Sanitario Nazionale e criteri ripartitori

- ***Il Fondo Sanitario Nazionale nella prima riforma***

Con l'istituzione del SSN ed il riconoscimento della natura precettiva al diritto della salute, la relativa tutela venne estesa a tutti, gratuitamente e senza limiti di spesa. Il sistema così introdotto segnò il superamento della logica di garanzia legata alla capacità contributiva del singolo sino ad allora presente, in favore di un sistema in cui l'unica fonte di finanziamento era da individuarsi nel bilancio dello Stato. Titolare del diritto alla tutela della salute, alla cui più ampia garanzia provvedeva lo Stato direttamente, divenne, quindi, il cittadino, non più il lavoratore.

Alla scelta di conferire alla tutela della salute una visione universalistica ed ugualitaria, la l. 833/1978 accompagnava un sistema di finanziamento attraverso la **fiscalità generale**, fondato sul **principio** della **progressività**. In particolare, la l. 833/1978 istituì un sistema a cascata (Stato - regioni - USL) per cui il Governo stabiliva con cadenza annuale l'ammontare complessivo delle risorse da iscrivere nel bilancio dello Stato entro la prospettiva triennale stabilita dal Piano Sanitario Nazionale (PSN) e indicava la sua ripartizione fra le regioni. A queste ultime erano affidate le scelte di programmazione dei servizi, la cui gestione e organizzazione, infine, era affidata alle USL.

La legge 833/1978 istituì all'uopo il **Fondo Sanitario Nazionale**, approvato ciascun anno con legge finanziaria e fondato sulla finanza derivata. Le entrate erano principalmente costituite dalle imposte generali e dalla contribuzione obbligatoria dei cittadini; l'ammontare del Fondo veniva redistribuito alle regioni e queste ultime, a loro volta, finanziavano i centri di spesa territoriali (USL).

Sulla carta, avrebbe potuto anche funzionare. Non fu però così. La spesa sanitaria – solo – a carico dello Stato divenne da subito insostenibile. Da un lato, infatti, tale sistema di finanziamento arrivava a coprire solo il 65-70% dell'effettiva spesa sanitaria. Dall'altro, alle regioni, data l'assenza di indicazioni programmatiche (il primo PSN fu infatti approvato solo nel 1993), veniva sostanzialmente conferito il potere di disporre virtualmente di "budget" di spesa superiori alle reali disponibilità.

In sostanza, il SSN si avviava già in un **contesto** di **crisi finanziaria** i cui tentativi di risoluzione si manifestarono in un decennio di fantasiose manovre economiche e copiosi decreti d'urgenza (uno su tutti, nemmeno 3 mesi dopo l'entrata in vigore della l. 833/1978 venne introdotta la compartecipazione alla spesa sanitaria sui farmaci e sulla diagnostica) volti a rattoppare un sistema già in pieno deficit.

Un simile contegno impose l'inevitabile intervento della Corte costituzionale che ordinò al legislatore di riconsiderare "*organicamente l'ordinamento del servizio sanitario nazionale*" non essendo sufficienti a tale scopo "*le leggi finanziarie, né gli altri provvedimenti di carattere urgente o comunque contingente: là dove sono in gioco funzioni e diritti costituzionalmente previsti e garantiti, è infatti indispensabile superare la prospettiva del puro contenimento della spesa pubblica, per assicurare la certezza del diritto ed il buon andamento delle pubbliche amministrazioni, mediante discipline coerenti e destinate a durare nel tempo*" (C. Cost. 245/1984).

L'"invito" della Corte costituzionale così espresso si evince da uno dei tanti scontri tra lo Stato, che ritrattava l'autonomia conferita alle regioni con la l. 833/1978, e le regioni stesse che ovviamente si opponevano alla ricentralizzazione delle competenze giustificata dallo Stato con l'esigenza di controllare la spesa pubblica. Le ragioni del ritorno al sistema Stato-centrico riguardo al finanziamento della sanità devono ravvisarsi nelle cifre che risultano da una politica particolarmente in voga nel decennio '80-'90, quella della spesa sanitaria *ab libitum* delle regioni e del successivo ripiano da parte dello Stato, cifre che toccano forse il picco più alto nel 1991. Alla vigilia della riforma sanitaria del 1992 il disavanzo tra FSN (82 mila miliardi di lire) e la spesa rendicontata dalle regioni comportò un ripiano da parte dello Stato nell'anno successivo di 5.600 miliardi di lire. Ad aggravare la già tragica situazione finanziaria nel 1991 si registrò un incremento della spesa sanitaria *pro capite* di oltre il 50% rispetto agli anni precedenti.

- ***Il tentativo di risoluzione della crisi finanziaria con le riforme degli anni Novanta***

La situazione imponeva inevitabilmente un cambio di rotta; la crisi del sistema si ricorda per i profondi sconvolgimenti avvenuti a livello politico che inevitabilmente coinvolsero anche il settore sanitario. Ecco quindi che la riforma sanitaria c.d. *bis* di cui al d.lgs. 502/1992 e la successiva modifica avvenuta con il d.lgs. 517/1993 segnarono un importante cambiamento del SSN che in un solo decennio nacque e rischiò di collassare. Dal punto di vista del finanziamento fu imprescindibile arginare la crisi fiscale (disavanzi, svalutazione della lira e crescita del FSN) con azioni volte a contenere la spesa, risanare le casse dello Stato e rendere sostenibile il SSN.

La scelta alla base fu ***"l'individuazione dei livelli essenziali ed uniformi di assistenza"*** assicurati dal SSN per il periodo di validità del Piano sanitario nazionale, individuazione effettuata contestualmente a quella "*delle* *risorse finanziarie"* destinate al SSN stesso *"nel rispetto delle compatibilità finanziarie definite per l'intero sistema di finanza pubblica nel documento di programmazione economico-finanziaria"* (art. 1 d.lgs. 502/1992).

Altro importante cambiamento fu spostare l'asse di governo politico delle USL dagli enti locali alle regioni. Le USL vennero trasformate in aziende, con conseguente sostituzione del ruolo politico con quello manageriale, decisamente più appropriato. Le piccole USL vennero accorpate in ASL di maggiori dimensioni al vertice delle quali fu istituita la figura del Direttore generale di nomina regionale, nell'ottica di un maggior controllo della spesa.

Questi furono i primi passi verso una nuova epoca del SSN e verso un sistema di finanziamento basato sull'efficienza, dotato di meccanismi virtuosi di programmazione, gestione e rendicontazione della spesa sanitaria, nonché su una spiccata autonomia e responsabilità delle regioni, alle quali, disponendo di fondi derivanti sia dal FSN, sia da entrate proprie, venne concessa la facoltà di adottare modelli organizzativi propri (a titolo esemplificativo, rientrava nell'autonomia regionale disporre la riduzione dei limiti massimi di spesa per gli esenti previsti dai livelli di assistenza, l'aumento delle quote di compartecipazione alla spesa, la sospensione temporanea di alcune prestazioni, l'aumento della quota fissa sulle singole prestazioni farmaceutiche e sulle ricette relative a prescrizioni sanitarie, l'aumento fino al 6% dell'aliquota dei contributi di malattia e fino al 75% di quella dei tributi regionali, la compartecipazione alla spesa per eventuali altre prestazioni).

La riforma *bis* introduce quindi un meccanismo di responsabilizzazione della gestione della spesa sanitaria, nonché meccanismi di finanziamento nuovi che prevedono il **superamento** della **logica** del **ripiano a piè di lista** e della **spesa storica**, sino ad allora praticati, in favore di un sistema di erogazione di fondi alle regioni secondo la **quota capitaria**.

Seguendo i dettami della riforma *bis* i livelli essenziali di assistenza svolgono la funzione di "quantificare" la domanda sanitaria in base a cui sarà poi determinato il finanziamento nel triennio successivo. Il FSN, si legge nella norma citata, è *"alimentato interamente da stanziamenti a carico del bilancio dello Stato"* ed il relativo importo, *"annualmente determinato dalla legge finanziaria"*, è ripartito *"in coerenza con le previsioni del disegno di legge finanziaria per l'anno successivo, dal CIPE, su proposta del Ministro della sanità, sentita la Conferenza permanente per i rapporti tra lo Stato, le regioni e le province autonome"* tenendo in considerazione i *"seguenti elementi: a) popolazione residente; b) mobilità sanitaria per tipologia di prestazioni, da compensare, in sede di riparto, sulla base di contabilità analitiche per singolo caso fornite dalle unità sanitarie locali e dalle aziende ospedaliere attraverso le regioni e le province autonome; c) consistenza e stato di conservazione delle strutture immobiliari, degli impianti tecnologici e delle dotazioni strumentali"* (art. 12 d.lgs. 502/1992 come modificato dal d.lgs. 517/1993).

Il cammino del sistema di finanziamento del SSN continua con l'attribuzione alle regioni, nel 1994, dei contributi sanitari riscossi nel rispettivo territorio e con l'istituzione, per mezzo del d.lgs. 46/1997, dell'imposta regionale sulle attività produttive (IRAP) e dell'addizionale IRPEF, a diretta riscossione regionale, destinate al finanziamento della spesa sanitaria.

- ***Il cambiamento fondamentale del nuovo millennio. Le spinte verso il federalismo fiscale***

Un passo fondamentale per il sistema di finanziamento del SSN avvenne tra la fine degli anni '90 e l'inizio del nuovo millennio. Innanzitutto, la riforma c.d. *ter*, avvenuta con il d.lgs. 229/1999 e il PSN 1998/2000, qualificò i livelli di assistenza da garantire su tutto il territorio nazionale non come minimi, ma come essenziali, la cui definizione avrebbe dovuto avvenire contestualmente alla determinazione dell'ammontare delle risorse pubbliche destinate al SSN.

Oltre a ciò, la l. 133/1999 e la successiva attuazione avvenuta con il **d.lgs. 56/2000**, in un'ottica che già prefigurava le volontà federalistiche di inizio millennio, si proposero di responsabilizzare maggiormente le regioni a livello di spesa prevedendo l'abbandono della finanza derivata e del puro e semplice meccanismo di trasferimento FSN-regioni. Il Fondo sanitario, appunto, che veniva in tal modo "svuotato" delle funzioni fino ad allora previste in favore di una maggiore autonomia regionale sia di spesa che di reperimento delle risorse. Tale ultimo aspetto, in particolare, avrebbe dovuto realizzarsi attraverso le **entrate** derivanti dall'**IRAP**, dalla **compartecipazione al gettito dell'IVA** e all'**accisa** sulla **benzina** e dall'**addizionale regionale sull'IRPEF**.

Secondo il d.lgs. 56/2000, quindi, il FSN sarebbe stato destinato a scomparire nel giro di pochi anni, il tempo di attuare i precetti "federalizzanti" ivi contenuti. In realtà, già con il **d.l. 347/2001**, di recepimento del Patto di stabilità per la salute risultato dell'Accordo Stato-regioni dell'8 agosto 2001, il FSN fu "timidamente" reintrodotto con la funzione di "coadiuvare" le succitate entrate regionali. La ragione di una simile scelta fu ovvia, gli squilibri territoriali delle entrate furono talmente evidenti ed importanti da non consentire la garanzia uniforme dei livelli essenziali di assistenza, per la prima volta definiti con **d.P.C.M. del 29 novembre 2001**.

Il citato Accordo dell'8 agosto 2001 inaugura il sistema negoziale ancora oggi alla base dello stanziamento delle risorse finanziarie per mezzo dei c.d. **"patti per la salute"** quale risultato delle Conferenze Stato-regioni all'uopo istituite. Di lì in poi, anche considerati i poteri in materia di tutela della salute conferiti alle regioni a seguito della modifica del Titolo V della Costituzione, il "patto" fu lo strumento atto a determinare sia il complessivo finanziamento del SSN, sia gli obblighi sul punto in capo alle regioni.

Su tale base negli anni vennero introdotti con le varie leggi finanziarie strumenti volti a controllare le regioni dal punto di vista della spesa (ad esempio i piani di rientro introdotti con la finanziaria del 2005 e, con quella del 2007, in caso di mancato rispetto degli stessi, l'applicazione di sanzioni alle regioni come l'aumento delle aliquote IRAP e IRPEF), limitando la piena attuazione del federalismo fiscale di cui all'art. 119 Cost.

In un simile contesto il ruolo rivestito dal FSN era quello di fungere da fonte di finanziamenti integrativi *"in modo da consentire alle regioni l'ottimizzazione, efficienza e massimizzazione nell'uso delle risorse e rendere loro possibile una programmazione di medio periodo delle azioni necessarie a correggere le inappropriatezze e a riassorbire le inefficienze che minano il controllo della spesa e l'efficacia dei servizi per i cittadini"* (Patto per la salute triennio 2007-2009).

- ***I patti tra Stato e regioni per la determinazione del fabbisogno standard nazionale e regionale. Il Fondo con cui lo Stato "concorre" e la ripartizione regionale***

Il sistema di finanziamento creatosi a seguito degli interventi normativi del primo decennio degli anni 2000 si caratterizza per gli aspetti, il cui nucleo è rappresentato dai Patti per la salute, di natura negoziale e c.d. "premiale", per cui venivano concesse ulteriori fonti di finanziamento alle regioni che avessero applicato misure fiscali ulteriori rispetto a quelle già previste.

Ben si comprende, quindi, come nonostante il ruolo di primo piano delle regioni tale sistema si caratterizzi per l'evidente ri-centralizzazione delle decisioni poste alla base della spesa sanitaria. Del resto, su tale aspetto si è espressa favorevolmente anche la Corte costituzionale chiarendo come competa *"al legislatore statale il compito di evitare l'aumento incontrollato della spesa sanitaria (sentenza n. 203 del 2008) e di effettuare un bilanciamento tra l'esigenza di garantire egualmente a tutti i cittadini il diritto fondamentale alla salute, nella misura più ampia possibile, e quella di rendere compatibile la spesa sanitaria con la limitatezza delle disponibilità finanziarie che è possibile ad essa destinare (sentenza n. 94 del 2009)"* (Corte cost. sent. n. 149/2010).

Con il **Patto per la salute** per il **triennio 2010-2012** e con il successivo d.lgs. 68/2011 è stato introdotto il c.d. **"costo standard"** (previsto in via generale dalla l. 42/2009) in luogo del "costo storico" quale riferimento su cui fondare il finanziamento del SSN. Il fabbisogno "standard" nazionale è *"determinato, in coerenza con il quadro macroeconomico complessivo e nel rispetto dei vincoli di finanza pubblica e degli obblighi assunti dall'Italia in sede comunitaria, tramite intesa, coerentemente con il fabbisogno derivante dalla determinazione dei livelli essenziali di assistenza (LEA) erogati in condizioni di efficienza ed appropriatezza"* (art. 26 d.lgs. 68/2011), mentre il fabbisogno regionale standard si calcola tenendo conto del costo medio per abitante relativo alle tre tipologie di assistenza(distrettuale, ospedaliera e di prevenzione) registrato nelle *"migliori cinque regioni"*, definite tali quelle che abbiano *"garantito l'erogazione dei livelli essenziali di assistenza* *in condizione di equilibrio economico, comunque non essendo assoggettate a piano di rientro e risultando adempienti...*" e cioè quelle che abbiano garantito "*l'erogazione dei livelli essenziali di assistenza in condizioni di efficienza e di appropriatezza con le risorse ordinarie stabilite dalla vigente legislazione a livello nazionale, ivi comprese le entrate proprie regionali effettive*" (art. 27 d.lgs. 68/2011).

Su tali presupposti, e sulla base delle prescrizioni comandate dalla legge di bilancio annuale, è stabilito il fabbisogno "*standard complessivo del finanziamento a cui concorre ordinariamente lo Stato*" (art. 1, comma 1 Patto per la salute per il triennio 2010-2012), la cui piena comprensione necessita di alcuni "numeri": con l'intesa sancita il 3 dicembre 2009, di approvazione del patto citato, lo Stato si è impegnato "*ad assicurare in relazione al livello del finanziamento del Servizio Sanitario Nazionale a cui [lo Stato stesso] concorre, 104.614 milioni di euro per l'anno 2010...106.934 milioni di euro per l'anno 2011...[e] per l'anno 2012 un incremento del livello del finanziamento rispetto all'anno 2011 del 2,8%*" (art. 1, commi 2 e 3 Patto per la salute per il triennio 2010-2012).

L'ultimo Patto per la salute siglato, che si promette di "*cambia*[re] *il sistema sanitario italiano*" (*www.salute.gov.it*), è quello per il **triennio 2014-2016**, sancito con l'intesa del 10 luglio 2014. Le premesse sono incoraggianti, "*il nuovo Patto ha l'ambizione di considerare il Sistema salute con un insieme di attori che costituiscono valore per il Sistema Paese. La salute è vista non più come una fonte di costo, bensì come un investimento economico e sociale*" (premesse istituzionali), e gli stanziamenti superiori rispetto al triennio precedente: "*il livello del finanziamento del Servizio sanitario nazionale a cui concorre lo Stato: – è confermato in 109.928.000.000 euro per l'anno 2014; – è fissato in 112.062.000.000 euro per l'anno 2015 e in 115.444.000.000 euro per l'anno 2016*" (art. 1, comma 1). In coerenza con le previsioni del patto, senza "*mettere in discussione il principio dei costi standard*" (art. 1, comma 2 Patto per la salute 2014-2016), sono stati rivisti e riqualificati i criteri di cui al citato articolo 27 del d.lgs. 68/2011 sulla "*determinazione dei costi e dei fabbisogni standard regionali*", tenuto conto del trend di miglioramento per il raggiungimento degli standard di qualità e attraverso nuove modalità di pesature.

Ad oggi, per il triennio 2019-2021 per l'erogazione dei livelli essenziali di assistenza, da ultimo definiti con d.P.C.M. 12 gennaio 2017, è stato determinato un fabbisogno nazionale standard in 114.439 milioni di euro per il 2019 ed incrementato di 2.000 milioni per il 2020 e ulteriori 1.500 milioni per il 2021 (art. 1, commi 514-516, l. 145/2018 – legge di bilancio 2019).

Nel corso di tale triennio è prevista la crescita della spesa sanitaria ad un tasso medio annuo dell'1,4%, mentre per il PIL nominale si stima una crescita media del 3%. Ne deriva che il rapporto fra la spesa sanitaria e il PIL decresce e si attesta, alla fine dell'arco temporale considerato, ad un livello pari al 6,3%, lo stesso livello registrato ad inizio anni 2000.

• ***L'attuale assetto del sistema di finanziamento, FSN e criteri di riparto***

L'articolata ricostruzione finora operata è indispensabile per comprendere l'attuale assetto del sistema di finanziamento. In parte sostenuto dalla fiscalità generale e, in parte, dalle entrate proprie di ciascuna regione.

In linea di massima, attualmente, si configura il seguente schema:

- **entrate proprie degli enti del SSN**, su tutti, la compartecipazione alla spesa sanitaria attraverso i *ticket*;
- **fiscalità regionale**, rappresentata dall'IRAP e dall'addizionale regionale all'IRPEF *"che affluiscono mensilmente ... ai conti correnti di tesoreria"* istituiti presso la tesoreria centrale dello Stato intestati alle regioni e alle Province autonome di Trento e Bolzano, e sono poi *"accreditate, entro il quinto giorno lavorativo del mese successivo, presso il tesoriere regionale o provinciale"* (art. 77-*quater* d.l. 112/2008, conv. con mod. in l. 133/2008);
- **compartecipazione delle regioni a statuto speciale**, (tranne la Regione Sicilia per cui è determinata una quota specifica, e **delle Province autonome di Trento e di Bolzano**) al finanziamento sanitario fino al raggiungimento del fabbisogno non soddisfatto dalle fonti di cui ai precedenti punti;
- **bilancio dello Stato**, per mezzo del quale viene finanziata la quota di "Fondo" non coperto dalle altre fonti sia attraverso la compartecipazione all'imposta sul valore aggiunto destinata alle regioni a statuto ordinario, sia mediante il Fondo Sanitario Nazionale.

L'importo complessivo così determinato viene ripartito sulla base del criterio della **"quota capitaria pesata"**.

Sul punto, *"ai fini della determinazione della quota capitaria, in sede di ripartizione del Fondo sanitario nazionale [...] il Comitato interministeriale per la programmazione economica (CIPE), su proposta del Ministro della sanità, d'intesa con la Conferenza permanente per i rapporti tra lo Stato, le regioni e le Province autonome di Trento e di Bolzano, stabilisce i pesi da attribuire ai seguenti elementi:* ***popolazione residente, frequenza dei consumi sanitari per età e per sesso, tassi di mortalità della popolazione, indicatori relativi a particolari situazioni territoriali*** *ritenuti utili al fine di definire i bisogni sanitari delle regioni ed indicatori epidemiologici territoriali"* (art. 1, comma 34, l. 662/1996 e ss.mm.ii.).

L'art. 1 del d.P.C.M. 12 gennaio 2017 stabilisce, inoltre, che il SSN debba assicurare i seguenti (macro) livelli di assistenza, poi singolarmente articolati in attività, servizi e prestazioni definite specificatamente dal decreto:

1. prevenzione collettiva e sanità pubblica (capo II);
2. assistenza distrettuale (capo III);
3. *assistenza socio-sanitaria* (capo IV);
5. *assistenza ospedaliera* (capo V);
6. assistenza specifica a particolari categorie (capo VI).

4.2. Disavanzi e crisi finanziaria

Fra le varie cause che hanno indotto il legislatore nazionale a modificare, nel corso degli anni – in modo più o meno penetrante – il testo originario della legge di Riforma (l. 833) spicca la incapacità del sistema sanitario italiano di assicurare – in ogni sua nuova stagione – l'equilibrio di bilancio, accumulando, all'opposto, con sistematicità, disavanzi macroscopici.

Nonostante alcuni tentativi di arginare questa deriva, i risultati ottenuti sono stati del tutto deludenti.

Fin dall'origine (art. 51, l. 833) i tentativi di corresponsabilizzare i vertici delle USL (i componenti dei "comitati di gestione"e degli "uffici di direzione") nell'evitare "spese disposte ed autorizzate in eccedenza alla quota di dotazione finanziaria loro attribuita" sono sostanzialmente falliti.

Successivi riferimenti alla esigenza di mantenere una stretta correlazione fra le risorse finanziarie considerate come necessarie per assicurare le prestazioni ricomprese nei "livelli essenziali di assistenza" e le "compatibilità finanziarie definite per l'intero sistema di finanza pubblica dal "documento di programmazione economico-finanziaria" (art. 1 del d.lgs. 229/1999) non ebbero, negli anni immediatamente successivi, un ascolto particolarmente attento e disponibile. Così come la perentoria affermazione contenuta nell'art. 3 del d.lgs. 229, in ragione della quale le Aziende Sanitarie (territoriali e ospedaliere) "sono tenute al rispetto del vincolo di bilancio, attraverso l'equilibrio di costi e ricavi, compresi i trasferimenti di risorse finanziarie".

Affinché tali indirizzi trovassero una concreta applicazione si dovette attendere il primo quinquennio degli anni 2000, allorquando i Servizi Sanitari Regionali formularono prescrizioni draconiane nei confronti delle loro Aziende. Del resto, ciò fu la conseguenza della decisione del Governo centrale di stringere davvero i "panni addosso" alle autonomie regionali che, nel frattempo, avevano macinato disavanzi miliardari (concentrati, in particolare, in alcune regioni del Centro/Sud d'Italia). Tali dissesti non erano, infatti, più tollerabili in ragione del *vulnus* complessivo che andavano procurando alle casse dello Stato.

- ***L'andamento storico delle crisi finanziarie***

Delle ragioni che portarono i tre sotto sistemi vigenti prima della riforma ad accumulare centinaia di miliardi di lire di disavanzo si è già dato conto nel capitolo 3.

Dopo l'approvazione, nel 1978, della l. 833 e la sua attivazione, nei primi anni '80, da parte delle regioni italiane, ci si accorse assai rapidamente di come la rivoluzione sistemica introdotta dalla riforma (con l'avvento delle USL governate da organi nominati dai consigli comunali) non scalfisse neppure marginalmente la tendenza dei neonati Servizi Sanitari Regionali a determinare nuovi disallineamenti fra le risorse finanziarie assegnate e i costi di esercizio accumulati. Vari fattori influirono sulla persistenza di tale fenomeno:

- **fattori** di **natura sostanziale**, quali, ad es.: il rapido aumento del fabbisogno di risorse derivante, sia dalla crescita quantitativa della domanda assistenziale, sia dalla maggiore qualità richiesta per le singole prestazioni e dalla insufficiente capacità degli apparati della gestione tecnica nel riuscire a controllare i "driver" di spesa;
- **fattori** di **natura macro economica**, rappresentati tanto dalla recessione economica globale di cui soffrì lo Stato italiano negli anni '80 (il debito pubblico schizzò, in un decennio, dal 60% al 130% del PIL) quanto dalla contrazione del gettito fiscale e dal progressivo ridursi dei contributi sociali richiesti alle imprese;
- **fattori** di **natura istituzional-gestionale**, sulla base del fatto che l'"**ordinatore di spesa**" era costituito dai rappresentanti degli enti locali all'interno degli organi di gestione delle USL. Rappresentanti, ovviamente, assai più sensibili ai bisogni della popolazione che non ai vincoli della spesa. Tanto più se si considera come ad essi non fosse, di fatto, imputabile alcuna responsabilità diretta, poiché il "soggetto"a cui competeva, a fine esercizio, ripianare a "piè di lista" l'indebitamento accumulatosi nel corso dell'anno coincideva con il Ministero del tesoro. Con lo Stato centrale, quindi, che si assumeva l'onere dell'"**ufficiale pagatore**";
- fattori di **natura strategico-formale**, coincidenti con la prassi (tanto assurda quanto ipocrita) di definire – in corrispondenza di ogni, nuovo, esercizio finanziario – un finanziamento del Fondo Sanitario Nazionale sistematicamente sottodimensionato di ameno il 10% rispetto alla spesa effettivamente documentata per l'anno precedente. Ciò comportava, figurativamente, una "partita di bilancio" meno pesante in rapporto al suo impatto sul debito pubblico nazionale, ma poneva il SSN in una condizione critica costantemente preordinata.

Inoltre, l'evidenza del "falso" previsionale, correlata alla illusione utopica che tale percentuale al ribasso potesse conseguire dai risparmi derivanti da azioni del tutto improbabili, in qualche modo giustificava i SSR e le loro Aziende a prescinderne, continuando a spendere, in attesa dell'inevitabile ripiano di fine esercizio. Il risultato finale (nei primi anni '90) di questa paradossale situazione si concretizzò in una dimensione quantitativa del disavanzo, accumulato in poco più 10 anni, pari a circa 3.500 miliardi di lire.

I timidi tentativi di arginare tale fenomeno risultarono, per un verso, fallimentari (nella legge di bilancio del 1982 si dichiarò pretenziosamente che il "Fondo Sanitario Nazionale non è determinato in base alle previsioni di spesa nel settore, ma sono i livelli di spesa ad essere determinati in base alle disponibilità finanziarie predeterminate, per la sanità, dalla complessiva manovra economica", ma poi divenne prassi la farsa del sotto finanziamento previsionale), per altro verso, assai poco incisivi.

L'introduzione, infatti, di qualche correttivo al principio (universalistico) della gratuità delle cure, disponendo alcune forme di compartecipazione al costo delle prestazioni sanitarie (farmaceutiche, di diagnostica per immagini e di laboratorio, in particolare) a carico degli utenti, sortì effetti del tutto marginali.

Non rimaneva, allora, di fronte alla inarrestabile avanzata del deficit, che tentare la via di una soluzione a fortissimo impatto su alcuni dei principali fattori generativi di tale fenomeno.

Di certo, lo Stato poteva autoemendarsi, imponendo al Ministero del tesoro di formulare previsioni di fabbisogno finanziario più aderenti all'andamento reale della spesa. Comportamento mutuabile da una volontà politica tutta interna all'"esecutivo" e non tale, quindi, da richiedere revisioni normative specifiche.

Altri due fattori richiedevano, invece, un cambiamento del quadro istituzionale, organizzativo e gestionale talmente incisivo da postulare la necessità di una vera e propria riforma della riforma.

Si trattava, infatti, innanzi tutto, di **eliminare** quella **netta separazione fra chi decideva** come e quanto spendere, senza pagare lo scotto di una qualche sanzione, e **chi** (lo Stato) **veniva messo** di **fronte** al **fatto compiuto** senza poter esercitare alcun tipo di controllo in "corso di esercizio".

Inoltre, il mutare dell'impianto della "governance" (andando nella direzione di collegare inscindibilmente il potere decisionale con le responsabilità conseguenti agli effetti prodotti dalle scelte effettuate) poneva, contemporaneamente, il problema di come modificare il corredo degli assetti organizzativi e gestionali (ad es., introducendo forme di controllo di gestione) e di come enfatizzare nuove competenze professionali (ad es., la capacità dei dirigenti di elaborare programmi finalizzati al raggiungimento di obiettivi di natura non solo clinica, ma anche economica) di cui non si era avvertita, fino ad allora, la esigenza nell'ambito dell'impianto istituzionale delineato dalla l. 833/1978.

- ***La prima riforma della riforma***

Si giunge così alla tormentata stagione della prima, grande riforma della riforma. Quella introdotta dal congiunto disposto dei dd.llgs. 502/1992 e 517/1993 (Ministro della sanità: M.P. Garavaglia).

Degli aspetti che segnano complessivamente il passaggio dalle USL ex l. 833 alle Aziende Sanitarie Locali, come ridisegnate dai decreti di riforma, si darà conto più puntuale nei successivi capitoli.

Per l'intanto basti rilevare come uno sforzo così complesso e incisivo (si pensi che gli enti locali vengono letteralmente espulsi dalla gestione delle ASL) potè essere portato a termine in tempi relativamente brevi in ragione della concomitante presenza di due ordini di fattori esogeni all'ordinamento sanitario:

- il primo coincideva con la più generale crisi economica (ancora una volta devastante) del Paese. Una recessione caratterizzata da una crescita del

PIL inferiore all'1%, un tasso di disoccupazione all'11% e un debito pubblico che toccava il 108% del PIL (poca cosa, si potrebbe dire alla luce della situazione attuale, ma per gli anni '90 questi dati erano shockanti). Il secondo, con l'avvento di "tangentopoli". La profonda crisi politica che ne derivò (anche a seguito del manifestarsi di fenomeni corruttivi imputati all'allora Ministro della sanità, On.le De Lorenzo) consentì al Governo Amato di varare – sull'onda dell'emergenza e della indignazione popolare – una serie di leggi-delega in grado di mutare significativamente buona parte dell'architettura del *welfare* nazionale, attraverso la riforma delle pensioni, della finanza locale, della pubblica amministrazione e, per l'appunto, della sanità.

Il **d.lgs. 502/1992** (applicativo della legge delega) affrontava il macroproblema della espansione incontenibile del disavanzo mediante tre approcci riformatori: imporre un **rapporto** di **correlazione** fra le **disponibilità finanziarie** date e i **livelli** di **assistenza** (a patto, però, che questi ricevessero le "necessarie risorse economiche"); imputare alle **singole regioni** l'**onere** di ripianare eventuali disavanzi; ridurre l'ampiezza della copertura assistenziale assicurata dal SSN introducendo il concetto dei **"livelli minimi"** (assistenza ospedaliera e farmaci salvavita).

Mentre i primi due indirizzi si sono confermati anche negli anni successivi e sono tuttora in vigore (anzi, il principio che l'offerta assistenziale debba dipendere da compatibilità finanziarie preordinate si è rafforzato con la elevazione al rango di norma costituzionale del criterio che impone il rispetto del "pareggio di bilancio") il terzo indirizzo è durato "lo spazio di un mattino".

Infatti, già il d.lgs. 517/1993 ha apportato una decisiva modifica alla decisione di introdurre nel SSN – accanto ai servizi assicurati dalla gestione pubblica – "forme alternative di assistenza" il cui onere si poneva a carico di quei cittadini che disponevano di sufficienti disponibilità economiche. Ciò significava rinunciare alla globalità della copertura assistenziale e introdurre un *vulnus* all'universalismo del SSN. Tempestivamente, il d.lgs. 517 ripristinò il rispetto della impostazione originaria indicando la possibilità del sistema di prevedere **non** già **forme alternative**, bensì **"integrative"** dell'assistenza "finalizzate a fornire prestazioni aggiuntive rispetto a quelle assicurate dal SSN e da finanziare attraverso fondi integrativi affidati in gestione ad organismi non profit (casse mutue) o imprenditoriali (assicurazioni) sottoposti alla vigilanza del Ministero e delle regioni".

Nasce, così, la così detta **"sanità privata intermediata"** le cui fortune, fino a qualche tempo fa, sono state, peraltro, del tutto marginali (non più del 3/4% della spesa sostenuta direttamente dai cittadini/utenti).

• ***La riforma "Bindi"***

I meccanismi di finanziamento introdotti, all'inizio degli anni '90, dai decreti sopra citati se, per un aspetto, produssero conseguenze positive, per l'altro (complice la persistente volontà del Ministero del tesoro di sottostimare le previsioni) continuarono a generare disavanzi. Se, infatti, da un lato il Fondo Sanitario Nazionale andò contraendo il proprio "trend" di crescita, e con ciò contribuì a quel risanamento dei conti pubblici che consentirono all'Italia di entrare in Europa, dall'altro lato, l'abuso nel continuare a formulare previsioni programmatiche del fabbisogno annuale di risorse assai distanti dalle reali necessità determinò un ulteriore accumulo dei disavanzi che, nel decennio '90-'99, assunsero le proporzioni di circa il 5% dell'importo complessivo del Fondo Sanitario Nazionale (6 miliardi di euro). Disavanzi, peraltro, non uniformemente distribuiti fra le varie regioni italiane, ma prevalentemente allocati in quelle centro-meridionali, a tal punto da imporre **"piani di rientro"** draconiani, con la conseguente caduta dei livelli di assistenza e la corrispondente crescita delle asimmetrie inter-regionali.

La **riforma Bindi** del **1999** affrontò questa situazione non introducendo nuovi cambiamenti strutturali al sistema. Anzi, ne confermò con forza i principi ispiratori e i criteri di funzionamento. Alcuni, rilevanti aspetti loro correlati vennero resi, però, più incisivi. Crebbe, infatti, il coefficiente di responsabilità delle regioni nell'accollarsi la copertura finanziaria dei costi generati dai loro SSR. Corrispondentemente, ogni SSR adottò criteri di responsabilizzazione molto forti nei confronti dei Direttori Generali delle Aziende sanitarie territoriali e ospedaliere (fino a giungere alla previsione di una loro automatica rimozione a fronte di due, consecutivi esercizi di bilancio non chiusi a pareggio). Infine, l'"autonomia imprenditoriale" (ultima nata nell'insieme delle autonomie aziendali già previste del d.lgs. 517/1993) conferì ai livelli di gestione tecnica interna alle Aziende una concorrenza diretta e, quindi, un'altrettanto diretta responsabilità nel raggiungimento, o meno, degli obiettivi strategici di "governo", il primo dei quali coincideva con la eliminazione di ogni disavanzo.

In numerosi casi la stessa attribuzione della "parte variabile" dello stipendio dei Direttori generali (in genere, il 20% dell'importo complessivo) non poteva essere erogata se non si riscontrava il rispetto del **pre-requisito** del **pareggio di bilancio**.

In questo contesto di accresciuta severità si avvertì (nei primi 6/7 anni del nuovo secolo) una maggiore attenzione nel prevedere, annualmente, un incremento percentuale del FSN non particolarmente distante dalle stime di fabbisogno elaborate dal Servizio Sanitario Nazionale. In altri termini, si andava realizzando un viraggio concettuale e comportamentale giusto e strategico: lo Stato si proponeva di finanziare correttamente il sistema sanitario a fronte del suo impegno a rispettare i vincoli di bilancio corrispondentemente determinati.

Tutto bene (almeno in buona parte delle regioni italiane) fino all'esercizio 2004/2005, con la crescita media annua del FSN (a partire dall'anno 2000) di circa il 5/6%.

Problemi enormi negli anni successivi.

La percentuale di incremento iniziò a decrescere (nell'ordine del 2,5/3%). Le spese che nel frattempo si erano espanse, in ragione dell'attivazione di nuovi servizi o del potenziamento di alcuni già esistenti, non furono più coperte da quella previsione di crescita lineare del "budget" aziendale che faceva riferimento alle dinamiche incrementali del primo quinquennio. I vincoli dell'assoluto rispetto dell'equilibrio costi/ricavi rimasero pienamente in vigore.

Iniziò, allora, la **stagione** delle **"razionalizzazioni"**; ovverosia, dell'adozione di tutte quelle soluzioni organizzative, gestionali e operative che cercavano di evitare un tracollo della offerta assistenziale mediante la introduzione di fattori innovativi e sperimentali, da un lato, e la diligente attenzione alla ricerca di criteri per l'efficiente impiego delle risorse, dall'altro. Non tutti i SS.SS.RR. riuscirono nell'impresa: un poco per mancanza di volontà politica, un poco per la oggettiva incapacità dei "tecnici" nel rendersi conto della dimensione della crisi, un poco per l'enorme difficoltà che il problema posto rappresentava in quanto tale.

Ciò, peraltro, stimolò o non impedì l'affermarsi di una serie di azioni innovative che incisero notevolmente sull'uso più essenziale delle risorse modificando alcuni degli assetti preesistenti. Si pensi, ad es., alla ricerca di soluzioni erogative che rispettassero il criterio dell'"appropriatezza" (sia clinica che organizzativa), all'aggregazione di più unità operative all'interno dei Dipartimenti aziendali e di questi in strutture dipartimentali interaziendali (tipico l'esempio dei laboratori analisi), alla sempre più ampia chiusura dei piccoli ospedali, non più adeguati clinicamente e inutilmente costosi, ecc.

- ***La grande crisi (2007-2014)***

Nel mentre si andava realizzando questo insieme di interventi volti al contenimento della spesa, principalmente attraverso il controllo dei "costi di produzione", si abbattè sul mondo, sull'Europa e sull'Italia la "madre" di tutte le crisi finanziarie, alimentata dalla esplosione dei titoli "subprime" e dal conseguente fallimento di alcuni "giganti" statunitensi della finanza globalizzata. Questo "shock" determinò, nel nostro Paese, in otto anni (2007-2015) una perdita dl valore del PIL di circa il 19% (circa 370 miliardi di euro) una recessione di lungo periodo, la caduta libera della occupazione, la espansione dei livelli di povertà e, ovviamente, un **abbattimento** delle disponibilità del **Fondo Sanitario Nazionale**. La sua crescita, prima, rallentò drasticamente (circa l'1% all'anno), poi regredì in termini di valore assoluto (si passò, quindi, all'inversione del segno, da positivo a negativo, determinando un decremento dell'importo complessivo del Fondo di circa 1,7 miliardi di euro). Se si osserva, però (come hanno fatto alcuni centri studi di livello nazionale – Oasis, Crea, Censis, ecc. –) lo iato che nel corso di quegli anni si è venuto a determinare fra lo stanziamento del Fondo e il fabbisogno dichiarato dal SSN per mantenere il proprio livello quali/quantitativo di offerta, mancano all'appello circa 17 miliardi di euro.

Questo stato di cose era, dunque, la conseguenza di un depauperamento complessivo del sistema Paese e non il risultato di improvvide "politiche sanitarie" o di strutturali incapacità di "governo" da parte delle regioni e delle Aziende. L'impatto non era, pertanto, imputabile al cattivo funzionamento del SSN (anzi, questo era una delle vittime) e, di conseguenza, non si pose il problema di un ulteriore cambiamento sistemico (come si è visto accadere alla fine degli anni '80 e '90), ovvero di una terza riforma della riforma. Il legislatore nazionale si limitò, pertano, ad introdurre una serie di correttivi che assunsero, essenzialmente, i caratteri di una duplice linea di azione:

- l'una, espressa in una pluralità di provvedimenti normativi (dalla c.d. "spending review" alle varie leggi finanziarie – "disposizioni urgenti per la revisione della spesa pubblica", "disposizioni urgenti per la stabilizzazione finanziaria", ecc. – succedutesi fra il 2010 e il 2015) che contemplavano il **blocco** di alcuni **vettori di spesa** e l'**affievolimento** della **offerta prestazionale**. Si sono via via previsti e confermati, ad es.: il perdurante contenimento della spesa per il personale (meno 10,4% rispetto al tetto rilevato al 2004), l'abbattimento del tasso di ospedalizzazione (dal 180 per mille al 160 per mille), la riduzione delle "tariffe" per i servizi sia ospedalieri che territoriali e degli importi relativi a contratti di fornitura di beni e servizi (meno 5%), la contrazione della spesa territoriale per i farmaci (dal 13,1% del FSN nel 2012 all'11,5% nel 2013, ad es.);
- l'altra, che ha incrudelito il **controllo sostitutivo** e **preventivo** da parte dello **Stato** nei confronti delle regioni già soggette a **"piani di rientro"** giungendo a veri e propri **"commissariamenti"** (con il conseguente blocco del "turnover" del personale e la eliminazione di numerose voci di spesa per "beni e servizi").

La morsa della crisi globale ha, poi, imposto il superamento delle pur efficaci, ma parziali, soluzioni ri-organizzative cresciute nell'epoca delle "razionalizzazioni". Si è assistito, conseguentemente, al taglio di numerosi servizi, non solo ospedalieri (soprattutto di piccole dimensioni) ma anche territoriali, eliminando quelli più decentrati ed utilizzati solamente per alcuni giorni ed ore della settimana.

I conti, dopo questa cura da cavallo, sono finalmente in ordine, ma le **disuguaglianze**, all'interno del sistema, si sono **acuite** (è, di fatto, iniziata la erosione, non formale ma sostanziale, di alcuni di principi cardine del SSN: l'equità delle cure e l'uguaglianza nelle condizioni di accesso). Si assiste, infatti, ad un triplice fenomeno degenerativo: il livello di assistenza nelle **aree periferiche**, meno popolate, del Paese (campagna, collina e montagna) si è notevolmente distanziato da quello assicurato nei **centri urbani**; la differenza fra regioni ricche e regioni povere di servizi si è ampliata determinando l'incremento dei **flussi** di **"mobilità sanitaria"** dal Sud verso il Nord d'Italia; la **spesa assistenziale** di cui si fanno carico **direttamente** i **cittadini**, pagando le prestazioni (out of pocket) o attivando forme di sanità integrativa, è rapidamente **aumentata** passando dal 18,8% del 2012 al 22% del 2014.

Ciò nonostante, il rapporto fra la spesa sanitaria *pro capite* e gli indicatori di salute e buona assistenza utilizzati, dagli "osservatori internazionali", per valutare comparativamente i sistemi sanitari di vari Paesi, colloca ancora l'Italia entro i primi cinque posti al mondo. Spendiamo poco (3.209 $ per cittadino, in Italia, a fronte di una media Ocse di 3.484 $) e otteniamo risultati di salute assolutamente pregevoli.

Dunque, il sistema scricchiola, viene infiltrato da cambiamenti che ne intaccano i principi ispiratori, crescono le disparità fra regione e regione, ma, complessivamente, tiene e non richiede, perciò, una ulteriore, profonda revisione del suo impianto istituzionale.

Si ritiene, invece, che sia sufficiente, da un lato, una vigile attesa, per comprendere quale sia la portata degli aggiustamenti spontanei che si stanno verificando, e, dall'altro, un duplice intervento volto a riaffermare la centralità del rispetto dei "livelli essenziali di assistenza" come fattore qualificante la unitarietà del SSN e a rafforzare la transizione dell'offerta dai servizi ospedalieri a quelli territoriali, con ciò ottenendo una maggiore appropriatezza organizzativa e, quindi, minori costi per il sistema.

In questa direzione si è spesa la modesta *vis* riformatrice del **decreto 158/2012 (il c.d. decreto Balduzzi)**.

Capitolo 5
Il rapporto tra Stato e regioni

di *Fosco Foglietta, Diego Lorenzetti*

5.1. Competenze e conflitti

- ***Introduzione***

Quello della ripartizione delle competenze è un tema che da sempre è al centro delle politiche sanitarie, terreno di scontro e motivo dei dibattiti più accesi tra i soggetti interessati.

Stabilire "chi" e "che cosa" possa fare è uno degli argomenti di maggiore complessità in quanto capace di coinvolgere, da una parte, tutti livelli legislativi, politici e amministrativi dell'ordinamento e, dall'altra, le garanzie che l'operato di tali livelli è teso a fornire.

Ciò premesso, perché l'esposizione possa essere tanto chiara, quanto organica e completa, occorre partire dal "dato certo" – o presunto tale come si vedrà – che si ricava dalla Carta costituzionale e dalle interpretazioni della Corte per arrivare ad analizzare le norme che regolano il riparto di funzioni e lo strumento di raccordo dei livelli tra i quali, come è ovvio, i conflitti sono stati tanto duri quanto inevitabili.

La linea guida dell'indagine è rappresentata dalla tutela della salute a cui il sistema di riparto delle competenze, nelle molteplici vesti assunte nel tempo, deve – avrebbe dovuto e dovrebbe – mirare quale strumento volto a garantire appieno il diritto fondamentale in parola. Ciò, in uno scenario in cui è imprescindibile contemperare le ragioni dell'unità con quelle dell'autonomia e coniugare la inevitabile differenziazione territoriale con le garanzie di accesso al godimento delle prestazioni.

Per una miglior comprensione dell'argomento di cui si discute si ritiene utile scomporre l'evoluzione del sistema di riparto delle competenze in due "ere", *pre* ed *ante* 2001, anno di rivoluzione per il SSN in generale e, per il riparto (o meglio concorso) delle competenze in particolare. Il 2001 è infatti l'anno dell'Accordo Stato-regioni dell'8 agosto, del d.P.C.M. di definizione dei LEA e, soprattutto, per ciò che qui compete, della **riforma del Titolo V della Costituzione**.

- ***L'era pre 2001***

Nell'originaria formulazione dell'art. 117 Cost., lo Stato aveva competenza legislativa in tutte le materie, fatta eccezione per alcune, espressamente elencate (tra cui *"beneficenza pubblica ed assistenza sanitaria ed ospedalie-*

ra"), in cui la potestà legislativa era riconosciuta alle regioni "*nei limiti dei principi fondamentali stabiliti dalle leggi dello Stato*". Un accentramento legislativo, quindi, pressoché assoluto, in cui alle regioni spettava un margine residuale di intervento, comunque sotto l'egida dello Stato.

La "collaborazione" tra Stato e regioni ha iniziato ad ampliarsi con la l. 281/1970, che ha conferito al Governo la delega a trasferire alle regioni, per settori organici, le funzioni esercitate da organi centrali o periferici dello Stato nelle materie di cui all'art. 117 Cost. pur mantenendo quest'ultimo "*la funzione di indirizzo e di coordinamento delle attività delle regioni che attengono ad esigenze di carattere unitario, anche con riferimento agli obiettivi del programma economico nazionale ed agli impegni derivanti dagli obblighi internazionali*" (art. 17, comma 1, lett. *a*), l. 281/1970).

Già allora, i frequenti e importanti interventi dello Stato nelle funzioni attribuite alle regioni causarono non poche incertezze, che richiesero l'intervento della Corte costituzionale, all'epoca ferma sulla compatibilità costituzionale del potere statale di indirizzo e coordinamento (confermato anche dalla successiva legge n. 382 del 1975 attuata con il d.P.R. 616/1977) in virtù della salvaguardia del principio di "unitarietà" nel Governo dallo Stato (C. cost. sent. n. 39/1971).

Seppur nei limiti appena evidenziati, è proprio la **nascita** del **SSN** il primo terreno di **sperimentazione** di una **forma** – seppur mediata – di **"federalismo"**.

Infatti, sulla base dei principi costituzionali di sussidiarietà e leale collaborazione il legislatore statale, con la l. 833/78, stabiliva (e stabilisce ancora oggi) all'art. 3 comma 1 che "*lo Stato, nell'ambito della programmazione economica nazionale, determina, con il concorso delle regioni, gli obiettivi della programmazione sanitaria nazionale*". Tale previsione, nell'originaria applicazione era volta ad assicurare l'unitarietà ed uniformità delle prestazioni, queste erogate sulla scorta degli indirizzi stabiliti dallo Stato, che comunque deteneva **competenze** proprie (art. 6 l. 833/78), mediante le **funzioni** da quest'ultimo delegate alle regioni (art. 7 l. 833/78). Competenze, allo Stato, funzioni, alle regioni, la differenza non è di poco conto; le prime riguardano compiti di azione organizzativa e ordinamento normativo, le seconde compiti di esecuzione e verifica.

In ogni caso, seppur con parsimonia, nel cammino intrapreso dal SSN era già presente la coscienza di conferire alle regioni un'autonomia tale da adattare l'ordinamento sanitario nazionale alle singole e diversificate esigenze di tutela della salute.

Successivamente all'introduzione del SSN, la già evidenziata crisi del sistema, soprattutto dal punto di vista finanziario (*sub* capitolo 4), impose una sostanziale modifica dell'ordinamento sanitario, anche dal punto di vista del riparto delle competenze. Si aprì, allora, un vivace dibattito in merito alla opportunità di proseguire o meno nel processo "federalista". Il d.lgs. 502/1992 e il successivo d.lgs. 517/1993 dimostrano la chiara volontà di dare continuità a tale processo attribuendo alle regioni *"nel rispetto dei principi stabiliti dalle leggi nazionali, le funzioni legislative ed amministrative in materia di assistenza sanitaria ed ospedaliera"* (art. 2 del d.lgs. 502/1992 come mod. dal d.lgs. 517/1993).

Al contrario, il d.lgs. 229/1999 tentava – invano, come si vedrà – di mitigare la via federalistica intrapresa facendo riemergere il ruolo centrale, in molti casi anche di gestione diretta, dell'autorità governativa (nella convinzione che soltanto attraverso l'egida dello Stato si potesse ridurre il disavanzo ed intraprendere una politica di contenimento della spesa).

Ma, come accennato, le volontà federalistiche mostrate sin dall'inizio degli anni '90 portavano ad una soluzione inversa rispetto agli intenti della riforma Bindi, come ben dimostrarono le leggi Bassanini (ll. nn. 59 e 127 del 1997), definite espressione del massimo del federalismo possibile a Costituzione invariata. Con tali norme, e soprattutto con le numerose attuazioni avvenute con i vari decreti delegati, leggi regionali, d.P.C.M. e regolamenti governativi, è stato effettuato un ampio conferimento di funzioni e compiti amministrativi, unitamente a risorse umane, materiali e finanziarie, dallo Stato alle regioni ed enti locali; ciò, sulla base dei principi di sussidiarietà (in senso sia verticale che orizzontale), funzionalità (efficacia, economicità, adeguatezza e differenziazione) e responsabilità.

Il percorso così innescato culmina con la successiva riforma del **Titolo V** della **Costituzione**, introdotta con la legge costituzionale **n. 3 del 2001**.

- ***L'era post 2001***

Il 2001, si diceva, è un anno di profonde trasformazioni per il SSN. Per ciò che qui interessa, il cambiamento di maggior rilievo è senz'altro rappresentato dalla citata riforma del Titolo V della Costituzione che ha invertito il criterio sino a quel momento utilizzato per individuare gli ambiti della potestà legislativa assegnati allo Stato e alle regioni.

Il riformato e vigente art. 117 Cost., infatti, delinea tre tipologie di competenza elencandone – più o meno specificatamente – le rispettive materie. V'è un primo elenco la cui disciplina è demandata alla competenza legislativa esclusiva dello Stato (art. 117, comma 2, Cost.), un secondo in cui la potestà legislativa è "concorrente" tra Stato e regioni, per cui *"spetta alle regioni la potestà legislativa, salvo che per la determinazione dei principi fondamentali, riservata alla legislazione dello Stato"* (art. 117, comma 3, Cost.), ed un terzo "non elenco" di materie di competenza residuale, nel senso che ogni materia non espressamente riservata alla legislazione dello Stato, spetta alle regioni (art. 117, comma 4, Cost.).

Per quanto riguarda la determinazione dei "livelli essenziali", questa è stata definita *"una competenza del legislatore statale idonea ad investire tutte le materie, rispetto alle quali il legislatore stesso deve poter porre le norme necessarie per assicurare a tutti, sull'intero territorio nazionale, il godimento di prestazioni garantite, come contenuto essenziale di tali diritti, senza che la legislazione regionale possa limitarle o condizionarle*" (*ex multis* C. cost., sentenze n. 164/2012 e n. 282/2004). Ciò, con riferimento ad esempio agli standard qualitativi, strutturali, tecnologici e quantitativi relativi all'assistenza ospedaliera.

Con riguardo invece alla competenza concorrente Stato-regioni, per la determinazione dei rispettivi ambiti di operatività, sul piano astratto è stata operata la distinzione tra principi fondamentali e norme di dettaglio, le prime, di competenza statale, volte a prescrivere criteri ed obiettivi, le seconde, di competenza regionale, volte ad individuare gli strumenti concreti da utilizzare per raggiungerli (C. cost. sentenze n. 272/2013 e 16/2010). Sul piano concreto, tale distinzione non è però così cristallina (di qui i conflitti), in quanto per la stessa Corte costituzionale la nozione di principio fondamentale "*non ha e non può avere caratteri di rigidità e di universalità*" (C. cost. sentenza n. 50/2005) tale da non poter esserne individuate in modo chiaro ed univoco l'ampiezza e l'area di operatività, con il conseguente, frequente, sconfinamento del legislatore statale nell'imposizione di discipline il cui livello di dettaglio è tale da lasciare ben pochi spazi di operatività alle regioni. Solo negli ultimi anni la Corte ha statuito che, pur considerata l'ampiezza della competenza statale nel definire i principi fondamentali, una lettura conforme dell'art. 117 Cost. impone che la norma statale sia tale da lasciare uno spazio di intervento alle regioni nel definire la disciplina di dettaglio (C. cost. sent. n. 84/2017).

Ciò posto, in quale competenza rientra la materia sanitaria? Seguendo il tenore dell'art. 117 Cost. spetterà allo Stato la competenza esclusiva per la "*determinazione dei livelli essenziali delle prestazioni concernenti i diritti civili e sociali che devono essere garantiti su tutto il territorio nazionale*" (art. 117, comma 2, lett. *m*), Cost.), mentre rientrerà nella competenza concorrente Stato-regioni la tutela della salute (art. 117, comma 2, Cost. cit.).

Semplice, a prima vista. Nell'applicazione concreta, tuttavia, si palesa uno scenario ben più complesso in quanto entrano in gioco fattori (o meglio vincoli) che inevitabilmente condizionano l'assetto appena evidenziato, uno su tutti il tanto vituperato quanto inevitabile contenimento della spesa. In sostanza, spetta alle regioni legiferare in tema di organizzazione dei servizi sanitari ma sempre nel rispetto dei principi fondamentali stabiliti dallo Stato, che, il potere di limitare l'ambito di intervento delle regioni imponendo alle stesse "*vincoli alla spesa corrente per assicurare l'equilibrio unitario della finanza pubblica complessiva*" (C. cost. sentenze n. 36/2005 e 51/2013).

Se per la Corte costituzionale è vero che esse, in materia sanitaria, possono adottare "*una propria disciplina, anche sostitutiva di quella statale*" (C. cost. sent. n. 282/2002), per la stessa Corte è altrettanto vero che, al fine di garantire una disciplina uniforme della tutela della salute, la nozione di principi fondamentali di competenza esclusiva statale sarebbe talmente ampia da giustificare gli interventi impositivi e preclusivi dello Stato sulle scelte delle singole regioni (C. cost. sent. 359/2003).

Quindi cosa è di esclusiva competenza statale e cosa invece rientra certamente nella competenza regionale concorrente? Una risposta in termini assoluti non può essere fornita, come dimostra il susseguirsi dei giudizi dinanzi alla Corte costituzionale al riguardo; ciò che tuttavia può essere indicato è la costante di tali giudizi, e cioè alcuni punti che la giurisprudenza costituzionale ha sempre tenuto ben fermi sin dalla riforma del Titolo V.

In particolare, un primo aspetto riguarda il fatto che la tutela della salute – competenza concorrente – è *"assai più ampia rispetto alla precedente assistenza sanitaria e ospedaliera"* (C. cost. sent. n. 270/2005), tanto che in essa rientra anche l'organizzazione sanitaria quale parte integrante. Di qui, certo è che le regioni (pur sempre nel rispetto dei principi fondamentali stabiliti dallo Stato) possano autonomamente legiferare in tema di organizzazione dei servizi sanitari, dove per organizzazione si intendono i metodi di razionale ed efficiente utilizzazione delle risorse umane, finanziarie e materiali destinate a rendere possibile l'erogazione del servizio (C. cost. sentt. nn. 105/2007 e 301/2013).

Un secondo aspetto, di basilare importanza, è l'imprescindibile applicazione del principio di leale collaborazione nei rapporti tra Stato e regioni al fine della completa garanzia del diritto alla tutela della salute, in quanto rappresenta una fondamentale chiave di lettura per delineare il quadro delle attribuzioni nei frequenti casi di intersezione e sovrapposizione tra competenze statali e competenze regionali.

Il 2001 rappresenta un anno di svolta anche sotto tale profilo in quanto si è avviato un sistema che negli anni ha garantito e garantisce (almeno in parte) un terreno di incontro tra lo Stato e le regioni per la definizione degli obiettivi comuni nella materia di cui si tratta.

Di tale principio, in realtà, non si è fatta applicazione solo a decorrere dalla riforma del Titolo V, avendo questo da sempre regolato, seppur in maniera diversa, il delicato rapporto di cui si tratta (in tal senso, la **Conferenza Stato-regioni** è sin dal 1983 sede formale di raccordo dei livelli di governo statale e regionale); ma è solo dal 2001 che la leale collaborazione ha assunto una veste tale da sobbarcarsi il compito di definire gli aspetti fondamentali del sistema sanitario. Il primo atto della via pattizia per la *governance* del SSN in tal senso intrapresa è rappresentato dall'accordo scaturito nella seduta della Conferenza Stato-regioni dell'8 agosto 2001, di carattere generale e sistemico, direttamente propositivo di prescrizioni che saranno in seguito trasferite in atti legislativi.

Tale accordo è di fondamentale importanza in quanto vi vengono gettate le basi per la costruzione congiunta del sistema di *governance* del SSN partendo dal risolvere *"la persistente incertezza riguardante l'individuazione dei livelli essenziali di assistenza"* (poi definiti con il d.P.C.M. del 29 novembre 2001), nonché dalla *"necessità di definire un quadro stabile di evoluzione delle risorse pubbliche destinate al finanziamento del Servizio Sanitario Nazionale, che, tenendo conto degli impegni assunti con il patto di stabilità e crescita, consenta di migliorarne l'efficienza razionalizzando i costi*" (punti 10 e 11 premesse all'Accordo dell'8 agosto 2001).

Tale intesa, è importante perché indica e definisce il sistema pattizio quale unica ed opportuna sede volta ad affrontare le ricorenti, potenziali, difformità di orientamento fra Stato e regioni e fra le regioni stesse.

Il sistema pattizio così inaugurato è volto in particolare al perseguimento di alcuni obiettivi: assicurare l'erogazione dei LEA in condizione di uniformità sul territorio nazionale, ricercare il massimo di appropriatezza clinica ed organizzativa, assicurare il rispetto di adeguati standard qualitativi, quantitativi, e di efficienza tecnica ed economica.

- ***Conclusioni***

Quanto appena evidenziato circa l'importanza del sistema pattizio si aggiunge al dettato costituzionale e alla normativa di settore per la definizione delle competenze in materia sanitaria e la soluzione (o per lo meno il tentativo di soluzione) dei conflitti tra Stato e regioni.

Si è tentato di stilare una sorta di "elenco di competenze" da attribuire, ma è impossibile, l'aleatorietà della materia non lo consente.

Si possono però fornire alcuni elementi che siano in grado, in qualche modo, di facilitare la ricerca di tale distinzione.

In tale, quanto mai complicata, operazione il dettato dell'art. 117 Cost. rappresenta ovviamente il riferimento cardine. Sulla scorta di quanto sopra evidenziato può dirsi che, sul piano verticale, sarà compito dello Stato determinare i principi fondamentali. Lo Stato è, pertanto, depositario esclusivo della clausola di uniformità *ex* art. 117, comma 2, lett. *m*) nonché soggetto in grado di vegliare sull'effettiva garanzia dei livelli essenziali di assistenza ricorrendo all'esercizio del potere sostitutivo *ex* art. 120, comma 2, Cost. Sul piano orizzontale, la competenza concorrente Stato-regioni si estende a tutti i profili in cui si manifesta la tutela della salute attraverso soluzioni organizzative e gestionali.

Ciò, si diceva, "funziona" solo sulla carta e l'andamento della giurisprudenza costituzionale chiamata a dirimere gli innumerevoli conflitti tra Stato e regioni ne è la conferma. Lo scenario è più o meno questo, il legislatore statale interviene "in materia di tutela della salute", la regione interessata ritiene che tale intervento non riguardi solo norme di principio ma contenga una disciplina di dettaglio sconfinando dalle competenze come sopra descritte. A questo punto, la Corte costituzionale è chiamata a pronunciarsi; questa è forse la parte più interessante, perché osservando la giurisprudenza costituzionale dalla Riforma del Titolo V si è passati da un estremo *favor* per le regioni ad un (ri) accentramento delle competenze a livello statuale in una condizione che può dirsi vicina a quella *pre* 2001. Tale tendenza si spiega in tre punti; 1) non è mai stato definito il limite dello Stato nella determinazione dei principi fondamentali; 2) non è mai stata fornita una soluzione agli intrecci e sovrapposizioni delle materie traversali; 3) l'onnipresente esigenza del contenimento della spesa pubblica. Tali fattori, come ben si comprende, giustificano e autorizzano il grande (e pare crescente) potere statale nell'intervenire in ambiti che parrebbero esulare dalla sua sfera di competenza. Esso – con il bene placido della consulta – invade continuamente l'ambito riservato alla legge regionale attraverso la previsione di regole specifiche ed autoapplicative che si impongono sull'intero territorio nazionale. Giusto o sbagliato che sia, probabilmente esula dagli intenti della riforma del Titolo V della Costituzione e del percorso politico-normativo a questa preposto.

Seguendo l'orientamento della Corte costituzionale appare che, allorché si riscontri la sussistenza di un diritto costituzionalmente tutelato come è quello alla salute, la disciplina legislativa relativa al diritto soggettivo sotteso abbia natura di principio fondamentale rispetto alla corrispondente materia concorrente. Di qui la "legittimazione" al (forse eccessivo) potere statale e, di conseguenza, la restrizione (financo eliminazione) del potere regionale e della relativa disciplina anche per i profili di natura procedurale e organizzativa.

La posizione recentemente assunta dalla Consulta in materia di livelli essenziali di assistenza fornisce – forse – una soluzione (o meglio una cura palliativa) alle problematiche in tema di riparto di competenze. Se è infatti vero che la *"determinazione dei LEA è un obbligo del legislatore statale"*, è altrettanto vero che la relativa *"proiezione in termini di fabbisogno regionale coinvolge necessariamente le regioni, per cui la fisiologica dialettica tra questi due soggetti deve essere improntata alla leale collaborazione che, nel caso di specie, si colora della doverosa cooperazione per assicurare il migliore servizio alla collettività"* (C. cost. sent. n. 169/2017).

Ecco quindi che la "via pattizia", "modulo collaborativo", "necessaria cooperazione" o come la si vuol chiamare è allo stato dei fatti lo strumento essenziale per la definizione delle competenze statali e regionali nella materia di cui si tratta.

5.2. Uniformità nazionale e difformità regionali

- ***I "segni" di un Servizio Sanitario Nazionale***

Possiamo così riassumere i principali aspetti che consentono al Servizio sanitario di qualificarsi, ancora, come nazionale:

- le modalità mediante le quali si **determina**, annualmente, l'**importo del F.S.N.**, ovverosia di quella parte del PIL che deve sostenere la spesa sanitaria pubblica;
- i **criteri** di **ripartizione** di tale Fondo fra le regioni italiane. La definizione, in altri termini, degli "algoritmi" che sostanziano le **"quote sanitarie pesate"**;

- i **"livelli essenziali di assistenza"**, quell'insieme di servizi e prestazioni di natura preventiva, territoriale, ospedaliera e socio-sanitaria che deve essere assicurato a tutta la popolazione italiana (sulla base della stima delle sue esigenze assistenziali) oppure a particolari categorie di pazienti (si pensi, ad es., ad alcune patologie rare). I LEA dovrebbero essere – se erogati correttamente – la prova provata non solo dell'universalismo, ma anche della equità di trattamento garantita dal SSN. Vedremo come tale premessa di uniformità si sia andata sgretolando, nel tempo, soprattutto a seguito dell'aggressività della crisi finanziaria che ha colpito in termini assai diversi le varie regioni italiane;
- le normative che regolano le modalità attraverso cui, da un lato, si **reclutano** e **gestiscono** le **"risorse umane"** (si pensi ai "contratti collettivi nazionali" relativi alle diverse aree di classificazione del personale del SSN) e, dall'altro, si **acquistano i "beni e i servizi"**. Valgono, infatti anche per il sistema sanitario le "procedure di evidenza pubblica" (ovverosia i meccanismi attraverso cui si assicura l'imparziale rispetto della libera concorrenza) e ad esso si applicano parimenti le forme di controllo previste dall'"anticorruzione", ad esempio. Si conferma, pertanto, che (pur con le peculiarità rilevanti che porremo in evidenza) il SSN è una parte cospicua della pubblica amministrazione dello Stato. Una parte, per molti aspetti, particolarmente vitale e dinamica, anticipatrice di soluzioni gestionali estremamente avanzate verso la conquista di una maggiore efficienza;
- l'ottemperamento dei **"debiti informativi"** che ogni regione – in rapporto ad un "set" via via sempre più ampio di dati – deve fornire al sistema informativo centrale (al nuovo sistema informativo sanitario – NSIS – collocato presso il "Ministero della salute" e, in parte, presso l'"Agenzia Nazionale per i Servizi Sanitari Regionali" – AGENAS –).

- ***Le autonomie regionali***

Con i punti appena illustrati (e poco altro) si esauriscono gli aspetti più generali e rilevanti che connotano la unitarietà del sistema sanitario nazionale.

Tutto ciò che riguarda la progettazione, realizzazione e gestione delle architetture organizzative e organizzativo-istituzionali dei Servizi Sanitari delle singole regioni appartiene, invece, alla sfera della originalità dispositiva posta in capo alla potestà normativa di ciascuna di esse.

Questo, per il vero, a partire dai dd.llgs. 502/517. Nell'impianto primigenio definito dalla legge 833 non si nota, infatti, alcuna puntuale distinzione fra ambiti di competenza attribuiti allo Stato e alle regioni. L'art. 3 si limita a dichiarare una loro generica "concorrenza" nel determinare gli obiettivi della "programmazione sanitaria nazionale". Inoltre, a fronte di una sequela di competenze statuali (dai rapporti internazionali alla profilassi delle malattie infettive, alla produzione, ricerca e registrazione dei farmaci, alla prevenzione delle malattie professionali, competenze in cui si avverte ancora l'ombra lunga del Testo unico delle leggi sanitarie del 1934) e di una nutrita serie di obiettivi, criteri, orientamenti, indici e standard fissati dalla programmazione nazionale, si precisa come sia di pertinenza delle regioni predisporre "Piani Sanitari" che devono conformarsi ai contenuti e agli indirizzi del "Piano Sanitario Nazionale" uniformando, coerentemente, ad essi gli atti e i provvedimenti via via deliberati.

Del tutto diverso il tenore dell'art. 2 del d.lgs. 517/93 che propone una vera e propria, inedita, regionalizzazione del sistema sanitario. Non solo, infatti, si afferma che "spettano alle regioni, nel rispetto dei principi stabiliti dalle leggi nazionali, le funzioni legislative e amministrative in materia di assistenza sanitaria e ospedaliera", ma si precisa anche che compete loro la definizione "dei principi sulla organizzazione dei servizi e sulla attività destinata alla tutela della salute, la determinazione dei criteri di finanziamento delle Asl e delle Aziende ospedaliere, le attività di indirizzo tecnico, promozione e supporto nei confronti delle medesime, anche in relazione al controllo di gestione e alla valutazione della qualità delle prestazioni". Insomma, tutto ciò che configura la struttura di ordinamenti sanitari sostanzialmente autonomi e potenzialmente difformi da regione a regione.

A questa apertura di credito il d.lgs. 229 aggiunge alcune specificazioni estremamente rilevanti, in particolare:

- un forte recupero di protagonismo da parte degli enti locali. Ancora esclusi da qualsivoglia tipo di gestione interna alle Aziende sanitarie territoriali e ospedaliere (ad eccezione di un solo tentativo regionale operato dalla sempre imprevedibile Toscana), si vedono riconosciuto, però, un ruolo significativo nell'ambito dei processi di programmazione regionale. Il decreto istituisce, infatti, la "Conferenza permanente per la programmazione sanitaria e socio-sanitaria regionale". Questa convoglia nel proprio ambito i **presidenti** delle **"conferenze dei sindaci"** (così come istituite dall'art. 4, comma 1, lettera *l*) del d.lgs. 517/1993) dei comuni che configurano i territori aziendali (o il sindaco del comune che eventualmente coincida con tale territorio) ed altri rappresentanti delle autonomie locali. Compete loro: esaminare e formulare osservazioni in merito al progetto di "Piano sanitario regionale", partecipare alla verifica della sua attuazione, da parte di ASL e Aziende ospedaliere, attraverso i "Piani attuativi locali", prevedere una specifica disciplina che definisca le modalità mediante le quali i comuni stessi possano concorrere alla proposta e approvazione di tali Piani;
- la **delimitazione** dei **territori** delle diverse ASL e, all'interno di essi, l'articolazione territoriale dei **Distretti**;
- la regolazione dell'**assetto organizzativo** e del **funzionamento** delle **Aziende territoriali** e **ospedaliere** attraverso un insieme di provvedimenti che: stabiliscano i principi e criteri per l'adozione dell'Atto aziendale (ovverosia, dello strumento che disegna l'organizzazione e le artico-

lazioni della "governance" aziendale, nonché i suoi rapporti con la regione, gli enti locali e la rappresentanza dei cittadini. Definisce, inoltre, le modalità di coinvolgimento dei professionisti nelle scelte strategiche e nel "governo clinico"); identifichino i criteri di finanziamento delle ASL sulla base di una "quota sanitaria pesata"; precisino le modalità mediante le quali la regione stessa vigila e controlla le attività aziendali valutandone i risultati; definisca la disciplina che individua i modi e i tempi dell'"accreditamento" (ovvero, le condizioni necessarie e sufficienti affinché i servizi pubblici e quelli privati che intendono convenzionarsi con il SSN assicurino i necessari standard quali/quantitativi).

- ***Le difformità regionali***

Preso atto di quali siano gli ambiti di responsabilità, esclusiva e concorrente, che delimitano l'area delle autonomie – statale e regionali –, vediamo ora, nella concretezza della realtà, come tali presupposti si siano manifestati in relazione sia al realizzarsi delle funzioni assistenziali, sia al configurarsi di impianti istituzionali assai difformi da regione a regione.

In prima battuta si prendono in considerazione le **diversità che** si evidenziano sulla base del **differenziale** di **spesa sanitaria** complessiva (fra i tre blocchi delle regioni settentrionali, centrali e meridionali) rilevato al 2012.

Una comparazione fra il nostro SSN e altri sistemi sanitari europei evidenzia come, a fronte di una differenza del PIL italiano 2002/2012 pari a meno 13,8% rispetto alla media europea, lo scarto relativo alla spesa sanitaria globale sia di un meno 25,2%. Questa percentuale risulta, però, molto difforme se osserviamo il suo andamento da Nord a Sud. Infatti, si specifica in un meno 20,1% nell'area Nord-est e Nord-ovest, mentre sale ad un meno 33,3% nel Centro-sud ed isole. Inoltre, si notano discrasie enormi fra regione e regione (ad es., un *pro capite* di spesa di 3.165 euro in Val d'Aosta a fronte dei 2.061 euro per ogni cittadino campano). Non appare diversa la situazione se si considera la sola spesa sanitaria privata (out of pocket). Il "gap" fra la media U.E. (a 15 Paesi) e quella relativa al Nord, Centro e Sud d'Italia si attesta rispettivamente in un meno 14,4%, meno 31,3% e meno 55%.

La rappresentazione palmare delle profonde disuguaglianze che emergono fra regione e regione la si ottiene, però, anche comparando i livelli di assistenza che in esse vengono garantiti e misurando la loro distanza, più o meno ampia, rispetto a quanto sarebbe necessario per garantire la compiuta erogazione dei "livelli essenziali di assistenza" previsti dalla normativa in vigore.

Facendo riferimento all'ultimo *report* di "cittadinanza attiva" (2017) si pongono in evidenza alcune di tali disuguaglianze; ad es.:

- il tempo standard che dovrebbe intercorrere fra il verificarsi di un incidente e l'arrivo dei mezzi di soccorso è pari a 18 minuti. In realtà, esso scende in alcune regioni (13' in Liguria, 14' in Lombardia, 15' nel Lazio) ma cresce notevolmente in altre (23' in Sardegna, 21' in Calabria e in Molise, 27' in Basilicata);

- il trattamento dei malati oncologici riveste, ovviamente, una importanza del tutto particolare. Considerando l'indice di presenza delle strutture assistenziali per ogni milione di abitanti, si rileva, ad es., che esistono 5,20 "servizi oncologici ospedalieri" in Basilicata e 4,6 in Puglia. I "servizi di radioterapia" sono 7,8 in Valle d'Aosta e 1,7 in Campania e Puglia. Questi dati non solo evidenziano difformità enormi in termini quantitativi, ma pongono anche pesanti problemi di appropriatezza;
- se osserviamo, inoltre, il rispetto dei tempi di attesa in presenza di situazioni di pressante bisogno, si nota, ad es., che, per quanto riguarda le "diagnosi e visite specialistiche" entro le 72 ore, le percentuali di ottemperanza sono le seguenti: 80% al Nord, 72% al Centro, 77% al Sud. Gli "interventi chirurgici" entro 60 gg. vengono assicurati al 100% al Nord, all'88% al Centro, al 77% al Sud. Infine, l'accesso a "radio e chemioterapia" entro 30 gg. vede un 100% al Nord, un 84% al Centro e un 86% al Sud;
- la crescita della popolazione anziana cronicizzata e, in buona misura, non autosufficiente richiede modalità di lungo-assistenza di cui sono parte principale le varie forme della "assistenza domiciliare integrata". Queste rappresentano, sulla totalità dei servizi territoriali, l'11,6% in Emilia-Romagna (dati 2012), il 7,7% in Umbria, il 5,5% in Veneto, il 5% in Basilicata. Tutte le altre regioni presentano percentuali più basse (fino all'1,1% della Calabria);
- se passiamo alle coperture vaccinali e alle adesioni agli "screening oncologici" si nota che, per quanto concerne "morbillo, parotite e rosolia", la copertura risulta pari al 90% in Lombardia, Piemonte, Sardegna e Basilicata; non superiore al 67% nella P.A. di Bolzano e al 73% nella regione Molise. L'"anti-influenzale" per gli over-sessantacinquenni viene raccomandata per una quota percentuale non inferiore al 75%. I dati di realtà indicano un 63% in Umbria e un 57% in Calabria e Puglia. Lo "screening mammografico" vede invitate 9 donne su 10, al Nord, 7/8 donne su 10 al Centro, 6 su 10 al Sud. L'adesione conseguente risulta, poi, elevata in Emilia-Romagna e nella P.A. di Trento, particolarmente bassa in Campania, Calabria e Sicilia. Lo "screening colon-rettale" è, di nuovo, alto al Nord, con percentuali del 65% in Lombardia ed Emilia-Romagna, del 66% in Val d'Aosta, del 67% nella P.A. di Trento e molto basso al Sud (Calabria 5%, Puglia 6%, Abruzzo 14%). Da tutto ciò si può dedurre come la uniformità dei "livelli essenziali di assistenza" sia una pia illusione, nel mentre i dati di fatto consegnano l'immagine di un S.S.N. a "macchie di leopardo". Il "federalismo sanitario" costa al Sud d'Italia qualcosa come tre anni in meno di "attesa di vita alla nascita" rispetto alla media nazionale.

- ***Le difformità regionali nell'articolazione istituzionale e organizzativa dei vari Sistemi sanitari di loro pertinenza: Emilia-Romagna, Lombardia e Toscana***

  Prendiamo in considerazione tre Servizi Sanitari Regionali – emiliano-romagnolo, lombardo e toscano – per mettere in evidenza quale sia il loro livello di conformità rispetto al modello ideal-tipico deducibile, in linea di massima, dal d.lgs. 229/99.

a) Il SSR dell'Emilia-Romagna

Il SSR emiliano-romagnolo appare come quello **più "ortodosso"**. Alle Aziende – sanitarie e ospedaliere – spetta, infatti, la totalità delle funzioni gestionali (poste in capo al Direttore generale) e agli enti locali compete l'esercizio concorrente di plurime funzioni programmatorie. Innanzi tutto, attraverso la **"Conferenza socio-sanitaria territoriale"**, intervengono nella definizione e approvazione dei contenuti della programmazione aziendale (fatta di indirizzi strategici triennali e di "piani attuativi" annuali) e nella predisposizione (mediante i **"Comitati di Distretto"**, in stretto raccordo con il Direttore di Distretto) sia della Pianificazione zonale sanitaria e socio-sanitaria integrata, sia dei criteri organizzativi e gestionali concernenti la integrazione dei servizi sanitari e sociali.

Inoltre, gli ospedali sono gestiti, in larghissima parte, all'interno delle Aziende territoriali di cui costituiscono uno dei principali assetti organizzativi (il **"Presidio ospedaliero"**). Assumono i caratteri dell'Azienda ospedaliera autonoma, essenzialmente, solo i Policlinici universitari.

La **funzione** di **"committenza"** (vedi, *infra*, capitolo 10), ovverosia la stima del fabbisogno di prestazioni che ogni Azienda deve acquistare da altre Aziende e/o dal privato convenzionato, definisce i propri contenuti sulla base di un duplice riferimento: intra-aziendale, derivante dalla sommatoria delle previsioni espresse dalle pianificazioni distrettuali ed *extra*-aziendale, in rapporto ad una predeterminata quantificazione budgetaria che la regione concorda con le rappresentanze delle associazioni della sanità privata (ospedaliera e territoriale).

Si presta grande attenzione, inoltre, alla **integrazione socio-sanitaria**, mantenendola nell'ambito delle tre forme primariamente indicate dal "Piano sanitario nazionale 1998/2000" e poi traslate implicitamente nel testo del d.lgs. 229. Si tratta della integrazione istituzionale, della integrazione gestionale e di quella professionale.

Infine, la **partecipazione** dei **cittadini** si esprime nella versione codificata dai "Comitati consultivi misti" (*ex* art. 14 d.lgs. 229) ed è orientata a svolgere funzioni di controllo sul funzionamento dei servizi e di valutazione sulla qualità da essi assicurata.

b) Il SSR della Regione Lombardia

Il c.d. "modello lombardo" rappresenta una delle due versioni di Servizio

Sanitario Regionale che – unitamente alla Toscana – maggiormente si **discostano** dall'impianto della riforma Bindi introducendo elementi di assoluta originalità.

Inoltre, si esamina la normativa lombarda in chiave "diacronica": un "prima", nel quale si manifesta una visione costitutiva del tutto peculiare e un "dopo", assai recente, che la modifica, apportando correttivi volti ad eliminare le anomalie più estreme.

Dunque, il SSR lombardo primigenio:

- è, innanzi tutto, **marcatamente sanitario**. Nonostante che si contempli, all'interno della organizzazione aziendale, un "Dipartimento per le attività sociosanitarie integrate" e la nomina, da parte del D.G., di un "direttore sociale", di fatto, la integrazione che viene perseguita fa esclusivo riferimento alle prestazioni di diretta competenza dell'ASL. I servizi sociali comunali non sono della partita e, più in generale, i rapporti fra ASL e comuni vengono consegnati alla stipula di specifiche convenzioni (ovvero, a modalità giuridico-formali);
- gli enti locali sono, invece, coinvolti nei processi di elaborazione programmatoria attivati da ogni ASL. Ciò avviene attraverso la "Conferenza dei sindaci", su base aziendale, e l'"assemblea dei sindaci" a dimensione distrettuale.

  La prima concorre alla formulazione delle linee di indirizzo per l'impostazione programmatica delle attività, svolge funzioni di controllo, propone osservazioni (alla regione) ed esamina i bilanci. Compiti più simili a quel ruolo residuale che i decreti 502/517 avevano attribuito ai comuni, dopo aver sancito la fine delle loro precedenti responsabilità gestionali, che non alle competenze, "politicamente" assai più rilevanti, loro conferite, in un momento successivo, dalla riforma Bindi.

  L'"Assemblea dei sindaci" di Distretto, a sua volta, si limita alla formulazione "di proposte e pareri alla "Conferenza dei sindaci" in ordine alle linee di indirizzo e di programmazione dei servizi socio-sanitari". Attribuzioni assai lontane da quell'obbligo di "concertazione" relativa agli aspetti di "organizzazione e gestione" dei sevizi sociosanitari che viene richiesto dal 229 ai Direttori generali di ASL;
- si sancisce la **divaricazione** fra le **Aziende S.L.**, a cui viene affidata la produzione ed erogazione dei servizi territoriali, nonché la stima del fabbisogno e il successivo acquisto di prestazioni ospedaliere (in applicazione della funzione di "committenza") e le **Aziende ospedaliere** che, trasformate in "fondazioni di partecipazione", divengono totalmente autonome caratterizzandosi come "fornitori" (accanto alla ospedalità privata) dell'insieme delle Aziende territoriali. Questa netta separazione vale per tutti gli ospedali lombardi;
- stabilito che le Aziende acquirenti possono rivolgersi per le proprie esigenze prestazionali (in un regime di "quasi mercato") a fornitori sia pubblici che privati, vale per entrambi l'obbligo di rispettare i criteri e gli

standard che sono richiesti per l'**accreditamento istituzionale**. Al riguardo, non esiste, peraltro, alcun limite prestabilito programmaticamente fra la domanda di accreditamento presentabile dalla ospedalità privata e il potenziale di acquisto di prestazioni espresso dal sistema delle Aziende territoriali lombarde;

- la totale **libertà** di **accreditamento** non si applica solo ai produttori di prestazioni ospedaliere, ma anche ai **fornitori** di **servizi socio-sanitari** (in larghissima prevalenza, cooperative sociali) a cui cittadini che necessitano di tali servizi (in buona parte, persone fragili, cronicizzate, non autosufficienti, ecc.) possono ricorrere direttamente sfruttando un **contributo economico** – "bonus" – elargito dalla regione;
- la partecipazione dei cittadini si riduce alla possibilità di co-gestire un "ufficio di pubblica tutela" a cui compete verificare che l'accesso alle prestazioni avvenga nel rispetto dei diritti degli utenti e alle condizioni previste nella "carta dei diritti".

Il modello lombardo delle origini si connota, dunque, in sintesi, per: emarginare il ruolo delle istituzioni locali, non perseguire la integrazione fra i servizi sanitari e socio-sanitari aziendali e i servizi sociali comunali, distinguere radicalmente il ruolo del "committente" da quello del fornitore per quanto riguarda le prestazioni ospedaliere, riconoscere piena autonomia gestionale a tutti i nosocomi lombardi, rinunciare ad un vaglio preliminare dell'appropriatezza per quanto concerne le prestazioni socio-sanitarie acquisibili direttamente, a libero mercato, da ogni, singolo cittadino, non praticare sufficientemente la integrazione gestionale e quella professionale sociosanitaria.

Con la **legge regionale n. 33 del 2009** l'impianto originario sopra illustrato cambia profondamente:

- innanzi tutto il sistema lombardo si ri-qualifica come: "servizio sanitario, socio-sanitario e sociale integrato" che "promuove e tutela la salute" attraverso un insieme di risorse, servizi, attività e prestazioni che "garantiscono la offerta sanitaria e socio-sanitaria integrata con quella sociale di competenza delle autonomie locali". Primo viraggio, quindi, rispetto all'esclusivismo sanitario precedente;
- a supporto di tale *incipit* l'art. 2 pone, fra i principi che regolano la "programmazione, gestione e organizzazione del SSR", quello che contempla: "la promozione delle forme di integrazione operativa e gestionale sociosanitaria". L'art. 5, a sua volta, "*assicura la presa in carico delle persona, garantendo la continuità delle cure [...] anche attraverso articolazioni organizzative a rete e modelli integrati*". Si recupera, in buona sostanza, nella nuova versione del SSR lombardo, l'approccio previsto per la integrazione gestionale (le reti) e professionale (presa in carico e continuità assistenziale);
- la regione si impegna a promuovere, in particolare, "l'appropriatezza clinica e organizzativa mediante la formulazione di indirizzi program-

matori che stabiliscano" i volumi e le tipologie di prestazioni sanitarie e sociosanitarie, di degenza e ambulatoriali, che possono essere soddisfatti in sede pubblica o privata" sulla base della predeterminazione di "budget territoriali". È finito, in altri termini, il regime totalmente liberista che consentiva l'accreditamento di una offerta prestazionale senza vincoli da cui la "committenza" pubblica poteva attingere *ad libitum*.

Infine, è con riferimento alla modellistica istituzional-organizzativa che si nota il cambiamento più macroscopico.

Si **azzera**, infatti, la **dicotomia** generalizzata fra l'autonomia delle Aziende territoriali e l'autonomia riconosciuta ad ogni "fondazione" di gestione delle strutture ospedaliere.

Al posto di queste due entità si dà, poi, vita ad una nuova diarchia: le ATS (Agenzie di tutela della salute) e le ASST (Aziende socio-sanitarie territoriali). Le prime, essenzialmente dedicate, da un lato, a svolgere compiti di igiene, prevenzione primaria, sanità veterinaria e degli alimenti, nonché a garantire le "cure primarie"; dall'altro, ad assicurare una programmazione strategica che interconnetta il fabbisogno di prestazioni ("committenza") con l'insieme della offerta pubblica e privata-ospedaliera, sanitaria e socio-sanitaria, all'interno di una predefinizione regolatrice delle quantità da acquistare.

Le seconde, che concorrono ad assicurare la "erogazione dei LEA (oltre ad eventuali integrazioni regionali) attraverso la organizzazione di due settori: il "settore polo ospedaliero" che si articola in "presidi" e/o in "dipartimenti per intensità di cura". È, questo, l'assetto entro cui confluisce la gran parte delle ex aziende ospedaliere autonome; il "settore rete territoriale" a cui viene affidata la produzione delle prestazioni distrettuali e, in particolare, la erogazione di "prestazioni sanitarie, socio-sanitarie e sociali territoriali e domiciliari" che favoriscano la "integrazione delle funzioni sanitarie e socio-sanitarie con le funzioni sociali delle autonomie locali".

Il "settore rete territoriale" si articola, al proprio interno, in:

- "presidi socio-sanitari territoriali" (PreSST) costituiti allo scopo di favorire la "presa in carico delle persone", in particolare portatrici di "fragilità" e di realizzare, a loro favore, una integrazione – sanitaria, sociosanitaria e sociale – generalizzata, fra prestazioni erogate prevalentemente da servizi pubblici. Impostazione abissalmente diversa da quella precedente che lasciava ai singoli cittadini (titolari di un "voucher" finanziario) la facoltà di scegliere ciò che era loro più gradito all'interno di una libera offerta accreditata;
- "presidi ospedalieri territoriali" (POT) intesi come "strutture multiservizio", essenzialmente erogatori di "prestazioni sanitarie e socio-sanitarie a media e bassa intensità". Un ibrido che aggrega strutture protette per non auto-sufficienti con alcune forme di "ospedale di comunità". Ovversia, tutta l'assistenza residenziale per pazienti cronici e, in piccola parte, acuti che non rientra nelle fattispecie assicurate dal "settore polo ospedaliero".

c) Il SSR della Regione Toscana

Il "modello" istituzional-organizzativo prescelto originariamente dalla Regione Toscana si discosta profondamente, sia dalla impostazione emiliano-romagnola, sia da quella lombarda. Recupera, infatti, un ruolo gestionale per le autonomie locali e non attribuisce alcuna, particolare, autonomia ai presidi ospedalieri.

L'architettura istituzionale del sistema toscano si ispira pervicacemente alla concretizzazione del principio di "sussidiarietà verticale", con il "pieno coinvolgimento degli enti locali nelle politiche di promozione della salute" e "orizzontale" mediante la valorizzazione delle "formazioni sociali".

La prima declinazione di tale principio si sviluppa nell'ambito di una funzione programmatoria che si manifesta in molteplici forme: nella dimensione strategica regionale (con il "Piano sanitario e sociale integrato") che coinvolge istituzioni locali e parti sociali; nell'"area vasta" che offre una prima possibilità attuativa-attraverso l'impegno progettuale delle ASL e delle Aziende ospedaliere – agli indirizzi formulati dalla Regione; nelle "azioni-programma", specificative di alcuni percorsi assistenziali di natura preventiva, diagnostica e terapeutica; nella "programmazione di Zona/Distretto" (piano integrato di salute), pietra miliare della elaborazione programmatoria locale in cui confluiscono tutti gli apporti – istituzionali e tecnici – di base che concorrono a realizzare una piena integrazione; nel "progetto obiettivo", modalità finalizzata (nella Zona/Distretto) a "tutelare specifiche tipologie di utenza mediante azioni coordinate e integrate di ordine sanitario e sociale"; nei "piani attuativi locali" che, aggregando i "piani integrati di salute", costituiscono il riferimento programmatico quinquennale di ogni ASL.

Non sta, però, in questa articolazione della funzione programmatoria il tratto distintivo più originale che separa il modello toscano dalla visione sistemica contenuta nel d.lgs. 229. La scelta peculiare che sostanzia una radicale diversità consiste, infatti, nell'avere **violato** il **principio** della **esclusività gestionale** attribuita, dalla riforma Bindi, ai Direttori Generali di ASL e delle Aziende ospedaliere. La Regione Toscana **ri-assegna responsabilità gestionali** agli **enti locali** (evocando, in qualche misura i "comitati di gestione" *ex* legge 833).

Ciò avviene attraverso la costituzione delle **"Società della salute"**, ovverosia di organismi consortili dotati di personalità giuridica e di tutte le autonomie già riconosciute alle ASL dalla legislazione nazionale.

Le funzioni che qualificano dette "Società" sono, essenzialmente, di natura:

- **programmatoria**, per quanto concerne le attività ricomprese sia nel "livello essenziale di assistenza" territoriale previsto dal "piano regionale sanitario e sociale integrato", sia nel sistema dei servizi sociali comunali;
- **attuativa**, con riferimento alle suddette attività;
- **organizzativa e gestionale**, per quanto riguarda gli interventi: "socio-

sanitari ad alta integrazione sanitaria", "sanitari a rilevanza sociale" e di assistenza sociale.

Mediante le risorse economico-finanziarie direttamente elargite dai soci, la "società della salute" può gestire in prima persona tutte le attività sopra indicate.

Il consorzio denominato "società della salute" si costituisce per adesione volontaria da parte dei comuni e con la partecipazione obbligatoria del Direttore generale dell'ASL di riferimento.

La "governance" della "società delle salute" è composta dall'"assemblea dei soci" (a cui partecipano i sindaci dei comuni aderenti e il Direttore generale) e dalla "giunta esecutiva", di cui fanno parte il "presidente" della "società della salute", il D.G. aziendale e due componenti eletti dall'"assemblea" stessa.

Le "quote di partecipazione" dei singoli soci sono determinate nella misura di un 33% del totale per quanto riguarda l'ASL e di un restante 66%, che si ripartisce fra gli enti locali aderenti sulla base delle modalità stabilite negli atti istitutivi della stessa "società della salute". Appare del tutto evidente come il peso percentuale del Direttore generale nella "governance" consortile non superi un terzo del totale, mentre il valore economico dei servizi conferiti dall'ASL risulti del tutto preponderante (un "pacchetto" di prestazioni sanitarie e socio-sanitarie di ragguardevole consistenza finanziaria).

Con l'ultima **legge regionale del 2005** che riforma la "disciplina del Servizio Sanitario Regionale", alcuni degli aspetti sopra illustrati vengono a modificarsi; in particolare:

- l'"Area vasta" viene individuata come la dimensione operativa interaziendale di livello ottimale, non solo per la programmazione integrata dei servizi, ma anche per la gestione, in forma unitaria, di specifiche attività;
- la originaria "conferenza aziendale dei sindaci", composta dai Presidenti delle "conferenze zonali integrate" e dai presidenti delle "Società della salute", diviene semplicemente (conformandosi al modello emiliano) "Conferenza dei sindaci", intesa come la sommatoria di tutti i sindaci dei Comuni ricompresi nell'ambito territoriale delle ASL;
- la "società della salute" perde "appeal" e da nuovo soggetto istituzionale – pensato in una prospettiva di larga diffusione e consolidamento – diviene un "modello sperimentale" destinato a "promuovere la innovazione organizzativa, tecnica e gestionale nel settore dei servizi territoriali di Zona/Distretto e l'integrazione dei servizi sanitari e sociali". In questa prospettiva le "Società della salute" garantiscono ancora la partecipazione degli enti locali alla "governance" strategico-programmatoria, ma solo **eventualmente** alle responsabilità di gestione. In ciò si riscontra un ulteriore passaggio di avvicinamento del modello toscano alla impostazione ortodossa del 229, trasformando gli organi della "società" in qualcosa di molto simile alla conferenza dei sindaci del Distretto.

In conclusione, la sintetica disamina delle normative che hanno dato vita ai Servizi S.R. di Emilia-Romagna, Lombardia e Toscana consente di esemplificare quale sia il livello di autonomia legislativa esprimibile da ogni regione nell'individuare ordinamenti del tutto difformi e modificabili, nel corso del tempo, anche in termini estremamente incisivi.

5.3. I livelli della programmazione

Nel definire i livelli in cui si esercita la funzione programmatoria, le successive riforme del SSN fanno riferimento in modo pedissequo al principio di **"sussidiarietà verticale"** (art. 118 della Costituzione).

Al vertice del sistema si colloca il **"Piano sanitario nazionale"** (i cui contenuti vengono predisposti con il concorso delle regioni) che definisce indirizzi generali, obiettivi strategici, spunti innovativi e quant'altro serva per dare uniformità, su base nazionale, al sistema sanitario.

A seguire, ogni regione elabora i propri "Piani sanitari e (ormai ovunque) socio-sanitari regionali". Questi, da un lato, devono declinare i contenti indicati dal PSN tenendo conto dei margini di autonomia organizzativa e gestionale che ogni regione possiede e, dall'altro, possono aggiungere elementi programmatici originali che identifichino e rafforzino le diversità modellistiche e strategiche espresse da ciascuna regione.

Normalmente, il livello regionale si distingue anche per la formulazione di alcuni contenuti dispositivi di dettaglio che le Aziende sanitarie – territoriali e ospedaliere – devono concretizzare operativamente (a partire dagli obiettivi che vengono assegnati ai Direttori generali e dal cui non raggiungimento deriva una serie di conseguenze che vanno dalla riduzione percentuale della parte variabile dello stipendio fino alla rimozione dall'incarico). Già nella programmazione regionale vengono coinvolte le rappresentanze degli enti locali e dei corpi sociali presenti nella società civile (in genere, in fase propositiva e consultiva).

L'articolazione della funzione programmatoria a dimensione locale si sviluppa attraverso varie fattispecie:

– innanzi tutto, la **"Pianificazione aziendale"** che, per un aspetto, deve dare sostanza operativa agli indirizzi regionali e aggiungere una serie di proposte strettamente collegate alla peculiarità dei bisogni di salute e degli assetti organizzativi e gestionali che qualificano ogni realtà e, dall'altro, deve trasformare il "che cosa si intende fare" in un insieme di modalità tecnico-operative-procedurali che esplicitino il "come farlo".

Il Piano delle attività aziendali si sostanzia e fa, a sua volta, sintesi di un coacervo di programmazioni sub-aziendali che derivano sia dalle elaborazioni prodotte dalle principali articolazioni organizzative (i grandi Dipartimenti aziendali e il Presidio ospedaliero) sia dalla pianificazione distrettuale, "pietra miliare" di tutto il processo programmatorio aziendale. Nel suo ambito trova espressione un crescente livello di responsabilizzazione dei comuni che compongono il territorio aziendale. Dopo la riforma Bindi compete infatti alla **"Conferenza socio-sanitaria territoriale"** (come configurata dall'art. 4, c. 1) – aggregativa dei Sindaci di tali comuni – esprimere un voto per l'approvazione dei contenuti programmatori e non più solo formulare pareri e osservazioni.

Caratteristiche del tutto peculiari presenta, poi, la **pianificazione distrettuale** che si connota per:
- essere la sede "elettiva" in cui si definiscono le forme della integrazione socio-sanitaria;
- sviluppare la funzione della "committenza";
- valorizzare al massimo livello possibile il contributo propositivo dei sindaci dei comuni del distretto.

In verità, per quanto concerne la elaborazione dei contenuti progettuali relativi alla identificazione delle forme della integrazione socio-sanitaria, i contesti programmatori nei quali ciò può realizzarsi sono due: l'uno, previsto dal d.lgs. 229/99, si denomina **PAT** (Piano delle attività territoriali); l'altro, contenuto nella **legge 328/2000** (legge quadro per la realizzazione del sistema integrato di interventi e servizi sociali), si denomina **PdZ** (Piano di Zona). Le normative citate prevedono che si possa procedere distintamente nel mettere a fuoco proposte progettuali destinate a sostanziare le modalità della integrazione socio-sanitaria sullo stesso territorio distrettuale (non a caso il SSR toscano parla di Zona/Distretto) per, poi, farne sintesi mediante la sottoscrizione di **apposite "intese"** fra **ASL** e **comuni**. Molto saggiamente pressoché tutte le regioni hanno convenuto sulle opportunità di evitare tale diarchia elaborativa (che richiede una successiva ricomposizione unitaria) per decidere, invece, di designare – preliminarmente – un solo ambito nel quale predisporre i contenuti della pianificazione sociosanitaria: si tratta del **"Piano di Zona"** ***ex*** **legge 328/2000**.

La **"funzione di committenza"** compete solo al **Distretto**. In altri termini, mentre le grandi articolazioni organizzative interne alle Aziende programmano esclusivamente ciò che riguarda la loro capacità di produzione autonoma (servizi, attività, prestazioni), il Distretto somma a questo tipo di impostazione anche il compito di valutare previsionalmente il fabbisogno complessivo delle prestazioni (di ricovero, specialistiche, farmacologiche, ecc.) di cui si ritiene abbia bisogno la popolazione residente sul territorio distrettuale.

Infine, la **"Conferenza dei sindaci del Distretto"** è chiamata a svolgere un ruolo assai più penetrante rispetto a quello riconosciuto alla "Conferenza territoriale socio-sanitaria aziendale". Alla "conferenza" di Distretto compete, infatti, non solo concorrere alla definizione dei contenuti del PAT distrettuale, ma – per quanto concerne i servizi socio-sanitari integrati – entrare anche nel merito delle loro modalità organizzative e gestionali.

Tornando, ora, alla pianificazione nazionale e regionale, si deve notare come, nel succedersi dei mutamenti normativi, cambino anche i contenuti che la legge 833, prima, e i decreti legislativi 502/517, poi, attribuiscono ai **"Piani sanitari nazionali"**.

Il "PSN" previsto dalla legge 833 (art. 53) individua una serie di temi, per un aspetto, piuttosto scarni e, per l'altro, eccessivamente invasivi e prescrittivi. Del resto, lo "*status* nascente" del SSN non poteva, in qualche modo, prescinderne. Si tratta, infatti, ad es.:
- della definizione dell'importo del FSN e dei criteri per la sua ripartizione a livello regionale (assunto che rimane, peraltro, invariato in tutti i successivi Piani Sanitari Nazionali);
- in assenza di ogni riferimento al "federalismo sanitario" i primi Piani Sanitari contenevano "criteri e indirizzi" che le legislazioni regionali dovevano declinare nelle "forme della organizzazione dei servizi" e nella formulazione delle "piante organiche del personale";
- alle norme generali di erogazione delle prestazioni sanitarie si aggiungono le "fasi e le modalità della graduale unificazione delle stesse". Un orientamento di natura operativa (addirittura) che si giustifica con la esigenza di superare gradualmente – agli albori del nuovo SSN – il settorialismo spinto dei precedenti sottosistemi.

Null'altro viene scritto. Ancor meno per quanto riguarda, poi, la predisposizione dei "Piani Sanitari Regionali" che, semplicemente, devono "uniformarsi ai contenuti e agli indirizzi del PSN".

- ***La pianificazione nazionale***

La pianificazione nazionale prende quota con i decreti legislativi 502/517 del 1993, lì ove si afferma la sua centralità quale strumento fondamentale della programmazione sanitaria, intesa come premessa di ogni altra iniziativa di riforma del sistema a livello sia nazionale che regionale.

Si esplicita, in concreto, tale affermazione nel rapporto che si verrà ad instaurare fra il "PSN 1998/2000" e la successiva riforma Bindi.

Molti e importanti sono, inoltre, gli innesti che i Piani Sanitari Nazionali, via via succedutesi nel tempo, introducono nella evoluzione dei propri contenuti progettuali. Così, ad es., per quanto concerne:
- la prima definizione dei "livelli essenziali di assistenza";
- la esplicitazione di alcuni "progetti-obiettivo" finalizzati a conferire piena efficacia e qualità all'assistenza sanitaria e sociale integrata;
- la formulazione degli indirizzi che devono essere rispettati nel formulare i piani della "formazione di base" del personale;
- una particolare attenzione alla valutazione dei risultati ottenuti. Valutazione basata su "misurazioni e indicatori" ed esplicitata in forma organica all'interno della "relazione sullo stato sanitario del Paese" (predisposta annualmente dal Ministero della sanità).

Una ulteriore evoluzione si riscontra, poi, nel d.lgs. 229/99. Questo, infatti, può far tesoro di uno sviluppo dei contenuti programmatori che – in circa

7 anni – avevano fatto maturare una visione, complessa e innovatrice, del sistema sanitario italiano. Visione che si precisò conclusivamente nella eccellente elaborazione del "Piano Sanitario Nazionale 1998/2000".

Gli aspetti innovativi più rilevanti contenuti nel testo del 229 sono, ad es.:

- il formale coinvolgimento delle regioni nella elaborazione di proposte per la predisposizione del Piano;
- una ripartizione percentuale del Fondo S.N. in rapporto alle diverse tipologie di assistenza (ospedaliera, territoriale, di natura preventiva...), definendo, così, il "trend" di un macro-processo di cambiamento che punta a raggiungere migliori livelli di "appropriatezza organizzativa";
- la introduzione di indirizzi per il miglioramento della qualità della assistenza, con ciò passando dall'esclusivo riferimento alla dimensione quantitativa e tipologica dei servizi al come qualificare le prestazioni erogate tenendo conto di aspetti relazionali, umani, clinico-tecnologici, organizzativi, ecc.;
- la formulazione di linee guida per l'approntamento di *"percorsi diagnostico-terapeutici allo scopo di favorire (...) lo sviluppo di modalità sistematiche di revisione e valutazione della pratica clinica e assistenziale (...)"*. Crescente attenzione, quindi, alla standardizzazione dei processi attraverso cui perseguire una maggiore "appropriatezza clinica".

- ***La programmazione regionale***

Peraltro, si conferma, per la "programmazione regionale", il dover fare riferimento, *in primis*, ai contenuti del P.S.N., per poter, poi, allargare il "piano strategico degli interventi", allo scopo di raggiungere gli "obiettivi di salute e di funzionamento dei servizi" indispensabili per "soddisfare le esigenze specifiche della popolazione regionale".

Due aspetti, in particolare, ne connotano la originalità di impostazione, rispetto al dettato dei decreti 502/517: la regione, nella formulazione dei PSR, deve coinvolgere le autonomie locali e stimolare la partecipazione delle "formazioni sociali non aventi scopo di lucro, delle organizzazioni sindacali e delle strutture private accreditate"; fra i contenuti che devono qualificarli è d'obbligo definire i limiti entro i quali accreditare la quantità di prestazioni considerata compatibile con il fabbisogno programmato. Una chiara presa di distanza dalla prima versione del modello lombardo.

- ***Il "Piano Sanitario Nazionale 1998/2000": il primo "Patto per la salute"***

È stato più volte citato il "PSN 1998/2000" poiché rappresenta l'anello di congiunzione fra il "prima" e il "dopo" della Riforma Bindi.

A partire dal sottotitolo: **"un patto di solidarietà per la salute"** si intende proporre una prospettiva di sviluppo e di cambiamento del SSN che coinvolga tutte le componenti del sistema.

In ragione di ciò, la sistematica dei contenuti programmatori contempla la enunciazione di **5 macro-obiettivi**, che fissano le priorità da affrontare e **7 linee strategiche di cambiamento** che indicano le condizioni necessarie per ottenere un miglioramento della efficacia e della efficienza del sistema sanitario italiano.

Dunque, si formula, in tal modo, un "progetto nazionale per la salute"; per la "salute", non per la sanità, in omaggio alle linee evolutive indicate dalla scienza, dalla letteratura e dagli stessi organismi sanitari internazionali; sunteggiate nel celebre trinomio: sanità, salute, benessere.

Il primo obiettivo recita: **"promuovere comportamenti e stili di vita per la salute"**, un *focus* importante sulla prevenzione primaria, fino ad allora la grande negletta nelle strategie di intervento delle ASL. Ciò nonostante, la situazione non troverà soluzioni concrete in tal senso per ancora circa quindici anni.

Il secondo obiettivo recita: **"contrastare le principali patologie"** (cardio e cerebro vascolari, tumori, malattie infettive, incidenti e malattie professionali, altre patologie di rilievo sociale). Si presta la massima attenzione alle malattie che sono responsabili – considerate unitariamente – di circa l'80% delle cause di morte. Inoltre, con intuizione quasi profetica, si sottolinea la indispensabilità delle profilassi vaccinali e della lotta contro quelle patologie che conseguono ad un vivere comunitario scarsamente permeato da valori sociali (così, ad es., per quanto concerne le malattie e gli infortuni professionali). Inoltre, emerge con prepotenza il tema delle patologie croniche (dal diabete alle broncopneumopatie, alle allergie...) causate, in larga misura, da comportamenti insalubri, da alterazioni climatico-ambientali, ecc., diffusamente presenti nelle società a capitalismo maturo.

Il terzo obiettivo recita: **"migliorare il contesto ambientale"**, tenendo in particolare considerazione alcune delle sue determinanti (aria, acqua, alimenti, radiazioni, rifiuti...). Anticipando gli enormi problemi che si andranno, poi, manifestando negli anni seguenti (fino ai nostri giorni) questo obiettivo si dedica peculiarmente alle alterazioni/adulterazioni alimentari e all'accumulo/smaltimento dei rifiuti. Più in generale, si esprime il convincimento che la salute derivi dall'emergere di fattori che si collegano alla normalità della vita quotidiana, ai suoi consumi, alle sue dinamiche.

Il quarto obiettivo recita: **"rafforzare la tutela dei soggetti deboli"** ed è intriso di riferimenti etici. Prevede azioni di lotta contro le alterazioni fisiopatologiche dovute alla emarginazione, alla povertà, alla disabilità fisica e mentale, alla non autosufficienza nella popolazione anziana, ecc. La "fragilità" diviene il primo obiettivo contro cui sviluppare strategie non solo sanitarie, ma anche di tutela sociale e comunitaria (si affaccia embrionalmente il tema del *welfare* di comunità).

Il quinto obiettivo recita: **"portare la sanità italiana in Europa"** e nasce dalla orgogliosa constatazione che il sistema sanitario nazionale rappresenta, per molteplici aspetti (trapianti d'organo, riabilitazione, innovazione tecnologica, sistema informativo, sanità veterinaria, ecc.), una eccellenza nel contesto della Comunità europea, di cui può divenire un fattore importante di sviluppo.

Le **"strategie per il cambiamento"** racchiudono, invece, le opzioni strategiche che devono essere perseguite allo scopo (siamo ai prodromi della seconda riforma della riforma) di rilanciare i principi fondativi e le modalità realizzative di un SSN che merita di essere preservato e potenziato.

Prima strategia: le "garanzie del SSN afferenti, in particolare, ai **"livelli essenziali di assistenza"**, alla **percentualizzazione** del **Fondo Sanitario** in rapporto alle diverse categorie assistenziali, alla definizione della **"quota capitaria"**. Si ripropone con forza il tema della equità e della uguaglianza, quali premesse per fornire un'assistenza essenziale ed uniforme sull'intero territorio nazionale. Un'assistenza che sia caratterizzata: dalla "appropriatezza organizzativa", dalla crescita dei servizi territoriali, dalla contrazione di quelli ospedalieri, da un maggiore respiro assicurato alla riabilitazione. Il tutto attraverso un finanziamento che tenga conto delle diverse condizioni ambientali, epidemiologiche e demografiche.

Seconda strategia: **"strumenti per la garanzia dei LEA"** (il finanziamento delle regioni e delle ASL, la remunerazione dei soggetti erogatori di prestazioni, l'accreditamento). Come dire: è necessario assicurare le risorse indispensabili per coprire i costi del Sistema (*vexata quaestio*, abbiamo sottolineato nel precedente capitolo 4). Ed è, conseguentemente, necessario mettere a punto sia metodologie capaci di stimare correttamente tali costi, sia strumenti tariffari adeguati per standardizzarli in rapporto alle diverse fattispecie prestazionali (nascono, così, i **D.R.G.** – disease related group – per quanto riguarda i trattamenti ospedalieri). Ovviamente, le tariffe devono essere parametrate a condizioni tecnico-operative e di qualità clinica omogenee, ovunque si realizzi l'intervento assistenziale. Per assicurare tali premesse è stato proceduralizzato – attraverso l'istituto dell'"accreditamento istituzionale" – l'accertamento preliminare della esistenza di idonei requisiti.

Terza strategia: **"un programma nazionale per la qualità"** e **quarta strategia**: **"la sicurezza nelle strutture sanitarie"**. Entrambe impattano in misura consistente con i processi di accreditamento delle strutture sanitarie – pubbliche e private, ospedaliere e territoriali –. Le suddette strategie fissano, infatti, una pluralità di parametri (strutturali, funzionali, professionali, organizzativi e gestionali) il cui rispetto deve assicurare la qualità dell'assistenza e la sicurezza delle procedure operative.

Quinta strategia: **"l'integrazione fra l'assistenza sanitaria e sociale"**, finalizzata a garantire, proprio attraverso processi socio-sanitari integrati, una qualità assistenziale particolarmente efficace nel rispondere a bisogni – normalmente non acuti – conseguenti a stati di cronicità e alla perdita delle autonomie, che richiedono modalità di lungo assistenza.

Il "Piano" esplicita, per la prima volta, quali siano le forme della integrazione socio-sanitaria – istituzionale, gestionale e professionale –, quale la tipologia assistenziale in cui manifestarsi con particolare successo – le "domiciliarità integrate" – e quale, infine, il luogo organizzativo elettivamente individuato come la "culla" della integrazione: il Distretto.

Sesta e settima strategia: **"la gestione delle risorse umane"** e **"la ricerca, sperimentazione e sviluppo"**. Si è ben consapevoli di come sia impossibile promuovere un cambiamento che conferisca migliore qualità, efficacia ed efficienza al sistema se non se ne fanno carico convintamente i professionisti che operano all'interno del SSN. Inoltre, ogni innovazione prospettata non può prescindere, prima di divenire prassi, da processi di ricerca e di sperimentazione.

In conclusione, il "Piano Sanitario Nazionale 1998/2000" rappresenta un grande, organico, "manifesto" che stimola un aggiornamento del sistema ispirandosi, però, ai valori ed ai principi fondamentali già posti alla base della primigenia riforma del 1978. Anzi, vuole rilanciarli mediante un patto per la salute che coinvolga cittadini, istituzioni ed operatori. Questo è, fondamentalmente, il messaggio che il "Piano" lancia al legislatore, alle soglie della seconda riforma della riforma, nel 1999.

Capitolo 6
Dalle USL alle ASL

di *Fosco Foglietta*

6.1. Il diverso ruolo degli enti locali

Con questo capitolo (e con i due successivi: la "governance" e la "organizzazione") si entra nel merito delle trasformazioni più rilevanti che caratterizzano il cambiamento fra le scelte originariamente espresse dalla l. 833/1978 e quelle successivamente operate dai dd.lgs. 502/1992 e 517/1993.

Il d.lgs. 229/1999 ha, poi, specificato, implementato e, in qualche misura, modificato questi ultimi.

- ***Le USL***

Delle ragioni che hanno indotto tali trasformazioni già si è accennato al precedente capitolo 4 (le crisi finanziarie del SSN). Peraltro, i giganteschi disavanzi che hanno imposto periodiche rivisitazioni dell'impianto istituzionale e gestionale del sistema sanitario italiano trovano una prima causa generatrice – a seguito dell'approvazione della l. 833 – nell'assetto della "governance" delle Unità Sanitarie Locali.

Il primo articolo di detta legge prevede, infatti, che la **USL** si sostanzi come **"il complesso dei presidi, degli uffici e dei servizi dei comuni singoli o associati e delle comunità montane"**, mentre l'art. 15 ribadisce che l'USL è "struttura operativa dei comuni, singoli o associati, e delle comunità montane". Infine, l'art. 13 attribuisce ai comuni *"tutte le funzioni amministrative, in materia di assistenza sanitaria e ospedaliera che non siano espressamente riservate allo Stato e alla regione"*.

Quest'attribuzione olistica alle amministrazioni comunali costituisce, peraltro, la premessa necessaria affinché le USL, loro "strutture operative", possano assicurare *"in modo uniforme, sull'intero territorio nazionale, [...] la gestione unitaria della tutela della salute"* (art. 10).

Dagli articoli citati emergono sia una certezza che un quesito non risolto. È del tutto pacifico che la USL **non** è **dotata** di **personalità giuridica autonoma**. All'opposto, non si è mai definito in modo univoco quale fosse la sua reale "natura giuridica". La configurazione di "struttura operativa" tendeva, infatti, a connotare l'USL come mero ente strumentale dei comuni; la qual cosa oscillava fra due estremi: da un lato, l'ipotesi più riduttiva, che caratterizzava l'USL come uno dei tanti uffici comunali (pur se di estrema complessità), dall'altro, l'ipotesi che assegnava, invece, all'Unità sanitaria locale una maggiore capacità di autodeterminazione, identificandone l'assetto con quello delle Aziende municipalizzate o dei Consorzi intercomunali.

Di fatto (come si vedrà nel prossimo capitolo) emerge l'attribuzione ai **comuni** di una **responsabilità** di **gestione** pressoché **totale** e, quindi, la loro, conseguente capacità di essere "ordinatori di spesa". La determinazione dell'importo di tale spesa (derivante dalle scelte assistenziali effettuate) non conseguiva, però, all'obbligo di tenere conto delle risorse finanziarie preventivamente conferite dalla regione e quindi di accollare gli eventuali disavanzi ai comuni singoli o associati.

Una ulteriore scelta nettamente operata dalla l. 833 consiste nell'inserimento delle strutture ospedaliere all'interno del quadro organizzativo delle USL. Ciò pone fine all'autonomia degli "enti ospedalieri" (così come introdotta dalla legge Mariotti del 1968) con la conseguente perdita della personalità giuridica e del trasferimento dei patrimoni alle amministrazioni comunali. Per il vero, rimane un "residuo" di tale autonomia nel disposto dell'art. 11, dove si prevede che *"i comuni [...] assicurano la più ampia partecipazione degli operatori della sanità, delle formazioni sociali esistenti sul territorio, dei rappresentanti degli «interessi originari» definiti ai sensi della l. 132/1968 (ovverossia, quei componenti dei consigli di amministrazione ospedalieri, non già di nomina comunale, bensì indicati dalle IPAB – ex Opere Pie- originariamente responsabili della gestione dei nosocomi) a tutte le fasi della programmazione delle attività delle USL e alla gestione sociale dei servizi sanitari"*. Appare del tutto comprensibile e legittima questa prima chiamata dei corpi sociali e dei professionisti del sistema alla partecipazione (ovviamente, di tipo latamente consultivo e/o propositivo). Resta, invece, un mistero che cosa debba intendersi per partecipazione alla "gestione sociale dei servizi sanitari", giacché la formulazione appare un vero e proprio "ossimoro".

Non risulta, peraltro, molto più chiaro l'altro richiamo alla "partecipazione degli utenti" direttamente interessati all'"attuazione dei singoli servizi". Siamo, infatti, nel 1978, anni luce lontani da quella evoluzione del ruolo delle formazioni sociali intermedie e volontarie che, ai nostri giorni, configura (e, ancora, embrionalmente) la loro concorrenza alla realizzazione di attività assistenziali sociosanitarie e sociali, con ciò avviando la realizzazione del "*welfare* di comunità".

Da ultimo, il sindaco non perde, anzi rafforza, la propria funzione di **"autorità sanitaria locale"**.

- ***Le ASL***

La marcia di avvicinamento alla prima riforma della riforma (decreti legislativi 502/1992 e 517/1993) è caratterizzata da una serie di opzioni che colpiscono duramente il ruolo precedentemente assegnato ai comuni. Non era, infatti, più tollerabile la separazione fra la responsabilità di spesa e la non responsabilità nella copertura dei disavanzi conseguentemente generatisi. Inoltre, si era diffusa una crescente insoddisfazione dei cittadini nei confronti delle modalità di funzionamento delle USL. Anche in ragione di tali, scadenti, risultati, andava montando un diffuso risentimento nei confronti del "personale politico" (presente nei "comitati di gestione") e delle loro azioni. Date queste premesse le USL a trazione comunale non potevano che avere vita breve. Si imponeva un **cambiamento radicale**; e così fu.

I decreti legislativi 502/517 rappresentano, dunque, una sorta di rivoluzione copernicana. I comuni vengono totalmente estromessi dalla gestione delle USL che divengono **Aziende autonome** dotate di **personalità giuridica**: le **ASL**.

Vengono introdotti "principi e formule di tipo privatistico e stimoli di managerialità" (come esplicita la relazione introduttiva alla legge delega 421/1992) allo scopo di contenere il costante disallineamento fra costi e ricavi, sviluppare strategie volte alla efficienza gestionale e introdurre principi e metodi di governo tipici della cultura manageriale.

L'incompiuto sforzo di trovare una classificazione giuridica condivisa per le USL – "strutture operative" dei comuni – semplicemente si esaurisce ed emerge una nuova configurazione la cui ragion d'essere istituzionale appare assai più definita. Si passa, infatti, da una legittimazione fondata sulla rappresentanza delle comunità locali ad un'Azienda pensata in ragione della sua capacità di assicurare, in modo efficace ed efficiente, servizi assistenziali pubblici su base regionale.

La "aziendalizzazione" delle USL, da un lato, e la riconduzione della responsabilità politico/strategica delle scelte direttamente alle regioni, dall'altro, costituiscono, dunque, le architravi su cui si fonda il processo di revisione della riforma sanitaria *ex* l. 833/1978.

In questo, nuovo, contesto rimangono agli enti locali solo competenze del tutto marginali. Si prevede, infatti, che il sindaco (nelle ASL monocomunali) e la "conferenza dei sindaci" (nelle ASL pluricomunali) svolgano funzioni di indirizzo per la impostazione programmatica delle attività, esaminino i bilanci di previsione e di esercizio, formulino, ove lo ritengano opportuno, osservazioni alla regione e al Direttore generale. Solo in questi termini viene concessa loro la possibilità residuale di interpretare gli interessi della cittadinanza e di esercitare una qualche forma di controllo sul funzionamento dei servizi a tutela dei "bisogni socio-sanitari" espressi dalle comunità locali.

Alle ASL territoriali si affiancano, poi, **Aziende ospedaliere autonome** (in genere, di grandi dimensioni) e i policlinici universitari.

La riforma Bindi non introduce – per quanto concerne il ruolo degli enti locali – modificazioni significative, se non per una maggiore assertività, allorché introduce un perentorio: "contribuisce alla determinazione dei piani programmatici aziendali" in luogo della più sfumata "possibilità" di farlo, contemplata in precedenza, con riferimento alle funzioni del sindaco o della "conferenza dei sindaci".

Il livello di coinvolgimento dei "primi cittadini" cambia, invece, consistentemente nell'ambito della programmazione distrettuale e del governo dei servizi socio-sanitari. L'art. 3 prevede, infatti, che si costituisca il **"comitato dei sindaci del distretto"** a cui compete: "formulare un parere obbligatorio sui contenuti della programmazione distrettuale prima che questa venga approvata dal Direttore generale della ASL, definire – per quanto concerne la organizzazione e gestione dei servizi socio-sanitari – un vero e proprio Atto di intesa, concorrere alla verifica del raggiungimento dei risultati di salute definiti dal **"programma delle attività territoriali"** (PAT).

6.2. Dimensioni, autonomie, competenze

- ***Dimensioni***

L'art. 14 della l. 833 dispone che gli ambiti territoriali delle USL siano *"delimitati in base a gruppi di popolazione di regola compresi fra i 50.000 e i 200.000 abitanti"*. Piccole dimensioni, quindi, coerentemente determinate in riferimento al loro essere funzionali ad una "governance" assegnata alla titolarità delle amministrazioni locali.

Con i decreti legislativi 502/517, inizia un percorso di progressiva crescita dimensionale delle ASL. Si indica come riferimento tendenziale il bacino di utenza afferente al territorio delle amministrazioni provinciali. Si passa, così, da una popolazione media di circa 87.000 abitanti ad una di circa 250.000 persone. Il numero delle ASL diminuisce, conseguentemente, da 659 a 228. Tale processo appare funzionale, in modo del tutto evidente, ad un loro ulteriore distacco (per allontanamento) dalla sfera di influenza dei comuni.

Il d.lgs. 229 accentua ulteriormente questa tendenza perché, se da un lato viene confermato il riferimento alla dimensione provinciale, dall'altro conferisce alle regioni il potere di disciplinare l'articolazione delle ASL sul proprio territorio tenendo conto di criteri orientati alla efficienza gestionale (economie di scala).

Di fatto, il processo di crescita dimensionale delle ASL non si è più arrestato fino a giungere, attualmente, alla configurazione di macro-Aziende metropolitane e/o coincidenti con bacini di utenza di circa un milione di abitanti. Al momento, il numero delle ASL si è ridotto a sole 101 unità.

- ***Autonomie***

L'attribuzione alle neonate ASL – a corredo della personalità giuridica pubblica di cui divengono attributarie – di una serie di autonomie incarna la vera frattura che si consuma con l'architettura istituzionale delle precedenti USL.

L'art. 3 del d.lgs. 517/1993 dispone, infatti, che le ASL siano dotate di ***"autonomia organizzativa, amministrativa, patrimoniale, contabile, gestionale e tecnica"***. Peraltro, questo insieme di autonomie non configura una totale autodeterminazione, poiché le Aziende (territoriali e ospedaliere) sono comunque soggette al potere di "indirizzo e controllo" della regione (che le finanzia) e devono rispettare una serie di vincoli derivanti dalla normativa nazionale (ad es., per quanto riguarda il reclutamento del personale, oppure l'acquisto di "beni e servizi" attraverso l'espletamento di "gare di evidenza pubblica") .

Ciononostante, il nuovo assetto istituzionale accoglie, consente e promuove molteplici **criteri** tipici della **intrapresa privata**.

Le **autonomie "organizzativa, gestionale e tecnica"** consentono, ad esempio, che ogni ASL possa sfruttare margini decisionali propri per adottare soluzioni organigrammatiche originali, o modalità di gestione innovative e sperimentali finalizzate, in particolare, alla valorizzazione delle risorse umane, orientandole verso la realizzazione di "performance" sfidanti.

Una **"visione manageriale"** si afferma del resto come necessaria se si considera la enorme complessità dei sistemi sanitari (H. Mitzberg – arcinoto scienziato delle organizzazioni – sostiene che non esista pari complessità in alcun altro contesto produttivo). In detti sistemi si sommano e interagiscono, infatti, almeno **tre "modelli burocratici"** (si usa questo termine in senso weberiano, ponendo l'accento sugli aspetti di razionalità, imparzialità e impersonalità, che devono rendere "oggettiva" la funzione di servizio delle pubbliche amministrazioni):

- il modello **"burocratico/divisionale"**, contraddistinto da una forte standardizzazione delle linee produttive, dal primato della "mansione" come elemento connotativo dell'attività lavorativa e da una "governance" essenzialmente gerarchico-verticale. Possiamo individuare questo assetto, ad esempio, nella tradizionale organizzazione di "reparto" ospedaliero per quanto riguarda, in particolare, il personale non medico;
- il modello **"burocratico/professionale"**, caratterizzato da un sostanziale orientamento a finalità clinico-assistenziali, supportato da un "imprinting" deontologico, espresso attraverso modalità operative non rigidamente standardizzate, bensì fondate su "linee guida" e percorsi diagnostico-terapeutici. Tutto il personale medico e buona parte di quello sanitario si riconoscono, ormai, in questa modellistica che lascia spazi piuttosto ampi alla "scienza e coscienza" professionali;
- il modello **"adhocratico"**, tipico di quelle organizzazioni costantemente proiettate verso cambiamenti promossi, guidati e verificati, in genere, da "staff" posti alle dipendenze del "vertice strategico" d'azienda. Le grandi trasformazioni, come le piccole innovazioni organizzative e operative, rientrano nell'alveo di competenza di questi organismi ad elevato potenziale di ricerca del miglioramento continuo.

Appare ovvio come la commistione sinergica dei tre modelli sopra illustrati risulti incompatibile con una gestione strettamente gerarchica, piramidale, del tutto preordinata e postuli, invece, **organigrammi** di **natura "matriciale"** nei quali le "linee verticali" contengono gli assetti produttivi stabili (depositari di risorse dedicate) e si incrociano con "linee orizzontali" che tagliano trasversalmente l'insieme delle strutture verticali, finalizzando alcune loro dotazioni, umane e strumentali, al raggiungimento di obiettivi di genere vario (clinico-assistenziale, economico-gestionale, formativo-professionale, ecc.).

È in questo modo che si piega la struttura organizzativa alla esigenza di raggiungere obiettivi di diversa ampiezza e rilevanza.

Un lavorio, dunque, fatto: di idee e di pratiche applicazioni, di sperimentalità e di consolidamento delle esperienze, di ricerca del meglio alla luce della innovazione tecnologica e scientifica, di affinamento di soluzioni orientate ad una maggiore efficienza, e via discorrendo, rappresenta il terreno di coltura nel quale dare concretezza alle autonomie "organizzativa, gestionale e tecnica" di ogni ASL.

L'**"autonomia amministrativa"** si esprime, prevalentemente, attraverso la produzione degli "atti" che sostanziano le volontà della "governance" aziendale. Varie sono le tipologie che li contraddistinguono: atti, determine, dispositivi, regolamenti, comunicazioni, ecc. Tali provvedimenti non sono più soggetti – come avveniva, invece, precedentemente con le deliberazioni assunte dalle assemblee e dai Comitati di gestione delle USL – al parere preventivo dei "comitati regionali di controllo" (che ne dovevano sancire la legittimità).

L'**"autonomia contabile"** viene a coincidere con la introduzione della **"contabilità economica"** in luogo di quella **"finanziaria"** (tipica della vecchia pubblica amministrazione, sia centrale che periferica). La contabilità finanziaria si sostanzia di una serie di controlli preventivi e di altrettanto preliminari autorizzazioni di spesa (che può essere in "conto esercizio", per quella corrente, o in "conto capitale", per quella destinata agli investimenti) da parte delle autorità a cui compete assicurare la copertura finanziaria alle spese proposte (lo Stato, le regioni, gli enti locali).

Questo tipo di contabilità si caratterizza per una estrema, parcellare, rigidità. Ogni spesa deve, infatti, essere "coperta" mediante un impegno che faccia riferimento ad un particolare capitolo di bilancio. Assai spesso, questo risulta essere di grandi dimensioni generaliste e vi afferiscono le richieste di "impegno" provenienti da strutture istituzionali, organizzative e operative assai diverse. Ai vari soggetti "ordinatori di spesa" non viene, inoltre, comunicato tempestivamente l'andamento del consumo delle disponibilità complessive, il che comporta, frequentemente, che ci si accorga *a posteriori* della insufficiente capienza del "capitolo". In attesa di un rifinanziamento che richiede, in genere, procedure lunghe e, talvolta, incerte, tutto si blocca. Inoltre, questa opacità informativa ottunde anche il senso di responsabilità di chi – non avendo una visione preliminare chiara delle effettive disponibilità residue – continua a richiedere "impegni", lasciando ad altri l'onere di ottemperare o meno a tali richieste.

L'introduzione della "contabilità economica" (con i decreti legislativi

502/517) ribalta tale approccio e, in omaggio alle autonomie riconosciute alla nuova ASL, identifica con precisione una serie di responsabilità contabili all'interno dell'impianto organizzativo aziendale. Si elimina la necessità dell'autorizzazione preventiva per attribuire, invece, una predeterminata quantità di risorse ad un articolato insieme di "soggetti", interni alla organizzazione, che, in quanto assegnatari di ***budget***, divengono **"centri di responsabilità"**. La consistenza del *budget* deriva dalla preliminare stima dei costi che devono essere sostenuti per realizzare le attività di competenza. Il *budget* è, dunque, finalizzato alla copertura dei costi afferenti ai molteplici contenuti della programmazione aziendale. Ovviamente, i suddetti *budget* conseguono alla disarticolazione dei fondi che ogni Azienda riceve dalla regione sulla base di "quote sanitarie pesate".

L'importo di ogni *budget* deriva da una specifica **negoziazione** fra il "vertice strategico" aziendale e i singoli titolari di "posizioni organizzative" rilevanti (Direttori di Dipartimento, di macroservizi, di unità operative complesse...). Una volta concordato, il *budget* viene gestito, con piena responsabilità, dal dirigente che ne è attributario e il suo consumo deve essere coerente con le previsioni che ne hanno determinato l'importo.

Naturalmente, i titolari di *budget* hanno la necessità di essere supportati, nell'esercizio della loro autonomia dispositiva, da un insieme di informazioni capaci di illustrare (e documentare) l'andamento del consumo delle risorse assegnate, in modo tale che il monitoraggio, così effettuato periodicamente, eviti spiacevoli sorprese, anticipando i segnali di pericolo derivanti da un eventuale *surplus* di costi non adeguatamente previsti.

Tali controlli vengono affidati ad un particolare **servizio** denominato: **"controllo di gestione"** che effettua i riscontri periodici sopra indicati dopo aver suddiviso ogni **"centro di responsabilità"** – assegnatario di *budget* – in una serie, più o meno ampia, di **"centri di costo"**; ovverosia, nelle monadi organizzative e operative che compongono l'assetto strutturale di ogni "centro di responsablità".

Infine, in ciascun "centro di costo", il controllo del consumo delle risorse budgetarie avviene in rapporto ad un consistente numero di fattori produttivi (dal personale, distinto per figure professionali, alle molteplici categorie in cui si suddividono i vari tipi di beni – sanitari ed economali – e servizi, ecc.).

Da ultimo, **l'"autonomia patrimoniale"** rimuove le inutili complicazioni introdotte dalla l. 833. Le acquisizioni patrimoniali dovevano, infatti, essere collocate all'interno del patrimonio di uno dei comuni dell'"associazione" (in genere, il capoluogo) con destinazione d'uso vincolata. Tutti gli atti conseguenti (locazioni, alienazioni, comodati, ecc.) spettavano, pertanto, a tale amministrazione a seguito di formale richiesta formulata, di volta in volta, dai titolari della gestione delle USL.

Con i decreti legislativi 502/517 (art. 5) "tutti i beni mobili, immobili, ivi compresi quelli da reddito, e le attrezzature" che facevano parte del patrimonio di comuni e province (con vincolo di destinazione) vengono, *ope legis*, trasferiti alle nuove Aziende che ne possono disporre in autonomia.

Il d.lgs. 229 mantiene e rafforza questa opzione. Da un lato, infatti, "tutti i beni mobili e immobili", comunque acquisiti, costituiscono il patrimonio delle Aziende territoriali e ospedaliere. Dall'altro, queste ne dispongono "secondo il **regime** delle **proprietà privata** (con il solo vincolo che i beni, utilizzati per il "perseguimento dei fini istituzionali" si qualifichino come "patrimonio indisponibile").

- ***L'autonomia imprenditoriale***

Il d.lgs. 229 introduce, inoltre, una nuova autonomia, quella **"imprenditoriale"**. Questa intende spingere ulteriormente la "Governance" aziendale verso **forme** di **"management"** più marcatamente ispirate a comportamenti di **natura privatistica**. I riferimenti a questo principio di fondo sono numerosi. In particolare (art. 3) l'organizzazione e il funzionamento della ASL "sono disciplinati con **Atto aziendale di diritto privato**"; questo individua i "centri di responsabilità" intesi come "strutture operative dotate di autonomia gestionale (leggi: *budget)* o tecnico professionale, soggette a rendicontazione analitica" (controllo di gestione e centri di costo).

Inoltre, le Aziende "agiscono mediante **atti** di **diritto privato**" (norme privatistiche possono essere usate per i contratti di fornitura di beni e servizi il cui valore sia inferiore alla soglia stabilita dalla legislazione comunitaria, ad esempio).

Infine, il **rapporto** di **lavoro** per i **dirigenti** di **"ruolo sanitario"** (medici, biologi, farmacisti, psicologi...) si connota come **"contratto di diritto privato"** (quinquennale, rinnovabile) .

Il Direttore generale di ASL (come vedremo *infra*) viene chiamato ad essere il "gran sacerdote" officiante il rito dell'"aziendalizzazione". In sintesi, l'"autonomia imprenditoriale" riassume ed enfatizza quella organizzativa e gestionale e si sostanzia nella possibilità (*rectius*, capacità) del vertice strategico aziendale di adottare modelli di composizione e di utilizzo dei molteplici fattori produttivi, di cui l'ASL si avvale, facendo riferimento a modalità, tipiche dell'imprenditoria privata, allo scopo di valorizzare "criteri di efficacia, efficienza ed economicità" nel "rispetto del vincolo di bilancio attraverso l'equilibrio costi/ricavi".

L'efficienza produttiva (ovvero, il miglior impiego possibile delle risorse per ottenere i risultati previsti al minor costo) viene posta strumentalmente a supporto del raggiungimento della efficacia clinica e della qualità assistenziale. L'ASL è e rimane, peraltro, a tutti gli effetti una pubblica amministrazione che, pur applicando, in buona parte, i canoni produttivi della impresa privata, non ha come finalità la realizzazione di un profitto, bensì quella di offrire ai cittadini un servizio di buona qualità assicurando loro i "livelli essenziali di assistenza".

Nella pratica dell'esercizio quotidiano l'"autonomia imprenditoriale" è stata ricercata e rispettata – in misura variabile – da regione a regione e, al loro interno, con maggiore o minore convinzione, a seconda dei diversi "stili di direzione" aziendali, configurando un processo attuativo a "macchie di leopardo". Talvolta, si è cercato di ottundere la spinta verso l'autonomia considerandola una sorta di *vulnus* nei confronti del governo regionale; talaltra, all'opposto, i principi di autodeterminazione (codificati nell'Atto aziendale) hanno trovato una sufficiente libertà di espressione, in molte realtà regionali, con ciò dando vita a numerosissime esperienze originali, frutto della intraprendenza innovativa di tutto il "management" (di vertice e intermedio, strategico e operativo) operante all'interno della organizzazione aziendale.

Di questo diffuso impegno (orientato al cambiamento nel rispetto di obiettivi di: efficacia/efficienza, appropriatezza/essenzialità, integrazione professionale, umanizzazione dei servizi, coinvolgimento/partecipazione, riconoscimento del merito, promozione di eccellenze, ecc.) si trova puntuale testimonianza in alcuni volumi editi da FIASO (Federazione italiana aziende sanitarie e ospedaliere) per raccogliere (dopo attenta valutazione, sulla base di quattro criteri: innovazione, riproducibilità, sostenibilità, misurabilità) le "best-practice" già attivate e consolidate nelle Aziende associate a FIASO stessa.

• ***Competenze***

Per quanto attiene ai compiti assegnati alle articolazioni periferiche del sistema sanitario, si nota una vera, drastica, differenza allorché si passa dai precedenti sottosistemi (degli enti ospedalieri, mutualistici e locali, cfr. *supra*, capitolo 3) alla legge di riforma 833.

La introduzione del SSN su base universalistica e finanziato per il tramite della fiscalità generale determina, infatti, un cambiamento poderoso. Da una sanità fondata essenzialmente sulle prestazioni curative – a domanda diretta da parte del paziente – e su di un controllo igienico-ambientale affidato prevalentemente a procedimenti di natura amministrativa (autorizzazioni, provvedimenti sanzionatori, certificazioni, ecc.) si passa ad un insieme di competenze che puntano a garantire la tutela della salute e il contrasto, sia all'emergenza, sia al cronicizzarsi delle malattie, accompagnando il cittadino, in ogni momento della esistenza, per far fronte a tutti i suoi bisogni assistenziali.

Nell'elenco dell'art. 14 della l. 833 troviamo un **primo "blocco"** di **funzioni** ad impronta marcatamente **preventiva**. Si tratta, ad es., della "educazione sanitaria", della "prevenzione individuale e collettiva delle malattie fisiche e psichiche" (prevenzione primaria e secondaria), della "igiene e medicina scolastica", della "igiene e medicina del lavoro".

Un **secondo "blocco"** contiene interventi volti a sostenere il cittadino nello sviluppo di alcuni momenti particolarmente delicati della sua vita (così, ad esempio, per la "protezione sanitaria materno-infantile", l'assistenza pediatrica e la tutela del diritto alla procreazione cosciente e responsabile") o a incentivare comportamenti che concorrono a mantenere un buono stato di salute (ciò vale, ad es., per la "tutela sanitaria delle attività sportive").

Un **terzo "blocco"** enumera le aree di attività più specificamente curative: "assistenza medico-generica e infermieristica, domiciliare e ambulatoriale", "assistenza medico specialistica e infermieristica, ambulatoriale e domiciliare", "assistenza ospedaliera", "riabilitazione", "assistenza farmaceutica".

Un **quarto "blocco"** indica l'insieme delle profilassi, delle ispezioni, delle vigilanze, degli accertamenti, delle certificazioni; insomma, di tutto ciò che sostanzia funzioni di natura ispettiva afferenti: alla "igiene della produzione, lavorazione, distribuzione e commercio degli alimenti e bevande" e al vasto mondo delle attività veterinarie (riproduzione, allevamento, macellazione, trasformazione degli alimenti di origine animale, ecc.).

Nella pratica applicazione di tale disposto normativo (in particolare, nei primi 30 anni di vita del SSN – dal 1978 al 1998 –) si è assistito ad uno **spostamento** notevole dell'asse erogativo **dalle prestazioni ospedaliere** a quelle assicurate dai **servizi territoriali** (soprattutto di natura ambulatoriale e intermedia – sanitaria e sociosanitaria – mentre non hanno avuto il necessario sviluppo la varie forme dell'assistenza domiciliare). La **grande assente**, in questa prima fase di consolidamento del nostro sistema sanitario, è stata, però, l'attività di **prevenzione**; di certo, non solo quella primaria (orientata a promuovere "sani stili di vita") che non ha mai fatto parte di una prospettiva sistemica elaborata dal SSN, ma anche quella secondaria (ovvero gli "screening" di alcune, prevalenti, patologie) in non poche regioni italiane.

Le successive due riforme della riforma non hanno sostanzialmente inciso sulla determinazione delle competenze sopra accennate. Il loro dettaglio è andato, però, via via specificandosi attraverso la definizione delle prestazioni che hanno connotato – e connotano – i "livelli essenziali di assistenza" (a partire dalla loro prima stesura nel novembre del 2001). La distinzione, in essi contenuta, fra attività di ordine preventivo, assistenziale ospedaliero, territoriale sanitario e socio-sanitario rievoca la primigenia articolazione espressa dall'art. 14 della l. 833. Riferimento che si rafforza, poi, se si considerano i servizi territoriali nella loro ricorrente modulazione in prestazioni ambulatoriali e domiciliari.

Capitolo 7
La *governance*

di *Luca Dimasi, Fosco Foglietta*

7.1. Dal collegiale al monocratico

Il passaggio dalla gestione comunale delle USL all'autonomia aziendale si evidenzia plasticamente nei **criteri** di **nomina** degli organi di "governo" delle Unità Sanitarie.

Nelle USL, infatti, essi vengono eletti dai consigli comunali degli enti locali che fanno parte del territorio aziendale. Nelle ASL, invece, l'organo monocratico (il Direttore generale) viene nominato dalla regione sulla base di un rapporto di fiducia esclusivo.

Nelle USL gli "eletti" avevano il compito primario di soddisfare le esigenze espresse dalle popolazioni di riferimento, prestando poca (o nessuna) attenzione al pareggio di bilancio. Nelle ASL, il Direttore generale deve certamente farsi carico dei bisogni assistenziali provenienti dal territorio (ed è, questa, la sua "mission" istituzionale), ma all'interno di un vincolo fiduciario imposto dalla regione allo scopo di veder rispettate le compatibilità finanziarie. Così come non può non essere, peraltro, per un Azienda, certamente pubblica, ma che deve praticare criteri di efficienza gestionale e di economicità.

Si approfondiscono, ora, distintamente, le caratteristiche delle due "governance", prima e dopo la prima riforma della riforma (decreti 502/517) fino a giungere alle ultime revisioni apportate dal decreto 158/2012 (il c.d. decreto Balduzzi).

- ***La gestione delle USL ex legge 833/1978***

L'art. 15 della legge istitutiva del SSN individua, quali "organi "delle Unità Sanitarie Locali: l'**"assemblea generale"**, il **"Comitato di gestione"** e il suo **Presidente**, il **"collegio dei revisori"**. Questi rappresentano la componente "politica" della gestione complessiva delle USL.

L'**"assemblea generale"** è coincidente con il Consiglio comunale quando si tratta di USL monocomunali, è costituita, invece, dall'"Assemblea della associazione dei comuni", se il territorio dell'USL corrisponde a quello complessivo dei comuni associati. I componenti della "Assemblea generale" vengono eletti con criteri di proporzionalità dai vari consigli comunali aggregati in una "convention" unitaria appositamente convocata.

Ciò sta ad indicare che la composizione dell'Assemblea e, quindi, per derivazione, dei "Comitati di gestione" rispecchia l'articolazione partitica – distinta fra maggioranza e minoranza – propria degli enti locali.

Si afferma, pertanto, a tutto tondo, il primato della politica sulla competenza tecnico-professionale.

I compiti dell'Assemblea consistono, essenzialmente, nella elezione del Comitato di gestione, nella approvazione dei bilanci (di previsione e consuntivo), dei piani e programmi (annuali e poliennali), della pianta organica del personale e degli eventuali "regolamenti interni".

Il **"Comitato di gestione"** rappresenta l'organo a cui sono affidati tutti gli "atti di amministrazione" delle USL, oltre alla predisposizione dei provvedimenti (bilanci, piante organiche, regolamenti ...) che devono essere sottoposti all'approvazione dell'"Assemblea generale".

Il "Comitato di gestione" nomina altresì, al proprio interno, il **Presidente** del Comitato di gestione stesso.

Il **"collegio dei revisori"** deve sottoscrivere i "rendiconti" (art. 50, l. 833) e redigere relazioni trimestrali sulla gestione amministrativo-contabile (da trasmettere alla Regione e ai Ministeri della sanità e del tesoro).

Di fatto, gli organi sopra elencati coincidono con la tipologia di quelli che, da sempre, nell'ordinamento degli enti locali, sono tipici dei "consorzi "fra comuni. A riprova di come l'USL fosse considerata (nonostante la specificità del suo riferimento normativo nazionale) una delle possibili espressioni istituzionali di 2° livello nella galassia dell'associazionismo intercomunale.

Accanto alla componente politica la legge 833 prevedeva, poi, anche una **componente tecnico-professionale**; si tratta dell'**"ufficio di direzione"** che non è organo, bensì "organismo" delle USL. È chiamato a svolgere funzioni essenzialmente gestionali e operative dedicate alla "organizzazione, al coordinamento ed al funzionamento di tutti i servizi e alla direzione del personale". In ottemperanza, ovviamente, delle decisioni assunte dal "Comitato di gestione" e dall'"Assemblea generale".

L'"ufficio di direzione" è, dunque, da un lato, l'espressione di una competenza tecnica a supporto del buon funzionamento della "macchina organizzativa" della USL; dall'altro, costituisce un sostegno fondamentale per assicurare l'istruttoria degli atti di amministrazione che devono essere sottoposti alla potestà deliberativa del "Comitato di gestione".

L'"ufficio di direzione" è composto da tutti i responsabili dei servizi della USL (purché essi ricoprano la posizione apicale nei ruoli di appartenenza) e il suo **coordinamento** è affidato ad una **figura medica** (il coordinatore sanitario) e ad una **figura amministrativa** (il coordinatore amministrativo). Entrambi devono possedere una anzianità di servizio di almeno tre anni nelle rispettive posizioni apicali. Di fatto, i due coordinatori appaiono come dei *primus inter pares* senza poter disporre di alcuna sovraordinazione gerarchica; le loro competenze si esauriscono nel curare l'ordinato svolgimento dei lavori dell'"ufficio di direzione" senza poter interferire nella conduzione tecnico-funzionale dei vari servizi di USL.

- ***La governance delle ASL ex dd.llgs. 502-517/1993 e 229/1999***

Nelle USL divenute Aziende **"tutti i poteri di gestione, nonché la rappresentanza legale della ASL, sono riservati al Direttore generale"**. Alla triade rappresentata dall'"Assemblea generale", dal "Comitato di gestione" e dal suo Presidente – espressione degli enti locali – si sostituisce, nelle Aziende Sanitarie *ex* decreti 502/517, un **organo monocratico**: il **Direttore generale**.

Con la sua **nomina fiduciaria** da parte della regione – in genere, mediante un decreto emanato dal Presidente della giunta regionale a cui fa seguito la sottoscrizione di un **contratto** di **diritto privato** (con termine di scadenza ricompreso fra i 3 e i 5 anni) – si instaura un rapporto di lavoro esclusivo fra l'Amministrazione che nomina e il "soggetto" nominato. Il D.G. rappresenta, così, il terminale operativo attraverso cui il Servizio Sanitario Regionale intende dare coerenza applicativa, sia ai contenuti della propria pianificazione sanitaria e socio-sanitaria, sia ai limiti di compatibilità finanziaria preliminarmente fissati. Questo rapporto fra regione e Direttori generali si sostanzia, peraltro, concretamente, nel fatto che ad ogni D.G. (in pressoché tutti gli ordinamenti regionali) viene assegnata – ad inizio d'anno – una serie di obiettivi (o di obblighi preliminari, ad es., il pareggio di bilancio) dalla cui realizzazione o meno dipendono alcune conseguenze; ad es. il non riconoscimento della parte variabile dello stipendio, oppure, in casi estremi, la risoluzione dell'incarico.

Il Direttore generale è anche – e in misura assai rilevante – lo strumento istituzionale nuovo mediante il quale sostanziare quel processo di depoliticizzazione, da un lato, e di sviluppo dell'approccio manageriale, dall'altro, che le riforme della riforma hanno inteso, dichiaratamente, promuovere.

Nella prospettiva su esposta si pongono, immediatamente, tre rilevanti questioni:

- la definizione del **profilo professionale** del **D.G.** sulla base, sia dei requisiti richiesti per la sua nomina, sia dell'ampiezza e varietà delle competenze attribuite, sia, infine, della natura giuridica del vincolo che si instaura con la formalizzazione del "rapporto fiduciario";
- la specificazione di che cosa si debba intendere per **"potere gestionale"**, nel momento in cui viene introdotta, in tutta la pubblica amministrazione (per il tramite del decreto n. 80 del 1998), la distinzione fra competenze di "governo" e competenze, per l'appunto, di "gestione" ;
- la valutazione di quale sia il peso specifico dell'**"Atto aziendale"** nella definizione concreta di ciò che viene a configurarsi come "autonomia imprenditoriale" dell'ASL.

- ***La managerialità del Direttore generale***

Spetta al Direttore generale trovare il giusto equilibrio e valorizzare nel

miglior modo possibile due aspetti, apparentemente contradditori, che appartengono al "DNA" della nuova Azienda Sanitaria Locale:
- il suo essere ente pubblico finalizzato ad assicurare le prestazioni di cui abbisognano i cittadini italiani ed un buon livello qualitativo dall'assistenza;
- essere, altresì, contemporaneamente capace di inserire, nella sfera pubblica a cui appartiene, elementi organizzativi e gestionali di natura tipicamente privatistico-imprenditoriale, quali sono, ad es., quelli che rispondono ad obiettivi di economicità, razionalizzazione ed efficiente impiego dei fattori produttivi.

In ragione di ciò il profilo del Direttore generale tende ad assumere i caratteri dell'**"amministratore delegato"**; ovvero di colui che, da un lato, plasma l'assetto organizzativo dell'azienda e, dall'altro, nomina tutti i principali componenti del *management* tecnico-professionale. È, dunque, ben comprensibile come la norma abbia previsto che il Direttore generale – per essere nominato tale – debba possedere alcuni, specifici, requisiti, a testimonianza di una sua sufficiente capacità manageriale (la laurea e una "esperienza almeno quinquennale di direzione tecnica o amministrativa in enti, aziende, strutture pubbliche e private, in posizione dirigenziale con autonomia gestionale e diretta responsabilità delle risorse umane, tecniche e finanziarie, svolte nei 10 anni precedenti la pubblicazione dell'avviso").

Requisiti che consentono ai potenziali D.G. di essere iscritti in un **"albo"**, prima nazionale (poi, abolito), in seguito regionale. Tale iscrizione rappresenta, peraltro, una condizione necessaria, ma non sufficiente; occorre, infatti (come già si è rimarcato), la manifestazione di una **volontà fiduciaria *intuitu personae*** da parte della **giunta regionale**. Ciò appare ben comprensibile per un duplice motivo:
- l'82,8% circa del bilancio di ogni regione serve a coprire il fabbisogno finanziario espresso dai rispettivi Servizi Sanitari Regionali. Gli "ordinatori di spesa" locali devono, quindi, essere collaboratori del tutto affidabili;
- i Direttori generali non devono possedere solo competenze professionali specifiche, ma essere anche dotati di abilità ed attitudini (necessarie per creare un buon "clima organizzativo" interno, ad es.) che non si acquisiscono sui banchi di scuola. Si tratta, infatti, di saper gestire le relazioni, coinvolgere e responsabilizzare i dirigenti, esprimere autorevolezza, dimostrare imparzialità nel riconoscimento del merito, ecc. Tutti aspetti che distinguono i diversi "stili di direzione" e, normalmente, selezionano i Direttori migliori da quelli peggiori.

A corollario di una siffatta procedura di conferimento dell'incarico, si comprende la particolare attenzione che la regione pone nel verificare e valutare: l'azione complessiva del D.G., i risultati ottenuti rispetto agli obiettivi dati, l'andamento economico-finanziario, il rispetto degli orientamenti programmatici espressi dalla programmazione locale. Dall'esito di tali verifiche dipende il mantenimento o meno dell'incarico conferitogli. Ciò avviene, fisiologicamente, dopo i primi 18 mesi di mandato, oppure, in via straordinaria, al verificarsi di alcune situazioni particolarmente preoccupanti, quali, ad es.: una gestione con gravi disavanzi, palese violazione di legge e/o del criterio del "buon andamento e dell'imparzialità dell'amministrazione". A fronte di tali disfunzioni la regione provvede a decretare la **decadenza** del Direttore generale. Un'altra causa che può determinare la medesima conseguenza consiste, poi, nella sollecitazione che il Presidente della "conferenza sanitaria (o socio-sanitaria) territoriale" ha facoltà di inoltrare all'amministrazione regionale nella eventualità in cui verifichi la manifesta non attuazione del "piano attuativo locale".

• ***La problematicità del rapporto fiduciario***

La *ratio* che supporta l'instaurarsi del "rapporto fiduciario" consiste nella necessità di assicurare una linea di forte coerenza fra gli interessi, gli indirizzi e le disposizioni espressi dal "soggetto" nominante e i comportamenti che devono essere messi in atto dal "soggetto" nominato. Ciò è tanto più vero e necessario, quanto più quest'ultimo goda di ampi margini di discrezionalità nell'esercitare l'incarico che gli è stato conferito. Non a caso il contratto che suggella la nomina a Direttore generale appartiene alla sfera del diritto privato.

Quando tale rapporto di fiducia dovesse venir meno a causa dell'avvicendamento della maggioranza che sostiene il Governo regionale, è immaginabile il mantenimento, *ope legis*, degli incarichi precedentemente conferiti fino alla loro scadenza contrattuale? Con ciò determinando un *vulnus* – quanto meno potenziale – alla motivazione di fondo che si è posta alla base dello stesso "rapporto fiduciario"? Pare proprio di no.

Ne consegue come sia possibile inserire, fra le clausole contrattuali, accanto al "termine" (durata temporale) anche una specifica "condizione", in ragione della quale il Direttore generale accetta la risoluzione automatica del proprio contratto al verificarsi del rinnovo della giunta regionale. Del resto, l'accettazione di questa clausola non configura un "patto leonino" a sfavore del Direttore generale, poiché la regione (il suo Presidente di giunta) paga un "prezzo politico" in relazione alla scelta che effettua; se sbagliata le verrà, infatti, totalmente imputata dalla pubblica opinione (e, quindi, dal "corpo elettorale"). Se ne assume, in altri termini, la piena responsabilità, con tutti i rischi conseguenti.

A fronte della tesi appena illustrata, si pone con autorevolezza (e quale autorevolezza!) la tesi *a contrariis* formulata dalla Corte costituzionale (sentenza n. 104 del 2007) che giudica illegittima la pratica di uno "spoils system" generalizzato. Afferma la Corte: *"l'imparzialità e il buon andamento della amministrazione esigono che la posizione del Direttore generale sia circondata di garanzie; in particolare, che la decisione dell'organo politico relativa alla cessazione anticipata dell'incarico, rispetti il principio del giusto proce-*

dimento. La dipendenza funzionale del dirigente non può diventare dipendenza politica [...]". Ai posteri l'ardua sentenza.

- ***Complessità organizzativa e managerialità diffusa***

L'"autonomia imprenditoriale" può sviluppare la propria capacità creativa e innovativa – orientata alla efficienza gestionale, senza però rinunciare alla efficacia e alla qualità assistenziali – solo se il Direttore generale saprà realizzare una vera e convinta **"partecipazione organizzativa"**. La complessità del sistema aziendale (cfr. *supra*, al capitolo 6) è, infatti, tale da non poter essere governata né, tantomeno, modificata (rapidamente e più volte, al mutare delle esigenze, o delle normative di riferimento) se il D.G. non si avvale di forme di cooperazione diffusa, di stampo tecnico-professionale – in parte prefissate dalla legge in parte, riconducibili alla discrezionalità che lo stesso Direttore può esprimere, in piena autonomia, attraverso l'"Atto aziendale".

I decreti legislativi 502/517 indicano, come suoi primi collaboratori il **"Direttore sanitario"** (laureato in medicina e chirurgia) a cui compete sovraintendere a tutti i processi di erogazione dell'assistenza sanitaria e socio-sanitaria, indirizzando, controllando e coordinando le risorse umane a ciò dedicate, e il **"Direttore amministrativo"** (laureato in discipline economico-giuridiche) a cui spetta il compito di assicurare il corretto svolgimento delle funzioni amministrative, individuando, controllando e coordinando il personale ad esse destinato.

Il Direttore generale nomina il D.S. e il D.A. attingendo da appositi "albi" regionali e formalizza il loro rapporto di lavoro attraverso la sottoscrizione di un **contratto di diritto privato**. Anche in questo caso, l'elemento fondativo di tale rapporto consiste, peraltro, in una **relazione fiduciaria**.

I tre Direttori costituiscono il "vertice strategico aziendale", al cui interno il D.S. e il D.A. coadiuvano il D.G. nello svolgimento dei suoi compiti complessivi di gestione, fornendogli il necessario supporto tecnico-professionale ed esprimendo pareri e proposte in merito all'andamento generale dell'Azienda.

In alcune regioni ai tre Direttori sopra richiamati si aggiunge il **"Direttore sociale"** (proveniente, però, dalle file del personale dipendente) a cui spetta curare, prevalentemente, la realizzazione delle forme della integrazione socio-sanitaria.

Il Direttore generale può – per il tramite dell'Atto aziendale o di apposito regolamento – **conferire deleghe** specifiche al D.S. e al D.A., trasferendo loro l'esercizio di alcune, proprie, competenze e responsabilità.

Il Direttore sanitario presiede, inoltre, il **"Collegio di Direzione"** e il **"consiglio dei sanitari"** (vedi *infra*). Scompaiono, conseguentemente, sia l'"ufficio di direzione" *ex* l. 833, sia i "coordinatori" sanitario e amministrativo a questo correlati.

Rimane, invece, in vita il "Consiglio dei sanitari" quale organismo elettivo dell'ASL (e dell'Azienda ospedaliera) con funzioni di consulenza tecnico-sanitaria (è tenuto ad esprimere pareri su aspetti relativi alla organizzazione dell'assistenza). Fanno parte di tale "consiglio" (a seguito di una elezione interna che coinvolge il personale nei termini e modi stabiliti dalle singole leggi regionali) una componente medica (che deve essere maggioritaria, ove nell'Azienda territoriale sia presente il Presidio ospedaliero) ed una rappresentanza sia del personale infermieristico, sia di quello tecnico-sanitario (tecnici di radiologia e di laboratorio, ad es.). La composizione del "consiglio" si diversifica ulteriormente con riferimento alle Aziende ospedaliere e ospedaliero-universitarie.

La ***governance*** **tecnica** si esprime, però, principalmente mediante la costituzione del **"collegio di direzione"**, alternativa radicalmente diversa – in termini di competenze e di rappresentatività del "management" professionale – rispetto all'"ufficio di direzione" *ex* l. 833. Tale importanza si è, peraltro, codificata con la **trasformazione** del "Collegio" da mero **organismo** consultivo a vero e proprio **"organo"** tecnico delle Aziende territoriali e ospedaliere (così dispone l'art. 17 del decreto Balduzzi).

Questa vera e propria *new entry* coinvolge, nel panorama di una managerialità diffusa, la dirigenza sanitaria e tecnico-amministrativa di vertice dell'Azienda. Al "Collegio" viene attribuito un insieme di competenze che gli consente di essere strategicamente partecipe alla definizione delle "politiche sanitarie" aziendali.

Il sopra citato art. 17 del decreto 158/2012, dispone che le regioni debbano provvedere, in ogni Azienda, alla "istituzione del Collegio di direzione" individuandone la composizione in modo tale da garantire la partecipazione di tutte le figure professionali presenti nelle Aziende.

In numerose realtà regionali, questa attenzione alla presenza, nel "Collegio", di una pluralità di figure professionali si è sostanziata nella scelta di inserirvi la dirigenza delle strutture organizzative più grandi e di maggiore importanza strategica; così, ad es., per quanto riguarda: i Direttori dei Distretti, del Presidio ospedaliero, del Dipartimento di Prevenzione e di salute mentale, dei vari Dipartimenti sanitari intra e trans-murali, di quelli tecnico-amministrativi (in alcuni casi, i direttori di Unità Operative particolarmente ampie e complesse), il responsabile della "Direzione infermieristica" e del "controllo di gestione", ecc.

Sta in questo: nell'aver caratterizzato il "Collegio di direzione" come l'organo che raccoglie e rappresenta la **"tecnostruttura"** clinico-gestionale dell'Azienda, la prima, macroscopica differenza con il "consiglio dei sanitari", che è, invece, organismo consultivo i cui membri sono l'espressione collettiva del personale dipendente; una sorta di "parlamentino" delle professioni, più simile ad una rappresentanza pan-sindacale che ad un organismo tecnico-professionale.

La seconda differenza consiste nella diversità delle funzioni attribuite. Una generica facoltà di proposta e la formulazione, a richiesta, di pareri relativi "alle attività di assistenza sanitarie", per quanto concerne il "consiglio", la compartecipazione alla "governance" clinica e gestionale complessiva della Azienda, per quanto riguarda il "Collegio". Più esattamente, quest'ultimo concorre al *"governo delle attività cliniche, partecipa alla pianificazione delle attività, incluse la ricerca, la didattica, i programmi di formazione e le soluzioni organizzative per l'attuazione dell'attività libero-professionale intramuraria. Nelle Aziende ospedaliero/universitarie, partecipa alla pianificazione delle attività di ricerca e didattica [...]"*. Il "Collegio di Direzione" concorre, inoltre, allo sviluppo organizzativo e gestionale delle Aziende, con particolare riferimento alla individuazione di indicatori di risultato clinico-assistenziale e di efficienza, nonché dei requisiti di appropriatezza e di qualità delle prestazioni".

I verbi declinati all'indicativo presente (concorre, partecipa...) sono fortemente assertivi. Nel linguaggio giuridico-amministrativo configurano compiti e funzioni che devono essere svolti dal "soggetto" a cui ne viene attribuita la titolarità. Tale formulazione compare nell'art. 17 del decreto Balduzzi e configura una notevole diversità da quella contenuta nelle due precedenti riforme della riforma. In queste, infatti, il "Collegio di Direzione" – non ancora "organo" – si affianca al vertice strategico aziendale e ne rappresenta un mero supporto consulenziale di cui i "Direttore generale deve avvalersi".

Le **competenze** del **"Collegio"**, **"organo" aziendale**, si possono articolare in due grandi aree:

– la prima coincide con il **"governo clinico"** (delle attività cliniche, dice la norma) nel cui ambito possiamo ricomprendere anche la "pianificazione della ricerca e della formazione" e la individuazione sia di "indicatori di risultato clinico-assistenziale", sia di "requisiti di appropriatezza e qualità delle prestazioni".

Se il "governo clinico" può essere, infatti, definito (così si esprime, ad es., il Piano SSR della Regione Emilia-Romagna) come "l'insieme dei comportamenti, delle responsabilità e delle azioni che organizzazione e professionisti si danno per garantire il miglioramento continuo dei servizi erogati e la salvaguardia degli standard di assistenza definiti", non v'è alcun dubbio che il perseguimento della appropriatezza clinica e organizzativa, la qualità dell'assistenza, la valutazione dei risultati collegati ai processi di cura e la implementazione degli *skills* professionali rientrino in tale contesto.

Inoltre, il "governo delle attività cliniche", in una visione strategica delle politiche sanitarie aziendali, comporta anche: la definizione ottimale di percorsi diagnostici e terapeutici per patologia, la loro applicazione corretta all'interno di ogni Rete clinica, la omogeneità dei trattamenti in ciascun punto erogativo, la ricerca della essenzialità delle risorse impiegate a parità di efficacia assistenziale e/o di condizioni operative, la gestione del "rischio clinico", la progressiva estensione della "prese in carico" propedeutiche ai percorsi di "continuità dell'assistenza" e via discorrendo. Di tutto ciò deve farsi carico prioritariamente (peraltro, sempre in una prospettiva di coadiuzione alle responsabilità del Direttore generale) il "Collegio di Direzione".

La seconda area attiene a tutto ciò che, in Azienda, deve essere **pianificato, programmato** e **progettato** allo scopo di realizzare un costante sviluppo dell'assetto organizzativo e migliori "performance" di efficienza clinica e gestionale. Nel definire i risultati attesi in ordine a scelte di natura strategica (pianificazione allocativa di servizi e risorse, di cambiamento/innovazione, ecc., ad es.) il "Collegio di direzione" si affianca e interagisce con il "vertice" aziendale. Nel precisare il "come" tali prospettive possano concretizzarsi attraverso soluzioni operative, esso elabora – sia come organo collegiale, sia come sommatoria dei contributi di ogni, suo, singolo componente – una variegata serie di proposte.

In fine, il **secondo "organo"** della Azienda era e rimane il **"Collegio sindacale"** (pur cambiando denominazione rispetto all'originario "Collegio dei revisori dei conti"). Esso è composto da 5 membri (di cui, due designati dalla regione, uno dal Ministero del tesoro, uno dal Ministero della salute e uno dalla "Conferenza dei sindaci") presenti tra gli iscritti nel registro dei revisori contabili (istituito presso il Ministero di grazia e giustizia). La sua durata è triennale. Al "Collegio" compete: verificare l'amministrazione della Azienda sotto il profilo economico, vigilare sulla osservanza della legge, accertare la regolare tenuta della contabilità e la conformità dei bilanci alle risultanze dei libri e delle scritture contabili, operare periodiche verifiche di cassa, riferire trimestralmente alla regione sul risultato dei riscontri effettuati.

7.2. La necessaria distinzione fra "governo" e "gestione": un problema interpretativo

Nella storia dei cambiamenti dell'ordinamento istituzionale e pubblico amministrativo italiano è indispensabile segnalare – con particolare riferimento ai sistemi sanitari e assistenziali – alcuni momenti che rappresentano una vera e propria "cesura" rispetto al passato: l'uno coincide con gli anni '70, durante i quali si sono, via, via, superati i residui dei vecchi sottosistemi post-bellici e attivati nuovi servizi ed assetti che sono, poi, confluiti, nel 1978, all'interno della legge di Riforma sanitaria. L'altro si colloca a cavallo fra la fine degli anni '90 e l'inizio del 2000. Vi troviamo il paradigmatico "PSN 1998/2000", la riforma Bindi, la prima stesura organica dei "livelli essenziali di assistenza" la revisione del Titolo V della Costituzione (il "federalismo sanitario"), ad esempio.

- ***Il d.lgs. 80/1998***

Nell'ambito di questo florilegio riformatore viene approvato, nel 1998, il **d.lgs. 80 ("Nuove disposizioni in materia di organizzazione di rapporti di lavoro nelle amministrazioni pubbliche** (...)") che introduce alcuni principi e criteri a dir poco rivoluzionari all'interno del funzionamento della pubblica amministrazione (con particolare riferimento a quella nazionale, verticale, ministeriale).

I dirigenti della P.A. italiana, fino alla decretazione del'98, avevano svolto un ruolo del tutto difensivista, essenzialmente cautelativo e di garanzia. Da un lato, infatti, i funzionari pubblici dovevano svolgere i propri compiti entro i confini della **"competenza esclusiva"** e, dall'altro, avevano l'obbligo di non superare i **"limiti della liceità"** evitando di violare, in qualsiasi modo, i vincoli posti dalla normativa vigente. Per il vero, quasi sempre, il "principio di precauzione" portava il dirigente pubblico ad agire guardandosi bene non solo dall'incorrere in violazioni *contra legem*, ma anche dall'avventurarsi nel terreno inesplorato dell'*extra legem*.

Le conseguenze di tali comportamenti – ormai parte di una mentalità consolidatasi nel tempo – erano di duplice natura:

– la **"esclusività delle competenze"** favoriva l'**isolamento autoreferenziale** dei vari comparti della P.A., con il conseguente **frazionismo organizzativo**. Ne derivava la pressoché totale assenza sia del lavoro interdisciplinare (che richiede, invece, collaborazioni trasversali), sia della intraprendenza pro-attiva dei dirigenti nel ricercare o suggerire soluzioni a problemi che trascendevano i confini, più o meno angusti, delle loro singole, specifiche, attribuzioni;
– ne conseguiva una imputazione di responsabilità che, per un verso, derivava esclusivamente dall'aver superato i confini del rispetto della legge e dal non aver ottemperato formalmente ai contenuti operativi insiti nelle competenze conferite e, per l'altro, non veniva minimamente collegata ai risultati ottenuti rispetto ad obiettivi preliminarmente assegnati.

Tutto questo viene superato (nel dettato normativo, non necessariamente nella prassi quotidiana) con l'approvazione del decreto 80/1998. Nell'art. 2 si dispone, infatti, che le amministrazioni pubbliche "ispirano la loro organizzazione" ai seguenti criteri di:

– **"funzionalità rispetto ai** (...) **programmi di attività, nel perseguimento degli obiettivi di efficienza, efficacia ed economicità** (...)". Obiettivi la cui concretizzazione viene sottoposta, periodicamente, a specifica **verifica** (o ad eventuale revisione). Va sottolineato come quel particolare ramo della pubblica amministrazione che è rappresentato dal Servizio Sanitario Nazionale abbia, per primo, in modo diffuso, innovativo e, talvolta, sperimentale, adottato questa impostazione, connettendo il raggiungimento di risultati programmaticamente previsti alla attivazione di meccanismi premio/sanzione per i dipendenti tenuti a realizzarli;
– **"ampia flessibilità"**, garantendo adeguati margini alle determinazioni operative e gestionali. Con il che si supera la vetusta visione di una responsabilità derivante dal mero rispetto di un *set* di mansioni preordinate;
– **"collegamento delle attività"** con riferimento al dovere di comunicazione interna ed esterna (agli uffici) ed interconnessione mediante siste-

mi informatici pubblici". Premessa, questa, necessaria per promuovere forme di cooperazione trasversali e modalità di integrazione fra strutture e dirigenti titolari di competenze e funzioni diverse. Anche questo aspetto trova una realizzazione peculiare all'interno di un contesto (il SSN) nel quale, sempre di più, la necessità di assicurare la "continuità" dell'assistenza postula processi di integrazione gestionale e professionale, promuovendo approcci largamente inter-disciplinari.

- ***Responsabilità politico-amministrativa e gestionale***

Ma il d.lgs. 80 va ben oltre e introduce, nell'art. 3, una **netta distinzione** fra **"responsabilità di natura politico-amministrativa e responsabilità gestionali"**. Esso recita, infatti: *"gli organi di governo esercitano le funzioni di indirizzo politico-amministrativo, definendo gli obiettivi ed i programmi da attuare ed adottando gli altri atti rientranti nello svolgimento di tali funzioni e verificano la rispondenza dei risultati [...] agli indirizzi impartiti"*. In sintesi, all'interno di queste, generali, responsabilità di "governo" vengono ad essere esercitate le seguenti funzioni: definizione di obiettivi di natura strategica, elaborazione di programmi finalizzati al loro raggiungimento, conseguente allocazione delle risorse (umane, strumentali, strutturali e finanziarie) stimate come necessarie, produzione di criteri per orientare la organizzazione del lavoro e la definizione di adeguati livelli di efficacia, qualità ed efficienza, svolgimento dell'"azione regolamentare".

Per quanto concerne, invece, la responsabilità di "gestione", sempre l'art. 3 precisa che: *"ai dirigenti spetta l'adozione di atti e provvedimenti amministrativi [...] nonché la gestione finanziaria, tecnica e amministrativa mediante autonomi poteri di spesa, di organizzazione delle risorse umane e strumentali. Essi sono responsabili in via esclusiva delle attività amministrative, della gestione e dei relativi risultati"*. Si prevede, dunque, l'**attribuzione di competenze esclusive** all'apparato tecnico-dirigenziale. Attribuzione che non può che derivare, principalmente, dalla predisposizione di appositi regolamenti da parte degli organi di governo.

La distinzione operata dal d.lgs. 80 trova una corrispondenza immediata in tutti quegli enti pubblici la cui *governance* risulti essere di natura elettiva. Si pensi, al riguardo, all'assetto egli enti locali, o agli organi di governo delle "vecchie" USL (Assemblea, eletta dai consigli comunali).

Non appare così palese, invece, la dicotomia fra responsabilità politica e tecnico-gestionale in quel particolare *monstrum* istituzionale che è l'Azienda Sanitaria Locale (o ospedaliera).

Occorre operare uno sforzo esegetico-interpretativo alla luce, innanzi tutto, di quanto afferma l'art. 3, comma 4: *"le amministrazioni pubbliche i cui organi di vertice non siano direttamente o indirettamente espressione di rappresentanza politica (alias, conseguenza di una manifestazione di voto) adeguano i propri ordinamenti al principio di distinzione tra indirizzo e controllo, da un lato, e attuazione e gestione, dall'altro"*.

Si è visto (*supra*) come al Direttore generale di Azienda "siano riservati tutti i poteri di gestione", ma anche che ad una corposa "tecnostruttura" (i componenti del "collegio di direzione", e non solo) vengano attribuite competenze, proprie e concorrenti, sia nel definire le scelte che devono qualificare la "mission" aziendale, sia nel determinarne le modalità realizzative.

Occorre, dunque, chiedersi quale possa essere una più puntuale **ri-determinazione** di quel **concetto** di **"gestione"** (normativamente attribuita al D.G. e che ne farebbe un organo totipotente) – capace di assommare in sé responsabilità, sia di governo politico-amministrativo che gestionali-alla luce della divaricazione introdotta dal d.lgs. 80 (che vale per tutte le fattispecie della P.A. italiana, compreso il SSN).

Se sintetizziamo le responsabilità di governo poc'anzi elencate in quattro, grandi, funzioni: programmazione, indirizzo, controllo e potere regolamentare, notiamo come queste coincidano, pressoché totalmente, con le competenze proprie della *governance* strategica aziendale. Ne consegue una caratterizzazione che fa del Direttore generale un organo chiamato a svolgere funzioni di indirizzo politico-amministrativo, piuttosto che di natura complessivamente gestionale.

Data la rilevanza della questione si è espresso – attraverso alcune circolari interpretative – lo stesso **Ministero della sanità**, configurando il **Direttore generale** come **l'*alter ego*** degli **organi di governo elettivi** tipicamente propri delle amministrazioni locali.

Ciò premesso, si tratta, ora, di esplicitare con maggiore precisione quali siano i contenuti operativi che qualificano le quattro macro-funzioni sopra indicate. Specificazione tanto più necessaria, quanto più i poteri e le responsabilità di gestione conseguono – per "definizione negativa" – a tale, preliminare delimitazione di campo. In altri termini **ricade** sotto **l'egida** della **gestione tutto ciò** che **non** viene ad essere **ricompreso** nella ***governance* strategica**.

a) La funzione programmatoria

La **programmazione, latamente intesa**, può articolarsi in tre sub-funzioni:

- la **"pianificazione"**, che si pone al vertice della gerarchia, e che provvede, in linea di massima, alla dislocazione dei servizi (e delle loro sedi) sul territorio, nonché alla corrispondente allocazione delle risorse (umane, tecnologiche, fisiche e finanziarie);
- la **"programmazione *stricto sensu*"** che, nella sua dimensione distrettuale e aziendale, individua gli obiettivi che si vogliono raggiungere attraverso lo svolgimento di attività (assistenziali e gestionali) previste per i servizi di cui sopra;
- la **"progettazione"** (organizzative e operativa) attraverso cui si esplicitano le modalità ritenute necessarie per consentire – assicurando il massimo di efficacia e di efficienza – lo svolgimento delle attività programmaticamente previste.

La pianificazione e la programmazione *stricto sensu* formalizzano, sia l'assetto distributivo dei fattori produttivi, sia i risultati attesi (ovverosia, il "che cosa" si vuole ottenere); la progettazione specifica, invece, il "come" ciò sia possibile mediante soluzioni organizzative, gestionali e operative.

La pianificazione e la programmazione attengono alle funzioni strategiche attribuite alla *governance* di "indirizzo politico-amministrativo". La progettazione fa parte, invece, del corredo funzionale della *governance* tecnica. Entrambe non operano, però, in modo nettamente separato.Al contrario, si impongono commistioni allo scopo di assicurare la necessaria coerenza interna fra i contenuti che connotano i risultati attesi e le modalità attraverso cui questi devono essere conseguiti.

Per esemplificare tale intreccio collaborativo si propone la seguente immagine.

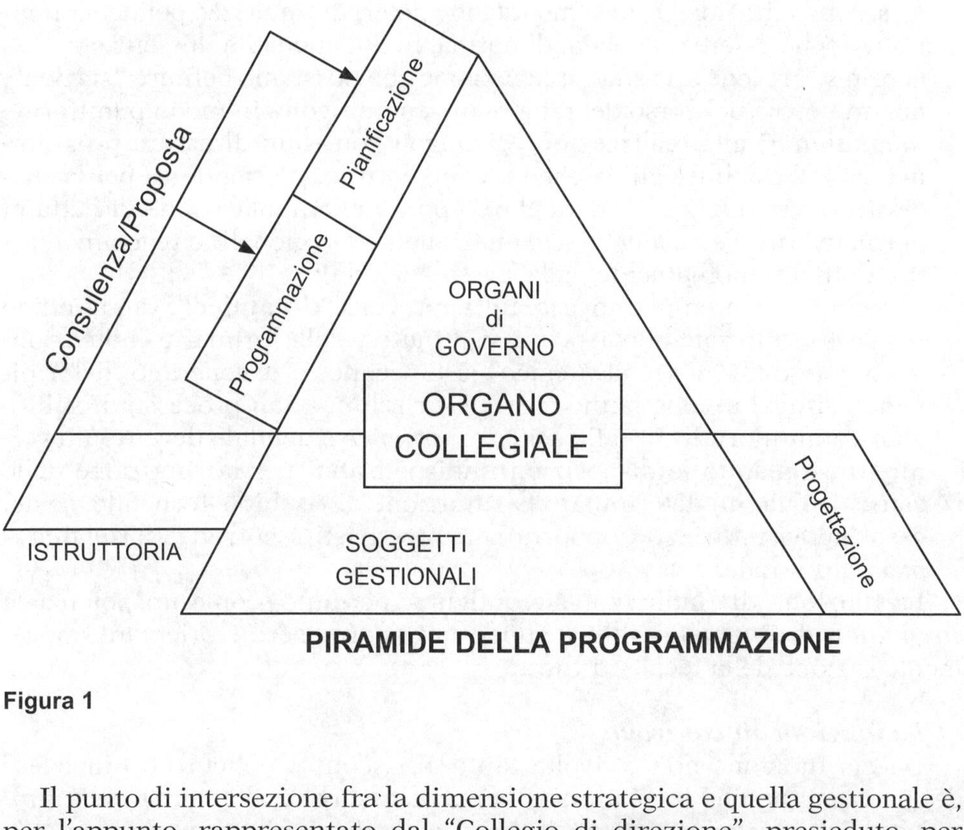

Figura 1

Il punto di intersezione fra la dimensione strategica e quella gestionale è, per l'appunto, rappresentato dal "Collegio di direzione", presieduto, per disposizione di legge, dal Direttore sanitario d'Azienda.

Il "Collegio", nella sua globalità, svolge compiti istruttori, contribuendo ad elaborare i contenuti della pianificazione e della programmazione aziendali e fornisce pareri e proposte al Direttore generale in merito ai vari testi "regolamentari", nonché alle scelte che puntano a definire il *corpus* dell'"Atto aziendale" (cfr. *infra*). Inoltre, i singoli componenti del "Collegio" esercitano, individualmente, una ulteriore serie di compiti relativi sia alle progettazioni – mediante le quali individuare il "modo" con cui le strutture organizzative d'Azienda devono dare attuazione ai piani ed ai programmi – sia alle determinanti del "governo clinico", sia, infine, alle incombenze che la Direzione generale vorrà loro assegnare per delega. In questo, affiancati e coadiuvati dagli altri dirigenti-titolari di posizione organizzativa, non facenti parte del "Collegio di direzione".

Infine, spetta alla "*governance* politico-amministrativa" aziendale negoziare, con ciascun dirigente dei vertici tecnico-professionali, le risorse ritenute necessarie per dare attuazione ai contenuti progettuali.

b) La funzione di indirizzo

La seconda funzione i cui si modulano i poteri di "indirizzo politico-amministrativo" può essere articolata, di norma, in due modalità di esercizio:

- la prima, prevede una sua esplicitazione che possiamo definire **"statica"**, non mutevole nel corso del tempo, in genere rivolta in modo puntiforme (*una tantum*) alla realizzazione di singoli contenuti di natura programmatica (ad es., linee guida che fungano da traccia orientativa per la successiva progettazione di dettaglio), oppure alla applicazione di dettami normativi (in esecuzione di leggi nazionali e/o regionali) o regolamentari (prodotti autonomamente dalla stessa Azienda);
- la seconda, contempla, invece, un approccio **"dinamico"**. Ciò si rende necessario allorquando i processi attuativi delle primarie indicazioni formulate dal "vertice strategico" si bloccano, o degenerano, determinando situazioni che fanno correre il rischio, a tali processi, di subire alterazioni mortali. In tali casi la *governance* aziendale deve re-intervenire, formulando le disposizioni indispensabili per la rimozione delle cause che hanno determinato la situazione di rischio e fornendo, se del caso, nuovi indirizzi – opportunamente rivisti e corretti – al *management* gestionale.

La funzione di "indirizzo" si configura, pertanto, come un potenziale *continuum* di interventi volti a supportare, correggere e orientare nuovamente l'azione della tecnostruttura.

c) La funzione di controllo

Questa funzione non è rivolta tanto al riscontro del corretto incedere dei processi (poiché tale valutazione viene assorbita all'interno della funzione di "indirizzo") quanto piuttosto a verificare il raggiungimento, o meno, dei risultati attesi. Un controllo, quindi, rivolto al conseguimento degli obiettivi programmaticamente previsti e alle eventuali responsabilità imputabili alla *governance* tecnico-professionale nel caso in cui ciò non si sia verficato.

Da tali controlli derivano anche conseguenze molto pratiche che, comparando, ad es., i risultati acquisiti con quelli attesi, fanno derivare, da un loro non sufficiente conseguimento, la decurtazione di quella quota-parte dell'emolumento stipendiale dei dirigenti che si definisce come **salario di risultato**.

Accanto al "salario di risultato" la contrattualistica prevede una seconda voce: "lo **stipendio di posizione organizzativa**", con cui si intende monetizzare un insieme di obiettivi destinati a migliorare le capacità manageriali dei dirigenti. Si tratta, quindi, di obiettivi prevalentemente orientati alla modificazione di svariati "processi produttivi "allo scopo di incrementarne la efficienza e la efficacia. Anche il loro non raggiungimento comporta la riduzione percentuale dello "stipendio di posizione". Tanto il "salario di risultato", quanto "lo stipendio di posizione organizzativa" compongono quella quota dell'emolumento complessivo che viene definita come **parte "variabile"**.

Esiste, infine, una ricca serie di obiettivi che puntano a migliorare – in campo clinico-assitenziale – le ***"performance*** **professionali"**. Queste possono derivare dalla "innovazione tecnologica" (in campo operatorio o diagnostico, ad es.) oppure dalla implementazione delle "prese in carico" e dai conseguenti percorsi di "continuità assistenziale", oppure, ancora, dal conseguimento di particolari "esiti clinici" (ad es.: la diminuzione di una certa incidenza patologica sul territorio, la riduzione dei tempi di ricovero, l'assenza di complicanze post-operatorie o il contenimento delle infezioni ospedaliere, ecc.). Tali risultati possono derivare da *performance*, sia quantitative che qualitative, che sono influenzate da variabili di natura organizzativa, gestionale, operativa, clinica e professionale. Insistono, pertanto, sia sul "salario di risultato" sia sullo "stipendio di posizione organizzativa".

Accanto ai controlli, sopra illustrati, che la "governance politico-amministrativa" aziendale realizza nei confronti di quella tecnico-professionale, se ne pongono, però, anche altri, operati dalla regione nei confronti dei "vertici strategici" aziendali, sulla base del raggiungimento, o meno, degli obiettivi loro assegnati dalla regione stessa.

Dal non raggiungimento di tali obiettivi discende una serie di conseguenze: la prima consiste nella decurtazione percentuale della parte variabile dello stipendio (in genere, il 20% rispetto all'importo lordo massimo stabilito contrattualmente). La seconda – nel caso di una grave e ripetuta inadempienza – si sostanzia nella non riconferma dell'incarico alla scadenza di metà mandato o al suo termine. Ciò vale identicamente anche quando il disattendimento degli obiettivi riguarda non solo e non tanto quelli assegnati dalla regione, quanto piuttosto quelli previsti nei "Piani attuativi locali" elaborati da ogni azienda e approvati dalla "Conferenza socio-sanitaria territoriale". In questo caso il suo Presidente può richiedere alla regione la rimozione del Direttore generale.

Infine, i D.G. decadono dal proprio mandato nel momento in cui la regione accerti una "violazione di legge" o il manifestarsi – in più esercizi – di un grave disavanzo economico-finanziario.

d) La funzione regolamentare

I regolamenti (possono essere più d'uno e di contenuto vario) codificano formalmente le volontà della "*governance* politico-amministrativa" aziendale e forniscono un forte sostegno alla "funzione di indirizzo".

Inoltre, rappresentano la modalità più immediata e trasparente attraverso cui può esprimersi un'**autolimitazione** al **potere discrezionale** del D.G. (con ciò contribuendo opportunamente a scoraggiare ogni tentazione arbitraria). I contenuti regolamentari sono destinati, in larga misura, a preordinare assetti procedurali rivolti al funzionamento dall'ASL (ad es., i tempi e i modi mediante i quali svolgere la negoziazione di budget) oppure al rapporto fra la organizzazione aziendale ed i cittadini-utenti (si pensi, ad es., ai criteri di gestione di tutto il *front-office* assistenziale ed amministrativo, oppure, al come predisporre campagne comunicative mirate a particolari *target* di popolazione).

Nel definire, con evidenza formale, il "chi fa, che cosa" i regolamenti si configurano anche come strumenti utilissimi nell'attribuire competenze specifiche ai vari interlocutori della dirigenza tecnico-professionale, sancendo, per **"delega"**, un corrispondete **trasferimento di responsabilità**.

Questo aspetto risulta essere di straordinaria importanza nella eventualità in cui, ad es., la "procura della Corte dei conti" intenda incriminare per "colpa grave" il Direttore generale imputandogli la conseguente "responsabilità erariale" in quanto attributario della gestione complessiva dell'Azienda. Tale premessa appare, certamente, generica e massimalista, ma può essere più facilmente smontata se ed in quanto l'articolazione interna delle responsabilità derivi da una codificazione regolamentare. Si pensi, ad es., ad eventuali controversie relative a "gare di evidenza pubblica" per l'acquisto di beni e servizi, lì ove si siano preliminarmente individuate – attraverso una puntuale regolamentazione – le attribuzioni conferite ai presidenti e ai componenti delle "commissioni aggiudicatrici" e, quindi, la loro, conseguente, diretta responsabilità per gli atti prodotti.

A conclusione della disamina relativa alle funzioni che configurano l'esercizio dei poteri attribuiti alla "*governance* politico-amministrativa", si può affermare che da tale, primaria, identificazione derivino anche, in duplice forma, le competenze e le responsabilità conferibili alla "tecnostruttura" aziendale (a partire dal "collegio di direzione" e dai suoi singoli componenti). La prima di tali forme configura la individuazione, per sottrazione, delle competenze tecniche; eliminato tutto ciò che appartiene a Programmazione, indirizzo e controllo, quel che ne rimane attiene alla sfera delle attribuzioni, propriamente professionali, della dirigenza. La seconda forma deriva, invece, dalla esplicitazione, attraverso le formulazioni regolamentari, di una serie di deleghe specifiche, volte ad esplicitare un più preciso e formale conferimento di responsabilità individuali.

- ***L'Atto aziendale***

L'"autonomia imprenditoriale" trova la sua estrinsecazione più manifesta – nel configurare l'assetto organizzativo e i fondamentali criteri di funzionamento della ASL – attraverso l'approvazione, da parte del D.G., dell'"Atto aziendale".

Lo potremmo definire come la **"carta di identità"** delle Aziende sanitarie e ospedaliere. La loro, originale, presentazione sul proscenio delle articolazioni locali del SSN.

Per comprendere i caratteri dell'"Atto aziendale" occorre dare risposta ad un duplice interrogativo: quale ne sia la "natura giuridica" e quali i "contenuti" specificativi.

Una scuola di pensiero cerca di trovare una similitudine fra l'"Atto aziendale" e quegli atti – statuto e regolamento – che sono tipici degli enti locali e delle loro aziende speciali. A tal proposito possono, però, essere portare almeno due controdeduzioni: l'autonomia statutaria avrebbe dovuto essere prevista per legge, il che non risulta, poiché la norma richiama solo l'"autonomia imprenditoriale". Peraltro, gli atti regolamentari degli enti locali sono considerati "fonti" normative secondarie di diritto pubblico, mentre l'"Atto aziendale" è, all'opposto, di diritto privato.

Dunque, esso configura una fattispecie specificamente propria dell'architettura aziendale; un atto di "autogoverno" che ha il compito (in piena sintonia con la normativa civilistica in materia) di esprimere originalmente l'"autonomia imprenditoriale" delineando l'organizzazione e disciplinando i principi e gli aspetti di funzionamento dell'Azienda.

Per quanto concerne, poi, i contenuti – più minutamente dispositivi – dell'"Atto aziendale", possiamo distinguerli in "obbligatori" e "facoltativi".

Le **"aree disciplinari" obbligatorie** sono indicate dall'art. 3, c. 1-*bis* del d.lgs. 229/1999; si segnalano, in particolare, per la loro rilevanza:

- la "individuazione delle strutture operative dotate di autonomia gestionale o tecnico-professionale soggette a rendicontazione analitica e la loro aggregazione all'interno delle discipline della organizzazione dipartimentale". Queste determinazioni sono di grande importanza, giacché dalla modulazione dei livelli organizzativi e delle conseguenti titolarità di Direzione discende il concreto comporsi del "Collegio di Direzione";
- la specificazione di quali siano le strutture che operano nelle "linee" di produzione assistenziale e gestionale e quali altre appartengano, invece, agli "uffici di staff", a supporto della "*governance* politico-amministrativa";
- la "individuazione dei Distretti";

- la esplicitazione dei "criteri e delle modalità di affidamento della direzione delle strutture e degli uffici ai dirigenti". Con queste disposizioni l'"Atto aziendale" tende a configurarsi, in larga misura, come elaboratore di contenuti regolamentari, finalizzati a rendere trasparenti ed *erga omnes* comportamenti, potenzialmente discrezionali, di altissima valenza strategica, poiché da essi dipende la qualità della "tecnostruttura" professionale;
- la definizione di un altro fondamentale tassello di natura regolamentare: la disciplina delle competenze, delle attribuzioni e delle responsabilità afferenti al D.A., al D.S. e a tutti i direttori delle principali strutture organizzative aziendali.

I **"contenuti facoltativi"** possono, poi, concorrere a delineare le soluzioni – frutto di una auspicabile creatività "visionaria" della Direzione generale – capaci di introdurre elementi fortemente innovativi e approcci sperimentali di natura organizzativa e gestionale.

Sono nate, in tal modo, alcune esperienze germinali (di cui si trovano abbondanti tracce nel "Libro bianco delle buone pratiche in sanità" edito da FIASO/2009) quali, ad es.: la strutturazione dei "dipartimenti funzionali inter-aziendali" (in particolare, in quei territori su cui insistono sia Aziende territoriali che ospedaliere). Dipartimenti che hanno il compito di assicurare la omogeneità del "governo clinico" e l'equità dei trattamenti in ogni punto erogativo appartenente alla dimensione dipartimentale. La modulazione di nuove forme di servizi territoriali: si pensi, ad es., all'avvio – in alcune regioni – delle prime "case della salute" (poi codificate, nel 2012, nel decreto Balduzzi) oppure, alla radicale ri-organizzazione delle attività ambulatoriali, con il conseguente modificarsi del ruolo infermieristico.

Nel campo del facoltativo, possono (devono), poi, trovare collocazione alcune, ulteriori, disposizioni che, ad esempio, completino la regolamentazione delle attribuzioni o i criteri di relazione della Azienda con il cittadino/utente. Si pensi alla "disciplina dei criteri e delle modalità per il conferimento degli incarichi" ad un articolato insieme di posizioni organizzative che si collocano ad un livello immediatamente inferiore rispetto a quello dei vertici della dirigenza gestionale. Si tratta di "strutture semplici", di "linee di attività scientifiche e di ricerca", di "uffici di staff", ecc.

Inoltre, in allegato all'"Atto aziendale", non può non essere posta la **"Carta dei servizi dell'Azienda"**; ovverosia, la "mappatura" delle condizioni di accesso ai servizi ad uso e consumo dei cittadini.

Così come appare, infine, opportuno che l'Azienda espliciti nel proprio Atto il modo in cui intenda favorire: relazioni collaborative con l'associazionismo volontario, forme partecipative a tutela dei diritti del malato, l'apporto responsabile ("partecipazione organizzativa") di tutto il personale al miglioramento della qualità dell'assistenza, alla "umanizzazione" delle cure e all'efficiente uso dei fattori produttivi, atteggiamenti dialoganti con le organizzazioni sindacali, ecc.

Ovviamente, tanto i contenuti obbligatori, quanto quelli facoltativi devono rispettare i confini normativi segnati dalle norme nazionali e dai provvedimenti regionali.

7.3. La responsabilità dei professionisti: introduzione

La **responsabilità del medico** è tema già da tempo dibattuto in dottrina e in giurisprudenza e oggetto di continua riflessione. Vi ha concorso, senza dubbio, l'esponenziale aumento, negli ultimi anni, della percentuale del contenzioso nel rapporto medico-paziente, le cui motivazioni, di natura sia culturale che sociologica, sono, invero, molteplici.

Molto ha pesato una più ampia consapevolezza della collettività sul diritto alla salute, nel duplice aspetto di diritto all'integrità psico-fisica e di diritto alle prestazioni sanitarie, quest'ultimo inteso non solo e non tanto come situazione attiva di pretesa delle cure necessarie, ma piuttosto come diritto a riceverle nelle modalità pratiche più adeguate a perseguire l'efficacia della tutela.

È indubbia, d'altro canto, la caduta di una concezione autoritaria e paternalistica della medicina: la prestazione medica è sempre più spesso percepita come fonte di un'obbligazione che si pretende sconfinare dal semplice atto terapeutico correttamente eseguito (secondo i dovuti canoni di diligenza, prudenza e perizia) in un'attività dai contorni, per così dire, "taumaturgici", per cui, nonostante un tasso di errore non sia eliminabile da nessuna attività umana, ciò non sembra, tuttavia, poter essere prerogativa dell'arte medica.

Non è un caso, quindi, che l'odierno dibattito in tema di responsabilità medica si sia focalizzato, tra le altre questioni, anche sulla **qualificazione** dell'**obbligazione** del **medico**; obbligazione che, persino nelle prestazioni non routinarie, si vuole comunque reificata dal più recente orientamento giurisprudenziale rispetto alla tradizionale distinzione tra **prestazione** di **mezzi** e **prestazione** di **risultato**. In particolare, la Corte di Cassazione ha affermato, in una nota pronuncia, che "*[...] per il professionista (e conseguentemente per la struttura sanitaria) non vale [...] invocare al fine di farne conseguire la propria irresponsabilità la distinzione tra «obbligazione di mezzi» e «obbligazione di risultato», sostenendo che la propria attività è da ricomprendersi tra le prime, sì da non rispondere in caso di risultato non raggiunto. Siffatta distinzione costituisce [...] come ormai da qualche tempo la migliore dottrina non manca di porre in rilievo [...] il frutto di una risalente elaborazione dogmatica, accolta dalla tradizionale interpretazione e tralatiziamente tramandatasi, priva invero di riscontro normativo e di dubbio fondamento*" (Cass. civ., sent. n. 8826/2007).

Nello stesso tempo, come già è stato detto nei precedenti capitoli, il diritto alla salute – posto espressamente dalla Costituzione fra i diritti fondamentali e, perciò, degno della massima tutela – ha subito un processo di progressiva relativizzazione, che lo ha caratterizzato nei termini di *"diritto finanziariamente condizionato"*. La Corte costituzionale ha più volte ribadito, infatti, che, nel bilanciamento dei valori costituzionali che il legislatore deve compiere al fine di dare attuazione al diritto in parola, deve entrare anche la considerazione delle esigenze relative all'equilibrio della finanza pubblica.

Tradotto a livello delle singole Aziende sanitarie, tale principio ha portato ad un radicale cambiamento del ruolo del medico: da *dominus* indiscusso dell'*ars medica*, esso è venuto caratterizzandosi come dipendente qualificato di un'azienda sempre più attenta ai costi e alle problematiche amministrative, che non raramente finiscono con l'influire sulle scelte del singolo sanitario, costretto a dover operare, per l'appunto, un contemperamento tra le logiche e le direttive aziendali, e la necessità (*i.e.*, il dovere) di tutelare il diritto alla salute del paziente. Con la conseguenza che, in molti casi, l'operato del medico si trova ad essere oggetto di contenzioso con il paziente, e ciò nella misura in cui, vale la pena ribadirlo, le esigenze di carattere economico finiscono col prevalere rispetto alle opzioni terapeutiche prospettate.

Il quadro sin qui delineato è destinato a complicarsi ulteriormente se si considera, poi, che se, per un verso, le nuove acquisizioni nel campo della diagnosi e della terapia hanno contribuito a migliorare la qualità delle cure e a ridurre i rischi connessi a determinati atti medico-chirurgici, per l'altro, si sta assistendo ad un aumento esponenziale degli episodi di c.d. malasanità, attribuibili alle carenze emerse nella gestione e nella funzionalità delle strutture sanitarie.

Di qui la duplice esigenza, da una parte, della comunità scientifica di standardizzare i processi operativi, attraverso l'adozione di raccomandazioni, linee guida e protocolli, che hanno lo scopo di migliorare gli *standard* di qualità delle cure, massimizzando l'impiego delle risorse a disposizione; e, dall'altra, delle Aziende sanitarie di adottare un complesso insieme di misure che si compendia sotto la nozione di ***"gestione del rischio clinico"***, la quale designa, secondo la definizione offerta dal glossario del Ministero della salute, un *"processo sistematico, comprendente sia la dimensione clinica che quella gestionale, che impiega un insieme di metodi, strumenti e azioni che consentono di identificare, analizzare, valutare e trattare i rischi al fine di migliorare la sicurezza dei pazienti"*.

Inutile osservare come una simile tendenza si scontri, però, almeno per quanto riguarda le **linee guida**, con una serie di problematiche applicative, legate sia alla dubbia utilità di questi strumenti nella riduzione dei rischi per i pazienti e nel miglioramento della qualità delle cure, sia con la difficoltà di rinvenire una definizione univoca di linee guida, le quali possono essere considerate, in ogni caso, secondo quanto affermato dall'Organizzazione

Mondiale della Sanità, alla stregua di *"asserti sviluppati in modo sistematico allo scopo di aiutare le decisioni del medico e del paziente riguardo alle cure sanitarie più adatte"*.

- ***L'evoluzione normativa in materia di responsabilità sanitaria***

L'approvazione, da parte del Parlamento, della **legge n. 24/2017** (c.d. legge "Gelli-Bianco"), recante *"Disposizioni in materia di sicurezza delle cure e della persona assistita, nonché in materia di responsabilità professionale degli esercenti le professioni sanitarie"*, rappresenta il punto di approdo di un lungo percorso, nel quale si sono intrecciati numerosi tentativi del legislatore e della giurisprudenza di porre rimedio agli aspetti più problematici che, come si è appena visto, caratterizzano, sul piano delle responsabilità, il c.d. rapporto di cura.

Senza voler risalire troppo a ritroso nella narrazione dell'evoluzione normativa in materia di responsabilità civile dei professionisti sanitari, va fatta menzione, tuttavia, di come già nel 2012 il Governo abbia tentato di rimettere mano alla disciplina della responsabilità medica, prevedendo, all'interno del decreto legge **n. 158/2012** che: *"Fermo restando il disposto dell'art. 2236 del codice civile, nell'accertamento della colpa lieve nell'attività dell'esercente le professioni sanitarie il giudice, ai sensi dell'art. 1176 del codice civile, tiene conto in particolare dell'osservanza, nel caso concreto, delle linee guida e delle buone pratiche accreditate dalla comunità scientifica nazionale ed internazionale"* (art. 3, comma 1).

Siffatta disposizione verrà poi modificata in sede di conversione, tanto da presentare non solo un'impronta più marcatamente penalistica, ma anche, e soprattutto, una formulazione ben più infelice e foriera di numerose problematiche interpretative; ciò in quanto i richiami agli artt. 2236 e 1176 c.c. – del tutto compatibili con l'impostazione atta a qualificare la responsabilità del medico come "responsabilità da inadempimento" dell'obbligazione – erano stati sostituiti con il riferimento all'art. 2043 c.c., compendiante, come noto, l'illecito aquiliano.

La versione dell'art. 3, comma 1, risultante dalla "rivisitazione" apportata dalla legge n. 189/2012, recitava, infatti, quando segue: *"L'esercente la professione sanitaria che nello svolgimento della propria attività si attiene a linee guida e buone pratiche accreditate dalla comunità scientifica non risponde penalmente per colpa lieve. In tali casi resta comunque fermo l'obbligo di cui all'articolo 2043 del codice civile. Il giudice, anche nella determinazione del risarcimento del danno, tiene debitamente conto della condotta di cui al primo periodo"*.

Solo con la già citata legge n. 24/2017 verrà introdotta una regolamentazione di più ampio respiro, volta a perseguire i seguenti obiettivi:

- **alleggerimento** della **posizione** dell'esercente la professione sanitaria;
- **contenimento** dei **costi assicurativi** individuali e di quelli collettivi, derivanti dalla c.d. medicina difensiva;

- **tutela** della **salute** del **paziente** e del **diritto** di quest'ultimo a conseguire un **risarcimento**, nel caso in cui dovesse essere dimostrata la sussistenza di un errore medico.

L'equilibrio tra i diversi intenti sopra richiamati è stato perseguito, operando una netta distinzione tra la posizione della **struttura sanitaria** e quella del **medico**.

Quanto alla prima, l'art. 7, comma 1 della legge n. 24/2017 stabilisce che: "*La struttura sanitaria o sociosanitaria pubblica o privata che, nell'adempimento della propria obbligazione, si avvalga dell'opera di esercenti la professione sanitaria, anche se scelti dal paziente e ancorché non dipendenti della struttura stessa, risponde, ai sensi degli articoli 1218 e 1228 del codice civile, delle loro condotte dolose o colpose*", anche se l'attività è svolta in regime di libera-professione *intramoenia*, in convenzione con il Servizio sanitario nazionale o mediante il ricorso alla telemedicina (comma 2).

Con riferimento, invece, alla **responsabilità** del **medico**, il terzo comma dell'art. 7 recita: "*L'esercente la professione sanitaria di cui ai commi 1 e 2 risponde del proprio operato ai sensi dell'articolo 2043 del codice civile, salvo che abbia agito nell'adempimento di un'obbligazione contrattuale assunta con il paziente. Il giudice, nella determinazione del risarcimento del danno, tiene conto della condotta dell'esercente la professione sanitaria ai sensi dell'art. 5 della presente legge e dell'articolo 590-sexies del codice penale, introdotto dall'articolo 6 della presente legge*".

Rispetto all'intervento normativo del 2012, appare evidente come la legge "Gelli-Bianco" abbia provveduto a delineare, con molta più chiarezza, una caleidoscopica triangolazione dei rapporti tra paziente, medico e struttura sanitaria.

Detto in altre parole, il paziente, a fronte dell'errore medico, potrà agire nei confronti del sanitario in base all'art. 2043 c.c. (responsabilità aquiliana), mentre gli sarà dato di convenire la struttura sanitaria, invocando nei confronti di quest'ultima una responsabilità di tipo contrattuale, così come sarà contrattuale il titolo sulla base del quale quest'ultima potrà eventualmente agire, in via di rivalsa, nei confronti del medico (solo in caso di dolo o colpa grave *ex* art. 9 della legge n. 24/2017).

Tradotto in termini ancor più pratici, il paziente ha la possibilità di agire nei confronti della struttura sanitaria, approfittando dei vantaggi legati alla qualificazione della responsabilità di quest'ultima in termini di natura contrattuale. Il che significa, per il preteso danneggiato, da un lato, disporre di un termine di prescrizione ordinario (decennale) *ex* art. 2946 c.c. (decorrente, peraltro, dal momento in cui il danno diventa obiettivamente percepibile nella sua relazione causale con la condotta inadempiente del medico) e, dall'altro, potersi avvalere dell'**inversione dell'onere probatorio**, essendo l'attore obbligato a fornire unicamente la prova della conclusione del contratto e non già anche quella dell'inadempimento del professionista, che dovrà essere, quindi, solo allegato.

Discorso diverso va fatto, invece, per quanto riguarda la posizione del medico. Il riferimento all'art. 2043 c.c. (e, quindi, la "trasposizione" dell'obbligazione del sanitario nel novero della responsabilità aquiliana([1])) ha comportato, infatti, un sensibile aggravamento della posizione processuale del danneggiato, il quale, nell'arco ben più ristretto di cinque anni (secondo il termine di prescrizione previsto dall'art. 2947 c.c.), è tenuto a dimostrare non solo il **rapporto eziologico** sussistente tra l'atto medico e la patologia riscontrata, ma anche, e soprattutto, la **colpa del sanitario**, ovverosia la carenza di diligenza, prudenza e perizia imputabile a quest'ultimo, secondo una valutazione di carattere tecnico-scientifico spesso lontana dalle competenze proprie del paziente-attore.

Da ultimo, va evidenziato, in questa sede, come la legge "Gelli-Bianco", al fine di assicurare maggiori garanzie della tutela risarcitoria, abbia introdotto, altresì, un sistema di assicurazione obbligatoria della responsabilità civile (art. 10), caratterizzato, tra l'altro, dalla tipizzazione dell'assicurazione della responsabilità civile di tipo *claims made* (art. 11), dall'azione diretta prevista a favore del danneggiato (art. 12) e dall'istituzione di un fondo di garanzia per i danni derivanti da responsabilità sanitaria (art. 14).

- ***Il ruolo delle linee guida nella prassi processuale***

Venendo ora all'analisi dei riflessi che le linee guida possono rivestire nell'ambito della valutazione, in termini di correttezza, dell'operato posto in essere dal medico, è opportuno richiamare, innanzitutto, quanto stabilito all'interno dell'art. 5, comma 1 della legge n. 24/2017, il quale recita: "*Gli esercenti le professioni sanitarie, nell'esecuzione delle prestazioni sanitarie con finalità preventive, diagnostiche, terapeutiche, palliative, riabilitative e di medicina legale, si attengono, salve le specificità del caso concreto, alle raccomandazioni previste dalle linee guida pubblicate ai sensi del comma 3 ed elaborate da enti e istituzioni pubblici e privati nonché dalle società scientifiche e dalle associazioni tecnico-scientifiche delle professioni sanitarie iscritte in apposito elenco istituito e regolamentato con decreto del Ministero della salute, da emanare entro novanta giorni dalla data di entrata in vigore della presente legge, e da aggiornare con cadenza biennale. In mancanza delle suddette raccomandazioni, gli esercenti le professioni sanitarie si attengono alle buone pratiche clinico-assistenziali*".

La normativa in questione rappresenta un'ulteriore tappa nel difficile e tortuoso percorso, iniziato già con la legge "Balduzzi", di progressiva standardizzazione della professione medica.

In materia, anche la giurisprudenza, sia di merito che di legittimità, non

(1) È fatta salva, in ogni caso, l'eccezione di coloro che agiscono in esecuzione di un'obbligazione contrattuale assunta direttamente con il paziente.

ha mancato di esprimersi più e più volte, attraverso alcune fasi evolutive, in alcuni casi tra loro antitetiche.

Se, infatti, in un primo periodo, la valutazione della condotta professionale del medico era considerata facendo riferimento unicamente alle considerazioni esposte dall'*expert medical witness* nominato dal giudice, con un ruolo del tutto marginale e sussidiario riservato alle linee guida, nel corso degli ultimi anni si è assistito, al contrario, ad una reciproca e sempre crescente "interferenza" tra diritto e *clinical practice guidelines*, tanto che queste ultime, inizialmente finalizzate – come già detto in precedenza – ad uniformare ed ottimizzare le cure, valutandone anche l'appropriatezza, sono state progressivamente snaturate sia dai sanitari sia dagli stessi operatori della giustizia in indiretti valori di *standard of care* (o, per meglio dire, di "doverosa regola dell'arte medica").

A porre un freno all'ormai consolidata prassi giurisprudenziale di valutare la condotta del sanitario basandosi (se non unicamente, ma quasi) su regole di condotta standardizzate era intervenuta nel 2011 la Corte di Cassazione, la quale, accogliendo il ricorso proposto dal Procuratore Generale della Repubblica presso la Corte d'Appello di Milano e dalle parti civili, aveva annullato con rinvio la sentenza assolutoria della Corte territoriale, evidenziando proprio la illogicità e la contraddittorietà dell'*iter* argomentativo della motivazione, laddove veniva affermato che le condizioni del paziente, seppur critiche, non erano diverse e più gravi rispetto a quelle di altri pazienti che rientravano nel campo di applicazione delle linee guida, non sussistendo, pertanto, i presupposti necessari per la loro disapplicazione.

Secondo la Suprema Corte, infatti, solamente dimostrando la validità dell'asserzione posta alla base del rispetto delle linee guida il medico potrà andare esente da colpa, perché "*laddove [invece] esse siano in contrasto con le esigenze di cura del paziente, [egli non potrà non essere ritenuto responsabile del danno derivato alla salute di quest'ultimo, n.d.A.] ove se ne lasci condizionare, rinunciando al proprio compito e degradando la propria professionalità e la propria missione a livello ragionieristico*" (Cass., sent. n. 8254/2011).

Con la conseguenza che, nel caso qui in esame, il sanitario avrebbe dovuto doverosamente discostarsi dalle linee guida (che pure prevedevano le dimissioni del paziente sottoposto ad un'operazione di angioplastica a nove giorni di distanza dall'intervento, quando il quadro clinico sia stabilizzato), avendo egli l'obbligo di valutare la particolarità del caso concreto, in cui il soggetto era indicato a rischio coronarico perché fumatore, obeso ed iperteso con rifiuto di terapia, oltreché affetto da ipercolesterolemia ed ipertrigliceridemia. Tutte circostanze, queste, che secondo il ragionamento della Cassazione consigliavano, per l'appunto, un prolungamento del periodo di ricovero.

Orbene, l'inciso contenuto all'interno dell'art. 5, comma 1 della legge n.

24/2017, operando, di fatto, un richiamo esplicito alla *"specificità del caso concreto"*, si pone, con tutta evidenza, in perfetto raccordo con quanto posto in luce dalla Suprema Corte, la quale, in un'altra pronuncia, non ha mancato di sottolineare, ancora una volta, come *"le linee guida (ovvero le leges artis sufficientemente condivise almeno da una parte autorevole della comunità scientifica in un determinato tempo) non rappresentano un letto di Procuste insuperabile"* (Cass., sent. n. 30998/2018), bensì solo un parametro di valutazione della condotta del medico, la quale non può ritenersi negligente o imprudente per il solo fatto di essersi discostata da quanto in esse stabilito (né viceversa).

Quanto alla giurisprudenza di merito, pare che la stessa, nelle sue prime letture interpretative della nuova legge, abbia già instaurato una sorta di combinato disposto degli artt. 2236 c.c. e da 5 a 7 della legge n. 24/2017, ritenendo che la richiamata disposizione codicistica debba, ora, essere interpretata alla luce di quanto previsto dalla norma di carattere speciale, sicché la responsabilità del medico andrebbe esclusa in assenza di condotte improntate a colpa grave e in presenza di problemi tecnici di particolare difficoltà; colpa grave che non può imputarsi al sanitario, il quale, posto, come già detto, di fronte a problemi tecnici di particolare difficoltà, si sia attenuto alle linee guida o, in mancanza di esse, alle buone pratiche clinico-assistenziali, quali che siano stati i risultati dell'intervento chirurgico dallo stesso eseguito (in tal senso, Trib. di Napoli, sent. del 26 novembre 2018).

Alla luce di quanto detto e volendo trarre alcune considerazioni di carattere conclusivo, pare potersi osservare come – al di là dell'indubbia esigenza della classe medica di codificare il proprio sapere per migliorare la pratica clinica e ridurre al minimo i rischi del paziente, offrendo una sintesi delle diverse esperienze e delle più recenti conoscenze scientifiche – linee guida e protocolli costituiscano strumenti, invero, flessibili, che presentano, in quanto tali, limiti sia intrinseci che estrinseci.

In particolare, D.L. Sacket ha individuato i seguenti ostacoli alla loro applicazione:
- il *barrier*, ossia un ostacolo di carattere organizzativo, legale e geografico;
- il *burden*, cioè il carico di malattia in termini di frequenza e gravità, che si realizza in rapporto alla patologia specificatamente oggetto della *clinical practice guideline*;
- il *belief*, ossia l'aspettativa che i pazienti e gli operatori sanitari si sono creati sui risultati degli interventi terapeutici previsti dalle linee guida.

Ne deriva che, da un lato, la decisione del singolo medico di non rispettare le linee guida non può condurre *tout court* ad un addebito di responsabilità nei suoi confronti; dall'altro, il rispetto scrupoloso di quelle direttive non è da ritenersi circostanza sufficiente ad escludere qualsivoglia profilo di colpa a carico dello stesso sanitario. D'altra parte, pare poco ragionevole, in assenza di specifiche ragioni, discostarsi dallo *standard of care* suggerito.

Detto in altri termini, ciascun caso clinico deve essere attentamente valutato, discusso e trattato in considerazione delle sue peculiarità, in un efficace contemperamento tra le migliori conoscenze ed evidenze disponibili, e l'abilità, preparazione, buon senso e sensibilità di ogni singolo medico.

E se, in questo senso, come già ribadito, la legge n. 24/2017 pare, invero, aver colto nel segno, dall'altro lato, l'inversione dell'onere della prova, operato in seguito alla qualificazione della responsabilità del professionista sanitario come di natura extracontrattuale, apre, invero, la necessità di trovare, in sede giurisprudenziale, un necessario punto di incontro tra i molteplici interessi in gioco, stante, per l'appunto, l'aggravio del carico probatorio addossato sulle spalle del danneggiato attore.

Capitolo 8
L'organizzazione

di *Mattia Altini, Fosco Foglietta, Elena Prati*

Il presente capitolo illustra il terzo dei percorsi storici che hanno segnato profondamente il passaggio dalla l. 833 ai dd.lgs. 502/517, prima, e al d.lgs. 229/1999, poi, fino a giungere al c.d. decreto Balduzzi (n. 158/2012).

Nel precedente capitolo 6 si è approfondito il radicale cambiamento che ha coinvolto il ruolo degli enti locali (inizialmente gestori delle USL *ex* l. 833, poi, del tutto emarginati e, infine, recuperati nell'ambito delle funzioni programmatorie regionali e locali con l'avvento della riforma Bindi).

Il capitolo 7 illustra, poi, il secondo aspetto che connota la"rivoluzione copernicana" di cui è stato oggetto il sistema sanitario a seguito tanto della scomparsa dei "Comitati di gestione" (nominati dagli enti locali) e della comparsa, invece, della figura monocratica rappresentata dal Direttore generale (di ASL o di Az. ospedaliera) responsabile della gestione complessiva dell'Azienda e nominato, sulla base di un rapporto fiduciario, dal Presidente della Giunta regionale, quanto della istituzione delle ASL e delle Az. ospedaliere, configurate come "soggetti" certamente pubblici, ma anche dotate di una serie di "autonomie" tipicamente imprenditoriali, prodromiche allo sviluppo di procedure e all'assunzione di atti tipici del diritto privato.

Nel presente capitolo si analizza, infine, la **modificazione** degli **assetti organizzativi interni** alle **Aziende** attraverso un percorso che tende, essenzialmente, a raggiungere **due**, grandi, **obiettivi** di **cambiamento**: lo **sviluppo** di **processi aggregativi** che puntino sempre di più a superare l'originaria impostazione che identificava i servizi attraverso un approccio marcatamente settoriale; la progressiva **valorizzazione** dei **servizi territoriali** (con particolare riguardo a quelli di "cure primarie") a scapito di quelli "ospedalieri", originariamente predominanti. Ciò si sostanzia nel trasferimento da questi ultimi ai primi (nel corso di circa 30 anni) di un buon 10% delle risorse finanziarie messe a disposizione dal FSN.

8.1. Il processo aggregativo

L'art. 15 della l. 833 indica quali strutture portanti delle Unità sanitarie locali sono destinate ad erogare prestazioni sanitarie e socio-sanitarie, un articolato **insieme** di **servizi** e il **"Distretto sanitario di base"**.

• ***Il Distretto sanitario di base***

Quest'ultimo (art. 18, legge 833) viene indicato come *"la struttura della USL che in modo integrato e coordinato svolge le attività ed eroga le prestazioni di primo livello e di pronto intervento"*. Si prevede, inoltre, che nel "Distretto sanitario di base *"venga a realizzarsi il livello ottimale per [...] l'integrazione dei servizi della USL con i servizi sociali dei comuni"*. Questo tema rimarrà strettamente correlato alla organizzazione distrettuale, anche se il novero dei servizi coinvolti risulterà sempre più ampio.

Infine, è all'interno del "Distretto sanitario di base", inteso come "luogo privilegiato di collaborazione", che ci si propone di valorizzare la partecipazione dei "cittadini e dei gruppi sociali alla gestione delle attività sanitarie di base". Partecipazione che può svilupparsi nell'ambito di alcune aree privilegiate (materno-infantile, età evolutiva, disabili ed anziani) ed assumere il carattere di "comitati" a ciò destinati.

Le dimensioni del "Distretto sanitario di base" sono modeste, oscillando fra le 10.000 (zone periferiche) e le 25.000 persone (zone urbane) e la identificazione del suo territorio deve tenere conto della accessibilità, dei flussi di popolazione, delle dotazioni infrastrutturali, ec c. Anche questo aspetto si andrà modificando in termini radicali.

Per dare vita al "Distretto sanitario di base", l'art. 18 prevede che si debba: individuare la sede fisica atta a contenerlo e il personale che deve essergli assegnato. Occorre, altresì: nominare il suo coordinatore, attivare modalità di "lavoro di gruppo" e supportarle con adeguati interventi formativi. Avviare, infine, forme collaborative con i medici di m.g. ed i pediatri convenzionati. Da notare come questi professionisti vengano, qui, considerati come interlocutori "esterni" al Distretto, mentre ne diventeranno, in futuro, il fulcro operativo.

Ad ogni "Distretto di base" viene assegnato un coordinatore che dipende dal responsabile del "servizio attività distrettuali e medicina di base" (l'unico dei servizi delle USL *ex* legge 833 che viene citato direttamente dalla norma nazionale) e gode di "autonomia tecnico-funzionale". Una formula ricorrente nella organizzazione dei servizi delle USL. Il "coordinatore" ha, innanzitutto, il compito di collaborare con i "responsabili dei progetti-obiettivo materno-infantile, della età evolutiva, della tutela della salute degli anziani e dei disabili". Infine, il "coordinatore" è scelto fra il personale laureato appartenente al ruolo sanitario, profilo professionale dei medici".

Questo impianto organizzativo verrà stravolto dalla successiva configurazione del Distretto.

• ***Il nuovo Distretto***

Il nuovo Distretto trova la sua consacrazione nell'art. 3-*quater* del d.lgs. 229/1999. Esce dalla nicchia che lo relegava ad un ruolo marginale e assurge alla dignità riservata ad **uno** dei **tre pilastri** su cui viene edificato il *corpus* organizzativo dell'Azienda ASL (accanto al Presidio ospedaliero e al Dipartimento di prevenzione).

Innanzitutto crescono le sue dimensioni demografiche individuate in una soglia minima di 60.000 abitanti (al netto di particolari condizioni geomorfologiche e di una densità di popolazione particolarmente bassa). Inoltre, il Distretto (la cui specifica individuazione consegue, in ogni Azienda, alle scelte effettuate nell'"Atto aziendale") assicura i servizi relativi alle attività sanitarie e sociosanitarie di assistenza primaria, nonché il coordinamento delle proprie attività con quelle dei dipartimenti e dei servizi aziendali –inclusi quelli ospedalieri – inserendole organicamente nel "programma delle attività territoriali". Al Distretto sono attribuite risorse definite in rapporto agli obiettivi di salute della popolazione di riferimento. Nell'ambito delle risorse assegnate, il Distretto è dotato di "autonomia tecnico-gestionale ed economico-finanziaria con contabilità separata (...)".

Inoltre, le attività che qualificano la erogazione diretta di prestazioni da parte del Distretto (il suo *core*) sono: l'"assistenza specialistica ambulatoriale", la "prevenzione e la cura delle alcool-tossicodipendenze", le "attività consultoriali per la tutela della donna e della famiglia", nonché quelle rivolte a disabili e ad anziani, le "assistenze domiciliari integrate", le "attività per il trattamento delle patologie HIV"e l'"assistenza in fase terminale".

Questa asciutta elencazione può essere commentata e integrata alla luce di quanto è, di fatto, accaduto in pressoché tutti i Distretti delle ASL italiane dal 1999 ad oggi.

a) Innanzitutto, le attività elencate si sono – in genere – aggregate in alcune **linee organizzative** di **erogazione** dei servizi distrettuali.

La prima è quella delle **"cure primarie"** al cui interno troviamo non solo l'insieme delle **cure domiciliari** (con uno "spettro" potenzialmente più ampio rispetto alle pur rilevanti "assistenze domiciliari integrate", poiché possiamo annoverarvi anche le "domiciliarità ad accesso diretto" da parte del medico m.g. e le "assistenze tutelari", prestazioni" sociali a rilievo sanitario" *ex* art. 3-*septies* del d.lgs. 229) ma anche le **"attività consultoriali materno-infantili"** ad accesso diretto da parte dell'utente (con una prevalente funzione di natura consulenziale) e le "vecchie" medicine scolastiche, nonché tutte le **forme aggregative** dei **medici m.g.** Forme che assumono connotazioni diverse da regione e regione, ma che sono, normalmente, caratterizzate: dalla creazione di gruppi di medici che lavorano in una sede comune condividendo alcuni supporti sia di natura amministrativa che, non infrequentemente, infermieristica; da un orario di ricevimento che oscilla fra le 8 e le 12 ore diurne e dal loro collegamento in rete con le Piattaforme di sanità elettronica regionali (ove esistenti).

Tali **"medicine di gruppo"** possono avere dimensioni molto diverse (dalle 5/6 alle 19/20 unità) e tendono: a divenire l'asse portante delle UCCP ("unità complesse delle cure primarie", *alias*, "case della salute" – vedi *infra*) a sostanziare l'approccio del *population health management* in alcune regioni (vedi *infra*) e sono qualificate dal d.lgs. 158/2012 (decreto Balduzzi) come AFT (associazioni funzionali territoriali).

La seconda "linea di erogazione" contempla i **servizi sanitar**i e **socio-sanitari "intermedi"** – **residenziali** e **semiresidanziali** – per persone auto e non autosufficienti. In questa categoria trova collocazione una serie assai articolata di proposte: strutture residenziali e semiresidenziali per anziani, centri socio-riabilitativi residenziali e semiresidenziali per disabili, comunità alloggio, case famiglia, gruppi appartamento, ecc. per pazienti fisicamente, psichicamente e socialmente "fragili" (che vivono in quella"zona grigia", in cui sono compresenti molte forme di: marginalità, dipendenza, insufficienza mentale, trasgressione compulsiva, ecc.), residenze socio-sanitarie a bassa intensità di cura per malati di mente, ecc.

Quest'area erogativa rappresenta anche il campo più strutturato ed ampio di una offerta assistenziale prevalentemente dedicata a pazienti non acuti e al cui interno hanno trovato espressione le forme – gestionali e professionali – della integrazione sociosanitaria attraverso modalità unitarie di organizzazione dei servizi.

La terza "linea di erogazione" contiene, infine, **servizi sanitari "intermedi"**, prevalentemente specialistici. Si tratta, in particolare: dell'"assistenza specialistica ambulatoriale", dei "servizi per la prevenzione e cura delle alcool-tossicodipendenze", dei servizi per "le patologie HIV" e quelli per l'assistenza a pazienti in "fase terminale".

I primi tendono a coincidere con i "poliambulatori" di antica memoria, ubicati in ambienti sia extraospedalieri che ospedalieri. Ciò significa che, in numerose regioni, l'attività specialistica viene organizzata e dipende, nelle sue declinazioni operative, dalle direzioni distrettuali e non da quella del Presidio ospedaliero (anche se i medici che erogano le prestazioni nei giorni e nelle ore prestabilite appartengono agli organici delle strutture nosocomiali). Inoltre, i servizi specialistici son stati oggetto, nel tempo, di alcune importanti modificazioni sperimentali. In particolare, per quanto riguarda il **ruolo** del **personale infermieristico**, non più visto in funzione "ancillare" rispetto al medico (alla "porta" dell'ambulatorio) bensì come gestore dell'accoglienza/accettazione del paziente in soluzione unitaria (un solo *front-office* di indirizzo) e come erogatore di alcune prestazioni di esclusiva competenza (l'allestimento tecnico per gli elettrocardiogrammi e le spirometrie, ad es.).

I **"Sert"** hanno, a loro volta, allargato la propria sfera di azione iniziando a trattare nuove forme di dipendenza: dalle "ludopatie" (inserite nell'ultima versione dei "livelli essenziali di assistenza") all'erotismo e allo "shopping" compulsivo, ad esempio.

I servizi per le **"patologie da HIV"** – originariamente collegati ai "Sert" ed ai reparti di "malattie infettive", al momento della esplosione della mortalità indotta dall'AIDS – si sono andati depotenziando a seguito della scoperta della possibilità di curare questa malattia mediante *cocktail* di farmaci antiretrovirali. Oggi, tali servizi svolgono soprattutto una funzione informativa, di monitoraggio epidemiologico e di periodico controllo della corretta aderenza alle terapie da parte dei pazienti.

Le **patologie** in **"fase terminale"** sono state oggetto, recentemente, di una particolare attenzione, da parte del legislatore nazionale, che si è concretizzata nell'approvazione della legge n. 38 del 2010 (relativa alle terapie antalgiche) e nell'inserimento dell'assistenza ai pazienti in fase terminale all'interno dell'ultima versione dei "livelli essenziali di assistenza" (2017). I servizi dedicati sono, essenzialmente, gli ***hospice*** (strutture di ricovero non ospedaliero, in larga misura destinate ad accogliere malati oncologici terminali) e le "assistenze domiciliari integrate" ad elevato livello di complessità.

Infine, l'architettura complessiva dei servizi distrettuali si è, ultimamente, arricchita – in molte realtà regionali – di una nuova, peculiare, struttura, pensata per contenere una vasta gamma dei servizi territoriali sopra elencati ed altri ancora del tutto inediti e sperimentali. Si tratta delle **UCCP** (ovvero **"case della salute"**) di cui tratteremo nello specifico fra breve.

Il Distretto, specifica l'art. 3-*quater*, non si limita solo ad assicurare la erogazione delle attività che produce direttamente ma è anche tenuto ad accogliere nelle proprie sedi le "**articolazioni organizzative** territoriali del **Dipartimento** di **salute mentale** e di **prevenzione**", con ciò incrementando quel potenziale di aggregazione e di interazione che, fin dalle origini, è stato inserito nel suo "codice genetico".

Questa vocazione allo sviluppo dei processi di integrazione si presenta, peraltro, con molte facce: quella del "socio-sanitario", del rapporto fra ospedale e servizi territoriali, della "continuità assistenziale" (soprattutto per le patologie croniche) della cooperazione fra le articolazioni periferiche dei grandi dipartimenti aziendali e quei servizi – di base e intermedi – che, da un alto, devono concorrere alle strategie della prevenzione primaria e secondaria e, dall'altro, interfacciarsi con le forme di lungo assistenza (sanitarie e sociali) dedicate ai pazienti affetti da patologie mentali croniche.

Il tema del Distretto, "fucina" di integrazione, viene, altresì, rafforzato lì ove l'Azienda S.L. abbia deciso di "assumere la gestione di attività e servizi socio-assistenziali su delega dei singoli enti locali". Se ciò si verifica gli "oneri sono comunque a carico degli stessi" e devono essere "specificamente contabilizzati" (art. 3, c. 3 del d.lgs. 502/1992).

Infine, il fattore che costituisce una costante in tutte le forme di integrazione sopra accennate, è rappresentato dal **ruolo** di **"dominus clinico"** assegnato, nell'ambito di ogni percorso di continuità assistenziale, al **medico** di **medicina generale**.

***b*)** La specificazione tipologica e la dimensione quantitativa dei servizi distrettuali trovano la propria determinazione puntuale – da Distretto a Distretto – nel **"Programma delle attività distrettuali" (PAT)**. È al suo interno che viene previsto il fabbisogno quali/quantitativo della offerta assistenziale in rapporto al bisogno (inteso come "domanda appropriata") espresso dalla popolazione di riferimento. Da questo rapporto fra la domanda e l'offerta deriva, quindi, sia la definizione degli obiettivi di salute che qualificano previsionalmente l'azione distrettuale, sia il computo delle risorse ritenute, corrispondentemente, necessarie.

Considerando il "Programma dell'attività territoriali" è opportuno rilevarne immediatamente l'**assoluta originalità** rispetto alle elaborazioni programmatorie predisposte dalle altre strutture organizzative aziendali (dal Presidio ospedaliero ai vari Dipartimenti). Queste ultime elaborano, infatti, previsioni (incrementali o decrementali, di mantenimento o di cambiamento degli assetti operativi, ecc.) che attengono esclusivamente al novero delle attività prodotte ed erogate direttamente. Nel far ciò si parte, in genere, dal *quantum* di prestazioni assicurate precedentemente per valutarne, poi, l'eventuale fabbisogno evolutivo alla luce di alcune variabili; quali, ad es.: l'ampliamento degli aventi diritto sulla base delle normative nel frattempo intercorse, l'evoluzione tecnologica che apre nuovi orizzonti di cura, l'affinarsi del livello qualitativo richiesto dai pazienti, ecc.

Il fattore predittivo di gran lunga più rilevante è, però, rappresentato dalla capacità di **ponderare** correttamente il **fabbisogno complessivo** di **assistenza** di cui necessita la **popolazione** di ogni **Distretto**. Fabbisogno clinicamente e oganizzativamente appropriato, stimabile sulla base dei **"consumi di prestazioni"** effettivamente registrati a carico di ciascun cittadino e valutabile mediante il confronto di tali consumi con alcuni parametri, predefiniti, di appropriatezza. Questo tipo di approccio programmatorio – che viene attiribuito esclusivamente al Distretto – assume i caratteri della **"funzione di committenza"** (ne tratteremo specifico *infra*).

In altri termini, il Distretto, nella elaborazione del PAT, non deve tener conto solo della risposta assistenziale che è in grado di assicurare per il tramite dei propri servizi, ma anche di quei bisogni, espressi dai cittadini che popolano il territorio distrettuale, il cui soddisfacimento richiede l'acquisizione di prestazioni prodotte da altri servizi aziendali (o da servizi di altre Aziende – territoriali e/o ospedaliere – con ciò generando flussi di "mobilità passiva").

Per esercitare la "funzione di committenza" in modo corretto occorre, dunque, passare da una programmazione centrata sulla storicità della offerta ad una costruita attorno alla storicità della domanda soddisfatta (i consumi) e insoddisfatta (le liste di attesa).

c) Le risorse assegnate globalmente al Distretto conseguono, dunque, alla stima del fabbisogno assistenziale che deve essere soddisfatto sia attraverso la produzione diretta di prestazioni da parte dei servizi distrettuali, sia mediante l'acquisto di prestazioni erogate da altri fornitori (committenza).

Il **"budget"** conferito al Distretto ricomprende, però, solo la dotazione finanziaria indispensabile per coprire i costi della produzione diretta ed è su di essa che si fonda l'**"autonomia tecnico-gestionale** ed **economico-finanziaria**, con contabilità separata all'interno del bilancio della ASL" attribuita al Distretto stesso.

Questo è, dunque, struttura organizzativa di notevole complessità che presenta due aspetti assolutamente peculiari: l'uno, si sostanzia nel fatto che esso assicura il primo e più coinvolgente livello di coordinamento con la rappresentanza degli enti locali (i sindaci aggregati nel "comitato di Distretto"); l'altro si manifesta nella "funzione di committenza".

Date queste caratteristiche, il Distretto non può che essere diretto da persone competenti ed esperte. Si configura, di conseguenza, uno specifico profilo professionale per il **"direttore del Distretto"**.

***d*)** Dunque, esplicita l'art. 3-*sexies*, *"il direttore del Distretto realizza le indicazioni della Direzione aziendale, gestisce le risorse assegnate in modo da garantire l'accesso della popolazione alle strutture e ai servizi, l'integrazione fra i servizi e la continuità assistenziale. Il direttore di Distretto supporta la Direzione generale nei rapporti con i sindaci del Distretto"*. È, in buona sostanza, una sorta di "vice-re", il **primo rappresentante periferico** della **Direzione generale**.

Nello svolgimento delle proprie funzioni si avvale, peraltro, di un ufficio di staff denominato **"Ufficio di coordinamento delle attività distrettuali"** che è composto dai rappresentanti di alcune figure professionali operanti nei servizi. Si citano, come membri di diritto: un medico m.g., un pediatra di libera scelta, uno specialista ambulatoriale convenzionato (così recita il d.lgs. 229). Ritengo che i tempi siano maturi per inserirvi anche la figura dell'infermiere. I requisiti richiesti per essere nominato direttore di Distretto sono *"una specifica esperienza nei servizi territoriali e una adeguata formazione nella loro organizzazione, oppure essere un medico convenzionato (da almeno 10 anni)"*. Va sottolineata la scomparsa – rispetto alle indicazioni precedentemente fornite dalla legge 833 con riferimento ai "Distretti sanitari di base" – del requisito della appartenenza al ruolo sanitario, profilo professionale medico. Si allargano, in tal modo, i confini del reclutamento ad altri profili sanitari (gli psicologi, ad es.) e non sanitari (dirigenza amministrativa, operatori sociali, sociologi, ecc.). Da notare, inoltre, la possibilità di nominare direttore del Distretto anche un medico m.g. convenzionato, con ciò rimarcando la importanza di tale figura nell'ambito delle dinamiche assistenziali e rafforzando, soprattutto, il percorso di inserimento del medici di medicina generale all'interno della organizzazione aziendale, in veste di personale "quasi dipendente", sempre più lontano da quella configurazione "libero professionale" che la legge 833 (e i successivi contratti nazionali degli anni '80) poneva in evidenza.

- ***Il decreto Balduzzi (d.l. 158/2012)***

Il decreto Balduzzi (d.l. 158/2012) introduce una serie di novità relative tanto alle **modalità aggregative** dei **medici m.g.**, quanto all'attivazione di **servizi territoriali multiprofessionali**. Entrambi collocati all'interno della architettura distrettuale. Recita, infatti, l'art. 1-*bis*: "*nell'ambito della organizzazione distrettuale si adottano due, nuove, forme di servizio; l'una, denominata «aggregazione funzionale territoriale» costituisce una entità mono professionale a cui compete: l'attività assistenziale per l'intero arco della giornata e per tutti i giorni della settimana, nonché una offerta integrata delle prestazioni dei medici m.g., dei pediatri di l.s., della guardia medica, della medicina dei servizi e degli specialisti ambulatoriali*". Le **AFT**, inoltre: "*condividono, in forma strutturata, obiettivi e percorsi assistenziali, strumenti di valutazione della qualità assistenziale, linee guida*, audit *e strumenti analoghi*".

L'altra forma di servizio multiprofessionale viene denominata **"Unità complessa di cure primarie"**. Questa eroga "prestazioni assistenziali tramite il coordinamento e la integrazione dei professionisti delle cure primarie e del sociale a rilevanza sanitaria tenuto conto delle peculiarità delle aree territoriali" (metropolitane, oppure, a popolazione sparsa ed isole minori). Le UCCP: possono essere finanziate a "budget"; rappresentano una sorta di "poliambulatori dotati di strumentazione di base, aperti al pubblico per tutto l'arco della giornata, che operano in coordinamento e in collegamento telematico con le strutture ospedaliere". Gli obiettivi e i programmi di attività delle forme mono e multiprofessionali e i conseguenti livelli di spesa vengono definiti in sede di programmazione regionale.

Così si esprime il decreto Balduzzi, direi in modo frammentato e minimalista rispetto a ciò che le UCCP già rappresentavano – sotto le mentite spoglie delle "case della salute" – in numerosi Servizi Sanitari Regionali.

- ***Servizi di base e "case della salute": soluzioni regionali a confronto***

Allo scopo di fornire qualche elemento di conoscenza in più tratto, per l'appunto, dalle esperienze regionali, si propone un approfondimento relativo, sia ad alcune, particolari modalità di funzionamento delle AFT (in tre regioni: Lombardia, Toscana ed Emilia-Romagna) sia, soprattutto, a ciò che attualmente rappresentano – in termini di nuovi servizi territoriali complessi – le "case della salute".

Si fa riferimento, in prima istanza, al ***population health management*** (PHM), ovverosia al come **gruppi aggregati** di **medici m.g.** realizzano modalità di **"presa in carico"** e di **"continuità assistenziale"** attraverso percorsi predeterminati formalmente (PDTA) e rivolti, in particolare, ai pazienti cronici.

La **Lombardia** presenta una riorganizzazione delle cure primarie fondata sui **CREG** (chronic related group) ovvero, su di un *pool* di tariffe predefinite, finalizzate a remunerare le "prese in carico" e a regolare il consumo di prestazioni indotto dalle prescrizioni dei medici m.g. I CREG si sviluppano attraverso un sistema informativo informatizzato che consente di strutturare la "banca dati" della popolazione cronicizzata e di registrare l'andamento sia delle prese in carico attivate, sia dei risultati conseguiti.

Per ogni assistito viene elaborato un "Piano assistenziale individualizzato" che scandisce i modi e i tempi del percorso di continuità assistenziale secondo il paradigma della "medicina di iniziativa".

Il *budget*, derivante dall'applicazione delle tariffe prestazionali ai suddetti percorsi, può essere assegnato a "soggetti gestori", anche privati convenzionati, fra cui cooperative di medici m.g.

La **Toscana** ribadisce con forza la **centralità** del **medico m.g.**, sia nell'assicurare percorsi di presa in carico e di continuità assistenziale che (in una logica di medicina di iniziativa) sviluppino interventi a caratterizzazione preventiva primaria, destinati a supportare la popolazione "fragile", oppure ad assistere cronici auto e non autosufficienti, sia nel garantire, nei confronti di questi ultimi, l'applicazione del ***chronic care model***. Ciò avviene assegnandone la responsabilità a "gruppi" di medici m.g. (5/6 unità aggregate in AFT) con cui collaborano altre figure professionali (in particolare, infermieri e operatori sociosanitari) e non professionali (i *caregiver*).

Ogni AFT è collegata con il sistema informativo/informatico dell'Azienda Sanitaria Locale allo scopo di fornire i dati necessari per consentire il monitoraggio dei percorsi assistenziali e la valutazione degli esiti ottenuti. Inoltre, le AFT divengono uno dei "nodi" delle reti cliniche (si pensi, ad es., a quella oncologica) contribuendo in tal modo a rafforzare la gestione continuativamente integrata, fra ospedale e territorio, di ogni paziente.

L'**Emilia-Romagna** denomina le AFT **"Nuclei delle cure primarie"**; possono essere di piccole (5/6 unità) o di medio-grandi dimensioni (da 10/11 a 19/20 unità). I primi, prevalentemente autonomi, operano come "medicine di gruppo" dedicate a bacini di utenza relativamente modesti. I secondi si collocano, quasi sempre, all'interno delle "case della salute" di maggiori dimensioni. A supporto della loro attività si predispongono appositi **"profili di cura"** che contengono dati e informazioni relativi: all'utilizzo dei servizi da parte dei pazienti (il "consumo" di prestazioni), agli aspetti qualitativi concernenti il trattamento di alcune patologie croniche (ad es., il diabete di tipo 2, l'asma, le broncopneumopatie, alcune malattie cardiovascolari...) alla valutazione dell'appropriatezza prescrittiva (soprattutto con riferimento alla popolazione anziana) e alla corretta assunzione delle terapie farmacologiche. Accanto ai "profili di cura" vengono forniti ai Nuclei delle cure primarie i **"profili di rischio"** (in particolare, con riguardo alla ospedalizzazione). Dalla lettura e dalla interpretazione dei due profili, i Nuclei delle cure primarie possono trarre elementi conoscitivi per predisporre **percorsi** di ***case/disease management*** individuali, inseriti all'interno di dinamiche di presa in carico integrate che si realizzano nel *continuum* ospedale-territorio e fra assistenza sanitaria e assistenza sociale.

Consideriamo, ora, gli **assetti organizzativi**, **gestionali** e **operativi** che, in numerose regioni, qualificano il **funzionamento** delle **"case della salute"**. La loro *mission* consiste, essenzialmente, nel:

- **rendere visibile** alla comunità dei cittadini residenti un luogo in cui si tende a concentrare **tutto ciò** che **non è assistenza ospedaliera** e residenzialità socio-sanitaria;
- realizzare, attraverso un'azione professionalmente competente di filtro e orientamento, un **punto di accesso unico** che funga da porta di ingresso per una pluralità di percorsi assistenziali appropriati;
- sviluppare tutte le **forme** di **integrazione professionale** – **sanitaria** e **socio-sanitaria** – per favorire sia la **"presa in carico"** di pazienti affetti da patologie che richiedono controlli ricorrenti e preordinati, sia la strutturazione di percorsi che facilitino la risoluzione del problema di salute considerato attraverso accertamenti diagnostici e riscontri terapeutici, *in progress*, all'interno della casa;
- **promuovere**, conseguentemente, la **"medicina di iniziativa"**, con peculiare attenzione agli interventi che configurano una più incisiva attività di prevenzione primaria e di supporto alla fragilità della popolazione anziana;
- concorrere alla **strutturazione** – sempre di più certa e di qualità – dei processi di **"continuità assistenziale"** che, da un lato, siano il frutto di successive prese in carico da parte di servizi e professionisti operativamente integrati e, dall'altra, tendano a concludersi nelle modalità dell'assistenza domiciliare;
- fare del **medico m.g.**, all'interno di tali processi, il **punto** di **riferimento** e lo **snodo fondamentale** di ogni "presa in carico", nonché il **"*dominus* clinico"** dei percorsi di "continuità assistenziale";
- configurare un **nuovo ruolo** per la figura dell'**infermiere** a cui si conferisce una maggiore autonomia in rapporto ad alcuni *setting* assistenziali (ad es.: osservazione breve, trattamento di piccole patologie, configurazioni tecniche di diagnostiche elementari, ecc.) e l'impegno nello svolgere la funzione di ***manager*** della **integrazione** professionale, tanto all'interno della "casa", quanto al suo esterno (con riferimento sia ai servizi ospedalieri, sia a quelli domiciliari);
- **ridurre** il più possibile il **disagio** per i **pazienti** e le loro famiglie con riferimento a due aspetti di grande rilievo: la eliminazione – una volta effettuata la "presa in carico" – delle peregrinazioni presso gli sportelli CUP per prenotare visite specialistiche di genere vario; la possibilità di evitare l'accesso al Pronto Soccorso (con le conseguenti ore di attesa) per il trattamento dei codici "bianchi" e "verdi", effettuabili – nelle ore diurne – presso le stesse "case della salute".

Queste, in conclusione, tendono ad ottemperare ad una quadruplice esigenza: razionalizzare – attraverso processi di concentrazione e fusione di servizi precedentemente diffusi settorialmente sul territorio – l'impiego delle risorse; divenire luogo elettivo di integrazione fra servizi e professionisti, figure sanitarie, socio-sanitarie e sociali, dipendenti pubblici e operatori volontari; facilitare le condizioni di accesso ai servizi e la riduzione dei tempi di risposta assistenziale.

8.2. I Servizi e i Dipartimenti

• *I Servizi*

Con riferimento ai "servizi" (sanitari, socio-sanitari, amministrativi e tecnici) l'evoluzione storica del SSN presenta il viraggio più rilevante da un massimo di settorialità a forme più compatte e aggregatrici di organizzazione interna alle ASL e alle Aziende ospedaliere.

In verità, la legge 833 prende in considerazione i servizi solamente per prevederne l'**"autonomia tecnico-funzionale"**. Di quali servizi si tratti non esiste traccia (ad eccezione di quello delle "attività distrettuali e medicina di base" dal cui responsabile dipende il coordinatore del "Distretto sanitario di base"). Le tipologie dei servizi che devono popolare l'assetto organizzativo delle USL *ex* legge 833 vengono ad essere scandite dalle scelte operate nelle diverse legislazioni regionali. Tali scelte presentano un panorama di larghissima sovrapposizione, tal che, pressoché ovunque, annoveriamo la istituzione di due insiemi di servizi distinti in "sanitari" e "tecnico-amministrativi". Si tratta, con riferimento ai primi, del "servizio attività distrettuali e medicina di base" (già citato); "servizio materno-infantile", "servizio ospedaliero", "servizio per le alcool-tossicodipendenze", "servizio veterinario", "servizio di igiene pubblica", "servizio di medicina del lavoro" e "servizio di salute mentale e assistenza psichiatrica". Nei secondi trovano collocazione il: "servizio affari generali", "servizio personale", "servizio attività economali", "servizio bilanci e contabilità", "servizio attività tecniche".

Dunque, 8 servizi sanitari e 5 tecnico-amministrativi, ciascuno depositario di un'autonomia tecnico-funzionale che li giustappone – gli uni accanto agli altri – secondo una modellistica organizzativa che si richiama alla **separatezza verticale** delle **"canne d'organo"**. L'unica connessione trasversale viene assicurata dalla costituzione dell'"ufficio di direzione" (organismo collegiale di pura consultazione e proposta nei confronti del "Comitato di gestione") e, al suo interno, da una funzione di coordinamento affidata a due figure, l'una di ruolo sanitario, l'altra di ruolo amministrativo o tecnico. Due *primus inter pares* chiamati a svolgere un ruolo di garanzia per il corretto funzionamento dello stesso "ufficio di direzione".

• ***I Dipartimenti***

Nei dd.llgs. 502/517 e 229 scompare ogni riferimento nominale ai servizi e il "solo modello ordinario di gestione operativa di tutte le attività delle Aziende sanitarie" diviene la **"organizzazione dipartimentale"** (art. 17-*bis* d.lgs. 229).

Nell'assetto interno ai Dipartimenti troviamo i surrogati dei servizi (e, nel caso degli ospedali, dei vecchi reparti): le **"strutture complesse"** (*alias*, le "strutture operative complesse i cui direttori sostituiscono le precedenti figure dei primari"). Fra i vari dirigenti delle strutture complesse presenti in ogni Dipartimento, il Direttore generale nomina i **Direttori** dei **Dipartimenti** stessi.

Questi entrano, poi, a far parte di quell'organo collegiale tecnico, preposto alla gestione del "governo clinico" dei servizi aziendali, che è il "Collegio di direzione" (cfr. *supra*, capitolo 7).

Un documento (febbraio 2005) della "Direzione generale della programmazione sanitaria" del Ministero della salute definisce il Dipartimento come: "*una organizzazione integrata di unità operative omogenee, affini o complementari, ciascuna con obiettivi specifici, ma che concorrono al perseguimento di comuni obiettivi di salute. Esso, con il supporto di un sistema informativo adeguato alla valutazione della produttività e degli esiti di salute, rappresenta il modello organizzativo favorente la introduzione e la attuazione delle politiche di «Governo clinico» quale approccio moderno e trasparente di gestione dei servizi sanitari e costituisce il contesto nel quale le competenze professionali, ponendosi quale fattore critico per il conseguimento degli obiettivi del Dipartimento, rappresentano la principale risorsa organizzativa*".

Le finalità perseguite dalla organizzazione dipartimentale sono, essenzialmente: l'ottenimento di un massimo di efficacia terapeutica, la capacità di misurare l'*outcome* (esito clinico dei trattamenti), la garanzia di assicurare la "continuità delle cure" attraverso la presa in carico del paziente da parte delle diverse unità operative, la integrazione interdisciplinare, la valorizzazione delle risorse umane, la ottimizzazione dell'impiego di quelle strutturali, strumentali e budgetarie, la organizzazione e lo sviluppo della ricerca.

I Dipartimenti si classificano in alcune, principali, tipologie:

- **"strutturali"** (gli unici citati nel testo del 229) "*caratterizzati dalla omogeneità – sotto il profilo delle attività e delle risorse umane e tecnologiche impiegate – delle unità organizzative di appartenenza. Ciò favorisce la gestione comune delle risorse tecnico-strumentali ed economico-budgetarie assegnate*";
- **"funzionali"**, che "*aggregano unità operative non omogenee, interdisciplinari, semplici e/o complesse, appartenenti contemporaneamente anche a Dipartimenti diversi, al fine di realizzare obiettivi interdipartimentali e/o programmi di rilevanza strategica*".

Altre classificazioni sono possibili in ordine alla dimensione istituzionale entro cui si collocano i Dipartimenti-aziendali o interaziendali – e all'assetto macro – strutturale di riferimento-ospedalieri o ospedaliero-territoriali.

L'aggregazione delle Unità operative che danno vita ai Dipartimenti può avvenire sulla base di svariati criteri. Ad esempio: per aree funzionali omogenee (laboratorio analisi, ad es.), per branca specialistica (neuroscienze, ad es.), per organo/apparato (cardiologia, ad es.), per patologia (oncologico, ad es.), per intensità di cura, ecc.

Ai Direttori di Dipartimento competono *"responsabilità professionali in materia clinico organizzativa [...] e responsabilità di tipo gestionale in ordine alla razionale e corretta programmazione delle risorse assegnate per la realizzazione degli obiettivi attribuiti. A tal fine il Direttore di Dipartimento predispone annualmente il piano delle attività e dell'utilizzo delle risorse disponibili, negoziato con la Direzione generale nell'ambito della programmazione aziendale"*.

I **Direttori** di **Dipartimento** sono, in altri termini, la estrinsecazione più evidente e compiuta di quel **"management sanitario"** – posto al **vertice tecnico** delle strutture organizzative e aggregatore di collaborazioni professionali provenienti dal "management intermedio" (i direttori delle unità operative) che (come si è rilevato *supra* al capitolo 7) si assume la vera responsabilità di gestione dell'Azienda, integrandosi con il "vertice strategico" a cui compete, invece, l'esercizio delle responsabilità di "governo".

- ***Il Dipartimento di prevenzione***

Nella legge 833 non v'è cenno al **"Dipartimento di prevenzione"** e si fa riferimento solo alle attività di prevenzione (art. 20). Attività, essenzialmente, di "accertamento e controllo" (ad es., dei fattori di nocività, di pericolosità e di deterioramento negli ambienti di vita e di lavoro") oltre che della conseguente formulazione di "mappe di rischio" finalizzate a favorire l'adozione di misure idonee ad eliminare i fattori che generano tali rischi. Attività di "profilassi degli eventi morbosi" (nella prospettiva di contrastare l'insorgere di patologie epidemiche") e di valutazione preventiva della "compatibilità dei piani urbanistici e dei progetti di insediamento industriale e di attività produttive con la tutela dell'ambiente". Attività che *"all'interno degli ambienti di lavoro supportino la ricerca, la elaborazione e la attuazione delle misure necessarie a tutelare la salute e la integrità fisica dei lavoratori"*.

In buona sostanza, la funzione preventiva delineata dalla legge istitutiva del SSN si realizza, essenzialmente, attraverso interventi di natura ispettiva, autorizzativa, certificativa, di contrasto e di rimozione. Interventi, quindi, a prevalente connotazione amministrativa, fondati su atti giuridico-formali.

Manca del tutto la previsione di **attività** di **prevenzione primaria** e **secondaria**.

L'**osservazione epidemiologica**, assunto informativo fondamentale per conoscere l'eziopatologia delle malattie prevalenti su di un dato territorio e per orientare, di conseguenza, azioni finalizzate a prevenirne le cause generative, viene relegata nelle attribuzioni di un "Servizio epidemiologico e statistico" di livello nazionale e regionale (art. 58).

Le suddette attività vengono garantite – nelle USL *ex* legge 833 – da tre dei servizi che (come abbiamo sottolineato poc'anzi) componevano, in pressoché tutti gli ordinamenti regionali, l'assetto dell'assistenza sanitaria: il "servizio di igiene", di "medicina del lavoro" e "veterinario".

Il "Dipartimento di prevenzione" compare nei decreti legislativi 502/517. L'art. 7 prevede, infatti, che ***"le regioni istituiscano presso ciascuna ASL un Dipartimento di prevenzione"***.

Tale indicazione si consolida e si specifica, articolandosi ulteriormente, negli articoli 7-*bis*, *ter* e *quater* del d.lgs. 229/99. Il Dipartimento di prevenzione deve essere disciplinato da ogni regione sulla base del presupposto che esso sia la "struttura operativa delle ASL che garantisce la tutela della salute collettiva, perseguendo obiettivi di promozione della salute, prevenzione delle malattie e delle disabilità, miglioramento della qualità della vita". È evidente il viraggio profondo che questa formulazione realizza rispetto alle modalità originariamente contemplate nella legge 833. Accanto ad una rinnovellata attenzione ai temi della salubrità negli ambienti di vita e di lavoro (tutela della salute collettiva e miglioramento della qualità della vita) si impongono, infatti, all'attenzione delle strategie aziendali anche funzioni correlate alla prevenzione primaria (promozione della salute) e secondaria (prevenzione delle malattie e delle disabilità).

L'apertura di credito concessa alla prevenzione primaria viene, però, in qualche modo ridimensionata se si consideri la sistematica illustrativa delle funzioni del Dipartimento così come esposte nell'art. 7-*ter*, comma 1. Si elencano, infatti, la "profilassi delle malattie infettive e la tutela della collettività (dai rischi sanitari degli ambienti di vita, dagli inquinanti ambientali e dai rischi infortunistici e sanitari connessi agli ambienti di lavoro), la sanità pubblica e veterinaria, la tutela igienico-sanitaria degli alimenti, la sorveglianza e prevenzione nutrizionale, la tutela della salute nelle attività sportive". Da notare come queste ultime siano una novità assoluta. È solo nel successivo "comma 2" che si fa cenno ad interventi di natura preventiva, affermando come il Dipartimento "*contribuisca, inoltre, alle attività di promozione della salute e di prevenzione delle malattie cronico-degenerative*" in collaborazione con gli altri servizi aziendali.

Questa formulazione rivela un "retropensiero" del legislatore che si sostanzia nei seguenti punti critici: le attività di prevenzione primaria sono distaccate dall'elenco principale delle funzioni del Dipartimento; sono, altresì, qualificate come attività "ulteriori" (che si aggiungono, quindi, a quelle "elettive" principali); alla loro realizzazione "contribuiscono" (non avendone, evidentemente, la piena titolarità). Di fatto, per tutti gli anni '90 e buona parte degli anni 2000, non è emersa un'autentica attenzione aziendale al tema strategico della prevenzione primaria che, di conseguenza, assai raramente, è stata inserita in modo organico all'interno della visione programmatoria e degli impegni operativi del Dipartimento.

Da notare, inoltre, come anche l'art. 7-*ter* non introduca, fra le competenze dipartimentali, la predisposizione di un "osservatorio epidemiologico territoriale", ovverosia, la premessa indispensabile per acquisire quelle conoscenze senza cui non è possibile lo sviluppo di politiche sanitarie mirate a contrastare i fattori patogeni e a promuovere le "determinanti di salute".

A partire dall'anno 2005 (fino al 2018, con una nuova versione ogni tre anni) ha cercato di superare le timidezze sopra accennate il **"Piano nazionale della prevenzione"**.

In linea di massima i suoi contenuti si sono andati articolando in due grandi blocchi espositivi: i criteri per la definizione di macro-obiettivi e la esplicitazione delle strategie individuate come efficaci per incidere sui fattori di rischio. Ne esemplifichiamo i contenuti facendo riferimento al testo del piano 2014/2018:

– i **macro-obiettivi** si sostanziano nel: **"ridurre il carico di malattia"** sollevando il nostro sistema sanitario da "un carico prevedibile di eventi morbosi e mortali"; investire **"sul benessere dei giovani"** promuovendone una crescita consapevole attraverso la adozione di **"sani stili di vita"**; "rafforzare e confermare il patrimonio comune di **pratiche preventive**", valorizzando quegli sforzi operati dalle istituzioni e dai professionisti del SSN che hanno portato a considerare "bene comune" il perseguimento di una serie di interventi quali: la **"salvaguardia della salute dei lavoratori"**, la **"prevenzione oncologica"** e le **"vaccinazioni"**; rafforzare e mettere a sistema l'**attenzione a gruppi fragili**, "implementando la lotta alle disuguaglianze e il contrasto preventivo ai fattori di disabilità"; considerare l'individuo e le popolazioni in rapporto al loro ambiente, valutando le relazioni esistenti fra fattori di rischio ambientale e l'insorgenza di varie patologie (in particolare, croniche non trasmissibili) e promuovendo, al riguardo, tutte le potenzialità di un approccio inter-istituzionale;
– le **determinanti** dei **fattori** di **rischio** sono di varia natura. Il Piano ne sottolinea alcune di particolare rilevanza:
  • **determinanti socio-economiche e culturali**. È accertato come il livello di istruzione, di reddito, di prestigio sociale e quant'altro incide sul "tenore di vita", determini la comparsa o meno di stati pre-patogeni o patogeni (come per la obesità e il diabete, ad es.). Numerose ricerche trasversali su scala mondiale confermano come il benessere si associ a stili di vita che ritardano o impediscono il manifestarsi di malattie invalidanti e/o mortali. Il conseguente allungamento degli anni di vita incide, peraltro, non solo sulle attese dei singoli individui, ma anche sulla ricchezza della collettività (ogni anno di vita in più determina, infatti, un incremento del PIL di circa il 2%);
  • **determinanti modificabili**. Si tratta di quei fattori di rischio il cui

cambiamento dipende pressoché totalmente, da convincimenti personali. Questi possono, peraltro, essere influenzati da strategie di comunicazione predisposte dalle istituzioni del sistema sanitario (ad es., si pensi a "campagne" informative contro il fumo e il consumo di alcool, o volte a promuovere una sana alimentazione e una sufficiente attività motoria) e da alcune indicazioni puntuali la cui divulgazione compete, in particolare, ai medici curanti (ad es., favorire l'allattamento al seno e contrastare l'impiego eccessivo di sale). L'ottemperanza a tali orientamenti determina conseguenze molto positive ritardando la degenerazione di alcune patologie croniche (dal diabete alla ipertensione, alle pneumopatie, alla insufficienza renale, ecc.);
- alcune, altre determinanti riguardano quelle condizioni pre-patologiche, o già patologiche, ma reversibili, che possono essere aggredite mediante **interventi** a connotazione **preventiva primaria** (così, ad es., per l'ipertensione e le dislepidemie) o **secondaria** (ad es., per quanto concerne le "lesioni precancerose o cancerose iniziali", il cui trattamento diagnostico precoce e sistematico appare essere la sola strategia veramente efficace);

– l'art. 7-*quater* indica gli aspetti fondamentali del **profilo organizzativo** del **Dipartimento di prevenzione**. Questo *"ha autonomia organizzativa e contabile ed è organizzato in centri di costo e di responsabilità. Il Direttore del Dipartimento è scelto dal Direttore generale fra i direttori delle strutture complesse dipartimentali con almeno 5 anni di anzianità". (...) "Risponde alla Direzione generale del perseguimento degli obiettivi aziendali, dell'assetto organizzativo e della gestione, in rapporto alle risorse assegnate"*. Le Unità Operative specificamente dedicate (pur con le eventuali variazioni apportabili dalle singole regioni) sono: "igiene e sanità pubblica", "igiene degli alimenti e della nutrizione", "prevenzione e sicurezza degli ambienti di lavoro", "sanità animale", "igiene della produzione, trasformazione, commercializzazione, conservazione e trasporto degli alimenti di origine animale e loro derivati", "igiene degli allevamenti e delle produzioni zootecniche".

La **sanità veterinaria** spicca sia per la rilevanza delle attività attribuite, sia per il particolare *status* di autonomia che le viene riconosciuta. Infatti, al suo interno operano strutture organizzative considerate come "centri di responsabilità dotati di autonomia tecnico-funzionale e organizzativa", una piccola "repubblica" veterinaria, dunque, in omaggio alle interazioni nazionali e internazionali che il mondo della salubrità alimentare deve sostenere in un contesto non solo igienico-sanitario, ma anche economico-produttivo.

Le regioni, a loro volta, possono implementare la offerta dipartimentale con ulteriori funzioni, quali, ad es., la "medicina legale" e la "profilassi vaccinale".

Infine, spetta ai singoli ordinamenti regionali individuare le modalità e i livelli di integrazione fra politiche sanitarie e ambientali, prevedendo la stipula di accordi di programma e convenzioni tra ASL e Aziende ospedaliere e le **"Agenzie regionali per la protezione dell'ambiente" (ARPA)** (art. 7-*quinquies*).

Nel decreto Balduzzi non si riscontra alcun cambiamento per quanto concerne gli assetti organizzativi del Dipartimento. Si pone, invece, attenzione all'arricchimento della offerta nel campo della prevenzione primaria. Ad es., con riferimento alla "introduzione del divieto di vendita delle bevande alcooliche ai minori" e alla lotta alle "ludopatie". Sono, infatti, vietati messaggi pubblicitari, rivolti ai minori, che in qualche modo sponsorizzino il "giuoco con vincite in denaro". All'opposto, devono essere sempre riportate formule di avvertimento sul rischio che il giuoco possa indurre veri e propri fenomeni di dipendenza patologica.

- ***Il Dipartimento di salute mentale***

Il Dipartimento di salute mentale rappresenta il punto terminale di una lunga storia di coercizione, prima, e di ricerca di trattamenti efficaci, poi, nei confronti della malattia mentale.

Fino al 1978 – anno di approvazione della legge Basaglia (n. 180) – il paziente psichiatrico era stato considerato più come un problema di ordine pubblico che come l'espressione di particolari forme patologiche, la cui eziologia tendeva a sfumarsi in una pluralità di cause concorrenti dalla natura incerta (fisiologica, funzionale, sociale...).

Nei primi anni '80 del '900 l'approccio al tema della cura della malattia mentale si era andato configurando nei termini seguenti:

- la "follia" veniva considerata (agli inizi del XX secolo) un pericolo per la società da cui occorreva difendersi. Di conseguenza, le istituzioni della psichiatria – i manicomi – si trasformavano in qualcosa di assai simile alle carceri. Il ricovero in manicomio assumeva, pertanto, i caratteri di una vera e propria misura di prevenzione di possibili reati (o di comportamenti aggressivi, devianti, "alienati" ...) a totale discapito delle primarie esigenze assistenziali. Non esisteva, inoltre, la opzione del "ricovero volontario" e l'internamento si presentava sempre come "coatto". La logica, intrinsecamente violenta e repressiva, della "istituzione totale" non si poneva pressoché mai il problema della cura e del recupero del malato di mente.

Occorre attendere un'**altra legge Mariotti** (la n. 431 del 1968) *"Provvidenze per l'assistenza psichiatrica"* per scalfire (non ancora eliminare) il mito della inguaribiltà della malattia mentale e renderla, quindi, non più assimilabile ad un reato. L'intervento del servizio pubblico si finalizza, finalmente, alla erogazione di prestazioni – preventive, curative e di recupero – nel convincimento che esistano margini per restituire chi è affetto da una qualche patogenia psichiatrica a condizioni di vita accettabili.

Nella pratica, la legge Mariotti non sortisce, però, grandi effetti. Il sistema manicomiale rimane, infatti, pienamente attivo e – in attesa della riforma più complessiva dell'ordinamento sanitario – le vecchie prassi, nelle vecchie strutture, rimangono, in larga misura, inalterate.

Si giunge, infine, dopo 10 anni, al rapido succedersi di due leggi fondamentali: la **"Basaglia"** del maggio 1978 e la 833 istitutiva, qualche mese dopo, del SSN.

I punti di forza della legge 180 (Basaglia) sono essenzialmente tre:

- il paziente psichiatrico viene assimilato a qualsiasi altro tipo di malato. Deve, conseguentemente, essere **preso** in **carico** dai **servizi specialistici** dedicati per ricevere i trattamenti sanitari più idonei. Al contempo, lo *status* di paziente comporta il rispetto e la tutela della sua dignità umana;
- il "malato di mente" considerato a pieno titolo una persona bisognosa di assistenza sanitaria e non un individuo pericoloso per la società accede normalmente ai trattamenti terapeutici e di recupero sulla base di una propria, autonoma, decisione. Si sancisce, così, il principio base della **volontarietà** delle **cure**. Ne consegue che la coercizione per imporre il ricovero (attraverso un trattamento sanitario obbligatorio) può realizzarsi solo quando risulti impossibile acquisire il consenso del paziente e le circostanze siano tali da non consentire l'adozione di idonee e tempestive misure di natura extra-ospedaliera. Circostanze che vengono accertate, sia attraverso una perizia clinica, sia mediante la convalida da parte del giudice tutelare. Premesse, queste, indispensabili affinché il Sindaco (autorità sanitaria locale) emetta il provvedimento di TSO;
- la **chiusura** (graduale ma certa) degli **ospedali psichiatrici** e la obbligatorietà (posta in capo alle regioni) della istituzione di servizi psichiatrici territoriali e ospedalieri.

I contenuti qualificanti della legge 180 sono stati, poi, trasfusi all'interno della legge 833 (artt. 33 e 34). Vi si prevede che la legge regionale "disciplini l'attivazione di **servizi** a **struttura dipartimentale** che svolgano funzioni preventive, curative e riabilitative relative alla salute mentale".

Quest'area di intervento non subisce più modificazioni nei testi delle successive riforme della riforma. Occorre attendere il 2004, con l'approvazione della legge n. 6, per vedere istituita la figura dell'**"amministratore di sostegno"** a cui viene attribuita la "finalità di tutelare, con la minore limitazione possibile della capacità di agire, le persone prive, in tutto o in parte, di autonomia nell'espletamento delle funzioni della vita quotidiana, mediante interventi di sostegno temporaneo o permanente".

La organizzazione delle attività che connotano il Dipartimento di salute mentale si struttura, in genere, sulla base dei seguenti servizi: "centri di salute mentale" (servizi territoriali ad impianto ambulatoriale o consultoriale), "servizi psichiatrici di diagnosi e cura" (SPDC, per l'assistenza ospedaliera e i ricoveri "brevi"a seguito di TSO), "centri diurni" e *day hospital* (per attività di accertamento diagnostico, trattamento farmacologico e di recupero in regime semiresidenziale), "strutture residenziali" (per accoglienze di medio-lungo periodo di pazienti cronicizzati).

Infine, il rapporto fra patologia psichiatrica e SSN evolve ulteriormente, sia nel d.P.C.M. **12 gennaio 2017** che ridefinisce i "**livelli essenziali di assistenza**", sia nelle "**linee di indirizzo nazionali per la salute mentale**" (2018).

L'elemento di maggiore, significativa, novità contenuta in entrambi i testi consiste nel fatto che il paziente psichiatrico deve essere "oggetto" di **presa in carico** da parte dei servizi del Dipartimento di salute mentale nelle loro articolazioni distrettuali e in stretto raccordo con i medici m.g. Ciò comporta, per ogni paziente, l'attivazione di un **percorso** di **continuità assistenziale** (preordinato mediante la predisposizione di un piano di assistenza individuale) che comprende previsionalmente le varie "prestazioni medico-specialistiche, diagnostiche e terapeutiche, psicologiche e psicoterapeutiche, riabilitative e di assistenza domiciliare" ritenute necessarie. Tali percorsi si sviluppano all'insegna della cooperazione con altri servizi distrettuali (ad es., i Sert) e, soprattutto, devono valorizzare pienamente un approccio socio-sanitario integrato coinvolgendo, in tale prospettiva, sia i servizi sociali comunali, sia le risorse non professionali del volontariato (familiare e comunitario).

- ***Il Presidio ospedaliero***

L'evoluzione storica dell'organizzazione delle strutture ospedaliere all'interno di un ordinamento pubblico di assistenza può avere, come data di inizio, la legge Crispi (17 luglio 1890, n. 6972) che rappresenta la "prima norma quadro" dello Stato in ambito di assistenza e beneficenza pubblica (trasformando gli enti di assistenza, fino ad allora privati, tra cui gli ospedali, in **Istituti Pubblici di Assistenza e Beneficienza - IPAB**).

Ciò determina una spinta, nei 20 anni successivi, all'emanazione di numerose leggi che vedono l'accentramento dell'assistenza sanitaria prevalentemente negli ospedali.

La crisi finanziaria concomitante e successiva alla prima guerra mondiale, che colpisce i "contributi di spedalità" dei comuni e delle Opere Pie, portò le amministrazioni ospedaliere ad erogare servizi in prevalenza per coloro che erano in grado di usufruirne a pagamento. Ciò concorse a migliorarne, di conseguenza, struttura e attrezzature, ma affievolì quella concezione caritatevole che, fino ad allora, ne aveva connotato l'orientamento.

È sempre la successiva crisi finanziaria degli anni Trenta, che coinvolge anche le amministrazioni locali, a determinare il dissesto di numerosi ospedali e a spingere il regime fascista verso un sistema assicurativo-previdenziale che garantisse l'assistenza sanitaria ai lavoratori (l'INAIL – Istituto Nazionale per le Assicurazioni contro gli Infortuni sul Lavoro – viene istituito con r.d. n. 1033 del 6 luglio 1933, seguito dall'INPS – Istituto Nazionale della Previdenza Sociale con r.d. n. 1825 del 4 ottobre 1935, dall'ENPAS – Ente Nazionale di Previdenza e Assistenza per i dipendenti statali – con legge n. 22 del 19 gennaio 1942 e dall'INAM – Istituto Nazionale di Assicurazione contro le Malattie con legge n. 138 dell'11 gennaio 1943).

Fino all'emanazione della Costituzione della Repubblica italiana, è il primo Testo Unico delle leggi sanitarie, approvato con r.d. n. 1265 del 27 luglio 1934, a rappresentare un ponderoso riferimento normativo in materia sanitaria, organizzando e armonizzando i provvedimenti precedenti.

La promulgazione della Costituzione italiana (1° gennaio 1948) sancisce il bene salute quale diritto dell'individuo e interesse della collettività, seppure in un contesto che contempla ancora lo sviluppo della politica mutualistica di protezione assicurativo-previdenziale per malattie e infortuni, mentre già nel 1947 nasceva in Gran Bretagna il National Health Service.

Il sotto-sistema degli enti mutualistici presentava due rilevanti criticità: la evidente disparità nelle tutele assicurate ai cittadini in ragione della loro appartenenza all'uno o all'altro di tali enti; una cospicua fetta di popolazione a cui non era permesso accedere all'assistenza mutualistica in quanto priva di regolare attività lavorativa. Da ciò appare ancora più evidente la non uniformità di erogazione di prestazioni sanitarie attraverso ospedali, fondazioni, istituzioni religiose.

Qualche segnale positivo di cambiamento si avverte comunque, ad esempio, con la **costituzione** nel **1958** (l. n. 296 del 13 marzo) del **Ministero della sanità** a cui vengono demandate le funzioni in materia sanitaria prima affidate al Ministero dell'interno, segno del cambio di rotta dalla concezione della tutela della salute finalizzata al mantenimento dell'ordine pubblico al diritto alla salute degli individui sancito dalla Costituzione.

Il sistema ospedaliero che si va delineando in questo quadro giuridico non può essere quello degli enti locali, religiosi e mutualistici, delle opere pie di beneficenza (di proprietà degli enti ecclesiastici) ma neppure quello delle IPAB.

Già la legge n. 1631 del 1938 (legge Petragnani) definì la struttura ospedaliera distinguendo tra infermerie e ospedali e suddividendo questi ultimi a seconda delle competenze e delle vocazioni in sanatori, ospedali post sanatoriali, strutture per malattie contagiose e istituti per la cura di malattie particolari. Ogni ospedale, a sua volta, si suddivide internamente in sezioni, divisioni e reparti.

Fu, però, la legge n. 132 del 18 febbraio 1968 (legge Mariotti) a poter essere definita come la prima vera riforma ospedaliera, poiché diede vita all'ente ospedaliero quale istituzione pubblica con il compito di ricoverare e curare i malati, fornendo un'architettura di riferimento a tutti gli enti che si occupavano di assistenza sanitaria e affermando il diritto alla salute per tutti i cittadini come disposto dall'articolo 32 della Costituzione.

Il documento prodotto a conclusione dei lavori della Commissione per la riforma ospedaliera (ottobre 1964) affermava: "*[...] occorre procedere alla razionalizzazione del settore con il decentramento alle regioni delle funzioni normative e di controllo [...] Il finanziamento del servizio dovrà essere assicurato con una quota parte del bilancio statale [...]*".

Erano quindi stati individuati i due aspetti chiave per superare il sistema mutualistico e per giungere a una riforma sanitaria, oltre che ospedaliera, che permettesse di tutelare il diritto universale alla salute costituzionalmente sancito: la competenza e la responsabilità delle regioni in materia di assistenza, il finanziamento tramite la fiscalità generale del sistema.

La legge 132 del 1968, quale legge quadro, emana quelle disposizioni all'interno delle quali devono trovare giustificazione giuridica le regole di riorganizzazione degli enti ospedalieri, come dimostrano i successivi decreti che ne declinano i principi generali (**d.P.R. 128/1969 – 129/1969 – 130/1969**) rispettivamente per quanto concerne l'ordinamento interno dei servizi ospedalieri, l'ordinamento interno delle cliniche e degli istituti universitari di ricovero e cura e lo stato giuridico dei dipendenti ospedalieri.

Quali principi fondamentali della legge n. 132 del 1968 si sottolineano:

- la piena adesione al principio di tutela universale della salute pubblica secondo l'articolo 32 della Costituzione;
- la costituzione dell'ospedale in **ente ospedaliero** (superamento della sua concezione di luogo di assistenza e beneficenza) per l'erogazione di prestazioni finalizzate al ricovero e alla cura dei malati, caratterizzato da personale sanitario e tecnico, formato per assolvere i propri compiti professionali, dotato di attrezzature idonee anche alle attività di ricerca scientifica, che coinvolge il malato e i suoi familiari nell'educazione alle norme igienico-sanitarie, prevede sul territorio strutture quali ambulatori, consultori, centri di recupero, ecc.;
- la gestione di tali enti affidata a **consigli** di **amministrazione** democraticamente eletti dai consigli comunali, provinciali e regionali;
- la responsabilità e **competenza** delle **regioni** in materia di assistenza sanitaria (solo con il d.P.R. n. 4 del 1972 vengono realmente trasferite alle regioni funzioni amministrative in ambito sanitario, prima statali, quali: tutela sanitaria nei luoghi di lavoro e delle attività sportive, profilassi e assistenza sanitaria nelle scuole, igiene mentale, disciplina delle farmacie, uffici dei medici e dei veterinari provinciali, ecc.);
- la **programmazione nazionale** dell'**attività ospedaliera** con l'intento di uniformarla su base nazionale;
- i piani di collaborazione con le università;
- i **criteri** per la **costituzione** di **nuovi ospedali** e per la **classificazione** degli stessi in **generali** e **specializzati**, per **lungodegenti** e **convalescenti**, a loro volta identificati, in termini dimensionali, come **ospedali di zona**, **provinciali** o **regionali**;
- la possibilità di controllare l'attività delle case di cura private;
- i criteri per la disciplina dello **stato giuridico** del **personale ospedaliero**.

Gli ospedali iniziano così ad esprimere una forma che meglio si adatta alle esigenze dei pazienti, dei professionisti sanitari, delle innovazioni tecnico-scientifiche e di ricerca, espresse anche dalle università.

La programmazione ospedaliera, il finanziamento e l'ordinamento del personale vengono, inoltre, definiti dai nuovi modelli organizzativi previsti nella normativa e disciplinati dai successivi decreti 128, 129 e 130/1969, in particolare:

- la regolamentazione dei posti letto;
- la suddivisione dei ruoli e delle responsabilità tra Direzione Amministrava (servizi amministrativi e generali), Sanitaria (servizi igienico-amministrativi) e divisioni ospedaliere (servizi di diagnosi e cura);
- gli **standard minimi** di **assistenza** che i servizi devono erogare;
- la definizione delle competenze delle categorie professionali sanitarie (il d.P.R. 130/1969 classifica le varie categorie, professionali e non, individuandone i requisiti di assunzione negli ospedali pubblici, sistematizzando tutte le frammentarie disposizioni degli enti autonomi di cui il personale sanitario era dipendente, disciplinando il rapporto di lavoro e garantendo per la prima volta nell'ambito degli enti pubblici l'esercizio delle relazioni sindacali);
- i rapporti tra enti ospedalieri e cliniche e istituti universitari di ricovero e cura (organizzazione e articolazione analoghe per non creare difformità di offerta assistenziale e convenzioni a disciplinarne i rapporti).

Il d.P.R. n. 128/1969 (Ordinamento interno dei Servizi Ospedalieri) in particolare esplicitava la necessità di un'**organizzazione dipartimentale** degli **ospedali** che aggregasse divisioni, sezioni e servizi affini e complementari, *"al fine della loro migliore efficienza operativa, dell'economia di gestione e del progresso tecnico e scientifico"* (art. 10).

A un impianto giuridico di così grande innovatività si affianca una realtà assistenziale ancora estremamente frammentata e disomogenea in cui lo Stato provvedeva direttamente alla cura di malattie sociali quali la malaria, la lebbra e la poliomielite, i Consorzi provinciali antitubercolari si occupavano di profilassi e assistenza di tale patologia, gli ospedali psichiatrici erano in capo alle province e i comuni provvedevano alle cure indispensabili per i pazienti poveri. A ciò si aggiungeva l'istituzione da parte dello Stato di enti non territoriali quali la Croce Rossa Italiana e l'Opera Nazionale Maternità e Infanzia.

La riforma ospedaliera *ex* legge 132/1968 se, da un lato, aveva dato sostanza qualitativa ed efficacia clinica all'assistenza, dall'altro lato, avendo generato un sistema fondato sugli enti ospedalieri pubblici (entità autonome e politicamente caratterizzate) creava le premesse affinché si manifestassero pressioni volte ad ottenere specializzazioni prestigiose, la tendenza ad accrescere il numero dei posti letto, ecc. Ne conseguì il disequilibrio tra contributi e prestazioni mutualistiche (ad es. per l'INAM, tra il 1965 e il 1974, la spesa per l'assistenza ospedaliera sul totale delle prestazioni sanitarie era cresciuta dal 32% al 57,4%, e lo Stato sin dal 1967 aveva dovuto accollarsene i debiti. Premessa questa che favorì l'emanazione della legge 386 del 1974 *"Norme per la estinzione dei debiti degli enti mutualistici nei confronti degli enti ospedalieri, per il finanziamento della spesa ospedaliera e per l'avvio della riforma sanitaria"*.

Tale norma stabiliva:
- il trasferimento alle regioni a statuto ordinario e speciale dei compiti in materia di assistenza ospedaliera dagli enti mutualistici e previdenziali;
- il Fondo sanitario per l'assistenza ospedaliera a partire dal 1° gennaio 1975;
- la sostituzione, dalla stessa data, della retta giornaliera di degenza con la gestione a bilancio regolata dalle regioni;
- il divieto, seppur abolito in casi eccezionali, di istituire nuove divisioni, sezioni e servizi e di assumere nuovo personale, fino all'entrata in vigore della riforma sanitaria, dettando di fatto i criteri per l'estinzione dei debiti degli enti mutualistici nei confronti degli enti ospedalieri, per il finanziamento della spesa ospedaliera e per l'avvento della riforma sanitaria.

In questo scenario si stava sviluppando il concetto di Progressive Patient Care Concepts, che distingueva:
- l'*intensive care* destinata ai pazienti con condizioni di salute di emergenza critica;
- l'*intermediate care*, dove il setting di cura è rappresentato dal ricovero ordinario, medico e chirurgico;
- la *self-care* per pazienti con esigenze diagnostiche e terapeutiche gestibili in regime di *day hospital e day surgery*, ovvero attività erogata in un determinato numero di posti letto caratterizzati dal "ricovero diurno";
- la *long-term care* e la *home care*, attività da svolgere sul territorio o a domicilio, sia per permettere al paziente ad essere assistito il più vicino possibile a casa, sia per motivi di economia sanitaria e uso efficiente delle risorse.

Inizia quindi a **delinearsi** il **ruolo** dell'**ospedale** quale **luogo** di **diagnosi** e **cura** per **eventi acuti** e **cure intensive**, non potendo farsi carico delle sempre più numerose situazioni di invalidità e non autosufficienza afferenti ad una popolazione anziana con sempre maggiori cronicità e pluripatologie.

Come si specifica in altra parte del presente volume, la crescita tipologica e quantitativa dei servizi territoriali e, in particolare, di quelli domiciliari, ebbe uno sviluppo lento e tardivo, concorrendo, in tal modo, a presentarsi come una delle cause della crescita impropria (nei primi trent'anni del dopoguerra) di posti letto e ricoveri ospedalieri (i primi passarono – tra il 1955 e il 1975 – da 380.000 a 588.000 (da 7,7 a 10,5 posti letto per 1000 ab.), e i secondi da circa 3.000.000 a quasi 9.800.000% – +114%).

L'impianto sanitario necessitava quindi di un completo riordino strutturale, organizzativo e strategico, anche alla luce del decreto ministeriale 8 novembre 1976 che già vedeva nell'organizzazione dipartimentale il fondamento della programmazione ospedaliera. Gli elementi fondamentali del d.m. in tal senso sono rappresentati da:
- affidamento alle regioni dell'istituzione dei Dipartimenti;
- estensione del processo di dipartimentalizzazione alle strutture extraospedaliere;

- definizione di organizzazione interna e finalità del Dipartimento;
- autonomia funzionale delle unità operative aggregate all'interno del Dipartimento.

Tutto ciò rappresenta ancora oggi il fondamento dell'organizzazione dipartimentale.

Finalmente, è con la nascita del sistema sanitario nazionale (legge 833 del 23 dicembre 1978) che si attua il primo, vero processo di riforma nel nostro Paese, segnando il punto di svolta nell'assistenza sanitaria italiana.

Il sistema sanitario nazionale, così come definito dalla norma: *"il complesso delle funzioni, delle strutture, dei servizi destinati alla promozione, al mantenimento ed al recupero della salute fisica e psichica di tutta la popolazione senza distinzione di condizioni individuali o sociali e secondo modalità che assicurino l'eguaglianza dei cittadini nei confronti del servizio. Alla gestione unitaria della tutela della salute si provvede in modo uniforme nell'intero territorio nazionale mediante una rete completa di Unità Sanitarie Locali, quale complesso dei presidî, degli uffici e dei servizi dei Comuni e delle Comunità montane in un ambito territoriale determinato"*, permette l'attuazione dei principi espressi, in particolare, negli articoli 3, 32 e 38 della Costituzione.

L'assistenza sanitaria è per la prima volta garantita a tutti coloro che ne hanno necessità e l'unico criterio di accesso è la valutazione "professionale" del bisogno di assistenza e cura, a prescindere dalla disponibilità finanziaria dei cittadini, realizzando, così, l'universalità di accesso ai servizi.

La titolarità di gestione è attribuita ad un unico soggetto istituzionale – la USL – che deve garantire a tutta la popolazione l'assistenza di cui ha necessità adottando criteri di equità erogativa e di uguaglianza nelle condizioni di accesso.

Su questi principi generali, si inquadravano due obiettivi essenziali:
- le Unità Sanitarie Locali si articolano in distretti sanitari di base, strutture tecnico-funzionali che erogano i servizi di primo livello e di pronto intervento e in vari servizi sanitari, amministrativi e tecnici;
- le regioni, nell'ambito della programmazione sanitaria, disciplinano l'**ordinamento** degli **ospedali** in **dipartimenti**, in base al principio dell'integrazione tra divisioni, sezioni e servizi affini e complementari; sovrintendono alla gestione dei dipartimenti sulla base dell'integrazione delle competenze, attraverso il lavoro di gruppo, nonché al collegamento tra servizi ospedalieri ed extraospedalieri, anche con riferimento al Dipartimento per la tutela della salute mentale già istituito con la legge 180 del 1978.

Ospedali il cui dimensionamento trovava, già, una sufficiente codificazione, nella legge **n. 595** del **1985**. Vi si stabilivano infatti i principi di programmazione ed organizzazione sanitaria, definendo i criteri di **dotazione media di posti letto** (6,5 per 1000 abitanti, di cui almeno l'1 per 1000 riservato alla riabilitazione), il **tasso medio** di **ospedalizzazione** (160 per 1000 abitanti) e il **tasso minimo di utilizzo dei posti letto** (tra 70 e 75%).

Introducendo poi il concetto delle alte specialità (elenco e requisiti), premessa al d.m. del 1992, pone i presupposti per il riconoscimento delle aziende ospedaliere.

Infine, favorendo l'aggregazione delle attività per **aree funzionali omogenee**, gettava le premesse per la successiva, futura, stabile strutturazione degli Ospedali in Dipartimenti.

Alle regioni viene attribuito il ruolo di definirne la regolamentazione, posto che il Dipartimento (struttura fondante della organizzazione ospedaliera) deve essere funzionale alla integrazione e coordinamento di unità operative affini e complementari, di contatto e continuità tra i servizi ospedalieri e territoriali, di collaborazione delle diverse competenze professionali mediante gruppi di lavoro.

Nonostante l'impianto normativo preveda l'aggregazione in dipartimenti già dalla fine degli anni '70, le principali normative regionali inerenti a tale organizzazione si hanno a partire dalla seconda metà degli anni '90 e in alcune realtà devono ancora trovare piena attuazione.

Il **Dipartimento** mette al centro del sistema il paziente con i suoi bisogni e permette la valorizzazione di tutte le competenze professionali.

Ogni realtà regionale, e talvolta aziendale, ha definito e declinato la funzione e l'organizzazione del Dipartimento adattando i principi normativi alle proprie esigenze e finalità; tuttavia, si possono individuare a livello nazionale obiettivi comuni e tipologie di modelli ricorrenti.

Le finalità a cui tale organizzazione vuole rispondere riguardano, in particolare:

- l'**efficacia terapeutica** tramite il coordinamento e l'interazione tra diverse specialità e professioni;
- la **valutazione** sistematica degli ***out come*** quale garanzia di qualità delle cure e adesione alle linee guida;
- la **continuità dell'assistenza** attraverso i setting di cura, non solo ospedalieri ma anche sul territorio;
- il **confronto** e **aggiornamento** tra **professionisti** con la condivisione dei percorsi assistenziali;
- la **presa in carico** globale del paziente per l'ottimizzazione dei timing di cura e l'aumento della sicurezza;
- la **valorizzazione** dei **professionisti** tramite il loro coinvolgimento nella formazione, condivisione delle conoscenze, la gestione delle risorse e il conseguimento degli obiettivi assegnati;
- l'**uso razionale** ed **efficiente** delle **risorse** tramite economie di scala (utilizzo comune di spazi, attrezzature e tecnologie) che permettono di evitare sprechi, razionalizzare la spesa e investire in nuove tecnologie;
- possibilità di **sviluppo** della **ricerca** con applicazione immediata nella clinica.

Il **governo** del **Dipartimento** vede nella sua struttura organizzativa organi essenziali quali:

- l'"**assemblea**", rappresentativa del personale che vi opera con il ruolo di valorizzare e coinvolgere le varie professionalità operanti all'interno del dipartimento stesso;
- il **"Comitato dei Direttori"** delle unità operative complesse che stabilisce i protocolli assistenziali e programmatici;
- il **"Direttore di Dipartimento"**, nominato tra i direttori delle unità operative complesse, con il compito di fungere da garante del raggiungimento degli obiettivi negoziati con la Direzione aziendale sulla base delle risorse assegnate.

Da un'indagine del Ministero della salute del 2005 *"I Dipartimenti ospedalieri nel Servizio Sanitario Nazionale"* emerge che, seppure nella variabilità del contesto nazionale, in tutte le tipologie di enti del SSN (ASL, Aziende ospedaliere, IRCCS e Policlinici universitari) prevale l'organizzazione dipartimentale strutturale aziendale e i Dipartimenti maggiormente rappresentati sono l'Area Medica, l'Area Chirurgica, il DEA – Dipartimento di Emergenza e Accettazione – (da istituirsi secondo il d.P.R. 27 marzo 1992) e il dipartimento materno infantile (Piano Sanitario Nazionale 1994-96).

Le piccole realtà sanitarie hanno raggruppato unità operative eterogenee in dipartimenti a specialità miste, mentre alcune aziende hanno creato un modello in cui il dipartimento è costituito da un'unica unità operativa.

Ai processi costitutivi dei Dipartimenti si affianca, in molte Aziende Sanitarie, l'adozione del modello di **"ospedale per intensità di cura"**, sulla scia di esperienze internazionali quali il Progressive Patient Care, il Chronic Care Model statunitensi e il Comprehensive Critical Care inglese.

In Italia il primo accenno a tale organizzazione risale alla legge regionale della Toscana n. 40 del 24 febbraio 2005 che promuove, negli ospedali, la sperimentazione della riorganizzazione per intensità di cura, seguita dal Piemonte (piano socio-sanitario regionale 2012-2015), dall'Emilia-Romagna che ha avviato nel 2012 la sperimentazione in nove Aziende, e dalla Lombardia (piano socio-sanitario regionale 2010-2014).

Il modello parte dal presupposto che è necessario che il paziente venga trattato nell'area assistenziale corrispondente al livello di gravità presentato dalle sue condizioni di salute, superando così l'assegnazione ad una singola disciplina o reparto.

Per procedere a tale assegnazione è necessario che il paziente sia valutato all'ingresso in base al bisogno assistenziale e all'intensità di cura richiesto. Tale processo richiede una forte integrazione tra le diverse figure professionali e una valorizzazione del ruolo della professione infermieristica che si struttura in nuove figure deputate alla selezione del setting adeguato e alla garanzia di continuità di cura (infermiere *tutor*, *bed manager*, *case manager*, ecc.).

Se le diverse esperienze aziendali danno una diversa connotazione organizzativa al modello, i principi guida risultano comuni e, in particolare, riguardano:

- il mettere al centro dell'assistenza i bisogni socio-sanitari del paziente;
- la classificazione in base alla gravità delle condizioni patologiche;
- l'organizzazione logistica e strutturale dell'ospedale per aree omogenee di intensità dell'assistenza e non più per aree di disciplina;
- la valorizzazione di tutti i ruoli professionali e la nascita di nuove figure in grado di garantire al paziente l'appropriatezza e la continuità dell'assistenza;
- l'importanza dell'organizzazione del lavoro in équipe multidisciplinari e multiprofessionali per la migliore presa in carico del paziente e la crescita dei professionisti del team anche dal punto di vista cognitivo, motivazionale, organizzativo e relazionale.

I **livelli** di **intensità** in cui, usualmente, sono state organizzate le aree assistenziali sono tre:

- **alta complessità assistenziale** in cui rientrano la terapia intensiva e la terapia sub-intensiva a cui il paziente viene assegnato quando le condizioni risultano talmente critiche da metterlo in pericolo di vita e necessitano di un trattamento decisamente acuto;
- **media complessità assistenziale**: le condizioni di salute del paziente richiedono il ricovero di almeno una notte in ospedale per provvedere al monitoraggio e alla stabilizzazione delle funzioni vitali anche se non in maniera continuativa;
- **bassa complessità assistenziale** per la cura delle condizioni post-acuzie prima del proseguimento in *setting* territoriali.

Alcune delle criticità nell'applicazione del modello riguardano l'assegnazione dei pazienti al livello corretto, l'eventuale trasferimento tra aree in caso di variazione delle condizioni cliniche o di non appropriatezza del setting e la competenza dei professionisti il cui ruolo e le cui responsabilità risultano fondamentali per il buon funzionamento del processo.

Con l'art. 20 della legge 67 del 1988, si stanziano complessivamente 30.000 miliardi di lire destinati a un programma pluriennale di interventi di ristrutturazione edilizia e di adeguamento tecnologico del patrimonio sanitario pubblico e di realizzazione di residenze per anziani e soggetti non autosufficienti. Sempre nel 1988, il d.m. del 13 settembre **"Determinazione degli standards del personale ospedaliero"** indica alle regioni quelli che sono gli indirizzi nazionali per la riorganizzazione degli ospedali, contemplando la possibilità di estendere ai Servizi territoriali il modello dipartimentale. L'obbligatorietà della ristrutturazione ospedaliera secondo il modello delle aree funzionali omogenee viene, di nuovo, sancita dalla legge 30 dicembre 1991, n. 412 che obbliga alla costituzione del Dipartimento di Emergenza e Accettazione (DEA). L'emergenza rappresenta il settore sanitario in cui la necessità di coordinamento e integrazione tra discipline risulta massima e non a caso è quello in cui i progressi nella diffusione del modello dipartimentale sono stati più precoci e più incisivi, anche nella costituzione di reti di dipartimenti sovraospedalieri (interospedalieri o interaziendali).

Per un successivo riordino della disciplina sanitaria è necessario attendere il d.lgs. n. 502 del 30 dicembre 1992 e il successivo d.lgs. n. 517 del 7 dicembre 1993.

Il d.lgs. n. 502 emanato in attuazione alla l. n. 421 del 1992, aveva proprio l'obiettivo, non raggiunto con l'applicazione della legge 833 del 1978, di ottimizzare il funzionamento del SSN al fine di renderlo più efficiente attraverso la razionalizzazione e il buon uso delle risorse. Un controllo economico-finanziario più incisivo doveva garantire il contenimento della spesa e l'eliminazione dei disavanzi.

La ri-declinazione istituzionale attraverso cui perseguire tali obiettivi prevedeva:

- la definizione della natura giuridica delle USL quali aziende pubbliche di servizi, con autonomia amministrativa, organizzativa, patrimoniale e contabile (non più strumento operativo dei comuni ma gestore istituzionale dei servizi sanitari);
- la **configurazione in aziende autonome degli ospedali altamente specializzati**, con obbligo di organizzazione dipartimentale per gli ospedali di rilievo nazionale e di alta specialità;
- l'affidamento alle regioni della riorganizzazione per Dipartimento dei presidi ospedalieri;
- la gestione economico-finanziaria tramite budget di esercizio e programmazione annuale e pluriennale, adozione di contabilità per centri di costo, valutazione gestionale tramite indicatori sistematici di efficienza e qualità;
- il rapporto di lavoro della dirigenza sanitaria che introduce assunzione a termine delle fasce apicali (istituto giuridico dei contratti di diritto privato ai sensi di quanto contenuto nel d.lgs. n. 29 del 1993 e s.m.i.) e responsabilizzazione sui risultati di gestione di reparti e servizi;
- la disciplina dei rapporti con le università.

Le finalità dichiarate nella seconda riforma risultarono, peraltro, non pienamente raggiungibili, tant'è che, con la legge **delega n. 419** del 30 ottobre **1998** "Razionalizzazione del SSN, con modifiche al d.lgs. 30 dicembre 1992, n. 502", che trovò attuazione con **d.lgs. 229/1999**, si attua la terza Riforma sanitaria del nostro Paese.

Viene introdotto, come strumento di "governo" particolarmente efficace, l'"Atto aziendale", a cui si demanda l'obiettivo di dare consistenza strutturale e organica alla organizzazione dell'Azienda in modo tale che questa assicuri livelli assistenziali qualitativi, appropriati ed efficienti. L'Atto aziendale è strumento di diritto privato, adottato dal Direttore generale.

L'art. 4 detta, poi, i criteri per la **costituzione** degli **ospedali** in **Aziende ospedaliere**.

L'organizzazione in dipartimenti, l'attrattività qualitativa, il numero e case mix dei ricoveri, ecc. sono requisiti che devono essere posseduti anche dalle Aziende ospedaliere costituite in precedenza, pena il loro ritorno alla normalità di gestione delle ASL di competenza.

L'adeguamento delle Strutture, pubbliche o private, che erogano assistenza per conto del SSN ai criteri di qualità definiti dalle regioni (requisiti minimi, strutturali, tecnologici e amministrativi) è premessa indispensabile per ottenere l'**"accreditamento istituzionale"**.

L'altro grande capitolo introdotto dal d.lgs. 229/1999 riguarda la **disciplina** della **Dirigenza medica** e delle **professioni sanitarie** (la norma introduce anche l'obbligo di partecipazione alla formazione continua).

L'art. 15 del d.lgs. 502/1992 viene sostituito da 11 articoli (da 15 a 15-*undecies*) che prevedono tra l'altro:
- il collocamento ad un unico livello della Dirigenza medica;
- la valutazione triennale delle attività svolte – nell'ambito dell'autonomia tecnico-professionale esercitata secondo gli indirizzi dei programmi aziendali e dipartimentali – da parte di un Collegio tecnico nominato dal Direttore generale e presieduto dal Direttore di Dipartimento;
- che venga stabilito, tramite Atto aziendale, il numero e la tipologia delle strutture semplici e complesse, al cui incarico di Dirigente si può accedere tramite concorso, fatto salvo il conseguimento dell'attestato di formazione manageriale nel primo corso utile organizzato nella regione;
- la previsione dell'esercizio di attività libero professionali da svolgersi in regime intramurario, con rapporto di lavoro esclusivo con l'Azienda.

L'**esercizio** della **libera professione** così previsto, unico caso nella pubblica Amministrazione, permette:
- lo svolgimento di attività individuali, fuori orario di servizio, all'interno delle strutture dell'Azienda individuate dall'Atto aziendale, oppure, qualora non disponibili, presso spazi di altre strutture sanitarie, pubbliche o private, previa sottoscrizione di apposite convenzioni;
- attività svolte in équipe con partecipazione ai proventi del professionista;
- attività a pagamento individuale o di équipe svolta presso altre aziende o strutture private accreditate a fronte di apposite convenzioni;
- la partecipazione ai guadagni derivati da attività professionali, svolte presso le Aziende, a favore di soggetti terzi (mutue, assicurazioni, società od enti privati, ecc.).

L'esercizio dell'**attività libero-professionale intramuraria** non deve essere in contrasto con le finalità e le attività istituzionali dell'Azienda e il suo svolgimento organizzato in modo tale da garantire l'integrale assolvimento dei compiti istituzionali e la piena funzionalità dei servizi. A tal fine ciascun dirigente non può realizzare un volume di prestazioni o utilizzare un volume orario superiore a quello assicurato per i compiti istituzionali.

La possibilità di esercizio dell'attività libero-professionale da parte dei medici dipendenti di strutture sanitarie pubbliche costituisce uno dei caratteri che maggiormente li differenzia rispetto ad analoghe figure professionali del pubblico impiego. Questa diversità di trattamento si fonda sulla duplice esigenza di contemperare il diritto del medico ad esercitare tale attività con il parallelo diritto di scelta del singolo utente.

Inoltre, viene introdotto un meccanismo premiante per il medico che opta per l'*intramoenia* (un *bonus* di fidelizzazione) e una corrispondente forma di disincentivo per chi opta, invece per l'*extramoenia*: la preclusione della possibilità di ricoprire il ruolo di direttore di struttura complessa.

Il filo rosso che unisce tutte e tre le riforme richiamate è rappresentato dal tentativo di coniugare la necessità di garantire livelli essenziali e uniformi di assistenza a tutta la popolazione con quella di contenere la spesa sanitaria allocando in maniera efficiente le risorse destinate a tale scopo.

Tale esigenza, diventata sempre più cogente anche alla luce della crisi economica iniziata nel 2008, ha visto un ulteriore tentativo di risposta mediante l'emanazione del **d.m. n. 70 del 2 aprile 2015** *"Regolamento recante definizione degli standard qualitativi, strutturali, tecnologici e quantitativi relativi all'assistenza ospedaliera"*.

Preceduto dal decreto legge n. 158 del 13 settembre 2012 (decreto Balduzzi) e s.m.i. e dal "Patto della Salute 2014-2016", i quali già indicavano come correttivi all'eccessiva spesa, la riduzione della durata dei ricoveri e delle prestazioni inappropriate, il d.m. 70 vuole rimarcare la *mission* propria dell'ospedale ridefinendone ruolo e funzioni e assicurare, su tutto il territorio nazionale, un'uniforme definizione degli standard afferenti alle strutture sanitarie dedicate all'assistenza ospedaliera.

La complessità della norma, già intuibile dal titolo, è declinata nei seguenti contenuti:
- classificazione delle strutture ospedaliere;
- standard per disciplina;
- rapporto tra volumi di attività ed esiti di salute;
- indicazioni per le patologie complesse la cui efficacia di cura risulta tempo-dipendente.

La **classificazione** dei **presidi** prevede:
- **Presidi ospedalieri di base** (bacino di utenza 80.000-150.000 abitanti), dotati di Pronto Soccorso e delle seguenti specialità: medicina interna, chirurgia generale, ortopedia, anestesia e servizi di supporto in rete di guardia attiva e/o in regime di pronta disponibilità nelle 24 ore per radiologia, laboratorio, emoteca. Devono essere previsti, inoltre, letti di "Osservazione Breve Intensiva";
- **Presidi ospedalieri di I livello** (bacino di utenza 150.000-300.000 abitanti), dotati delle seguenti specialità oltre a quelle presenti nei presidi di base: ostetricia e ginecologia (se prevista per numero di parti/anno), pediatria, cardiologia con Unità di Terapia Intensiva Cardiologica (U.T.I.C.), neurologia, psichiatria, oncologia, oculistica, otorinolaringoiatria, urologia;
- **Presidi ospedalieri di II livello** (bacino di utenza 600.000-1.200.000 abitanti), dotati di Dipartimento di Emergenza di secondo livello e di strutture che attengono anche alle discipline più complesse.

Il **numero massimo** di **posti letto** ospedalieri per acuti, considerando congiuntamente presidi pubblici e privati accreditati, viene individuato in **3** per **mille abitanti** (numero che viene aggiustato in base ai dati di mobilità attiva/passiva tra aziende); il tasso di ospedalizzazione in **160** per **mille abitanti**; l'indice di occupazione posti letto tra **80%** e **90%**; la **durata media** di **degenza inferiore ai 7 giorni**. La riduzione dei tempi di degenza ospedaliera è comunque il parametro fondamentale oltre che per misurare l'efficienza delle prestazione erogate, anche per il contenimento delle infezioni ospedaliere e il miglioramento degli *out come* assistenziali. Tali valori obbligano a rivedere la programmazione sanitaria in termini di appropriatezza del regime di ricovero, riassegnando ai posti letto di degenza il loro ruolo di setting di cura per *"patologie acute e con rilevante compromissione funzionale, ovvero di gestione di attività programmabili che richiedono un contesto tecnologicamente ed organizzativamente articolato e complesso"*, privilegiando il regime ambulatoriale (incluso il Day Service) per gli *"out patient"* e le strutture territoriali per le patologie croniche.

Dal 1° luglio 2015, inoltre, non possono più essere sottoscritti contratti con strutture polispecialistiche accreditate con meno di 40 posti letto per acuti e allo stesso tempo non sono accreditabili nuove strutture polispecialistiche con meno di 60 posti letto per acuti.

La classificazione ricorda in qualche modo la programmazione sanitaria che si rilevava nella riforma Mariotti (1968/1969): gli ospedali di zona, provinciali, regionali, con diversi gradi di complessità e una distribuzione programmata dei posti letto e delle specialità che nel contesto odierno viene riproposto come **modello** di **rete *hub and spoke***.

Gli standard per disciplina vanno ad integrare i requisiti di autorizzazione ed accreditamento stabiliti dalle regioni e riguardano i tassi di ospedalizzazione attesi (o i volumi di prestazioni qualora non siano previsti posti letto per la disciplina) in riferimento al bacino di utenza per il dimensionamento e l'organizzazione delle tre reti principali del SSN, ovvero la rete Emergenza-Urgenza, Ospedaliera e Territoriale. La programmazione intraregionale e con le regioni confinanti è demandata alle regioni stesse.

La norma analizza i volumi di attività individuando soglie di esito (ad es. minimo 75 interventi chirurgici annui per frattura di femore per struttura complessa) e soglie di rischio (ad es. minimo 60% di interventi chirurgici entro 48h su persone con fratture del femore di età ≥65), strumenti essenziali per la valutazione della qualità delle prestazioni, che al contempo permettono un importante recupero di risorse. Attenzione, però: l'applicazione rigida di taluni adattamenti può determinare alcuni paradossi assai spiacevoli (ad esempio, nella valutazione delle cardiochirurgie, l'applicazione del solo parametro del numero di bypass coronarici semplici inseriti porterebbe alla chiusura della maggior parte delle cardiochirurgie italiane, non considerando che lo sviluppo della cardiologia interventistica degli ultimi anni ha modificato, nel frattempo, l'utilizzo di tale procedura).

Gli indicatori previsti dalla norma sono **monitorati** dal **Programma**

Nazionale Esiti dell'Agenas (Agenzia nazionale per i servizi sanitari regionali).

Nell'introdurre la necessità dell'articolazione per reti di patologia (reti infarto, ictus, traumatologica, neonatologica e punti nascita, medicine specialistiche, oncologica, pediatrica, trapiantologica, terapia del dolore, malattie rare) all'interno del complesso delle reti ospedaliere, la norma demanda alla regioni la definizione delle loro articolazioni e organizzazione, fornendo indicazioni specifiche solo per quelle la cui efficacia di cura risulta tempo-dipendente, ovvero le reti infarto, ictus e traumatologica, di cui identifica obiettivi e modello organizzativo.

Anche il sistema dell'emergenza-urgenza nelle sue componenti di centrale operativa 118, rete territoriale di soccorso e rete ospedaliera trovano standard organizzativo-gestionali nel d.m.

Infine il decreto, ribadendo l'insufficienza della riorganizzazione ospedaliera nel garantire la piena copertura dei bisogni assistenziali senza un'adeguata offerta di strutture territoriali che prendano in carico il paziente alla dimissione, definisce standard quali-quantitativi solo per gli ospedali di comunità.

In sintesi, alla luce dei nuovi bisogni di cura espressi a seguito della transizione epidemiologica e sociale in corso negli ultimi decenni, il "regolamento" rappresenta un tentativo di garantire risposte appropriate e omogenee su tutto il territorio nazionale, utilizzando in maniera razionale le risorse disponibili al fine di rendere sostenibile il livello qualitativo raggiunto dal nostro sistema sanitario e configurandosi come documento di programmazione sanitaria organico, seppure rivolto al solo ambito ospedaliero, lungamente atteso dopo un periodo che ha visto l'emanazione di provvedimenti frammentari.

- ***Gli Istituti di Ricovero e Cura a Carattere Scientifico (IRCCS)***

Gli Istituti di Ricovero e Cura a Carattere Scientifico (IRCCS) sono enti nazionali ospedalieri di eccellenza per attività assistenziali diagnostico-terapeutiche di ricerca, di sperimentazione anche organizzativa e di formazione. Gli IRCCS fondano la propria mission sull'assunto che non esiste soluzione di continuità fra ricerca di base, ricerca applicata e trasferimento delle conoscenze del laboratorio sperimentale al letto del paziente.

La legge n. 833 del 1978, che delegava il Governo ad un riordino dei presidi esistenti, ha introdotto gli **IRCCS** come istituti aventi **personalità giuridica** di **diritto pubblico** o di **diritto privato**, il cui riconoscimento del carattere scientifico sottostava a decreto del Ministero della sanità, di intesa con il Ministero della pubblica istruzione, sentite le regioni interessate e il Consiglio Sanitario Nazionale. La loro duplice natura di organismi di ricerca e di assistenza li ha posti, sotto il primo profilo, all'interno di una competenza esclusivamente statale e, sotto il secondo profilo, regionale.

Anche la possibilità di configurarsi sotto il profilo giuridico pubblico o privato determinava diverse competenze a livello nazionale, regionale e locale: gli IRCCS di diritto pubblico si configuravano, per la parte assistenziale, come presidi ospedalieri delle Unità Sanitarie Locali competenti per territorio, mentre gli IRCCS di diritto privato dovevano stipulare con le regioni convenzioni per l'erogazione dell'assistenza sanitaria, sulla base di modelli approvati dal Consiglio dei Ministri. Su entrambi, la regione esercitava le funzioni svolte rispettivamente nei confronti dei presidi ospedalieri delle USL o delle case di cura private convenzionate. Parallelamente a ciò i finanziamenti per l'assistenza erano ridotti e per la ricerca praticamente assenti.

Il decreto del Presidente della Repubblica 31 luglio **1980, n. 617** ha successivamente deliberato in materia di organi, controlli, attività di ricerca e personale degli IRCCS, riservando allo Stato o alle regioni poteri di controllo sia di merito che di legittimità su tutti gli atti adottati negli IRCCS, le cui attività di ricerca erano subordinate al controllo finale della Commissione per la ricerca scientifica biomedica istituita presso il Ministero della sanità.

Le attività assistenziali erano demandate alla disciplina delle strutture ospedaliere, mentre l'attività di ricerca ed i relativi finanziamenti venivano definiti in appositi piani, sempre coordinati a livello centrale, ma predisposti di volta in volta anche in riferimento agli obiettivi del piano sanitario nazionale, favorendo così una separazione netta tra le attività diagnostico-terapeutiche e quelle sperimentali.

Le procedure autorizzative e di controllo di Stato e regioni rendevano molto difficoltosa la programmazione e organizzazione sia nell'ambito assistenziale che di ricerca, a fronte di un finanziamento inadeguato che vedeva l'unica fonte di reperimento delle risorse nel Fondo Sanitario Nazionale.

All'inizio degli anni '90, il processo di riforma complessiva del SSN ha coinvolto anche gli IRCCS e la legge 23 ottobre 1992, n. 421 ha confermato in maniera esplicita la separazione degli IRCCS rispetto alle altre strutture sanitarie. Il **d.lgs. n. 269 del 1993**, attuativo della delega di cui alla legge n. 421, ha esteso agli IRCCS il **riconoscimento** delle **autonomie** (organizzativa, amministrativa, patrimoniale, contabile, gestionale e tecnica) previste dal d.lgs. n. 502 del 1992 per le aziende USL.

Il d.lgs. n. 269:

- assegna al Ministero della salute il riconoscimento e la revoca del carattere scientifico degli istituti, la definizione dei criteri generali per la redazione degli statuti e dei regolamenti e la verifica generale delle scelte strategiche dell'ente con i relativi controlli. Il regolamento governativo che avrebbe dovuto dettagliare queste forme di intervento dello Stato nei confronti dell'attività degli IRCCS non è in realtà mai stato adottato;

- sancisce la nomina da parte della Giunta regionale di un Direttore generale a capo degli organi degli Istituti, coerente con l'attribuzione delle autonomie organizzativa, patrimoniale, ecc., e conferma gli altri organi di governo (il Consiglio di Amministrazione, il Collegio dei revisori, il Comitato tecnico-scientifico ed il direttore scientifico);
- il Ministero della salute prevede la possibilità di accordi tra istituti finalizzati alla conduzione di programmi comuni di ricerca (anche finalizzate e a pagamento), organizzazione e gestione dei servizi sanitari e formazione continua, conferendo maggiore autonomia nella progettazione e conduzione delle sperimentazioni e nel reperimento dei finanziamenti correlati;
- il Ministero della salute mantiene gli indirizzi del d.lgs. n. 502 del 1992 relativamente al finanziamento sia delle attività di ricerca (l'1 per cento del Fondo sanitario nazionale destinato alla ricerca corrente e finalizzata), che assistenziali (finanziata dalla regione competente per territorio).

Essendo state giudicate incostituzionali dalla suprema Corte alcune disposizioni del d.lgs. n. 269 del 1993 (sent. n. 338 del 19 maggio 1994, conclusiva del processo per conflitto di attribuzioni sollevato dalle regioni Emilia-Romagna e Lombardia, che hanno impugnato il d.lgs. n. 269 del 1993 per presunta appropriazione (o riappropriazione) da parte dello Stato di funzioni di spettanza regionale), l'emanazione dei regolamenti di attuazione e la conseguente modifica dei regolamenti dei vari Istituti non è avvenuta.

La conseguenza di ciò è stato il commissariamento di tutti gli IRCCS pubblici a partire dal 1° luglio 1994 (decreto legge 19 giugno 1997, n. 171, convertito in legge 31 luglio 1997, n. 258).

Il **d.lgs. n. 229 del 1999**, introducendo, come modifica all'art. 4, comma 1 del d.lgs. n. 502 del 1992, l'inclusione degli IRCCS tra gli enti che possono essere costituiti o confermati in aziende "per specifiche esigenze assistenziali, di ricerca scientifica nonché di didattica del Servizio Sanitario Nazionale", consente di estendere agli IRCCS la disciplina prevista per le aziende ospedaliere del SSN, pur persistendo la loro peculiarità derivante dall'essere centri di eccellenza per assistenza e ricerca che non permette l'adozione tout court delle disposizioni in materia di aziendalizzazione.

Il **d.lgs. n. 288 del 2003** ha però successivamente innovato il modello istituzionale degli IRCCS, sia tramite la definizione di *"enti a rilevanza nazionale dotati di autonomia e personalità giuridica che, secondo standards di eccellenza, perseguono finalità di ricerca, prevalentemente clinica e traslazionale, nel campo biomedico e in quello dell'organizzazione e gestione dei servizi sanitari, unitamente a prestazioni di ricovero e cura di alta specialità"*, sia per aver sancito la possibilità di trasformazione in **Fondazioni pubbliche** aperte alla **partecipazione** di **soggetti privati**, su istanza della regione al Ministero della salute, la cui disciplina dei componenti degli organi e delle relative modalità di nomina è affidata allo statuto. È previsto che tale trasformazione riguardi gli IRCCS di diritto privato, mentre quelli di diritto pubblico rimangano enti pubblici a rilevanza nazionale operanti in ambito regionale la cui organizzazione, gestione e funzionamento sono affidati alla Conferenza Stato-regioni. L'obiettivo è quello di favorirne la crescita, ridurre la spesa di funzionamento propria delle amministrazioni pubbliche, aumentando così l'efficienza e la qualità dei servizi.

I 51 IRCCS presenti oggi sul territorio nazionale afferiscono alle aree specialistiche di:
- Cardiologia
- Dermatologia
- Diagnostica immagini
- Farmacologia
- Gastroenterologia
- Genetica
- Geratria
- Malattie infettive
- Medicina della complessità
- Neurologia
- Neuroriabilitazione
- Oculistica
- Oncologia
- Ortopedia
- Pediatria
- Psichiatria
- Riabilitazione

e sono differentemente costituiti in Istituti pubblici (non trasformati), fondazioni e soggetti privati rappresentando così una fattispecie peculiare all'interno del SSN.

• ***L'assistenza farmaceutica***

All'interno della organizzazione della offerta dei servizi, si colloca, in una posizione del tutto particolare – "a cavaliere" fra erogazione pubblica-interna al contesto aziendale – ed erogazione esterna, in convenzione, da parte di "soggetti" territorialmente diffusi in modo capillare, il vasto insieme delle strutture che assicurano l'"assistenza farmaceutica".

I decreti legislativi 502/517 e 229 non fanno alcun riferimento alle soluzioni che si sono andate via via diffondendo, attraverso gli ordinamenti sanitari regionali, nelle Aziende territoriali e ospedaliere, per garantire l'**approvvigionamento** e **la distribuzione** dei **farmaci** al loro **interno** (nonché, in alcuni casi, negli IRCCS e nei policlinici universitari, per promuovere vere e proprie sperimentazioni cliniche).

Si tratta, in genere, della costituzione del **"Dipartimento farmaceutico"** quale assetto organizzativo deputato: all'approntamento delle gare per l'acquisto dei farmaci ospedalieri, alla gestione del relativo "budget trasversale", alla valutazione di appropriatezza clinica attraverso la verifica dei consumi interni, al giudizio di pertinenza rispetto ai farmaci sperimentali e/o di ultima generazione (rapporto costo/efficacia), alla distribuzione diretta per i pazienti presi in carico a seguito delle particolari patologie di cui soffrono, alla gestione del "magazzino farmaceutico", con la conseguente "filiera" distributiva ai vari servizi endo ed extraospedalieri, ecc.

I decreti citati si dedicano, invece, in modo sempre più penetrante, al possibile **rapporto** fra il **sistema sanitario** e le **farmacie pubbliche** (in particolare, le **"comunali"**) **e private** che assicurano *"l'assistenza farmaceutica per conto delle ASL del territorio regionale dispensando, su presentazione della ricetta del medico, specialità medicinali, preparati galenici, prodotti dietetici, presidi medico-chirurgici e altri prodotti sanitari erogabili dal SSN nei limiti previsti dai livelli di assistenza"*.

Le **farmacie**, dunque, nella prima versione contenuta nei dd.llgs. 502/517, sono **soggetti esterni** alle Aziende che, con queste, stipulano rapporti convenzionali triennali (di livello nazionale, integrabili però da accordi regionali) in base ai quali vengono stabiliti i prezzi dei prodotti forniti e le modalità di pagamento da parte del SSN (al netto, quindi, del valore del ticket eventualmente posto a carico del cittadino), nonché la possibile collaborazione della farmacia in programmi particolari concernenti attività di emergenza, di farmacovigilanza, di informazione ed educazione sanitaria.

In definitiva, il profilo funzionale della farmacia territoriale è ancora, pressoché totalmente, quello della rivendita di prodotti (farmaceutici, ma non solo) e il farmacista assume il ruolo dell'imprenditore commerciale.

Nella riforma Bindi si viene, invece, a determinare un viraggio di notevole spessore e la **farmacia** inizia ad assumere la veste di un vero e proprio **presidio sanitario territoriale**, capillarizzato. Il farmacista, a sua volta, è chiamato a svolgere compiti più propriamente tipici di un operatore sanitario.

L'art. 8, infatti, non si limita solo a ribadire quanto già disposto dai precedenti decreti di riforma, ma introduce anche un ricco insieme di prestazioni che la **farmacia** può erogare ai cittadini divenendo, con ciò, non solo **fornitrice** di beni, ma anche di **servizi**. Si tratta di alcune tipologie che risultano particolarmente gradite alla popolazione e, in particolare, a quella sua parte, prevalentemente anziana, che rappresenta il nucleo principale dei grandi consumatori di prestazioni sanitarie. In particolare, si fa riferimento a:

- prestazioni analitiche di primo livello rientranti nell'ambito dell'autocontrollo (*self-help*);
- prestazioni di natura amministrativa che si sostanziano nella possibilità, per i cittadini, di "prenotare prestazioni di assistenza specialistica ambulatoriale";

- la *"messa a disposizione di operatori socio-sanitari, di infermieri e di fisioterapisti per la effettuazione, a domicilio, di specifiche prestazioni professionali richieste dal medico di famiglia"* (fermo restando che tali prestazioni sono limitate entro i confini di uno specifico elenco di dettaglio);
- la collaborazione finalizzata a *"garantire il corretto utilizzo dei medicinali prescritti (...) e a favorire l'aderenza dei malati alle terapie"*;
- la definizione dei servizi di 1° livello attraverso i quali le farmacie partecipano alla realizzazione dei programmi di educazione sanitaria e di campagne di prevenzione delle principali patologie sociali;
- la specificazione dei servizi di 2° livello rivolti ai singoli assistiti, in coerenza con le linee guida e i percorsi diagnostico-terapeutici previsti per le specifiche patologie su prescrizione dei medici m.g. e dei pediatri di libera scelta, anche avvalendosi di personale infermieristico;
- la *"partecipazione delle farmacie pubbliche e private operanti in convenzione con il SSN [...] al servizio di assistenza domiciliare integrata a favore dei pazienti residenti o domiciliati sul territorio della sede di pertinenza di ciascuna farmacia, a supporto delle attività del medico m.g. e del pediatra di libera scelta"*;
- la *"dispensazione e consegna domiciliare dei farmaci"*;
- la *"preparazione, nonché la dispensazione al domicilio dei pazienti delle miscele par la nutrizione artificiale e dei medicinali antidolorifici"*.

Da questo coacervo di potenzialità indicate dal d.lgs. 229 è conseguita, dopo dieci anni, la normativa nazionale (legge 69/2009 e d.lgs. 153/2010) che definisce i caratteri funzionali e operativi della "farmacia dei servizi". Tale normativa presenta, peraltro, due limiti: il primo, consiste nel fatto che molte farmacie – spontaneamente, già da qualche tempo – avevano sperimentato e consolidato (in particolare, in aree urbane) un ventaglio di servizi (ad es., fitoterapia, iridodiagnostica, telecardiologia e telespirometria, ecc.) che va oltre l'elenco contemplato dalla legge 69. Il secondo attiene al fatto che tale normativa non prospetta nuovi servizi (rispetto alle indicazioni del 229) capaci di allargare ulteriormente le possibilità erogative delle farmacie. Nel frattempo si sono manifestate, infatti, nuove esigenze – sulla base di un mutato quadro, sia della "offerta", sia della domanda territoriale – che richiederebbero risposte più articolate e incisive.

Risposte che inducono qualche aggiornata riflessione in merito alla rilevanza della "farmacia dei servizi". In primo luogo, occorre sottolineare come, a seguito della grande crisi economica intercorsa fra il 2007 e il 2014 e della conseguente contrazione delle disponibilità del FSN, si è andata riducendo della presenza dei servizi territoriali, soprattutto nelle aree più decentrate e demograficamente deboli del Paese. Aree popolate, in genere, da una percentuale relativamente maggiore di persone anziane, grandi consumatrici di prestazioni di base e routinarie.

In secondo luogo, si nota la contemporanea, profonda, **crisi** delle **"farmacie rurali"** il cui fatturato – in quel decennio di crisi (dicono i Rapporti

CREA) – è diminuito di circa il 40% a causa dell'impoverimento della popolazione e, quindi, della minore propensione ad acquistare i tradizionali prodotti in vendita presso le farmacie. Queste potrebbero, dunque, diventare – se trasformate in "farmacie dei servizi" a tutto tondo – sia un utile antidoto al depauperamento dei servizi territoriali periferici, sia sedi erogatrici di prestazioni capillarizzate, a domanda diffusa.

La "farmacia dei servizi" può essere, dunque, considerata come un vero e proprio presidio sanitario territoriale capace di offrire alcune risposte assistenziali di bassa complessità, certamente, ma abbondantemente richieste ed erogabili "alla porta di casa".

Questa propensione si sta rafforzando ulteriormente, negli ultimi tempi, in ragione del fatto che fra le prestazioni assicurabili dalla "farmacia dei servizi" compaiono anche alcuni trattamenti di natura terapeutica.

Ciò si sta sviluppando, in via sperimentale, con riferimento sia a spunti normativi (ad es., l'art. 7 del d.lgs. 153/2010 correla la erogazione dei servizi alla loro "coerenza con le linee guida e i percorsi diagnostico-terapeutici previsti per le specifiche patologie") sia a testi documentali (ad es., nel "Patto per la salute 2014/2016" la "farmacia dei servizi" è considerata quale modello orientato alla assunzione di bisogni di salute prima dell'insorgere della malattia, o prima che essa si manifesti o si aggravi). Da tali assunti è coglibile un orientamento che amplia il *continuum* assistenziale fino a prospettare trattamenti in grado di intervenire su condizioni già definibili come patologiche.

Del resto, ciò avviene già nella prassi, allorquando la farmacia fornisce, ad esempio, dispositivi medici per l'aerosolterapia o per applicazioni elettromedicali a domicilio. Ovviamente, queste apparecchiature devono rispettare i requisiti del *self help* (senza la necessità, quindi, di una intermediazione clinica). All'interno di un tale contesto potrebbero trovare collocazione anche soluzioni tecnologiche dedicate alla terapia del dolore che intercettino, da un lato, un bisogno diffusissimo nella popolazione anziana (largamente colpita da patologie infiammatorie osteo-articolari) e forniscano, dall'altro, un'alternativa senza controindicazioni all'assunzione massiva di farmaci antidolorifici.

La promozione di una "farmacia dei servizi" che possieda le caratteristiche sopra esposte passa, però, attraverso un preciso comportamento dell'ASL: la farmacia entra compiutamente, come presidio sanitario territoriale, all'interno della modulazione della offerta prevista dal PAT (programmazione distrettuale). Ne consegue che per le prestazioni individuate come erogabili dalla "farmacia dei servizi" si debba prevedere il "convenzionamento" con l'ASL stessa.

Sulla base di un tale percorso qualificativo la farmacia non sarà, allora, più considerata come una entità marginale, esterna all'insieme dei servizi distrettuali, bensì come una nuova risposta capillare a bisogni crescenti. Ne deriverebbe una serie di vantaggi: per i cittadini più disagiati (anziani e decentrati, in particolare) a cui verrebbe offerta una assistenza ancora, parzialmente, di "prossimità"; per i farmacisti che potrebbero tamponare gli effetti della crisi rilanciando il proprio ruolo di operatori sanitari; per i medici m.g. che potrebbero contare sulla collaborazione dei farmacisti per ampliare quantitativamente e migliorare qualitativamente i percorsi di "presa in carico" a favore della popolazione anziana; per il sistema sanitario che sfrutterebbe la "farmacia dei servizi" come alternativa per ridurre il disagio crescente determinato dalla eliminazione o rarefazione dei servizi territoriali periferici.

Capitolo 9
L'integrazione

di *Luca Dimasi, Fosco Foglietta*

Possiamo definire la "integrazione"come quell'approccio organizzativo, gestionale e operativo che assicura il massimo di strutturazione, stabilità, forza coesiva ad un insieme di relazioni e di comportamenti che garantiscono ad una pluralità di soggetti di confrontarsi, pensare, elaborare, progettare (in sintesi, "fare") insieme allo scopo di migliorare la efficacia e la qualità dell'assistenza.

La volontà di integrazione non è, ancora, un frutto maturo nel corredo professionale di molti operatori del sistema sanitario, sociosanitario e sociale italiano. Deve, quindi, essere considerata come il frutto possibile di un grande sforzo, innanzitutto, culturale, finalizzato a **superare** il retaggio storico del **settorialismo**.

Questo si è sviluppato ed è andato consolidandosi, nel corso del tempo, in ragione dell'influenza di una importante serie di fattori che ne hanno determinato il sorgere e lo sviluppo. Si tratta, ad esempio, in particolare:

- di aspetti di natura organizzativa che hanno privilegiato, per un lungo periodo, la creazione di servizi del tutto distinti, dotati di autonomia tecnico-funzionale, appartenenti ad ambiti amministrativi completamente separati, ecc. (si pensi ai già ricordati servizi "a canne d'organo" previsti per le USL dalla l. 833);
- di orientamenti normativi che hanno dominato la *vision* funzionale della dirigenza della pubblica amministrazione prima dell'avvento del d.lgs. 80/1998. Visione tutta racchiusa all'interno dei confini della "competenza esclusiva" degli uffici;
- di prassi diffusissime nel considerare le risorse (personale, dotazioni strumentali e strutturali, ecc.) assegnate a ciascun servizio come dotazioni di esclusiva proprietà, da occultare gelosamente (anche quando erano, di fatto, utilizzate solo parzialmente);
- dello sviluppo del "sapere" medico-scientifico che è andato via via specializzandosi in ambiti di insegnamento, ricerca e pratica professionale sempre più articolati ed esclusivi;
- del consolidarsi, con riferimento a tali ambiti, di posizioni organizzative (primariati, ad es.) e di docenze accademiche dotate di una loro, crescente, autonomia;
- di pura resistenza psicologica al dover affrontare la fatica del confronto,

del lavoro comune, della condivisione dei contenuti e delle pratiche professionali;
- della naturale "entropia" che tende a separare automaticamente le parti di ogni sistema ad elevata complessità.

Al settorialismo si è opposto il cambiamento introdotto dai dd.llgs. 502/517 e 229 (lo si è sottolineato nel precedente capitolo) attraverso la identificazione del Dipartimento quale struttura essenziale nel garantire una generalizzata modalità aggregativa delle "monadi", rappresentate dai singoli servizi e Unità Operative, all'interno del tessuto organizzativo aziendale.

Ma oltre a ciò il SSN interviene platealmente in merito alla "integrazione" – lungo tutto il percorso della sua storia – allorquando affronta, in termini puntuali, il tema della "integrazione socio-sanitaria".

9.1. L'integrazione socio-sanitaria

- ***Le modalità della integrazione***

La **legge 833** affronta l'argomento in **termini marginali** prevedendo, da un lato, in modo generico, che all'interno del SSN venga assicurato il coordinamento con le "attività e gli interventi di altri organi, centri, istituzioni e servizi che svolgano, nel settore sociale, attività comunque incidenti sullo stato di salute degli individui e della collettività" e affidando, dall'altro, il concretizzarsi di tale coordinamento (con assoluta prevalenza) alla decisione degli enti locali di "delegare" l'esercizio delle attività e la gestione dei servizi sociali alle Unità Sanitarie Locali (con gli oneri finanziari complessivi mantenuti a carico dei comuni).

La vera svolta, che assegna all'"integrazione socio-sanitaria" un ruolo di primaria importanza nella costruzione di una rinovellata riforma della riforma, si registra con l'avvento del decreto 229/1999. Questo è, però, a sua volta, figlio – per quanto concerne i contenuti normativi afferenti alla "integrazione" – di una precedente elaborazione che ha inciso in modo determinante nel delineare l'architettura complessiva della Riforma Bindi: il **"Piano sanitario nazionale 1998/2000"** (vedi, *supra*, capitolo 5).

Al suo interno, fra le "strategie del cambiamento" si indica, specificamente, la promozione della "integrazione socio-sanitaria". Questa "idea forte" viene declinata in alcune premesse che ne descrivono i caratteri costitutivi; in particolare:
- il **"valore aggiunto della integrazione"** si esprime nell'essere "condizione essenziale per migliorare la efficacia degli interventi, incidendo sulla continuità assistenziale, invertendo i rapporti fra ospedale e territorio, fra cure residenziali e domiciliari, fra medicina generale e specialistica";
- le premesse per sviluppare i processi di integrazione sono varie: dal riconoscimento della loro **strategicità** nei **"Piani sanitari regionali"**, alla

specificazione dei contenuti e delle modalità operative all'interno della programmazione locale (zonale), alla messa a disposizione di risorse finanziarie vincolate;

- sono essenzialmente tre le **dimensioni** della "integrazione socio-sanitaria": **"istituzionale"**, **"gestionale"** e **"professionale"**;
- infine, il "**luogo organizzativo**" elettivamente individuato come il più idoneo per sviluppare le varie forme della integrazione è il **Distretto**. Si afferma, infatti, come questo sia la "struttura che meglio consente di governare i processi integrati fra istituzioni (ASL e comuni) gestendo unitariamente diverse fonti di risorse".

• ***Le ragioni della integrazione socio-sanitaria***

È indispensabile, per comprendere le ragioni della importanza della "integrazione" (importanza, peraltro, sancita sia dai costanti riferimenti contenuti in pressoché tutti i "Piani sanitari nazionali" approvati fino ad oggi, sia nei "bandi europei" finanziati per la progettazione e sperimentazione di nuove forme assistenziali), approfondire le motivazioni che ne sostengono lo sviluppo e indicare quali siano i contenuti che qualificano le sopra citate dimensioni applicative.

Sono almeno tre le considerazioni che giustificano una così palese attenzione nei confronti della "integrazione socio-sanitaria":

- affinché **bisogni multiformi** (di natura fisica, psichica, sociale e relazionale) – espressi da uno stesso individuo – possano ottenere **risposte** massimamente **efficaci**, occorre che queste siano il frutto di una **elaborazione multimodale**, **unitaria** e **interdisciplinare**.
  Tali bisogni sono, tendenzialmente, in crescita costante, soprattutto a seguito dell'invecchiarsi della popolazione e del conseguente aumento, sia delle patologie croniche e cronico-degenerative, sia degli stati di non autosufficienza. Ne deriva l'incremento esponenziale della domanda di "lungo assistenze" affidate ad "équipe" composte da figure sanitarie e sociali, professionali e volontarie. Inoltre, appaiono in rapida ascesa quelle patologie, o stati di malessere, di natura psicosomatica, il cui insorgere deriva dalla presenza di disfunzioni marcatamente sociali, quali, ad es., la povertà, l'emarginazione, la solitudine, ecc.;
- la **integrazione** nell'**uso** dei **fattori produttivi** (in particolare, del personale) all'interno di percorsi progettati unitariamente porta ad **evitare** sovrapposizioni, tempi morti, eccessiva frammentazione operativa; tutto ciò, insomma, che provoca **inefficienza**. Inoltre, la integrazione costituisce il propellente fondamentale per l'**attivazione** delle **"prese in carico"** e della successiva **"continuità assistenziale"** da parte dei servizi territoriali (sanitari, socio-sanitari e sociali). La qual cosa contribuisce in misura determinante ad evitare ricoveri ospedalieri inappropriati;
- infine, se i processi di integrazione si realizzano fin dalla fase della valutazione del bisogno e del successivo orientamento del paziente verso le

risposte assistenziali più appropriate (creando, ad es., **"punti unici di accesso"** all'interno delle sedi distrettuali) si **riduce** enormemente il **disagio** che il paziente stesso (e i suoi familiari) devono, altrimenti, sopportare nella puntiforme (e, talvolta, affannosa) ricerca dei vari, distinti, servizi (la sindrome della "pallina da flipper").

In ragione delle considerazioni su esposte, la "integrazione" viene, a ragione, indicata come un potente "vettore" di efficacia, efficienza e miglioramento delle condizioni di accesso alle prestazioni.

- ***I contenuti che qualificano le "dimensioni della integrazione"***

a) La **"integrazione istituzionale"** determina le modalità di cooperazione, strutturate formalmente, fra l'Azienda sanitaria locale e le amministrazioni comunali presenti sul territorio. Ciò avviene con particolare riguardo all'**esercizio congiunto** della **funzione programmatoria** in ambito distrettuale/zonale (cfr., *supra*, paragrafo 5.3). Basti, qui, richiamare come due, distinti, testi normativi – il d.lgs. 229/1999 e la l. 328/2000 – prevedano che i contenuti programmatori afferenti alla "integrazione socio-sanitaria" possano essere definiti disgiuntamente, sia nel "Piano delle attività territoriali" (il PAT del Distretto) sul versante sanitario, sia nel "Piano di Zona" (PdZ) sul versante sociale, per venire, poi, successivamente, ricondotti ad unitarietà mediante una specifica "intesa" sottoscritta da ASL e comuni.

A questa assurda impostazione che richiede un triplice sforzo (due, distinte, progettazioni e la loro sintesi finale) pressoché tutte le regioni hanno contrapposto una soluzione più ragionevole: si identifica preliminarmente un solo ambito entro cui concentrare le elaborazioni che riguardano la "integrazione"; si tratta, in genere, del **"Piano di zona"**. Peraltro, tale elaborazione è, essa stessa, il portato processuale di un approccio istruttorio integrato.

Appare opportuno accennare quali siano i contenuti programmatori più rilevanti e ricorrenti che, all'interno del "PdZ", connotano le prospettive di realizzazione della "integrazione socio-sanitaria"; in particolare:

- la predisposizione di **protocolli** finalizzati a regolamentare la **gestione unitaria** dei servizi in cui convivono fattori produttivi sia sanitari che sociali (ad es., le strutture residenziali per anziani non autosufficienti);
- la identificazione delle **tipologie** dei **servizi sanitari** e **socio-sanitari** che devono popolare le **Reti** assistenziali (per la popolazione anziana e disabile, per i pazienti neuro-psichiatrici e psichiatrici...) e il loro **dimensionamento quantitativo** in rapporto alla dislocazione territoriale;
- le modalità di erogazione degli interventi integrati in rapporto alle varie fasi che compongono i percorsi di **"continuità assistenziale"**;
- la identificazione della **utenza "elettiva"** appropriatamente accoglibile da ogni **tipologia** di servizio sociosanitario;
- la precisazione degli **strumenti** da utilizzare come **"porta di accesso"** ai servizi delle Reti socio-sanitarie ("unità multimodali integrate di valutazione" e "scale valutative", ad es.);

– la predisposizione di **supporti** funzionali allo **sviluppo** della **"integrazione"**: dall'attivazione di percorsi formativi comuni per operatori sia sanitari che sociali, alla fornitura di particolari tecnologie (E-care, ausili domotici, ecc.).

b) La **"integrazione gestionale"** contempla, certamente, quelle modalità tecnico-amministrative che devono assicurare la unitarietà di gestione dei servizi socio-sanitari, ma trova la sua espressione più rilevante e complessa nel definire i **criteri** attraverso cui si **costituiscono e governano le "Reti dei servizi sanitari, socio-sanitari e sociali"**.

Alcuni di tali criteri (ad es., come abbiamo notato poc'anzi, la individuazione della utenza "elettiva" per ciascuna tipologia di servizio) possono essere autodeterminati in sede di programmazione locale, altri, essere formulati dalle normative regionali (ad es., *set* minimi o massimi di tipologie di servizi, standard quantitativi – numero di posti letto per *target* di popolazione – ecc.).

Pare utile esemplificare la composizione di una **Rete "standard"**, costituita per far fronte ai bisogni espressi dalla **popolazione anziana**, prevalentemente "fragile", cronicizzata e non autonoma; ne fanno parte, in genere: unità operative ospedaliere (geriatria, medicina interna, lungodegenza post-acuti) servizi sanitari territoriali ("consultori Alzheimer", specialistica ambulatoriale geriatrica...), strutture residenziali e semiresidenziali socio-sanitarie ("case protette", centri diurni, "RSA", ...), residenze per autosufficienti ("gruppi appartamento"...), servizi di "assistenza domiciliare" (in particolare, ADI) e per la fornitura di "protesi e ausili", servizi sociali comunali dedicati.

Reti così articolate rappresentano la risposta integrata più efficace ad esigenze multiformi. Esse si costituiscono, infatti, per:

– organizzare una "offerta" complessiva e articolata, allo scopo di fornire **risposte molteplici** e **complementari** a bisogni estremamente vari e in costante trasformazione, in modo tale che, per ogni condizione di bisogno, sia sempre assicurata la **risposta più appropriata**;
– garantire ad ogni paziente **modalità di ingresso**, nei servizi della Rete, che siano **"oggettive"** nel determinare sia lo stato di salute e di autonomia/non autonomia del paziente, sia le condizioni di tenuta del suo contesto familiare (questo, attraverso il filtro operato da nuclei multiprofessionali di valutazione e l'adozione di "assessment" preordinati e accettati da tutti i gestori – pubblici e privati – dei singoli punti di offerta). Si predispone, in tal modo, una **"porta unica di accesso"**, gestita da risorse pubbliche, distrettuali, in grado di assicurare, da un lato, che i singoli gestori di strutture e servizi non possano ricorrere a comportamenti opportunistici (ad es., privilegiare l'ingresso di pazienti non complessi) e, dall'altro, che la **"graduatoria di ingresso"** sia **una sola** per ogni tipologia di servizio, su base distrettuale, in modo tale che si eviti la ipertrofia quantitativa delle "liste di attesa" (non consentendo ad ogni paziente di

inserirsi, contemporaneamente, in una pluralità di "liste" fetate da ciascuna struttura);
- promuovere la predisposizione di criteri quali/quantitativi e soluzioni organizzative e operative che definiscano un **"governo clinico-assistenziale" omogeneo** per tutti i "nodi" della Rete, cosicché sia possibile fornire, in ciascuno di essi, ovunque sia ubicato, lo stesso livello di appropriatezza e qualità;
- fare sì che il paziente – al modificarsi delle sue condizioni di salute e, quindi, del trattamento assistenziale corrispondentemente più adeguato – possa trasferirsi da un punto all'altro della Rete attraverso una serie di "prese in carico" che ne garantiscano la preordinata tutela da parte del sistema. Ed è in questo **passaggio "protetto"**, da un servizio all'altro, che si configura con tutta evidenza un ulteriore carattere della integrazione gestionale fra **"pezzi"** della **organizzazione**.

Per ottenere i vantaggi elencati, occorre però che le Reti medesime vengano gestite in modo appropriato. La qual cosa richiede che: la programmazione locale indichi, quanto meno, le tipologie e le dimensioni quantitative dei servizi, nonché il "target"di utenza elettiva per ciascuno di essi; esista un sistema informativo/informatico che consenta di aggiornare il quadro clinico di ogni paziente, misurare il consumo delle prestazioni in ogni punto erogativo della Rete, comparare tali consumi per valutarne l'appropriatezza e stabilire standard costi/efficacia, elaborare indicatori di "out come" in rapporto ai percorsi assistenziali assicurati; vengano formalmente prefissati i criteri necessari per governare l'accesso alla Rete (unica équipe di valutazione e scelta di "scale valutative") in piena condivisione con tutti i soggetti gestori; siano gestite in soluzione unitaria, a livello distrettuale, le "liste di attesa" per ogni tipologia di servizio.

c) La **"integrazione professionale"** appare – fra le tre "dimensioni" – quella maggiormente diffusa, poiché sia nei servizi di Rete (ospedalieri e territoriali) sia nei gruppi di lavoro che istruiscono i contenuti della programmazione locale operano figure professionali la cui interazione risulta essere indispensabile al fine di realizzare i processi sottesi alla "integrazione istituzionale" e a quella "gestionale". In particolare, ovunque si vogliano sviluppare percorsi di **"presa in carico"** e di **"continuità assistenziale"**, la "integrazione professionale" si impone come il **fattore** più **necessario** per assicurare efficacia e qualità.

In linea di massima, si possono configurare tre forme di "integrazione professionale": la **creazione** di **équipe interprofessionali** stabilmente strutturate (si pensi, ad es., alle assistenze domiciliari integrate); la formalizzazione di **procedure** il cui realizzarsi **prevede**, necessariamente, la **interdipendenza operativa** fra figure professionali diverse (ad es., la elaborazione comune, da parte dell'assistente sociale e dello psicologo, delle relazioni da inoltrare al "Tribunale dei minori"); la strutturazione, infine, dei **"protocolli diagnostico-terapeutici assistenziali" (PDTA)** che scandiscono i paradigmi della presa in carico e della continuità assistenziale predeterminando le modalità attraverso cui diverse figure sanitarie e sociali devono confrontarsi, elaborare piani, scambiarsi informazioni, controllare e valutare i risultati ottenuti, ecc., a mano a mano che la evoluzione del quadro clinico del paziente richiede nuovi approcci assistenziali.

- ***Il Piano nazionale della cronicità***

Dell'"integrazione professionale" tratta, con particolare attenzione, il **"Piano nazionale della cronicità"** elaborato dalla "Direzione generale della programmazione sanitaria" del Ministero della salute e approvato dalla "conferenza Stato-regioni" nel settembre del 2016.

Il Piano disegna una strategia globale per *"evitare o ritardare l'insorgenza, intervenire con il massimo di tempestività al comparire dei primi sintomi, prospettare una assistenza congrua e continuativa in rapporto al consolidamento e alla evoluzione infausta (perdita progressiva dell'autosufficienza) delle patologie cronico-degenerative"*.

La **malattia cronica** delinea, infatti, un ***continuum* temporale** nel definire il proprio decorso e richiede un approccio assistenziale articolato in più "fasi", distintamente caratterizzate in rapporto allo stadio evolutivo della malattia stessa.

Di questo andamento per "step" successivi si fa carico il "Piano" individuando **tre macro-attività**: la **"modifica degli stili di vita** e il *contrasto* ai **fattori di rischio"** con il dichiarato intento di evitare o ritardare il più possibile la comparsa della patologia cronica attraverso l'adozione di "stili di vita" salutari; la **"diagnosi precoce"**, che consente di individuare l'emergere embrionale dei sintomi e di anticipare, conseguentemente, l'avvio di adeguate forme di contrasto; la progettazione di un **"Piano assistenziale"** di **lungo periodo**, una volta che la patologia, ormai evidente, debba essere controllata e contrastata in tutte le sue manifestazioni degenerative.

Tutte e tre le macro-attività vengono definite all'interno di un unico processo di "presa in carico" e "continuità assistenziale". La prima attività dipende molto dalla sensibilità e disponibilità del "management" aziendale e dei medici di medicina generale nel configurare la "prevenzione primaria" come finalità tipica e propria del sistema sanitario e non come un semplice impegno – certamente consigliato – ma la cui realizzazione viene lasciata alla maturazione delle singole coscienze individuali. La seconda rientra, normalmente, nei contenuti che qualificano i PDTA di presa in carico delle patologie croniche. È, però, nella terza macro-attività – lì dove la cronicità tende ad associarsi con la progressiva perdita dell'autosufficienza – che il tema della "integrazione professionale socio-sanitaria" si manifesta come l'elemento di maggiore impatto assistenziale.

Il **modello** più diffusamente utilizzato per assicurare efficacia e qualità, di cura e di vita, ai pazienti cronici non autosufficienti è il ***chronic care model***, nel cui ambito il "Piano" identifica alcune componenti fondamentali.

Innanzi tutto, si punta ad ampliare il più possibile quella particolare fattispecie erogativa di assistenza domiciliare **(l'ADI)** che massimizza il rapporto fra efficacia assistenziale, qualità delle condizioni di vita del paziente e contenimento dei costi di gestione. La **"domiciliarità integrata"** sottolinea il "Piano" si *"realizza tramite la erogazione coordinata e continuativa di un insieme integrato di prestazioni, sia sanitarie (ad es., mediche, infermieristiche, riabilitative, di assistenza farmaceutica e, al bisogno, specialistica, ecc.), sia socio-assistenziali (cura della persona, fornitura pasti, supporto al caregiver, ecc.) da parte di diverse figure professionali sanitarie, socio-sanitarie e sociali"*. La **responsabilità clinica** della esecuzione dei trattamenti domiciliari è, in genere, affidata al **medico** di **medicina generale**. Ancora, afferma il "Piano": "l'attivazione dell'ADI richiede la "presa in carico" della persona, le preliminare valutazione multidimensionale del bisogno e la definizione di un "**piano di cura personalizzato**", con la individuazione degli obiettivi di cura e dei tempi di recupero, delle tipologie di intervento e della frequenza degli accessi".

La seconda componente coincide proprio con la predisposizione del "piano di assistenza individualizzato" **(PAI)** che, fin dalla sua progettazione, richiede il coinvolgimento di tutte le figure, assistenziali e tutelari, professionali e non professionali, che devono costituire la équipe integrata sociosanitaria a cui spetta realizzare i contenuti del PAI stesso. In questo si definiscono i compiti specifici di ogni componente della équipe, che opera come soggetto unitario in alcune fasi del percorso assistenziale (segnatamente, in quelle della progettazione, verifica e valutazione) e si disarticola nell'apporto delle sue distinte figure, in altre fasi (erogazione delle prestazioni e monitoraggio).

La terza componente consiste nell'**impiego** di **tecnologie ICT** (*information communication technology*) all'interno del "setting" assistenziale previsto dal PAI. In particolare, risultano fondamentali alcune soluzioni **e-care** (telemedicina, telesoccorso, teleconsulto, ecc.) che consentono, sia di monitorare, a distanza, le condizioni di salute del paziente (compito affidato, in genere, all'operatore individuato come ***"care manager"***), sia di far interagire il ***caregiver*** **domiciliar**e (a periodicità fissa, o a fronte di improvvise situazioni di emergenza) con personale competente in grado di fornirgli il supporto necessario.

La quarta componente riguarda, per l'appunto, il **ruolo** del ***caregiver*** familiare come figura, non professionale, necessariamente presente all'interno della équipe integrata, di cui diviene parte organica e sostanziale.

Il *caregiver* è in grado di fornire, infatti, il punto di vista dell'utente (paziente e figura familiare) fin dalla fase di progettazione del PAI ed è attributario di un insieme di compiti la cui continuità, nelle 24 ore, sarebbe impossibile assegnare a qualsiasi altro operatore professionale. Senza *caregiver* informati, addestrati e coinvolti non risulta possibile incrementare il numero delle assistenze domiciliari oggi, drammaticamente insufficienti in

Italia, a fronte della crescita del bisogno espresso da anziani non autonomi, bisognevoli di lungoassistenza e assai spesso in condizione di solitudine. Il *caregiver* può essere un **familiare**, un **collaboratore stabile** a domicilio (badante) oppure persona che proviene dalle fila del **"volontariato di prossimità"**. Quest'ultima soluzione necessita di una crescita sistemica, che avvii il consolidamento dei processi di partecipazione sociale propedeutici alla strutturazione del **"*welfare* di comunità"**, per rappresentare davvero una risorsa locale sfruttabile in modo organico.

- ***L'integrazione nella riforma Bindi***

Nel **d.lgs. 229/1999**, l'**art. 3-*septies*** definisce le fattispecie che connotano l'"integrazione sociosanitaria" – partendo dalla seguente definizione onnicomprensiva –: *"sono prestazioni sociosanitarie tutte le attività atte a soddisfare, mediante percorsi assistenziali integrati, bisogni di salute della persona che richiedono unitariamente prestazioni sanitarie e azioni di protezione sociale in grado di garantire, anche nel lungo periodo, la continuità tra le azioni di cura e quelle di riabilitazione"*. Tali attività si suddividono in tre tipologie: **"prestazioni sanitarie a rilevanza sociale"**; **"prestazioni sociali a rilevanza sanitaria"**, **"prestazioni socio-sanitarie ad elevata integrazione sanitaria"**.

Ne specifichiamo i contenuti attingendo al testo del **d.P.C.M. 14 febbraio 2001 "*Atto di indirizzo e coordinamento in materia di prestazioni socio-sanitarie*"**. Dunque:

- *"sono da considerare* ***prestazioni sanitarie a rilevanza sociale*** *le prestazioni assistenziali che, erogate contestualmente ad adeguati interventi sociali, sono finalizzate alla promozione della salute, alla protezione, individuazione, rimozione e contenimento di esiti degenerativi o invalidanti di patologie congenite o acquisite, contribuendo alla partecipazione alla vita sociale e alla espressione personale. Dette prestazioni, di competenza della ASL ed a carico delle stesse, sono inserite in progetti personalizzati di durata medio-lunga e sono erogate in regime ambulatoriale o nell'ambito di strutture residenziali e semiresidenziali"*. In sintesi, le prestazioni che puntano a mantenere alta la qualità della vita del paziente cronicizzato e che vengono pagate dal SSN;
- *"sono da considerare* ***prestazioni sociali a rilevanza sanitaria*** *tutte le attività del sistema sociale che hanno l'obiettivo di supportare la persona in stato di bisogno, con problemi di disabilità o di emarginazione condizionanti lo stato di salute (come confermano tutte le ricerche internazionali relative all'impatto delle disuguaglianze socio-culturali e all'influenza determinante di fattori psico-somatici). Tali attività, di competenza comunale, sono erogate con partecipazione alla spesa, da parte dei cittadini, stabilita dai comuni stessi"* (la gratuità è, in genere, assicurata a coloro che risultano "incapienti"). Vari sono i campi di applicazione, ad es.: gli interventi di contrasto della povertà, gli interventi di sostegno e di aiuto domesti-

co a favore di persone non autosufficienti, gli interventi di ospitalità alberghiera per persone, limitate nell'autonomia, non assistibili a domicilio, gli interventi atti a favorire l'inserimento sociale e lavorativo, ecc.;

– *"sono da considerare* ***prestazioni socio-sanitarie ad elevata integrazione sanitaria*** *tutte le prestazioni caratterizzate da particolare rilevanza terapeutica e intensità della componente sanitaria le quali appartengono prevalentemente alle aree materno-infantile, anziani, handicap, patologie psichiatriche e dipendenza da droghe, alcool e farmaci, patologie per infezioni da HIV e patologie terminali, inabilità e disabilità conseguenti a patologie cronico-degenerative. Tali prestazioni sono quelle, in particolare, attribuite alla fase post-acuta, caratterizzate dalla inscindibilità del concorso di più apporti professionali sanitari e sociali nell'ambito del processo personalizzato di assistenza, della indivisibilità dell'impatto determinato da prestazioni sanitarie e sociali e dalla preminenza di fattori produttivi sanitari"*. Ovviamente, tali interventi sono erogati dalle ASL – pagate dal Fondo Sanitario Nazionale – in ambito ambulatoriale, domiciliare, semiresidenziale e residenziale.

Il d.P.C.M. specifica, inoltre, che la programmazione dei servizi e delle prestazioni socio-sanitarie integrate si realizza all'interno della Programmazione locale (PdZ) ispirandosi a principi di "sussidiarietà, cooperazione, efficacia, efficienza ed economicità, omogeneità, copertura finanziaria e patrimoniale, nonché di continuità assistenziale".

Tutto ciò conferma gli indirizzi già contenuti nel d.lgs. 229 il cui art. 3-*septies*, comma 8, afferma come tali processi applicativi rientrino nell'ambito del potere di disciplina della materia attribuito ai servizi sanitari regionali e, quindi, alla loro facoltà di definire *"i criteri e le modalità mediante le quali i comuni e le Aziende sanitarie garantiscono l'integrazione, su base distrettuale, delle prestazioni sociosanitarie di rispettiva competenza"*.

9.2. L'integrazione socio-sanitaria nei "livelli essenziali di assistenza"

• ***Prima versione***

I "livelli essenziali di assistenza" nella loro primigenia formulazione (d.P.C.M. 29 novembre 2001) contengono quattro **Allegati**, fra cui quello – denominato "1c" – che è esplicitamente dedicato alla elencazione delle prestazioni socio-sanitarie.

Per il vero, prestazioni di tal genere sono ricomprese anche nell'Allegato relativo alla "assistenza distrettuale" (e, in particolare, per le aree dell'"assistenza territoriale ambulatoriale e domiciliare" e dell'"assistenza territoriale semiresidenziale e residenziale"), ma si tratta sempre di "prestazioni socio-sanitarie ad elevata integrazione sanitaria" (100% della spesa a carico del FSN).

Nell'Allegato 1c vengono, invece, collocate anche "prestazioni sanitarie a rilevanza sociale" e "sociali a rilevanza sanitaria" (oltre ad ulteriori "prestazioni s.s. ad elevata integrazione sanitaria") accomunate in base ad una loro riaffermata co-essenzialità nell'assicurare ai servizi socio-sanitari in cui esse vengono erogate la unicità di una gestione integrata da cui dipendono il massimo di efficacia, qualità ed efficienza.

La struttura espositiva dell'**Allegato 1c** comprende varie **"colonne"**, tre delle quali risultano essere di preminente importanza nel classificare innumerevoli prestazioni socio-sanitarie. Si tratta infatti: della "colonna" in cui si esplicitano i **"macro-livelli"** di **assistenza**: "territoriale, ambulatoriale e domiciliare", "territoriale semiresidenziale", "territoriale residenziale"; della "colonna" in cui ogni macro-livello si ri-articola in **"micro-livelli"**. Ad esempio, il macro "assistenza ambulatoriale e domiciliare" si dettaglia in un insieme di "micro-livelli", quali: assistenza programmata a domicilio (ADI e assistenza programmata da parte del solo medico di medicina generale), attività sanitarie e socio-sanitarie nell'ambito dei programmi riabilitativi a favore delle persone con problemi psichiatrici e/o delle famiglie, attività sanitarie e socio-sanitarie nell'ambito di programmi riabilitativi a favore di disabili fisici, psichici e sensoriali, ecc. Infine, ciascun **"micro-livello"** viene ad essere specificato in una **serie** di **prestazioni**. Ad esempio, l'"assistenza programmata a domicilio" in "prestazioni di aiuto infermieristico e assistenza tutelare professionale alla persona", ecc.; l'"assistenza residenziale nell'ambito di programmi riabilitativi a favore di disabili fisici, psichici e sensoriali" in "prestazioni diagnostiche, terapeutiche e socio riabilitative per disabili gravi", ecc.; l'"assistenza residenziale nell'ambito di programmi riabilitativi a favore della persone con problemi psichiatrici e/o delle famiglie" in "prestazioni terapeutiche e socio riabilitative in strutture a bassa intensità assistenziale", ecc.; l'"assistenza residenziale nell'ambito di programmi riabilitativi a favore della popolazione anziana", in "prestazioni terapeutiche, di recupero e mantenimento funzionale delle abilità per non autosufficienti, ivi compresi interventi di sollievo", ecc.

Le prestazioni che popolano ciascun "micro-livello" possono essere sia "sanitarie a rilevanza sociale" e "socio-sanitarie ad elevata integrazione sanitaria", poste a carico, in quanto tali, del Fondo sanitario nazionale, sia "sociali a rilevanza sanitaria" e, quindi, a carico del cittadino/utente o, in via surrogatoria – al di sotto della soglia ISEE – del comune di residenza.

Ciò pone il problema di **percentualizzare** l'**apporto finanziario** richiesto al FSN, oppure, al singolo cittadino.

Tali percentuali contributive sono, peraltro, già indicate in una quarta "colonna" dell'Allegato 1c, ma vengono riprese e meglio specificate dall'"atto di indirizzo e coordinamento" poc'anzi citato. Notiamo, a titolo esemplificativo, che, nell'assistenza ai disabili affetti da minorazioni fisiche, psichiche e sensoriali, attraverso prestazioni ambulatoriali, domiciliari, semiresidenziali e residenziali e mediante supporti protesici, la fase intensiva e quella estensiva, nonché l'accoglienza in strutture terapeutiche, sono, per il 100%, a carico del Servizio Sanitario Nazionale. All'opposto, la tutela del disabile attraverso prestazioni riabilitative, educative e di socializzazione, di facilitazione dell'inserimento scolastico e lavorativo, in regime domiciliare, semiresidenziale e residenziale, nella fase di lungoassistenza, comporta:

- il 70% a carico del SSN e il 30% a carico dei comuni (al netto della compartecipazione da parte dell'utente) per il pagamento della retta nelle strutture socio-riabilitative semiresidenziali e residenziali riservate ai **"disabili gravi"**;
- il 40% di Fondo S.N. e il 60% di risorse comunali per l'inserimento in servizi residenziali permanenti di **"disabili gravi privi di sostegno familiare"**;
- il 100% a carico dei comuni per le spese relative alla assistenza sociale, all'inserimento scolastico e lavorativo, nonché ai programmi di inserimento sociale.

Per quanto concerne gli **anziani** e le **persone non autosufficienti** con patologie cronico-degenerative, le possibilità di suddividere percentualmente gli oneri relativi al loro inserimento all'interno di strutture semiresidenziali e residenziali sono di due tipi: un 50% a carico del FSN e un 50% a carico del comune (sempre fatta salva la compartecipazione dell'utente) se si prende in considerazione il valore complessivo della retta giornaliera. Oppure, il SSN copre il costo del personale sanitario, il 30% dell'assistenza tutelare e alberghiera e il 50% del rimanente costo complessivo. L'altro 50% rimane a carico del comune.

Nell'"assistenza domiciliare integrata" (sempre erogata agli anziani non autosufficienti) l'"assistenza tutelare" è, per il 50%, di competenza comunale. L'"aiuto domestico e familiare" ricade, invece, totalmente, sulle finanze comunali.

Nella **"tutela delle persone affette da disturbi psichiatrici**, nella fase di lungo-assistenza, mediante il ricovero presso "strutture a bassa intensità assistenziale", il concorso finanziario dei comuni si attesta fra il 30 e il 70% del valore della retta (sulla base delle indicazioni formulate da ogni regione).

Occorre sottolineare come l'attribuzione di tali, distinti oneri percentuali non risulti essere sempre facile ed immediata. È, infatti, quasi sempre necessaria un'opera **esegetico-interpretativa** da parte degli assessorati regionali allo scopo di sciogliere numerosi dubbi. Ad esempio, come si misura la "gravità" dei disabili? Con quali scale valutative? Ancora, quali micro-prestazioni connotano l'"assistenza tutelare ed alberghiera"? L'"assistenza tutelare infermieristica" prevista nelle ADI (e per il 50% posta a carico dei comuni) in che cosa differisce rispetto alla pura e semplice assistenza infermieristica (per il 100% coperta dal FSN)? E, infine, quali criteri caratterizzano le "strutture psichiatriche a bassa intensità assistenziale" i cui oneri possono ricadere fino al 70% sui bilanci comunali?

Le regioni si sono trovate nella necessità di rispondere a questi (e ad altri) interrogativi avviando confronti – non infrequentemente assai ruvidi

– con le associazioni di rappresentanza degli utenti, con l'Amministrazioni comunali, con le organizzazioni sindacali, con le componenti politiche, ecc.

- ***Seconda versione***

Il **d.P.C.M. del 2001** è stato recentemente modificato con un nuovo decreto **12 gennaio 2017 *"Ridefinizione e aggiornamento dei livelli essenziali di assistenza"***.

Al capo IV si formula una serie di specificazioni che attengono all'area dell'"assistenza socio-sanitaria". La sistematica espositiva propone, inizialmente, un insieme di criteri e condizioni che devono caratterizzare i "percorsi assistenziali integrati" (art. 21). In particolare: *il "«progetto di assistenza individuale» (PAI) definisce i bisogni terapeutico-riabilitativi e assistenziali della persona ed è redatto dalla unità di valutazione multidimensionale con il coinvolgimento di tutte le componenti della offerta assistenziale, sanitaria, sociosanitaria e sociale, del paziente e della sua famiglia"*. Al riguardo sarebbe stato meglio indicare, al posto della famiglia, la figura del *caregiver* che può anche coincidere non con un familiare, bensì con un collaboratore domestico (badante) oppure con uno o più "volontari di prossimità". Inoltre, il "coordinamento della attività clinica rientra nei compiti del medico di medicina generale". Infine, *"nell'ambito della assistenza distrettuale sono privilegiati gli interventi che favoriscono la permanenza delle persone assistite al proprio domicilio attraverso l'attivazione delle risorse disponibili, formali e informali"*.

Si apre, così, la via alla sperimentazione evolutiva del **"*welfare* di comunità"**.

Il d.P.C.M. dei "nuovi" LEA esprime, poi, dopo le premesse sopra indicate, alcune specificazioni relative a servizi ed attività socio-sanitarie integrate. Così, ad esempio, per quanto riguarda:

– le "cure domiciliari" (art. 22) intese come *"percorsi assistenziali a domicilio, costituiti dall'insieme organizzato di trattamenti medici, riabilitativi, infermieristici e di aiuto infermieristico* (ricordate la problematica interpretativa posta, al riguardo, dall'Allegato 1c?) *necessari per stabilizzare il quadro clinico, limitare il declino funzionale e migliorare la qualità della vita"*. Ciò deve realizzarsi nell'ambito di una continuità che interconnetta l'assistenza ospedaliera con quella territoriale. Proseguendo, l'art. 22 propone la identificazione di un insieme di livelli che articolano il "set" erogativo delle cure domiciliari sulla base della loro complessità. Si tratta, in particolare, di: "cure domiciliari di livello base" (coefficiente di intensità inferiore a 0,14), "cure domiciliari integrate (ADI) di I livello" (coefficiente di intensità ricompreso fra 0,14 e 0,30), "cure domiciliari integrate di II livello" (coefficiente di intensità ricompreso fra 0,30 e 0,50), "cure domiciliari integrate di III livello" (coefficiente di intensità maggiore di 0,50). Al crescere del "coefficiente", gli interventi di natura clinico-specialistica e di diagnostica strumentale, nonché quelli di natura riabilitativa affidati a personale professionale, aumentano di numero e complessità. La "presa in carico", seguita dalla predisposizione del "piano di assistenza individualizzato", sono premesse indispensabili per attivare gli interventi ricompresi in ognuno dei livelli dell'"assistenza domiciliare integrata".

Il d.P.C.M. introduce, anche, una qualche variazione rispetto alla ripartizione percentuale degli oneri finanziari fissata (come si è visto poc'anzi) dall'"atto di indirizzo e coordinamento" elaborato dal Ministero della salute. Ad esempio, "le prestazioni di aiuto infermieristico e l'assistenza professionale tutelare" pur essendo "prestazioni sociali a rilievo sanitario" sono poste a totale carico del SSN per i primi 30 giorni dopo il ricovero ospedaliero. Solo a partire dal 31° giorno si ripristina, quindi, la originaria distinzione del "fifty-fifty" a carico del Fondo sanitario e dei comuni.

Negli articoli successivi vengono riprese tutte le fattispecie assistenziali socio-sanitarie, contenute nell'Allegato 1c, così come successivamente precisate nell'"atto di indirizzo e coordinamento" ("assistenza s.s. ai minori, alle donne, alle coppie e alla famiglia", "assistenza s. s. alle persone con disturbi mentali", "assistenza s.s. alle persone con disabilità", "assistenza residenziale extraospedaliera ad elevato impegno sanitario", articolata nelle configurazioni semiresidenziale e residenziale in rapporto a pazienti psichiatrici, anziani non autosufficienti, disabili, ecc.). In rapporto a tali fattispecie i "nuovi" LEA identificano un dettaglio di soluzioni di presa in carico, di prestazioni e di impegno, da parte di svariate figure professionali, che forniscono un quadro esauriente del come si debba caratterizzare una assistenza clinicamente appropriata e di qualità. Pur essendo in presenza di una illustrazione dei contenuti operativi assai più dettagliata (rispetto a quelli del d.P.C.M. del 2001) la percentualizzazione degli oneri finanziari – fatta salva qualche eccezione – sostanzialmente non cambia.

Di certo, pressoché tutti i dubbi che abbiamo visto sorgere in sede interpretativa rispetto ad alcune formulazioni dell'Allegato 1c, vengono risolti attraverso una descrizione delle modalità di erogazione che dà conto del diverso impegno dei fattori produttivi, sia sanitari che sociali, impiegati nell'assicurare l'assistenza prevista.

9.3. Le sperimentazioni gestionali: introduzione

In un quadro generale caratterizzato dalla progressiva lievitazione – dipendente da molteplici e concomitanti fattori (1) – dei costi dell'assisten-

(1) Ci si riferisce, in particolare, allo sviluppo scientifico e tecnologico, che rende disponibili sempre più sofisticati ed efficaci strumenti di intervento nella diagnosi e nella cura delle malattie, ma anche all'incremento naturale della domanda di prestazioni correlato all'aumento dell'età media della popolazione assistita.

za sanitaria, è in atto in tutti i Paesi, quale che sia il modello di organizzazione dei servizi sanitari a cui gli stessi si ispirano, la ricerca di nuovi strumenti e modelli di gestione, capaci di garantire livelli accettabili di qualità delle prestazioni erogate ad un costo compatibile con le risorse finanziarie disponibili.

In particolare, in molti Stati che dispongono di un sistema sanitario simile a quello del modello inglese, si registrano da alcuni anni esperienze, anche molto innovative, attraverso le quali è stato dato avvio ad un processo di profonda modificazione degli assetti organizzativi dei sistemi sanitari coinvolti, e ciò al fine di promuovere la flessibilità e l'adattamento di questi ultimi alle regole proprie delle imprese private, introducendo meccanismi concorrenziali e specifici criteri di programmazione.

Tali iniziative hanno prodotto importanti cambiamenti dal lato dell'offerta, con l'attribuzione, per l'appunto, alle strutture pubbliche di una maggiore autonomia gestionale, ma non solo: si è cercato di aprire la strada, con modalità e sfumature diverse da caso a caso, a molteplici forme di **collaborazione fra soggetti pubblici e privati**.

Prima di passare all'analisi, nei successivi punti, della normativa italiana in materia di sperimentazioni gestionali, si abbia riguardo, quindi, alla descrizione delle esperienze messe in atto in Svezia, Regno Unito e Spagna.

Il primo esempio di collaborazione pubblico/privato nel **sistema sanitario svedese** è quello realizzato dalla Contea di Stoccolma che, impegnata nella ristrutturazione della rete di offerta ospedaliera cittadina, decise di trasformare, nel 1994, lo *status* giuridico di un importante ospedale generale, situato nel centro di Stoccolma (si trattava del *St. Göran Hospital*), da ente pubblico a società di capitali, mantenendo, tuttavia, la proprietà esclusiva pubblica del capitale sociale.

L'obiettivo perseguito dalla Contea era quello di dar vita ad una struttura più flessibile ed innovativa, attraverso l'utilizzo di strumenti di gestione tipicamente privatistici.

Nel 1999, la Contea cedette, poi, tutte le proprie quote ad un soggetto privato che si impegnava contrattualmente a:

1. rilevare tutta l'attrezzatura dell'ospedale;
2. assumere tutti i dipendenti;
3. stipulare un contratto di locazione con un'agenzia della Contea proprietaria dell'immobile in cui aveva sede l'ospedale;
4. stipulare un accordo per l'erogazione di una definita gamma di servizi sanitari per la popolazione svedese.

Nell'ottobre del 2000, la società si è quotata nella Borsa di Stoccolma, dando la possibilità ai propri dipendenti di acquistare fino al 5,9% delle azioni. Ad oggi, la gestione ha garantito il raggiungimento di un risparmio pari a circa il 7-12% rispetto agli altri ospedali pubblici che presentano una casistica simile.

Nonostante l'esperienza del *St. Görian Hospital* sia forse ancora troppo breve e isolata per poterne valutare compiutamente gli effetti, è possibile, tuttavia, porre l'accento su taluni aspetti, tra quelli ritenuti più critici dell'iniziativa di cui si tratta.

Anzitutto, occorre rilevare come le implicazioni derivanti dalla proprietà azionaria da parte dei dipendenti dell'ospedale possa generare un evidente conflitto di interessi.

In secondo luogo va parimenti sottolineato come le crescenti differenze nell'offerta ospedaliera dalle aree rurali a quelle urbane, dove si concentrano gli interessi del settore privato, rischiano di alterare sensibilmente il principio di solidarietà sociale, notoriamente posto alla base del sistema sanitario svedese.

Passando all'esperienza del **Regno Unito**, alcuni cenni meritano, da un lato, la costituzione di *Diagnosis and Treatment Centres* (2) e, dall'altro, la proposta di trasformazione dei *Trust* in fondazioni.

Grazie ai *Diagnosis and Treatment Centres*, il Governo intende incrementare la capacità produttiva del Servizio sanitario nazionale, al fine di ridurre in tempi ragionevoli le lunghe liste di attesa che pesano sul servizio stesso. La caratteristica più interessante di questa iniziativa risiede proprio nel ruolo che viene attribuito ai soggetti privati (anche provenienti da altri Paesi europei), ai quali il Governo ha appaltato, di fatto, la gestione dei suddetti Centri.

Il progetto riguardante la trasformazione dei *Trust* in fondazioni rientra, invece, in un ampio processo di riforma del sistema sanitario, destinato a ridurre il ruolo del Governo centrale per rafforzare quello delle comunità locali.

Gli elementi che caratterizzano questi nuovi soggetti giuridici sono:

a) l'indipendenza dell'organizzazione e lo scopo non lucrativo, sul modello delle società cooperative;

b) il passaggio della proprietà delle strutture dal Governo centrale a quello locale, che diventa, quindi, l'unico responsabile diretto della gestione dei servizi alla comunità di riferimento;

c) la composizione dell'organo di governo, costituito da una maggioranza di soggetti nominati dalla comunità locale, a cui si affiancano rappresentanti dei medici di medicina generale e rappresentanti del personale dipendente;

d) il vincolo di destinazione delle strutture immobiliari per prevenirne eventuali utilizzi diversi.

Tra le esperienze di collaborazione pubblico/privato che appaiono essere ormai consolidate nel Regno Unito vanno annoverate, infine, anche le *Project Finance Initiative*, sviluppate con l'intento sia di incoraggiare il settore privato ad investire nell'ambito pubblico, sia di migliorare la qualità degli investimenti rispetto alle tradizionali modalità di appalto.

---

(2) Trad.: Centri di diagnosi e cura per interventi di elezione.

Sulla base dei risultati delle analisi e delle valutazioni elaborate da diverse parti sui modelli di gestione ispirati agli schemi del *project financing*, sono emerse, tuttavia, le seguenti criticità:

- rispetto alle modalità tradizionali di investimento, i risparmi effettivamente conseguiti sono stati piuttosto marginali;
- i costi di transizione hanno inciso in modo rilevante sui progetti considerati;
- non sono stati registrati significativi miglioramenti nella progettazione delle strutture ospedaliere;
- la possibilità di adottare gli schemi in questione solo per la costruzione delle strutture e la gestione dei servizi ausiliari, escludendo, quindi, quelli destinati alla cura della persona, i quali rappresentano, tuttavia, quasi il 70% dei costi di gestione complessivi, rappresenta un ostacolo evidente alla realizzazione di risparmi attribuibili ad una maggiore efficienza operativa.

Quanto, infine, al **sistema spagnolo**, va detto che la scelta di dare impulso all'autonomia gestionale dei centri assistenziali, potenziandone, in particolare, la separazione delle funzioni di pianificazione, finanziamento, acquisto e produzione, ha portato, in seguito all'approvazione della legge 30 dicembre 1998, n. 30 e all'adozione del *Real* decreto n. 29 del 14 gennaio 2000, al raddoppiamento del numero delle fondazioni pubbliche sanitarie.

Un caso emblematico è rappresentato dall'Ospedale *de la Ribera*: nel 1997, la *Conselleria de Sanidad* della comunità di Valencia assunse la decisione di collocare, tramite un apposito contratto di concessione amministrativa, un ospedale nell'area di Alzira.

La scelta di ricorrere all'istituto della concessione amministrativa si fonda sulla volontà di assicurare la netta separazione tra il soggetto finanziatore (la comunità di Valentia) ed i fornitori (l'*Union Temporal de Empresas* e la *Ribera Salud*), sui quali grava il rischio imprenditoriale.

L'ospedale ha iniziato la sua attività nel gennaio del 1999 e si è andato arricchendo progressivamente di servizi, qualificandosi nel 2002, per il secondo anno consecutivo, come il miglior ospedale della Spagna.

Il modello Alzira non è, però, immune da critiche. In molti contestano, infatti, l'eccessiva privatizzazione del servizio pubblico, che avrebbe portato, nonostante l'elevato livello qualitativo delle prestazioni erogate, ad un sensibile aumento dei costi.

Se, dunque, l'analisi delle esperienze straniere dimostra che la ricerca di nuovi modelli di gestione dei servizi sanitari rappresenta un fenomeno tutt'altro che raro, occorre interrogarsi, però, stanti i molteplici profili di criticità evidenziati, anche sull'opportunità di coinvolgere il privato (*profit* o *no profit*) nella gestione dei servizi sanitari.

Posto che non è questa la sede per cercare di sciogliere un simile dubbio, pare utile osservare, rifacendosi al pensiero di Dugato, che, a differenza di altri settori, in ambito sanitario il soggetto pubblico *"offr[e] un'ottima capa-*

città, talvolta superiore a quella dei privati, sia con riferimento all'attività medico-clinica, sia con riferimento al complesso organizzativo-strutturale".

- ***Il contesto italiano***

In Italia, l'**istituto** della **sperimentazione gestionale** nasce con l'art. 4, comma 6 della legge 30 dicembre 1991, n. 421: l'obiettivo che il legislatore intendeva raggiungere era quello di introdurre uno schema organizzativo/gestionale che, attraverso processi monitorati, consentisse di superare la rigidità del sistema di regolazione pubblica del settore della sanità, attraverso forme di collaborazione con altri soggetti (in particolare, con quelli privati).

Il succitato art. 4 stabiliva, infatti, che: "*In deroga alla normativa vigente sono consentite sperimentazioni gestionali, ivi comprese quelle riguardanti modalità di pagamento e di remunerazione dei servizi, quelle riguardanti servizi e prestazioni forniti da soggetti singoli, istituzioni ed associazioni volontarie di mutua assistenza aventi personalità giuridica, consorzi e società di servizi, [...] nel rispetto dei livelli uniformi di assistenza e dei rispettivi finanziamenti*".

La prima definizione compiuta di sperimentazione gestionale è contenuta, però, all'interno dell'art. 9-*bis* del d.lgs. 502/1992, il cui primo comma prevede che le sperimentazioni *ex* art. 4, comma 6 della legge 412/1991 possano essere attuate attraverso "*convenzioni con organismi pubblici o privati per lo svolgimento in forma integrata sia di opere che di servizi, motivando le ragioni di convenienza, di miglioramento della qualità dell'assistenza e gli elementi di garanzia che supportano le convenzioni medesime*". A tal fine, "*la regione può dar vita a società miste a capitale pubblico e privato [...] autorizzando, in sede di prima attuazione [...] nuove aziende Unità sanitarie locali e/o ospedaliere, equamente ripartite nelle circoscrizioni territoriali del Nord, Centro e Sud Italia, in cui effettuare le predette sperimentazioni e verificare annualmente i risultati conseguiti sia sul piano economico che su quello della qualità dei servizi*".

Come si può notare, l'art. 9-*bis* del d.lgs. 502/1992, pur mantenendo l'impalcatura definita dall'art. 4, comma 6 della legge 412/1991, introduce, invero, un nuovo regime procedurale di attuazione delle sperimentazioni in questione, attraverso il coinvolgimento della Conferenza permanente per i rapporti fra lo Stato, le regioni e le province autonome di Trento e Bolzano.

Successivamente, con l'entrata in vigore del d.lgs. 229/1999, modificativo dell'art. 9-*bis* del d.lgs. 502/1992, vengono ulteriormente accentuati i profili di garanzia del servizio pubblico, introducendo una sorta di rete di contenimento, di "paracadute", in grado di preservare l'utenza da interpretazioni, per così dire, estensive e fuorvianti della norma in analisi (v. *infra*). Nel contempo, il potere di **proposta** dei **progetti sperimentali** viene demandato esplicitamente alle regioni, ma il relativo atto autorizzatorio resta di competenza della Conferenza permanente per i rapporti Stato-regioni.

Il mancato richiamo all'istituto della deroga, contestualmente all'introduzione, come detto, di previsioni più stringenti in ordine alla realizzazione dei progetti di sperimentazione, oltre a mettere in discussione la deroga stessa, diede origine, di fatto, a una duplice categoria: quella delle sperimentazioni rientranti nell'ambito dell'art. 9-*bis* del d.lgs. 502/1992, così come modificato dal d.lgs. 229/1999, e quelle che sfuggono, per così dire, a tale disciplina.

Tale *impasse* sarà superata solo grazie alla previsione contenuta all'interno dell'art. 90 della **legge 388/2000**, il quale, richiamando esplicitamente anche le sperimentazioni gestionali previste dell'art. 4, comma 6 della legge 412/1991 stabilisce che "*sino al 30 giugno 2002 il trasferimento di beni, anche immobili e di aziende, a favore di fondazioni di diritto privato e di enti pubblici [...] effettuato nell'ambito delle sperimentazioni [medesime], limitatamente agli atti sottoposti a registrazione durante il periodo della sperimentazione [...] non dà luogo a imposte sui redditi, a realizzo o distribuzione di plusvalenze, ricavi e minusvalenze, compreso il valore di avviamento, non costituisce presupposto per la tassazione di sopravvenienze attive nei confronti del cessionario, non è soggetto ad alcuna imposta sui trasferimenti né comporta l'obbligo di affrancare riserve e fondi in sospensione d'imposta*".

Non è difficile intuire come tale disposizione rappresenti un punto di svolta importante per quanto riguarda la disciplina delle sperimentazioni gestionali: essa apre, infatti, alla possibilità di tratteggiare un diverso assetto istituzionale del sistema sanitario, mediante la costituzione di **nuovi soggetti giuridici**, quali le **fondazioni di partecipazione**, con l'obiettivo, come già più volte ricordato, di superare la logica di contrapposizione esclusiva tra aziende sanitarie, da un lato, e società miste a capitale pubblico-privato, dall'altro.

L'art. 9-*bis* del d.lgs. 502/1992 sarà, poi, ulteriormente modificato ad opera della legge **405/2001**, che ha trasferito alle regioni il compito, prima affidato alla Conferenza permanente per i rapporti tra lo Stato, le regioni e le province autonome di Trento e Bolzano, di autorizzare le sperimentazioni gestionali. L'attuale comma 1 del succitato articolo prevede, in particolare, che "*le regioni e le Province autonome di Trento e di Bolzano [possono autorizzare] programmi di sperimentazione aventi ad oggetto nuovi modelli gestionali che prevedano forme di collaborazione tra strutture del servizio sanitario nazionale e soggetti privati, anche attraverso la costituzione di società miste a capitale pubblico e privato*".

Il programma di sperimentazione adottato dalla regione o dalla provincia autonoma interessata deve rispondere, altresì, a ragioni di convenienza economica del progetto gestionale e di miglioramento della qualità dell'assistenza, oltreché di coerenza rispetto alle previsioni del Piano sanitario regionale.

A ciò si aggiunge, come anticipato, un dettagliato sistema immunitario di garanzie e di controlli. Detto sistema tutorio si impernia:

- quanto agli elementi di garanzia su: *a*) la partecipazione minoritaria del privato, che non può essere superiore al 49%; *b*) la previsione di limitazioni ai trasferimenti, in senso lato, delle quote partecipative del socio non istituzionale; *c*) la disciplina della risoluzione del rapporto sinallagmatico; *d*) la definizione analitica dei compiti, delle funzioni e degli obblighi di entrambi i compartecipi; *e*) le forme e le modalità di risoluzione e, quindi, lo scioglimento degli organi sociali;
- quanto, invece, ai controlli ne prevede la realizzazione attraverso un percorso fatto di periodiche verifiche da esercitarsi a carattere e ricorrenza annuale, tese ad accertare i risultati conseguiti "*sia sul piano economico sia della qualità dei servizi*", per consentire al Governo e alle regioni di adottare "*i provvedimenti conseguenti*" al termine del primo triennio di sperimentazione (art. 9-*bis*, comma 3).

Il tenore e lo spirito dell'attuale art. 9-*bis* del d.lgs. n. 502/1992 mostrano, abbastanza nitidamente, alcuni incongruenze che caratterizzano l'impianto normativo delle sperimentazioni gestionali. Stante il trasferimento alle regioni delle competenze amministrative in tema di autorizzazione del percorso sperimentale, risulta, infatti incomprensibile il centripetismo lasciato residuare in capo alla Conferenza Stato-regioni in ordine alla verifica annuale dei risultati raggiunti, così come sembra caratterizzata da forti elementi di contraddittorietà la *potestas* in favore del Governo, per quanto riguarda l'adozione del provvedimenti conseguenti alla predetta verifica.

Nonostante ciò, è indubbio che le sperimentazioni gestionali, così come ideologicamente concepite, si atteggiano, inequivocabilmente, a nuova frontiera dell'offerta dei servizi sanitari, proponendo un modello di organizzazione della salute che vada a privilegiare traguardi economici anche non direttamente misurabili nella loro immediatezza, ma destinati a produrre, nel tempo, il loro valore aggiunto.

Capitolo 10
La "committenza"

di *Fosco Foglietta, Diego Lorenzetti*

10.1. La "committenza" nella programmazione distrettuale

Trattando del Distretto, nel precedente capitolo 8, si è già sottolineato come sia sua caratteristica, unica e del tutto originale, il dover elaborare una programmazione (il Pat) bicefala: da un lato, contenuti rivolti alla "offerta" di prestazioni prodotte direttamente dai servizi distrettuali mediante le risorse assegnate dalla direzione generale; dall'altro, contenuti che qualificano la funzione di "committenza", ovverosia la stima complessiva di tutte le prestazioni di cui si ritiene abbiano bisogno i cittadini del Distretto. Prestazioni che possono essere acquisite da altre strutture aziendali (ospedali e grandi Dipartimenti, ad es.) o extra-aziendali, pubbliche o private convenzionate.

La premessa indispensabile per poter formulare una tale previsione di fabbisogno consiste nel riuscire a **misurare** il **consumo** delle **prestazioni** fruite da ogni **cittadino** (la **domanda soddisfatta**) nell'anno (negli anni) precedente a quello su cui insiste l'elaborazione programmatoria considerata.

Affinché si possa ottenere questo risultato, appare indispensabile la disponibilità di un adeguato **sistema informativo/informatizzato** e l'abbandono di quella "classica" impostazione programmatica che traeva le proprie previsioni partendo dalla quantificazione dei livelli erogativi raggiunti da ciascun servizio e dal numero degli utenti da questi trattati nell'esercizio precedente.

Ne derivava, infatti, un orientamento permanentemente espansivo (la domanda è, sempre, in qualche misura superiore alla offerta) che puntava solo all'incremento del valore della produzione senza preoccuparsi di qualsivoglia valutazione di appropriatezza e di riconsiderare criticamente le linee di crescita relative alla "offerta" storicamente espressa dai vari territori (comunali e distrettuali).

Nelle realtà regionali in cui i sistemi informativi si sono evoluti informatizzandosi e creando "piattaforme digitali" mediante le quali mettere in rete sia tutti i produttori (i servizi pubblici e privati convenzionati) di prestazioni assistenziali, sia tutti i consumatori di tali prestazioni, si è reso possibile il **passaggio** da una **programmazione** centrata sulla **offerta "storicizzata"** dei servizi ad una **programmazione** che si basa, invece, sulla **quantificazione** dei **consumi** attribuibili a ciascun paziente.

Un tale viraggio permette (aggregando i pazienti per dimensione comunale di residenza) di operare comparazioni fra i consumi registrati in rapporto ad ogni tipologia prestazionale e, alla luce delle differenze, estrarre parametri di **valutazione** dell'**"appropriatezza clinica"** di tali consumi. Ne deriva, quindi, la possibilità di considerare la correttezza o meno del fabbisogno futuro – superando il retaggio della domanda storica – alla luce di una siffatta stima previsionale.

Sulla base di questa impostazione si consente alla programmazione di "committenza" di quantificare un rapporto fra il **"bisogno"** (inteso come **domanda appropriata**) di prestazioni e la **corrispondente "offerta"**, che rappresenti il livello di tutela sanitaria considerato, davvero, come pertinente e necessario.

- ***Lo "strumentario" della funzione di "committenza"***

Si tratta, dunque, di capire attraverso quale processo costitutivo si riesca ad ottenere la **strumentazione informativa** indispensabile per supportare adeguatamente la funzione di "committenza". Indichiamo alcune delle sue fasi fondamentali:

– occorre, innanzi tutto, predisporre una **"mappa" tipologica** completa delle **prestazioni** di cui vanno quantificati i consumi. Sono centinaia e centinaia di voci; ad esempio, tutti i DRG ospedalieri (Disease related Group: il dettaglio delle prestazioni cliniche di ricovero e cura), tutte le specialistiche ambulatoriali, tutte le diagnostiche strumentali (analitiche e per immagini), tutte le specialità farmacologiche. Ne consegue, con tutta evidenza, la indispensabilità della loro raccolta sistematica attraverso un adeguato supporto di sanità elettronica;
– deve essere definito, inoltre, il **"minimo comune denominatore"** aggregativo dei **consumi individuali**. Si propone il **bacino** di **utenza** territoriale coincidente con il **comune** di residenza. Ciò consente, inoltre, per sommatoria, di quantificare – in relazione ad ogni tipologia prestazionale – la domanda soddisfatta a dimensione, prima, distrettuale, poi, aziendale;
– ne deriva la possibilità di **comparare, comune per comune,** il consumo di ciascun tipo di prestazione evidenziandone i **"picchi" di diversità**, per eccesso o per difetto, rispetto ad una media calcolabile a dimensione sia distrettuale che aziendale. Esempio:

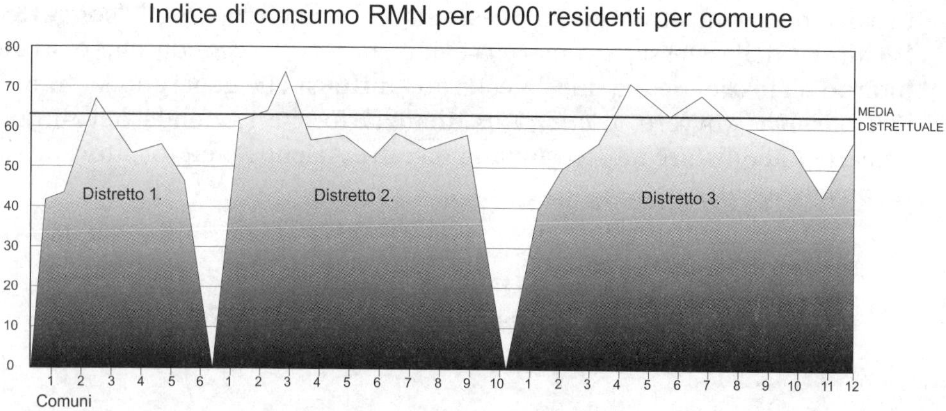

Figura 2

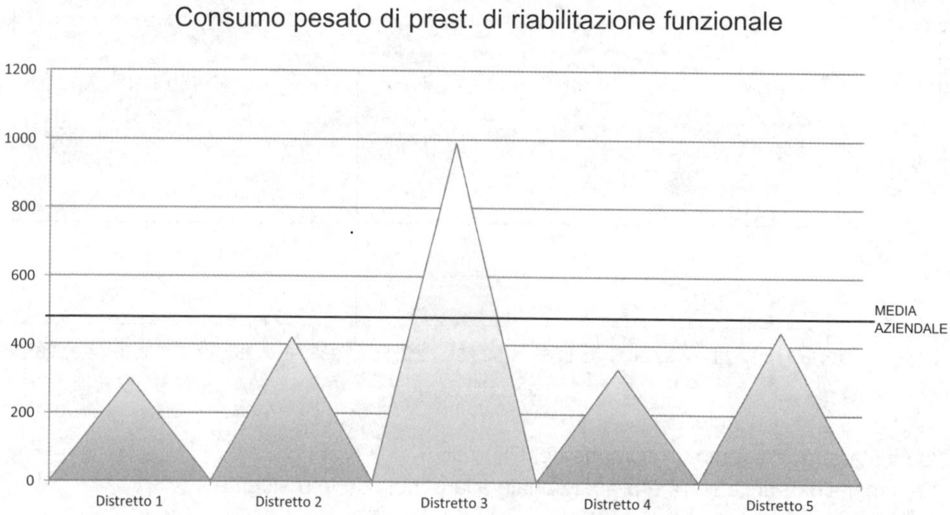

Figura 3

- tale **media** costituisce un primo **indicatore "proxy"** di **appropriatezza**. Le difformità più eclatanti devono, poi, essere oggetto di approfondimento (attraverso "audit" con i prescrittori, colloqui con "testimoni privilegiati", analisi epidemiologiche, ad es.) allo scopo di individuare le cause generative di tali difformità;
- il programmatore distrettuale, alla luce di questi approfondimenti, punta alla correzione degli effetti più marcatamente distorsivi, intervenendo sulle cause che li hanno determinati;

- incrociando ogni **tipologia** di **prestazione** consumata con il **"soggetto" fornitore** della stessa, si possono evidenziare – a seconda che esso sia interno alla Azienda o a questa esterno – i **flussi** che generano la **"mobilità passiva"** (ovvero, il *quantum* finanziario che l'Azienda deve impegnare per acquistare tali prestazioni da altre Aziende o da fornitori privati convenzionati).

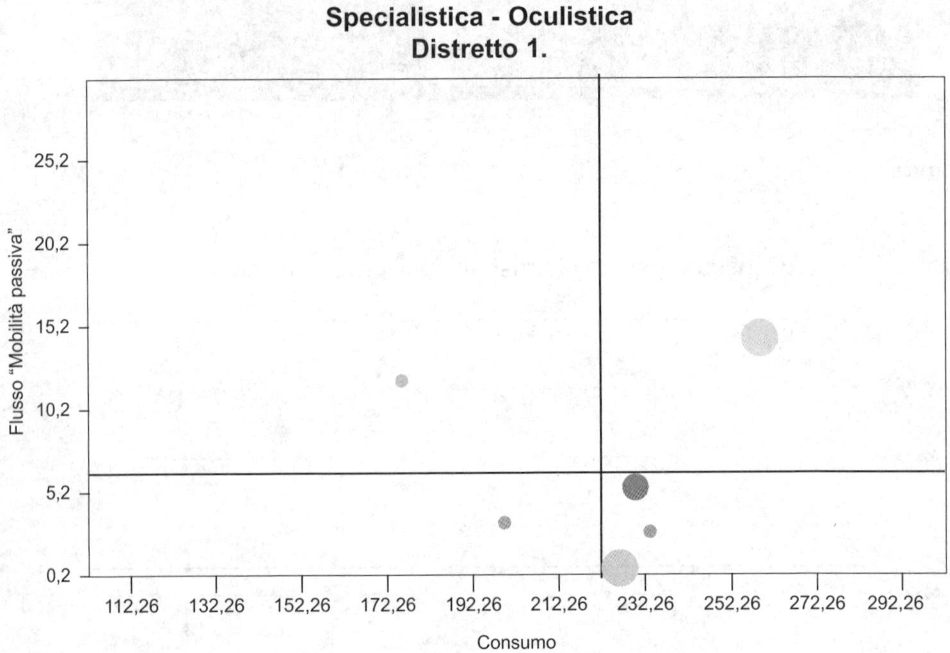

- Ogni sfera rappresenta un comune del Distretto 1
- La dimensione della sfera è proporzionale alla popolazione residente

Figura 4

La "mappatura dei flussi" di mobilità passiva consente di programmare strategie per un loro contenimento nel breve e medio periodo.

- Correlando i consumi relativi ad ogni tipologia di prestazione con i costi corrispondentemente indotti, è possibile, poi, rilevare le differenze che si sono generate – da Distretto a Distretto – utilizzando alcuni, semplici, indicatori: **costo pro capite** per **prestazione**, o per **aggregati** di **prestazioni** afferenti ad un singolo servizio, oppure per **particolari categorie** di **utenti** (ad es., anziani oversettantacinquenni).

PRO CAPITE

	COSTI PRO CAPITE DISTRETTI				
	1.	2.	3.	4.	5.
Tipologie di assistenza	Fondo sanitario	Fondo sanitario	Fondo sanitario	Fondo sanitario	Fondo sanitario
Medicina di base	110,63	105,35	124,77	117,02	121,15
Assistenza domiciliare	7,23	11,87	8,48	9,34	9,67
Assistenza specialistica ambulatoriale	37,41	20,00	14,83	17,29	27,98
Assistenza anziani	49,86	64,74	79,75	51,87	69,09
Assistenza tossicodipendenti	5,48	11,17	11,57	9,90	13,04
Assistenza ai disabili	11,34	19,50	13,61	22,45	24,76
Servizi sociali	0,00	0,00	0,00	0,00	0,00
Salute donna	2,60	6,58	5,48	3,44	7,33
Salute infanzia	7,82	7,87	9,52	7,65	6,53
Assistenza termale	0,00	0,00	0,00	0,00	0,00
Assistenza integrativa (assorbita nelle aree)	0,00	0,00	0,00	0,00	0,00
Costi generali distretto	46,74	24,52	39,45	46,65	51,89
Assistenza farmaceutica territoriale	192,65	208,37	211,58	211,36	231,86
Sanità pubblica	24,39	27,14	35,03	39,60	31,42
Assistenza psichiatrica	28,09	44,07	35,15	25,59	31,92
Assistenza ospedaliera (degenze)	414,79	0,00	252,14	436,45	153,63
Specialistica ambulatoriale ospedaliera	165,83	0,00	167,10	272,97	120,36
Mobilità passiva:					
Ospedaliera	264,34	608,92	312,72	275,51	386,61
Medicina di base					
Farmaceutica	0,00	0,00	0,00	0,00	0,00
Specialistica ambulatoriale	23,68	105,93	45,10	12,02	39,71
Emergenza territoriale	0,00	0,00	0,00	0,00	0,00
Altri rimborsi da pubblico					
Libera professione	16,48	0,00	16,03	8,74	3,73
Costi generali di azienda					
TOTALE	1.409,38	1.266,02	1.382,32	1.567,85	1.330,68

Figura 5

– I dati così elaborati consentono, dunque, la **"mappatura delle disuguaglianze storicizzate"** fra i vari territori distrettuali e forniscono al programmatore la possibilità di ricorrere a motivazioni "oggettive" per modificare tali iniquità, sviluppando politiche sanitarie compensative volte a favorire le aree endemicamente più penalizzate (in genere, quelle periferiche).

SOPRA E SOTTO MEDIA AZIENDALE

DISTRETTI

	1.	2.	3.	4.	5.
Medicina di base	-	-	+	+	-
Assistenza domiciliare	-	+	-	-	-
Assistenza anziani	-	+	+	-	+
Assistenza tossicodipendenti	-	+	+	-	+
Assistenza ai disabili	-	+	-	+	+
Salute donna	-	+	-	-	+
Salute infanzia	-	-	+	-	-
Area specialistica	+	-	+	+	-
Area ospedaliera	+	+	-	+	-

Figura 6

In definitiva, una programmazione di "committenza" basata sulla quantificazione dei consumi offre la opportunità di conoscere le distorsioni realizzatesi fra domanda e "offerta", di comprenderne le cause e di intervenire, conseguentemente, per stimolare obiettivi di cambiamento orientati ad una maggiore "appropriatezza clinica" ed equità distributiva delle risorse fra i diversi territori distrettuali.

10.2. I "soggetti", pubblici e privati, che vendono prestazioni: autorizzazione al funzionamento, accreditamento istituzionale, convenzionamento

Nel SSN istituito dalla l. 833/1978, era del tutto prevalente la impostazione secondo cui le prestazioni assistenziali dovevano essere erogate, in amplissima parte, dai servizi gestiti direttamente dalle USL.

Con l'avvento del d.lgs. 502/1992 viene codificato, invece, il principio in ragione del quale è del tutto lecito separare la titolarità della funzione assistenziale – sempre attribuita alla "mano pubblica" per il tramite delle ASL e delle Aziende ospedaliere – dalla concreta erogazione delle prestazioni. Queste possono, infatti, essere assicurate sia dai servizi aziendali, sia da "soggetti terzi", privati (case di cura, ad es.) o appartenenti ad altri organi dello Stato (ospedali militari) o ad enti ecclesiastici (ospedali religiosi).

Si introduce, così, una sorta di competizione nell'ambito della erogazione delle prestazioni sanitarie, in virtù della quale la **scelta** del **"fornitore"** deriva dalla previsione, operata dal Sistema pubblico, di scegliere la soluzione più vantaggiosa. Quella soluzione che comporta il minor onere finanziario a parità della qualità delle prestazioni, facilità nelle condizioni di accesso per il paziente, comfort strutturale ed alberghiero, ecc.

La conseguente necessità di accertare, presso i “soggetti” erogatori, la esistenza di tali condizioni, ha portato il normatore sanitario ad identificare due **pre-requisiti**: l’**“autorizzazione al funzionamento”** e l’**“accreditamento”**, senza i quali non è possibile svolgere alcuna attività di natura terapeutico-assistenziale (autorizzazione) né formalizzare rapporti contrattuali con le Aziende sanitarie (accreditamento).

I criteri quali-quantitativi afferenti agli aspetti architettonico-edilizi, agli standard di assistenza, alle modalità organizzative e gestionali, ecc., che connotano l’autorizzazione e l’accreditamento valgono tanto per le strutture pubbliche quanto per quelle private. Necessariamente, poiché entrambe devono assicurare il medesimo livello di qualità assistenziale nel momento in cui le **Aziende “committenti”** sottoscrivono **“contratti di fornitura”** con produttori, sia privati che pubblici (ad es., con le Aziende ospedaliere autonome per acquistare prestazioni di particolare complessità, o con Aziende Sanitarie limitrofe, capaci di garantire un accesso più confortevole alle popolazioni confinanti).

Sulla base di questi presupposti si è andata sviluppando un’ampia normativa destinata a predefinire le modalità degli accertamenti necessari a far sì che le autorità regionali e locali possano concedere, sia l’“autorizzazione al funzionamento” che l’“accreditamento istituzionale”, esercitando una preziosa funzione di garanzia a vantaggio dell’utenza. Ovviamente, la invasività di tali accertamenti è cresciuta durante il procedere storico-evolutivo del SSN.

L’art. 43 della l. 833 si limita, infatti, ad affermare che: “l’autorizzazione e la vigilanza sulle istituzioni sanitarie private” viene disciplinata con legge regionale, individuando le “caratteristiche funzionali” che tali istituzioni devono possedere al fine di “assicurare livelli di prestazioni sanitarie non inferiori a quelle erogate dai corrispondenti presidi e servizi delle USL”. La 833 considera, quindi, questi ultimi – per definizione – come strutture capaci di assicurare il miglior standard qualitativo possibile. Se le “istituzioni private” possiedono le caratteristiche sopra indicate, possono richiedere alla regione che i *“loro ospedali [...] siano considerati, ai fini della erogazione della assistenza sanitaria, presidi della USL”*.

I successivi decreti 502/517 modificano radicalmente tale approccio e prevedono (dall’art. 8 all’8-*quinquies*) che qualunque “soggetto” privato possa erogare prestazioni sanitarie, purché in possesso di alcuni requisiti quali-quantitativi (prefissati con norme nazionali integrabili da successivi provvedimenti regionali) che gli consenta di essere inserito in uno specifico elenco. Il rapporto fra “acquirenti” e “fornitori” si articola, conseguentemente, ampliando la platea di questi ultimi e rendendo la loro capacità di offerta non più sussidiaria e marginale, bensì paritaria e alternativa rispetto a quanto può essere offerto dai servizi pubblici. Sarà, dunque, il paziente a scegliere, in assoluta libertà, la strutture presso cui curarsi.

Infine, il fornitore privato viene remunerato sulla base di **"livelli tariffari"** determinati da ogni regione a seguito di specifiche indicazioni ministeriali.

Questo regime totalmente "aperto" subisce, però, una qualche limitazione a seguito delle leggi finanziarie 549/1995, 662/1996 e 449/1997 che, lasciando inalterato l'obbligo del possesso degli standard previsti, subordina la concretizzazione della fornitura alla disponibilità delle risorse finanziarie che la programmazione regionale mette a disposizione.

In buona sostanza, solo i presidi privati che, presentando l'affidabilità qualitativa richiesta, possono essere accreditati, si pongono nelle condizioni di attivare rapporti contrattuali di fornitura con il sistema pubblico.

L'impostazione data dai decreti 502/517 viene riproposta e meglio specificata nel successivo d.lgs. 229/99, che configura una sorta di *cursus honorum* mediante il quale si consente ai "soggetti"privati di divenire fornitori di prestazioni alle strutture del SSN. Tre sono i **successivi passaggi** che devono essere percorsi per ottenere tale risultato: l'**"autorizzazione** alla realizzazione di strutture e all'esercizio di attività sanitarie e socio-sanitarie" (art. 8-*ter*) l'**"accreditamento istituzionale"** (art. 8-*quater*)e gli **"accordi contrattuali"** (art. 8-*quinquies*).

a) L'"autorizzazione al funzionamento"

Questa si applica "alla costruzione di nuove strutture, all'adattamento di strutture già esistenti e alla loro diversa utilizzazione, all'ampliamento e alla trasformazione, nonché al trasferimento in altra sede di strutture già autorizzate". Sono varie le tipologie in cui si articolano tali strutture: ospedali con "ricovero a ciclo continuo, o diurno, per acuti", ambulatori che erogano assistenza specialistica (in questa ricomprendendo anche attività riabilitative, di diagnostica strumentale e di laboratorio), strutture residenziali a ciclo continuo o diurno (socio-sanitarie).

L'"autorizzazione" deve essere, altresì, richiesta per l'apertura di studi medici, odontoiatrici, o di altre professioni sanitarie, se ed in quanto vi si eroghino "prestazioni di chirurgia ambulatoriale, ovvero procedure diagnostiche e terapeutiche di particolare complessità o che comportino rischi per la sicurezza del paziente". Nel caso di "autorizzazione" richiesta per la costruzione di strutture sanitarie e socio-sanitarie, il comune competente a rilasciare la concessione edilizia deve acquisire, prima di assumere l'atto, la "verifica di compatibilità del progetto da parte della regione". Verifica che viene effettuata in "rapporto al fabbisogno complessivo e alla localizzazione territoriale delle strutture presenti in ambito regionale".

L'esercizio delle attività (sanitarie e socio-sanitarie) da parte delle strutture sia private che pubbliche (e si sottolinea "pubbliche") presuppone il "possesso dei requisiti minimi, strutturali, tecnologici e organizzativi, stabiliti con **"atto di indirizzo e coordinamento"** ai sensi dell'art. 8 della legge 59 del 1997 (che contempla gli "atti di indirizzo e coordinamento delle funzioni amministrative regionali, gli atti di coordinamento tecnico, nonché le direttive relative all'esercizio delle funzioni delegate" così come previste dalla "riforma della pubblica amministrazione e per la semplificazione amministrativa", legge Bassanini).

b) L'"accreditamento istituzionale"

L'"accreditamento" viene "rilasciato dalla regione alle strutture autorizzate, pubbliche e private ed ai professionisti che ne facciano richiesta, subordinatamente alla loro rispondenza ai requisiti ulteriori di qualificazione, alla loro funzionalità rispetto agli indirizzi di programmazione regionale e alla verifica positiva della attività svolta e dei risultati raggiunti".

Dunque, il passaggio dal primo "step" – l'"autorizzazione al funzionamento" – al secondo – l'"accreditamento istituzionale" – si verifica se ed in quanto le strutture che lo richiedano (siano esse pubbliche o private) abbiano già acquisito l'"autorizzazione", garantiscano il rispetto di una serie di ulteriori requisiti quali-quantitativi e rispondano agli indirizzi della programmazione regionale in merito,sia al fabbisogno di assistenza stimato come necessario (per garantire i "livelli essenziali di assistenza" e gli eventuali integrativi locali) sia alla compatibilità finanziaria di tale fabbisogno.

Anche per l'**"accreditamento"** si ricorre all'**"atto di indirizzo e coordinamento"** (*ex* legge 59/1997) allo scopo di stabilire "criteri generali e uniformi" per:

- la "*definizione dei requisiti ulteriori indispensabili a consentire l'esercizio delle attività sanitarie per conto del SSN*";
- la "*valutazione della rispondenza delle strutture al fabbisogno, tenendo conto anche della soglia minima di efficienza (requisito che ha a che fare, ad es., con un numero minimo di posti letto) che, compatibilmente con le risorse regionali disponibili, deve essere conseguita da parte delle singole strutture sanitarie e alla funzionalità della programmazione regionale, inclusa la determinazione dei limiti entro i quali sia possibile accreditare quantità di prestazioni in eccesso rispetto al fabbisogno programmato, in modo da assicurare un'efficace competizione fra le strutture accreditate*";
- la specificazione delle procedure e dei termini per ottenere l'accreditamento e per verificarne periodicamente la sussistenza.

Inoltre, l'"atto di indirizzo e coordinamento" deve essere emanato rispettando alcuni principi direttivi, quali, ad es. "garantire l'uguaglianza fra tutte le strutture relativamente ai requisiti richiesti", "assicurare che tutte le strutture accreditate garantiscano dotazioni strumentali e tecnologiche appropriare per quantità, qualità e funzionalità in relazione alla tipologia delle prestazioni erogabili e alle necessità assistenziali degli utilizzatori dei servizi", "garantire che tutte le strutture accreditate assicurino adeguate condizioni di organizzazione interna, con specifico riferimento alla dotazione quantitativa e alla qualificazione professionale del personale", "prevedere la partecipazione degli operatori a programmi di valutazione della appropriatezza delle prestazioni erogate e della loro qualità", "prevedere forme di partecipazione dei cittadini e degli utilizzatori dei servizi alla verifica delle attività e alla formulazione di proposte rispetto alla accessibilità dei servizi", ecc.

c) Gli "accordi contrattuali"

Questi non sono altro che la formalizzazione dei **"contratti di fornitura"** stipulabili fra le strutture del SSN e i vari, possibili, fornitori – pubblici e privati – correttamente accreditati. I contenuti di tali contratti si definiscono sulla base di indicazioni regionali quali, ad es.: "indirizzi per la formulazione dei programmi di attività delle strutture interessate, con la indicazione delle funzioni e delle attività da potenziare o da depotenziare", "determinazione del piano delle attività relativo alle alte specialità e alla rete dei servizi di emergenza", "definizione dei criteri per la determinazione della remunerazione delle strutture", ecc.

Inoltre, il "Patto per la salute 2014/2016"e il d.m. 2 aprile 2015, n. 70 (definizione degli standard qualitativi, strutturali, tecnologici e quantitativi, relativi all'assistenza ospedaliera) prevede un ulteriore, puntuale, limite alla possibilità, da parte delle Aziende Sanitarie, di formalizzare "contratti di fornitura" con strutture pubbliche o private che abbiano una dotazione di posti letto inferiore ai 60.

Da notare come il rapporto OASI/2015 espliciti, al riguardo, come tale requisito non sia posseduto da circa il 20% delle strutture ospedaliere private e da circa il 30% di quelle pubbliche.

10.3. Le tariffe

Come già più volte affermato, le prestazioni garantite dal SSN sono quelle incluse nei Livelli Essenziali di Assistenza di cui al d.P.C.M. 12 gennaio 2017. Tali prestazioni sono erogate da soggetti sia pubblici che privati, equiparati e accreditati, che vengono remunerati secondo quanto stabilito a livello regionale entro il quadro normativo fissato a livello nazionale.

Un accenno di tale quadro si ha per la prima volta con il d.lgs. 502/1992 che, all'art. 8, comma 5, prevedeva un sistema di remunerazione delle prestazioni bastato su "*un corrispettivo predeterminato a fronte della prestazione resa*". Si era agli inizi di un percorso volto a costituire un sistema di remunerazione che potesse garantire efficienza ed economicità al SSN.

Sul piano legislativo, l'evoluzione di quanto affermato in maniera tutt'altro che chiara dal d.lgs. 502/1992 appena citato si ha con il d.lgs. 229/1999 che aggiunge al d.lgs. 502/1992 l'art. 8-*sexies,* il cui comma 1 stabilisce che la remunerazione delle attività assistenziali sia determinata "*in base a tariffe* [omnicomprensive] *predefinite per prestazione*".

Nell'arco temporale che separa l'emanazione dei due decreti (idea nata nel 1992 e formalizzata sul piano legislativo solo nel 1999) sono state per la prima volta definite con il decreto del Ministero della salute del 14 dicembre 1994 le ***"Tariffe delle prestazioni di assistenza ospedaliera"***. A decorrere dal 1° gennaio 1995, pertanto, le prestazioni di assistenza ospedaliera erogate nell'ambito del SSN sono state (e sono) remunerate sulla base di tariffe predeterminate dalle regioni e dalle province autonome secondo i criteri generali definiti con decreto dal Ministero della salute. In particolare, i riferimenti di indirizzo sono stabiliti a livello nazionale e ogni singola regione determina un proprio sistema tariffario, o adottando integralmente le tariffe indicate dal Ministero della salute, oppure, modificandole (seguendo, comunque, le linee indicate dal legislatore nazionale).

A livello normativo, pertanto, esistono attualmente tre tipologie di tariffe: quelle nazionali (ultima definizione con d.m. 18 ottobre 2012), quelle Regionali (definite dalle singole regioni in virtù dell'autonomia loro riconosciuta) e, per le sole attività di ricovero, ogni anno in sede di conferenza Stato-regioni viene definita la c.d. Tariffa Unica Regionale (TUC) utilizzata per la compensazione della mobilità interregionale.

Le prestazioni sanitarie per le quali sono definite le tariffe sono invece determinate a livello nazionale in maniera univoca al fine di garantire la necessaria omogeneità in tutto il SSN. Tre sono i riferimenti:

1. nomenclatore tariffario dell'assistenza specialistica ambulatoriale di cui all'allegato 4 d.P.C.M. 12 gennaio 2017;
2. nomenclatore tariffario protesi di cui all'allegato 5 d.P.C.M. 12 gennaio 2017;
3. tariffe delle prestazioni di assistenza ospedaliera per acuti: sistema DRG (*Diagnosis Related Group*) o ROD (Raggruppamento Omogeneo di Diagnosi).

Riguardo ai primi due punti, si rimanda alle rispettive norme citate per il necessario approfondimento. Il **sistema DRG**, invece, necessita di una puntuale analisi.

Dal punto di vista normativo tale strumento è stato introdotto con il citato d.m. del 14 dicembre 1994 e rappresenta, insieme all'accreditamento di cui si è discusso nel paragrafo precedente, uno degli strumenti portanti del funzionamento del SSN.

Prima dei DRG la remunerazione delle prestazioni avveniva secondo un sistema retrospettivo "a misura" e il pagamento era effettuato secondo il criterio "a piè di lista" (per il settore pubblico) e "per giornata di degenza" (per il settore privato). Il "raggruppamento omogeneo di diagnosi "rappresenta invece un sistema di finanziamento prospettico e a corpo per cui la **remunerazione** avviene in base al **numero** e alla **complessità** dei ricoveri (non quindi per costi già sostenuti o giorni di degenza) e secondo **tariffe** determinate in **anticipo** e **indipendenti** dai **costi** di **produzione** effettivamente sostenuti (viene sostanzialmente predeterminata la tariffa che il SSN pagherà per ogni singola prestazione).

Non è quindi difficile comprendere come il sistema DRG sia un fondamentale strumento di controllo della spesa ospedaliera e – nelle intenzioni – di ripartizione equa ed omogenea delle risorse disponibili. Tale strumento dovrebbe consentire l'incremento della funzionalità del sistema ospedaliero in chiave di appropriatezza sia clinica che organizzativa.

Concretamente, il sistema ha la propria fonte informativa nella Scheda **di Dimissione Ospedaliera (SDO)**, che già era stata definita con il decreto del Ministero della sanità del 28 dicembre 1991 quale *"strumento ordinario per la raccolta delle informazioni relative ad ogni paziente dimesso dagli istituti di ricovero pubblici e privati in tutto il territorio nazionale"*. Il contenuto della SDO (la quale, peraltro, ha carattere di atto pubblico) è ampio e standardizzato per cui genera un rilevante flusso informativo riguardante ogni aspetto dell'assistenza erogata e per tale ragione fondamentale nel *"supportare i processi di «programmazione, gestione, controllo e valutazione dell'assistenza sanitaria»"* (art. 1 d.m. n. 380 del 27 ottobre 2000 *"Regolamento recante norme concernenti l'aggiornamento della disciplina del flusso informativo sui dimessi dagli istituti di ricovero pubblici e privati"*; si veda anche d.m. del 21 novembre 2005).

All'interno della SDO le diagnosi, gli interventi e le procedure sono codificati secondo il sistema di Classificazione internazionale delle malattie (ICD, ad oggi vigente è la versione ICD-9-CM 2007).

Dalla SDO si ricavano i dati relativi al ricovero per la sua attribuzione ad uno specifico DRG e quindi per la determinazione alla relativa tariffa. In particolare, a norma dell'art. 2 del d.m. del 14 dicembre 1994 succitato *"le tariffe relative alle prestazioni di assistenza ospedaliera per acuti erogate in regime di ricovero ordinario"* sono *"individuate quali episodi di ricovero come documentati dalla scheda di dimissione ospedaliera"*, questi ultimi specificati *"secondo il sistema di classificazione dei raggruppamenti omogenei di diagnosi (ROD)"*.

I **DRG**, in sostanza, **specificano** la **complessità assistenziale** negli ospedali per acuti attraverso la **definizione** di **categorie** di **ricoveri clinicamente significative** ed **omogenee** per le risorse assorbite. Di qui, l'assegnazione ad ogni categoria della **relativa tariffa** e, più in generale, la determinazione dell'ammontare del finanziamento da destinare ad ogni singola struttura.

La categoria di DRG al quale appartiene ogni ricovero è determinata per mezzo di un software denominato "DRG – grouper" che sfrutta la combinazione delle informazioni contenute nella SDO. In particolare, ogni ricovero viene *in primis* classificato in base alla diagnosi principale (codificata secondo la ICD) in una delle 25 categorie diagnostiche principali (*MDC – Major Diagnostic Category*). Il software distingue poi i ricoveri chirurgici da quelli medici e in base alla tipologia di intervento viene determinato il DRG all'interno delle categorie diagnostiche principali.

Il sistema di classificazione dei DRG (ad oggi vigente è la versione 24.0) individua **538 categorie** di **ricovero omogenee**; la relativa remunerazione "massima" è contenuta nel d.m. 18 ottobre 2012 citato, il quale determina, appunto, le tariffe nazionali di riferimento per la remunerazione delle prestazioni di assistenza ospedaliera per acuti, di riabilitazione e di lungodegenza postacuzie e di assistenza specialistica ambulatoriale. Come detto sopra, potendo le singole regioni determinare il proprio sistema tariffario, tale decreto individua, altresì, i criteri generali ai quali le stesse debbono attenersi per la determinazione del proprio sistema tariffario specificando che, a tale fine, queste *"ricorrono, anche in via alternativa, ai medesimi criteri individuati per la determinazione delle tariffe massime nazionali, di cui alle lettere a), b) e c) dell'art. 8-sexies, comma 5, primo periodo, del decreto legislativo 30 dicembre 1992, n. 502 e successive modificazioni"* e comunque nel rispetto dei principi di appropriatezza e di efficienza. Resta fermo che, in ogni caso, le regioni nelle quali sia stato riscontrato il mancato rispetto dell'equilibrio economico-finanziario debbono attenersi alle tariffe stabilite a livello nazionale.

Capitolo 11
Il ruolo del cittadino

di *Luca Dimasi, Fosco Foglietta*

11.1. Gli spazi e i soggetti della partecipazione

Si può suddividere l'area in cui trovano espressione le facoltà e le responsabilità riconosciute al cittadino – all'interno del *mare magnum* delle varie forme di assistenza, sanitaria e socio-sanitaria, assicurate dalle Aziende del SSN – in due, grandi, fattispecie: l'una, in cui i soggetti coinvolti non sono i singoli cittadini, bensì le forme associative nelle quali essi sono inseriti ed operano; l'altra, che vede, invece, ogni, singolo cittadino (non ancora, o già divenuto, paziente) interagire direttamente (personalmente, o per il tramite dei propri familiari) con i professionisti del sistema sanitario.

In relazione a ciascuna delle fattispecie sopra citate, mutano le funzioni tramite cui il cittadino può esprimersi: concorso alla programmazione, formulazione di pareri e proposte, valutazione e controllo, financo qualche corresponsabilità operativa, nel primo caso; ridefinizione del rapporto medico/paziente – al crescere della sua consapevolezza in merito al proprio stato di salute – e partecipazione nel determinare alcune fasi dei processi assistenziali, nel secondo caso.

Leggendo in controluce i testi normativi (dalla legge 833 al d.lgs. 229 e atti successivi) si può notare una diversa attenzione posta, in modo prevalente, sull'uno o sull'altro di tali aspetti.

- ***La legge 833/1978***

L'art. 13 della legge 833/78 invitava i comuni a favorire la *"più ampia partecipazione [...] delle formazioni sociali esistenti sul territorio [...] e dei cittadini"*, disciplinando, inoltre, la partecipazione degli "utenti direttamente interessati" all'attuazione dei singoli servizi.

In buona sostanza, nella formulazione della riforma sanitaria *ex* legge 833, troviamo una precisa indicazione (art. 11) a far sì che le "formazioni sociali" – latamente considerate – vengano coinvolte, sia nella definizione dei contenuti programmatori, sia nella fase dei controlli sulla funzionalità dei servizi, sia, infine, nella "gestione sociale dei servizi sanitari" (espressione, questa, piuttosto criptica). In tale quadro di ampia apertura al coinvolgimento delle risorse comunitarie l'art. 45 richiama esplicitamente le **"associazioni di volontariato"**. A loro viene riconosciuta la possibilità di "concorrere al conseguimento dei fini istituzionali del SSN" attraverso la sottoscrizione di "apposite convenzioni nell'ambito della programmazione e della legislazione sanitaria regionale". Convenzioni che stabiliscono quale sia l'apporto delle "associazioni di volontariato" alle attività sanitarie pubbliche.

Le due formulazioni – "concorso al conseguimento dei fini istituzionali" e "alle attività sanitarie pubbliche" – lasciano intendere come la dimensione del coinvolgimento delle formazioni della società civile sia la più ampia possibile, ricomprendendo potenzialmente non solo la funzione di programmazione/controllo, ma anche quella gestionale/operativa.

Nonostante questa grande apertura di credito alle risorse del volontariato non è dato rilevarne – durante i 12/13 anni di applicazione della riforma nei vari Servizi Sanitari Regionali – un particolare sforzo di concretizzazione. Poche le convocazioni, pochissime le realizzazioni anche a titolo sperimentale. I tempi non erano maturi e l'occasione è andata, sostanzialmente, perduta.

- ***I decreti 502/517***

Il ventaglio delle possibili opzioni si riduce, poi, nell'ambito della prima riforma della riforma. Con la scomparsa degli enti locali dal governo delle USL e la costituzione delle Aziende "autonome" a gestione monocratica, la dimensione locale, anche di natura comunitaria, viene collocata all'interno dei confini ristretti della "non commistione" fra la rappresentanza degli interessi dei cittadini e l'impegno nella gestione delle attività.

L'art. 15 del d.lgs. 517 recita: *"è favorita la presenza e l'attività, all'interno delle strutture sanitarie, degli organismi di volontariato e di tutela dei diritti. A tal fine le ASL e le Aziende ospedaliere stipulano con tali organismi [...] accordi e protocolli che stabiliscono gli ambiti e le modalità della collaborazione, fermo restando [...] la non interferenza nelle scelte professionali degli operatori sanitari; le Aziende e gli organismi di volontariato e di tutela dei diritti concordano programmi comuni per favorire l'adeguamento delle strutture e delle prestazioni alle esigenze dei cittadini"*. Sono tre le sottolineature rilevanti al fine di cogliere la **nuova filosofia** che sottende il ruolo dell'associazionismo volontario: la sua preminente vocazione ad essere "soggetto" posto a "tutela dei diritti" dei cittadini. A svolgere, quindi, prevalentemente, una **funzione** di ***advocacy***. La **"non interferenza"** nelle scelte professionali e, quindi, la impossibilità di entrare, come figure concorrenti, nella definizione delle modalità assistenziali. La peculiare attenzione che deve essere posta nel **"concordare programmi"** comuni con la *governance* aziendale, allo scopo di "favorire l'adeguamento delle strutture e delle prestazioni sanitarie alle esigenze dei cittadini" (rispetto dei criteri di accreditamento e dei "livelli essenziali di assistenza", ad esempio).

Si enfatizza, pertanto, il ruolo delle organizzazioni di volontariato nel fornire **proposte** di **miglioramento** della **"offerta"** (dopo averne presumibilmente rilevato le insufficienze) da trasfondere programmaticamente in progetti aziendali.

11.2. I "Comitati consultivi misti"

- ***Il decreto 229/1999***

Il d.lgs. 229 riprende la impostazione precedente del 517, in termini puntuali, al c. 7 dell'art. 14 (diritti dei cittadini), ma vi aggiunge – nel solco del recupero (sempre rispetto al 502/517) di una maggiore presenza e interlocuzione propositiva nella dimensione locale – una serie di rifermenti valoriali e di soluzioni organizzative che specificano assai più dettagliatamente il ruolo e le funzioni delle forme di rappresentanza degli interessi dei cittadini. Si parte (c. 18, art. 1) da una forte riproposizione di natura ideale affermando che *"le istituzioni e gli organismi a scopo non lucrativo (volontariato e cooperazione sociale, presumibilmente) concorrono, con le istituzioni pubbliche [...] alla realizzazione dei doveri costituzionali di solidarietà, dando attuazione al pluralismo etico-culturale"*. Un sentire condiviso, quindi, orientato al "bene comune".

È, però, con l'art. 14 che si manifesta un disposto normativo tutto proiettato a fornire ai cittadini gli "strumenti" necessari per renderli interlocutori informati, consapevoli ed esigenti nei confronti del sistema sanitario.

Il Ministero della sanità (diverrà **Ministero** della **salute** con **legge 317/2001**), con proprio decreto, definisce, peraltro, i *"contenuti e le modalità di utilizzo degli indicatori di qualità dei servizi e delle prestazioni sanitarie relativamente alla personalizzazione ed umanizzazione dell'assistenza, al diritto alla informazione, alle prestazioni alberghiere, nonché all'andamento delle attività di prevenzione delle malattie"*. Dunque, da un lato, le modalità attraverso cui il cittadino può giudicare la realtà assistenziale di cui è fruitore (mettendo a sua disposizione un corredo analitico-valutativo "scientificamente" corretto – gli indicatori –); dall'altro lato, però, tali modalità si applicano solo ad aspetti che non fanno parte del *core business* del SSN, ovverosia della efficacia, appropriatezza e qualità clinica delle prestazioni sanitarie e socio-sanitarie. Approcciano, invece, aspetti, certamente rilevanti, ma centrati sia sulle condizioni di vivibilità all'interno dei servizi, sul rispetto della dignità del paziente e sul suo essere "utente" meritevole di attenzione e supporto informativo, sia su quell'area (posta, all'epoca, ai margini del sistema) che coincide con le attività di prevenzione (in particolare, primaria).

Successivamente, i comma 2 dell'art. 14 ri-precisa quale sia la specifica finalità assegnata all'utilizzo degli indicatori: *"la verifica dello stato di attuazione dei diritti dei cittadini (peculiarmente connessi ai temi della «umanizzazione» e al «comfort» delle prestazioni) e il loro apporto alla programmazione regionale per la definizione degli investimenti in risorse umane, tecniche e finanziarie"*. Investimenti ovviamente correlati al miglioramento degli aspetti sopra evidenziati, e non altro.

Inoltre, le regioni sono tenute a promuovere "consultazioni", coinvolgendo i cittadini, le loro organizzazioni sindacali e, in particolare, "gli organismi di volontariato e di tutela dei diritti al fine di fornire e raccogliere informazioni sulla organizzazione dei servizi". Il *focus* si sposta sulla funzione di **"ascolto propositivo"** che può essere svolta dai corpi intermedi della società civile in rappresentanza degli utenti. All'interno della medesima logica si colloca, poi, la previsione che il direttore generale convochi "almeno una volta l'anno, apposita **conferenza dei servizi**", allo scopo di operare una valutazione, a consuntivo, dell'attività svolta, dei risultati raggiunti e dei programmi *in itinere* (con attenzione mirata alla qualità dei servizi prestati e al miglioramento di quelli futuri). La "conferenza" è aperta agli operatori, ai cittadini e alle loro rappresentanze, oltre che ad alcune componenti espressamente invitate, quali: le istituzioni locali, i sindacati confederali, i *media*. Il tutto per generare un confronto, fra punti di vista e sensibilità diversi, che porti a configurare una visione il più possibile condivisa delle prospettive aziendali.

In definitiva, prevede la norma, spetta alle regioni assicurare *"forme di partecipazione delle organizzazioni dei cittadini e del volontariato (...) alla programmazione, al controllo e alla valutazione dei servizi sanitari a livello regionale, aziendale e distrettuale"*. Ed è proprio quest'ultima dimensione territoriale ed organizzativa che si propone come contenitore delle forme più stabilmente strutturate della partecipazione. In questo quadro, non trova spazio alcuno il coinvolgimento delle risorse dell'associazionismo volontario in impegni operativi all'interno dei processi assistenziali.

In conclusione, sono sempre le regioni che devono determinare *"le modalità della presenza nelle strutture degli organismi di volontariato e di tutela dei diritti anche attraverso la previsione di organismi di consultazione degli stessi presso le Aziende sanitarie locali e ospedaliere"*. Si tratta dei **"Comitati consultivi misti"**, attivi in pressoché tutti i Servizi Sanitari Regionali.

"Comitati" che, normalmente, hanno sede presso le strutture distrettuali e che vengono definiti "misti" in ragione del fatto che, accanto alle rappresentanze dell'associazionismo volontario e di alcuni "corpi sociali" (ad es., i sindacati dei pensionati), si collocano figure professionali aziendali (dal supporto amministrativo della segreteria al direttore del Distretto – o suo delegato –, al direttore del "Dipartimento delle cure primarie", al responsabile dell'"ufficio relazioni con il pubblico", ecc.). Il ventaglio delle attività concretamene svolte dai "Comitati" varia molto da regione a regione e, all'interno di ciascuna di queste, sulla base delle sensibilità e disponibilità dimostrate dalle singole Direzioni generali.

Possiamo richiamare, in linea di massima: la raccolta e valutazione delle osservazioni critiche inoltrate dai cittadini/utenti attraverso esposti, reclami, indicazioni di disservizio, ecc., raccolti dagli "uffici relazioni con il pubblico" (URP); la elaborazione di proposte migliorative della qualità delle prestazioni erogate; la formulazione di suggerimenti per implementare soluzioni finalizzate alla umanizzazione dei servizi e alla facilitazione delle condizioni di accesso; la predisposizione di indagini mirate per cogliere il livello di "qualità percepita"; la organizzazione di momenti assembleari allo scopo di sondare il punto di vista degli aderenti alle associazioni e/o ai "corpi sociali" presenti nei "Comitati"; la realizzazione di un impegno finalizzato a far maturare modalità di collaborazione, fra il volontariato e le istituzioni, che vadano oltre la semplice partecipazione alle funzioni programmatoria e di controllo/valutazione.

Inoltre, l'art. 14 prevede che le *"ASL e le Aziende ospedaliere attivino un efficace sistema di informazione sulle prestazioni erogate, sulle tariffe, sulle modalità di accesso ai servizi"*. Si preoccupino, in altri termini, che l'**eguaglianza** delle **condizioni** di **accesso** non sia inficiata dalla loro non conoscenza a causa di emarginazione, "fragilità" psichica, scarsa conoscenza della lingua, ecc. Tutti fattori assai diffusi nelle fasce di popolazione meno dotate di strumenti culturali e di opportunità relazionali.

Infine, l'art. 14 indica anche come le ASL e le Aziende ospedaliere debbano attivare la **"raccolta e la analisi dei segnali di disservizio"**. Ciò avviene, di norma, organizzando "sportelli" (a dimensione aziendale e/o distrettuale) presso cui i cittadini possono recarsi allo scopo di presentare "osservazioni, opposizioni, denunce o reclami in via amministrativa". Molto frequentemente tali sportelli vengono collocati presso i locali degli URP.

11.3. Il coinvolgimento operativo del volontariato: verso il "*welfare* di comunità"

In sintesi, le normative appena considerate puntano a coinvolgere le formazioni sociali (in particolare, il volontariato) all'interno delle articolazioni territoriali del SSN, al fine di renderle, in qualche modo, compartecipi della funzione programmatoria e di controllo/valutazione, oltre che di consentire loro la possibilità di trarre, dalla rilevazione di carenze e disfunzioni, proposte di miglioramento della qualità dei servizi offerti. Tale tendenza ha trovato pratica realizzazione in termini assai difformi da realtà a realtà. Alcune hanno semplicemente ignorato gli orientamenti dell'art. 14, altre li hanno, invece, enfatizzati, sperimentando modalità collaborative di successo.

- ***Crisi finanziaria ed evoluzione del bisogno***

Negli ultimi anni – in particolare, nel periodo ricompreso fra il 2007 e il 2014 –, quando la crisi economica mondiale ha colpito pesantemente anche l'Italia (che ha realizzato la peggiore *performance* europea in termini di contrazione del PIL) la disponibilità del Fondo sanitario nazionale si è contratta di circa 2 miliardi di euro, in valore assoluto, ma se si considera la forbice fra la previsione del fabbisogno finanziario stimato come necessario per mantenere i livelli quantitativi e qualitativi della "offerta" assistenziale nei 7 anni di crisi e le risorse realmente stanziate, il differenziale negativo raggiunge la cifra di circa 17 miliardi.

Contemporaneamente, è ormai arcinoto come l'**invecchiamento** della **popolazione italiana** rappresenti uno dei fenomeni di maggiore consistenza al mondo (siamo la seconda nazione più longeva, dopo il Giappone), il che comporta l'assoluta necessità di ri-orientare l'offerta assistenziale dal trattamento delle patologie per acuti (prevalentemente ospedaliere) alla "presa in carico" dei malati cronici e non autosufficienti (con un notevole incremento dei servizi territoriali socio-sanitari e, in particolare, delle domiciliarità). Questo andamento è reso, peraltro, complicato, sia dal fatto che molti pazienti abbisognano di **"lungoassistenze"**, la cui esecuzione richiede l'impegno di **figure** di **natura diversa** (mediche, sanitarie non mediche, socio-sanitarie e sociali; professionali e non professionali), sia dalla **penuria** di **risorse finanziarie** e, quindi, dalla impossibilità di acquisire le unità di personale pubblico di cui ci sarebbe necessità.

Nel frattempo, la domanda di assistenza cresce velocemente, con particolare riguardo alle varie **forme** di **domiciliarità**, ovverossia, di quella risposta assistenziale – al contempo più qualitativa e meno onerosa– che vede paradossalmente l'Italia sottodimensionata rispetto ad una media di "offerta" dei Paesi europei abissalmente lontana.

Inoltre, per avere buona assistenza domiciliare adottando il **modello** del ***chronic care*** sono indispensabili **operatori non professionali** – familiari e non familiari – che assumono i caratteri del ***caregiver*** domiciliare.

- ***Il "welfare di comunità"***

Si impone, dunque, una domanda: che fare?

Come intervenire nello spazio che si è aperto fra i due poli estremi che hanno segnato la crisi del nostro sistema sanitario: la perdita del potenziale di offerta assistenziale storicamente acquisito e la contrazione delle disponibilità finanziarie, da un lato; la crescita di alcuni bisogni correlati all'aumento, alla cronicizzazione e alla solitudine della popolazione anziana, dall'altro?

È indispensabile trovare nuove soluzioni: formulare nuove risposte culturali, prima ancora che organizzative ed operative. Ed è all'interno di un tale percorso di ricerca che si inserisce il tema del mutamento dei caratteri distintivi dello Stato sociale; del passaggio dal *welfare state* al *welfare* di comunità.

Al riguardo, alcuni spunti di riflessione derivano dalla osservazione di quanto è andato già maturando in numerose esperienze internazionali.

Negli Stati Uniti fin dal 1974 (con evoluzioni successive che giungono fino al 2000 ed oltre) il privato si è fatto potentemente carico dei bisogni assistenziali della popolazione attraverso le "Fondazioni di comunità": enti *no profit* il cui obiettivo è quello di migliorare la qualità della vita della comunità presente su uno specifico territorio e di promuovere, al suo interno, la cultura del dono e della solidarietà. Tali "fondazioni" più ancora che assicurare direttamente servizi assistenziali (o formativi culturali, di promozione sociale, ecc.) sono orientate a fungere da ricettori di risorse filantropiche, sollecitando i soggetti più "attivi" all'interno della collettività, siano essi cittadini, imprese, organizzazioni volontarie o anche enti pubblici. Divengono, così, enti privati finanziatori che si inseriscono nell'alveo della "spesa privata intermediata" accanto alla galassia assicurativa statunitense, operando però senza scopo di lucro.

Nell'analisi comparativa dei sistemi di *welfare* di molti Paesi europei (Svezia, Finlandia, Paesi Bassi e Olanda, Regno Unito, Francia, Germania, Austria e Spagna) emerge con grande forza quella particolare modalità di acquisizione delle prestazioni assistenziali che viene denominata ***cash for care***. Essa viene resa possibile da un finanziamento sostanzialmente pubblico dato ai cittadini-utenti o alle loro famiglie (cash) affinché acquistino autonomamente e direttamente prestazioni sanitarie, socio-sanitarie o sociali (care) da fornitori privati o, in taluni casi, anche pubblici.

Larghissima parte delle "assistenze domiciliari" vengono pagate attraverso una formula privatistica del genere, tanto più espansa quanto più limitata risulta essere l'intervento diretto delle istituzioni mediante i propri operatori professionali. In tal modo la cosiddetta **"assistenza informale"** complementarizza e controbilancia (in misura varia da Stato a Stato) l'assistenza "formale" pubblica.

Per estrema sintesi: in pressoché tutti i Paesi citati i servizi territoriali (sanitari, socio-sanitari e sociali) di "prossimità", e al loro interno quelli domiciliari, in particolare, sono assicurati (abbiamo visto in misura percentualmente molto elevata) o attraverso l'intervento diretto della "mano pubblica" (servizi formali) o mediante l'assegnazione di un contributo economico al fruitore finale delle attività assistenziali (il cittadino-utente e la sua famiglia) che vengono, in genere, acquistate – a giudizio insindacabile del fuitore stesso – da un ricco "carnet" di fornitori di prestazioni sia professionali che non professionali (privati, o anche pubblici, che essi siano).

In buona sostanza, si radicalizza, nella costruzione della "offerta assistenziale", il rapporto fra fruitore e fornitore di prestazioni; da un lato, le istituzioni pubbliche che erogano servizi programmati, finanziati e prodotti autonomamente. Dall'altro lato, il cittadino che con le proprie risorse private e/o con un contributo economico pubblico sceglie direttamente da chi e in qual modo farsi assistere.

A me pare che tale "diarchia" non si attagli proficuamente al processo di evoluzione verso il *welfare* di *comunità* che risulta essere indispensabile (come si è cercato di motivare nelle pagine precedenti) per il nostro Paese.

Infatti: da un lato, l'incremento della "offerta" in produzione diretta da parte del pubblico, o la concessione dei contributi economici necessari per comprare le prestazioni professionali sul "libero mercato" da parte dell'utente, richiedono quell'aumento di risorse finanziarie che, in Italia, stentano ad essere rintracciate. Dall'altro lato, l'eventuale coinvolgimento di figure non professionali avviene in condizioni di totale *deregulation*, al di fuori di ogni progettualità di intervento integrato (sanitario e socio-sanitario/sociale) e prescindendo da una qualsivoglia valutazione di appropriatezza (una soluzione di tal genere era stata, per la verità adottata dalla Regione Lombardia fin dagli anni '90, per poi essere radicalmente modificata, circa un anno fa, riscoprendosi l'indispensabilità della integrazione e della continuità assistenziale e riducendosi il *selfmade* del cittadino (insufficientemente finanziato da "voucher" limitati).

- ***La "via italiana" al welfare di comunità***

Il **"*welfare* di comunità" italiano** ha, invece, la necessità di immettere nel circuito organizzativo della "offerta" dei servizi territoriali di base e, massimamente, delle "assistenze domiciliari" quelle risorse informali, recuperabili dal territorio, che siano disponibili a strutturarsi maggiormente all'interno di un quadro progettuale e programmatorio locale, a condizioni concordate e, comunque, a costi nulli o estremamente bassi.

Si tratta, in buona sostanza, di recuperare un potenziale di intervento che, da un lato, provenga da *caregiver* familiari" adeguatamente supportati e, dall'altro, possa essere espresso dalle 44.000 associazioni di volontariato (composte in larghissima parte da pazienti, o ex pazienti e familiari dei pazienti) che desiderano abbandonare una visione identitaria un poco "retrò" – connotata da uno spirito protestatario e contestativo nei confronti delle istituzioni – per divenire co-protagonista di un miglioramento quantitativo dell'assistenza di prossimità.

Si apre, in tal modo, un ventaglio di opzioni in ragione delle quali il cittadino-utente anziano, in condizioni di "fragilità" o di già evidente non autonomia (totale o parziale), può essere assistito a domicilio: dai servizi professionali (ASL + comuni) del territorio; da un *caregiver* familiare; da un'associazione di volontariato, da un *caregiver* affiancato dai singoli volonari; da servizi professionali integrati con volontari singoli o organizzati in un ambito associativo.

In questa sorta di **"terza via"** del ***welfare*** comunitario (essendo contrassegnata, la prima, da interventi totalmente pubblici e, la seconda, dall'assoluta autonomia dispositiva dell'utente) appare essere fondamentale la regolazione, in sede di programmazione locale, delle varie opzioni sopra enunciate. L'impegno dei servizi professionali pubblici, il contributo economico alla famiglia, l'impiego delle risorse del volontariato rappresentano un mix che deve essere stabilito in sede progettuale locale.

Si apre, in tal modo, l'opportunità di modellare forme collaborative di integrazione e complementarietà all'interno di un contesto presidiato e condiviso da tutti gli attori in campo e che esalti la funzione di una *governance* locale fatta di programmazione, partecipazione, comunanza di intenti e ricerca di soluzioni concordate.

La tutela della salute rimane, pertanto, funzione pubblica; vengono a modificarsi, invece le modalità attraverso cui essa può essere assicurata.

Non rinunciare né oggi né mai a questo principio fondativo significa rifiutare ogni visione puramente liberista del governo della sanità.

In una tale prospettiva la evoluzione del *welfare* di comunità italiano può fondarsi essenzialmente su tre presupposti:

- il sistema della offerta si **apre** consentendo la organizzazione di Reti territoriali in cui, accanto alla componente professionale pubblica, entrano organicamente in gioco la forza della socialità organizzata e del *self-care* familiare;
- il rapporto bisogno/domanda/offerta può trovare **risposte** appropriate all'**interno** dei **processi programmatori locali** che supportano una "governance" allargata e partecipata da tutti gli attori in campo (istituzionali e non, sanitari e sociali, professionali e volontari, *profit* e *no profit*);
- i casi assistenziali più complessi – quelli che richiedono un approccio polifunzionale – vengono affrontati all'interno di una visione progettuale che, da un lato, assicuri il massimo di appropriatezza e, dall'altro, si sviluppi come conseguenza dell'esercizio di una responsabilità clinica (medica e infermieristica) pubblica.

Del resto, esistono già svariate esperienze in cui la dimensione istituzionale e quella volontaria hanno sostanziato **forme collaborative** di grande rilievo; si pensi (in campo sanitario e socio-sanitario) alla **rete** delle **emergenze-urgenze** (118); alla **gestione** degli ***hospice*** e a poderose offerte di assistenza domiciliare oncologica (per migliaia di pazienti). Si pensi alle più o meno recenti attività di inclusione di immigrati e rifugiati (dai centri di prima accoglienza ad ogni altra forma di tutela sociale). Si pensi, infine, alla **Protezione Civile**. Sull'argomento Ilvo Diamanti scriveva, qualche tempo fa, su Repubblica: "il volontariato organizzato ha progressivamente surrogato l'azione di Stato ed enti locali. Si è, quindi, istituzionalizzato. In molti casi è divenuto "impresa" che risponde a problemi ed emergenze". Emergenze, aggiungerei, che possono essere temporanee e puntiformi o di lungo periodo, stabilizzate o in crescita, come nel caso del nostro Servizio Sanitario.

Prosegue Diamanti: "bisogna, dunque, diffidare del volontariato? Sicuramente no. Perché il volontariato è comunque un fenomeno ampio e articolato. In parte organizzato, in parte no. Espresso e praticato, in molti casi, su base individuale. Un modo per tradurre concretamente la solidarietà. Parola che riassume un fondamento della società. Perché senza «relazioni di reciprocità» la società stessa non esiste. Così il volontariato organizzato fornisce riferimento e continuità al volontariato individuale. Il volontariato organizzato offre visibilità e, dunque, sostegno al grande popolo del «volontariato involontario» che fa solidarietà fuori dalle organizzazioni e dalle associazioni" (...) "È importante che il volontariato non divenga supplente del pubblico, anche se per poter agire in modo efficace e continuo deve «partecipare». In relazione con il pubblico e la politica".

11.4. Il consenso informato

L'obbligo di acquisire un informato consenso ha progressivamente conquistato una propria autonomia rispetto alla prestazione di cura, assumendo rilievo quale principale espressione del **diritto di autodeterminazione del paziente**, il cui fondamento si rinviene non solo nel secondo comma dell'art. 32 Cost. (laddove è affermato che *"Nessuno può essere sottoposto a un determinato trattamento sanitario se non per disposizione di legge [la quale] non può violare i limiti imposti dal rispetto della persona umana"*), bensì nello stesso art. 13 Cost., il quale sancisce l'inviolabilità della libertà personale, nel cui ambito deve certamente ritenersi inclusa anche la piena facoltà del singolo di salvaguardare la propria salute e la propria integrità fisica.

La possibilità di scegliere se sottoporsi o meno ad un determinato trattamento sanitario rappresenta, quindi, una prerogativa primaria della persona, che garantisce la libera decisione sull'"uso", a fini terapeutici, del proprio corpo, quale dominio, appunto, del paziente.

La sua immediata applicazione porta, quindi, a riconoscere l'irrimediabile illegittimità di qualsiasi attività intrusiva della sfera morale e fisica del soggetto, anche se diretta al perseguimento di risultati astrattamente positivi, e ciò in ragione del fatto che l'informazione è finalizzata non già a colmare l'inevitabile differenza di conoscenze tecniche tra medico e paziente, ma a fare in modo che quest'ultimo sia messo nella condizione di esercitare correttamente i suoi diritti ovvero di formarsi una volontà che sia effettivamente tale; in altri termini, di assicurargli la possibilità di scegliere.

Sul punto, fa eco un recente pronunciamento della Suprema Corte, la quale, sulla scorta di una giurisprudenza ormai consolidata, ha ribadito che *"[...] l'obbligo del consenso informato costituisce legittimazione e fondamento del trattamento sanitario, senza il quale l'intervento del medico è – al di fuori dei casi di trattamento sanitario per legge obbligatorio o in cui ricorra uno stato di necessità – sicuramente illecito, anche quando è nell'interesse del paziente [...]"*. E prosegue: *"[...] un tale obbligo attiene all'informazione circa le prevedibili conseguenze del trattamento cui il paziente viene sottoposto ed in particolare al possibile verificarsi, in conseguenza dell'esecuzione del trattamento stesso [...] di un aggravamento delle condizioni di salute del paziente, onde porre quest'ultimo in condizione di consapevolmente consentire al trattamento sanitario prospettatogli [...]. Il medico ha pertanto il dovere di informare il paziente in ordine alla natura dell'intervento, alla portata dei possibili e probabili risultati conseguibili e delle implicazioni verificabili"*.

La giurisprudenza individua, pertanto, in maniera assai rigorosa il contenuto dell'informativa che deve essere resa al paziente; contenuto che è parimenti specificato anche all'interno dell'art. 33, comma 1 del Codice di deontologia medica, in base al quale *"Il medico garantisce alla persona assi-*

stita o al suo rappresentante legale un'informazione comprensibile ed esaustiva sulla prevenzione, sul percorso diagnostico, sulla diagnosi, sulla prognosi, sulla terapia e sulle eventuali alternative diagnostico-terapeutiche, sui prevedibili rischi e complicanze, nonché sui comportamenti che il paziente dovrà osservare nel processo di cura".

L'informazione non potrà tacere, pertanto, le inevitabili difficoltà, i risultati raggiungibili e gli eventuali rischi che il paziente, acconsentendo, si assumerebbe.

Aggiungasi, a quanto già detto, che, nel rendere l'informativa, il medico dovrà tenere conto delle reali capacità di comprensione del paziente. Con riguardo al come farlo, il Comitato Nazionale di Bioetica ha precisato che il sanitario è chiamato a considerare una molteplicità di fattori ulteriori, quali *"la cultura generale e specifica, la psicologia, l'età del paziente ed altri elementi che solo la conoscenza della situazione socio-familiare più approfondita di quella immediata potrà consentire"*.

Quanto ai **requisiti** del **consenso**, esso dovrà essere:
- ***consapevole***, poiché retto da un'esaustiva informazione;
- ***personale***, ossia manifestato direttamente dal paziente, salvo le ipotesi di soggetti che non possano validamente prestarlo a causa della minore età o di particolari condizioni psico-fisiche; nel qual caso, il nulla osta sarà espresso dai genitori o dall'amministratore di sostegno in veste di rappresentanti legali (v. *infra*);
- ***esplicito***, rifiutando, di conseguenza, qualsiasi semplificazione o distratti surrogati del consenso.

Ulteriori requisiti di validità del consenso, frutto della progressiva elaborazione della giurisprudenza in materia, hanno portato a ritenere che lo stesso debba essere anche:
- ***recettizio***, dovendo pervenire al sanitario che eseguirà l'intervento;
- ***libero*** e ***non viziato***, per cui la volontà che sta alla base della manifestazione deve essere libera da contrazioni, inganno o errore [1];
- ***attuale*** e ***contestuale***, ovverosia prestato prima del trattamento;
- ***specifico***, in quanto riferito ad ognuna delle ipotesi terapeutiche prospettate;
- sempre ***revocabile***.

Parlando del contenuto e dei requisiti del consenso, è d'obbligo richiamare, infine, i principi introdotti dall'art. 1, comma 4 della legge 22 dicembre 2017, n. 219, recante *"Norme in materia di consenso informato e di disposizioni anticipate di trattamento"*.

---

(1) L'errore, per essere rilevante e quindi inficiare la validità del consenso, deve essere essenziale, ossia tale da aver orientato la volontà del paziente che sarebbe stata diversa se si fosse formata in modo corretto. Ad esempio, essenziale è l'errore che riguarda la tipologia del trattamento sanitario, ovvero l'identità del sanitario. L'errore deve essere, inoltre, riconoscibile da parte del medico, poiché, in caso contrario, quest'ultimo cadrebbe in errore incolpevole.

La citata disposizione prevede, infatti, che il consenso informato non solo andrà acquisito *"nei modi e con gli strumenti più consoni alle condizioni del paziente"*, ma dovrà essere, altresì, *"documentato in forma scritta o attraverso videoregistrazioni o, per la persona con disabilità, attraverso dispositivi che le consentano di comunicare"*.

Infine, è specificato che *"il consenso informato, in qualunque forma espresso, è inserito nella cartella clinica e nel fascicolo sanitario elettronico"*.

- ***Il diritto alla pianificazione anticipata delle cure***

La legge **219/2017** ha introdotto nel nostro ordinamento la possibilità per il paziente di rinunciare ad alcune terapie anche per il futuro, tramite le c.d. ***"disposizioni anticipate di trattamento"* (DAT)**.

Le DAT altro non sono se non un documento, da redigersi nella forma dell'atto pubblico o della scrittura privata, con il quale il soggetto interessato esprime le proprie volontà in materia di trattamenti sanitari, nonché il consenso o il rifiuto rispetto a talune tipologie di accertamenti diagnostici o scelte terapeutiche, comprese le pratiche di nutrizione e idratazione artificiali. Qualora le condizioni fisiche del paziente non lo consentano, le DAT possono essere espresse anche attraverso videoregistrazione o dispositivi che permettano alla persona con disabilità di comunicare.

Con le medesime forme, le DAT sono rinnovabili, modificabili e revocabili in qualsiasi momento. Esse sono, comunque, vincolanti nei confronti del medico, il quale sarà tenuto, per tutta conseguenza, a rispettarle.

La possibilità di disattendere, in tutto o in parte, le volontà espresse dal paziente sussiste solo se vi è accordo con il fiduciario (che deve sempre essere indicato all'interno delle DAT) e sempre che le stesse appaiano palesemente incongrue o non corrispondenti alla condizione clinica attuale del paziente ovvero nel caso in cui sussistano ipotesi terapeutiche non prevedibili all'atto della sottoscrizione delle DAT e capaci di offrire concrete prospettive di miglioramento delle condizioni di vita del paziente medesimo.

Nel caso in cui dovessero insorgere dei conflitti tra il medico e il fiduciario, la decisione definitiva dovrà essere demandata al giudice tutelare.

- ***Il consenso dei minori e degli incapaci***

Come già anticipato, il soggetto che presta il consenso deve essere capace di intendere e di volere e, contestualmente, possedere l'età idonea per disporre validamente del proprio diritto all'autodeterminazione.

In mancanza di tali requisiti, il consenso può essere ritenuto validamente espresso solo se proveniente dal legale rappresentante (oppure se concordato con quest'ultimo), chiamato dall'ordinamento a "fare le veci" del paziente incapace o minorenne.

Pertanto, in linea generale, nel caso di un soggetto interdetto, e sempre che questi non sia in grado di esprimere un valido consenso, lo stesso dovrà essere reso dal tutore legale, mentre, per quanto riguarda i minori, il consenso spetta a chi esercita la potestà genitoriale.

Quanto all'inabilitato *ex* art. 415 c.c. è da ritenersi, invece, che il paziente, salvo che sussistano condizioni particolari, sia in grado di autodeterminarsi in ordine alle scelte diagnostico-terapeutiche che lo riguardano.

Un caso del tutto specifico riguarda, poi, il consenso informato rilasciato dall'amministratore di sostegno, figura questa che trova la sua disciplina nella legge 6/2004, il cui art. 405, comma 3 stabilisce, in particolare, che *"la scelta dell'amministratore di sostegno avviene con esclusivo riguardo alla cura della persona"*.

Come si può notare, dal richiamato dettato normativo si evince, con tutta evidenza, che la *ratio* istitutiva dell'**amministrazione di sostegno** non è limitata alla sola tutela della sfera economica patrimoniale, bensì alla ***"cura della persona"*** e, quindi, ad ogni aspetto giuridicamente significativo della vita del singolo, compresa l'espressione del consenso per l'esecuzione di un determinato trattamento sanitario.

11.5. La vincolatività dei trattamenti

L'art. 32 Cost., pur ribadendo, come si è visto, il principio generale secondo il quale *"nessuno può essere obbligato a un determinato trattamento sanitario"* (comma 2), ammette, tuttavia, che la legge possa disporne l'attuazione obbligatoria, pur nei limiti del *"rispetto della persona umana"*.

Il comma 2 dell'art. 32 Cost. fonda, pertanto, il potere del legislatore di prevedere accertamenti e trattamenti sanitari che, in deroga alla regola del necessario consenso liberamente espresso dal soggetto interessato, vengano effettuati in assenza dello stesso.

A tal proposito, è opportuno richiamare la distinzione, elaborata dalla dottrina, tra **trattamenti sanitari *coattivi*** e ***obbligatori***.

I primi sono quelli previsti per la cura delle malattie mentali e di quelle infettive e diffusive. Essi vengono realizzati non già grazie ad una collaborazione più o meno spontanea della persona destinataria del trattamento, ma attraverso l'assoggettamento di quest'ultima all'impiego – sia pure potenziale – della forza.

Tali trattamenti, come si vedrà meglio in seguito, possono essere disposti solo in presenza di un atto motivato dell'autorità giudiziaria con la previsione della riserva di legge e di giurisdizione, oltreché della ricorribilità in Cassazione *ex* art. 111, comma 2 Cost.

I secondi si caratterizzano, invece, per il fatto che l'obbligo di sottoporsi ad un determinato trattamento sanitario non può essere imposto con l'intervento della forza pubblica ed è sanzionato solo indirettamente (ad esempio, colui che non si vaccina non può accedere alla scuole, ai luoghi di lavoro, ecc.).

Con particolare riguardo alla pratica vaccinale, è opportuno sottolineare, in questa sede, come il controverso e dibattuto d.l. 73/2017, convertito con modificazioni nella legge 119/2017, non abbia, per il vero, ripristinato l'obbligo vaccinale – e ciò in ragione del fatto che, nei vari piani nazionali per la prevenzione vaccinale, l'obbligatorietà delle quattro vaccinazioni (antidifteritica, antipoliomielitica, antitetanica e anti epatite virale B), inserite nei Livelli Essenziali di Assistenza (LEA), non è mai stata abrogata –, ma abbia provveduto soltanto ad ampliarne la portata.

Immediatamente dopo la sua concreta applicazione, la disciplina contenuta nel decreto legge citato è stata oggetto di un interessante parere del Consiglio di Stato, chiamato, per l'appunto, a fornirne l'esatta interpretazione.

In particolare, l'adunanza, dopo aver definito il d.l. 73/2017 come "*chiaramente riconoscibile, intrinsecamente coerente e agevolmente interpretabile*", pone l'accento sull'importanza del raggiungimento della c.d. immunità di gregge, affermando a tal proposito quanto segue: "*Porre ostacoli di qualunque genere alla vaccinazione (la cui «appropriatezza» sia riconosciuta dalla più accreditata scienza medico-legale e dalle autorità pubbliche, legislative o amministrative, a ciò deputate) può risolversi in un pregiudizio per il singolo individuo non vaccinato, ma soprattutto vulnera immediatamente l'interesse collettivo, giacché rischia di ledere, talora irreparabilmente, la salute di altri soggetti deboli*". E continua: "*[l'obbligatorietà della copertura vaccinale] può essere imposta ai cittadini dalla legge, con sanzioni proporzionate e forme di coazione indiretta variamente configurate, fermo restando il dovere della Repubblica (anch'esso fondato sul dovere di solidarietà) di indennizzare adeguatamente i pochi soggetti che dovessero essere danneggiati dalla somministrazione del vaccino [...]*".

Parimenti, la scelta del legislatore in ordine all'obbligo di cui si tratta è stata giudicata "*ragionevole*", "*legittima*" e "*necessaria*" anche dalla stessa Corte costituzionale, in considerazione della "*flessione preoccupante delle coperture, alimentata anche dal diffondersi della convinzione che le vaccinazioni siano inutili, se non addirittura nocive: convinzione, si noti, mai suffragata da evidenze scientifiche, le quali invece depongono in senso opposto [...]. Paradossalmente, proprio il successo della vaccinazioni induce molti a ritenerle erroneamente superflue, se non nocive: infatti, al diminuire della percezione del rischio di contagio e degli effetti dannosi della malattia, in alcuni settori dell'opinione pubblica possono aumentare i timori per gli effetti avversi delle vaccinazioni [...]. Il legislatore, intervenendo in una situazione in cui lo strumento della persuasione appariva carente sul piano della efficacia, ha reso obbligatorie dieci vaccinazioni: meglio, ha riconfermato e rafforzato l'obbligo, mai formalmente abrogato, per le quattro vaccinazioni già previste dalle leggi dello Stato, e l'ha introdotto per altre sei vaccinazioni che già erano tutte offerte alla popolazione come raccomandate*".

- ***L'assistenza psichiatrica***

Come noto, la legge 180/78 (c.d. "legge Basaglia"), il cui contenuto fu poi trasfuso nella disciplina di riforma dell'assistenza sanitaria contenuta nella legge 833/78, ha segnato una profonda rottura rispetto alla concezione "tradizionale" di salute mentale e alle cure che potevano essere approntate ai pazienti affetti da patologie di tipo psichiatrico.

Con essa è stata depenalizzata la malattia mentale, prevedendo la chiusura degli ospedali psichiatrici e favorendo, invece, il recupero sociale del malato.

Si è riconosciuto, per la prima volta, il diritto di cittadinanza alle persone con disturbo mentale, attraverso l'avvio alla creazione di un sistema di servizi di cura e di assistenza attivi su tutto il territorio nazionale.

Ma, soprattutto, la legge 180 del 1978 ha dato l'avvio ad un cambiamento radicale dell'atteggiamento culturale fino a quel momento prevalente nella società nei confronti di ogni diversità, proclamando con forza il rispetto della **dignità** del **paziente psichiatrico** di **scegliere liberamente,** quando possibile, il **medico** e il **luogo** di **cura** (art. 1, comma 2).

Gli accertamenti e i **trattamenti sanitari obbligatori** (TSO) nei confronti delle persone affette da malattia mentale sono oggi disposti dal sindaco su proposta motivata di un medico e devono essere sempre accompagnati da iniziative rivolte ad assicurare il consenso e la partecipazione da parte di chi è obbligato (art. 30). In questi casi, le cure vengono prestate in condizioni di degenza ospedaliera ed è prevista una specifica tutela giurisdizionale, la quale si sostanzia, in seguito all'entrata in vigore della legge n. 833 del 1978, nella funzione di controllo e convalida demandata al giudice tutelare, che può adottare anche provvedimenti urgenti, qualora ciò sia necessario per conservare ed amministrare il patrimonio dell'infermo; avverso il provvedimento convalidato dal giudice, può essere proposto ricorso dinanzi al Tribunale (art. 35).

Le azioni di prevenzione, cura e riabilitazione sono attuate, di norma, dai servizi di salute mentale presenti all'interno delle Aziende sanitarie locali e da presidi territoriali extraospedalieri, secondo un'organizzazione di tipo dipartimentale, inclusiva anche dei settori residenziali e semiresidenziali.

I Dipartimenti di Salute Mentale (DSM), costituiti dall'insieme dei servizi e dei presidi che, come detto, hanno il compito di farsi carico dell'intero processo assistenziale del malato affetto da patologie psichiatriche, sono dotati, in particolare, dei seguenti servizi e strutture:
- centri di salute mentale (CSM), per l'esecuzione di interventi sul territorio;
- servizi psichiatrici di diagnosi e cura (SPDC), per l'assistenza ospedaliera;
- centri diurni (CD) e day hospital (DH), per attività riabilitative in regime semiresidenziale;
- strutture per attività riabilitative in regime residenziale e semiresidenziale;
- assistenze domiciliari socio-sanitarie.

Capitolo 12
I livelli essenziali di assistenza e la sanità integrativa

di *Fosco Foglietta*

12.1. Criteri e contenuti

Fin dalle origini i "livelli essenziali di assistenza" hanno accompagnato l'evolversi del SSN. Del resto (come si è sottolineato nel capitolo 3) l'impianto universalistico-ugualitario del sistema non poteva prescindere dalla costante riproposizione della esigenza di assicurare a tutti i cittadini italiani il medesimo grado di tutela della salute. E dunque, i "livelli essenziali di assistenza" divengono il contenuto principale nella identificazione di ciò che il Fondo sanitario nazionale deve primariamente finanziare.

È, però, vero che l'ispirazione ideal-istituzionale che li ha, di volta in volta, riproposti tende a mutare con l'evolversi della riforma sanitaria dal 1978 al 1999.

Si può notare, infatti, come i **"livelli uniformi delle prestazioni"**, nella formulazione della **legge 833**, puntino a garantire l'omogeneità del rapporto fra il bisogno espresso dai cittadini e la risposta assistenziale assicurata dal SSN sull'intero territorio nazionale (superando, così, le differenze macroscopiche che il precedente sotto-sistema degli enti mutualistici aveva generato). Prestazioni che dovevano essere, comunque, garantite prescindendo dai vincoli di bilancio.

Questa disposizione viene, sostanzialmente, ribaltata con l'approvazione dei decreti legislativi 502/517, che introducono (come criterio riparatore dell'incontenibile crescita del disavanzo) il prevalere della esigenza del rispetto della compatibilità finanziaria rispetto alla soddisfazione del bisogno.

L'universalismo assistenziale viene, pertanto, **derubricato** da **"diritto soggettivo"** a mero **"interesse legittimo"** risultando, così, affievolito. In questi termini si esprime l'art. 1 del decreto 502: *"i livelli di assistenza da assicurare, in condizioni di uniformità, sul territorio nazionale sono definiti nel rispetto degli obiettivi della programmazione socio-economica e di tutela della salute individuati a livello nazionale e in coerenza con l'entità del finanziamento assicurato al SSN"*. Successivamente, l'art. 4 dello stesso decreto rinvia ai "piani sanitari nazionali" la definizione di tali livelli specificandone le prestazioni, da "garantire a tutti i cittadini, ma subordinatamente al volume delle risorse a disposizione".

Questo approccio viene, a sua volta, modificato, sia nel "Piano sanitario nazionale 1998/2000", sia nel successivo decreto 229/99. Innazitutto i livelli assistenziali **non** vengono **più** definiti come **"uniformi"**, bensì come **"essenziali"**, rinviando, con ciò, la loro determinazione alla applicazione di **criteri di necessità**, **appropriatezza** ed **efficacia**.

Inoltre, la tipologia delle prestazioni e il loro *quantum* devono essere stabiliti seguendo una terza via rispetto alle due precedenti impostazioni. Il decreto 229 prevede, infatti, che la esplicitazione delle prestazioni che sostanziano i "livelli essenziali di assistenza" debba realizzarsi contestualmente alla quantificazione dell'ammontare delle risorse finanziarie destinate al FSN. Tale quantificazione avviene applicando, inoltre, una sorta di "selezione per sottrazione" delle prestazioni storicamente consolidatesi al tempo "zero". Questo esercizio selettivo si attua sulla base di un triplice criterio ispiratore: una premessa valoriale che riafferma i **principi fondativi** del SSN – universalismo, dignità della persona ed equità –; il riferimento indispensabile al rispetto delle **"evidenze scientifiche"** (la prova provata della efficacia clinica delle prestazioni erogate); la ricerca costante dell'**"appropriatezza"**, sia in termini clinici che organizzativi.

Le prestazioni che non rispondono a tali criteri vengono, quindi, escluse (in tutto o in parte) dalla copertura del Fondo sanitario nazionale.

• ***Il d.P.C.M. 29 novembre 2001***

I principi e i criteri di cui sopra trovano, nel d.P.C.M. del 2001, un puntuale riscontro, attraverso l'ampia esplicitazione di "macroaree", servizi e prestazioni che, da un lato, configurano ciò che deve essere assicurato a tutti i cittadini in quanto costitutivo dei "livelli essenziali", dall'altro, esplicitano quanto non vi viene, invece, ricompreso, configurando interventi che, se erogati, sono posti a carico del paziente.

Questo sforzo compendiativo di "liste positive" e di "liste negative" di servizi e prestazioni si articola, nel d.P.C.M., in sei grandi allegati.

• L'**Allegato 1A** tratta della:

Assistenza sanitaria e collettiva in ambiente di vita e lavoro

A. profilassi delle malattie infettive e parassitarie
B. tutela della collettività e dei singoli dai rischi connessi con gli ambienti di vita, anche con riferimento agli effetti sanitari degli inquinamenti ambientali
C. tutela della collettività e dei singoli dai rischi infortunistici e sanitari connessi con gli ambienti di lavoro
D. sanità pubblica veterinaria
E. tutela igienico-sanitaria degli alimenti e sorveglianza e protezione nutrizionale
F. attività di prevenzione rivolta alla persona (vaccinazioni obbligatorie e raccomandate, programmi di diagnosi precoce)
G. servizio medico-legale

Assistenza distrettuale

A. Assistenza sanitaria di base
– Medicina di base in forma ambulatoriale e domiciliare

– Continuità assistenziale notturna festiva
– Guardia medica turistica su determinazione della regione

B. Attività di emergenza sanitaria territoriale

C. Assistenza farmaceutica erogata attraverso le farmacie territoriali
– Fornitura di specialità medicinali e prodotti galenici classificati in classe A (e in classe C a favore degli invalidi di guerra), nonché dei medicinali parzialmente rimborsabili ai sensi del d.l. 347/2001 convertito in l. 406/2001
– Fornitura di medicinali innovativi non autorizzati in Italia, ma autorizzati in altri Stati o sottoposti a sperimentazione clinica di fase II, o impiegati per indicazioni terapeutiche diverse da quelle autorizzate

D. Assistenza integrativa
– Fornitura di prodotti dietetici a categorie particolari
– Fornitura di presidi sanitari ai soggetti affetti da diabete mellito

E. Assistenza specialistica ambulatoriale
– Prestazioni terapeutiche riabilitative
– Diagnostica strumentale e di laboratorio

F. Assistenza protesica
– Fornitura di protesi ed ausili a favore di disabili fisici, psichici e sensoriali

G. Assistenza territoriale ambulatoriale e domiciliare
– Assistenza programmata a domicilio (assistenza domiciliare integrata, assistenza programmata domiciliare, comprese le varie forme di assistenza infermieristica territoriale)
– Attività sanitaria e socio-sanitaria rivolta alle donne, alle coppie e alle famiglie a tutela della maternità per la procreazione responsabile e l'interruzione della gravidanza
– Attività sanitaria e socio-sanitaria rivolta alle persone con problemi psichiatrici e alle loro famiglie
– Attività riabilitativa sanitaria e socio-sanitaria rivolta alle persone con disabilità fisica, psichica e sensoriale
– Attività sanitaria e socio-sanitaria rivolta alle persone dipendenti da sostanze stupefacenti o psicotrope o da alcool
– Attività sanitaria e socio-sanitaria ai pazienti nella fase terminale
– Attività sanitaria e socio-sanitaria rivolta alle persone con infezione da HIV

H. Assistenza territoriale residenziale e semiresidenziale
– Attività sanitaria e socio-sanitaria rivolta alle persone anziane non autosufficienti
– Attività riabilitativa sanitaria e socio-sanitaria rivolta alle persone dipendenti da sostanze stupefacenti o psicotrope o da alcool
– Attività sanitaria e socio-sanitaria rivolta alle persone con problemi psichiatrici
– Attività riabilitativa sanitaria e socio-sanitaria rivolta alle persone con disabilità fisica, psichica e sensoriale
– Attività sanitaria e siocio-sanitaria rivolte a pazienti nella fase terminale
– Attività riabilitativa sanitaria e socio-sanitaria rivolta alle persone con infezione da HIV

I. Assistenza termale
– Cicli di cure idrotermali a soggetti affetti da determinate patologie

Assistenza ospedaliera

A. Pronto soccorso
B. Degenza ordinaria
C. Day Hospital
D. Day Surgery
E. Interventi ospedalieri a domicilio
F. Riabilitazione

G. Lungodegenza
H. Raccolta, lavorazione, controllo e distribuzione degli emocomponenti e servizi trasfusionali
I. Attività di prelievo, conservazione, distribuzione di tessuti attività di trapianto di organi e tessuti

Nell'ambito delle tre aree di cui sopra è inclusa l'assistenza specifica rivolta a particolari categorie di cittadini, ovvero erogata in condizioni particolari:

Invalidi
- Prestazioni sanitarie previste dai rispettivi ordinamenti alla data di entrata in vigore della l. 833/1978

Soggetti affetti da malattie rare
- Prestazioni di assistenza sanitaria finalizzata alla diagnosi, al trattamento e al monitoraggio della malattia ed alla prevenzione degli ulteriori aggravamenti

Soggetti affetti da fibrosi cistica
- Fornitura gratuita del materiale medico, tecnico e farmaceutico, compresi i supplenti nutrizionali

Neuropatici cronici in trattamenti dialitico
- Rimborso spese di trasporto al Centro Dialisi
- Altre provvidenze a favore dei dializzati (su determinazione regionale)

Soggetti affetti dal diabete mellito
- Fornitura gratuita di ulteriori presidi terapeutici

Soggetti affetti da Morbo di Hansen
- Fornitura gratuita di accertamenti diagnostici e farmaci specifici
- Spese di viaggio per l'esecuzione del trattamento

Cittadini residenti in Italia autorizzati alle cure all'estero
- Assistenza sanitaria autorizzata

Nell'**Allegato 1B** viene compendiato l'insieme delle normative afferenti alle "prestazioni, strutture di offerta e funzioni" indicate nell'Allegato 1A.

L'**Allegato 1C** contiene tutte le prestazioni relative all'**"area della integrazione sociosanitaria"** (cfr. capitolo 9).

L'**Allegato 2A** elenca le **prestazioni** che sono **escluse** dai **LEA** perché non rispondono ad esigenze assistenziali in linea con i principi informatori del SSN, oppure perché non sono validate da sufficienti evidenze scientifiche. Appartengono, ad es., al primo tipo di esclusione gli interventi di "chirurgia estetica" o la "circoncisione rituale". Sono ricomprese, invece, nel secondo tipo di esclusione: un buon numero di "medicine non convenzionali" e alcune prestazioni di "medicina fisico-riabilitativa ambulatoriale" (dall'idromassoterapia alla diatermia ad onde corte, all'elettroterapia antalgica, all'ultrasuonoterapia, ecc.).

Nell'**Allegato 2B** troviamo le **prestazioni** che sono **escluse** dai LEA **a meno che** non vengano rispettati **alcuni presupposti**; ad es., un quadro clinico del paziente in relazione al quale risultino predefiniti criteri di appropriatezza clinica in ordine ai tempi e ai modi di erogazione. Così, ad es., per la "densitometria ossea", la cui applicazione diagnostica è significativa se si rispetta un intervallo di accertamento pari a due anni, o per talune prestazioni fisioterapiche. L'assistenza odontoiatrica, inoltre, può essere posta a carico del FSN solo se si associa ad interventi chirurgico-ricostruttivi, o faccia parte di piani di prevenzione e di tutela della salute (ad es., campagne ortodontiche) per la popolazione giovanile. Peraltro, le singole regioni possono coprire parzialmente gli oneri derivanti dalla estensione della assistenza odontoiatrica gratuita a fasce di popolazione il cui reddito si ponga al di sotto di un livello minimo predeterminato ("soglia ISEE").

Infine, l'**Allegato 2C** contiene quelle tipologie di prestazioni la cui **gratuità** viene riconosciuta se e solo se la loro erogazione avviene in **termini appropriati** dal punto di vista **organizzativo**. Così, ad es., per un primo insieme di 43 DRG ospedalieri la cui esecuzione non deve realizzarsi in "costanza di ricovero" ordinario, bensì in regime di *day service* o di specialistica ambulatoriale.

A proposito di "appropriatezza organizzativa", occorre notare come nell'accordo sancito dalla "conferenza Stato-Regioni" immediatamente prima dell'approvazione del d.P.C.M., si sottolinei la esigenza di implementare i livelli di appropriatezza attraverso una serie di azioni, quali, ad es.: il "rilancio della indicazione dei percorsi dignostico-terapeutici per minimizzare la quota di accessi impropri", "la sollecitazione di un coerente collegamento in rete fra presidi ospedalieri e fra questi e le strutture territoriali", "lo sviluppo e la qualificazione dello spazio del governo clinico (...) e delle relative responsabilizzazioni professionali, metodologiche e operative", ecc.

In buona sostanza, l'impianto logico e metodologico scelto dal legislatore per comporre il d.P.C.M. 2001 evita, da un lato, di fornire una elencazione tassativa micro-prestazionale di ciò che deve essere posto a carico del SSN e fornisce, dall'altro, un variegato insieme di indicazioni orientative la cui concreta applicazione ricade pur sempre sulla "scienza e coscienza" degli operatori della sanità.

- ***Successive modifiche***

  Sono tre, in particolare, gli ***step*** di **aggiornamento**, via via introdotti:

  - il primo si sostanzia nell'inserimento di alcune, nuove disposizioni all'interno del testo complessivo del decreto 2001, mediante il recepimento dei contenuti del "patto per la salute 2010/2012" nella legge finanziaria 2010.

  Il tema di fondo di tale integrazione consiste proprio nel rafforzare l'orientamento a promuovere una **maggiore "appropriatezza organizzativa"** e una più incisiva razionalizzazione nell'uso delle risorse. In particolare, è previsto che: si passi dai 48 DRG ospedalieri non più effettuabili in regime di ricovero ordinario, a 108, nuovi, DRG relativi a interventi, sia chirurgici (trapianti di pelle, prestazioni nel cavo orale e in alcune articolazioni...), sia medici (trattamento del diabete di tipo 2, di calcolosi, dell'Hiv...); si operi una ulteriore derubricazione della complessità, trasferendo **24 prestazioni** già eseguite in ***day surgery*** **alla chirurgia ambulatoriale** (la liberazione dal tunnel carpale, la ricostruzione della palpebra, la cataratta, l'artroscopia...).

Vengono, inoltre, indicate alcune "importanti iniziative strategiche e operative" destinate ad incidere sullo sviluppo di soluzioni appropriate, sia clinicamente che organizzativamente. Citiamo, in particolare: il chiarimento concettuale fra domanda (ciò che il cittadino richiede spontaneamente) e bisogno (ovverossia, la declinazione che della domanda fa il professionista al fine di renderla appropriata); la verifica se e in qual misura i servizi aziendali siano in grado di soddisfare pienamente il "bisogno"e, se non lo sono, le conseguenti azioni per adeguare il sistema dell'offerta; la identificazione, nell'"Atto aziendale", delle soluzioni più congrue per ottenere tale risultato; lo sviluppo del "governo clinico" quale funzione cui compete precipuamente *"l'accertamento dell'appropriatezza, intesa come fondamentale componente della qualità dell'assistenza con riferimento alla validità tecnico-scientifica, accettabilità e pertinenza delle prestazioni sanitarie rispetto a persone, circostanze e luoghi"*.

Il secondo *step* di aggiornamento coincide con il riconoscimento legislativo (legge 38 del 2010) del diritto all'**accesso gratuito** alle **"cure palliative"** e alla terapia del dolore. Trattamenti che – per la prima volta nella storia del SSN – assurgono al rango di prestazioni essenziali da garantire in ogni ambito (domiciliare, ambulatoriale, residenziale) a tutti coloro che ne necessitino, ma, in particolar modo, ai malati oncologici terminali. È, questa, in termini di qualità della assistenza – non solo fisica, ma anche psicologica –, rivolta non solo al paziente, ma anche ai suoi familiari, una grande conquista di civiltà (non solo sanitaria).

Il terzo *step* viene a coincidere con l'**approvazione** del **d.P.C.M.** del **12 gennaio 2017**: "definizione e aggiornamento dei livelli essenziali di assistenza". Non si tratta, come nei due casi precedenti, di semplici inserimenti puntiformi. All'opposto, si configura come una corposa revisione organica di tutto l'impianto normativo rappresentato dal d.P.C.M. del 2001.

La dinamica illustrativa cambia radicalmente, divenendo assai più discorsiva.

L'"oggetto" (art. 1) ripropone identicamente le precedenti macro-aree di attività: **prevenzione collettiva** e **sanità pubblica**, **assistenza distrettuale**, **assistenza ospedaliera**. Gli Allegati da 6 diventano 12. L'Allegato 1C – se ne è abbondantemente scritto nel precedente capitolo 9 – diviene uno dei "capi" (il 4) di cui si compone l'indice del nuovo d.P.C.M.

Per ciascun'area di attività si notano, rispetto al 2001, numerose conferme (quanto meno dal punto di vista del titolo degli argomenti) ed alcune, siginificative, novità. Esaminiamole con un minimo di approfondimento; ad esempio:

- nell'"**area della prevenzione collettiva** e **della sanità pubblica**" si devono assicurare prestazioni "vecchie" (sorveglianza, prevenzione e controllo delle malattie infettive e parassitarie, le vaccinazioni, la sorveglianza, prevenzione e tutela della salute e sicurezza nei luoghi di lavoro, la salute animale e igiene veterinaria, ecc.) e "nuove", quale la "**sorveglianza** e **prevenzione** delle **malattie croniche**, inclusi la promozione di sani stili di vita e programmi organizzati di screening". Dunque, tutti gli interventi di **prevenzione** individuale, **primaria** e **secondaria**, divengono **"livelli essenziali"** che il sistema deve promuovere e garantire. È una novità non marginale; per la prima volta la prevenzione primaria entra in modo organico nelle strategie del SSN e diviene un capitolo del necessario apporto che le risorse del volontariato possono fornire allo sviluppo della tutela della salute delle comunità locali.

  Il dettaglio delle prestazioni relative all'area della prevenzione è esplicitato nell'Allegato n. 1.

  Nel considerare le successive aree di attività (distrettuale, ospedaliera, socio-sanitaria e a "particolari categorie") si porranno in particolare evidenza le diversità riscontrabili fra i due dd.P.C.M. (2001 vs 2017).

a) L'art. 3 e l'art. 21 – "aree di **attività** dell'**assistenza distrettuale**" e dell'"assistenza socio-sanitaria" – sviluppano la seguente articolazione: assistenza sanitaria di base, emergenza sanitaria territoriale, assistenza farmaceutica, assistenza integrativa, assistenza specialistica ambulatoriale, assistenza protesica, assistenza termale, assistenza socio-sanitaria domiciliare e territoriale, assistenza socio-sanitaria semiresidenziale e residenziale. I contenuti dispositivi totalmente nuovi riguardano: la "**erogazione** di **dispositivi** medici **monouso**" (art. 11) e la "erogazione delle **prestazioni** di **assistenza protesica**" (artt. 18 e 19), le "aree **palliative domiciliari**" (art. 23), l'"assistenza residenziale extraospedaliera ad elevato impegno sanitario" (art. 29) l'"assistenza socio-sanitaria semiresidenziale e residenziale ai **minori** con disturbi in ambito **neuropsichiatrico** e del neurosviluppo" (art. 32).

La vera differenza con il testo del d.P.C.M. 2001 consiste, però, nelle modalità espositive dei contenuti dei campi di attività sopra indicati. Modalità che, in forma discorsiva, individuano in modo puntiforme: il dettaglio delle prestazioni erogabili, i destinatari delle stesse, i "soggetti" che devono assicurarle e le varie modulazioni procedurali, organizzative e operative da porre in essere per garantire qualità e appropriatezza. Ad esempio:

- l'assistenza farmaceutica erogata dalle farmacie convenzionate, si introducono, nei "livelli", le **prestazioni** che possono essere erogate dalle **"farmacie dei servizi"** (cfr., *supra*, capitolo 8). Inoltre, il SSN fornisce – qualora non esista una valida alternativa terapeutica – i "medicinali innovativi la cui commercializzazione è autorizzata in altri Stati, ma non sul territorio nazionale";

- la erogazione dei **"dispositivi monouso"** avviene con riferimento alle **categorie** degli **stomizzati** (tracheostomizzati, colonstomizzati, urostomizzati...) attraverso un nutrito numero di prodotti (il nomenclatore è contenuto nell'Allegato n. 2). Inoltre, i "prodotti per la prevenzione e il trattamento delle lesioni da decubito sono prescritti dal medico nell'ambito di un piano di trattamento di durata definita";
- la erogazione di "presidi" alle persone diabetiche o affette da malattie rare è regolata dall'Allegato n. 3, che aggiorna consistentemente il "pacchetto" già contenuto nei LEA del 2001;
- le "condizioni e i limiti di erogabilità" delle prestazioni di specialistica ambulatoriale perseguono un vaglio scrupoloso delle variabili che assicurano la "appropriatezza prescrittiva". Variabili che sono specificate in tre Allegati (4A, 4B, 4C) per quanto riguarda, ad esempio: la "densitometria ossea", la "chirurgia refrattiva", le "prestazioni di assistenza odontoiatrica", ecc.;
- uno dei campi di attività – maggiormente arricchito di nuove prestazioni e di un minuzioso corredo di procedure che i beneficiari devono rispettare per poterne usufruire – è quello dell'**"assistenza protesica"** (art. 17). Nell'Allegato n. 5 sono riportate tutte le tipologie dei dispositivi che fanno parte di un apposito nomenclatore. Qui troviamo ausili e protesi di fabbricazione seriale, quelli costruibili su misura, le modalità di adattamento e personalizzazione, ecc. L'art. 18 elenca, invece, il "cluster" degli aventi diritto. Sono indicati come destinatari delle prestazioni: gli invalidi civili, di guerra e per servizio, i minori portatori di una "invalidità grave e permanente", coloro che sono permanentemente "menomati a seguito di patologie degenerative, le persone amputate d'arto, le donne mastectomizzate", ecc., fino a giungere a casi eccezionali per i quali i "soggetti affetti da gravissime disabilità" possono ricevere dall'ASL "protesi, ortoprotesi o ausili non appartenenti ad una delle tipologie del nomenclatore (...) sulla base di criteri fissati dalla regione". Infine, un apposito Allegato (il n. 12) definisce le"modalità di erogazione dell'assistenza protesica".

***b*)** Nell'**"area di attività dell'assistenza ospedaliera"** si notano alcune *new entry* ed una cancellazione rispetto a quanto già espresso dal d.P.C.M. 2001.

I nuovi ingressi riguardano l'"attività di **trapianto** di cellule, organi e tessuti" e quella del **"centro antiveleni"**. Scompaiono, invece, gli "interventi ospedalieri a domicilio". Scelta assolutamente appropriata in ragione di quel processo di trasferimento dall'ospedale ai servizi territoriali che, come si è notato, traguarda tutta la evoluzione dei "livelli essenziali" fin dalla loro origine.

Non poche novità riguardano, poi, le singole prestazioni che popolano le diverse aree di attività. Così, ad esempio, per quanto riguarda l'"**analgesia epidurale**", a supporto del parto in regime di ricovero ordinario e le "misure per incentivare il **parto fisiologico** a **domicilio**".

Una serie di articoli (dal 39 al 45) è dedicata a fissare i "criteri di appropriatezza organizzativa". Questi sono essenzialmente ispirati ad un unico principio-guida: risultano appropriate le prestazioni che "non possono essere eseguite in *day hospital* o in *day surgery* con identico o maggiore beneficio e identico o minor rischio per il paziente e con minore impiego di risorse". Lo stesso paradigma valutativo viene, poi, applicato anche al *day hospital* e alla *day surgery*; si definiscono, infatti, appropriati, al loro interno, "i ricoveri per la esecuzione di interventi o procedure che non possono essere eseguiti in regime ambulatoriale (...)". Nel caso dei *day hospital* si specificano anche le fattispecie che vi rientrano in ordine sia alle prestazioni diagnostiche (che presentano particolari condizioni di rischio per i pazienti e/o che richiedono un lungo monitoraggio, o che devono essere eseguite nei confronti di "pazienti non collaboranti"), sia agli interventi terapeutici (somministrazione di chemioterapia, di terapia per via endovenosa superiore all'ora, procedure invasive che comportano problemi di sicurezza, ecc.). Infine, anche per l'"appropriatezza del ricovero in riabilitazione" vale la valutazione *ad escludendum*: vi rientra, infatti, tutto ciò che non può essere eseguito all'interno di *day hospital* o di servizi territoriali.

***c*)** Da ultimo, il d.P.C.M. 2017 esplicita l'"assistenza specifica a **particolari categorie**". Le "persone affette da **malattie rare**" (art. 52) e quelle "affette da **malattie croniche** e **invalidanti**" (art. 53) possono usufruire gratuitamente delle prestazioni che sono puntualmente elencate negli Allegati 7 e 8. Troviamo, in essi, rispetto ai "livelli" del 2001, significative integrazioni tipologiche, pur riaffermandosi la obbligatorietà dell'assistenza a favore di alcune categorie di utenti particolarmente svantaggiati (ad es., persone colpite da "fibrosi cistica", oppure "nefropatici cronici in trattamento dialitico", persone affette dal "morbo di hansen" o da HIV, ecc.).

***d*)** Oltre alle specifiche di area sopra esemplificate, il d.P.C.M. presenta un ampio "protocollo" a **difesa complessiva** della **maternità** fin dalla fase di accertamento, preconcezionale, di possibili rischi correlati a condizioni patologiche o genetiche, per poi passare al contrasto delle problematicità in corso di gravidanza e a quelle più direttamente correlate alla fase prenatale, a ciò che deve essere assicurato in caso di minaccia di aborto, fino a giungere al sostegno psicologico se ed in quanto si accerti un disagio sofferto dalla paziente. Infine, le prestazioni correlate all'"assistenza specialistica ambulatoriale per le donne in stato di gravidanza e a tutela della maternità" sono esplicitate negli Allegati 10/A, 10/B e 10/C.

L'art. 60 introduce, inoltre, la garanzia della erogazione delle "prestazioni di diagnosi precoce, di cura e di trattamento individualizzato" per le persone con **disturbi** dello **spettro autistico**.

e) Gli ultimi articoli (dal 61 al 63) regolamentano l'**"assistenza sanitaria all'estero"** dei cittadini italiani, nel mentre definiscono anche le modalità con cui il nostro SSN si fa carico sia di "cittadini, non appartenenti all'Unione europea, iscritti al SSN", sia di "cittadini di Stati non appartenenti all'Unione europea non in regola con il permesso di soggiorno" per i quali i "livelli essenziali di assistenza" garantiscono, comunque, la tutela della maternità, la tutela della salute del minore, le vaccinazioni, gli interventi di profilassi, diagnosi e cura delle malattie infettive.

12.2. La concreta applicazione dei "livelli essenziali di assistenza"

La evoluzione dei "livelli essenziali di assistenza" descrive l'espandersi delle tutele assicurate dal SSN a tutti i cittadini italiani. Questo, in teoria. In pratica, sia il condizionamento rappresentato dalle compatibilità finanziarie, sia la difforme capacità realizzativa manifestata dalle varie regioni, hanno determinato il verificarsi di **enormi disparità** fra il Nord, il Centro e il Sud d'Italia.

Dal punto di vista della quantità di risorse economico-finanziarie messe a disposizione dal pubblico (il SSN) e dal "privato" (sanità integrativa e "out of pocket") la situazione può essere sintetizzata nei termini seguenti.

Le regioni settentrionali presentano un *gap* di spesa sanitaria verso l'Europa (a 15 Stati) del meno 20%, mentre nelle regioni del Sud tale differenza sale ad un meno 33,3%.

Ne consegue una difformità quasi abissale nella spesa *pro capite*; ad es., fra Valle d'Aosta e Campania si passa da 3169 euro a 2061 euro per cittadino (meno 53,8%).

Questa disomogeneità globale fra Nord e Sud si espande ulteriormente a causa del diverso tasso di impoverimento dei cittadini. Se osserviamo, infatti, lo iato fra la spesa sanitaria privata (*out of pocket*) registrata nelle tre macro aree territoriali d'Italia e quella quantificata nella Unione europea a 15 Stati, si rileva, al 2015, che esso è pari ad un meno 14,4% al Nord, ad un meno 31,3% al Centro e ad un meno 55% al Sud.

A questi dati devono aggiungersi le "endemiche" discrasie organizzative, gestionali e operative riscontrabili in molte Aziende del Centro/Sud d'Italia e, conseguentemente, il peggioramento della qualità del servizio reso, delle condizioni di accessibilità alle prestazioni e della varietà tipologica della "offerta". Il tutto aggravato (negli ultimi 10 anni, circa) dal "commissariamento" inflitto a cinque regioni meridionali allo scopo di mettere un freno ai loro giganteschi disavanzi. Ne è conseguito (afferma il "Rapporto osserva-salute", attivato presso l'Università cattolica del Sacro Cuore di Roma) che non solo i fattori di rischio (alcool, tabacco, cattiva alimentazione, sedentarietà) sono aumentati soprattutto nelle regioni del Sud – provocando un incremento delle malattie cronico-degenerative (diabete, obesità, ipertensione, ecc.) –, ma anche che la stessa **"attesa di vita alla nascita"** si **riduce**, in quelle regioni, rispetto alla media nazionale, di circa **tre anni**.

Inoltre, nota il **"Rapporto osserva-salute"**, *"essere donne al Sud significa appartenere ad una categoria particolarmente svantaggiata, priva di presidi preventivi e diagnostici in età giovanile ed adulta e abbandonate a se stesse in età anziana. Basti pensare che mentre nella P.A. di Trento, in Emilia-Romagna o in Veneto si raggiungono valori di copertura per lo «screening mammografico» attorno all'88%, la percentuale scende al 50% circa in Campania e al 55% in Calabria (con la conseguente crescita dell'indice di mortalità per patologie oncologiche)"*. Ancora: *"per la penuria di servizi territoriali sanitari e sociosanitari le donne anziane del Sud, come quelle del Centro e del Nord, sono destinate a sopravvivere ai loro mariti, ma mentre quelle residenti nelle regioni centro-settentrionali possono contare su di una buona rete socio-assistenziale, quelle meridionali sono sempre più affidate alla famiglia o, peggio, abbandonate ad una vecchiaia in solitudine e con una scarsa qualità di vita (mediamente negli ultimi 16 anni)"*.

Le differenze sopra richiamate (e molte altre ancora) sono la conseguenza di una profonda diversità attuativa dei "livelli essenziali di assistenza" a causa di una minore disponibilità di alcuni fattori produttivi (*in primis*, le risorse umane), di una marcata obsolescenza tecnologica e di diffuse disfunzioni gestionali.

12.3. La sanità integrativa

Della sanità integrativa si accenna appena nella legge 833. L'art. 46 (mutualità volontaria) svolge una funzione eminentemente difensiva: "è vietato agli enti, imprese ed aziende pubbliche contribuire sotto qualsiasi forma al finanziamento di associazioni mutualistiche" costituite liberamente e destinate ad erogare prestazioni integrative dell'assistenza offerta dal SSN.

I decreti 502/517 intervengono sulla materia mediante l'art. 9 che, al comma 1, stabilisce che: *"al fine di favorire l'erogazione di forme di assistenza sanitaria integrativa, rispetto a quelle assicurate dal SSN e con queste, comunque, direttamente integrate, possono essere istituiti fondi integrativi finalizzati a potenziare l'erogazione di trattamenti e prestazioni non ricomprese nei LEA"*.

L'*incipit* di tale articolo – ed i suoi successivi commi – sono stati, poi, in parte, ripresi e, in larga parte, modificati dall'art. 9 del decreto 229/99. In questo si precisa come l'**assistenza integrativa** possa erogare solo "**prestazioni aggiuntive** (rispetto a quelle assicurate dai LEA) erogate da professionisti e da strutture accreditate, oppure anche prestazioni erogate dal SSN, ma per la sola quota posta a carico dell'assistito". Il termine "quota" ricomprende, di fatto, tre fattispecie: il ticket che il paziente deve pagare per visite specialistiche e diagnostiche (come previsto dai vari ordinamenti regionali), gli oneri per l'accesso alle prestazioni offerte, in regime di attività libero professionale *intra-moenia*, dagli specialisti ospedalieri, la fruizione di particolari servizi alberghieri.

Si specifica, inoltre, che *"l'ambito di applicazione dei fondi è esteso anche alle prestazioni socio-sanitarie erogate in strutture accreditate residenziali, semiresidenziali e domiciliari, ma sempre e soltanto per la quota posta a carico dell'assistito"*.

Nel quadro della disciplina ridisegnata dall'art. 9 del decreto 229 si precisa, anche, che:

- *"tutti i soggetti pubblici e privati che istituiscono fondi integrativi sono tenuti ad adottare politiche di non selezione dei rischi"*. Ovverosia devono evitare i comportamenti (tristemente noti) posti in essere dalle grandi compagnie di assicurazione degli Stati Uniti che rifiutano di accendere polizze a persone già affette da patologie conclamate, soprattuto se in età avanzata;
- i "fondi integrativi" possono essere istituiti mediante: "accordi tra lavoratori autonomi o fra liberi professionisti, promossi dai loro sindacati o da associazioni di rilievo almeno provinciale; "contratti e accordi collettivi, anche aziendali"; "regolamenti di regioni, enti territoriali ed enti locali"; "deliberazioni assunte nelle forme previste dai rispettivi ordinamenti, da società di mutuo soccorso", ecc.

Fra le prestazioni aggiuntive sono ricomprese: le "prestazioni di medicina non convenzionale", le "cure termali" e l'"assistenza odontoiatrica" (limitatamente alle prestazioni non già a carico del SSN).

In epoca successiva al 1999, i decreti ministeriali del marzo 2008 e dell'ottobre 2009 definiscono con maggiore precisione gli ambiti di riferimento delle prestazioni sanitarie e socio-sanitarie erogabili da fondi integrativi, da enti e casse mutue. La loro offerta si allarga fino a ricomprendere non solo prestazioni integrative, ma anche "sostitutive" di quelle già poste a carico del SSN. In particolare il d.m. 27 ottobre 2009 esplicita in modo diretto le aree prestazionali a cui gli enti, casse e società di mutuo soccorso devono destinare almeno il 20% delle proprie risorse. Aree che ricomprendono la *"ridefinizione dell'assistenza odontoiatrica e di quella socio-sanitaria, sia rivolta a soggetti non autosufficienti, sia finalizzata al recupero della salute di soggetti temporaneamente inabilitati da malattia o infortunio"*.

- ***Spunti applicativi***

Nella concretezza della realtà delle cose è dato notare sia una parziale re-interpretazione del disposto normativo, sia una sua applicazione – ancora una volta – assai difforme da regione a regione.

Occorre ricordare come i vari decreti di Riforma del SSN abbiano individuato tre pilastri finanziari su cui far crescere il sistema: il Fondo sanitario nazionale, i **"fondi integrativi collettivi"** e la **spesa privata "intermediata"**, derivante dall'accensione di **polizze assicurative** da parte di ciascun cittadino.

Le ultime due fattispecie sono andate sviluppandosi in termini molto asimmetrici, nel mentre se ne è aggiunta una quarta, normativamente non codificata: l'***out of pocket***, ovvero la spesa sostenuta direttamente, di tasca propria, dal cittadino che paga, sempre di più, le prestazioni erogate da fornitori privati, oppure il ticket previsto dagli ordinamenti regionali.

L'*out of pocket* è stato stimato, al 2017, nell'88% di quei 36 miliardi di euro di spesa privata che rappresentano circa il 29% della spesa sanitaria globale.

Peraltro, l'articolazione regionale dell'*out of pocket* risulta essere estremamente disomogenea (da un *pro capite* di 859 euro in Val d'Aosta, ad uno di 303 euro in Campania). Il 7,2% di tale spesa si sostanzia, inoltre – per la fruizione di farmaci e di prestazioni sanitarie –, nella compartecipazione dei cittadini al loro costo attraverso il pagamento di un ticket. Il suo importo varia moltissimo da regione a regione (in media, 50 euro *pro capite* in tutte le regioni del Nord e del Centro, 42 euro al Sud) così come il regime delle esenzioni (ad es., in alcune regioni sono esclusi dal pagamento i disoccupati e i lavoratori in cassa integrazione; in altre, i figli a carico fino al terzo anno di età; in altre ancora, coloro che sono affetti da malattie professionali, i danneggiati da trasfusioni e/o da vaccinazioni obbligatorie, le vittime di terrorismo o terremoti, ecc.). Si tratta di una vera e propria "giungla".

Il valore dei ticket relativi a molte prestazioni (soprattutto diagnostiche e specialistiche ambulatoriali) risulta essere, inoltre, più elevato dell'importo che viene richiesto al cittadino, per le medesime, in regime totalmente privatistico. Ciò contribuisce non poco a veicolare ulteriormente la domanda prestazionale al di fuori del servizio pubblico.

Per quanto concerne, poi, i due pilastri dell'"assistenza integrativa" si deve, infine, osservare come il loro sviluppo sia stato, fino ad ora, piuttosto stentato. I Fondi sanitari integrativi e i premi delle assicurazioni malattia ammontano, infatti, a circa 5,6 miliardi di euro, ovvero valgono il 12,3% della spesa sanitaria privata (con le polizze collettive che sono del tutto predominanti, impegnando il 68,4% della spesa intermediata complessiva).

Da notare che questi dati pongono l'Italia a molte miglia di distanza da altri Paesi europei (ad es., la Germania, nella quale la spesa intermediata rappresenta circa il 43% della spesa privata, oppure la Francia, con un 65,8%).

Inoltre, anche se il fenomeno appare essere in rapido aumento (il numero dei "fondi" passa dai 255 del 2010 ai 323 del 2016 e il numero degli iscritti da 3.312.474 a 10.616.847) la crescita si concentra quasi esclusivamente al

Nord (19,8% della spesa privata), mentre il Centro segna un 8,6% e il Sud raggiunge appena il 6,3%.

Dunque, che cosa si può pensare di fare per potenziare in modo più sostenuto quest'asfittica tendenza all'assistenza integrativa intermediata? Si può proporre, per quanto riguarda il ramo assicurazioni, un insieme di provvedimenti che riguardano, sia il privato che lo Stato.

I primi devono arricchire le coperture assicurative che, fino ad ora, riguardano solo i lavoratori e non i loro familiari con costi che scoraggiano i lavoratori autonomi (meno del 15% del totale degli assicurati, mentre un 55% di lavoratori dipendenti lo sono sulla base dei loro contratti collettivi). Inoltre, è indispensabile aumentare il livello di copertura relativa alla tipologia della domanda di prestazioni. Attualmente, infatti, lo sono solamente ⅓ dei "grandi" interventi chirurgici e ¼ di tutti gli altri. Con riferimento all'alta diagnostica l'importo medio liquidato è pari al 26% della spesa sostenuta; importo che scende al 20% in rapporto all'insieme delle visite specialistiche (da cui sono normalmente escluse quelle pediatriche e psichiatriche).

Appare, dunque, evidente come l'offerta sia un vero e proprio "gruviera" poco appetibile perché scarsamente utile. Lo Stato può, a sua volta, incentivare lo sviluppo della sanità integrativa (prendendo atto che ormai il 22% della spesa sanitaria globale non si colloca più sotto l'ombrello protettivo del Fondo sanitario nazionale) adottando diverse soluzioni: una prima, principalmente incentrata sulla defiscalizzazione (deducibilità; riduzione dell'imponibile, ecc.) delle spese sostenute dal privato per l'accensione di polizze assicurative sanitarie. Una seconda, più ampia e complessa, che postula una vera e propria **pianificazione nazionale** dello sviluppo della **"sanità integrativa"**. Pianificazione che, da un lato, prefiguri forme incentivanti ulteriori in rapporto all'articolazione regionale di un duplice fenomeno: la non erogazione – ormai endemica – di alcuni servizi e prestazioni teoricamente a carico dei LEA e l'esclusione "strutturale" di altri servizi e prestazioni dai "livello essenziali" (si pensi, ad es., alla odontoiatria). Dall'altro lato, inserisca la espansione dei contenuti della "sanità integrativa" all'interno di tutte le forme di contrattazione **collettiva** (pubblica e privata),

L'obiettivo principale è quello di intercettare una quota crescente di quel 22% di spesa privata aumentandone la efficacia in termini di ampiezza della tutela sul versante delle tipologie prestazionali e della durata temporale.

Il secondo, possibile, provvedimento è rappresentato dal ricorso ad un ormai maturo **neo-mutualismo**. Questa prospettiva si colloca in posizione intermedia fra la difesa ad oltranza del pubblico (statalismo) e il suo totale superamento (liberismo). E qui inizia a comparire l'idea di un nuovo welfare, sociale e comunitario, nel quale i cittadini si coalizzano per essere sempre più responsabili della tutela della propria salute. Nasce, così, la proposta di nuove aggiornate (rispetto alla loro tradizione storica) "società di mutuo soccorso" – alimentate dal risparmio di lavoratori e cittadini –

che possono usufruire della opportunità rappresentata dall'alleanza tra una "offerta" di servizi prodotti dalla cooperazione fra professionisti dell'assistenza (medici specialisti, infermieri, farmacisti, operatori socio-sanitari, ecc.) e l'associazionismo mutualistico, volto a sostenere la domanda dei propri soci (in particolare, quella non più soddisfatta dalla "mano pubblica").

Con la l. n. 179/2012 (modifica della disciplina delle società di mutuo soccorso) il Governo ha introdotto alcuni principi innovativi (rispetto alla vecchia legge del lontano 1886) che possono dare grande slancio alla espansione della mutualità sanitaria. Questa, infatti, potrà istituire nuovi fondi e gestirli in chiave di sanità integrativa; in particolare è loro concessa l'acquisizione, come soci (in veste di "figure giuridiche"), dei fondi sanitari integrativi, in rappresentanza dei lavoratori iscritti. I presupposti per una futura espansione sono, dunque, acquisiti. La sua rapidità dipende dalla efficacia di una informazione in merito che appare ancora latitante.

Capitolo 13
I sistemi informativi e informatici in sanità

di *Luca Dimasi, Fosco Foglietta*

13.1. La evoluzione dei sistemi

La legge 833 presta pochissima attenzione ai temi della costruzione di sistemi informativi e informatici all'interno del SSN. All'art. 27, essa prevede, infatti, che le *"USL forniscano ai cittadini un libretto sanitario personale"* che *"[...] riporta i dati caratteristici principali della salute dell'assistito"*, esclusi i trattamenti sanitari obbligatori.

I dati, "coperti dal segreto professionale, conservano valore ai fini della anamnesi richiesta dalla visita di leva" (*sic!*). Tale libretto configura una sorta di anticipazione cartacea del futuro "fascicolo sanitario elettronico".

I dati complessivi, ricavabili dall'"anonimizzazione" di quelli contenuti nei libretti, *"vengono utilizzati a scopo epidemiologico dall'Istituto superiore di sanità, oltre che per il miglioramento della attività sanitaria da parte delle USL, delle regioni e del Ministero"*.

Ai "servizi di informatica – articolati per USL – devono provvedere le regioni". Nulla più.

Per trovare riferimenti puntuali alla strutturazione, attraverso la collaborazione obbligatoria dei medici, di un sistema informativo nazionale, occorre attendere (all'interno del percorso di riforme della riforma) la approvazione del decreto Balduzzi. In questo si afferma, infatti, che *"le regioni, avvalendosi di idonei sistemi informatici, assicurano l'adesione obbligatoria dei medici all'assetto organizzativo e al «sistema informativo nazionale», compresi gli aspetti relativi al sistema della tessera sanitaria [...] nonché la partecipazione attiva all'applicazione delle procedure e trasmissione telematica delle ricette mediche"*.

I contributi più significativi per l'avvio della realizzazione di una **"sanità elettronica"** nazionale datano, però, a partire dalla fine del primo decennio degli **anni 2000**. Si avvia, infatti, in quel periodo, la *e-health information strategy* che punta a creare una rete di sistemi interoperabili sull'intero territorio nazionale rendendo coerenti e armonici i sistemi informativi, fino ad allora settoriali e puntiformi, pensati all'interno delle singole articolazioni del SSN.

Ne è conseguito che lo sviluppo dell'***e-health*** è stato individuato – nel documento "Strategie per la crescita digitale 2014/2020" – come uno dei processi più innovativi nell'ambito della evoluzione del sistema sanitario italiano. Ma è con il **"patto per la sanità digitale"** (previsto all'art. 15 del "Patto per la salute 2014/2016") che si delinea con maggiore precisione quale sia l'architettura della *governance* destinata a supportare e implementare tali processi. Sulla base degli indirizzi formulati dal "patto" si istituisce – con legge 388/2000 – il **"nuovo sistema informativo sanitario" (NSIS)**. Ciò *"al fine di migliorare il monitoraggio della spesa sanitaria nelle sue componenti farmaceutica, diagnostica e specialistica e di semplificare le transazioni fra il cittadino, gli operatori e le istituzioni preposte"*. Allo scopo *"è introdotta la gestione informatizzata delle prescrizioni relative alle prestazioni farmaceutiche, diagnostiche, specialistiche e ospedaliere, erogate da soggetti pubblici e privati accreditati. Tutte le procedure informatiche devono garantire l'assoluto anonimato del cittadino che usufruisce delle prestazioni, rispettando la normativa a tutela della riservatezza"*.

In buona sostanza l'NSIS funge da supporto informativo per una duplice esigenza: di "governo" del sistema fornendo i dati necessari per stimare il fabbisogno di assistenza (con particolare riferimento ai LEA), analizzare il rapporto fra domanda e "offerta" e verificare l'andamento complessivo della spesa sanitaria, di qualificazione dei percorsi di cura, facilitando l'integrazione professionale e riducendo alcuni disagi che i pazienti devono sopportare per accedere alle prestazioni del SSN (si pensi ai vari processi di dematerializzazione dei referti e alla prenotazione on-line).

In estrema sintesi, le **strategie** di **sviluppo** dell'***e-health*** si sono andate orientando lungo quattro direttrici: la **facilitazione** dell'**accesso** ai servizi (attraverso l'auspicabile creazione di una rete nazionale di **"centri unici di prenotazione"**), la **connessione informatic**a dei **servizi** e dei **professionisti** del SSN, allo scopo di alimentare digitalmente, con prescrizioni e referti, i flussi complessivi della "offerta"; la implementazione delle varie fattispecie della **"telemedicina"**; l'attivazione del **"fascicolo sanitario elettronico"** (FSE) inteso come storia clinica, aggiornata on-line, di ogni paziente.

Queste le intenzioni dichiarate. Nella realtà, ciascuna di tali direttrici o non ha trovato realizzazione, oppure l'ha ottenuta, parzialmente, nell'ambito dei singoli Servizi Sanitari Regionali. Al momento, l'assestamento dei processi di sanità elettronica presenta una evoluzione a "macchia di leopardo" (anche all'interno di ogni contesto regionale) diffondendosi, certamente, in termini quantitativi, ma mostrando ancora margini di frammentazione, non interoperabilità e disomogeneità funzionale elevatissimi.

• ***I sistemi informativi e informatici nella normativa recente***

In via diretta (richiami espliciti) e indiretta (deduzioni logico-consequenziali) si coglie, nel **decreto 158/2012 (Balduzzi)** e nel **decreto 179/2012 (Agenda digitale)**, sezione 4, un insieme di riferimenti alla ineluttabile necessità di un crescente utilizzo della sanità digitale.

a) Nel decreto Balduzzi si possono evidenziare, a partire dall'art. 1,

"Riordino dell'assistenza territoriale" – alcune "tracce" di sviluppo il cui esito positivo non può prescindere da un sistema informatico di supporto. Così, ad esempio, quando si afferma che nell'ambito della organizzazione distrettuale si devono *"adottare forme organizzative monoprofessionali* (le AFT, cfr. cap. 8) *che condividono in forma strutturata obiettivi e percorsi assistenziali, strumenti di valutazione della qualità assistenziale [...] nonché forme organizzate multiprofessionali (le UCCP), che erogano prestazioni assistenziali tramite il coordinamento e la integrazione di professionisti delle cure primarie e del sociale a rilievo sanitario"*. Ancora, *"le regioni disciplinano le UCCP privilegiando la costituzione di reti di poliambulatori territoriali [...] che operano in collegamento telematico con le strutture ospedaliere"*. A livello nazionale, si prevede, inoltre, che, con apposite convenzioni, si "definiscano standard relativi alla erogazione delle prestazioni assistenziali, all'accessibilità e alla continuità delle cure, demandando agli accordi regionali la definizione di indicatori". Dai riferimenti normativi indicati si possono estrarre tre specifici insiemi di azioni innovative che postulano il necessario impiego di soluzioni di sanità elettronica:

- la **tracciabilità** delle **fasi** e dei contenuti operativi che connotano i **percorsi assistenziali** nelle loro **modalità** di **integrazione** fra componenti organizzative (ospedale/servizi territoriali) professionali e socio-sanitarie, allo scopo di assicurare il massimo di continuità e di efficacia;
- la capacità del sistema di **valutare** tanto i risultati (***out-put***) quanto gli esiti (***out-come***) clinici e gestionali, ottenuti attraverso la elaborazione di **indicatori**;
- la possibilità di **connettere** i servizi territoriali con quelli ospedalieri per il tramite della **"telemedicina"** utilizzandone le varie tipologie: la "telediagnosi", ad es., che consente la lettura dei tracciati ottenuti in ambito ambulatoriale; il "teleconsulto", utilissimo per approfondire casistiche complesse emerse in sede di trattamenti territoriali; la "teleassistenza", fondamentale per supportare il *caregiver* e il *care manager* domiciliari a fronte di situazioni problematiche, ecc.

b) Nel decreto 179 (Agenda Digitale), all'art. 12, c. 1, si afferma che: *"il Fascicolo sanitario elettronico è l'insieme dei dati e dei documenti digitali di tipo sanitario e socio-sanitario generati da eventi clinici, presenti e trascorsi, riguardanti l'assistito"*. Al comma 15 si dispone, inoltre, che *"per la attuazione delle disposizione di cui al presente articolo, le regioni [...] possono, nel principio dell'ottimizzazione e razionalizzazione della spesa informatica, anche mediante la definizione di appositi accordi di collaborazione, realizzare infrastrutture tecnologiche per l'FSE condivise a livello sovraregionale, ovvero avvalersi, anche mediante il «riuso», delle infrastrutture a tal fine già realizzate da altre regioni o dai servizi da queste erogati"*.

Nell'Agenda Digitale si affronta in modo esplicito il tema della strumentazione informativo-informatica più idonea per rendere il cittadino maggiormente consapevole del proprio stato di salute e per facilitargli, mediante un *set* di soluzioni on-line, l'accesso ai servizi di cui abbia necessità. Inoltre, anche se in modo non esplicito, l'attivazione del "Fascicolo" presuppone una serie di innovazioni tecnologiche infrastrutturali e consente di ottenere un ventaglio di soluzioni gestionali che – come vedremo fra breve – fanno dell'**FSE** un **potente vettore** di **innovazione** complessiva dei sistemi di sanità elettronica e di incremento della efficienza nell'uso di alcuni fattori produttivi aziendali.

c) Sono dunque tre le finalità strategiche sottese alle normative sopra citate: sviluppare un sistema sanitario professionalmente e gestionalmente più integrato all'interno della crescita complessiva dei percorsi di "continuità assistenziale"; fornire al sistema stesso le dotazioni informatiche necessarie per valutare e valutarsi; rendere il cittadino/utente più informato e, quindi, potenzialmente più capace di essere un interlocutore consapevole dei propri medici curanti.

In rapporto a ciascuna di tali finalità lo "stato dell'arte" appare assai disomogeneo e frammentato, anche se si può sostenere di non essere all'anno zero"; in molte regioni italiane, ad esempio:

- si sono proceduralizzati percorsi di "presa in carico" e di "continuità dell'assistenza" (a partire dalle "dimissioni protette") con particolare riferimento ai pazienti cronici. E i medici di medicina generale ne sono divenuti i *dominus* clinici, sviluppando, contemporaneamente, molteplici forme di coordinamento, di strutturazione di lavoro in comune e integrato all'interno delle sedi di distretto o delle UCCP. Ciò non impedisce, però, che si mantenga una elevatissima difformità nei "format" elettronici delle **"schede sanitarie individuali"** di ogni loro paziente e che non esistano collegamenti in rete con i servizi ospedalieri. In altri termini, la interdisciplinarietà del lavoro integrato non trova ancora il necessario sostegno dalla tecnologia informatica;
- si nota, altresì, la mancanza di una **visione** di **insieme** nei **PDTA** che costituiscono le "tracce" che ciascun paziente deve seguire all'interno delle **"reti cliniche di patologia"** (dall'oncologia alla cardiologia, alle neuroscienze, ecc.). È, spesso, riscontrabile una buona omogeneità di raccolta e di elaborazione del dato, che si genera e rimane in ambito ospedaliero. Quasi mai vengono strutturati digitalmente tutti i complessi passaggi che riguardano il paziente, al di fuori dell'assistenza nosocomiale, nei servizi territoriali, ambulatoriali e domiciliari, sanitari e sociosanitari;
- di certo si sono affermate esperienze volte a **valutare "oggettivamente"** (con dati quantitativi e qualitativi) le **"performance"** cliniche del sistema sanitario (si pensi al progetto "esiti" di Agenas, al metodo "bersaglio" della Regione Toscana, ad es.) e i risultati di gestione rapportati alle Unità Operative di più consolidata tradizione (e, quindi, ospedaliere).

Sono, però, del tutto carenti le elaborazioni digitali che consentono di predisporre indicatori di esito (*out-come*) che valutino l'efficacia dei trattamenti e non solo la quantità e varietà delle prestazioni erogate.

Inoltre, il rapporto fra efficacia clinica ed efficienza gestionale non è minimamente indagato con riferimento alle più recenti strutture di assistenza territoriale (UCCP/case della salute, ad es.).

I processi attuativi del **"Fascicolo sanitario elettronico"** sono, poi, quanto di più disomogeneo – in termini di avanzamento delle fasi costitutive e di varietà delle soluzioni tecnologiche adottate – si possa immaginare (a fronte di una normativa che punta alla realizzazione di un "prodotto" unico nazionale). Ogni regione ha provveduto e provvede autonomamente; i livelli di implementazione del Fascicolo sono diversissimi, anche nelle esperienze più avanzate; assai spesso, manca la elaborazione sintetica aggiornata del "quadro clinico" del cittadino (il *patient summary*).

Da un tale panorama di parzialità e insufficienze occorre uscire mirando: al completamento organico dei sistemi informatici ancora frammentati, al pieno, conseguente, utilizzo del loro potenziale informativo, ad un più ampio ricorso alla selezione e riproduzione delle migliori esperienze già maturate.

Si avverte, infatti, un **grande bisogno** di una **sanità digitale** che dia maggiore strategicità al "governo" del sistema e migliori i rapporti fra questo e il cittadino/utente.

Senza la sanità digitale non si riesce, infatti:

- a potenziare la razionalità della programmazione a qualsiasi livello questa si esprima. Occorre costruire **"mappe epidemiologiche"** territoriali sempre più dettagliate, comparare e valutare i **consumi** delle **prestazioni** alla luce di indicatori di appropriatezza e di equità distributiva delle risorse, supportare – utilizzando i **"Big Data"** – il futuro che avanza attraverso la **"medicina di precisione"** e le molteplici sperimentazioni correlate al diffondersi della "intelligenza artificiale" nella gestione di tecnologie sempre più raffinate e micro-invasive;
- a **generare risparmi**, collegando margini più ampi di efficienza economico-gestionale al superamento dell'uso di alcuni fattori produttivi ormai "storicizzati": dal cartaceo, prodotto e archiviato a tonnellate, al consumo inutile di tempo-lavoro nel raccogliere "faldoni" dispersi, alla eliminazione della duplicazione impropria di accertamenti diagnostici, visite specialistiche, ecc., ogniqualvolta il pazienta si presenta nell'ambulatorio di un nuovo terapeuta;
- ad alimentare l'integrazione professionale attraverso la **messa in rete** di tutti i **servizi erogatori** di **prestazioni**. Premessa, questa, per migliorare la efficacia assistenziale, puntare alla standardizzazione del trattamenti (in chiave equitativa) e delle condizioni di accesso, tracciare i percorsi assistenziali nella loro totalità intra ed extraospedaliera, popolare con continuità il "Fascicolo sanitario elettronico".

13.2. Il Fascicolo sanitario elettronico

Occorre premettere come il "Fascicolo sanitario elettronico" **non** sia un **semplice prodotto** (un manufatto elettronico compiuto e pronto all'uso) bensì un **"processo"** di **grande complessità**; effetto e causa di una serie di altri, molteplici, processi informatici; potente vettore di innovazione digitale; veicolo per promuovere vasti cambiamenti organizzativi e gestionali nel sistema sanitario italiano.

- ***Il processo costitutivo del FSE***

Possiamo raffigurare il processo che porta ad attivare, prima, e ad utilizzare, poi, l'FSE nel modo seguente

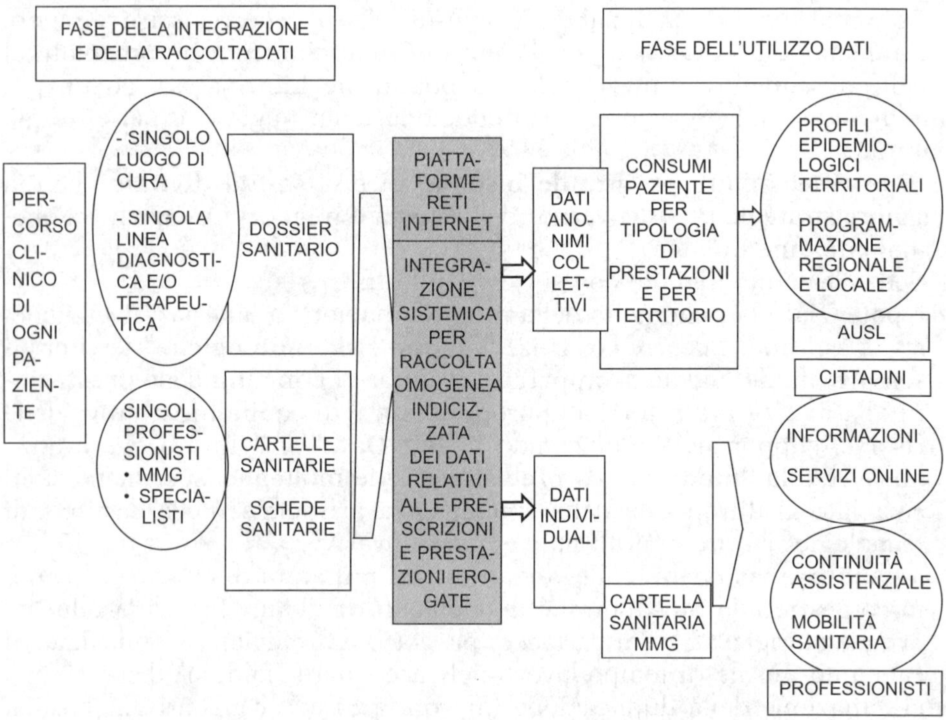

Figura 7

Dunque, il Fascicolo, per l'esigenza di essere popolato con completezza ed immediatezza (on-line) di dati sanitari e socio-sanitari, richiede un punto di partenza che consista nella creazione di **"piattaforme di reti internet"**; ovverosia, di un approccio sistemico/informatico che connetta tutti i servizi erogatori di prestazioni e tutte le fonti informative ad essi correlate.

Lo sforzo di una tale interconnessione olistica si traduce nella possibilità di avere un **unico "collettore" informatico**, capace di alimentare vari strumenti informativi riferiti a ciascun paziente. Si pensi, in particolare:

- al **"dossier" sanitario** (regolamentato dalle linee guida prodotte dal "Garante della privacy" nel 2015) che rappresenta l'insieme dei dati personali generati da eventi clinici presenti e trascorsi riguardanti l'interessato condivisibili fra i professionisti che "lo assistono in un'unica struttura" (in genere, ospedaliera). In questa sua esclusività di riferimento al luogo di cura consiste la basilare differenza fra il "dossier"e il "Fascicolo sanitario elettronico", la cui base informativa spazia, invece, nel tempo (eventi clinici presenti e trascorsi, come per il "dossier") e, all'opposto, nello spazio, ovvero, nel *continuum* dei trattamenti che sono stati erogati da una pluralità di strutture assistenziali;
- alle **"cartelle cliniche" ospedaliere**, nelle quali la raccolta dei dati si limita ad un singolo episodio di ricovero dell'interessato e non (come per il "dossier") all'insieme complessivo delle pratiche assistenziali ricevute nella struttura;
- alle **"schede sanitarie individuali"** che, per ogni paziente, vengono compilate dal **medico** di **medicina generale** che ne ha la "presa in carico" fiduciaria.

Le "piattaforme di reti internet" sono, dunque, il punto "alfa" di avvio della raccolta e della successiva elaborazione dei dati, in funzione di un loro utilizzo sia collettivo che individuale. Sul piano collettivo, i dati, resi anonimi, consentono di elaborare i profili epidemiologici territoriali e di quantificare comparativamente i consumi di prestazioni relativi a "bacini di utenza" coincidenti con diversi livelli territoriali (comunali, distrettuali e aziendali – cfr. cap. 10). Sul piano individuale, i dati raccolti dalle "piattaforme" generano in tempo reale e contemporaneamente due "precipitati" informativi di fondamentale importanza nel consentire la "continuità assistenziale", la "mobilità sanitaria" e la crescita dell'*empowerment* fra medico e paziente. Si tratta della "scheda sanitaria" che ciascun medico di medicina generale deve compilare in rapporto ad ogni proprio paziente e del "Fascicolo sanitario elettronico" del cittadino. Questo è il punto "omega", il terminale di tutto il lungo e complesso *iter* di raccolta, indicizzazione e trasmissione di milioni e milioni di dati clinici.

• ***Lo "stato dell'arte" attuativo***

Si è già rimarcato come i processi attuativi dell'FSE siano estremamente diversi da regione a regione. Allo scopo di poterne seguire l'andamento il Ministero della salute e l'AGID (Agenzia per l'Italia digitale) hanno messo a fuoco una serie di indicatori finalizzati a consentire il monitoraggio dello stato di attuazione e diffusione del "Fascicolo" sull'intero territorio nazionale. Tali indicatori sono:

- di "attuazione", mirati ad illustrare il grado di realizzazione dell'FSE sulla base di una serie di variabili: "componenti abilitanti" (anagrafe degli assistiti, degli operatori, delle Aziende sanitarie e delle infrastrutture di rete...); "servizi per l'accesso da parte dei cittadini" (modalità di autenticazione dell'utente, di raccolta del consenso, di attivazione del "Fascicolo"); "servizi per l'accesso da parte dei medici di medicina generale e dei pediatri di libera scelta" (modalità organizzative per consentire ai medici di accedere al "Fascicolo" – previo consenso da parte del paziente – e di implementarlo; "servizi per l'accesso da parte delle Aziende sanitarie" (modalità per l'abilitazione all'accesso e per l'alimentazione dell'FSE da parte degli operatori sanitari aziendali); "servizi per l'interoperabilità interregionale"; "servizi per la gestione dei referti di laboratorio"; "servizi per la gestione del profilo sanitario sintetico" (come digitalizzare e gestire tali profili);

– di "utilizzo", destinati a monitorare il livello d'uso reale del "Fascicolo", sul territorio nazionale, da parte dei cittadini, dei medici e delle Aziende sanitarie. Per quanto riguarda i "cittadini" si vanno a raccogliere i dati che evidenziano il numero di coloro che hanno prestato il consenso per l'alimentazione del "Fascicolo" e che, attivatolo, hanno effettuato almeno un accesso. Si censiscono, poi, i medici di medicina generale che hanno utilizzato l'FSE e l'hanno completato con la predisposizione del *patient summary*. Infine, viene registrato il numero degli operatori che, nelle Aziende sanitarie, sono abilitati alla consultazione dell'FSE e delle "refertazioni digitalizzate" inserite, on-line, al suo interno (in fase iniziale, solo quelle di laboratorio analisi).

Il frutto del monitoraggio sopra indicato ci consente di avere, al gennaio 2018, uno spaccato dello stato di avanzamento nell'attivazione del "Fascicolo" che divide le regioni italiane in tre grandi gruppi: quelle in cui l'FSE è operativo e qualunque cittadino risulta essere in grado di utilizzarlo (Lombardia, Emilia-Romagna, Toscana, Trentino-Alto Adige, Valle d'Aosta, Basilicata, Friuli-Venezia Giulia, Lazio, Liguria, Molise, Puglia e Sardegna) quelle che sono ancora in fase di sperimentazione (Marche, Piemonte, Umbria, Veneto) e quelle che stanno per avviare il percorso (Abruzzo, Campania, Calabria e Sicilia).

Senza dilungarci nel dettaglio micro-regionale, va, però, notato come la pura e semplice abilitazione dei potenziali fruitori (cittadini, medici e Aziende) alla consultazione e implementazione dei contenuti del "fascicolo" non ne garantisca, poi, concretamente, l'uso pieno e generalizzato.

Si scontano, infatti, ad es., ritardi ed insufficienze comunicative rispetto alla sua esistenza, a ciò che può offrire, alle modalità di utilizzo, ai vantaggi che se ne possono trarre, ecc., da parte delle regioni e delle loro Aziende sanitarie.

In particolare, anche nell'ambito di alcune regioni di più vecchia e consolidata tradizione (ad es., in Emilia-Romagna e Lombardia sono almeno venti gli anni impiegati per implementare continuativamente il processo attuativo del "Fascicolo") gli operatori sanitari non appartenenti ai servizi della medicina di base (medici specialisti ambulatoriali e ospedalieri, in particolare) sono stati per lungo tempo del tutto ignari della esistenza dell'FSE e non ne hanno compreso l'importanza ai fini della integrazione professionale e della "continuità dell'assistenza". Di conseguenza non hanno potuto essere preziosi veicoli di sensibilizzazione e promozione del suo sviluppo quantitativo e del suo utilizzo da parte dei cittadini.

Qualche dato ad esemplificazione: il rapporto fra il numero delle attivazioni e la base potenziale degli assistibili indica il 60% in Toscana, il 40% in Lombardia, il 9% in Emilia-Romagna e qualcosa fra l'1 e il 2% in tutte le altre regioni. Non diversamente la realtà della consultazione del "Fascicolo" una volta attivato, della quantità delle refertazioni che concretamente lo popolano, del suo utilizzo da parte dei medici, ecc. si presenta abissalmente diversa da regione a regione, passando da percentuali superiori all'80% allo zero assoluto.

- ***I "trend" evolutivi***

Se si pone attenzione ai sistemi più maturi nella generazione e nell'impiego dell'FSE si possono individuare alcuni **"trend"** ricorrenti di **crescita** e di qualificazione:

- entrano nel "fascicolo", on-line, non solo i referti (prima, di laboratorio, poi delle diagnostiche per immagini) ma anche le immagini stesse, tutte le prescrizioni effettuate dai medici di base e specialisti, gli ingressi e le dimissioni ospedaliere e una serie di informazioni relative, ad es., ai calendari di "screening" e vaccinazioni, a dati traibili dall'uso di tecnologie "mobile", ecc.;
- l'FSE non è solo una raccolta di dati e informazioni (così come lo concepisce, di fatto, la normativa di riferimento) ma – in pressoché tutte le esperienze più avanzate – diviene anche uno **strumento** che **facilita l'accesso ai servizi** da parte del cittadino. Per il tramite del "Fascicolo" si possono, infatti, prenotare on-line le viste specialistiche (collegandosi alla rete informatica dei "centri unici di prenotazione"), pagare il relativo "ticket" (ove previsto), operare la scelta e revoca del proprio medico di fiducia, ricevere direttamente le refertazioni digitali con piena validità giuridica, ecc.;
- stanno aumentando, da un lato, campagne informative e divulgative rivolte ai cittadini e, dall'altro, si intensificano le iniziative di acculturazione e formazione alla comprensione della sanità digitale e all'apprendimento di come sfruttarla, destinate ad una platea sempre più vasta di medici ed operatori sanitari.

- ***Sanità digitale e risparmi***

La diffusione della digitalità produce anche – se correttamente perseguita – una serie di risultati positivi in termini di **riduzione** dei **costi di gestione** da parte dei Sistemi sanitari regionali e aziendali. Ad esempio:

- il sempre più ampio ventaglio dei dati e delle informazioni che aggiornano on-line il quadro diagnostico/terapeutico e il profilo di salute di ogni fruitore del FSE consente a ciascuno dei "professionisti" cui gli si rivolge per le risposte assistenziali di cui ha via via bisogno di consultare una "storia clinica" sempre aggiornata e puntualmente documentata. Ciò comporta la possibile riduzione degli accertamenti diagnostici che non dovranno più essere ripetuti ogniqualvolta il paziente si rapporti con una nuova sede terapeutica.
  Ne derivano la crescita esponenziale dell'appropriatezza clinica e un cospicuo risparmio per il sistema sanitario. Il quadro aggiornato delle terapie farmacologiche (nel prossimo futuro, attraverso il "dossier farmaceutico") consentirà inoltre – sempre in linea con la ricerca di una maggiore appropriatezza – di evitare sia ridondanze (effetti iatrogeni) sia difetti di aderenza alla posologia indicata (con conseguente inefficacia e spreco);
- l'espansione dell'utilizzo delle funzioni amministrative (attivazione del FSE; prenotazioni; pagamento ticket e refertazioni, *in primis*) assicurate dal Fascicolo via web consente di ridurre progressivamente il fabbisogno di personale amministrativo attualmente impiegato nel *front* e nel *back office*. Riduzione, peraltro, prevedibile con una certa attendibilità se il flusso di crescita nell'attivazione del Fascicolo dovesse consolidarsi in un "trend" sufficientemente stabile;
- la diminuzione delle sovrastrutture ripetitive (dai "portali" aziendali che attualmente offrono linee di comunicazione sovrapponibili al CUP web, alle vecchie "applicazioni" software, parziali e settoriali, sostituibili dai programmi evolutivi delle "piattaforme" internet di supporto al Fascicolo) ancora presenti in numerose ASL e Aziende ospedaliere. Sono già quantificabili con qualche attendibile approssimazione il risparmio che deriverebbe dalla eliminazione dei costi, assai onerosi, di noleggio, e soprattutto, di manutenzione richiesti da soluzioni informatiche piuttosto vecchie.

Inoltre, i risparmi generabili dal "Fascicolo" non riguardano solo la organizzazione e gestione dei Sistemi sanitari e l'impiego dei loro professionisti, ma attengono anche ai vantaggi – in termini di "tempo" consumato – che ne possono trarre i cittadini, non più costretti a sopportare code interminabili agli sportelli dell'ASL per prenotare visite e ritirare referti.

Infine, un vantaggio ulteriore insito nella fruibilità dell'FSE consiste nel suo essere strumento di forte facilitazione per quanto concerne la "mobilità sanitaria" del cittadino/utente. Ovunque questo si trovi sul territorio nazionale ed abbia necessità di assistenza più o meno urgente, i dati e le informazioni contenuti nel "Fascicolo" gli consentono di essere "preso in carico" dalla struttura presso cui si è recato senza dover scontare i tempi degli accertamenti diagnostici di rito (essendo il quadro clinico aggiornato e le refertazioni relative già presenti nell'FSE).

Tale facilitazione all'accesso rapido in ogni presidio sanitario risulta, paraltro, ancora più preziosa in chiave di **"mobilità" internazionale**. Non a caso la **"Comunità europea"** ha investito e investe centinaia di milioni di euro nel finanziare progetti che portino a definire quegli "standard" di interoperabilità fra Sistemi sanitari che consentano a ciascun cittadino comunitario, dotato del proprio *personal health record*, di accedere a qualsivoglia struttura sanitaria europea presentando il quadro clinico aggiornato del proprio stato di salute.

13.3. Il mutamento del ruolo del medico (e degli altri operatori assistenziali) alla luce dello sviluppo della sanità digitale

Di fronte alla massiccia ed inarrestabile avanzata della sanità digitale (come conseguenza di disposizioni normative; convincimento strategico-gestionale; esigenze cliniche; input tecnologici sempre più specifici e pressanti; ecc.) non si può prescindere dal cercare di comprendere come tale fenomeno influisca sugli assunti culturali e sulle dinamiche operative dei professionisti dell'assistenza sanitaria e socio-sanitaria (*in primis*, i medici, ma non solo).

In altri termini, come incida nella riconfigurazione aggiornata del loro "ruolo" in rapporto a due essenziali criteri definitori: da un lato, come evolva il **rapporto** fra l'**operatore sanitario** ed i **propri pazienti** a seguito sia del mutare delle modalità· attraverso cui si esplica il processo assistenziale, sia del diverso *empowerment* che si sviluppa nella relazione fra il cittadino-utente e i suoi vari terapeuti. Dall'altro lato, come muta la relazione che connota il modo di essere (e di concepirsi) del **professionista** all'**interno del sistema sanitario** (e socio-sanitario) in cui opera a diversi livelli di responsabilità e di impegno.

- ***Esegesi di ruolo***

  Alla base delle due suddette coordinate interpretative – rapporto con il paziente; relazione con il sistema – si può tracciare una sintetica evoluzione (dagli anni '70 ad oggi) del profilo professionale del medico curante (specialista o di base che esso sia); evoluzione adattabile, *mutatis mutandis* – ad altre figure sanitarie e socio-sanitarie (dall'infermiere, sempre più autonomo, ad operatori o sanitari coinvolti nel contrasto di crescenti patologie sociali vecchie e nuove).

- ***Prima della riforma sanitaria***

  Quaranta anni fa, circa, nei prodromi della riforma del Servizio Sanitario Nazionale (legge 833/1978), un medico rappresentava, agli occhi del paziente, un ***dominus*** pressoché **incontrastato**, detentore di competenze cliniche indiscutibili e generatrici di una "asimmetria informativa" tale da non consentire al paziente stesso di eccepire alcunché rispetto ad indicazioni terapeutiche spesso totalmente astruse.

Inoltre, il medico, vuoi che fosse specialista ospedaliero o ambulatoriale, vuoi che si qualificasse "mutualista" o "condotto" (il medico dei poveri), vuoi che operasse all'interno delle poche strutture dedicate alla diagnosi precoce, oltre che alla cura, di alcune rilevanti patologie sociali (dalle malattie veneree alla tubercolosi, ad es.), predicava una "medicina di attesa". Aspettava, in altri termini, che il cittadino-utente, affetto da una qualche noxa patogena (o, comunque, da problemi di salute) si presentasse presso il suo ambulatorio (o al pronto soccorso nei casi più gravi e urgenti) in cerca di una risposta (o richiedesse una visita a domicilio quando non fosse in grado di raggiungere l'ambulatorio stesso). A domanda del paziente, risposta del terapeuta, dunque, all'interno di un rapporto esclusivamente duale, talvolta fiduciario, talvolta contingente, rarissimamente frutto di presa in carico o di approcci strutturalmente multidisciplinari.

Per quanto riguarda, poi, la **relazione** fra i **terapeuti** e gli **assetti organizzativo-gestionali** degli ordinamenti sanitari (pressoché esclusivamente sanitari) allora vigenti, occorre ricordare come questi, nella realtà pre-riforma, si caratterizzassero essenzialmente per la presenza di tre sottosistemi: quello degli enti mutualistici quello degli enti ospedalieri e quello delle istituzioni locali (comuni e province).

All'interno di tutti e tre il medico si connotava come portatore di una competenza clinica, operando pressoché esclusivamente come medico curante (stante il fatto che le attività di prevenzione erano relegate alla marginalità degli ufficiali sanitari e quelle riabilitative apparivano oggettivamente residuali). Solo dopo la legge Mariotti del 1968 – istitutiva di enti ospedalieri più qualificati dal punto di vista degli standard operativi e assistenziali – compare la figura del **Direttore sanitario** cui competevano responsabilità, gestional-direzionali. Era, però, ancora strutturato in forma embrionale essendo diffusissima la prassi di assegnare tale incarico a patologi clinici (in genere primari) già impegnati in altre attività specialistiche. Da tutto ciò derivava che il medico, per esercitare il proprio ruolo di terapeuta, attraverso una serie infinita di rapporti puntiformi con i vari pazienti (all'interno di strutture fisiche – ospedali, poliambulatori, ambulatori, dispensari, ecc.) – progettate per ospitarlo, affinché esplicasse al meglio la propria competenza clinica, non aveva alcuna necessità di acquisire dati e informazioni al di fuori di quelli che riguardavano le singole condizioni di salute dei pazienti trattati e che in larghissima misura erano prodotti (direttamente o a seguito di richieste di prestazioni diagnostico-strumentali) dallo stesso medico curante. La registrazione cartacea dei dati era pertanto più che sufficiente per elaborare il profilo di salute e l'anamnesi individuale di ciascun singolo paziente.

- ***Dalla legge 833 (1978) ai dd.llgs. 502/517 (1992/1993) e 229/1999 (le riforme del SSN)***

Questo assetto – fondato sulla predominanza del momento curativo, sulla centralità della competenza clinica e sulle modalità tipiche della "medicina di attesa" – si incrina significativamente a partire dalla legge di riforma sanitaria (d.lgs. 833/1978) per evidenziarsi poi, in modo più marcato, con le successive revisioni affidate ai dd.llgs. 502/517 (1992/1999) e 229 (1999).

Il rapporto fra medico curante e paziente rimane, ovviamente, basilare ma si stempera la esclusività di tale rapporto a seguito dell'affermarsi della crescente importanza dei processi di integrazione (fra specialisti, in omaggio ad un approccio multidisciplinare, e fra figure sanitarie e sociali, in omaggio alla interprofessionalità) per affrontare al meglio le situazioni di maggiore complessità.

Inoltre, con il superamento della "mutualità" e la istituzione – in chiave universalistica e di uguaglianza nelle condizioni di accesso – **dei medici di medicina generale** (o medici di famiglia, o di base, che dir si voglia) si creano le condizioni per una relazionalità più marcata e continuativa fra il terapeuta di fiducia e i cittadini-utenti che lo hanno scelto. Da ciò conseguono le premesse per una medicina non più e non solo di attesa ma anche orientata a generare processi di cura, "governati" dal m.m.g., ma coinvolgenti anche vari, altri professionisti sulla base delle esigenze di una maggiore continuità assistenziale e di una più strutturata progettualità di alcuni percorsi terapeutici.

Il medico di fiducia diviene, inoltre, il professionista che deve farsi carico non solo della malattia, ma, più in generale, dello stato di salute dei propri pazienti; la qual cosa stimola il dialogo; accresce la necessità di acquisire informazioni non solo collegate agli eventi patogeni; non elimina "l'asimmetria" delle conoscenze, ma incentiva il paziente nell'essere interlocutore del proprio medico superando la passività generata dalla soggezione.

È, però, con riferimento al rapporto fra il medico e la struttura organizzativa in cui esso opera che le mutazioni introdotte dai vari decreti di modifica del SSN producono gli effetti più incisivi nel ridisegnare il "ruolo" di una figura medica chiamata ad esplicare non più e non solo una mera competenza clinica.

Irrompe con forza – a seguito della crescente complessità organizzativa e gestionale del sistema sanitario e socio-sanitario italiano – la necessità di sostituire in larga misura tale competenza con i dettami culturali, tecnici e professionali del ***management* sanitario** o di arricchire complementariamente, per loro tramite, il portato storico della scienza medica là dove al professionista vengano richieste *performance* del tutto misconosciute dai piani di studio accademici tradizionali.

E ciò avviene non solo ai massimi livelli della *governance* prevista per le Aziende sanitarie e ospedaliere (attraverso il Direttore sanitario), ma anche con riferimento ai vertici sia delle strutture organizzative che costituiscono la scheletratura portante dell'Azienda (Presidio ospedaliero, Dipartimenti di prevenzione e di salute mentale; Distretti) sia dei grandi dipartimenti clinici *intra* ed *extramoenia* (classificati per patologia; per organo; per area funzionale; ecc.). Vengono, infine, coinvolte anche le direzioni delle unità operative complesse (i "vecchi primari di reparto) variamente aggregate all'interno dei dipartimenti. A questa nutrita compagine di professionisti spetta il compito di "sostanziare" tanto le funzioni strategiche del "governo" aziendale (pianificazione strategica; indirizzo e controllo) quanto quelle intermedie che concorrono ad alimentare i contenuti di tale *governance*, attraverso la definizione degli obiettivi aziendali. A tali professionisti compete, inoltre, la dentificazione delle modalità attraverso cui si ritiene possibile raggiungerli (progettazione gestionale e operativa), con ciò precisando i caratteri del "governo clinico" (come si qualifica l'assistenza) e della formazione permanente (come si qualifica il vissuto professionale).

Questa diffusa responsabilità di *management* di vertice e intermedio presuppone l'esigenza di realizzare e interpretare mappe epidemiologiche; leggere reportistiche illustrative degli andamenti di consumo dei fattori produttivi; valutare quadri riepilogativi fatti di indicatori collegati al *quantum* assistenziale erogato (*out-put*) e ai risultati di efficacia clinica ad essi correlati (*out-come*); prevedere il fabbisogno di risorse indispensabili per raggiungere gli obiettivi dati rispettando i principi di appropriatezza e di essenzialità; essere in grado di costruire ipotesi di "budget" economici per poi negoziarli con il vertice strategico aziendale e, una volta acquisiti, – interpretarne l'andamento in un dialogo costante con il "controllo di gestione", ecc.

Tali competenze e, direi, abilità manageriali, da un lato, possono essere acquisite attraverso iniziative di formazione *post lauream* e una costante maturazione di esperienze sperimentate sul campo (ed essere oggetto specifico di accertamento concorsuale per quei posti che ne prevedono l'esercizio); dall'altro lato, richiedono, per potersi compiutamente esprimere, la disponibilità di un corredo informativo ricco, articolato, costantemente aggiornato e diffusamente fruibile con il massimo di facilità possibile. Dati e informazioni che per l'imponenza della loro quantità e diversità tipologica, non possono che essere raccolti, elaborati e forniti attraverso **specifici strumenti di natura informatica**. Si impone, così, la indispensabilità di una infrastrutturazione ICT che supporti – sostegno del funzionamento del Sistema – la *governance* strategica e intermedia e che informi, sia i processi gestionali-amministrativi, sia quelli clinico-assistenziali traendo da essi (dalle loro dinamiche) e ad essi restituendo dati e informazioni essenzialmente anonimi e collettivi.

Dunque, in questa, prima stagione della sanità elettronica i suoi "prodotti" sono sostanzialmente pensati e richiesti in funzione delle esigenze di governo – in senso lato e diffuso – del sistema.

Ciò non significa che non compaia, embrionalmente, anche qualche bisogno collegato al miglioramento qualitativo dell'assistenza, soprattutto come effetto del superamento dell'asfittico, esclusivo rapporto fra un solo medico e, di volta in volta, un solo paziente. Ci si rende sempre più conto invece della utilità di ricercare il coinvolgimento, nello spazio e nel tempo di vari, altri professionisti, a fronte del modificarsi dello stato di salute del paziente e nella prospettiva di evitare quelle "soluzioni di continuità" che ne danneggerebbero il percorso assistenziale. La collaborazione interprofessionale e inter-disciplinare può, però, correttamente realizzarsi solo a condizione che si sviluppi un flusso informativo (relativo alle condizioni di salute del paziente) che sia costante e costantemente aggiornato e che costituisca il vero fattore di integrazione fra le diverse figure professionali (e, talvolta, non professionali) coinvolte.

Di nuovo, tale flusso non può prescindere da un adeguato **supporto informatico** che sia però centrato, fatto del tutto originale, sulla **individualità del soggetto assistito** e che sia tale da costituire uno strumento indispensabile per assicurare compattezza, completezza ed efficacia clinica a tutte le fasi del percorso assistenziale di ogni paziente.

• ***Dal "dopo riforma Bindi" ai nostri giorni***

A partire dagli anni 2000 inizia una vera e propria mutazione genetica nel rapporto medico-paziente e medico-sistema a seguito della straordinaria rapidità con cui si espande l'influenza dell'*e-health* all'interno delle funzioni di "governo" – strategico-gestionale e clinico – esercitate dai vari servizi sanitari e socio-sanitari regionali, dalle loro Aziende e dai loro professionisti.

Questa **seconda stagione** della **sanità elettronica** si caratterizza principalmente nel fatto che la **digitalizzazione dei processi** non deriva più, esclusivamente, dalle esigenze dichiarate dal sistema e dai singoli terapeuti, ma si presenta in veste autonoma e propositiva, mutuata da altri fattori, che determinano ulteriori, grandi e radicali mutamenti.

Sul versante del **rapporto medico-paziente** si registrano, in particolare, i cambiamenti più profondi. Ciò come conseguenza di due macro-vettori. Da un lato, essi consolidano e sviluppano quella tendenza al **superamento** della **esclusività "duale"** di tale rapporto e alla diffusione di processi assistenziali integrati in una prospettiva di continuità sistemica. Questa tendenza già emergeva a seguito dell'assestamento (decreti 502/517 e 229), in termini di maggiore complessità, coesione e collegamento trasversale (ad es. il dichiarato intento di superare la settorialità delle autonomie tecnico-funzionali dei servizi così come concepiti dalla l. 833/1978) degli assetti organizzativi interni alle Aziende del SSN.

Dall'altro lato, esplode il fenomeno dell'**accumulazione informativa** (in merito al proprio stato di salute; alle cause che ne hanno determinato l'alterazione e ai rimedi possibili per riconquistarlo) da parte del cittadino-utente, attraverso la **proliferazione** dei **social network** dedicati ad una infinità di situazioni patogene; problemi clinici; approcci pseudo-scientifici alle cure; esperienze originali, particolari, pressoché uniche e talvolta paradossali, e via discorrendo.

Ne consegue la proliferazione del "fai da te" informativo che stimola una enormità di interrogativi, dubbi e incertezze (e, non infrequentemente, di certezze "farlocche") e che suscita, inevitabilmente, nel cittadino la propensione ad interloquire con il proprio medico di fiducia (e con i vari altri terapeuti con cui interagisce) in termini problematici; non subendo l'imposizione del *verbum* scientifico-professionale ma con questo confrontandosi alla ricerca di una maggiore intelligibilità delle premesse diagnostiche e delle conseguenze prognostiche del proprio stato di salute.

Inoltre, l'evoluzione nazionale ed internazionale delle frontiere della sanità elettronica ha concentrato la propria attenzione – negli ultimi 10/15 anni – sul come fornire ad ogni cittadino (potenzialmente "paziente") un insieme di dati e di informazioni concernenti il suo profilo anamnestico e le sue condizioni di salute in modo tale da renderlo "oggettivamente" più aggiornato sulla realtà dei fatti (diagnosi; terapie, esiti, ecc.) e potenzialmente più consapevole delle dinamiche che ne determinano la complessità eziopatologica.

A questo sforzo del sistema di fornire più conoscenza al cittadino si ascrivono le molteplici elaborazioni normative e tecnologiche che puntano alla predisposizione del "**Fascicolo sanitario elettronico**" (FSE), **d.l. 179/2012**: "**agenda digitale**; sez. 4 **"sanità digitale"**; e **d.l. 178/2015**: regolamento in materia di "Fascicolo sanitario elettronico".

È del tutto evidente come a tale cambiameo del "ruolo" del paziente – non più passivo, ma attivo; non più "ignorante" ma informato; non più accondiscendente ma tendenzialmente problematico; ecc. – non possa non corrispondere una incisiva rideterminazione del "ruolo" del medico curante (di fiducia o meno che esso sia). Da *dominus* del rapporto – senza se e senza ma – deve trasformarsi in una sorta di ***tutor*** con il compito non secondario di **facilitare** il proprio paziente nella corretta comprensione delle correlazioni esistenti fra esiti diagnostici indicazioni terapeutiche e prognosi.

Questo impegno euristico appare peraltro tanto più rilevante, quanto più risponde anche ad una "esigenza social-comunitaria" che supera la **pura e semplice deontologia professionale** (al di là del suo indiscutibile rispetto) per qualificarsi attraverso una funzione che educhi il cittadino alla verità scientifica, in modo tale che egli possa valutare con discernimento le mille, strambe e talvolta pericolose, teorie che transitano, proliferando nella navigazione di rete.

Abbiamo, peraltro, già sottolineato, poc'anzi, come il ridisegno del "ruolo" del medico passi anche attraverso il superamento di alcuni suoi paradigmi comportamentali (che erano conseguenza, in buona parte, degli assetti organizzativi preesistenti) mediante nuovi canoni operativi cresciuti, nel frattempo all'interno dei processi innovativi che sono andati a modificare l'organizzazione e la gestione della "offerta" assistenziale di ASL e Aziende Ospedaliere.

Si considerano, in particolare, tre macroaree – organizzative e clinico-assistenziali – nel cui ambito tali processi sono andati sviluppandosi.

Le **forme aggregative** dei **medici di m.g.** (AFT: decreto Balduzzi 2012) – *alias* "medicina di gruppo" – mediante le quali si supera, di fatto, la esclusività del rapporto fra ogni m.m.g. ed i propri pazienti (che si realizzava all'interno dei singoli ambulatori o al domicilio del paziente) e si crea un nuovo servizio di base nel quale un insieme, più o meno nutrito, di medici di m.g. opera in una struttura poliambulatoriale comune.

La realizzazione delle **"Unità complesse di cure primarie"** (UCCP, sempre decreto Balduzzi 2012) – *alias* **"Case della salute"** (denominazione in vigore presso molte regioni). Nuovi assetti strutturali, organizzativi e operativi destinati, in particolare, a: rendere più visibili macro-aggregati di servizi territoriali (come alternativa all'ospedale agli occhi della comunità); contenere le "medicine di gruppo", in buona parte; favorire la integrazione – sanitaria e socio-sanitaria – fra i professionisti operanti nei servizi erogati dalle "Case della salute", fra questi e i servizi ospedalieri; sviluppare, di conseguenza, grandi processi di "continuità assistenziale", formalizzati e gestiti attraverso modalità progettate e condivise da tutti i servizi coinvolti.

All'isolamento del singolo medico curante contattato sulla base dei bisogni di volta in volta emergenti si va sostituendo strutturalmente la prassi della interprofessionalità e della interdisciplinarietà derivante dalle esigenze di inserire il paziente all'interno di percorsi nei quali il passaggio delle consegne da un professionista all'altro avviene in modo pre-ordinato, certo, tempestivo e basato su di un ricco fraseggio relazionale.

Orbene, tutto ciò che tende a sviluppare: forme integrate di collaborazione; modalità di lavoro aggregate e di natura interprofessionale e interdisciplinare; la realizzazione di percorsi (strutturati fra servizi e fra i loro professionisti) di "continuità assistenziale"; la diffusione della "medicina di iniziativa", per il tramite di PDTA progettati attraverso "prese in carico" e fasi successive di osservazione/controllo necessita di essere **supportato** da un **flusso** costante di **dati** e di **informazioni**.

Stiamo parlando di milioni di dati acquisibili solo attraverso la messa in rete informatica di tutti i "soggetti" erogatori di prestazioni (al momento, pressoché la totalità dell'attenzione è rivolta all'acquisizione, elaborazione e trasmissione dei dati raccoglibili all'interno dei sistemi e per il tramite delle loro articolazioni). La **infrastruttura tecnologica** che consente di raggiungere un tale risultato non è certamente composta dalla sommatoria degli innumerevoli applicativi verticali, non interoperanti, di cui sono infarciti i servizi di ASL e Aziende Ospedaliere, né dai programmi che metabolizzano i dati anonimi a supporto solo di funzioni pianificatorie e di adempimenti amministrativi.

L'infrastruttura tecnologica indispensabile per mettere in rete – rendendo, quindi, interoperativo questo immenso insieme di servizi e di prescrittori – e per popolare, con i dati e le informazioni necessari, le migliaia di processi assistenziali che tale universo tende a produrre, è **costituita da grandi piattaforme orizzontali** (regionali e nazionale) di **reti internet** che utilizzano linguaggio "web" e che raccolgono i dati aggregandoli attorno ad ogni singolo cittadino-utente.

13.4. La *privacy* in sanità

Se esula, certamente, dall'economia del presente lavoro intrattenersi sull'individuazione del fondamento costituzionale e normativo del diritto alla *privacy*, non può, tuttavia, sottacersi, ai fini dell'analisi che qui ci occupa, la sua natura fondamentale; natura che discende dalla cristallizzazione dell'interesse in questione – che oggi si sostanzia, per lo più, nel diritto alla **protezione** dei **dati personali**, ossia nel diritto di ognuno di autodeterminare quale grado di circolazione debbano avere le informazioni che lo riguardano e che lo rendono identificato o identificabile ai terzi – fra le libertà fondamentali della persona.

Anzi, nell'ambito della più ampia e complessa categoria dei diritti della persona, il diritto alla *privacy* ne costituisce, come noto, uno degli aspetti più complessi. Ciò perché non solo il diritto in parola necessita di essere adeguatamente contemperato con gli altri diritti e le libertà fondamentali previsti dalla Costituzione, ma anche, e soprattutto, in considerazione del fatto che, specialmente in ambito sanitario, la necessità che i dati raccolti possano circolare con una certa facilità è, invero, indispensabile affinché l'esigenza di protezione della salute del singolo possa trovare la sua piena effettività.

È, dunque, in questa problematica relazione, tra diritto alla salute, da un lato, e diritto alla *privacy*, dall'altro, che si inserisce l'attività del **Garante** per la **protezione** dei **dati personali**, la cui *mission* fondamentale è proprio quella di ricercare costantemente il giusto punto di equilibrio, affinché la diffusione dei dati personali possa conciliarsi, vale la pena ribadirlo, con i valori fondamentali costituzionalmente garantiti (*in primis*, con quello della dignità di ogni persona umana).

Senza volersi soffermare troppo a lungo sull'analisi dell'evoluzione normativa in materia di protezione dei dati personali, va subito rammentato come l'entrata in vigore, il **25 maggio 2018**, del **Regolamento UE** n. 679/16 (c.d. GDPR) abbia radicalmente modificato la disciplina fino ad allora vigente in materia, e contenuta all'interno del d.lgs. n. 196/2003 (Codice in materia di protezione dei dati personali, altrimenti detto "Codice privacy").

La necessità di adeguare le disposizioni nazionali con quelle dell'anzidetto Regolamento ha portato, quindi, il legislatore italiano ad abrogare e/o a modificare e/o a integrare molti degli articoli del Codice privacy, fra cui gli artt. 75, 76 e 77 del Titolo V, denominato ***"Trattamento dei dati personali in sanità"***.

Tale aggiornamento trova, in particolare, la sua *ratio* giustificativa nel fatto che l'art. 9 del GDPR non prevede più l'obbligo del consenso qualora i dati dell'interessato siano trattati per finalità di diagnosi o di cura.

Il par. 2, lett. *h)* del medesimo art. 9 stabilisce, infatti, che il paragrafo 1 – secondo il quale *"È vietato trattare dati personali che rivelino l'origine razziale o etnica, le opinioni politiche, le convinzioni religiose o filosofiche, o l'appartenenza sindacale, nonché trattare dati genetici, dati biometrici intesi a identificare in modo univoco una personali fisica, dati relativi alla salute o alla vita sessuale o all'orientamento sessuale della persona"* – non si applica se *"il trattamento è necessario per finalità di medicina preventiva o di medicina del lavoro, valutazione della capacità lavorativa del dipendente, diagnosi, assistenza o terapia sanitaria o sociale ovvero gestione dei sistemi e servizi sanitari o sociali sulla base del diritto dell'Unione o degli Stati membri o conformemente al contratto con un professionista della sanità, fatte salve le condizioni e le garanzie di cui al paragrafo 3"* ([1]).

Conformemente alle succitate disposizioni, il d.lgs. n. 101/2018, recante *"Disposizioni per l'adeguamento della normativa nazionale alle disposizioni del regolamento UE 2016/679 del Parlamento europeo e del Consiglio, del 27 aprile 2016, relativo alla protezione delle persone fisiche con riguardo al trattamento dei dati personali, nonché alla libera circolazione di tali dati e che abroga la direttiva 95/46/CE (regolamento generale sulla protezione dei dati)"*, non solo ha abrogato, come detto, molte delle norme contenute all'interno del del Codice privacy([2]), ma ha ridefinito, altresì, il contenuto dell'art. 75, il quale, nella sua attuale versione, stabilisce che *"il trattamento dei dati personali effettuato per finalità di tutela della salute e incolumità fisica dell'interessato o di terzi o della collettività deve essere effettuato ai sensi dell'articolo 9, paragrafi 2, lettere h) ed i), e 3 del regolamento, dell'articolo 2-septies del presente codice, nonché nel rispetto delle specifiche disposizioni di settore"*.

Il Capo II del Codice della privacy individua, poi, le specifiche modalità con le quali gli interessati devono essere informati del trattamento che li riguarda ovvero con cui devono essere trattati i dati stessi.

([1]) Il par. 3 dell'art. 9 stabilisce che: *"I dati personali di cui al paragrafo 1 possono essere trattati per le finalità di cui al paragrafo 2, lettera h), se tali dati sono trattati da o sotto la responsabilità di un professionista soggetto al segreto professionale conformemente al diritto dell'Unione o degli Stati membri o alle norme stabilite dagli organismi nazionali competenti o da altra persona anch'essa soggetta all'obbligo di segretezza conformemente al diritto dell'Unione o degli Stati membri o alle norme stabilite dagli organismi nazionali competenti"*.

([2]) Il quale stabiliva che *"gli esercenti le professioni sanitarie e gli organismi sanitari pubblici [...] trattano i dati personali idonei a rivelare lo stato di salute [...] con il consenso dell'interessato"* ovvero previa autorizzazione, in casi particolari, del Garante per la protezione dei dati personali.

Quanto al primo aspetto, è previsto che "*il medico di medicina generale o [il] pediatra di libera scelta inform[ino] l'interessato relativamente al trattamento dei dati personali, in forma chiara e tale da rendere agevolmente comprensibili gli elementi indicati negli articoli 13 e 14 del Regolamento*" (art. 78, comma 1).

Dette informazioni possono essere fornite per "*il complessivo trattamento dei dati personali necessario per attività di diagnosi, assistenza e terapia sanitaria svolte dal medico o dal pediatra a tutela della salute o dell'incolumità fisica dell'interessato, su richiesta dello stesso o di cui questi è informato in quanto effettuate nel suo interesse*" (art. 78, comma 2).

Quando il trattamento è effettuato per finalità o in contesti particolari, individuati dal comma 5 dell'art. 78 del Codice privacy (*a*) per fini di ricerca scientifica; *b*) nell'ambito della teleassistenza o telemedicina; *c*) per fornire altri beni o servizi all'interessato attraverso una rete di comunicazione elettronica; *d*) ai fini dell'implementazione del Fascicolo sanitario elettronico; *e*) ai fini dei sistemi di sorveglianza e dei registri di cui all'art. 12 del d.l. n. 179/2012), è stabilito che le informazioni rese devono evidenziare anche "*rischi specifici per i diritti e le libertà fondamentali*" (art. 78, comma 5).

Per quanto riguarda il trattamento effettuato dalle strutture pubbliche e private che erogano prestazioni sanitarie e socio-sanitarie, il Codice privacy accorda a queste ultime la possibilità di avvalersi delle modalità particolari di cui all'art. 78, in riferimento ad una pluralità di prestazioni erogate anche da distinti reparti e unità della stessa struttura o di sue articolazioni ospedaliere o territoriali.

In questi casi, l'art. 79, comma 2 obbliga, però, "*l'organismo o le strutture [ad] annota[re] l'avvenuta informazione con modalità uniformi e tali da permettere una verifica al riguardo da parte di altri reparti ed unità che, anche in tempi diversi, trattano dati relativi al medesimo interessato*" (art. 79, comma 2).

Le stesse modalità particolari sopra richiamate "*possono essere utilizzate [, infine,] in modo omogeneo e coordinato all'insieme dei trattamenti di dati personali effettuati nel complesso delle strutture facenti capo alle aziende sanitarie*" ovvero "*per più trattamenti di dati effettuati nei casi di cui [all'art. 78] e dai soggetti di cui all'articolo 80*" (art. 79, commi 3 e 4).

Una menzione particolare merita, inoltre, l'art. 82 del Codice privacy che, titolato "*Emergenze e tutela della salute e dell'incolumità fisica*", stabilisce come le informazioni debbano essere rese in casi, per l'appunto, di emergenza o in presenza delle altre circostanze individuate dal comma 2 del medesimo articolo (*a*) impossibilità fisica, incapacità di agire o incapacità di intendere o di volere dell'interessato; *b*) rischio grave, imminente ed irreparabile per la salute o dell'interessato).

A tal fine, "*le informazioni di cui agli articoli 13 e 14 del Regolamento possono essere rese [all'interessato] senza ritardo, successivamente alla prestazione*" ovvero, in caso di impossibilità fisica o di incapacità di intendere e di volere da parte del paziente, *"a chi esercita legalmente la rappresentanza, [...] a un prossimo congiunto, a un familiare, a un convivente o unito civilmente, [...] a un fiduciario ai sensi dell'articolo 4 della legge 22 dicembre 2017, n. 219 o, in loro assenza, al responsabile della struttura presso cui [lo stesso] dimora"* (commi 1 e 2).

Il comma 3 dell'art. 82 aggiunge, poi, che *"le informazioni di cui al comma 1 possono essere rese senza ritardo, successivamente alla prestazione, anche in caso di prestazione medica che può essere pregiudicata dal loro preventivo rilascio, in termini di tempestività o efficacia"*.

- ***Cyber-security e tutela della salute: cenni***

Nell'ambito del complesso e articolato panorama della *cyber-security*, un settore di particolare rilievo ed interesse è rappresentato, senza dubbio, da quello sanitario. In esso, i rischi connessi alla straordinaria diffusione delle nuove tecnologie si intrecciano, infatti, con la natura "sensibile" dei dati trattati e la particolarità dei servizi che vengono resi.

L'era digitale ha portato, infatti, come noto, all'introduzione e all'uso massiccio, anche nell'ambito della tutela della salute, di soluzioni di telemonitoraggio, di *Electronic Health Records* (EHR) e di applicazioni di tipo *mHealth* (mobile Health), e ciò in stretta correlazione con il nascente concetto di "assistenza coordinata".

D'altro canto, va evidenziato come non sempre le nuove tecnologie siano riuscite ad abbattere le barriere che ancora oggi si frappongono fra la necessità dei cittadini europei di muoversi liberamente all'interno del territorio dell'Unione e la concreta condivisione, anche al di fuori dei confini nazionali, dei dati e delle informazioni sanitarie che li riguardano. Come dire: alla notevole riduzione delle distanze non è corrisposta anche un'effettiva diminuzione delle difficoltà che si presentano ai viaggiatori, soprattutto se affetti da malattie croniche.

La ragione di un simile "ritardo" può essere rinvenuta, forse, nella difficoltà di garantire un adeguato *standard* di protezione dei dati che abbisognano di essere condivisi.

Ecco perché l'attuale complessità dell'assistenza sanitaria richiede ingenti sforzi per fronteggiare il rischio di eventuali tentativi di violazioni e/o sottrazioni di informazioni, come detto, estremamente sensibili, attraverso l'adozione di adeguate misure di sicurezza.

Consapevole dell'importanza di dar vita a soluzioni strutturali e trasversali atte a prevenire attacchi di tipo *cyber*, la Commissione europea, nell'ambito del Programma Quadro "Horizon 2020", ha aperto così, nel 2015, un *call* proprio sul tema *"TOPIC. Increasing digital security of health related data on a sistemi level"*. Tra i progetti finanziati in tale ambito, è stato avviato, nel 2016, KONFIDO (*Secure and Trusted Paradigm for Interoperable eHealth Services*).

Di durata triennale, il progetto in questione è diretto a sviluppare una tecnologia sicura per l'immagazzinamento e lo scambio di dati utili nella gestione delle cure in modalità *eHealth*, condivisa a livello europeo ed in grado di superare le barriere nazionali tra i diversi sistemi.

KONFIDO rappresenta, certamente, un importate passo avanti nell'elaborazione di nuovi sistemi di sicurezza digitale in ambito sanitario, ma molto resta ancora da fare.

Per questo, nel 2017, la Commissione europea ha aperto una nuova *call*, sul tema "*TOPIC: Toolkit for assessing and reducing cyber risk in hospital and care centres to protect privacy/data/infrastructures*". L'obiettivo che si intende perseguire è la realizzazione di metodi innovativi, di strumenti, di linee guida e di *best practices* destinate alla tutela della *cyber-security* con riferimento, in particolare, al complesso panorama degli ospedali e delle Aziende sanitarie.

Del resto, è lo stesso art. 6 del Trattato sul funzionamento dell'Unione europea (TFUE) a prevedere una specifica competenza dell'Unione in ambito sanitario, che consiste nella realizzazione di azioni finalizzate a sostenere, coordinare e completare le politiche sanitarie nazionali, promuovendo la cooperazione tra gli Stati membri e il coordinamento tra i diversi programmi sanitari nazionali.

In tale ottica, si inserisce anche la direttiva 2011/24/CE in materia di assistenza sanitaria transfrontaliera, la quale riconosce a tutti i cittadini europei il diritto di un accesso all'assistenza sanitaria in tutti gli Stati dell'Unione, nonché il diritto di rimborso da parte del proprio Paese di residenza dei costi delle cure effettuate all'estero.

Obiettivi, questi, che non possono prescindere dalla condivisione dei dati clinici e sanitari di ciascun paziente.

Capitolo 14
La ricerca scientifica

di *Luca Dimasi*

14.1. La ricerca in ambito sanitario: introduzione

Il tema della ricerca nell'ambito del Servizio Sanitario Nazionale è certamente fra i più delicati da trattare. Ciò perché se, da un lato, essa rappresenta di per sé una risorsa fondamentale ed imprescindibile per il miglioramento del sistema sanitario italiano e dei sistemi sanitari in genere, dall'altro, viene vista, molto spesso, solo come una voce di costo, piuttosto che di risorsa per l'intero sistema di tutela della salute; sistema che, al contrario, proprio nell'attività di ricerca dovrebbe trovare una delle sue *mission* fondamentali.

Eppure, come detto, la cronica carenza di risorse, unita alla crisi della rilevanza della ricerca che viene prodotta – quest'ultima legata alla mancanza di adeguati meccanismi di trasferimento delle conoscenze acquisite all'applicazione quotidiana nel Servizio Sanitario Nazionale –, fa sì che, in alcuni casi, alla domanda di prestazioni sanitarie sempre più sofisticate ed al passo coi tempi non corrisponda, per il vero, dal lato dell'offerta, un sistema sanitario in grado di soddisfare appieno le richieste degli utenti.

Il ruolo centrale che la ricerca riveste in campo sanitario è sottolineato, a livello internazionale, dalla **Convenzione di Oviedo** (1997), il cui Capitolo V, rubricato, per l'appunto, ***"Ricerca scientifica"***, oltre a ribadire il principio della libertà della ricerca nel campo della biologia e della medicina, e a prevedere una serie di tutele per coloro che decidono di entrare a far parte di un programma di sperimentazione, individuando condizioni e limiti entro cui l'attività di ricerca può essere validamente esplicata, contiene anche una precisa definizione di ricerca scientifica, dalla quale si evincono i diversi (e molteplici) obiettivi che la stessa è chiamata a perseguire: *"la ricerca"* – si legge, in particolare, nell'art. 17, comma 2, lett. *i)* della Convenzione – *"ha per oggetto di contribuire, con un miglioramento significativo della conoscenza scientifica dello stato della persona, della sua malattia, del suo disturbo, all'ottenimento, a termine, di risultati che permettono un beneficio per la persona interessata o per le altre persone della stessa fascia d'età o che soffrano della medesima malattia o disturbo o che presentino le medesime caratteristiche"*.

A livello nazionale, occorrerà attendere il d.lgs. 229/1999, modificativo del d.lgs. 502/1992, prima di poter rinvenire una norma specificatamente dedicata alla ricerca in ambito sanitario.

Grazie all'intervento innovatore operato dal decreto del '99, venne introdotto, infatti, all'interno del d.lgs. 502/1992, l'art. 12-*bis*, titolato *"Ricerca sanitaria"*, il quale, al comma 1, recita quanto segue: *"la ricerca sanitaria risponde al fabbisogno conoscitivo e operativo del Servizio Sanitario Nazionale e ai suoi obiettivi di salute, individuato con un apposito programma di ricerca previsto dal Piano sanitario nazionale"*.

"Il programma di ricerca sanitaria" – prosegue, poi, il medesimo articolo – *"si articola nelle attività di ricerca corrente e di ricerca finalizzata. La ricerca corrente è attuata tramite progetti istituzionali degli organismi di ricerca di cui al comma seguente nell'ambito degli indirizzi del programma nazionale, approvati dal Ministro della sanità. La ricerca finalizzata attua gli obiettivi prioritari, biomedici e sanitari, del Piano sanitario nazionale. I progetti di ricerca biomedica finalizzata sono approvati dal Ministro della sanità, di concerto con il Ministro dell'università e della ricerca scientifica e tecnologica, allo scopo di favorire il loro coordinamento"* (comma 5).

Come si può notare, il comma 5 dell'art. 12-*bis* del d.lgs. 502/1992 distingue tra **due tipologie** di **ricerca**: quella ***"corrente"***, da un lato, e quella ***"finalizzata"***, dall'altro; la ricerca *"finalizzata"* viene ulteriormente ripartita, a sua volta, in ricerca finalizzata biomedica e ricerca finalizzata al miglioramento dei servizi sanitari (precedentemente denominata *"organizzativa e gestionale"*).

La *ricerca corrente* ha come obiettivo quello di sviluppare nel tempo le conoscenze fondamentali in settori specifici della biomedicina e della sanità pubblica.

La *ricerca finalizzata*, articolata anch'essa in progetti, è diretta, invece, all'attuazione degli obiettivi definiti dalle linee strategiche individuate all'interno del piano sanitario e del patto per la salute.

Il Ministero della salute provvede ad emanare annualmente un apposito bando per la ricerca finalizzata, all'interno del quale sono individuate:

- le finalità e le caratteristiche generali che il Ministero si prefigge di raggiungere;
- i soggetti ammessi al finanziamento, che sono esclusivamente quelli elencati dall'art. 12-*bis*, comma 6 del d.lgs. 502/1992, e di cui si parlerà in seguito;
- le tipologie di progetti ammessi al finanziamento;
- i modi e i termini di presentazione delle domande;
- i criteri di selezione;
- le modalità di erogazione dei fondi, previa verifica del raggiungimento degli obiettivi, tenuto conto della rendicontazione finanziaria e delle relazioni scientifiche. A tal proposito, occorre sottolineare che il Ministero della salute svolge una vera e propria funzione di vigilanza sullo sviluppo dei progetti di ricerca, avvalendosi, a tal fine, della collaborazione tecnico-scientifica della Commissione Nazionale per la Ricerca Scientifica, delle regioni e degli organismi tecnico-scientifici del Servizio Sanitario Nazionale.

La distinzione fra ricerca corrente e ricerca finalizzata è da ricondurre, inoltre, ai diversi soggetti chiamati a svolgere tali attività: mentre la ricerca denominata corrente viene svolta, infatti, solo dagli Istituti di Ricovero e Cura a Carattere Scientifico (IRCCS), quella finalizzata coinvolge, come detto, oltre agli IRCSS, una molteplicità di altri soggetti istituzionali individuati dall'art. 12-*bis*, comma 6 del d.lgs. 502/1992. Essi sono:

- le regioni;
- l'Istituto Superiore di Sanità;
- l'Istituto Superiore per la Prevenzione e la Sicurezza sul Lavoro;
- l'Agenzia per i Servizi Sanitari Regionali;
- gli Istituti Zooprofilattici Sperimentali.

Alla realizzazione di progetti di ricerca finalizzata possono concorrere, inoltre, sulla base di specifici accordi, contratti o convenzioni, anche le Università, il Consiglio Nazionale delle Ricerche ed altri enti di ricerca pubblici e privati, nonché le imprese (pubbliche o private).

• ***La "ricerca scientifica e tecnologica" nell'assetto costituzionale***

Come noto, in seguito all'intervento riformatore operato dalla legge cost. n. 3/2001, che ha modificato il Titolo V della parte seconda della Costituzione, è stato modificato non solo il riparto delle competenze legislative tra lo Stato e le regioni, ma è stata invertita anche la stessa attribuzione delle funzioni amministrative, allocate, di preferenza, al livello territoriale più vicino al cittadino, e cioè a quello comunale.

Lo Stato rimane, in ogni caso, il garante ultimo dell'interesse generale, potendo intervenire nelle materie di competenza delle amministrazioni decentrate solo quando queste non siano in grado di soddisfare adeguatamente i bisogni delle popolazione di riferimento.

Ora, in tale rinnovato assetto costituzionale, l'art. 117, comma 3, Cost. attribuisce espressamente alla competenza concorrente Stato-regioni tanto la materia *"tutela della salute"* quanto quella relativa alla *"ricerca scientifica e tecnologica"*.

Siffatto mutamento comporta, dunque, come naturale conseguenza, che anche sul piano della ricerca sanitaria, oltreché su quello dell'assistenza, è possibile assistere ad un vero e proprio "spezzettamento" del governo delle attività di ricerca, a seconda delle scelte operate dai diversi legislatori regionali. Fermo restando, come già detto, il potere dello Stato di superare, nelle materie di legislazione concorrente, la stessa disciplina delle leggi c.d. cornice, quando si renda necessario far fronte ad esigenze di carattere, appunto, unitario.

In materia di ricerca sanitaria, non è necessario, però, solo un adeguato coordinamento tra i diversi livelli di governo testé richiamati: in tema di rapporto fra fonti interne e diritto europeo, occorre rammentare, difatti, come la nuova disciplina dell'art. 117 Cost. imponga alle regioni di provvedere, nelle materie di loro competenza, *"all'attuazione e all'esecuzione degli accordi internazionali e degli atti dell'Unione europea"* (comma 5).

Pertanto, le regioni non potranno prescindere, nell'esercizio delle funzioni a loro attribuite, dal rispetto del diritto proveniente dall'Unione europea, potendo lo Stato dettare unicamente "*norme di procedura*" atte a "*disciplinare le modalità di esercizio del potere sostituivo in caso di inadempienza*".

Da ultimo, vale la pena richiamare, in questa sede, gli artt. 9 e 33 della Costituzione: il primo promuove lo sviluppo della ricerca scientifica e tecnica, mentre il secondo stabilisce che "*l'arte e la scienza sono libere e libero ne è l'insegnamento*".

• ***I soggetti della ricerca***

Come anticipato, l'art. 12-*bis*, comma 6 del d.lgs. n. 502/1992 stabilisce che: "*le attività di ricerca corrente e finalizzata sono svolte dalle regioni, dall'Istituto superiore di sanità, dall'Istituto superiore per la prevenzione e la sicurezza sul lavoro, dall'Agenzia per i servizi sanitari regionali, dagli Istituti di ricovero e cura a carattere scientifico pubblici e privati nonché dagli Istituti zooprofilattici sperimentali. Alla realizzazione dei progetti possono concorrere, sulla base di specifici accordi, contratti o convenzioni, le università, il Consiglio nazionale delle ricerche e gli altri enti di ricerca pubblici e privati, nonché imprese pubbliche e private*".

Il "*fabbisogno conoscitivo e operativo*" del Servizio Sanitario Nazionale è individuato da un **apposito programma** di **ricerca** con **validità triennale**, adottato dal Ministero della salute, d'intesa con la Conferenza permanente per i rapporti tra lo Stato, le regioni e le Province autonome di Trento e Bolzano, entro sei mesi dalla data di entrata in vigore del Piano sanitario nazionale. Detto programma, finanziato con una quota pari all'1% del Fondo sanitario nazionale (art. 12, comma 2 del d.lgs. 502/1992), ha lo scopo di:

a) individuare gli obiettivi prioritari per il miglioramento dello stato di salute della popolazione;

b) favorire la sperimentazione di modalità di funzionamento, gestione e organizzazione dei servizi sanitari, nonché di pratiche cliniche e assistenziali, e individuare gli strumenti di verifica del loro impatto sullo stato di salute della popolazione e degli utilizzatori dei servizi;

c) individuare gli strumenti di valutazione dell'efficacia, dell'appropriatezza e della congruità economica delle procedure e degli interventi, anche in considerazione di analoghe sperimentazioni avviate da agenzie internazionali e con particolare riferimento agli interventi e alle procedure prive di un'adeguata valutazione di efficacia;

d) favorire la ricerca e la sperimentazione volte a migliorare l'integrazione multiprofessionale e la continuità assistenziale, con particolare riferimento alle prestazioni socio-sanitarie ad elevata integrazione sanitaria;

e) favorire la ricerca e la sperimentazione volta a migliorare la comunicazione con i cittadini e con gli utilizzatori dei servizi sanitari, a promuovere l'informazione corretta e sistematica degli utenti e la loro partecipazione al miglioramento dei servizi;

f) favorire la ricerca e la sperimentazione degli interventi appropriati per l'implementazione delle linee guida e dei relativi percorsi diagnostico-terapeutici, per l'autovalutazione delle attività degli operatori, la verifica ed il monitoraggio dei risultati conseguiti.

Per comprendere la quantità di risorse effettivamente dedicate alla ricerca scientifica e la loro effettiva destinazione, è utile analizzare la ripartizione del Fondo relativamente agli anni 1995-2007. Dai dati messi a disposizione dal Ministero della sanità, si può notare che il rapporto tra finanziamento alla ricerca corrente e quello destinato, invece, all'attività di ricerca finalizzata è sempre rimasto tra 1/5 e 1/6, e ciò malgrado il numero degli IRCCS sia sostanzialmente cresciuto dopo l'anno 2000. Peraltro, di tale quota solo 1/4 viene attribuito a progetti presentati dalle singole regioni; ragione, questa, che spiega il progressivo decrescere, negli ultimi anni, del finanziamento dedicato alla ricerca su tematiche attinenti alla valutazione dei servizi.

Nel tentativo di assicurare, in conformità con le indicazioni contenute nel d.lgs. 229/1999, un maggior equilibrio fra le diverse tipologie di ricerca finanziate, a partire dal 2006 la Commissione Nazionale per la Ricerca Sanitaria ha cercato di fare in modo che i diversi destinatari istituzionali (soprattutto, IRCCS e regioni) fossero impegnati nella realizzazione di progetti condivisi.

I bandi degli anni 2006 e 2007 prevedevano, infatti, una quota riservata al finanziamento di "Programmi strategici" che dovevano vertere su specifiche tematiche, individuate, per l'appunto, della Commissione nazionale per la ricerca sanitaria, oltre a prevedere la partecipazione di almeno un IRCCS e una regione. Inoltre, era previsto che ogni programma strategico avrebbe dovuto includere aspetti di ricerca biomedica e sanitaria.

Al di là degli intenti, gli sforzi fatti finora non sono apparsi, però, sufficienti. Alla ricerca sanitaria – che, come si è visto, sarebbe quella deputata a promuovere il cambiamento e l'innovazione del Servizio Sanitario Nazionale – continua, tuttora, a essere riservata, infatti, una quota inferiore al 10% dei fondi pubblici disponibili. Se si considera, poi, che detti fondi rappresentano, all'incirca, solo lo 0,5% della spesa sanitaria totale, appare ancor più evidente come la ricerca sui servizi sia trascurata *a priori* in sede di allocazione dei finanziamenti.

• ***L'Istituto Superiore di Sanità***

L'Istituto Superiore di Sanità (ISS), allora denominato Istituto di Sanità Pubblica, fu inaugurato il 21 aprile del 1934, dopo l'emanazione del r.d.l. 11 gennaio 1934, poi convertito nella legge 922/1934, che ne definiva lo *status* e le funzioni.

I lavori di costruzione dell'edificio, che avrebbe dovuto realizzarsi a Roma, nell'area dove sorgono il Policlinico "Umberto I", l'Istituto "Regina Elena" e l'Università "La Sapienza", iniziarono nel 1931, grazie ad un accordo con l'americana *Rockefeller Foundation*, che finanziò il progetto con un milione di dollari.

Secondo la citata legge, l'Istituto avrebbe operato al servizio del Ministero dell'interno come centro di ricerca, indagini e accertamenti riguardanti la pubblica sanità e la specializzazione del personale del suddetto servizio.

Il primo nucleo era costituito da 40 unità di personale e 4 laboratori: malariologia (che sostituiva la Stazione sperimentale per la lotta antimalarica, nata nel 1925 e finanziata anch'essa dalla *Rockefeller Foundation*), batteriologia, chimica e fisica (quest'ultimo si chiamava, in precedenza, Ufficio del Radio, operante sotto la guida di Enrico Fermi).

Nel 1941, l'Istituto di sanità pubblica assunse l'attuale denominazione di Istituto Superiore di Sanità. La sua attività crebbe velocemente e proficuamente, fino ad arrivare a ricomprendere 10 laboratori e oltre 800 unità di personale; al suo primo direttore, Domenico Marotta, che rimarrà alla guida dell'Istituto fino al 1961, si deve attribuire il merito non solo di aver compreso l'importanza di "intrecciare" la ricerca di base con quella c.d. applicata, bensì anche di aver aperto, per così dire, le finestre dell'Istituto al panorama internazionale.

Dopo la fine della Seconda Guerra Mondiale, fu dato particolare impulso all'attività di ricerca nei campi della biologia e della microbiologia, e ciò anche grazie alla collaborazione di brillanti ricercatori, quali Daniel Bovet ed Ernst Boris Chain, poi insigniti del Premio Nobel.

Nel 1958, l'ISS passò sotto la vigilanza del Ministero della sanità.

Dopo aver subito, con l'approvazione della legge 519/1973, una profonda modificazione dei compiti, dei regolamenti e delle strutture, l'Istituto diviene nel 1978 organo tecnico-scientifico del Servizio Sanitario Nazionale: l'art. 9 della legge 833/1978 stabilisce, in particolare, che esso "*[...] dipende dal Ministero della sanità e collabora con le unità sanitarie locali, tramite le regioni, e con le regioni stesse, su richiesta di queste ultime, fornendo nell'ambito dei propri compiti istituzionali le informazioni e le consulenze eventualmente necessarie. Esso esplica [, inoltre,] attività di consulenza nelle materie di competenza dello Stato. [...] L'Istituto, in attuazione del programma predisposto dal Ministro della sanità, organizza, in collaborazione con le regioni, le università e le altre istituzioni pubbliche a carattere scientifico, corsi di specializzazione ed aggiornamento in materia di sanità pubblica per gli operatori sanitari con esclusione del personale tecnico-infermieristico; esso [, infine,] appronta ed aggiorna periodicamente l'inventario delle sostanze chimico-fisiche e tossicologiche necessarie per la valutazione del rischio sanitario connesso alla loro presenza nell'ambiente*".

Nel **2001**, cambia radicalmente lo **stato giuridico dell'ISS** che, in seguito all'emanazione del d.P.R. 70/2001 – contenente, a norma dell'art. 9 del d.lgs. 419/1999, il nuovo Regolamento di organizzazione –, divenne **ente** di **diritto pubblico**, dotato di **autonomia scientifica**, **organizzativa**, **amministrativa** e **contabile**. Ne viene ribadita, tuttavia, la natura di organo tecnico-scientifico del Servizio Sanitario Nazionale e, quindi, di struttura di cui possono avvalersi il Ministero della sanità, le regioni e, per il tramite di queste ultime, le Aziende sanitarie locali e le Aziende ospedaliere.

In particolare, è previsto che l'ISS attenga ai seguenti compiti:

- svolgimento di attività di ricerca scientifica nell'ambito delle materie previste dal Piano sanitario nazionale;
- promozione di programmi di studio e di ricerca anche in collaborazione con strutture del Servizio sanitario nazionale e sperimentazioni cliniche e sviluppi tecnologici di avanguardia, in collaborazione con Istituti di ricovero e cura a carattere scientifico e le aziende ospedaliere;
- stipula di convenzioni, contratti e accordi di collaborazione con enti, istituti e organismi pubblici o privati, nazionali, esteri o internazionali.

Attualmente, il nuovo organigramma, approvato nel 2003, articola l'ISS in 7 Dipartimenti e 2 Centri nazionali; si tratta di strutture tecnico-scientifiche, articolate in reparti, con autonomia nell'attività di ricerca, controllo, consulenza e formazione.

- ***L'Istituto Superiore per la Prevenzione e la Sicurezza sul Lavoro***

Il secondo soggetto individuato dal comma 6 dell'art. 12-*bis* del d.lgs. 502/1992 è l'Istituto Superiore per la Prevenzione e la Sicurezza sul Lavoro (ISPESL). Si tratta di un ente di diritto pubblico operante nel settore della ricerca e sottoposto alla vigilanza del Ministero del lavoro, della salute e delle politiche sociali. Ad esso sono affidate, in qualità di organo tecnico-scientifico del Servizio Sanitario Nazionale, funzioni di ricerca, controllo, consulenza, sperimentazione, assistenza, alta formazione, informazione e documentazione in materia di prevenzione degli infortuni e delle malattie professionali, e di promozione e tutela della salute negli ambienti di lavoro e di vita.

Istituito nel **1980**, ad opera della legge n. 169 del medesimo anno, l'ISPESL ha subito, nel corso del tempo, numerose trasformazioni, fino ad acquisire l'odierna fisionomia che lo vede articolato in 36 Dipartimenti territoriali, 5 Centri di ricerca e 7 Dipartimenti centrali.

Il d.lgs. **81/2008**, intitolato *"Enti pubblici aventi compiti in materia di salute e sicurezza nei luoghi di lavoro"*, ha modificato, in parte, il novero delle competenze attribuite all'Istituto in questione, di cui viene fatta menzione all'interno dell'art. 9 del citato decreto a fianco dell'Istituto Nazionale per l'Assicurazione contro gli Infortuni sul Lavoro (INAIL) e dell'Istituto di Previdenza per il Settore Marittimo (IPSEMA), definendone, in particolare, i principi di operatività in relazione a questi ultimi. È previsto, infatti, che l'ISPESL svolga, in forma coordinata con l'INAIL e l'IPSEMA, le seguenti attività:

- elaborazione e applicazione dei rispettivi piani triennali di attività;
- interazione, in logica di conferenza permanente di servizio, per assicurare apporti conoscitivi al sistema di sostegno ai programmi di intervento

in materia di sicurezza e salute sul lavoro, verifica dell'adeguatezza dei sistemi di prevenzione e assicurativi, e studio oppure proposizione di soluzioni normative e tecniche atte a ridurre il fenomeno degli infortuni;
- consulenza alle aziende, in particolare alle piccole e micro-imprese;
- progettazione ed erogazione di percorsi formativi in materia di salute e sicurezza sul lavoro;
- attività di formazione rivolta ai responsabili e agli addetti ai servizi di prevenzione e protezione di cui all'art. 32 del d.lgs. n. 81/2008;
- promozione e divulgazione della cultura della salute e della sicurezza del lavoro nei percorsi formativi scolastici, universitari e delle istituzioni dell'alta formazione artistica e musicale, previa stipula di apposite convenzioni con le istituzioni interessate;
- partecipazione, con funzioni consultive, al Comitato per l'indirizzo e la valutazione delle politiche attive e per il coordinamento nazionale delle attività di vigilanza in materia di salute e sicurezza sul lavoro;
- consulenza alla Commissione consultiva permanente per la salute e la sicurezza sul lavoro;
- elaborazione, raccolta e diffusione di buone prassi;
- predisposizione delle linee-guida;
- contributo al sistema informativo nazionale per la prevenzione nei luoghi di lavoro.

Tra i compiti istituzionali dell'ISPESL, l'attività di ricerca rappresenta, senza dubbio, la parte più rilevante.

All'Istituto sono affidati, infatti, nell'ambito della sua funzione di supporto delle azioni di promozione della salute e di prevenzione nei luoghi di lavoro, specifici progetti di ricerca, finanziati dal Centro Nazionale per la Prevenzione e il Controllo delle Malattie (CCM).

Tali progetti sono coordinati dal Ministero del lavoro, della salute e delle politiche sociali, attraverso l'attivazione di specifici tavoli di lavoro con i vari soggetti interessati, in modo tale da assicurare la piena coerenza delle attività realizzate.

Altri progetti sono finanziati, invece, dallo stesso Istituto, mediante l'emanazione di appositi bandi.

L'ISPESL partecipa, infine, in parternariato con i principali istituti esteri di ricerca che operano nel settore nella salute e della sicurezza del lavoro, a progetti europei e internazionali.

• ***L'Agenzia Nazionale per i Servizi Sanitari Regionali***

L'Agenzia Nazionale per i Servizi Sanitari Regionali (AGENAS), istituita nel **1993** con il **d.lgs. 266**, è un ente con personalità giuridica di diritto pubblico, che svolge un ruolo di collegamento e di supporto decisionale per il Ministero della salute e le regioni, sulla base delle strategie di sviluppo del Servizio Sanitario Nazionale.

Anch'essa viene qualificata come organo tecnico-scientifico del Servizio

Sanitario Nazionale (legge 244/2007), avente funzioni di ricerca e di sviluppo, da esercitarsi, come detto, in stretta collaborazione con il Ministero della salute e le regioni, sulla base degli indirizzi stabiliti in sede di Conferenza Unificata Stato-regioni, che, con delibera del 20 settembre 2007, ha indicato come obiettivo prioritario e qualificante dell'attività svolta dell'AGENAS *"il supporto tecnico-operativo alle politiche di governo condivise tra Stato e regioni per lo sviluppo e la qualificazione del Servizio Sanitario Nazionale"*.

Più nello specifico, la suddetta delibera affida all'Agenzia il compito di *"concor[rere] all'approfondimento, anche mediante l'attuazione di programmi di ricerca corrente e finalizzata, delle problematiche organizzativo-gestionali allo scopo di proporre soluzioni che contribuiscano al miglioramento dell'efficienza e della qualità dei servizi sanitari e socio-sanitari territoriali"*.

A tal fine, l'attività dell'AGENAS si è sviluppata secondo due differenti approcci:

1. *metodologico*, volto a ricercare modelli e strumenti per l'analisi organizzativa e della spesa ovvero, più in generale, degli aspetti dimensionali e qualitativi dell'assistenza sanitaria;
2. *ricognitivo*, per acquisire informazioni utili a supportare le decisioni dei livelli di governo centrale e regionale.

- ***Gli Istituti di Ricovero e Cura a Carattere Scientifico***

La qualità delle prestazioni sanitarie, sia dal punto di vista della diagnosi, sia sotto l'aspetto della terapia e dell'assistenza, è direttamente proporzionale alla quantità di risorse umane e finanziarie che vengono spese nell'ambito della ricerca scientifica.

Assistenza clinica e ricerca non possono procedere, quindi, disgiuntamente l'una dall'altra: non vi può essere assistenza senza ricerca e le malattie, soprattutto quelle neoplastiche, richiedono che ci sia una costante interazione tra la cura del paziente, da un lato, e la ricerca clinica e biologica, dall'altro.

Da questo punto di vista, gli Istituti di Ricovero e Cura a Carattere Scientifico (IRCCS) svolgono un ruolo essenziale all'interno del Servizio Sanitario nazionale, coniugando, istituzionalmente, l'attività di ricerca a prestazioni assistenziali di elevata qualità (cfr. *supra* cap. 8: L'organizzazione).

- ***Gli Istituti Zooprofilattici Sperimentali***

Gli Istituti Zooprofilattici Sperimentali (II.ZZ.SS.) sono enti sanitari di diritto pubblico, facenti parte del Servizio Sanitario Nazionale e dotati di autonomia gestionale e amministrativa.

Distribuiti in tutto il territorio nazionale, con 10 sedi centrali e 90 sezioni diagnostiche periferiche, essi rappresentano un importante strumento tecnico-operativo, volto ad assicurare, nell'ambito del controllo sugli alimenti di origine animale, la sorveglianza epidemiologica, la ricerca sperimentale, la formazione del personale, il supporto di laboratorio e la diagnostica.

La funzione di raccordo e coordinamento delle attività svolte dalle varie sedi e sezioni è esplicata dalla Direzione Generale della Sanità Pubblica Veterinaria, Alimenti e Nutrizione del Ministero della salute, che definisce, mediante il lavoro della Commissione Scientifica Nazionale, le linee guida e le tematiche principali.

Gli II.ZZ.SS. rivestono, come detto, anche un ruolo molto importante nell'ambito della ricerca, sia di base che finalizzata, i cui settori di indagine sono individuati dall'art. 5 del d.lgs. 270/93. Essi sono:

- igiene e sanità veterinaria;
- sorveglianza epidemiologica;
- igiene degli allevamenti e delle produzioni zootecniche, benessere animale, corretto rapporto tra insediamenti zootecnici e ambiente/insediamenti umani;
- studio e sperimentazione di tecnologie e metodiche da utilizzare per il controllo della salubrità degli alimenti di origine animale e dell'alimentazione animale;
- farmacovigilanza veterinaria, al fine di assicurare il supporto operativo all'azione del Servizio Sanitario Nazionale;
- controllo dei farmaci ad uso veterinario.

14.2. La programmazione della ricerca sanitaria

Come già anticipato, il **Piano sanitario nazionale** definisce i settori principali e gli obiettivi che la ricerca, svolta nell'ambito del Servizio Sanitario Nazionale, dovrebbe perseguire.

Detto piano necessita di essere coordinato con il **Programma Nazionale per la Ricerca (PNR)**, anch'esso di durata triennale, elaborato nell'ambito degli indirizzi dettati dal Governo nel Documento di Programmazione Economica e Finanziaria in materia di ricerca scientifica e tecnologica.

Il Programma Nazionale per la Ricerca ha il compito di definire le finalità generali e i modi di attuazione degli interventi, alla cui realizzazione concorrono le pubbliche amministrazioni, comprese le università e gli enti di ricerca. Gli obiettivi e gli interventi possono essere specificati per aree tematiche, settori, progetti, agenzie ed enti di ricerca, anche prevedendo apposite intese tra le amministrazioni dello Stato.

Il Programma in questione è adottato dal Ministero della salute, previo parere della Commissione Nazionale della Ricerca Scientifica (istituita con il d.lgs. 266/93) e d'intesa con la Conferenza permanente per i rapporti tra lo Stato, le regioni e le Province autonome di Trento e di Bolzano, entro sei mesi dall'entrata in vigore del Piano Sanitario Nazionale.

Il Programma Nazionale per la Ricerca 2015-2020, all'interno del quale vengono definiti sei programmi di intervento (1. Horizon 2020 e la Ricerca Internazionale; 2. Capitale Umano; 3. Infrastrutture di Ricerca; 4. Coopera-

zione pubblico-privato e ricerca industriale; 5. Mezzogiorno; 6. Efficienza e qualità della spesa), si propone di perseguire i seguenti obiettivi:
- *internazionalizzazione, coordinamento e integrazione delle iniziative nazionali con quelle europee e globali*;
- *centralità all'investimento del capitale umano*. In questo senso, il PNR mette al centro della strategia le risorse umane della ricerca pubblica e privata, con l'intento di formare, potenziare e incrementare il numero dei ricercatori, creando un contesto e delle opportunità in grado di stimolare i migliori talenti e renderli protagonisti della produzione e del trasferimento di conoscenza alla società nel suo complesso;
- *sostegno selettivo alle infrastrutture di ricerca*. Viene rivolta grande attenzione al patrimonio infrastrutturale legato alla ricerca scientifica e, in particolare, a quella di base. Inoltre, il PNR definisce ed avvia, per la prima volta, un processo di valutazione delle infrastrutture, allineandolo ai criteri e ai meccanismi europei dell'*European Strategy Forum on Research Infrastructures* (ESFRI);
- *collaborazione pubblico-privato*;
- *Mezzogiorno*. Vengono poste in essere azioni prioritarie per il sostegno alla ricerca e innovazione in tale area del Paese, ponendo in sinergia Programma Operativo Nazionale, Programmi Operativi Regionali e risorse ordinarie;
- *efficienza e qualità della spesa*. L'intento è quello di rafforzare i processi di valutazione, monitoraggio, trasparenza e semplificazione della pubblica amministrazione. Ciò al fine di assicurare credibilità, efficacia e tempismo agli investimenti pubblici a sostegno della ricerca e dell'innovazione.

14.3. Il rapporto tra Servizio Sanitario Nazionale e università

Il comma 6 dell'art. 12-*bis* del d.lgs. 502/1992 stabilisce che "*alla realizzazione dei progetti possono concorrere, sulla base di specifici accordi, contratti o convenzioni, le università, il Consiglio nazionale delle ricerche e gli altri enti di ricerca pubblici e privati, nonché le imprese pubbliche e private*".

Anche le università vengono annoverate, quindi, a pieno titolo, fra i soggetti impegnati nell'attività di ricerca sanitaria corrente e finalizzata, nel rispetto di quanto previsto dall'art. 33 Cost., che attribuisce, per l'appunto, un ruolo determinante per lo sviluppo della ricerca, oltreché alle istituzioni di alta cultura e alle accademie, proprio all'università.

La disciplina dei rapporti tra Servizio Sanitario ed università è contenuta, oggi, all'interno della legge 833/78, la quale, oltre ad aver riconfermato, fino alla riforma dell'ordinamento universitario e delle facoltà di medicina, lo strumento della convenzione come istituto più idoneo a consentire l'adeguamento dell'ordinamento interno delle cliniche e degli istituti universitari con quello degli ospedali, ha delineato due diversi modelli organizzativi per realizzare il **collegamento università-assistenza ospedaliera**:

- *il **modello misto, gestito dalle aziende sanitarie locali***, per quanto riguarda l'utilizzo delle strutture assistenziali del Servizio Sanitario Nazionale da parte delle facoltà di medicina. Tale modello è incentrato sulla stipula di specifiche convenzioni tra le università e la regione di riferimento, ed un ulteriore accordo convenzionale di attuazione in sede locale;
- *il **policlinico a gestione diretta universitaria***, che prevede l'unicità del livello convenzionale regionale, con valenza programmatoria e operativa, finalizzato ad assicurare una reale integrazione delle strutture sanitarie con quelle universitarie.

È stato così creato un livello convenzionale articolato su due piani: quello dei protocolli di intesa tra regione e Università, da un lato, e quello delle convenzioni attuative tra ex USL e università, dall'altro.

Con le riforme successive, il sistema poc'anzi illustrato è rimasto sostanzialmente immutato, pur tenendo conto della graduale regionalizzazione del Servizio Sanitario Nazionale e del processo di aziendalizzazione, nonché della crescente autonomia del sistema universitario.

Il d.lgs. 517/1999, emanato a norma dell'art. 6 della legge 419/1998, ha individuato, poi, una nuova tipologia di Azienda, quella ospedaliero-universitaria, il cui compito è quello di assicurare la perfetta integrazione fra didattica, ricerca e assistenza, secondo specifici protocolli d'intesa, stipulati dalle regioni con le Università ubicate nel proprio territorio, e che devono essere conformi alle linee guida, contenute all'interno di appositi atti di indirizzo e di coordinamento adottati su proposta dei Ministri della sanità, dell'università e della ricerca scientifica e tecnologica, sulla base di determinati criteri e principi direttivi, fra i quali rientrano, per l'appunto, la promozione e la disciplina dell'integrazione dell'attività assistenziale, formativa e di ricerca tra Servizio Sanitario Nazionale ed università (art. 1, comma 2).

L'**Azienda ospedaliero-universitaria** si caratterizza, dunque, rispetto alle altre Aziende ospedaliere, per:

1. una *mission* più complessa;
2. un'organizzazione in grado di contemperare le diverse tipologie di attività che in essa vengono svolte;
3. una co-gestione regione-università.

Con riferimento a quest'ultimo aspetto, occorre notare, *in primis*, come la nomina del Direttore generale dell'Azienda ospedaliero-universitaria debba essere concertata dalla regione con il Rettore dell'università; d'intesa con quest'utimo saranno adottati, inoltre, tutti i principali atti aziendali.

In secundis, va detto come il legislatore, pur ricalcando la struttura di governo delle aziende ospedaliero-universitarie su quella delle altre aziende sanitarie, abbia introdotto, tuttavia, un'importante eccezione: si tratta dell'organo di indirizzo, la cui presidenza è rimessa, ancora una volta, ad un atto della regione, assunto di concerto con il Rettore dell'Università interessata.

Costituito da un massimo di cinque componenti, individuati secondo le indicazioni contenute all'interno dei succitati protocolli (deve trattarsi, in ogni caso, di esperti di organizzazione e programmazione dei servizi sanitari), al suddetto organo sono affidati due tipi di funzioni: la prima di tipo propositivo-consultivo, in ordine alla coerenza della programmazione assistenziale-scientifica-didattica; la seconda di riscontro circa le modalità di realizzazione di quest'ultima.

Per ogni altro aspetto, la gestione resta affidata agli altri organi dell'Azienda, individuati, in particolare, oltreché nel Collegio di Direzione e in quello Sindacale, nelle fondamentali figure dei Direttori Amministrativo e Sanitario.

Il Collegio di Direzione ha competenza ad esprimere pareri in ordine alla programmazione, organizzazione e valutazione delle attività cliniche, mentre spetta al Collegio Sindacale il compito di verificare che l'attività di governo dell'Azienda risulti essere rispondente ai principi di legalità ed economicità.

Quanto al finanziamento, la normativa di indirizzo in questione prevede che le regioni abbiano la facoltà di erogare un finanziamento diretto all'Azienda ospedaliero-universitaria nella misura variabile dal 3 all'8%. Inutile osservare come una simile previsione abbia portato le singole realtà regionali a differenziare i modelli di stanziamento delle risorse regionali, a seconda che gli stessi si basino sul mero criterio della popolazione oppure facciano riferimento alla quantità dell'attività formativa e alla qualità della ricerca prodotta.

14.4. La sperimentazione: cenni

La definizione di **sperimentazione clinica**, generalmente condivisa a livello internazionale, è contenuta all'interno delle Norme di Buona Pratica Clinica (*Good Clinical Practice*) risalenti al 1991, ove è affermato che per sperimentazione/studio clinico si intende "*ogni sperimentazione su soggetti umani intesa ad identificare o verificare gli effetti clinici, farmacologici e/o altri effetti farmacodinamici di un prodotto/i in sperimentazione; e/o identificare ogni reazione avversa ad un prodotto/i in sperimentazione; e/o studiare l'assorbimento, la distribuzione, il metabolismo e l'eliminazione di un prodotto/i in sperimentazione con l'obiettivo di valutarne la sicurezza e/o efficacia*". È specificato, inoltre, che "*i termini «sperimentazione clinica» e «studio clinico» sono [da intendersi come] sinonimi*".

Le *Good Clinical Practice*, il cui compito è quello di assicurare uno *standard* internazionale di etica e di qualità, necessari alla progettazione e conduzione di studi clinici che abbiano ad oggetto soggetti umani, sono state concepite per essere indirizzate principalmente alle industrie farmaceutiche; tuttavia, esse hanno finito per diventare un punto di riferimento fondamentale anche per gli altri soggetti, medici e ricercatori, che, sulla base delle rispettive competenze, prendono parte alla produzione dei dati clinici che serviranno, poi, per la registrazione e la vendita del nuovo farmaco.

Prima del 1991, la formulazione di raccomandazioni e linee guida in materia di sperimentazione si rinviene in molteplici documenti di natura internazionale, tra i quali vanno menzionati, in particolare, la Dichiarazione Helsinki del 1964 e la Convenzione dei diritti dell'uomo e della biomedicina, firmata ad Oviedo il 4 aprile del 1997.

Numerose sono anche le direttive europee succedutesi a partire dal 1965, anno in cui risale la direttiva 65/65/CEE (modificata nel '75), il cui obiettivo principale è quello di conciliare al meglio la tutela della salute con lo sviluppo dell'industria farmaceutica e gli scambi di prodotti medicinali all'interno della Comunità. A tal fine, è previsto, in particolare, che le domande di autorizzazione all'immissione in commercio di un medicinale devono essere accompagnate da un fascicolo contenente tutte le informazioni e la documentazione relative ai risultati delle prove e della sperimentazione clinica effettuata su un dato prodotto.

Si deve, invece, alla direttiva 91/507/CEE l'elaborazione, sulla scorta delle raccomandazioni contenute all'interno della Dichiarazione di Helsinki, del principio di buona prassi clinica ovverosia di uno *standard* internazionale di etica e qualità scientifica, atto ad assicurare la tutela dei diritti, della sicurezza e del benessere dei soggetti che decidono di prendere parte ad uno studio sperimentale.

In tema di buona prassi clinica, è d'uopo richiamare, inoltre, le direttive 2001/20/CE e 2005/28/CE le quali introducono, rispettivamente, nuovi livelli di tutela nelle sperimentazioni cliniche di medicinali sull'uomo (che non pregiudicano le eventuali maggiori tutele previste dalla legislazione nazionale), e requisiti più stringenti per l'ottenimento dell'autorizzazione alla fabbricazione o all'importazione di medicinali, oltre a indicazioni dettagliate in materia di raccolta e archiviazione dei documenti relativi alla sperimentazione e alle procedure di ispezione.

Sempre a livello europeo, occorre evidenziare, da ultimo, che il nuovo Regolamento n. 536/2014/UE ha mutato completamente il panorama delle sperimentazioni cliniche, e ciò con l'obiettivo, da una parte, di introdurre un quadro uniforme per l'autorizzazione degli studi clinici da parte di tutti gli Stati membri interessati e, dall'altra, di snellire l'*iter* burocratico previsto dalla succitate direttive.

In particolare, il Regolamento n. 536/2014/UE:

- stabilisce che una sperimentazione clinica può essere condotta esclusivamente se i diritti, la sicurezza, la dignità e il benessere dei soggetti coinvolti sono adeguatamente tutelati e se essa è progettata per generare dati affidabili e robusti;

- prevede che i dati derivanti dagli studi clinici, comprese le relazioni finali, siano pubblicati in un'apposita banca dati europea, accessibile al pubblico;
- attribuisce alla Commissione il potere di effettuare controlli, per verificare l'effettivo e puntuale rispetto da parte degli Stati membri delle disposizioni contenute all'interno del regolamento, il cui esito dovrà essere trasmesso mediante il portale UE, il quale rappresenta l'unico punto di accesso per la presentazione dei dati e delle informazioni concernenti le sperimentazioni cliniche.

• ***I Comitati Etici***

Il Comitato Etico può definirsi, in via generale, secondo la direttiva 2001/20/CE, un organismo indipendente, a cui è affidata la responsabilità, oltreché di garantire la tutela dei diritti, la sicurezza e il benessere dei soggetti che prendono parte alla sperimentazione, anche di fornire pubblica garanzia di tale tutela, esprimendo pareri, ad esempio, sui metodi e sui documenti che verranno impiegati per informare i pazienti e ottenerne il consenso.

A norma dell'art. 6, comma 2 della medesima direttiva, *"il Comitato Etico deve emettere [, infatti,] il proprio parere prima dell'inizio di qualsiasi sperimentazione clinica in merito alla quale è stato interpellato"*. Ciò, al fine di assicurare, come detto:
- la fattibilità di un progetto di ricerca in termini di correttezza etica e scientifica della sperimentazione;
- l'adeguata tutela di coloro che prendono parte allo studio clinico;
- l'adeguatezza dei rapporti che intercorrono tra la struttura presso la quale viene condotta la ricerca e il relativo (eventuale) *sponsor*.

Oltre a ciò, l'allegato 1, lett. *c)* del d.m. 17 dicembre 2004 affida ai Comitati Etici il compito di effettuare le *"verifiche necessarie [...] per la connotazione di uno studio finalizzato al miglioramento della pratica clinica quale parte integrante dell'assistenza sanitaria e non finalizzato a scopi commerciali relativi ai medicinali sperimentali"*.

Definire uno **"spartiacque"** tra **sperimentazioni *profit*** e ***no-profit*** si rende, infatti, quanto mai necessario, posto che, se in materia di sperimentazioni con finalità di lucro, la normativa europea si presenta, come si è visto, più che esaustiva, lo stesso non può dirsi nel caso delle sperimentazioni *no-profit*, rispetto alle quali l'art. 1, comma 3 della direttiva 2005/28/CE demanda ai singoli Stati membri il compito di adottare una normativa *ad hoc*, con l'obiettivo, per l'appunto, di regolamentare l'esecuzione di studi clinici relativi a medicinali senza finalità di lucro. *"Per l'applicazione dei principi, delle linee guida dettagliate e dei requisiti [...] relativi alle sperimentazioni cliniche di carattere non commerciale"* – si legge nell'art. 1, comma 3 della citata direttiva – *"gli Stati membri possono introdurre norme specifiche in considerazione della particolarità di queste sperimentazioni [...]"*.

In base, quindi, al d.m. 17 dicembre 2004, la sperimentazione può essere qualificata come *no-profit* quando il promotore:

- è un'istituzione pubblica o ad essa equiparata ovvero, nel caso di associazioni o gruppi cooperativi privati, è chiaramente esplicitato nello statuto della struttura che la stessa non persegue fini di lucro;
- non è il proprietario del brevetto del farmaco in sperimentazione o il titolare dell'autorizzazione in commercio;
- non ha cointeressenza di tipo economico con l'azienda produttrice del farmaco in sperimentazione;
- è il proprietario dei dati relativi alla sperimentazione, alla sua esecuzione e dei suoi risultati.

I Comitati Etici possono essere istituiti, a norma del d.m. 12 maggio 2006, n. 194, "*nell'ambito di una o più strutture sanitarie pubbliche o ad esse equiparate o negli Istituti di ricovero e cura a carattere scientifico privati, limitatamente alle sperimentazioni nell'area di ricerca in cui hanno ottenuto il riconoscimento, conformemente alla disciplina della regione o delle province autonome in materia*".

Inoltre, "*il Comitato Etico può [...] essere istituito, conformemente alla normativa regionale, nell'ambito dell'amministrazione regionale competente per materia*".

Le strutture sanitarie che sono prive di Comitati Etici possono eseguire sperimentazioni solo a seguito dell'approvazione di un altro Comitato Etico indipendente di riferimento, individuato dalla regione competente per territorio, purché in conformità a quanto previsto dal citato decreto.

Quanto alla composizione, ciascun comitato deve comprendere almeno:

1. due clinici;
2. un medico di medicina generale territoriale e/o un pediatra di libera scelta;
3. un biostatistico;
4. un farmacologo;
5. un farmacista (*ex officio*) del servizio farmaceutico dell'istituzione di ricovero o territoriale, sede della sperimentazione clinica dei medicinali; nel caso in cui il Comitato sia stato istituito nell'ambito dell'amministrazione regionale, deve trattarsi di un farmacista del Servizio Sanitario Regionale;
6. il direttore sanitario (*ex officio*) o, nel caso degli Istituti di ricovero e cura a carattere scientifico, il direttore scientifico (*ex officio*); quando il Comitato è stato istituito nell'ambito dell'amministrazione regionale, sarà componente un dirigente appartenente all'assessorato alla sanità regionale o delle province autonome;
7. un esperto in materia giuridica e assicurativa o un medico legale;
8. un esperto di bioetica;
9. un rappresentante del settore infermieristico;

10. un rappresentante del volontariato per l'assistenza e/o l'associazionismo di tutela dei pazienti.

I componenti del Comitato, il cui funzionamento è disciplinato da un apposito regolamento adottato dallo stesso organo, durano in carica tre anni e il relativo mandato non può essere rinnovato per più di una volta, eccezion fatta per i componenti *ex officio*, che comunque non potranno ricoprire la carica di presidente per più di due mandati consecutivi.

Come detto, ciascun Comitato deve essere istituito in modo da garantirne l'assoluta indipendenza. Essa può dirsi sussistere quando:

- manca un vincolo di subordinazione gerarchica del Comitato nei confronti della struttura ove lo stesso è chiamato ad operare;
- è presente personale non dipendente dalla struttura in cui è stato istituito il Comitato;
- vi è estraneità e, quindi, mancanza di conflitti di interesse dei votanti rispetto alla sperimentazione proposta; a tal fine, i componenti del Comitato devono firmare annualmente una dichiarazione che li obbliga a non pronunciarsi in ordine a quelle sperimentazioni per le quali potrebbe sussistere un conflitto di interesse di tipo diretto o indiretto;
- non è presente un controinteresse di tipo economico tra i membri del Comitato e le aziende del settore farmaceutico.

Capitolo 15
Il sistema dei controlli

di *Stefano Carlini*

Per la realizzazione delle finalità che le sono proprie, secondo criteri di efficacia ed efficienza e nel rispetto della normativa, la pubblica amministrazione deve dotarsi di un sistema di controlli che consenta di verificare se le articolazioni organizzative, nello svolgimento delle loro attività e funzioni, abbiano agito nel rispetto della legge, ovvero nell'ambito di un corretto esercizio dei poteri conferiti dall'ordinamento giuridico e se tale esercizio sia avvenuto secondo modalità che massimizzino la qualità e la quantità dei risultati ottenuti utilizzando le risorse a disposizione.

15.1. L'evoluzione del quadro normativo

La pubblica amministrazione vive una costante dinamica degli assetti organizzativi alla ricerca di un crescente livello di efficienza/efficacia. Per il perseguimento di tale fine attinge dalle positive esperienze consolidate in ambito privatistico. In particolare, nell'ambito del perimetro delle aziende sanitarie, da oltre 20 anni è stato indicato il modello aziendale quale paradigma organizzativo di riferimento.

Nella pubblica amministrazione, in conseguenza del carattere "burocratico" dei processi, la sensibilità verso la tematica dei controlli è stata sempre elevata. L'esercizio del controllo è stato orientato maggiormente alla osservanza formale dei precetti normativi, piuttosto che non alla valutazione dell'efficienza dei processi di lavoro e dell'efficacia della complessiva azione gestionale.

La responsabilità collettiva affidata alle pubbliche amministrazioni, in quanto destinatarie di finanziamenti pubblici e di obiettivi finalizzati alla tutela di interessi della collettività, non consentirà mai una totale sovrapposizione dei meccanismi organizzativi e di controllo interno ed esterno delineati dal sistema privatistico delle imprese. Tuttavia, avendo presente quella ormai consolidata tendenza di assimilazione degli stili gestionali ispirati a una sana tensione manageriale nata all'inizio degli anni '90, risulta necessario ripensare l'approccio del sistema dei controlli interni alla pubblica amministrazione e più nello specifico alle Aziende sanitarie, a cui associare il necessario rapporto Aziende-regione, considerata la peculiarità della relazione che lega questi soggetti istituzionali.

Le principali tappe della normativa nazionale, a partire dei primi anni '90 possono essere così di seguito elencate:

- l. 142/1990, riforma dell'ordinamento degli enti locali che ha introdotto per la prima volta il concetto di "controllo economico interno della gestione";
- l. 241/1990, *"Nuove norme in materia di procedimento amministrativo e di diritto di accesso ai documenti amministrativi"*, che ha riguardato la disciplina del procedimento amministrativo. Il contenuto del primo comma del primo articolo della legge sintetizza il cambiamento di paradigma della pubblica amministrazione, esplicitando che l'economicità e l'efficacia costituiscono due dei criteri sui quali poggia lo svolgimento dell'attività amministrativa;
- d.lgs. 29/1993 - d.lgs. 77/1995, privatizzazione del pubblico impiego e introduzione dei controlli interni, che ha dato avvio ai nuclei di valutazione e controllo di gestione. Secondo la previsione della norma questi servizi dovevano operare in posizione di autonomia e rispondere esclusivamente agli organi di direzione politica. Questo aspetto, unitamente alla volontà di denominarli **"nuclei di valutazione"** ed all'utilizzo dell'espressione *"con il compito di verificare la realizzazione degli obiettivi"*, lascia intendere che la volontà del legislatore non sia stata soltanto quella di introdurre uno strumento a supporto dell'attività di governo dell'amministrazione, ma anche un supporto per la valutazione dei dirigenti chiamati alla realizzazione degli obiettivi;
- d.lgs. 286/1999 con cui si assiste alla definizione dei sistemi di controllo con un approccio più aziendale. Il decreto richiede alle pubbliche amministrazioni di dotarsi delle soluzioni organizzative e degli strumenti indispensabili all'attuazione di quattro tipologie di controllo: **controllo strategico, controllo di gestione, valutazione dei dirigenti e controllo di regolarità amministrativo-contabile**.

• ***Forme di controllo***

Con riferimento a quest'ultimo disposto normativo vale la pena soffermarsi sull'introduzione di alcuni strumenti e sulla loro natura:

Il fine dell'istituto del **"controllo strategico"** è quello di affermare la necessità che le logiche di direzione per obiettivi si realizzino non soltanto a livello gestionale-operativo, ma anche a livello strategico, orientando la definizione delle politiche pubbliche al conseguimento di indirizzi definiti in forme e modalità idonee a consentire il monitoraggio continuo del loro efficace perseguimento. Uno dei requisiti basilari per il corretto funzionamento è l'allineamento degli obiettivi di natura operativa con gli indirizzi strategici dell'amministrazione. Maggiore è la capacità del vertice di trasmettere in forme chiare e ben definite le direttrici generali di intervento, più agevole è lo sviluppo di obiettivi e progetti coerenti con i traguardi strategici.

Il **"controllo di gestione"** è finalizzato all'adozione di modelli di programmazione e controllo orientati al miglioramento dei profili di efficienza, efficacia ed economicità dell'azione amministrativa.

Per supportare concretamente i processi decisionali necessita di:
- chiara definizione e comunicazione delle priorità strategiche a cui orientare l'azione;
- sistema di obiettivi formalizzati e misurabili attraverso l'individuazione di un set di indicatori utili a verificarne, in momenti diversi della gestione, il progressivo raggiungimento anche al fine di una loro modifica

La "valutazione dei dirigenti" consiste nella valutazione delle prestazioni (risultati raggiunti) e delle capacità organizzative dei dirigenti, vale a dire delle capacità di sviluppare, motivare, coordinare e valutare i propri collaboratori. Tali valutazioni, sulla base di fattori predeterminati, portano all'erogazione, o meno, dell'indennità di risultato o alla revoca dell'incarico.

"Il controllo di regolarità amministrativo-contabile" è volto a garantire la legittimità, la regolarità e la correttezza dell'azione amministrativa.

La più recente evoluzione normativa è stata caratterizzata dal d.lgs. 150/2009 (c.d. Riforma Brunetta) che ha introdotto una profonda revisione di tutti gli aspetti della disciplina del lavoro presso la pubblica amministrazione, esaltando i concetti di performance; in particolare ha sottolineato la necessità di una valutazione dell'attività attraverso strumenti oggettivi, misurabili e trasparenti. Il d.lgs. 123/2011 ha riformato i controlli di regolarità amministrativa e contabile potenziando l'attività di analisi e valutazione della spesa.

La legge 190/2012 e il d.lgs. 33/2013 hanno introdotto una profonda revisione della normativa sulla "prevenzione e la repressione della corruzione" e sugli "obblighi di pubblicità, trasparenza e diffusione di informazioni da parte delle pubbliche amministrazioni".

• ***Aspetti positivi e criticità***

L'attuazione delle norme sopra elencate, non ha sempre generato la necessaria cultura del cambiamento nella gestione dell'amministrazione pubblica italiana; tuttavia possiamo individuare aspetti sicuramente positivi, unitamente però a criticità che ancora permangono nella realizzazione di una piena trasformazione verso una compiuta gestione manageriale.

Aspetti positivi:
- Focalizzazione sull'impiego delle risorse e maggiore impiego di analisi costi-benefici;
- Maggiore coordinamento tra le funzioni, pertanto tra le strutture interne;
- Maggiore orientamento verso la programmazione, che non viene più interpretata come mero adempimento formale o reiterazione dei consuntivi, ma come elemento fondamentale di una ordinata ed efficace gestione;

- Maggiore attenzione alle tematiche della misurazione e della valutazione delle performance aziendali e personali, unitamente ad una più attenta verifica delle aree di responsabilità;
- Maggiore diffusione della logica e della cultura aziendale e inserimento di nuove professionalità e competenze più coerenti con l'esigenza di cambiamento.

I punti di debolezza:
- Persistente enfasi sulle regole, sancita spesso in atti formali, nel tentativo di voler disciplinare in maniera minuziosa i sistemi e i processi di controllo. In questo modo, l'effetto collaterale che si genera è il vincolo imposto alla necessaria flessibilità dei tipici strumenti di gestione, rallentando l'operatività reale;
- Limitato impiego di indicatori di risultato (*outcome*) e massiccio utilizzo di indicatori di processo, oltretutto individuati talvolta in modo superficiale ed approssimativo a causa della mancata implementazione di un ordinato e coerente sistema di programmazione e di verifica. Questa debolezza si riflette in indicatori con riferimenti talvolta astratti, generali, autoreferenziali e difficilmente misurabili;
- Incompleto uso del sistema di *reporting*, che oltretutto si presenta spesso complesso, non selettivo e poco fruibile. La debolezza dei sistemi della reportistica invalida l'efficacia dei sistemi di controllo perché viene a mancare l'attenzione sui risultati, sulle responsabilità e sull'attività di *feed-back* funzionale all'attività di programmazione;
- Inadeguata visione strategico-programmatoria rispetto alla realizzazione operativa, considerata la spiccata attenzione al rispetto formale di regole e procedure;
- Debolezza degli organismi di controllo ed in particolare della figura del controller che fatica a trovare una sua dimensione operativa, perennemente in bilico tra i vecchi sistemi – logica burocratica – ed i nuovi – logica manageriale.

15.2. I controlli interni ed esterni

- ***Controlli interni***

Si riferiscono alle procedure che guidano e verificano le performance aziendali in base agli obiettivi prefissati; il sistema dei controlli interni si pone pertanto tre obiettivi principali: economicità della gestione, attendibilità del sistema informativo, conformità alle disposizioni normative vigenti.

a) Il Collegio sindacale

La disciplina del Collegio sindacale di ASL e ASO è dettata dall'art. 3-*ter* del d.lgs. 502/1992, al Collegio sindacale sono affidati il controllo di legittimità, il controllo legale dei conti, oltre alle specifiche funzioni assegnate per le Aziende Sanitarie:

a) verifica l'amministrazione dell'azienda sotto il profilo economico;

b) vigila sull'osservanza della legge;

c) accerta la regolare tenuta della contabilità e la conformità del bilancio alle risultanze dei libri e delle scritture contabili, ed effettua periodicamente verifiche di cassa;

d) riferisce almeno trimestralmente alla regione, anche su richiesta di quest'ultima, sui risultati del riscontro eseguito, denunciando immediatamente i fatti se vi è fondato sospetto di gravi irregolarità; trasmette periodicamente, e comunque con cadenza almeno semestrale, una propria relazione sull'andamento dell'attività della ASL o dell'Azienda ospedaliera rispettivamente alla Conferenza dei sindaci o al sindaco del comune capoluogo della provincia dove è situata l'azienda stessa.

I componenti del Collegio sindacale possono procedere ad atti di ispezione e controllo, anche individualmente.

Il Collegio sindacale dura in carica tre anni ed è composto da tre membri, di cui uno designato dal presidente della giunta regionale, uno dal Ministro dell'economia e delle finanze e uno dal Ministro della salute. I componenti del Collegio sindacale sono scelti tra gli iscritti nel **registro** dei **revisori contabili** istituito presso il Ministero di grazia e giustizia, ovvero tra i funzionari del Ministero del tesoro, del bilancio e della programmazione economica che abbiano esercitato per almeno tre anni le funzioni di revisori dei conti o di componenti dei Collegi sindacali.

Le normative regionali integrano la normativa nazionale.

Il **Collegio sindacale** è **organo aziendale**. Il Direttore generale dell'Azienda sanitaria nomina i sindaci con specifico provvedimento e li convoca per la prima seduta. Il Presidente del Collegio viene eletto dai sindaci all'atto della prima seduta. Ove a seguito di decadenza, dimissioni o decessi il Collegio. risultasse mancante di uno o più componenti, il Direttore generale provvede ad acquisire le nuove designazioni dalle amministrazioni competenti. In caso di mancanza di più di due componenti dovrà procedersi alla ricostituzione dell'intero Collegio. Qualora il direttore generale non proceda alla ricostituzione del Collegio entro trenta giorni, la regione provvede a costituirlo in via straordinaria con un funzionario della regione e due designati dal Ministro dell'economia e delle finanze. Il Collegio straordinario cessa le proprie funzioni all'atto dell'insediamento del Collegio ordinario.

Il Collegio dura in carica tre anni.

b) Il controllo di gestione

È un processo direzionale che si avvale di strumenti di natura contabile ed organizzativa utili ad esprimere, in termini quantitativi:

a) gli obiettivi ed i programmi di gestione;

b) i risultati effettivamente conseguiti;
c) gli scostamenti tra gli obiettivi programmati e i risultati raggiunti.

È un sistema di rilevazione di risultati tramite cui esprimere valutazioni utili per prendere decisioni a tutti i livelli di responsabilità. Non costituisce un controllo, secondo l'accezione ispettiva e sanzionatrice, ma serve ad aiutare e sostenere i dirigenti e tutti i decisori della gestione, affinché dispongano delle informazioni indispensabili a conseguire miglioramenti continui e sistematici.

c) La certificazione di bilanci

Ai sensi di quanto disposto dall'articolo 2 del decreto interministeriale del 17 settembre 2012 sulla certificabilità dei bilanci, gli enti del Servizio Sanitario Nazionale devono garantire, sotto la propria responsabilità ed il coordinamento delle regioni di appartenenza, la certificabilità dei propri dati e dei propri bilanci. È quindi di fondamentale importanza che tutte le attività di audit siano sinergiche e complementari con le attività previste nel Percorso Attuativo della Certificabilità (PAC) e nella Revisione di Bilancio.

d) Il Responsabile della Prevenzione e della Corruzione

Il "Responsabile" è chiamato ad elaborare il **Piano Triennale** della **Prevenzione** della **Corruzione** e della **Trasparenza** che è il frutto della sua capacità di utilizzare esperienze e competenze presenti all'interno e all'esterno della struttura in cui opera; è inoltre chiamato a vigilare sul rispetto di quanto previsto dal Piano, a elaborare nuove misure e strategie preventive e a segnalare criticità e/o specifici fatti corruttivi o di cattiva gestione. A seguito del d.lgs. 97/2016, che ha unificato in capo ad un solo soggetto l'incarico di Responsabile Prevenzione della Corruzione e della Trasparenza, tale ruolo è assunto da un dirigente stabile dell'amministrazione, con un'adeguata conoscenza della sua organizzazione e del suo funzionamento, dotato della necessaria imparzialità ed autonomia valutativa e scelto, di norma, tra i dirigenti non assegnati ad uffici che svolgano attività di gestione e di amministrazione attiva. A tale dirigente viene affidato il compito di gestire, coordinare e vigilare sulle "misure" di prevenzione del rischio corruttivo, con capacità proprie di intervento allo scopo di garantire un modello di tutela anticipata in grado di ridurre i fenomeni di cattiva amministrazione, non necessariamente rilevanti sotto il profilo penale.

e) Il Risk Management

In sanità (Clinical Risk Management) può essere sostanzialmente definito come il complesso delle azioni messe in atto per migliorare la qualità delle prestazioni sanitarie e garantire la gestione ottimale del rischio clinico, a tutela della sicurezza del paziente. Tale funzione è collocata generalmente nell'ambito della sezione controllo sanitario, pertanto autonoma rispetto alle altre forme di controllo amministrativo-contabile. La **"mappatura del richio"** in ordine ai vari percorsi assistenziali, alle corrispondenti modalità organizzative e operative, agli "eventi avversi" che si sono verificati, rappresenta la premessa strategica per consentire alla amministrazione di introdurre gli opportuni correttivi. La risoluzione del "rischio" si inserisce nell'ambito del "governo clinico" primariamente affidato al "Collegio di direzione".

- ***Controlli esterni***

a) Il controllo esercitato da parte degli enti locali

Le funzioni di ***controllo*** *della* ***conferenza dei sindaci***

Il d.lgs. 502/1992, art. 3, comma 14 istituisce la Conferenza dei sindaci e ne definisce anche le principali funzioni.

"Nelle Unità sanitarie locali il cui ambito territoriale coincide con quello del comune, il sindaco, al fine di corrispondere alle esigenze sanitarie della popolazione, provvede alla definizione, nell'ambito della programmazione regionale, delle linee di indirizzo per l'impostazione programmatica dell'attività, esamina il bilancio pluriennale di previsione ed il bilancio di esercizio e rimette alla regione le relative osservazioni, verifica l'andamento generale dell'attività e contribuisce alla definizione dei piani programmatici trasmettendo le proprie valutazioni e proposte al Direttore generale ed alla regione. Nelle Unità sanitarie locali il cui ambito territoriale non coincide con il territorio del comune, le funzioni del sindaco sono svolte dalla conferenza dei sindaci o dei presidenti delle circoscrizioni di riferimento territoriale tramite una rappresentanza costituita nel suo seno da non più di cinque componenti nominati dalla stessa conferenza con modalità di esercizio delle funzioni dettate con normativa regionale" (v. *supra*, capitolo 7).

b) I controlli della regione

Con legge finanziaria per il 1992 – l. 412/1991, art. 4, comma 8 – **viene di fatto abolito il controllo autorizzativo** in capo alle regioni limitandolo a specifici ambiti:

- il bilancio di previsione e le sue variazioni;
- i programmi di spesa pluriennali;
- il conto consuntivo;
- i provvedimenti che disciplinano l'attuazione dei contratti e delle convenzioni.

Il d.lgs. 502/1992 agli artt. 2 e 8 richiama il ruolo di controllo della regione stabilendo che a quest'ultima spetta disciplinare le modalità di vigilanza e controllo delle aziende sanitarie; questo concetto è stato rafforzato dalla riforma costituzionale del Titolo V che riserva alle regioni specifiche funzioni legislative ed amministrative in materia di assistenza sanitaria ed ospedaliera. In particolare, nel comma 2 dell'art. 2, si affida alla regione la determinazione delle attività di indirizzo tecnico, promozione e supporto nei confronti delle aziende sanitarie, anche in relazione al controllo di gestione ed alla valutazione della qualità delle prestazioni sanitarie.

Ulteriori attività di controllo regionale consistono:
- nella possibilità di risoluzione del contratto del Direttore generale in caso di grave disavanzo, violazione di leggi o dei principi di buon andamento e di imparzialità dell'amministrazione;
- nel monitoraggio sulla definizione ed il rispetto degli accordi contrattuali di cui all'art. 8-*quinquies* da parte delle strutture sanitarie accreditate;
- nella possibilità di commissariamento o di revoca dell'autonomia aziendale nel caso in cui si verifichino ingiustificati disavanzi di gestione o la perdita delle caratteristiche strutturali e di attività prescritte ad esclusione delle università alle quali è riconosciuta una propria;
- valutazione sull'efficacia delle azioni poste in essere dall'amministrazione relativamente ai risultati conseguiti nel ciclo della performance previsto dall'art. 10 del d.lgs. 150/2009.

Il d.lgs. 502/1992 nell'articolo 4 prevede l'obbligo per le Aziende sanitarie di esporre nell'ambito del bilancio aziendale la **contabilità separata** per i singoli **presidi ospedalieri** costruita per costi e ricavi: questa ulteriore disposizione consente un controllo finalizzato ad evidenziare eventuali situazioni di squilibrio economico dei Presidi e quindi valutare la convenienza a produrre in gestione diretta prestazioni di ricovero e specialistiche rispetto alla scelta di acquistare tali prestazioni da altri erogatori pubblici o privati accreditati.

A queste attività di controllo si aggiungono le verifiche per tutte le strutture pubbliche del SSN del rispetto degli indirizzi di programmazione regionale. Il risultato di tale verifica rappresenta un ulteriore elemento di conferma degli incarichi di direttore generale.

Il principale documento di programmazione regionale è costituto dal Piano Sanitario (o socio-sanitario) Regionale, che si traduce in una serie di obiettivi annuali da raggiungere posti a carico, principalmente, dei Direttori generali delle Aziende sanitarie.

Le regioni molto più che in passato partecipano e governano il processo di programmazione e controllo direzionale delle Aziende che si snoda essenzialmente in tre fasi:
- impostazione del bilancio di previsione, esplicitazione degli obiettivi regionali dati ai Direttori generali delle ASL e delle A.O. e loro condivisione;
- monitoraggio periodico trimestrale del conto economico;
- verifica finale a consuntivo.

Il processo è condiviso quando le regioni permettono ai Direttori generali di discutere e negoziare gli obiettivi, altrimenti si tratta di una comunicazione impositiva. Nella fase di monitoraggio, che prevede la verifica formale sui rendiconti trimestrali, i Direttori generali sono spesso coinvolti attraverso incontri periodici finalizzati alla discussione delle problematiche emergenti.

Il decreto 229/1999 prevede la redazione da parte delle regioni di una relazione annuale sullo stato sanitario e sui risultati di gestione. Questo adempimento, a cui le regioni attribuiscono scarso rilievo, è invece frequente nelle singole Aziende sanitarie che tendono a pubblicare la propria relazione annuale o il bilancio sociale sul proprio sito web.

c) Il monitoraggio della spesa da parte del Governo centrale

L'art. 5 del d.lgs. 502/1992 ha previsto al comma 6 che per conferire struttura uniforme alle voci dei bilanci delle Aziende sanitarie, nonché omogeneità ai valori inseriti in tali voci e per consentire rilevazioni comparative dei costi, dei rendimenti e dei risultati, venga predisposto apposito schema, con decreto interministeriale emanato di concerto fra i Ministri del tesoro e della sanità.

Nell'ambito di tali linee direttive, per consentire il monitoraggio in corso d'anno degli andamenti della spesa sanitaria, l'art. 1, comma 4-*bis*, del decreto-legge 19 febbraio 2001, n. 17 prevede l'obbligo delle regioni di trasmettere trimestralmente al Ministero della salute i dati relativi ai costi e ricavi aziendali delle Aziende unità sanitarie locali e Aziende ospedaliere attraverso un modello preordinato. Il Ministero della salute, nel maggio 2001, con decreto, ha definito lo **schema** di **conto economico** da utilizzarsi ai fini della rilevazione.

A distanza di sei anni, al conto economico è stato aggiunto lo **stato patrimoniale**. Il Ministro della salute, di concerto con il Ministro dell'economia e delle finanze ha emanato un decreto in data 3 novembre 2007, che è entrato in vigore a partire dal bilancio preventivo dell'anno 2008 con lo scopo di rendere più trasparente ed efficace l'analisi dei bilanci delle Aziende sanitarie affiancando al conto economico anche lo stato patrimoniale

Il nuovo decreto prevede che le Aziende sanitarie inviino a preventivo, trimestralmente, e a consuntivo alle regioni e al Ministero della salute le informazioni richieste con il modello CE, mentre solamente a consuntivo per quanto riguarda il modello SP. Un elemento di novità significativo è rappresentato anche dalla formalizzazione dello stesso, che deve essere necessariamente sottoscritto dal Direttore generale o da persona da lui delegata; con ciò certificando ufficialmente il dato di monitoraggio.

La ulteriore validazione dei documenti trasmessi dalle Aziende sanitarie, relativi rispettivamente al preventivo e al consuntivo avviene ad opera della regione di riferimento entro 30 gg. dalla scadenza e comunque entro i termini definiti per l'invio dei corrispondenti bilanci sanitari regionali (c.d. consolidati).

Il mancato rispetto dei contenuti e delle tempistiche per l'invio dei modelli costituisce grave inadempienza ai fini della confermabilità dell'incarico di Direttore generale in applicazione dell'art. 3, comma 8 dell'Intesa Stato-Regioni del 23 marzo 2005.

Un ultimo aggiornamento degli schemi CE e SP si è avuto a seguito del d.lgs. 23 giugno 2011, n. 118, recante *"Disposizioni in materia di armonizzazione dei sistemi contabili e degli schemi di bilancio delle regioni, degli enti locali e dei loro organismi, a norma degli articoli 1 e 2 della legge 5 maggio 2009, n. 42"*, con il quale, agli articoli 26, comma 3 e 32, comma 6, sono state definite, per tutto il livello nazionale, le **strutture uniformi** degli schemi di **bilancio preventivo economico** annuale e del **bilancio d'esercizio** degli enti del Servizio Sanitario Nazionale, dando indicazioni al fine di conferire omogeneità ai valori inseriti in tali voci.

In conseguenza di ciò, con il decreto del Ministero della salute del 15 giugno 2012, sono stati adeguati anche i modelli di rilevazione economico-patrimoniale, già predisposti secondo lo schema del d.m. 28 maggio 2001.

Capitolo 16
Il rapporto di lavoro

di *Diego Lorenzetti*

16.1. Legislazione ed evoluzione del pubblico impiego - La privatizzazione del pubblico impiego: dalla legge delega 421/1992 alla riforma Madia

La scelta del tipo di regime giuridico, pubblico o privato, del potere di organizzazione e di amministrazione è un dato essenzialmente storico. Tale potere ha assunto nel secolo scorso, e assume, ancora oggi, caratteri cangianti e spesso non ben definiti, frutto di scelte politiche successive.

Da tale ambito non sfugge il lavoro svolto alle dipendenze della pubblica amministrazione, compreso quindi quello che si realizza in ambito sanitario. L'odierno assetto normativo del pubblico impiego è il risultato di una evoluzione che ha presentato negli anni concezioni profondamente diverse.

Nei primi anni dell'Unità d'Italia il pubblico impiego presentava gli stessi caratteri di quello privato, senza alcun rapporto contrattuale strutturato. Dagli strumenti di diritto comune si passa, nei primi del '900, a concepire tale rapporto come di impiego "speciale", regolato dal diritto amministrativo con potere di supremazia da parte di un datore di lavoro pubblico.

Il regime integralmente pubblicistico dell'organizzazione del lavoro nella p.a. resiste senza grandi cambiamenti sino agli anni '80 quando, seppur la precedente visione del rapporto rimanga prevalente, la legge quadro sul pubblico impiego 93/1983 inserisce nell'organizzazione pubblica la logica della contrattazione collettiva di cui le organizzazioni sindacali dei dipendenti sono parte sostanziale.

La svolta radicale si ha però nel **1992**, quando, con la **legge delega 421**, si consolida l'idea che il lavoro dipendente nella p.a. non presenti differenze significative rispetto a quello che si svolge nell'intrapresa privata.

Nasce qui la c.d. **"privatizzazione del pubblico impiego"** tale per cui, semplificando al massimo, il rapporto di impiego pubblico è oggetto di atti paritari, in cui l'amministrazione manifestando la sua capacità di diritto privato non esercita più – in tutto o in parte – la propria potestà autoritativa. Ne consegue come ciò che apparteneva alla giurisdizione esclusiva del giudice amministrativo venga sottratto alla disciplina speciale ed affidato alla tutela giurisdizionale del giudice civile.

Dal 1992 ad oggi la "privatizzazione del pubblico impiego" ha subito notevoli trasformazioni confermando il carattere mutevole dell'organizzazione della p.a. in base alle diverse e variegate scelte politiche via via effettuate.

- ***La legge delega 421/1992 e il d.lgs. 29/1993, l'inizio della privatizzazione***

La riforma del lavoro del pubblico impiego inizia con la legge delega 421/1992 da cui consegue la successiva emanazione del d.lgs. 29/1993.

Il lavoro pubblico è solo uno dei punti della delega succitata che prevedeva, infatti, la "*razionalizzazione e la revisione della disciplina in materia di sanità, di pubblico impiego, di previdenza e di finanza territoriale*" con un'unica ragione di fondo, quella del contenimento del deficit finanziario.

Infatti, il progetto di riforma era volto a stimolare maggiore efficienza in una pubblica amministrazione capace di assicurare servizi migliori a costi inferiori.

È bene chiarire come la riforma del '93 non sia "una" riforma fra le tante, bensì l'inizio dell'opera che ha stravolto l'intero assetto del pubblico impiego. Tanto è vero che l'art. 1 d.lgs. 29/1993 pone tra le finalità, alla lett. *c)*, quella di "*integrare gradualmente la disciplina del lavoro pubblico con quella del lavoro privato*".

Peraltro, l'avvio dell'*iter* applicativo non fu certo dei migliori trovando sin da subito il parere contrario della giustizia amministrativa, secondo la quale la diversità ontologica che distingue il lavoro privato dall'impiego pubblico, stante l'esercizio di pubbliche funzioni svolto dal dipendente della p.a., avrebbe reso impossibile una privatizzazione, in via generale ed astratta (Cons. di Stato, Ad. Gen., n. 146/1992).

Nonostante ciò, il processo riformatore prese corpo grazie alla rilettura dei principi costituzionali alla base del rapporto di lavoro alle dipendenze della p.a. (e, in particolare, dell'art. 97 Cost.). La riserva di legge ivi contenuta, si stabilì, non comportava la scelta obbligatoria di un atto unilaterale di natura pubblicistica, ben potendo la disciplina del rapporto di lavoro essere regolamentata su base contrattuale. Oltre a ciò, dalla rilettura della norma costituzionale derivò la diversificazione delle fonti di regolazione del regime giuridico dell'organizzazione degli uffici amministrativi e della disciplina del rapporto di lavoro; la prima (l'organizzazione) rimaneva collegata ad una visione pubblicistica, la seconda (la disciplina del rapporto) poteva, invece, rientrare nell'ambito privatistico (o meglio, contrattualizzato).

Si definisce, in tal modo, il profilo della **"contrattualizzazione"** del rapporto di lavoro dei dipendenti pubblici.

Rimaneva, peraltro, esclusa da tale presupposto la disciplina del rapporto di lavoro dei dirigenti apicali.

- ***Le leggi Bassanini, la seconda fase della privatizzazione***

Il cammino riformatore del pubblico impiego prosegue con la legge delega 59/1997 (c.d. legge Bassanini) cui fanno seguito le leggi 127/1997 e 191/1997 (c.d. Bassanini *bis* e *ter*).

L'impianto normativo parte dall'art. 11, comma 4 della l. 59/1997 citata, che demanda al Governo una integrale revisione del d.lgs. 29/1993 riaprendo formalmente la delega di cui alla l. 421/1992 integrata da nuovi principi orientativi. Questi ultimi, in particolare, si sostanziarono nella completa integrazione della disciplina del lavoro pubblico con quella del lavoro privato e la conseguente estensione al primo della disciplina del codice civile e delle leggi sul rapporto di lavoro nell'impresa. Oltre a ciò, ulteriori specifici principi riguardavano la semplificazione delle procedure di contrattazione collettiva, la devoluzione senza più eccezioni al giudice ordinario dell'intera giurisdizione sulle controversie di lavoro dei dipendenti pubblici e, infine, la consultazione delle organizzazioni sindacali firmatarie dei contratti collettivi prima dell'adozione di atti interni di organizzazione aventi riflessi sul rapporto di lavoro.

Sulla base di tali presupposti si giunse all'emanazione dei tre decreti delegati n. 396/1997, 80/1998 e 387/1998 i quali introdussero rilevanti novità e, in particolare, definirono un diverso confine tra l'area del potere organizzativo in regime pubblicistico o privatistico e una ulteriore accentuazione del processo di contrattualizzazione.

L'ambito della riforma, che, nella prima fase, si era limitato al rapporto di lavoro, si andava spostando nel campo dell'organizzazione delle attività. La linea di confine tra diritto pubblico e diritto privato non divideva più organizzazione e lavoro, bensì tagliava in due la stessa strutturazione organizzativa che veniva ricondotta al diritto pubblico nella definizione delle linee essenziali, e al diritto privato nella specificazione di tutte le decisioni di organizzazione e di gestione assegnate alla competenza dei dirigenti preposti agli uffici di livello dirigenziale generale e dei dirigenti loro subordinati.

- ***Il d.lgs. 165/2001, il c.d. Testo Unico del Pubblico Impiego e la riforma costituzionale***

Il *"così detto"* Testo Unico non è il frutto di una scelta casuale bensì la espressione della volontà del legislatore nello stilare una raccolta organica delle norme concernenti il pubblico impiego dal 1992 in poi. Il d.lgs. 165/2001, in realtà, fornì non una semplice raccolta, bensì una riscrittura ripulita della normativa tale da assumere le caratteristiche di legge generale sul rapporto di lavoro alle dipendenze della p.a.

Con l'emanazione del TUPI si conclude la seconda fase della riforma e viene definita la base normativa generale di tale del rapporto. In relazione ad esso intervennero (e intervengono) tutte le modifiche susseguitesi negli anni. In sostanza, il Testo Unico era ed è il nucleo essenziale dal quale si ricavano i principi e le disposizioni cardine del rapporto di lavoro nel pubblico impiego. Sono di fondamentale importanza, ovviamente, le finalità e l'ambito di applicazione, tra cui rientra una definizione di pubblica amministrazione (art. 1, comma 2) tanto completa da essere richiamata in molteplici ambiti del diritto amministrativo. Oltre a ciò, è bene evidenziare come il TUPI indichi le fonti regolatrici del rapporto (art. 2), nonché una elencazione tassativa dei soggetti ai quali lo stesso si applica (art. 1) e quelli il cui rapporto, invece, rimane regolamentato dal diritto pubblico, essendo "*disciplinati dai rispettivi ordinamenti*" (art. 3).

Si invita, quindi, ad una lettura attenta del d.lgs. 165/2001, soprattutto con riguardo al Titolo I (artt. 1-9).

Della riforma costituzionale del 2001 si è già più volte detto; in questa sede è sufficiente evidenziare che dal punto di vista del pubblico impiego la riforma causò non pochi problemi interpretativi. Essa, infatti, modificando (*rectius* istituendo) l'articolazione delle competenze fra Stato e Regioni (art. 117 Cost.) andò ad inserirsi nella già intrecciata coesistenza della disciplina privatistica relativa al rapporto di lavoro con quella pubblicistica afferente ai profili di alta organizzazione. Si pose, quindi, il problema di stabilire la suddivisione delle responsabilità nella regolamentazione dei rapporti di lavoro, stante il fatto che la competenza esclusiva statale era (ed è) riferita (dal novellato art. 117 Cost. in materia di "*ordinamento e organizzazione amministrativa*") allo Stato e agli enti pubblici nazionali (organi dello Stato medesimo), non ricomprendendo, quindi, gli aspetti organizzativi propri delle altre amministrazioni pubbliche. La Corte costituzionale si pronunciò sul punto attribuendo alle regioni le competenze relative alla definizione delle modalità di accesso al lavoro pubblico regionale (C. cost., sent. n. 233/2006) e, più in generale, all'organizzazione e regolamentazione degli uffici (C. cost., sent. n. 235/2010).

- ***La riforma Brunetta, la terza fase della riforma***

La delega contenuta nella legge 15/2009, la terza sul pubblico impiego dopo quelle del 1992 e 1997, fu disposta con la finalità di riformare l'intero assetto organizzativo ed il rapporto di lavoro dei pubblici dipendenti facendo riferimento ad una visione aziendalistica della p.a. La prima parte del titolo era eloquente: "*Delega al Governo finalizzata all'ottimizzazione della produttività del lavoro pubblico e alla efficienza e trasparenza delle pubbliche amministrazioni...*". Ciò che alla fine si ricavò fu tuttavia limitato alla riforma della disciplina del personale dipendente contenuta nel succitato d.lgs. 165/2001, nonché all'introduzione di nuove norme in **materia** di **misurazione**, **valutazione** e trasparenza delle **performance**.

La delega menzionata si concretizzò con il d.lgs. 150/2009 recante, appunto, "*Attuazione della legge 4 marzo 2009, n. 15, in materia di ottimizzazione della produttività del lavoro pubblico e di efficienza e trasparenza delle pubbliche amministrazioni*". Ottimizzazione della produttività, efficienza e trasparenza: l'intento del Ministro Brunetta era chiaro, tanto è vero che la prima parte del decreto detta una disciplina innovativa in materia di valutazione delle prestazioni individuali dei dipendenti (alla novità, peraltro, si accompagna una procedimentalizzazione burocratica alquanto farraginosa il cui effettivo impatto sulla valutazione delle performance non rispecchiò certo il risultato preventivato).

L'ultimo titolo del d.lgs. delegato porta, inoltre, rilevanti modifiche al d.lgs. 165/2001 con particolare riguardo agli aspetti relativi alle relazioni sindacali, alla dirigenza e alla materia disciplinare.

L'ispirazione ed anche il fine ultimo di tale titolo si sostanziava nell'esigenza di **"costringere"** i **dirigenti pubblici** ad esercitare *in toto* il loro ruolo di **gestori** del **personale** di riferimento. Su tale ultimo punto, infatti, il d.lgs. 150/2009, nel dettare la disciplina della dirigenza, ne amplia i poteri e ne stabilisce persino lo stile manageriale.

Per converso, il d.lgs. 150/2009 **ridimensiona** il **ruolo** della **contrattazione collettiva** e riduce l'ambito delle forme di partecipazione sindacale (art. 5, comma 2, d.lgs. 165/2001 come riformato dal d.lgs. 150/2009). Di fatto, dispone un rilevante depotenziamento della contrattazione collettiva allo scopo di consentire al datore di lavoro pubblico di effettuare scelte sempre più "unilaterali" e, quindi, meno "negoziali e negoziate".

Infine, uno degli aspetti di maggiore rilevanza della riforma Brunetta consiste nella particolare considerazione che viene data alla **valutazione** del **personale** e, soprattutto, della **dirigenza**. L'obiettivo di raggiungere una più penetrante privatizzazione dei comportamenti dei dipendenti e, in particolare, dei dirigenti pubblici non ottenne, però, nella pratica una compiuta realizzazione.

L'intenzione di perseguire una visione aziendalistica della p.a. mediante il potere dispositivo della legge limitò di fatto la contrattazione e vincolò la dirigenza. La contraddizione era quindi inevitabile; da un lato, la volontà di convertire la cultura, la prassi e le regole della p.a. in quelle proprie dell'azienda privata, dall'altro, il voler raggiungere tale obiettivo per mezzo di una normativa rigida e formalista che, come tale, mal si adatta alla flessibilità delle regole privatistiche.

- ***La legge delega 124/2015, la riforma "Madia", l'intervento della Corte costituzionale e i decreti delegati sulla dirigenza e sul riordino della disciplina del lavoro alle dipendenze della p.a.***

Con la legge delega 124/2015 si è dato avvio alla più recente azione riformatrice dell'intera pubblica amministrazione.

Per quanto qui interessa, tale delega:

- nel capo III *"Personale"*, contiene due importanti articoli rivolti alla riforma della *"Dirigenza pubblica"* (art. 11) e alla *"Promozione della conciliazione dei tempi di vita e di lavoro nelle amministrazioni pubbliche"* (art. 14);

- nel capo IV "*Deleghe per la semplificazione normativa*", include il "*lavoro alle dipendenze delle amministrazioni pubbliche e connessi profili di organizzazione amministrativa*" tra i settori in cui il Governo è delegato ad adottare decreti legislativi di semplificazione tramite l'elaborazione di un testo unico.

Molte perplessità sono sorte sin da subito con riguardo all'ultimo punto citato. Ciò in quanto, se il testo della delega era estremamente dettagliato nel delineare la riforma della dirigenza, non lo era altrettanto per la disciplina del pubblico impiego (dove rimaneva alquanto vago) facendo trasparire una non completa individuazione – e, quindi, risoluzione – delle problematiche a questo inerenti. Questa differenza può spiegarsi nel fatto che l'asse portante della riforma è rappresentato dalla disciplina relativa alla dirigenza, alla quale si vuole fornire una prospettiva garantista arricchendo di tutele di tipo pubblicistico il rapporto che i dirigenti hanno con il potere politico amministrativo (al fine di salvaguardare la loro autonomia e accrescerne la professionalità).

Come si vedrà, tuttavia, la disciplina sulla dirigenza non vide e non ha ancora visto totalmente la luce.

Il lavorio riformatore ha infatti subito una brusca interruzione a seguito della sentenza della Corte costituzionale n. 251 del 2016, pubblicata poco prima della scadenza del termine per esercitare la delega sulla disciplina della dirigenza con il relativo schema di decreto già approvato dal Consiglio dei Ministri (e pronto per essere presentato al Presidente della Repubblica). Con tale pronuncia la Corte ha dichiarato l'incostituzionalità di quasi tutte le disposizioni relative alla riforma della dirigenza e al riordino della disciplina del lavoro alle dipendenze della p.a., nelle parti in cui tali norme prevedevano "*che i decreti legislativi attuativi siano adottati previa acquisizione del parere reso in sede di Conferenza unificata anziché previa intesa in sede di Conferenza Stato-Regioni*". Per la Corte, infatti, tutte le volte che il legislatore delegato "*si accinge a riformare istituti che incidono su competenze statali e regionali, inestricabilmente connesse [come è l'istituto in questione], sorge la necessità del ricorso all'intesa [non già, quindi, ad un mero parere reso in sede di Conferenza Unificata come previsto dalla legge delega 124/2015]*"; ciò, prosegue la Corte, in quanto l'intesa raggiunta in sede di Conferenza Stato-Regioni si impone "*quale cardine della leale collaborazione*" anche in presenza di decreti legislativi delegati come quello di cui si tratta.

Da qui, l'incostituzionalità della norma e la conseguente, inevitabile, frenata della riforma. Si badi bene, frenata, non arresto. La decisione della Corte (c.d. additiva di procedura), infatti, non ha travolto la delega, che viene modificata e integrata secondo le prescrizioni della sentenza inserendo la fase dell'intesa nell'*iter* formativo dei decreti legislativi delegati.

La delega per il decreto legislativo sulla dirigenza era tuttavia scaduta e nonostante il Consiglio di Stato avesse fornito la soluzione per "recuperala" (si veda parere Cons. di Stato, Comm. Spec. n. 83/2017) la normativa delegata non è stata, ancora, emanata.

Non era invece scaduta la delega relativa agli altri decreti attuativi per i quali il Governo esprimeva la volontà di procedere all'emanazione onde proseguire con il processo di riforma; in particolare, attenzione primaria era posta ai decreti attuativi afferenti al lavoro del pubblico dipendente e ai connessi profili di organizzazione amministrativa. Sono stati così emanati, per ciò che qui interessa, i dd.llgs. 74/2017 e 75/2017.

Il d.lgs. 74/2017 recante "*Modifiche al decreto legislativo 27 ottobre 2009, n. 150* [riforma Brunetta], *in attuazione dell'articolo 17, comma 1, lettera r), della legge 7 agosto 2015, n. 124*" è intervenuto sul sistema di misurazione e di valutazione delle performance introdotto dalla riforma Brunetta ed ha interessato principalmente tre ambiti:

- la riaffermazione della **centralità** della **valutazione** per il conferimento degli incarichi dirigenziali e per l'accertamento della responsabilità dirigenziale ad integrazione di quanto già previsto sul punto dal d.lgs. n. 165/2001 (artt. 19 e 21);
- nuova **articolazione** degli **obiettivi**, ridefiniti in obiettivi generali "*che identificano, in coerenza con le priorità delle politiche pubbliche nazionali ... le priorità strategiche delle pubbliche amministrazioni in relazione alle attività e ai servizi erogati*", e in obiettivi specifici definiti in coerenza con gli obiettivi di bilancio individuati dai documenti di programmazione ed inseriti nel piano delle performance (art. 3, d.lgs. 74/2015);
- la specificazione del doppio ruolo rivestito dal dirigente nella valutazione, come valutatore e come valutato; in buona sostanza, ciò che occorre valutare e ciò per cui si è valutati, dal che emerge la volontà del legislatore di operare uno spostamento dall'individuale (di cui alla riforma Brunetta) al collettivo (quale nuovo carattere riformatore). Tanto è vero che i modificati artt. 19, comma 1, d.lgs. 150/2009 (per la contrattazione collettiva nazionale) e 40, comma 3-*bis,* d.lgs. 165/2001 (per la contrattazione collettiva integrativa), pur essendo riferiti a diversi livelli di contrattazione convergono e concordano nel destinare la quota prevalente di risorse alla remunerazione delle performance.

Il d.lgs. **75/2017** recante "*Modifiche e integrazioni al decreto legislativo 30 marzo 2001, n. 165, ai sensi degli articoli 16, commi 1, lettera a), e 2, lettere b), c), d) ed e) e 17, comma 1, lettere a), c), e), f), g), h), l) m), n), o), q), r), s) e z), della legge 7 agosto 2015, n. 124, in materia di riorganizzazione delle amministrazioni pubbliche (modifiche al t.u. pubblico impiego -* ***decreto Madia****)*" ha invece riguardato:

- il sistema delle fonti, andando a modificare il comma 2, secondo periodo dell'art. 2 d.lgs. 165/2001. Tale modifica, in particolare, ha **riaffermato** il **primato** del **contratto collettivo nazionale** quale fonte normativa per le "*eventuali disposizioni di legge, regolamento o statuto che introducono o abbiano introdotto discipline dei rapporti di lavoro la cui applicabilità sia* *limitata ai dipendenti delle amministrazioni pubbliche, o a categorie di essi"*, con il doppio vincolo della possibilità per la legge di escludere sempre la derogabilità da parte della contrattazione collettiva e con una competenza derogatoria limitata alle materie di competenza del livello nazionale;

- le **relazioni sindacali**, per cui il tracciato guida è stato quello di far riacquistare uno spazio regolativo alla fonte collettiva estendendo, con una formulazione che ricorda quella antecedente alla riforma Brunetta, alla *"contrattazione collettiva [la] disciplina... [del] rapporto di lavoro e ... [delle] relazioni sindacali"* (art. 11, d.lgs. 75/2017 di modifica dell'art. 40 d.lgs. 165/2001). Oltre a ciò, il decreto delegato ha confermato l'elenco di materie escluse da tale contrattazione e modificato quello relativo alle materie per le quali essa può esplicarsi nei limiti previsti dalla legge. Altre conferme sono ravvisabili nel vincolo posto tra contrattazione nazionale e contrattazione integrativa e nella facoltà per l'amministrazione di agire in via unilaterale qualora a livello decentrato le parti non riescano a raggiungere l'accordo. In merito alle forme di partecipazione sindacale – fermo il potere decisionale della dirigenza, in analogia con quanto avviene nel privato (su organizzazione degli uffici, misure inerenti alla gestione dei rapporti di lavoro, direzione e organizzazione del lavoro nell'ambito degli uffici) – vi è un rinnovato impulso al (possibile) coinvolgimento delle organizzazioni sindacali nell'esercizio della funzione organizzatoria, nell'ottica di affermare anche una visione del potere organizzativo dirigenziale più attenta alla gestione delle risorse umane;
- alcuni istituti del rapporto individuale di lavoro. In generale, il decreto attuativo ha confermato la linea ispiratrice precedente di ampia regolamentazione normativa in punto di rapporto tra le fonti e autonomia della dirigenza. Sono state introdotte disposizioni volte a ridurre il fenomeno del precariato e a ridisegnare le regole per la determinazione del fabbisogno di personale, è stata riattribuita la titolarità dell'azione disciplinare ad un unico organismo (Ufficio per i procedimenti disciplinari) ed è stato stabilito il diritto del dipendente alla reintegrazione nel caso di licenziamento illegittimo con annesso riconoscimento di una indennità risarcitoria.

I decreti attuativi appena menzionati rappresentano le principali modifiche apportate dalla riforma Madia al rapporto di lavoro alle dipendenze della p.a. Come meglio sarà spiegato in seguito, in materia sanitaria, in attuazione della delega ivi contenuta è stato emanato un altro importante **decreto**, quello sulla **dirigenza sanitaria**. Tale norma, la cui prima "versione" (d.lgs. 171/2016) è in verità precedente ai decreti delegati 74 e 75 del 2017, è stata, poi, integrata dal d.lgs. 126/2017.

16.2. Il lavoro in sanità alla luce del processo di riforma

Il cammino riformatore appena descritto ha portato alla definizione del rapporto di lavoro alle dipendenze della pubblica amministrazione nei termini attualmente conosciuti. Si è già accennato della specialità di questo rapporto, specialità che, come si vedrà, si accentua allorché si tratti del lavoro pubblico in materia sanitaria.

- ***I principi costituzionali alla base del rapporto***
  Come detto, la "contrattualizzazione" del rapporto di lavoro nel pubblico impiego deve far riferimento alle disposizioni legislative del settore privato (in quanto compatibili) e non più ad una disciplina interamente pubblicistica.
  Imparzialità e buon andamento devono, peraltro, essere coniugati con le disposizioni costituzionali di cui agli artt. 28 (responsabilità diretta dei funzionari pubblici), 54 (dovere dei cittadini cui sono affidate funzioni pubbliche di adempierle con fedeltà ed onore) e 98 (i pubblici impiegati sono al servizio esclusivo della Nazione).

- ***I pilastri fondamentali del rapporto: contrattualizzazione e distinzione tra politica e amministrazione – Artt. 1, comma 2, 2, comma 2, e 4 d.lgs. 165/2001***
  L'art. 1, comma 2, d.lgs. 165/2001 traccia l'ambito di applicazione della materia prescrivendo per quali amministrazioni pubbliche la disciplina del rapporto ha natura privatistico/contrattuale, così come intesa a seguito dell'evoluzione normativa di cui sopra.
  Inoltre, si introduce con forza la distinzione tra politica e amministrazione come oggi normativamente descritto dall'art. 4, d.lgs. 165/2001, che nel riaffermare quanto previsto agli albori della privatizzazione (art. 3, d.lgs. 29/1993) si sostanzia nell'attribuire e rafforzare i poteri della dirigenza al fine di garantire migliori risultati di gestione e di contenimento della spesa pubblica.
  In sostanza, il citato art. 4, d.lgs. 165/2001, da un lato, prevede che agli organi di governo (quindi politici) spetti esercitare *"le funzioni di indirizzo politico-amministrativo, definendo gli obiettivi ed i programmi da attuare ed adottando gli altri atti rientranti nello svolgimento di tali funzioni"* e verificare *"la rispondenza dei risultati dell'attività amministrativa e della gestione agli indirizzi impartiti"*, ciò con particolare riferimento ad attività che la norma elenca espressamente. Dall'altro lato, lo stesso articolo attribuisce alla dirigenza (quindi all'amministrazione) il compito di adottare *"atti e provvedimenti amministrativi, compresi tutti gli atti che impegnano l'amministrazione verso l'esterno, nonché la gestione finanziaria, tecnica e amministrativa mediante autonomi poteri di spesa di organizzazione delle risorse umane, strumentali e di controllo"*, specificando come la dirigenza stessa sia responsabile *"in via esclusiva dell'attività amministrativa, della gestione e dei relativi risultati"*(cfr. *supra*, capitolo 7).

La distinzione puntualmente effettuata dalla norma è di fondamentale importanza in quanto spoglia gli organi di indirizzo politico di ogni prerogativa gestionale *stricto sensu* (ad eccezione di una limitata discrezionalità nella scelta dei dirigenti), invece conferita, in via del tutto prevalente, alla dirigenza la cui attribuzione di autonomia accresce ed è direttamente proporzionale alla conseguente responsabilità.

- ***Il contratto individuale e la speciale disciplina del rapporto di lavoro alle dipendenze della p.a.***

L'aspetto che sul piano pratico ha maggiormente rivoluzionato le caratteristiche del rapporto di lavoro alle dipendenze della pubblica amministrazione è certamente dato dalla natura giuridica del rapporto fra questa e il singolo dipendente. Rapporto non più mutuato da un atto di nomina unilaterale e costituito, invece, sulla base di un contratto individuale di lavoro riconducibile alla previsione di cui all'art. 2094 c.c.

A norma dell'art. 2, comma 2, d.lgs. 165/2001 "*i rapporti di lavoro dei dipendenti delle amministrazioni pubbliche sono disciplinati dalle disposizioni del capo I, titolo II, del libro V del codice civile e dalle leggi sui rapporti di lavoro subordinato nell'impresa, fatte salve le diverse disposizioni contenute nel presente decreto, che costituiscono disposizioni a carattere imperativo. Eventuali disposizioni di legge, regolamento o statuto, che introducano o che abbiano introdotto discipline dei rapporti di lavoro la cui applicabilità sia limitata ai dipendenti delle amministrazioni pubbliche, o a categorie di essi, possono essere derogate nelle materie affidate alla contrattazione collettiva ai sensi dell'articolo 40, comma 1, e nel rispetto dei principi stabiliti dal presente decreto, da successivi contratti o accordi collettivi nazionali e, per la parte derogata, non sono ulteriormente applicabili*".

Da tale norma ben si evince quindi la disciplina normativa del rapporto, composto da una sfera di legislazione comune fra settore privato e pubblico e da specifiche disposizioni, tra cui quelle relative alle procedure di selezione e alla contrattazione collettiva di cui si dirà a breve, dettate per i soli pubblici dipendenti o per una parte di essi.

Come affermato da autorevole dottrina si ha una specialità di disciplina del rapporto di lavoro, non una specialità di causa del contratto e, quindi, non un rapporto di lavoro speciale. Ciò in quanto il contratto del dipendente della p.a., quale genesi del rapporto, presenta la stessa natura giuridica di quello previsto per il settore privato ciò che cambia è la disciplina, appunto speciale, di regolamentazione del rapporto stesso.

- ***La speciale disciplina del rapporto di lavoro alle dipendenze della p.a.: incompatibilità e rapporto di lavoro esclusivo***

A norma dell'art. 98 Cost. "*i pubblici impiegati sono al servizio esclusivo della Nazione*". Tale disposizione, che si ricollega a quella del giuramento di cui all'art. 54 Cost., ha molteplici implicazioni che incidono sul singolo rapporto e sulla disciplina del lavoro alle dipendenze della p.a.

Il lavoratore pubblico deve essere fedele non all'amministrazione in quanto datore di lavoro ma in quanto portatrice degli interessi della collettività.

Tale precetto è il presupposto dei fondamentali principi di imparzialità e incompatibilità che regolano il rapporto di cui si discute. Per quanto riguarda il primo, ad esempio, ne è diretta applicazione l'art. 35, comma 3, lett. *e)* d.lgs. 165/2001, che nel definire la composizione delle commissioni giudicatrici di concorso stabilisce come le stesse debbano essere composte esclusivamente da esperti qualificati che assicurino il carattere totalmente tecnico ed oggettivo della selezione.

Per quanto riguarda il principio di incompatibilità, si intende sancire l'impossibilità (salvo tassative eccezioni) per il dipendente pubblico di svolgere altre attività lavorative. Questa costituisce regola generale del pubblico impiego ed è espressamente contenuta nell'art. 53 d.lgs. 165/2001 che, nel richiamare l'art. 60 d.P.R. 3/1957 ("*Testo unico delle disposizioni concernenti lo statuto degli impiegati civili dello Stato*"), sancisce il regime di incompatibilità e le relative eccezioni.

In punto di eccezioni, come si vedrà, quanto appena evidenziato trova una speciale disciplina per la dirigenza e i professionisti del ruolo sanitario, che gode di una particolare tipologia di rapporto di lavoro esclusivo.

- ***L'articolazione giurisdizionale nel pubblico impiego "privatizzato"***

Si è già accennato come dalla privatizzazione del pubblico impiego consegua il passaggio dalla giurisdizione esclusiva dal giudice amministrativo alla **tutela giurisdizionale** del **giudice civile**.

Ciò *prima facie* ed in linea teorica sembra scontato, in realtà presenta nella pratica notevoli difficoltà data la varietà delle situazioni soggettivo-giuridiche venute a crearsi a seguito della riforma.

Il d.lgs. 165/2001, all'art. 63, liquida la definizione della fattispecie con una formulazione dalla cui puntuale analisi traspare una oggettiva complessità. Secondo tale norma "*sono devolute al giudice ordinario, in funzione di giudice del lavoro, tutte le controversie relative ai rapporti di lavoro alle dipendenze delle pubbliche amministrazioni di cui all'articolo 1, comma 2, ad eccezione di quelle relative ai rapporti di lavoro di cui al comma 4, incluse le controversie concernenti l'assunzione al lavoro, il conferimento e la revoca degli incarichi dirigenziali e la responsabilità dirigenziale, nonché quelle concernenti le indennità di fine rapporto, comunque denominate e corrisposte, ancorché vengano in questione atti amministrativi presupposti. Quando questi ultimi siano rilevanti ai fini della decisione, il giudice li disapplica, se illegittimi. L'impugnazione davanti al giudice amministrativo dell'atto amministrativo rilevante nella controversia non è causa di sospensione del processo*".

Orbene, salvi i casi di prescritta esclusività, per stabilire la giurisdizione in materia di pubblico impiego il legislatore fa sostanzialmente leva sulla distinzione tra atti di micro e macro-organizzazione. I primi sono gli atti organizzativo-gestionali aventi natura privatistica, comprensivi, oltre che degli atti di gestione, in senso stretto, del singolo rapporto (la sanzione disciplinare, il trasferimento, l'assegnazione delle mansioni, il licenziamento), anche degli atti di organizzazione minore, adottati dai dirigenti nell'esercizio della capacità e dei poteri del datore di lavoro privato. I secondi sono quelli la cui adozione è rimessa agli organi di indirizzo politico-amministrativo ai sensi dell'art. 4, commi 1 e 2, d.lgs. 165/2001.

Su tale base l'art. 63 stabilisce una giurisdizione "generale" del giudice ordinario (commi 1-3) alla quale fa eccezione la giurisdizione "speciale" (comma 4) del giudice amministrativo.

Per una maggiore comprensione di ciò di cui si discute è sufficiente prendere le mosse dalla giurisprudenza (alquanto copiosa sul punto), per la quale "*in materia di lavoro alle dipendenze della pubblica amministrazione, sussiste la giurisdizione del giudice ordinario anche se vengono in questione atti amministrativi presupposti e quando questi ultimi siano rilevanti ai fini della decisione, giacché in tal caso il giudice li disapplica ove illegittimi... Tra gli atti di macro-organizzazione la cui cognizione è [invece] attribuita, ai sensi dell'art. 63 del d.lgs. n. 165/2001, al giudice amministrativo, rientrano quelli recanti la definizione delle linee fondamentali di organizzazione degli uffici, tra cui anche l'istituzione o l'accorpamento di uffici dirigenziali, i modi di conferimento della loro titolarità, la determinazione delle dotazioni organiche*" (*ex multis* Cons. Stato, sez. IV, sent. n. 5104/2013).

Da ciò deriva che gli atti dell'amministrazione (ferme le esclusioni di cui sopra) non hanno gli attributi dell'autoritatività e dell'esecutorietà propri del provvedimento amministrativo, tale per cui il giudice del lavoro ne può rilevare i vizi secondo le categorie proprie del diritto civile (inesistenza, nullità, annullabilità, inefficacia).

- ***La contrattazione sindacale***

Dalla privatizzazione/contrattualizzazione del rapporto di pubblico impiego consegue che i rapporti individuali di lavoro sono regolati sulla base di contratti collettivi e individuali.

La disciplina sul punto prevede che la contrattazione collettiva determini i diritti e gli obblighi direttamente collegati al rapporto di lavoro, nonché le materie relative alle relazioni sindacali, disciplinando, in coerenza con il settore privato, la struttura contrattuale, i rapporti tra i diversi livelli e la durata dei contratti collettivi nazionali e integrativi. La norma principale di riferimento è l'art. 40, d.lgs. 165/2001.

Il contratto collettivo, nel settore pubblico, è espressione di quell'autonomia che rientra nell'ambito di garanzia dell'art. 39 Cost.; ciò, come nel settore privato, rispetto al quale, tuttavia, presenta notevoli elementi di specialità da ricondursi al necessario rispetto dei principi costituzionali già più volte richiamati e che, nel caso di specie, si traducono nell'esigenza imprescindibile di considerare preliminarmente i costi della contrattazione, funzionalmente collegata al controllo della spesa pubblica. Nonostante ciò, è bene evidenziare e ribadire che pur soggiacendo, la contrattazione collettiva, ai vincoli di finanza pubblica (ed essendo previsti specifici controlli di compatibilità dei costi relativi alla contrattazione integrativa (artt. 40-*bis* e 40, comma 3-*quinquies* d.lgs. 165/2001), l'attività contrattuale collettiva è stata modellata, anche per il settore pubblico, sul paradigma di quella tipica del rapporto di lavoro privato, ove necessariamente contrapposte sono le istanze rappresentate dalle organizzazioni sindacali dei lavoratori e quelle delle parti datoriali. Tanto è vero che la giurisprudenza sul punto, proprio in virtù dell'autonomia privata attribuita al contratto collettivo, ha affermato come nello svolgimento della loro attività sindacale le rappresentanze dei lavoratori siano portatrici "della rappresentanza degli interessi, antagonistici a quelli datoriali, dei lavoratori da cui hanno ricevuto il mandato" non già "di funzioni dirette al perseguimento dei fini e degli interessi della pubblica amministrazione" (Cass. civ., ss.uu., sent. n. 14689/2015).

Al contempo è stato previsto che, nelle pubbliche amministrazioni, la tutela della libertà e dell'attività sindacale (secondo le disposizioni dello Statuto dei lavoratori dipendenti) sia assicurata, ammettendo le organizzazioni sindacali alle trattative per la sottoscrizione dei contratti collettivi, consentendo loro di costituire rappresentanze sindacali aziendali, e prevedendo che, in ogni amministrazione, venga costituito un organismo di rappresentanza unitaria del personale mediante elezioni alle quali è garantita la partecipazione di tutti i lavoratori (art. 42, d.lgs. 165/2001).

Dunque, la disciplina generale di natura privatistica, anche in materia di contrattazione collettiva, si inserisce nel contesto del pubblico impiego. Peraltro, tale disciplina (così come si è evidenziato per altri aspetti) non può non presentare profili di specialità, limiti e specificazioni. Se ne fornisce una elencazione generale (*in primis*, con riferimento all'art. 2, c. 3 d.lgs. 165/2001) senza pretesa di esaustività:

- ***definizione dei soggetti sindacali***. Le parti negoziali, infatti, sono stabilite dal legislatore. Le amministrazioni di cui all'art. 1, comma 2, d.lgs. 165/2001 sono "legalmente rappresentate dall'Agenzia per la rappresentanza negoziale delle pubbliche amministrazioni - **ARAN**, agli effetti della contrattazione collettiva nazionale" (art. 46, d.lgs. 165/2001) e costituisce, pertanto, la parte pubblica a livello nazionale. In base agli indirizzi ricevuti ai sensi degli articoli 41 e 47 d.lgs. 165/2001, l'ARAN esercita ogni attività relativa alle relazioni sindacali, alla negoziazione dei contratti collettivi e all'assistenza delle pubbliche amministrazioni ai fini dell'uniforme applicazione dei contratti stessi. La parte sindacale, invece, sempre a livello nazionale, è costituita dalle organizzazioni sindacali rappresentative (sono tali quelle che raggiungono nel comparto una rappresentatività non inferiore al 5%);

- ***determinazione dell'ambito soggettivo di applicazione del contratto***. Con ciò deve intendersi la definizione di comparto, il quale appunto individua l'ambito di riferimento per la stipulazione del CCNL. Tale definizione, delineando l'ambito di efficacia del contratto collettivo, è di fondamentale importanza in quanto incide direttamente sull'organizzazione dell'amministrazione e quindi sulla disciplina comune per tutti i settori che la compongono. L'art. 40, comma 2, d.lgs. 165/2001 prevede che siano *"definiti fino a un massimo di quattro comparti di contrattazione collettiva nazionale, cui corrispondono non più di quattro separate aree per la dirigenza.* ***Un'apposita area o sezione contrattuale di un'area dirigenziale riguarda la dirigenza del ruolo sanitario del Servizio Sanitario Nazionale****, per gli effetti di cui all'articolo* ***15 del decreto legislativo 30 dicembre 1992, n. 502****, e successive modificazioni. Nell'ambito dei comparti di contrattazione possono essere costituite apposite sezioni contrattuali per specifiche professionalità"*. L'Accordo Quadro del 13 luglio **2016** ha ridefinito i **comparti** e le **aree di contrattazione collettiva nazionale**, prevedendone quattro: 1. Funzioni Centrali; 2. Funzioni Locali; 3. Istruzione e Ricerca; **4. Sanità**. Specularmente l'accordo citato ha previsto altrettante aree dirigenziali: 1. Funzioni Centrali a cui si aggiungono i professionisti e i medici degli enti pubblici non economici; 2. Funzioni Locali in cui sono inseriti anche i dirigenti amministrativi, tecnici e professionali della sanità ed i segretari comunali e provinciali; 3. Istruzione e Ricerca; 4. **Sanità**, ad esclusione dei dirigenti amministrativi, tecnici e professionali;
- ***procedura per la stipulazione dei contratti***. La procedura di contrattazione è puntualmente definita dall'art. 47 d.lgs. 165/2001. L'ARAN convoca alla trattativa i sindacati rappresentativi e agisce nei limiti di quanto previsto nell'atto di indirizzo del Governo o dei Comitati di Settore (previa determinazione delle risorse da impiegare per la contrattazione). Il contratto è sottoscritto dall'ARAN solo se i sindacati firmatari abbiano complessivamente una rappresentatività pari o superiore al 51% e questo non prima di aver ottenuto il parere positivo dei Comitati di settore e del Governo e la certificazione positiva dei costi da parte della Corte dei Conti sulla preliminare ipotesi di accordo;
- ***rapporto*** *tra* ***contrattazione nazionale*** *ed* ***integrativa***. In via generale, il contratto integrativo è legittimato ad intervenire solo nelle materie ad esso demandate dal contratto nazionale di comparto ed è finalizzato ad assicurare *"adeguati livelli di efficienza e produttività dei servizi pubblici, incentivando l'impegno e la qualità della performance, destinandovi, per l'ottimale perseguimento degli obiettivi organizzativi ed individuali, una quota prevalente delle risorse finalizzate ai trattamenti economici accessori comunque denominati ai sensi dell'articolo 45, comma 3"* (art. 40, comma 3-*bis*, d.lgs. 165/2001). Nella materia di cui si discute il legislatore ha inteso centralizzare la contrattazione al fine di ottenere un maggior con-

trollo della spesa a carico della finanza pubblica. Per tale ragione, a differenza di quanto avviene nel settore privato, nella contrattazione integrativa nell'ambito del pubblico impiego, pur essendo le parti libere di determinarne i relativi livelli, vi sono regole volte ad individuare i soggetti negoziali in sede decentrata, nonché specifici limiti relativi alle materie oggetto di possibile contrattazione. Le previsioni "integrative" inserite che violino quanto statuito dal contratto di comparto sono nulle, ed alla nullità si accompagna una espressa responsabilità sia per chi ha sottoscritto il contratto, sia per chi ne ha fatto applicazione.

Con riguardo agli attori della contrattazione integrativa, ferma la libertà di definizione di cui all'art. 40, comma 3-*bis* citato, il successivo art. 42, comma 7 assegna alla rappresentanza unitaria del personale la competenza negoziale a livello decentrato e sancisce la possibilità di una sua integrazione con rappresentanti delle organizzazioni sindacali firmatarie del contratto collettivo nazionale del comparto.

Dall'analisi delle "specialità" del pubblico impiego, in generale, e della contrattazione collettiva in particolare, emergono delle differenze strutturali con il sistema contrattualistico privato. Una vera e coerente integrazione appare, quindi, difficile, nel mentre si consolida un orientamento dottrinale che tende a configurare l'ipotesi di due discipline parallele (diritto del lavoro privato e pubblico-privatizzato).

- ***Organizzazione dei servizi e programmazione del personale***

Le attività di organizzazione e programmazione complessivamente intese, oltre ad essere necessarie in ragione delle prescrizioni di legge, sono poste alla base delle regole costituzionali di buona amministrazione, efficienza, efficacia ed economicità dell'azione amministrativa. Sono, altresì, lo strumento imprescindibile di un apparato/organizzazione chiamato a garantire, come corollario del generale vincolo di perseguimento dell'interesse pubblico, il miglioramento della qualità dei servizi offerti.

Nella più classica delle definizioni, tali attività sono volte ad assicurare la disponibilità quantitativa e qualitativa delle risorse umane necessarie alla realizzazione dei piani aziendali e a garantire, nel contempo, le condizioni per una loro gestione in coerenza con la dinamica legislativa, contrattuale, tecnico-economica e sociale.

Nel d.lgs. 29/1993 (art. 6) la **"pianta organica"** rappresentava l'insieme del personale collocato nelle diverse strutture organizzative dell'ente ed era formata da "posti coperti" e "posti scoperti"; era, in sostanza, uno schema rigido dell'organigramma e conteneva l'indicazione della quantità di posti "di ruolo" a disposizione (con il relativo inquadramento e collocazione) con il d.lgs. 80/1998 (e prima ancora con la l. 127/1997). La "pianta organica" di cui all'art. 6 diviene **"dotazione organica"** determinata nell'ampio contesto dell'organizzazione e disciplina degli uffici "*in funzione delle finalità indicate all'art. 1, comma 1, previa verifica degli effettivi fabbisogni e previa consulta-*

zione delle organizzazioni sindacali rappresentative". In sostanza la "dotazione" consiste in un semplice elenco del personale distinto per categoria e per profilo professionale, un contenitore da cui partire per stabilire il fabbisogno concreto di personale da adibire alle funzioni, nonché per supportare gli assetti organizzativi delle amministrazioni. Il reclutamento era quindi condizionato dalla dotazione organica in ragione dei posti disponibili e delle figure professionali ivi indicate.

Il d.lgs. **75/2017** ha profondamente modificato lo strumento della programmazione del personale introducendo lo strumento del ***"piano triennale dei fabbisogni del personale"*** (PTFP). Tale norma, oltre a modificare l'art. 6, d.lgs. 165/2001, ha introdotto l'art. 6-*ter*, recante "*Linee di indirizzo per la pianificazione dei fabbisogni di personale*", il quale ha affidato allo strumento del PTFP il perseguimento degli obiettivi di cui alla l. 124/2015, art. 17, comma 1, lett. *m)* e *q)* riguardanti, rispettivamente il "*contenimento delle assunzioni, differenziate in base agli effettivi fabbisogni*" e il "*progressivo superamento della dotazione organica come limite alle assunzioni, fermi restando i limiti di spesa anche al fine di facilitare i processi di mobilità*".

In sostanza, il piano triennale dei fabbisogni di personale sostituisce il tradizionale assetto della dotazione organica in coerenza con la pianificazione pluriennale del personale e delle performance.

I principi suesposti hanno trovato puntuale declinazione nelle "*Linee di indirizzo per la predisposizione dei piani di fabbisogni di personale da parte delle amministrazioni pubbliche*", adottate con decreto del Ministro per la semplificazione e la pubblica amministrazione dell'8 maggio 2018, dalle quali si evince come l'introduzione del "piano triennale dei fabbisogni" risponda all'esigenza di superare la rigidità insita nel concetto di dotazione organica attraverso uno strumento programmatico, modulabile e flessibile, finalizzato a rilevare realmente le effettive esigenze sulla base del principio dell'ottimale impiego delle risorse, superando l'automatismo nel mantenimento dei posti in organico nella struttura dell'ente anche nel momento della cessazione del rapporto di lavoro dei dipendenti.

La possibilità di rimodulare la dotazione organica, ai sensi dell'art. 6, comma 3, d.lgs. 165/2001, si fonda, quindi, sull'esigenza di individuare il *quantum* di personale che l'amministrazione ritiene effettivamente rispondente ai propri fabbisogni (individuati *ex ante*, cioè prima di effettuare assunzioni di personale): la norma, infatti, detta le regole per la eventuale rimodulazione della dotazione organica in caso di scostamenti rispetto ai fabbisogni programmati all'interno del piano triennale (da effettuarsi nell'ambito del limite finanziario massimo della medesima).

Peraltro, le mutate esigenze del contesto normativo, organizzativo o funzionale che giustificano la modifica del piano non possono che riferirsi a circostanze di carattere generale, collegate alle esigenze dell'amministrazione in funzione del raggiungimento dei suoi obiettivi, e non a situazioni di fatto che si dovessero verificare *ex post*, correlate al verificarsi di condizioni del tutto eventuali (in questi termini, Corte dei conti, Sez. Reg. Contr. Marche, parere n. 11/2019).

In concreto il PTFP:

- presuppone un'attività di analisi e una rappresentazione delle esigenze sotto il profilo quantitativo e qualitativo (fermo restando il rispetto dei vincoli di finanza pubblica);
- è adottato dal competente organo deputato all'esercizio delle funzioni di indirizzo politico-amministrativo ai sensi dell'art. 4, comma 1, d.lgs. 165/2001, nonché con riferimento alle amministrazioni dello Stato di cui al successivo art. 14, comma 1;
- si sviluppa in prospettiva triennale e deve essere adottato annualmente con la conseguenza che di anno in anno può essere modificato in relazione alle mutate esigenze di contesto normativo, organizzativo o funzionale. L'eventuale modifica in corso d'anno del PTFP è consentita solo a fronte di situazioni nuove e non prevedibili e deve essere, in ogni caso, adeguatamente motivato;
- è sottoposto, prima dell'adozione, alla preventiva informazione sindacale, ove prevista nei contratti collettivi nazionali;
- **nello specifico delle Aziende del SSN, il PTFP deve essere compatibile con le disponibilità del FSN** ed essere redatto nel rispetto della legislazione vigente in materia di contenimento del costo del personale. È approvato dalla regione di appartenenza dell'Azienda, secondo quanto eventualmente previsto dalla specifica disciplina regionale in materia, anche tenuto conto della riorganizzazione della rete ospedaliera effettuata ai sensi del d.m. 70/2015. I **PTFP** delle Aziende del SSN devono essere inoltre predisposti in **coerenza** con i **rispettivi Atti aziendali** di cui all'articolo 3, comma 1-*bis*, d.lgs. 502/1992.

- ***I contratti di lavoro flessibili***

Con riferimento a quanto affermato in merito all'organizzazione dei servizi e alla programmazione del personale e prima di illustrarne le dinamiche di reclutamento, occorre trattare un aspetto che nella disciplina del d.lgs. 75/2017 assume **fondamentale importanza**, soprattutto nell'**ambito del SSN**, ovverosia, i contratti di lavoro flessibili di cui agli artt. 7 e 36, d.lgs. 165/2001.

Le esigenze di riorganizzazione del personale, contrasto alla precarietà e prevenzione degli abusi del contratto a termine hanno portato il legislatore a prevedere nell'art. 36 citato due regole fondamentali in materia di assunzioni:

a) "*per le esigenze connesse con il proprio fabbisogno ordinario le pubbliche amministrazioni assumono esclusivamente con contratti di lavoro subordinato a tempo indeterminato*" (comma 1), per cui l'attività lavorativa necessaria per svolgere le funzioni amministrative ordinarie deve essere assicurata da personale assunto esclusivamente con contratti di lavoro subordinato a tempo indeterminato;

b) *"le amministrazioni pubbliche possono stipulare contratti di lavoro subordinato a tempo determinato, contratti di formazione e lavoro e contratti di somministrazione di lavoro a tempo determinato, nonché avvalersi delle forme contrattuali flessibili previste dal codice civile e dalle altre leggi sui rapporti di lavoro nell'impresa [...] soltanto per comprovate esigenze di carattere esclusivamente temporaneo o eccezionale*" (comma 2).

Una lettura coordinata di tali disposizioni porta a ritenere che la flessibilità degli impieghi dovrebbe essere subordinata a situazioni peculiari e transitorie, mutuate dall'episodico manifestarsi di una domanda di servizi crescente.

Nella pratica, tuttavia, l'utilizzo degli strumenti di flessibilità appare ben diverso.

La rigidità delle disposizioni richiamate è, infatti, solo apparente in quanto la relativa vincolatività è intrinsecamente indebolita da tre aspetti:

a) la disponibilità di rapporti giuridici che formalmente non rientrano nel campo di applicazione dell'art. 36 d.lgs. 165/2001 (ad es., lavori socialmente utili e tirocini formativi e di orientamento);
b) l'ampia libertà concessa ad alcuni importanti comparti di instaurare rapporti di lavoro a tempo determinato avendo come unico limite quello della sostenibilità della spesa;
c) la debolezza dell'apparato sanzionatorio mirato a disincentivare il ricorso alla flessibilità.

Tra le **amministrazioni** a cui è concessa un'**ampia libertà** come brevemente qui sopra descritta (lett. *b)*) rientrano quelle **appartenenti al SSN**.

In tali p.a., essendo ricomprese nel campo di applicazione dell'art. 36 d.lgs. 165/2001, si può procedere ad assunzioni a termine solo per soddisfare esigenze temporanee. Esse godono dell'eccezione rappresentata dall'ipotesi in cui le Aziende sanitarie abbiano necessità di assumere nuovo personale "*non dirigente, del ruolo sanitario e personale amministrativo di collaborazione*" "*in caso di oggettiva e accertata impossibilità di far fronte con il personale dipendente alle esigenze connesse all'attivazione delle strutture e degli spazi per l'**attività libero professionale***" **intramuraria** (art. 15-*septies*, comma 5-*bis*, d.lgs. 502/1992).

Gli enti del SSN sono, quindi, esclusi dal campo di applicazione del d.lgs. n. 81/2015 (art. 29, comma 2, lett. *c*), che estromette dalla disciplina limitativa ivi prevista "*i contratti a tempo determinato stipulati [...] con il personale sanitario, anche dirigente, del Servizio Sanitario Nazionale*") e quelli sopra indicati sono gli unici vincoli ad essi imposti, per cui è consentito a tali enti di avvalersi di ampi spazi di autonomia in materia di proroghe e rinnovi dei rapporti a termine già instaurati.

In ogni caso, deve rilevarsi come, in materia sanitaria, la flessibilità sia la tecnica organizzativa prevalente per modulare gli organici, in quanto particolarmente idonea a soddisfare le specifiche esigenze del settore quali, ad es.: l'alta intensità della qualità delle relazioni personali, l'elevata autonomia professionale, la personalizzazione e differenziazione delle prestazioni offerte all'utenza. Se ciò è vero, tuttavia, lo è anche il fatto che tali specificità – da cui deriva una disciplina a "maglie larghe" – consentono un agevole aggiramento del blocco del turnover, permettendo il ricorso ad espedienti che fanno fronte al fabbisogno ordinario di dotazioni organiche stabili (senza, quindi, che vi sia il carattere della temporaneità sopra evidenziato).

• ***Il reclutamento del personale nelle amministrazioni pubbliche***

La programmazione del fabbisogno come sopra definita trova il suo naturale sbocco nel reclutamento effettivo della forza lavoro, tanto è vero che *"come la nuova disciplina dei fabbisogni mira a consentire di individuare le figure professionali effettivamente utili alle amministrazioni, così la nuova disciplina dei concorsi serve a reclutare i candidati migliori corrispondenti a quelle figure professionali"* (direttiva 3/2018 Ministero per la semplificazione e la pubblica amministrazione recante ***"Linee guida sulle procedure concorsuali"*** emanate ai sensi dell'art. 35, comma 5.2 d.lgs. 165/2001). L'evoluzione normativa, che trova l'ultimo atto in materia nel d.lgs. 75/2017, consente di coniugare una più ragionata determinazione dei fabbisogni con modalità di reclutamento volte a soddisfarli e quindi sviluppate seguendo strategie, processi di selezione e bacino di reclutamento che privilegino figure e competenze professionali *"idonee ad una pubblica amministrazione moderna, nel rispetto dei principi di merito, trasparenza ed imparzialità, focalizzando l'attenzione sull'introduzione di strumenti volti a valorizzare le attitudini e le abilità richieste per lo svolgimento delle attività e delle responsabilità da affidare, in aggiunta alle conoscenze"* (*"Linee di indirizzo per la predisposizione dei piani di fabbisogni di personale da parte delle amministrazioni pubbliche"* 8 maggio 2018, cit.).

Effettuata la premessa di stile, saranno di seguito definiti i caratteri generali del reclutamento del personale nelle amministrazioni pubbliche, caratteri che saranno poi trasposti negli aspetti specifici del settore sanitario.

La massima disposizione generale in punto di reclutamento del personale nella p.a. è rappresenta dall'art. 97 Cost., il quale stabilisce che nelle pubbliche amministrazioni si accede mediante concorso, salvo i casi stabiliti dalla legge.

Nella disciplina legislativa, le regole sono stabilite dall'art. 35 d.lgs. 165/2001, a norma del quale l'assunzione nelle amministrazioni pubbliche avviene con **contratto individuale** di **lavoro**:

a) tramite **procedure selettive**, volte all'accertamento della professionalità richiesta, che garantiscano in misura adeguata l'accesso dall'esterno;
b) mediante avviamento degli **iscritti** nelle **liste** di **collocamento** ai sensi della legislazione vigente per le qualifiche e i profili per i quali è richiesto il solo requisito della scuola dell'obbligo, facendo salvi gli eventuali ulteriori requisiti per specifiche professionalità. In merito, brevemente,

"sono consentite deroghe al principio generale del pubblico concorso solo con forme di reclutamento alternative quali l'avviamento degli iscritti nelle liste di collocamento, le ***assunzioni obbligatorie*** *delle* ***persone disabili*** *o la c.d. stabilizzazione previste da leggi la cui ratio sia volta a contemperare il meccanismo di selezione dei migliori con l'esigenza di ricoprire posizioni di non rilevante contenuto professionale o con il principio della tutela delle categorie protette o – nel caso di conversione a tempo indeterminato di rapporti a tempo determinato – per l'opportunità di valorizzare l'esperienza lavorativa già maturata"* (Cass. civ., sent. n. 4599/2017).

Le procedure di reclutamento devono rispettare i seguenti principi generali:

a) adeguata pubblicità della selezione e modalità di svolgimento che garantiscano l'imparzialità e assicurino economicità e celerità di espletamento;
b) adozione di meccanismi oggettivi e trasparenti, idonei a verificare il possesso dei requisiti attitudinali e professionali richiesti in relazione alla posizione da ricoprire;
c) rispetto delle pari opportunità tra lavoratrici e lavoratori;
d) decentramento delle procedure di reclutamento;
e) composizione delle commissioni esclusivamente con esperti di provata competenza nelle materie di concorso, scelti tra funzionari delle amministrazioni, docenti e "soggetti" estranei alle medesime, che non siano componenti dell'organo di direzione politica dell'amministrazione, che non ricoprano cariche politiche e che non siano rappresentanti sindacali o designati dalle confederazioni ed organizzazioni sindacali o dalle associazioni professionali.

La concreta attuazione dei principi generali stabiliti dalla legge è affidata alla fonte regolamentare, in particolare:

- d.P.R. 487/1994, regolamento nazionale che contiene le norme generali sull'accesso agli impieghi nelle pubbliche amministrazioni, nonché le modalità di svolgimento dei concorsi;
- d.P.R. 272/2004 emanato ai sensi dell'art. 28, comma 5, d.lgs. 165/2001 sulla disciplina in materia di accesso alla qualifica di dirigente;
- d.P.R. 70/2013 sul sistema di reclutamento e di formazione dei dipendenti pubblici e delle Scuole pubbliche di formazione;
- direttiva 3/2018 Ministero per la semplificazione e la pubblica amministrazione recante *"Linee guida sulle procedure concorsuali"* emanate ai sensi dell'art. 35, comma 5.2 d.lgs. 165/2001.

Per una disamina approfondita della materia si rinvia alla disciplina appena elencata, che puntualmente ed analiticamente descrive la procedura di reclutamento (decisione sulla base del fabbisogno, delibera di indizione, bando, concorso, graduatoria finale, assegnazione, assunzione) con tutte le eccezioni proprie delle varie fattispecie.

In questa sede, si ritiene di maggiore rilevanza definire la natura giuridica del bando.

"Bando" attraverso cui si intende dare attuazione alla decisione (non impegnativa nei confronti dei terzi) di far fronte al fabbisogno "attuale" di personale dipendente. In esso viene indicato il contratto di lavoro che l'amministrazione intende concludere (in modo conforme alla delibera di indizione), nonché il tipo e le modalità della procedura, comunicando agli interessati l'intento di addivenire alle assunzioni. Al bando di concorso (così come all'atto di approvazione della graduatoria) viene quindi riconosciuta una **natura giuridica duplice**: di **provvedimento amministrativo**, nella parte in cui si concreta un atto del procedimento di evidenza pubblica del quale regola il successivo svolgimento; di **atto negoziale** negli aspetti sostanziali, in quanto condizionato,nella esplicazione dei propri effetti, dall'espletamento del procedimento concorsuale e dall'approvazione della graduatoria (sul punto, si veda Cass. civ., ss.uu., n. 8951/2007).

- ***Caratteri generali e reclutamento del personale nelle amministrazioni sanitarie***

L'organigramma dell'azienda sanitaria deve essere considerato nel suo insieme, al fine di capire quali siano le singole posizioni da selezionare con le distinte procedure di reclutamento.

A tal fine – come per l'intera disciplina del lavoro alle dipendenze delle aziende del SSN – occorre partire dall'intreccio delle norme del d.lgs. 165/2001 e del d.lgs. 502/1992 alla luce delle rispettive e strettamente connesse modificazioni, nonché del rilevante ruolo integrativo assolto dalla contrattazione collettiva.

Il Direttore generale

Si fa riferimento a quanto già esposto nel precedente capitolo 7 – la *governance* – richiamando, qui, semplicemente, che il D.G. rappresenta l'organo di vertice a cui compete svolgere tutte le attività inerenti al governo aziendale, al controllo generale sul buon funzionamento e alla valutazione dei relativi risultati.

La disciplina per la selezione (perché è di questo che si tratta, non concorso, si badi bene, ma selezione, peraltro vincolata da criteri oggettivi) e la nomina del Direttore generale è attualmente contenuta negli artt. 1 e 2 d.lgs. 171/2016 (corretto dal d.lgs. 126/2017 a seguito della pronuncia della Corte costituzionale n. 251 del 2016) recante "*Attuazione della delega di cui all'articolo 11, comma 1, lettera p), della legge 7 agosto 2015, n. 124, in materia di dirigenza sanitaria*". In via generale (rinviando alle norme citate per la disciplina di dettaglio), il Direttore generale è nominato dalla regione esclusivamente tra gli **iscritti** ad un **elenco nazionale** disciplinato dall'art. 1 del decreto summenzionato. L'incarico prescelto è reso pubblico ai fini della manifestazione di interesse da parte dei soggetti iscritti nell'elenco nazionale e la valutazione dei candidati per titoli e colloquio è effettuata da una commissione regionale, nominata dal Presidente della regione, secondo modalità e criteri definiti dalle Regioni stesse.

La dirigenza

In ambito sanitario la dirigenza si divide in **dirigenza** del **ruolo sanitario** e **dirigenza** del **ruolo professionale, tecnico e amministrativo**.

La *dirigenza del ruolo sanitario* ha subito un importante cambiamento con il d.lgs. 229/1999 che ha statuito un **unico ruolo dirigenziale** in luogo dell'impostazione del doppio livello inizialmente prevista dal d.lgs. 502/1992. L'attuale formulazione dell'art. 15 di quest'ultimo decreto prevede che *"la dirigenza sanitaria è collocata in un unico ruolo, distinto per profili professionali, ed in un unico livello, articolato in relazione alle diverse responsabilità professionali e gestionali..."*, le funzioni dirigenziali sono poi graduate dalla contrattazione collettiva, che disciplina altresì i procedimenti di assegnazione, valutazione e verifica degli incarichi e del relativo trattamento economico. I successivi artt. 15-*bis* e 15-*ter* distinguono gli incarichi della **dirigenza sanitaria** nelle due grandi categorie di **direzione** di **struttura complessa** e di **struttura semplice** o **professionale**, rendendo, si consenta, di fatto ancora sussistente la distinzione dei livelli dirigenziali eliminati con la riforma *ter*.

Per la dirigenza sanitaria di livello unico (e analogamente, come si vedrà, per tutta la dirigenza del SSN) la disciplina per il reclutamento è contenuta nel d.P.R. 483/1997 *"Regolamento recante la disciplina concorsuale per il personale dirigenziale del Servizio Sanitario Nazionale"*.

Tale norma, emanata sulla base di quanto disposto dall'art. 18, d.lgs. 502/1992, indica i requisiti specifici per l'ammissione, i titoli valutabili ed i criteri di loro valutazione, le prove di esame, la composizione delle commissioni esaminatrici, le procedure concorsuali, le modalità di nomina dei vincitori e le modalità ed i tempi di utilizzazione delle graduatorie degli idonei.

La specifica disciplina del ruolo sanitario è prevista nel Titolo III, Capo I del decreto, che indica per ogni profilo professionale gli specifici requisiti di ammissione e relative modalità di attuazione dei relativi concorsi (si rimanda pertanto a tali disposizioni per una disamina approfondita).

Discorso diverso va fatto per il reclutamento relativo agli incarichi dirigenziali di strutture complesse assegnate al personale di ruolo sanitario e all'incarico di direzione sanitaria aziendale, la cui speciale disciplina è contenuta nel d.P.R. 484/1997. Rinviando alle disposizioni ivi contenute per uno studio approfondito, in questa sede, al solo fine di evidenziare la diversità della selezione rispetto a quella generale prevista dal d.P.R. 484/1997, pare sufficiente rilevare come l'incarico ("fiduciario") di direzione sanitaria aziendale sia riservato *"ai medici di qualifica dirigenziale che abbiano svolto per almeno cinque anni [nei sette precedenti] attività di direzione tecnico-sanitaria in enti o strutture sanitarie, pubbliche o private, di media o grande dimensione e che abbiano conseguito l'attestato di formazione manageriale di cui all'articolo 7 previsto per l'area di sanità pubblica. Costituisce titolo preferenziale il possesso della specializzazione in una delle discipline dell'area di sanità pubblica"* (art. 1, comma 1, d.P.R. 484/1997).

In merito alla dirigenza sanitaria, è fondamentale sottolineare la **particolare tipologia** di rapporto di lavoro esclusivo che si instaura con l'assunzione (sulla base dell'esito della procedura concorsuale).

Il principio di unicità del rapporto di lavoro alle dipendenze della p.a. come sopra descritto trova una specifica applicazione per i dirigenti del ruolo sanitario, i quali possono **esercitare** una propria **attività libero-professione all'interno** delle **strutture pubbliche** (c.d. *intra moenia*) in deroga al citato art. 60 d.P.R. 3/1957. Ciò vale sia per i medici (art. 4, comma 10, d.lgs. 502/1992) che per tutto il personale dirigente del ruolo sanitario (psicologi, biologi, farmacisti, ecc.). In particolare, i dirigenti sanitari (a tempo determinato o indeterminato) possono optare per il **"rapporto di lavoro esclusivo"** e tale scelta consente loro di esercitare l'attività libero-professionale all'interno dell'azienda. Ciò determina una condizione in base alla quale è consentito l'esercizio della libera professione solo all'interno delle strutture sanitarie dell'azienda di appartenenza, oppure, qualora ciò sia "oggettivamente" impossibile, anche all'esterno delle stesse, previa autorizzazione da parte del Direttore generale. Tale attività è esercitata in regime ambulatoriale fuori dall'impegno di servizio e le relative prestazioni professionali possono ricomprendere anche le attività di diagnostica strumentale e di laboratorio, di *day hospital, day surgery* o di ricovero, sia nelle strutture ospedaliere che territoriali (art. 54 CCNL 8 giugno 2000). L'attività libero-professionale è finalizzata a promuovere il miglioramento qualitativo delle prestazioni sanitarie e ad incentivare i medici nel rendere le prestazioni all'interno delle strutture sanitarie pubbliche e, quindi, ad offrire servizi maggiormente qualificati ai cittadini. Tale sistema consente al paziente di scegliere liberamente il professionista anche nell'ambito delle strutture pubbliche, dietro pagamento di un compenso che è stabilito dal professionista stesso, nel rispetto, però, di un "range" tariffario predeterminato fissato dal "vertice" aziendale. Ciò posto, resta fermo che la scelta del dirigente sanitario di effettuare l'attività professionale come appena descritta non modifica il rapporto di lavoro, che comunque continua a configurarsi come rapporto subordinato alle dipendenze dell'azienda pubblica, anche se le relative prestazioni sono tipiche dell'attività professionale privata. Oltre a ciò, è bene evidenziare che l'attività professionale intramurale prestata non deve essere in contrasto con le finalità e le attività istituzionali dell'azienda e lo svolgimento va organizzato in modo tale da garantire l'integrale assolvimento dei compiti di istituto e da assicurare la piena funzionalità dei servizi.

Quanto appena detto riguarda il rapporto di lavoro esclusivo; i dirigenti sanitari, si evidenzia, possono anche *"optare, su richiesta da presentare entro il 30 novembre di ciascun anno, per il **rapporto di lavoro non esclusivo**, con effetto dal 1° gennaio dell'anno successivo"* e quindi scegliere di esercitare l'attività libero-professionale (c.d. *extra moenia*) all'esterno dell'azienda (art. 15-*quater*, d.lgs. 502/1992 come modificato dall'art. 2-*septies*, comma 1, d.l. 81/2004 conv. con mod. in l. 138/2004). Sul punto, deve però rilevarsi quanto stabilito dalla giurisprudenza, per cui "*ai sensi del d.lgs. n. 502 del 1992, artt. 15-quater, 15-quinquies e 15-sexies, la attività libero professionale «extramuraria» è del tutto preclusa ai dirigenti sanitari con contratto stipulato in regime di esclusività dopo il 31 dicembre 1998. La disciplina contenuta nell'art. 53, commi da 6 a 13 trova applicazione anche nei confronti del dirigenti del Servizio Sanitario. Non è ravvisabile alcun rapporto di specialità tra d.lgs. n. 502 del 1992, art. 15 quinquies ed il richiamato d.lgs. n. 165 del 2001, art. 23, comma 6. Gli incarichi retribuiti espletati dal Dirigente medico che lavori alle dipendenze di amministrazioni facenti parte del Servizio Sanitario Nazionale in regime di esclusiva con contratto stipulato successivamente al 31.12.1998 sono sottoposti alla disciplina contenuta nel d.lgs. n. 165 del 2001, art. 23, commi da 6 a 13*" (Cass. civ., sez. lav., sent. n. 23522/2017). Come è ovvio, tale tipologia di rapporto impone importanti limiti al suo svolgimento ed è soggetta a forti penalizzazioni. In particolare, i professionisti **non possono** svolgere le **funzioni** di **"Direttore di struttura complessa"** e la **retribuzione perde** la sua componente **"incentivante"**. Inoltre, l'*extramoenia non è ammessa quando l'onere della prestazione erogata privatamente gravi*, anche solo parzialmente, sul Fondo sanitario nazionale, oppure se viene effettuata in strutture private convenzionate con il SSN.

Per la *Dirigenza del ruolo professionale, tecnico e amministrativo*, vale solo in parte quanto sopra indicato per la dirigenza del ruolo sanitario. Ad esempio, l'unificazione dei livelli (art. 15, d.lgs. 502/1992) si riproduce (seppur in via interpretativa indiretta, mancando un esplicito e formale riferimento in merito) nei confronti della dirigenza dei ruoli professionale, tecnico e amministrativo. Il definitivo superamento della scissione arrivò con il CCNL dell'8 giugno 2000 che, prescindendo da ogni enunciazione di principio, ma con attualità relativa alla regolazione dei vari istituti (percorsi economici, modalità, tipologie e requisiti per il conferimento di incarichi e sistemi di valutazione), ha creato per la dirigenza di tali ruoli una disciplina parallela, identica negli effetti a quella prevista per la dirigenza del ruolo sanitario.

La disciplina sul reclutamento della dirigenza dei ruoli professionale, tecnico e amministrativo è contenuta nel citato d.P.R. 483/1997 (Titolo III, Capo II, III e IV a cui si rimanda per una disamina approfondita) e nell'art. 26 d.lgs. 165/2001 (in cui è confluita la previsione dell'art. 26 d.lgs. 29/1993), a norma del quale "*alla qualifica di dirigente dei ruoli professionale, tecnico ed amministrativo del Servizio Sanitario Nazionale si accede mediante concorso pubblico per titoli ed esami, al quale sono ammessi candidati in possesso del relativo diploma di laurea, con cinque anni di servizio effettivo corrispondente alla medesima professionalità prestato in enti del Servizio Sanitario Nazionale nella posizione funzionale di settimo e ottavo livello, ovvero in qualifiche funzionali di settimo, ottavo e nono livello di altre pubbliche ammini-*

strazioni. Relativamente al personale del ruolo tecnico e professionale, l'ammissione è altresì consentita ai candidati in possesso di esperienze lavorative con rapporto di lavoro libero-professionale o di attività coordinata e continuata presso enti o pubbliche amministrazioni, ovvero di attività documentate presso studi professionali privati, società o istituti di ricerca, aventi contenuto analogo a quello previsto per corrispondenti profili del ruolo medesimo".

Chiude la disamina fin qui operata la disciplina (più recente rispetto alle altre sopra descritte) prevista per il reclutamento della dirigenza delle professioni sanitarie infermieristiche e tecniche della riabilitazione, della prevenzione e della professione di ostetrica di cui alla l. 251/2000.

A seguito dell'istituzione della qualifica unica di dirigente del ruolo sanitario sopra citata, le disposizioni generali di cui ai citati d.P.R. 483/1997 e art. 26 d.lgs. 165/2001 si applicano anche a tale profilo, la cui normativa di dettaglio per l'accesso è contenuta nel d.P.C.M. del 25 gennaio 2008 recante *"Recepimento dell'accordo 15 novembre 2007, tra il Governo, le regioni e le Province autonome di Trento e Bolzano, concernente la disciplina per l'accesso alla qualifica unica di dirigente delle professioni sanitarie infermieristiche, tecniche, della riabilitazione, della prevenzione e della professione di ostetrica"*.

- ***Il personale di comparto***

La riforma dell'assetto dell'organizzazione del lavoro (in cui, si ribadisce, assume un ruolo fondamentale la contrattazione collettiva) ricomprende tutti gli operatori impegnati nel raggiungimento degli obiettivi assegnati alle Aziende sanitarie e ospedaliere. Oltre alla dirigenza, il personale di comparto riveste una rilevanza straordinaria; in questo rientra: *"tutto il personale con rapporto di lavoro a tempo indeterminato o determinato, esclusi i dirigenti, dipendente dalle amministrazioni, aziende ed enti del comparto"* sanità (art. 1 CCNL del 10 aprile 2008).

La disciplina generale, comune per tutte le p.a., è contenuta nell'art. 7, d.lgs. 165/2001 recante ***"Gestione delle risorse umane"***.

In via generale, i cardini del reclutamento e della gestione del personale di comparto sono rappresentati da:

- regole di accesso semplici e idonee a consentire selezioni mediante metodologie e strumenti efficaci tale per cui l'azienda possa scegliere tra i candidati quello ritenuto più idoneo allo svolgimento dei compiti inerenti al profilo per cui il concorso è stato bandito;
- trattamento economico adeguato alla professionalità e correlato ai risultati conseguiti al fine di incentivare la produttività;
- sviluppo professionale che consenta a determinate condizioni il passaggio alla qualifica superiore;
- formazione ed aggiornamento al fine di mantenere le conoscenze possedute, perfezionarle ed adeguarle ai cambiamenti.

Occorre notare che, se nel privato esiste la possibilità di porre in essere una valutazione diretta, *intuitu personae*, del personale da selezionare nella pubblica amministrazione ciò non è consentito, in quanto le procedure selettive si esplicano attraverso un complesso sistema concorsuale che mira ad accertare le conoscenze e le esperienze che i candidati devono dimostrare di possedere (sulla base dei "titoli" richiesti) piuttosto che a valutare le caratteristiche personali di ogni concorrente.

La procedura concorsuale per l'accesso al pubblico impiego è imposta dall'art. 97 Cost. come puntualmente applicata dall'art. 35, d.lgs. 165/2001 e dunque da questa non ci si può esimere. Possono però introdursi nella disciplina criteri volti a garantire, allo stesso tempo, aspetti di imparzialità, trasparenza, tempestività, economicità e celerità di espletamento, da un lato, e di flessibilità, dall'altro. In particolare, per il personale sanitario, l'utilizzo di tali margini di flessibilità risulta essere di peculiare rilevanza.

Il **personale di comparto** è **classificato** sulla base di un sistema articolato in **quattro categorie** denominate, rispettivamente, A, B, C e D. All'interno di queste sono compresi i profili che *"descrivono il contenuto professionale delle attribuzioni proprie e, all'interno della stessa categoria, possono anche essere collocati su livelli economici differenti, definiti come "super". I profili ivi collocati assumono la denominazione di "specializzato" o di "esperto". Ogni dipendente è inquadrato nella corrispondente categoria del sistema di classificazione in base al profilo di appartenenza"* (art. 13 CCNL del 7 aprile 1999).

L'accesso dall'esterno alle varie categorie è garantito, nel rispetto di quanto previsto dagli artt. 35 e 36 d.lgs. 165/2001, mediante il pubblico concorso, la cui normativa di dettaglio è contenuta nel d.P.R. 220/2001 *"Regolamento recante disciplina concorsuale del personale non dirigenziale del Servizio Sanitario Nazionale"*. Tale norma, indica, altresì, la percentuale di progressioni interne consentite, la disciplina per lo svolgimento dei concorsi (procedura, graduatoria, nomina e decadenza), le norme generali per la valutazione dei titoli e i requisiti per ogni categoria (si rinvia pertanto a tale regolamento per una puntuale disamina della materia).

- ***Codice di comportamento e responsabilità disciplinare***

A norma dell'art. 54 d.lgs. 165/2001 *"il Governo definisce un codice di comportamento dei dipendenti delle pubbliche amministrazioni al fine di assicurare la qualità dei servizi, la prevenzione dei fenomeni di corruzione, il rispetto dei doveri costituzionali di diligenza, lealtà, imparzialità e servizio esclusivo alla cura dell'interesse pubblico"*.

La violazione dei doveri contenuti in tale codice, si legge nella stessa disposizione, "è fonte di **responsabilità disciplinare**", nonché rilevante *"ai fini della responsabilità civile, amministrativa e contabile ogni qual volta le stesse responsabilità siano collegate alla violazione di doveri, obblighi, leggi o regolamenti"*.

L'attuale codice di comportamento, contenuto nel d.P.R. 62/2013, è allegato a tutti i contratti nazionali di lavoro e definisce – in attuazione della norma succitata – *"i doveri minimi di diligenza, lealtà, imparzialità e buona condotta che i pubblici dipendenti sono tenuti ad osservare"*.

Ciò che è di fondamentale importanza comprendere in questa sede è la responsabilità disciplinare del personale dipendente della p.a. ed il relativo procedimento.

La disciplina a cui fare riferimento è contenuta negli artt. 55 e seguenti del d.lgs. 165/2001, a cui il d.lgs. 75/2017 ha apportato importanti modifiche.

Le disposizioni ivi contenute, come espressamente previsto dal comma 1 dell'art. 55, *"costituiscono norme imperative, ai sensi e per gli effetti degli articoli 1339 e 1419, secondo comma, del codice civile"* per cui non sono derogabili, sul piano negoziale, facendo ricorso ai contratti collettivi e *"la violazione dolosa o colposa delle suddette disposizioni costituisce illecito disciplinare in capo ai dipendenti preposti alla loro applicazione"*.

Al personale dipendente dalla p.a. si applica l'art. 2106 c.c. e, ferme le specifiche disposizioni previste dal capo II del d.lgs. 165/2001, la tipologia delle **infrazioni** e delle relative **sanzioni** è definita dai **contratti collettivi**. Il richiamo all'art. 2106 c.c. impone l'applicazione del principio della proporzionalità della sanzione, che deve quindi essere coerente ed adeguata all'entità dell'infrazione posta in essere dal dipendente. In altri termini, l'inosservanza da parte di quest'ultimo degli obblighi di diligenza (art. 2014 c.c.) e fedeltà (art. 2015 c.c.) relativi allo svolgimento della prestazione lavorativa legittima il datore di lavoro all'applicazione di sanzioni disciplinari da irrogarsi in misura proporzionata alla violazione commessa.

Oltre a tale principio, si applica anche quello della predeterminazione dei comportamenti punibili che, per risultare tali, devono essere espressamente previsti.

Il procedimento disciplinare nei confronti del pubblico dipendente, si diceva, è stato profondamente riformato dal d.lgs. 75/2017.

Questo ha statuito espressamente la nullità delle disposizioni diverse da quelle indicate nel decreto stesso e che prevedano per l'irrogazione di sanzioni disciplinari requisiti formali e procedurali ulteriori rispetto a quelli ivi indicati (art. 55-*bis,* comma 9-*bis* d.lgs. 165/2001).

La violazione di tali disposizioni, peraltro, comporta la decadenza dall'esercizio del potere disciplinare.

Il lavoro alle dipendenze della p.a. si caratterizza per la regola dell'obbligatorietà dell'azione disciplinare ricavabile dall'art. 55-*sexies* d.lgs. 165/2001, che punisce con la sospensione dal servizio e dalla retribuzione – *"salva la maggiore sanzione del licenziamento prevista nei casi di cui all'articolo 55-quater, comma 1, lettera f-ter) [dolo o colpa grave], e comma 3-quinquies [omessa attivazione del procedimento disciplinare e omessa adozione del provvedimento di sospensione cautelare senza giustificato motivo]"*.

Sul piano del procedimento, le cui forme e termini sono stabiliti dall'art. 55-*bis* d.lgs. 165/2001, a seguito delle modifiche apportate dal d.lgs. 75/2017, il responsabile della struttura (ufficio, unità operatva, dipartimento, ecc.) in cui presta servizio il dipendente può sanzionarlo direttamente, ricorrendo, in via esclusiva, al rimprovero verbale. In tutti i casi in cui i "fatti" contestati lo richiedano l'applicazione della sanzione disciplinare è di esclusiva competenza dell'**"ufficio procedimenti disciplinari"** (collegiale o unipersonale), la cui istituzione è obbligatoria per tutte le p.a.

Il novero delle possibili sanzioni ricomprende: il rimprovero scritto/censura, una multa di importo variabile (fino ad un massimo di 4 ore di retribuzione), sospensione dal servizio con privazione della retribuzione fino a 10 giorni, sospensione dal servizio con privazione della retribuzione da 11 giorni fino a 6 mesi, licenziamento con preavviso, licenziamento senza preavviso.

Ciò posto, le fasi del procedimento disciplinare, come riformato dal d.lgs. 75/2017, sono le seguenti:

1. ove non si tratti di comportamenti punibili con il solo rimprovero verbale, per cui il responsabile della struttura è competente, questi segnala all'ufficio procedimenti disciplinari entro 10 giorni i fatti ritenuti rilevanti dal punto di vista disciplinare;
2. l'ufficio procedimenti disciplinari contesta per iscritto al dipendente i fatti entro il termine di trenta giorni dal ricevimento della segnalazione (o dal momento in cui ne abbia avuto piena conoscenza). Il rispetto di tale termine è fondamentale, in quanto la relativa violazione determina la nullità della sanzione eventualmente applicata. La contestazione *"è effettuata tramite posta elettronica certificata, nel caso in cui il dipendente dispone di idonea casella di posta, ovvero tramite consegna a mano. In alternativa all'uso della posta elettronica certificata o della consegna a mano, le comunicazioni sono effettuate tramite raccomandata postale con ricevuta di ritorno"* (art. 55-*bis*, comma 5, d.lgs. 165/2001) e deve contenere la precisa indicazione dei fatti che ne costituiscono oggetto e la convocazione del lavoratore per l'audizione difensiva in contradditorio (che non può avvenire prima che siano decorsi cinque giorni lavorativi dalla contestazione), nel corso della quale egli potrà essere assistito da un procuratore ovvero da un rappresentante sindacale. A tal fine il dipendente può richiedere l'accesso agli atti del procedimento disciplinare. Questi può in ogni caso depositare memorie scritte a propria difesa e richiedere (per una sola volta) il differimento dell'audizione nel caso di grave impedimento;
3. il procedimento disciplinare, che deve concludersi entro centoventi giorni dal momento della contestazione (si badi bene, non da quello in cui l'amministrazione abbia avuto conoscenza dei fatti), si conclude o con l'archiviazione o con l'applicazione della sanzione. Come per quello della contestazione, la violazione di tale termine determina la nullità della sanzione eventualmente applicata.

La regolamentazione della responsabilità disciplinare del personale del comparto sanità, ferma l'applicazione della disciplina imperativa appena descritta, è contenuta anche nel relativo CCNL.

Capitolo 17
L'evoluzione della legislazione in tema di contabilità e bilanci

di *Stefano Carlini*

"Il Servizio Sanitario Nazionale è stato attraversato, a partire dai primi anni novanta, da un profondo e radicale processo di cambiamento, caratterizzato dalla presenza di politiche di contenimento delle risorse finanziarie statali e da una costante tensione verso l'economicità della gestione.

Sono stati individuati metodi e strumenti in grado di promuovere l'orientamento dell'azione verso nuove logiche gestionali, nuove modalità di svolgimento dei processi decisionali e operativi, nuove modalità nella organizzazione del lavoro per il conseguimento degli obiettivi di salute e delle finalità dell'organizzazione, utilizzando al meglio le risorse a disposizione.

L'introduzione di metodologie di valutazione delle modalità di utilizzo delle risorse ha rappresentato un importante fattore di cambiamento nella direzione di una razionalizzazione del funzionamento del sistema sanitario nazionale e regionale ed ha attivato una forte pressione verso l'utilizzo di tutti quegli strumenti che potessero consentire di affrontare il problema.

La ***contabilità generale****, che consente di valutare il risultato delle operazioni esterne dell'azienda, e la* ***contabilità direzionale****, che si focalizza sull'osservazione e l'analisi della gestione interna, sono strumenti di pianificazione, programmazione e controllo e rappresentano l'asse portante del sistema contabile aziendale".*

L'articolo 5 del decreto legislativo 502/1992 (1) sancisce importanti cambiamenti che hanno determinato veri e propri stravolgimenti nel sistema contabile precedentemente in essere:

1) la prima è che le Aziende Sanitarie diventano proprietarie esclusive delle proprie strutture ospedaliere, ambulatoriali e delle attrezzature in esse contenute. Lo Stato e gli enti locali, precedentemente proprietari di queste ultime, provvederanno a trasferirne il titolo alle Aziende Sanitarie Locali e alle Aziende ospedaliere;
2) la seconda è che le ASL e le Aziende ospedaliere hanno disponibilità del patrimonio secondo il regime della proprietà privata;
3) infine viene imposto alle regioni di emanare norme per la gestione eco-

---

(1) G. Ricciarelli, F. Soldati, *Manuale per i concorsi nel ruolo amministrativo delle Aziende sanitarie pubbliche*, Maggioli Editore, 2012.

nomico-finanziaria e patrimoniale delle ASL e delle Aziende ospedaliere secondo i principi del codice civile, il che significa adeguare la contabilità delle Aziende sanitarie alla cosiddetta **contabilità** generale o **economico-patrimoniale**.

17.1. Dalla contabilità finanziaria alla contabilità analitica

Il Sistema di contabilità economico-patrimoniale **modifica** sostanzialmente il sistema precedentemente in essere (prima del decreto 502/1992) della **contabilità finanziaria** e riconosce alle Aziende sanitarie la responsabilità secondo un criterio di risultato economico della gestione, ampliando il concetto limitato all'equilibrio finanziario.

Questa nuova esigenza codificata dal legislatore implica diversi e innovativi schemi di riferimento nel sistema di rilevazione conseguenti al passaggio dalla contabilità finanziaria alla contabilità economico-patrimoniale.

La contabilità finanziaria è un sistema di rilevazione dei valori finanziari espressi dalle entrate e dalle uscite di un'amministrazione pubblica. Tale sistema ha la caratteristica di rilevare detti valori sia nella loro determinazione previsionale che nella loro dinamica, come conseguenza di un puntuale monitoraggio.

La contabilità finanziaria si manifesta come un sistema contabile che rileva gli aspetti autorizzativi della gestione e i flussi finanziari analizzati nelle varie componenti. È uno strumento di allocazione predeterminata delle risorse, da parte dell'organo deliberante, che si esplicita attraverso l'approvazione del bilancio preventivo, strumento di autorizzazione all'utilizzo delle risorse mediante il meccanismo degli impegni/accertamenti.

La contabilità finanziaria si compone delle seguenti fasi principali:

Per quanto riguarda il **capitolo** delle **Entrate**:

- ACCERTAMENTO: fase del procedimento di acquisizione delle entrate, che consiste nella verifica dell'esistenza di un credito a favore dell'ente; in tale momento non si dà necessariamente vita a dirette conseguenze nella sfera giuridica di soggetti terzi, normalmente prodotte nella fase successiva.
- RISCOSSIONE: fase di realizzazione dell'entrata, si riflette direttamente sul soggetto a cui compete la corresponsione della somma, consentendone l'incasso al tesoriere, sulla base di uno specifico ordinativo.
- VERSAMENTO: fase interna all'ente che riscuote il dovuto, essa chiude il procedimento di realizzazione delle entrate, e consiste nel materiale trasferimento di quanto riscosso dal tesoriere all'ente.

Per quanto riguarda il **capitolo** delle **Spese**:

- IMPEGNO: è l'atto che consente di determinare gli elementi della spesa (destinatario, causa e ammontare) e di assunzione giuridica dell'obbligo (con contratto, delibera dell'ente, atto normativo o sentenza). In questa fase si realizza il vincolo sulle previsioni di bilancio: l'impegno infatti deve essere possibile, in quanto non può esistere impegno senza la corrispondente individuazione della disponibilità finanziaria che la deve coprire (stanziamento nel relativo capitolo dell'anno in corso).

- LIQUIDAZIONE: è la esatta determinazione del debito dell'ente.
- ORDINAZIONE: è la fase in cui l'ente impartisce l'ordine di effettuare un dato pagamento al proprio tesoriere; in sostanza l'impegno, come determinato, si concretizza.
- PAGAMENTO: ultima fase del processo di erogazione delle spese, è il momento dell'emissione del mandato di pagamento, ossia quello della concreta corresponsione del dovuto dal tesoriere al creditore dell'ente.

"La contabilità finanziaria, quindi, è tesa ad assicurare la regolarità e la legalità dell'effettuazione delle spese autorizzate attraverso la rigida osservanza delle procedure formali che abbiamo descritto. Tale sistema contabile, però, nulla dice in merito all'efficienza della gestione, ai costi sostenuti per l'effettuazione di un determinato servizio o prestazione, al controllo sul corretto uso delle risorse e dei fattori della produzione" ([1]).

- ***Definizione di contabilità economico-patrimoniale***

Il sistema di contabilità economica non prevede un sistema autorizzativo proprio perché la **rilevanza** è tutta centrata sul **risultato economico** della **gestione** e **non** sulla **autorizzazione** della **singola spesa**. Questa è collegata alle specifiche responsabilità del Direttore Generale che viene di fatto chiamato a rispondere dei risultati raggiunti così come delle spese effettuate. Il sistema di controllo è complessivo su tutta la gestione.

La contabilità economico-patrimoniale si pone un duplice obiettivo: quantificare, con riferimento all'intervallo temporale considerato, il risultato economico (Ricavi meno costi d'esercizio) ed il connesso "capitale di funzionamento", ossia il patrimonio dell'ente (consistenza patrimoniale).

Rispetto alla contabilità finanziaria c'è un duplice monitoraggio che consente di rilevare anche la natura dell'entrata e dell'uscita monetaria.

I fatti esterni di gestione sono osservati con il fine di determinare il risultato economico conseguito nel periodo ed il connesso capitale di funzionamento fotografandolo sistematicamente in chiusura di esercizio.

L'esercizio rappresenta l'intervallo temporale (generalmente l'anno solare) cui riferire la determinazione del reddito, ed indica l'insieme delle operazioni svolte all'interno di tale arco di tempo. Il documento di sintesi degli eventi di gestione rilevati tramite la partita doppia è **il bilancio di esercizio** composto da uno stato patrimoniale e da un conto economico integrati da una nota (integrativa), che ne spiega gli elementi costitutivi e i principi di costruzione e composizione.

Definiamo il **bilancio d'esercizio** come il **procedimento tecnico-contabile** di **determinazione** e di **rappresentazione** dei **risultati ottenuti** con la **gestione**. L'articolo 2 del d.lgs. 127/91, che innova l'art. 2423 del codice civile, fissa la clausola generale ovvero la finalità primaria del bilancio secondo la quale quest'ultimo *"deve essere redatto con chiarezza e deve rappresentare in modo veritiero e corretto la situazione patrimoniale e finanziaria della società e il risultato economico dell'esercizio"*.

La formula "rappresentare in modo veritiero e corretto" vuole essere la fedele traduzione dell'espressione inglese "***true and fair view***" cui fa riferimento la direttiva CEE in materia.

La contabilità generale permette, dunque, di determinare le conseguenze economiche e le ricadute sulla consistenza patrimoniale dell'Azienda delle scelte compiute dalla *governance* in rapporto ai livelli di erogazione dei servizi. In sintesi, la contabilità economico patrimoniale è estremamente rilevante nel far comprendere i fenomeni economici reali all'interno delle Aziende sanitarie pubbliche.

Propedeutico all'introduzione del sistema di contabilità generale è la costruzione di un adeguato **Piano dei conti** tale da permettere una seria valutazione della struttura dello stato patrimoniale e dei costi-ricavi dell'Azienda USL.

Il piano dei conti proposto deve essere valutato anche in base alle esigenze informative tra i vari livelli di governo. Tali esigenze peraltro assumono caratteristiche sempre variabili in relazione ai principali obiettivi che si vogliono perseguire e alle caratteristiche del sistema di finanziamento.

Nel d.lgs. 502/1992 sono totalmente assenti indicazioni in merito a tempi e modi con cui gli organi di governo discutono e approvano il bilancio demandando alle Regioni il compito di emanare le norme che regolamentino questi elementi in modo dettagliato.

17.2. L'armonizzazione dei sistemi contabili

La legge **196** del 31 **dicembre 2009** (***"Legge di contabilità e di finanza pubblica"***) è una legge di riforma, nata dalla necessità di adeguare il contesto normativo agli indirizzi dell'Unione Monetaria Europea. La delega al Governo prevista nella legge 196 per l'armonizzazione dei sistemi contabili e degli schemi di bilancio delle amministrazioni pubbliche è stata attuata con il decreto legislativo 31 maggio 2011, n. 91 *"Disposizioni recanti attuazione dell'articolo 2 della legge 31 dicembre 2009, n. 196, in materia di adeguamento ed armonizzazione dei sistemi contabili"*.

L'armonizzazione contabile costituisce un principio fondamentale per il coordinamento della finanza pubblica, teso a rafforzare le attività di programmazione, gestione, monitoraggio, controllo e rendicontazione finanziaria tra i diversi enti che compongono la pubblica amministrazione, nonché a favorire un migliore raccordo della disciplina contabile interna con quella adottata in ambito europeo ai fini del rispetto del Patto di stabilità e crescita. Per questo motivo, l'armonizzazione contabile non può limitarsi alle amministrazioni centrali, ma deve estendersi all'ambito regionale e locale. In tale senso sono intervenuti la legge 42/2009 ("*Delega al Governo in materia di federalismo fiscale, in attuazione dell'articolo 119 della Costituzione*") e successivamente, in attuazione della delega ivi contenuta, è intervenuto il decreto legislativo del 23 giugno 2011, n. 118 "*Disposizioni in materia di armonizzazione dei sistemi contabili e degli schemi di bilancio delle regioni, degli enti locali e dei loro organismi, a norma degli articoli 1 e 2 della legge 5 maggio 2009, n. 42*").

- ***L'armonizzazione dei sistemi contabili nel d.lgs. 118/2011***

Il decreto legislativo 118/2011 si rivolge a regioni, enti locali ed enti strumentali per cui definisce, nell'ambito dei rispettivi raggruppamenti, un comune Piano dei conti, Principi contabili e Sistemi contabili.

Il fine del decreto è quello di realizzare concretamente uno strumento di indirizzo e applicativo che consenta l'armonizzazione dei bilanci pubblici e il coordinamento della finanza nell'ambito di regole comuni precise che garantiscano chiarezza, veridicità e correttezza dei bilanci.

Tale decreto, al Titolo secondo, reca norme in materia di principi contabili (generali e applicativi) afferenti al settore sanitario, nell'ambito del quale sono trattate, fra l'altro, l'implementazione e la tenuta della contabilità economico-patrimoniale, e l'obbligo di redazione del bilancio d'esercizio della gestione sanitaria accentrata e del bilancio sanitario consolidato regionale.

Le disposizioni dettate, in particolare, per le Aziende sanitarie locali e le Aziende ospedaliere sono le seguenti.

a) Bilancio preventivo economico annuale (art. 25 del decreto)

Le Aziende sanitarie predispongono un bilancio preventivo economico annuale, in coerenza con la programmazione sanitaria e con la programmazione economico-finanziaria della regione.

Il bilancio preventivo economico annuale include un conto economico preventivo e un piano dei flussi di cassa prospettici, redatti secondo gli schemi di conto economico e di rendiconto finanziario previsti dall'articolo 26. Al conto economico preventivo è allegato il conto economico dettagliato, secondo lo schema CE di cui al decreto ministeriale 13 novembre 2007 e successive modificazioni ed integrazioni.

Il bilancio preventivo economico annuale è corredato da una nota illustrativa, dal piano degli investimenti e da una relazione redatta dal Direttore generale.

La nota illustrativa esplicita i criteri impiegati nell'elaborazione del bilancio preventivo economico annuale; la relazione del Direttore generale evidenzia i collegamenti con gli altri atti di programmazione aziendali e regionali; il piano degli investimenti definisce gli investimenti da effettuare nel triennio e le relative modalità di finanziamento. Il bilancio preventivo economico annuale deve essere corredato dalla relazione del Collegio sindacale.

b) Bilancio di esercizio e schemi di bilancio degli enti del SSN (art. 26 del decreto)

Il bilancio d'esercizio delle Aziende sanitarie è redatto con riferimento all'anno solare. Si compone dello stato patrimoniale, del conto economico, del rendiconto finanziario e della nota integrativa ed è corredato da una relazione sulla gestione sottoscritta dal Direttore generale.

Per conferire struttura uniforme alle voci del bilancio preventivo economico annuale e del bilancio d'esercizio, nonché omogeneità ai valori inseriti in tali voci, gli enti redigono il bilancio di esercizio secondo gli appositi schemi, che costituiscono parte integrante del decreto legislativo.

La nota integrativa deve contenere anche i modelli CE ed SP per l'esercizio in chiusura d'anno e per l'esercizio precedente e la relazione sulla gestione deve contenere anche il modello di rilevazione LA, di cui al decreto ministeriale 18 giugno 2004 e successive modificazioni ed integrazioni, nonché un'analisi dei costi sostenuti per l'erogazione dei servizi sanitari, distinti per ciascun livello essenziale di assistenza.

c) Piano dei conti (art. 27 del decreto)

Al fine di soddisfare le esigenze di standardizzazione delle procedure contabili e dei debiti informativi previsti dalla normativa vigente, ciascuna voce del piano dei conti deve essere univocamente riconducibile ad una sola voce dei modelli di rilevazione SP o CE di cui al decreto ministeriale 13 novembre 2007 e successive modificazioni ed integrazioni.

Gli enti possono dettagliare il proprio piano dei conti inserendo ulteriori sottovoci, rispetto a quelle di cui ai modelli di rilevazione SP e CE di cui al decreto ministeriale 13 novembre 2007 e successive modificazioni ed integrazioni, secondo le proprie esigenze informative.

d) Norme generali di riferimento (art. 28 del decreto)

Per la redazione del bilancio d'esercizio gli enti applicano gli articoli da 2423 a 2428 del codice civile, fatto salvo quanto diversamente disposto nel decreto.

e) Principi di valutazione specifici del settore sanitario (art. 29 del decreto)

Al fine di soddisfare il principio generale di chiarezza e di rappresentazione veritiera e corretta, nonché di garantire l'omogeneità, la confrontabilità ed il consolidamento dei bilanci dei Servizi Sanitari Regionali, sono individuate le modalità di rappresentazione, delle seguenti fattispecie:

- il costo delle rimanenze di beni fungibili è calcolato con il metodo della media ponderata;

- l'ammortamento delle immobilizzazioni materiali e immateriali (a titolo esemplificativo: in genere, 30 anni per i beni immobili, 8 anni per le attrezzature e gli arredi, 5 anni per apparecchiature e tecnologie) si effettua per quote costanti, secondo le aliquote indicate nella tabella di cui all'allegato n. 3, che costituisce parte integrante del decreto legislativo.

È fatta salva la possibilità per la regione di autorizzare l'utilizzo di aliquote più elevate; in tal caso, gli enti devono darne evidenza nella nota integrativa. Nell'esercizio di acquisizione dell'immobilizzazione l'aliquota di ammortamento è rapportata alla frazione d'anno di effettivo utilizzo del cespite. È, alternativamente, consentito applicare forfetariamente la metà dell'aliquota normale. I cespiti di valore inferiore ad euro 516,46 possono essere ammortizzati integralmente nell'esercizio in cui divengono disponibili e pronti per l'uso. I cespiti acquistati utilizzando contributi in conto esercizio, indipendentemente dal loro valore, devono essere interamente ammortizzati nell'esercizio di acquisizione. Sono fatti salvi gli ammortamenti effettuati fino all'esercizio precedente a quello di applicazione delle disposizioni di cui al presente titolo.

I contributi in conto capitale concessi dalla regione sono rilevati sulla base del provvedimento di assegnazione. I contributi sono iscritti in un'apposita voce di patrimonio netto, con contestuale rilevazione di un credito verso regione. Laddove siano impiegati per l'acquisizione di cespiti ammortizzabili, i contributi vengono successivamente stornati a proventi con un criterio sistematico, commisurato all'ammortamento dei cespiti cui si riferiscono, producendo la sterilizzazione dell'ammortamento stesso.

Nel caso di cessione di beni acquisiti tramite contributi in conto capitale con generazione di minusvalenza, viene stornata a provento una quota di contributo commisurata alla minusvalenza. La quota di contributo residua resta iscritta nell'apposita voce di patrimonio netto ed è utilizzata per sterilizzare l'ammortamento dei beni acquisiti con le disponibilità generate dalla dismissione. Nel caso di cessione di beni acquisiti tramite contributi in conto capitale con generazione di plusvalenza, la plusvalenza viene direttamente iscritta in una riserva del patrimonio netto, senza influenzare il risultato economico dell'esercizio.

La quota di contributo residua resta iscritta nell'apposita voce di patrimonio netto ed è utilizzata, unitamente alla riserva derivante dalla plusvalenza, per sterilizzare l'ammortamento dei beni acquisiti con le disponibilità generate dalla dismissione. Le presenti disposizioni si applicano anche ai contributi in conto capitale dallo Stato e da altri enti pubblici, a lasciti e donazioni vincolati all'acquisto di immobilizzazioni, nonché a conferimenti, lasciti e donazioni di immobilizzazioni da parte dello Stato, della regione, di altri soggetti pubblici o privati;

- i contributi per ripiano perdite sono rilevati in un'apposita voce del patrimonio netto sulla base del provvedimento regionale di assegnazione, con contestuale iscrizione di un credito verso regione. Al momento dell'incas-

so del credito, il contributo viene stornato dall'apposita voce del patrimonio netto e portato a diretta riduzione della perdita all'interno della voce "utili e perdite portati a nuovo";
- le quote di contributi di parte corrente finanziati con somme relative al fabbisogno sanitario regionale standard, vincolate ai sensi della normativa nazionale vigente e non utilizzate nel corso dell'esercizio, sono accantonate nel medesimo esercizio in apposito fondo spese per essere rese disponibili negli esercizi successivi di effettivo utilizzo;
- le plusvalenze, le minusvalenze, le donazioni che non consistano in immobilizzazioni, né siano vincolate all'acquisto di immobilizzazioni, nonché le sopravvenienze e le insussistenze, sono iscritte fra i proventi e gli oneri straordinari;
- lo stato dei rischi aziendali è valutato dalla regione, che verifica l'adeguatezza degli accantonamenti ai fondi rischi e oneri iscritti nei bilanci di esercizio degli enti. Il Collegio sindacale dei suddetti enti attesta l'avvenuto rispetto degli adempimenti necessari per procedere all'iscrizione dei fondi rischi ed oneri ed al relativo utilizzo.

f) Destinazione del risultato d'esercizio degli enti del SSN (art. 30 del decreto)

L'eventuale **risultato positivo di esercizio** è **portato** a **ripiano** delle **eventuali perdite** di **esercizi precedenti**. L'eventuale eccedenza è accantonata a riserva ovvero, limitatamente agli enti di cui alle lettere *b)*, punto *i)*, e *c)* del comma 2 dell'articolo 19, è reso disponibile per il ripiano delle perdite del Servizio Sanitario regionale. Resta fermo quanto stabilito dall'articolo 1, comma 6, dell'Intesa Stato-Regioni in materia sanitaria per il triennio 2010-2013, sancita nella riunione della Conferenza permanente per i rapporti fra lo Stato, le regioni e le Province autonome di Trento e di Bolzano del 3 dicembre 2009.

g) Adozione del bilancio d'esercizio (art. 31 del decreto)

Il bilancio di esercizio è adottato entro il 30 aprile dell'anno successivo a quello di riferimento dal direttore generale, ed è corredato dalla relazione del Collegio sindacale.

Entro la medesima data del 30 aprile dell'anno successivo a quello di riferimento, gli enti devono trasmettere al Ministero della salute il bilancio di esercizio corredato dalla relazione del Collegio dei revisori.

- ***La casistica applicativa***

Con decreto ministeriale 17 settembre 2012 era stata approvata la casistica applicativa relativa all'implementazione e alla tenuta della contabilità di tipo economico-patrimoniale, nonché all'applicazione dei principi di valutazione specifici al fine di garantire uniformità di trattamento contabile degli eventi aziendali, in funzione dell'applicazione dei principi di armonizzazione dei sistemi contabili e dei bilanci.

La casistica applicativa comprende l'insieme di esemplificazioni sul trattamento contabile, sul sistema di controllo interno o sulla valutazione di specifiche voci o poste di bilancio che per la natura della norma istitutiva o la particolarità del settore di applicazione non sono di immediata deduzione dai principi contabili.

La casistica quindi prevede:

- l'applicazione operativa delle regole civilistiche e dei principi OIC alle specifiche situazioni della sanità pubblica;
- la declinazione operativa delle deroghe alla disciplina civilistica introdotte dal d.lgs. 118/2011.

17.3. La certificazione dei bilanci ed i controlli sulla spesa

La "certificazione di bilancio" è un procedimento grazie al quale il bilancio di una società viene controllato da un soggetto esterno al fine di verificare che esso corrisponda alle scritture contabili dell'impresa, rispetti le norme previste dalla legge e dai principi contabili per la redazione di tale documento e rappresenti in modo fedele la realtà aziendale.

Si può dire che un bilancio risulti certificabile quando è possibile esprimere un giudizio positivo rispetto al suo livello di chiarezza ed attendibilità.

Due sono le principali ragioni che hanno portato a ritenere questo tema particolarmente rilevante in ambito sanitario. La difficoltà nella ricostruzione dei dati contabili emersa in sede di definizione del livello di indebitamento delle rgioni sottoposte ai Piani di Rientro. Il processo accelerato di devoluzione verso le regioni, a partire dalla riforma del Titolo V della Costituzione, facendo emergere la necessità di avere a disposizione strumenti di rendicontazione e programmazione adeguati alle nuove necessità regionali.

Il concetto di certificabilità è stato introdotto con la Intesa tra il Governo e le regioni concernente il nuovo "Patto per la salute per gli anni 2010-2012". Nell'ambito di tale intesa, le regioni si sono impegnate a perseguire la certificabilità dei bilanci sanitari a garanzia della qualità dei dati contabili e delle relative procedure amministrativo-contabili.

La certificazione è intesa come espressione della necessità di garantire il coordinamento della funzione di governo della spesa e il miglioramento della qualità dei relativi dati contabili e gestionali e delle procedure sottostanti alla loro produzione e rappresentazione, anche in relazione all'attuazione del federalismo fiscale.

Nell'articolo 11 del Patto per la salute 2010-2012, le regioni si impegnano, altresì, ad effettuare una valutazione straordinaria dello stato delle procedure amministrativo-contabili, con conseguente certificazione della qualità dei dati contabili delle aziende e del consolidato regionale relativi all'anno 2008; per tutte le regioni, ma in particolare per quelle sottoposte ai Piani di Rientro è previsto una particolare intensificazione delle verifiche periodiche delle procedure amministrativo-contabili, al fine di pervenire alla certificazione annuale dei bilanci delle aziende e del bilancio sanitario consolidato regionale.

Ruolo fondamentale, anche in termini di responsabilità, in tale percorso è attribuito alle regioni, il comma 4 infatti prevede che questo costituisca adempimento ai fini dell'accesso al finanziamento integrativo da parte dello stato.

Il percorso così come delineato ha visto il prodursi di:

- valutazione straordinaria delle procedure amministrativo-contabili, finalizzata a verificare lo stato di salute dei sistemi di rilevazione contabile prevista dal d.m. 18 gennaio 2011;
- interventi significativi sui sistemi contabili orientati alla omogeneità dei dati con il d.lgs. 118/2011;
- l'introduzione dei Percorsi Attuativi della Certificabilità dei Bilanci (PAC) con il decreto del Ministro della salute di concerto con il Ministro dell'economia e delle finanze del 17 settembre 2012.

Con quest'ultimo decreto viene imposto alle regioni e agli enti del Servizio Sanitario nazionale di applicare una regolamentazione della materia contabile e un sistema di procedure amministrativo contabili che le ponga nella condizione, in ogni momento, di sottoporsi con esito positivo alle certificazioni ed alle revisioni contabili.

Nel 2013, il d.m. 1° marzo 2013 stabilisce i requisiti comuni e la modalità di predisposizione e presentazione dei Percorsi Attuativi della Certificabilità regionale, nonché il termine massimo di realizzazione. In pratica ne fornisce le indicazioni operative.

Dal 2013 ad oggi quasi tutte le regioni hanno adottato dei percorsi volti a raggiungere la certificabilità dei bilanci delle Aziende Sanitarie anche se il percorso non può ritenersi integralmente concluso su scala nazionale.

17.4. Il sistema di tesoreria

Negli enti pubblici il compito di effettuare i pagamenti e riscuotere le entrate è affidato al **servizio di tesoreria**. Il tesoriere svolge quindi le **funzioni** di **"cassiere"**, provvedendo, su ordine dell'ente, a pagare i creditori e a riscuotere dai debitori. Il servizio di tesoreria è solitamente affidato – salvo alcune eccezioni stabilite dalla legge – mediante gara pubblica ad un Istituto di credito idoneo nominato dall'ente e con il quale viene stipulato un apposito contratto (convenzione) col quale sono stabilite le condizioni e norme di gestione del servizio.

È obbligo del tesoriere:

- prestare idonea cauzione a garanzia del regolare svolgimento del servizio;

- tenere sempre aggiornato un registro di cassa nel quale annotare, in ordine strettamente cronologico, ogni riscossione ed ogni pagamento effettuato per ordine e conto dell'ente;
- rilasciare idonea quietanza delle somme riscosse, da staccare su apposito bollettario a madre e figlia, numerato progressivamente all'inizio di ogni esercizio finanziario;
- accertarsi, prima di procedere al pagamento di qualsiasi somma, che i mandati emessi dall'ente siano in possesso di tutti i requisiti richiesti dalle norme di contabilità. I pagamenti possono essere effettuati con diverse modalità;
- le più comuni ed utilizzate sono: *a*) la quietanza diretta del creditore da apporre sul mandato; *b*) l'accreditamento in conto corrente bancario o postale; *c*) la commutazione in assegno circolare non trasferibile; *d*) la commutazione in vaglia postale o telegrafico e/o in assegno postale localizzato;
- compilare, alla chiusura di ogni esercizio, il rendiconto di cassa dal quale risulti l'ammontare complessivo dei pagamenti e degli incassi effettuati nel corso dell'esercizio finanziario ed il saldo finale (fondo o deficit di cassa). Per ogni capitolo di bilancio il tesoriere deve indicare:
  1) il fondo o deficit di cassa risultante dalla chiusura dell'esercizio precedente a quello cui si riferisce il bilancio;
  2) le riscossioni avvenute ed i pagamenti effettuati, rispettivamente, su ogni residuo attivo e passivo;
  3) le somme rispettivamente incassate e pagate su ogni Capitolo di competenza dell'anno cui si riferisce il rendiconto; e
  4) tenere in custodia gli eventuali titoli o valori di proprietà dell'ente.

Le caratteristiche dell'Istituto tesoriere delle Unità Sanitarie Locali vengono fissate con la legge 30 marzo 1981, n. 119, all'art. 35.

"Al fine di assicurare una disciplina uniforme del servizio di tesoreria delle Unità sanitarie locali, con decreto del Ministro del tesoro, di concerto con il Ministro della sanità, sentita la commissione interregionale di cui all'articolo 13 della legge 16 maggio 1970, n. 281, sono approvati i criteri generali per la predisposizione delle convenzioni di tesoreria da stipulare dalle Unità sanitarie locali con le aziende di credito".

Tali criteri sono stati determinati con d.m. 21 settembre 1981 che, se pure ancora in vigore, contiene alcune norme non più applicabili a seguito delle modifiche introdotte dalla sopravvenuta legislazione.

È infine da precisare, sempre per quanto concerne le Aziende sanitarie, che le modalità ed i criteri di scelta dell'Istituto tesoriere sono stati solitamente normati dalla regione attraverso proprie leggi.

- ***Tesoreria unica***

Il regime di tesoreria unica è stato introdotto dalla legge 720/1984.

Le disposizioni della legge 720/1984 prevedevano che tutte le entrate degli enti locali venissero versate in due conti specifici, tenuti presso la Banca d'Italia:

- nel primo, infruttifero, andavano depositate tutte le entrate provenienti direttamente o indirettamente dallo Stato;
- nel secondo, fruttifero, andavano depositate tutte le altre entrate proprie degli enti.

Il tesoriere di ciascun ente, al momento di effettuare un pagamento, doveva prelevare prioritariamente le somme necessarie dal conto fruttifero presso la Banca d'Italia. Va rilevato che negli anni '80 i trasferimenti derivanti dallo Stato rappresentavano la larga maggioranza rispetto al totale delle entrate di cui gli enti locali potevano usufruire. Con le disposizioni sulla tesoreria unica prima indicate, evidentemente, dovendo al momento del pagamento utilizzare prioritariamente le disponibilità esistenti sul conto fruttifero della Banca d'Italia, gli enti, di fatto, non disponevano di liquidità su cui potere percepire interessi. Infatti, la loro liquidità era quasi sempre solo sul conto infruttifero.

Il tesoriere di ciascun ente curava soltanto pagamenti e riscossioni, eventualmente attivava l'anticipazione di cassa, nel caso di indisponibilità presso i conti della Banca d'Italia, senza potere gestire, però, la liquidità dell'ente.

• ***Tesoreria mista***

Il d.lgs. 279/1997 ha introdotto significative modifiche, introducendo un sistema di tesoreria cosiddetta "mista" limitandolo però solo alle regioni ed agli enti locali.

L'art. 77-*quater* del decreto-legge 25 giugno 2008, n. 112, convertito nella legge n. 133 del 6 agosto 2008, ha generalizzato l'applicazione del sistema di tesoreria unica "mista" anche alle Aziende Sanitarie Locali per il totale superamento della tesoreria unica.

Il nuovo sistema di tesoreria mista prevede che:

- le entrate costituite dalle assegnazioni, contributi e quanto altro proveniente, direttamente o indirettamente, dal bilancio dello Stato vanno versate nelle contabilità speciali infruttifere ad essi intestate presso le sezioni di tesoreria provinciale dello Stato gestite dalla Banca d'Italia;
- tutte le altre entrate non devono più confluire nei conti fruttiferi intestati all'ente, presso la tesoreria provinciale dello Stato, ma possono rimanere presso i tesorieri dei singoli enti;
- le disponibilità che non derivano dallo Stato, cioè le somme escluse dal versamento nella tesoreria statale e depositate presso il proprio tesoriere, vanno prioritariamente utilizzate per i pagamenti effettuati dagli enti.

Il regime di tesoreria "mista" riconosce a tutti gli enti locali una maggiore autonomia nel gestire le proprie risorse finanziarie, autonomia dalla quale, se gestita in modo oculato e professionale, può derivare anche un incremento delle entrate. Il d.lgs. 279/1997 ha consentito infatti di gestire fuori dalla tesoreria dello Stato tutte le cosiddette **entrate proprie**. Questa innovazione, oltre a rendere gli enti più autonomi, ha consentito anche agli enti di realizzare, su quelle disponibilità, interessi attivi più elevati di quelli riconosciuti dalla Banca d'Italia sulle giacenze depositate in contabilità fruttifera.

Ovviamente, in questi casi la consistenza degli interessi attivi è determinata dai singoli contratti di tesoreria. Inoltre, il sistema di tesoreria "mista" ha consentito anche agli enti che disponessero di liquidità esuberanti rispetto alle proprie necessità, di investire in forme più convenienti (pronti contro termine, buoni ordinari del tesoro, o altro) parte di questa liquidità realizzando una redditività superiore anche a quella prevista dalla contabilità fruttifera presso la tesoreria provinciale dello Stato o dal contratto con il proprio tesoriere.

Il superamento del sistema di tesoreria unica ha comportato quindi dei vantaggi concreti e portato le Aziende Sanitarie nelle condizioni di poter sfruttare tutte le opportunità che possano rendere la loro attività più funzionale.

Tali vantaggi sono così riassumibili:

a) una maggiore capacità di programmazione delle proprie risorse dettata da un maggior controllo delle liquidità disponibili;
b) la possibilità di soddisfare pienamente l'esigenza di attuare una politica di monitoraggio e controllo delle risorse;
c) la possibilità di ottenere maggiori rendimenti dal riversamento delle somme disponibili nella parte fruttifera del conto di tesoreria;
d) avere una nuova opportunità di autofinanziamento.

L'art. 35 del decreto legge n. 1 del 24 gennaio 2012 convertito con modifiche dalla legge 24 marzo 2012, n. 27, sospende l'attuale normativa relativa alla gestione della tesoreria e ripristina le disposizioni di cui all'art. 1 della legge 29 ottobre 1984, n. 720 e alle relative norme amministrative di attuazione, relative alla tesoreria unica con obbligo di deposito delle disponibilità sulle contabilità speciali aperte presso le sezioni di tesoreria provinciale dello Stato.

• ***I due sistemi a confronto***

Con il ritorno al vecchio sistema di tesoreria unica gli enti non hanno più disponibilità diretta delle proprie risorse depositate presso il sistema bancario.

Il tesoriere di ciascun ente potrà e dovrà soltanto curare pagamenti e riscossioni, senza potere gestire, però, la liquidità dell'ente, secondo le disposizioni e le decisioni di quest'ultimo. Si è realizzata una grave limitazione dell'autonomia delle regioni, degli enti locali e delle USL così privati di un importante strumento di gestione finanziaria che è risultata ampiamente vantaggiosa per le casse pubbliche.

A parere delle Stato e del Ministero delle economie e delle finanze, invece, il passaggio da un sistema all'altro non realizza uno "spossessamento" di risorse per gli enti coinvolti e pertanto non comporta conseguenze nella disponibilità effettiva della liquidità, che rimane piena, immediata e incondizionata, per permettere di far fronte all'adempimento delle obbligazioni di pagamento. Il sistema di tesoreria unica tradizionale non realizza quindi alcun "controllo" sulla gestione finanziaria degli enti coinvolti, né preclude la disponibilità delle somme occorrenti per lo svolgimento dei compiti istituzionali. In altri termini, detto regime non ha alcuna incidenza sull'autonomia di spesa degli enti che mantengono intatti i poteri e la capacità di disporre pagamenti secondo i propri principi e procedure. Così è confermato dalla Corte costituzionale nella sentenza n. 311/2012, che ha esplicitamente riconosciuto che *"il regime di tesoreria unica non lede l'autonomia di entrata e di spesa degli enti territoriali: esso non preclude ai soggetti che vi sono sottoposti la facoltà di disporre delle proprie risorse, nel senso di valutarne discrezionalmente la congruità rispetto alle necessità concrete e di indirizzarle verso gli obiettivi rispondenti alle finalità istituzionali... Ne discende che l'autonomia di regioni ed enti locali nel disporre delle proprie risorse per finanziare integralmente le funzioni pubbliche loro attribuite (art. 119, quarto comma, Cost.) non è limitata dalla disciplina impugnata, che non influisce in alcun modo sulla disponibilità delle loro somme; né i conti presso le Tesorerie provinciali intestati agli enti possono essere considerati come «anomali strumenti di controllo sulla gestione finanziaria» in quanto non frappongono «ostacoli all'effettiva e pronta utilizzazione delle risorse a disposizione» di regioni ed enti locali"*.

Altresì il sistema consente un miglioramento e un rafforzamento del coordinamento di finanza pubblica, unitariamente considerata e integrata nelle sue componenti statale e territoriale, tenuto conto che l'accentramento presso la tesoreria statale delle disponibilità di enti e organismi pubblici consente di ottimizzare la gestione della liquidità da parte della tesoreria statale, minimizzando il ricorso dello Stato al mercato per reperire risorse, con effetti positivi sul fabbisogno del settore statale. Anche questo principio è stato riconosciuto dalla Corte costituzionale che con la citata sentenza n. 311/2012 ha affermato che la disciplina in materia di tesoreria unica *"rientra tra le scelte di politica economica nazionale [...], si colloca nell'ambito dei principi fondamentali di coordinamento della finanza pubblica [...] e comporta evidenti implicazioni anche in materia di tutela del risparmio e dei mercati finanziari. Il sistema di tesoreria unica è uno strumento essenziale per assicurare il contenimento del fabbisogno finanziario dello Stato ordinamento"*.

È evidente a questo punto la *ratio* della norma, ovvero quella di riportare la gestione della liquidità unicamente ai fini di carattere istituzionale dell'ente, con ciò impedendo qualsiasi utilizzo al di fuori di essa. Utilizzo che, in taluni casi, si è verificato, anche di carattere speculativo.

- ***Le forme di indebitamento delle Aziende sanitarie***

Le forme di indebitamento previste per le Aziende sanitarie sono essenzialmente due, l'**anticipazione ordinaria** per il breve termine e il **mutuo** per gli **investimenti** a lungo termine.

Ai sensi dell'art. 2, punto 1, comma *g*) del d.lgs. n. 229 del 19 giugno 1999, le Aziende sanitarie possono ricorrere all'indebitamento nelle forme di:

- anticipazione, da parte del tesoriere, nella misura massima di un dodicesimo dell'ammontare annuo del valore dei ricavi, inclusi i trasferimenti, iscritti nel bilancio preventivo annuale;
- contrazione di mutui e accensione di altre forme di credito, di durata non superiore a dieci anni, per il finanziamento di spese di investimento e previa autorizzazione regionale, fino a un ammontare complessivo delle relative rate, per capitale e interessi, non superiore al quindici per cento delle entrate proprie correnti, ad esclusione della quota di Fondo sanitario nazionale di parte corrente attribuita alla regione

Secondo la legge finanziaria del 2004 le regioni a statuto ordinario possono, con propria legge, disciplinare l'indebitamento delle aziende sanitarie locali ed ospedaliere e degli enti e organismi, in qualunque forma costituiti, dipendenti dalla regione, solo per finanziare spese di investimento.

Capitolo 18
Il sistema premiante

di *Stefano Carlini*

Il sistema premiante rappresenta un meccanismo di governo e di gestione che necessita di essere collocato nell'organizzazione secondo una coerenza logica e funzionale che tenga conto del contesto umano, ambientale e degli altri strumenti di *management*.

La ricetta in chiave organizzativa e gestionale è quella di attivare un sistema di valutazione e incentivazione del personale, adeguatamente integrato con gli altri sistemi di gestione aziendali, superando una visione punitiva e negativa di tali sistemi in favore dell'affermazione di una logica di valorizzazione e sviluppo delle risorse professionali. Perseguendo, in tal modo la finalità di favorire il senso di appartenenza all'organizzazione, di modificare il sistema di valori dominante, di costituire la cinghia di trasmissione tra i cambiamenti organizzativi generali e i comportamenti individuali, orientare i singoli operatori verso gli aspetti più critici da presidiare, costituire la base di riferimento per l'applicazione di sistemi incentivanti monetari e non monetari.

18.1. Merito e *performance* nelle aziende del SSN

All'interno delle Aziende sanitarie si verifica spesso la contrapposizione tra aspettative e interessi individuali ed esigenze ed obiettivi generali dell'organizzazione, sino a determinare comportamenti distorsivi ed un progressivo allontanamento della capacità di perseguire le finalità istituzionali.

L'obiettivo primario dei processi valutativi è migliorare complessivamente i risultati aziendali e la qualità dei servizi prodotti, in un'ottica di valorizzazione e responsabilizzazione del personale verso il pieno svolgimento delle funzioni istituzionali assegnate all'Azienda.

La valutazione del dipendente è un processo di comunicazione e di valorizzazione del personale che, in alcuni casi, ha anche un diretto collegamento con la progressione di "carriera" o con il riconoscimento di un premio.

Se ne verifica, talvolta, un utilizzo sbagliato nelle scelte di politica del personale e di relazioni sindacali con lo sbilanciamento nel rapporto tra i contributi richiesti ai singoli operatori e le ricompense che l'organizzazione è in grado di riconoscere agli stessi.

L'obiettivo del sistema premiante è quello di inter-connettere valutazioni relative alla complessità delle posizioni di lavoro, alla quantità e qualità delle prestazioni, al potenziale di sviluppo dei singoli operatori.

Il percorso e gli strumenti della valutazione devono tener conto delle diversificate capacità di risposta da parte di ciascuna persona valutata, in rapporto al proprio livello di responsabilità, alle performance aziendali, in un'ottica di qualità, rivolta ad aspetti non solo quantitativi, ma anche di tipo relazionale.

Il sistema di valutazione deve essere improntato ai seguenti principi:
- trasparenza dei processi e dei criteri usati mediante la chiara esplicitazione dei principi, delle motivazioni e delle modalità del processo di valutazione;
- oggettività delle metodologie e degli strumenti utilizzati;
- diretta conoscenza del valutato da parte del valutatore laddove possibile;
- formalizzazione della valutazione finale secondo modalità che ne rendano il contenuto facilmente comprensibile, semplice e trasparente;
- periodicità e continuità dei suoi processi attuativi;

e persegue le seguenti finalità:
- orientare i comportamenti organizzativi verso le finalità aziendali e rendere esplicito il sistema delle responsabilità;
- rappresentare la base sulla quale costruire piani e percorsi per sviluppare le competenze dei singoli dipendenti;
- supportare i processi decisionali che riguardano la gestione delle persone (assegnazione rinnovo incarichi dirigenziali, posizioni organizzative, assunzioni...) producendo informazioni utili che vengono raccolte nel fascicolo personale di ogni professionista.

Il sistema di valutazione si propone di dare un giudizio sull'effettiva capacità (dimostrata nel periodo di riferimento), di conseguire gli obiettivi assegnati. È uno strumento manageriale intimamente collegato con i sistemi di programmazione e controllo. Questi ultimi, per conseguire le proprie finalità di orientamento dell'organizzazione e dei singoli operatori verso obiettivi di miglioramento dell'efficacia ed efficienza gestionali, necessitano di un adeguato sistema premiante.

18.2. Il sistema premiante nel panorama contrattualistico

Tra il 1955 e il 1998 si apre una stagione contrattuale per la sanità, sia relativamente al settore del comparto che per la dirigenza, la cui portata innovativa è data dal superamento della produttività basata sul plus orario, a favore di una produttività per obiettivi, assegnati dalle aziende alle singole unità operative. Fino ad allora lo stretto collegamento tra entità dei premi incentivanti assegnati ai singoli operatori e le modalità di formazione del fondo, determinato in ragione del volume di prestazioni effettuate a favore dei pazienti non ricoverati, ha reso estremamente complesso, ed in alcuni casi impossibile, attivare un meccanismo premiante ancorato sulla valutazione degli obiettivi raggiunti. Il sistema è stato fortemente sbilanciato premiando di fatto le prestazioni piuttosto che gli obiettivi.

La definizione di un legame diretto tra quota di incentivazione e singolo operatore, resa indispensabile con l'introduzione del concetto di plus orario, ha generato un sistema che, in realtà, è più orientato a premiare il singolo piuttosto che lo sforzo dell'equipe nel perseguimento degli obiettivi.

Il contenuto del CCNL ha rimodellato il sistema di incentivazione indirizzandolo, invece, a incentivare il raggiungimento di obiettivi aziendali.

Viene lasciata alla singola Azienda una forte autonomia negoziale nella definizione dei criteri e dei metodi di incentivazione. Ciò non risolve uno dei problemi più rilevanti, generato dall'applicazione del precedente sistema premiante, ovvero la convinzione che la quota incentivante sia parte irrinunciabile dello stipendio. Infatti, il nuovo contratto agisce non su quote di incentivazione che vanno a sovrapporsi a quelle esistenti, ma solo su quelle già a disposizione. In tal modo il sistema di incentivazione collettiva viene frequentemente vissuto dagli operatori come incongruo rispetto ai benefici già conseguiti.

L'art. 26, comma 3 del CCNL 3 novembre 2005 stabilisce che la valutazione annuale sia effettuata: per tutti i dirigenti sui "risultati raggiunti in relazione agli obiettivi affidati, anche ai fini dell'attribuzione della **retribuzione di risultato**"; per i dirigenti di struttura complessa o semplice sul "**risultato di gestione**". Inoltre nel successivo art. 27, comma 1 del CCNL 3 novembre 2005 vengono indicati come elementi per la valutazione annuale: **per tutti i dirigenti** "l'osservanza delle direttive nel raggiungimento dei risultati in relazione all'incarico attribuito; il raggiungimento degli obiettivi prestazionali quali-quantitativi espressamente affidati; l'impegno e la disponibilità correlati all'articolazione dell'orario di lavoro rispetto al conseguimento degli obiettivi; per **i dirigenti di struttura complessa o semplice** la gestione del budget finanziario formalmente affidato e delle risorse umane e strumentali effettivamente assegnate in relazione agli obiettivi concordati e risultati conseguiti; ogni altra funzione aziendale espressamente delegata in base all'atto aziendale; l'efficacia dei modelli gestionali adottati per il raggiungimento degli obiettivi annuali.

L'art. 26, comma 2 del CCNL 3 novembre 2005 stabilisce che la valutazione pluriennale sia effettuata:

- per tutti i dirigenti alla scadenza dell'incarico loro conferito in relazione alle attività professionali svolte ed ai risultati raggiunti;
- per tutti i dirigenti di nuova assunzione al termine del primo quinquennio di servizio;
- per i dirigenti che raggiungono l'esperienza professionale ultraquinquennale in relazione all'indennità di esclusività.

Il successivo art. 28 stabilisce gli elementi di cui bisogna tenere conto ai fini della valutazione pluriennale che capitalizzano gli esiti delle valutazioni annuali e delle competenze riconosciute.

Dal punto di vista più strettamente normativo lo spartiacque è rappresentato dal d.lgs. 150/2009 (decreto Brunetta) con cui è stata prevista l'attivazione dell'**Organismo Indipendente** di **Valutazione** della **performance** presso ciascuna amministrazione pubblica, ancorché diversamente organizzato dalle regioni per quanto attiene alle Aziende sanitarie.

Nell'ambito del sistema premiante aziendale, l'Organismo riveste il ruolo di garante della correttezza dei processi di misurazione e valutazione, nonché dell'utilizzo dei premi previsti dal CCNL.

Nel decreto Brunetta si fissano i principi cardine che la pubblica amministrazione deve adottare per la valorizzazione del personale. Per disposizione normativa il sistema premiante diventa selettivo e meritocratico; inoltre, viene espressamente vietato di distribuire i premi in forma indifferenziata ed in assenza di verifica sugli esiti. La progressione economica e di carriera viene qualificata come elemento inscindibile dal sistema premiante, vincolandone l'efficacia al processo di valutazione.

Capitolo 19
Il budget

di *Stefano Carlini*

19.1. Le tipologie di *budget*

Il capitolo si sostanzia in un estratto del **"Regolamento di Budget"** dell'Azienda USL di Ferrara, adottato con delibera 310 del 27 novembre 2014 impostato secondo le Linee Guida dell'Emilia-Romagna adottate con deliberazione della Giunta Regionale n. 865 del 24 giugno 2013.

In tal modo si è cercato di fornire una esemplificazione operativa di uno strumento, la cui applicazione non è disciplinata specificatamente da norme ma piuttosto da evidenze pratiche attualmente in uso presso le Aziende che lo utilizzano. Ciò avviene, in genere, ponendo in essere le seguenti azioni:

- definizione del regolamento di budget aziendale quale "meccanismo operativo" dell'azienda e strumento utile alla gestione, in grado di rendere trasparente l'allocazione delle risorse e di omogeneizzare il sistema di definizione dei risultati attesi e delle correlate risorse;
- definizione del sistema di reportistica aziendale a supporto del controllo dell'andamento delle attività negoziate in budget e del percorso da attivare in caso di scostamenti.

• ***I centri di responsabilità***

Il budget rappresenta un piano annuale espresso in termini quantitativi e articolato per **"centri di responsabilità"** in cui vengono definiti, previa negoziazione, gli obiettivi di salute e strategici, le attività e prestazioni da svolgere, le risorse specifiche ad esse riferibili, nell'ambito dell'esercizio di riferimento.

Il sistema di budget consente di collegare la programmazione al controllo attraverso la formulazione di obiettivi, promuovendo l'identificazione delle responsabilità in rapporto alle conseguenti attività ed elaborando indicatori quantitativi e qualitativi sintetici.

Il budget rappresenta, quindi, uno dei meccanismi operativi finalizzati al governo e alla gestione aziendali.

Il processo di budgetizzazione si sostanzia, inoltre, nella predisposizione di apposita reportistica finalizzata a fornire le necessarie informazioni ai diversi livelli di responsabilità (Dir. generale e macrostrutture, in particolare), consentendo loro di verificare il corretto utilizzo, o meno, delle risorse budgettizzate.

Il "budget" è, inoltre, un processo formale mediante il quale, periodicamente, i centri di responsabilità aziendali raggiungono un accordo con la Direzione generale relativamente all'impiego e all'allocazione delle risorse – in rapporto agli obiettivi da perseguire – e analizzano le differenze tra questi e i risultati ottenuti. L'azienda individua come componenti fondamentali del proprio sistema di budget:

a) i **costi**, articolati per **fattori produttivi**, che rappresentano un'ulteriore scomposizione dei conti economici della contabilità generale. Questi ultimi devono essere indicati, armonizzando il linguaggio contabile e, più specificamente, omogeneizzando i dati di budget con quelli prodotti dalla contabilità generale. In sintesi, i fattori produttivi sono univocamente riconducibili ai conti di contabilità generale, fino al livello dei conti economici che compongono il Modello CE ministeriale;

b) il **piano** dei **Centri di Responsabilità** (CDR), delle **Unità Operative** e **delle Macrostrutture**.

Il budget è dettagliato per singolo livello di responsabilità e trova declinazione all'interno del bilancio preventivo in termini di programmazione sanitaria ed economico-finanziaria.

Le tipologie ricorrenti sono: i **budget operativi** e i **budget trasversali** (tra cui il budget degli investimenti). Essi evidenziano le azioni e le risorse a disposizione dei responsabili aziendali per perseguire gli obiettivi di esercizio. È, ovviamente, necessario garantire coerenza tra i contenuti dei budget operativi e quelli dei budget trasversali

• ***Il budget operativo (la "scheda di budget")***

La **"scheda di budget"** rappresenta la modalità elaborativa per formulaare la proposta di budget da parte dei CDR. Deve essere facilmente interpretabile, sintetica e aggregabile ad altre schede allo scopo di consentire la predisposizione di dati consolidati comuni.

Il budget operativo si articola nelle schede di budget afferenti ad ogni "centro di responsabilità" aziendale. I suoi **contenuti** minimi sono: **Obiettivi**; **Costi diretti**; **Costi indiretti**; **Risorse umane**; e **Attività**.

Gli obiettivi individuati su indicazione della direzione strategica, sono esplicitati annualmente nelle linee guida al budget e vengono proposti all'interno della scheda di budget operativo. Per ogni obiettivo vanno specificati l'indicatore (certo e misurabile), il risultato atteso e la scadenza.

Per costi diretti si intendono i consumi attesi dei fattori produttivi direttamente governabili dal responsabile di CdR.

Per quanto riguarda i **costi indiretti**, la scheda riporta la previsione di spesa per una particolare categoria di costi relativi all'azienda nel suo complesso ma per la quale si configura anche una responsabilità concorrente del budget operativo (ad esempio servizi di pulizia, riscaldamento, mensa, manutenzioni, rette, ecc.).

Le **risorse umane** comprendono: personale dipendente, personale atipico (lavoro autonomo, borse di studio e co.co.co.), personale a rapporto convenzionale (medici specialisti convenzionati interni; medici della medicina dei servizi; medici della continuità assistenziale).

Le risorse umane sono espresse in numero di teste per centro di responsabilità di appartenenza; possono essere rappresentate in unità pesate equivalenti, in cui si considera il full o part-time e la presenza effettiva di ciascun dipendente.

L'attività dell'azienda viene espressa tramite dati di produzione ospedaliera e territoriale per centro di responsabilità. Sono indicati i livelli di attività o gli indicatori attesi per l'anno di budget che possano garantire confronti temporali omogenei. I dati di attività presenti all'interno della scheda di budget e le fonti delle banche dati utilizzate sono esplicitati annualmente all'interno delle linee guida al budget.

• ***Budget trasversali***

La direzione strategica necessita di un supporto gestionale per quei fattori definiti in senso lato **"costi trasversali"** (es. totale della voce economica di costo dei medicinali, dei dispositivi, ecc.) per i quali non esiste una responsabilità diretta di budget complessivo, ma va sviluppata un'attività di programmazione, acquisizione e monitoraggio da parte dei cosiddetti gestori trasversali delle risorse. I responsabili di quest'ultime garantiscono la coerente distribuzione dei fattori produttivi ed il corretto impiego delle risorse per il raggiungimento degli obiettivi di budget". Sono le strutture organizzative tipicamente interessate alle fasi di contrattualizzazione, approvvigionamento e fornitura alle unità operative dei beni necessari per il loro funzionamento.

I budget trasversali comprendono: i costi comuni, relativi ai servizi di pulizia, riscaldamento, mensa, manutenzioni, ecc.; gli acquisti, riferiti a beni correnti o a utilità pluriennale, servizi e risorse umane. Il gestore di budget trasversale ha responsabilità di programmazione, acquisizione e monitoraggio dei corrispondenti fattori produttivi. Si riconduce in questo modo all'interno della programmazione la sintesi di tale tipologia di voci.

Di seguito si riporta un elenco indicativo delle tipiche voci di costo trasversali e dei relativi gestori, ferma restando l'autonomia aziendale sia nell'individuazione del numero e dell'oggetto dei budget trasversali, sia nell'attribuzione delle relative responsabilità.

- **Beni e servizi di supporto alla persona** (appalti mensa, pulizie, lavanderia): Servizio Farmaceutico ed Economato. Il budget dei Servizi Farmaceutico e Acquisizione di beni e servizi riguarda sia risorse gestite direttamente dai singoli centri di responsabilità (costi e ricavi diretti, relativi a beni e servizi sanitari e non, specifici della prestazione sanitaria), sia costi comuni per servizi di supporto alla persona (pulizie, lavanolo, mensa, smaltimento rifiuti, trasporti, facchinaggio, manutenzioni...).

- **Manutenzioni immobili** e **impianti**, **gestione calore**, **utenze**: Servizio Tecnico.
- **Piano investimenti**: Servizio Tecnico. Il budget per l'acquisizione di tecnologie e arredi è negoziato ogni anno dalla direzione strategica con i Servizi Tecnici di competenza ed eventualmente, secondo la scelta aziendale, anche con i CdR di prestazioni finali e intermedie. La direzione strategica provvede ad aggiornare il piano investimenti pluriennale per adeguarlo alle eventuali nuove necessità nel frattempo intercorse, valutate dai Servizi Tecnici per l'ambito di rispettiva competenza e inserite nel budget trasversale. I Servizi Tecnici hanno altresì una responsabilità diretta in termini di rispetto del piano investimenti e di monitoraggio periodico dello stato di avanzamento dello stesso.
- **Costi del personale**: Servizio Risorse Umane. La direzione strategica e il Servizio Risorse Umane definiscono il piano annuale delle assunzioni, che sarà oggetto di negoziazione con i centri di responsabilità. Il piano negoziato diventerà il budget trasversale delle risorse umane. La definizione del piano avviene sulla base delle richieste pervenute dalle macrostrutture e dei vincoli normativi nazionali e regionali in materia.
- **Costi della formazione**: Servizio Formazione.
- **Convenzioni**: Servizio Risorse Umane o Dipartimento di Cure Primarie.
- **Acquisizione di prestazioni sanitarie e socio-sanitarie**: Ufficio committenza-mobilità sanitaria, Dipartimento Cure Primarie, Dipartimento di Salute Mentale e Dipendenze Patologiche, Direzione Attività Socio-Sanitarie.
- **Costi per ingegneria clinica**: Servizio di Ingegneria Clinica e/o Servizio Tecnico.
- **Costi per attività informatica**: Servizio ICT.

• ***Le linee guida della programmazione di budget***

La definizione delle linee guida di budget compete alla direzione strategica dell'Azienda.

Esse sono redatte sulla base:

a) delle linee di indirizzo nazionali;
b) delle linee di indirizzo regionali (che contengono i criteri di assegnazione delle risorse alle Aziende Sanitarie, i vincoli derivanti dalla normativa nazionale e regionale, gli obiettivi definiti nell'ambito della programmazione sanitaria regionale);
c) dei documenti di programmazione sanitaria locale e aziendale;
d) del preconsuntivo dell'anno in corso.

Le **linee guida di budget** devono indicare:

- gli obiettivi dell'anno;

- i fattori produttivi dell'anno (costi diretti e costi diretti trasversali);
- l'elenco delle risorse umane da rappresentare all'interno della scheda e i criteri di calcolo delle "teste";
- i dati di attività e le fonti delle banche dati utilizzate per la loro rilevazione;
- la tempistica del processo di budget;
- la tempistica della rendicontazione di fine anno;
- le modalità di comunicazione dei budget operativi accettati nella fase di negoziazione e nella fase di revisione budget;
- le modalità di comunicazione e di pubblicazione delle linee guida aziendali, delle schede di budget e delle verifiche trimestrali (ad esempio invio di mail, consultazione delle diverse reportistiche per il tramite delle pagine intranet, ecc.).

La definizione delle linee guida di budget prevede il coinvolgimento diretto dei gestori dei budget trasversali e delle direzioni tecniche.

Le linee guida sono comunicate e condivise nell'ambito del Collegio di Direzione.

Le linee guida vanno presentate al Collegio Sindacale nella persona del Presidente, il quale viene invitato alla seduta del Collegio di Direzione che abbia all'ordine del giorno la presentazione delle linee guida di budget.

Le linee guida sono trasmesse alle Macrostrutture e ai Responsabili dei Servizi in Staff. L'invio deve avvenire mediante un'efficace forma comunicativa (es. mailing list e/o pubblicazione sul sito intranet aziendale).

La Direzione generale formula una proposta di budget in termini di:
- obiettivi da raggiungere,
- attività, costi e personale a disposizione.

È compito del Direttore di Macrostruttura articolare la proposta di budget per i CdR che compongono la macrostruttura stessa e negoziarla con questi ultimi. A tal fine, il Direttore di Macrostruttura coinvolge dirigenti, collaboratori, titolari di funzioni trasversali (ad esempio, coordinatori infermieristici, tecnici e riabilitativi, coordinatori amministrativi, referenti governo clinico, formazione, qualità), avvalendosi ad esempio del Comitato di Dipartimento. Tramite tale comitato (riunioni interne) si promuovono la diffusione e la condivisione degli obiettivi a tutte le articolazioni organizzative della Macrostruttura. La partecipazione dei professionisti deve trovare riscontro in evidenze documentali.

- ***La negoziazione di budget con la Direzione generale***

La negoziazione di budget si svolge sulla base di una tempistica definita annualmente dalla direzione strategica aziendale in coerenza con le scadenze regionali e resa nota all'interno delle linee guida di budget.

Le proposte di budget delle Macrostrutture e dei Servizi in staff sono inviate al Servizio di programmazione e controllo. Il Servizio di programmazione e controllo procede al consolidamento delle proposte e a una loro analisi; predispone quindi le sintesi a supporto della negoziazione, evidenziando anche gli scostamenti rispetto alle indicazioni riportate nelle linee guida di budget. La negoziazione di budget avviene tra la Direzione generale in senso stretto da un lato, i singoli direttori di Macrostruttura o responsabili dei Servizi in staff dall'altro. Alla negoziazione partecipano il responsabile del Servizio programmazione e controllo, i gestori di budget trasversali, le direzioni tecniche e i direttori di struttura complessa.

La negoziazione si chiude con l'intesa tra la Direzione generale e il Direttore di ogni Macrostruttura o Servizio in staff. Se la prima negoziazione non si conclude con un'intesa, il direttore di Macrostruttura o responsabile del Servizio di staff deve presentare una nuova proposta, al fine di raggiungere un accordo con la Direzione generale. Gli incontri di negoziazione devono avere un'evidenza documentale rispetto ai valori e ai contenuti operativo/gestionali contrattati (es. scheda presentata, verbale delle riunioni, ecc.).

L'accettazione del budget negoziato avviene mediante l'apposizione della firma, sulle schede di budget o su una scheda riepilogativa, da parte del direttore di Macrostruttura o responsabile del Servizio in staff. I valori e gli obiettivi risultanti dall'intesa di budget devono essere trasmessi a tutti i direttori di Macrostruttura e ai responsabili dei Servizi in staff, utilizzando le forme più efficaci di comunicazione, in modo da garantire la diffusione delle informazioni e degli obiettivi negoziati a tutti i livelli organizzativi.

È compito del direttore di Macrostruttura e del responsabile del Servizio in staff assicurarsi che il budget concordato sia assegnato e portato a conoscenza all'interno della propria struttura organizzativa.

Viene privilegiato l'utilizzo del "Comitato di Dipartimento", o di apposite riunioni tra gli uffici non costituiti in Dipartimenti quali strumenti di comunicazione per la diffusione dei contenuti del budget assegnato a tutto il personale dipendente (fino al livello del singolo operatore).

Il percorso garantisce:

- la trasparenza delle decisioni relative agli obiettivi aziendali da perseguire;
- la continuità e la coerenza temporale e spaziale delle decisioni rispetto alle strategie aziendali;
- la compatibilità con le risorse economiche complessivamente disponibili;
- la declinazione degli obiettivi generali in obiettivi specifici fra loro coordinati e coerenti con le responsabilità organizzative e gestionali;
- l'autonomia e la responsabilizzazione dei dirigenti, sia gestionale che economico-finanziaria;
- la chiara individuazione degli elementi di valutazione ai fini dell'applicazione degli accordi aziendali di retribuzione di risultato.

19.2. Controllo periodico e sistemico

L'accettazione e la condivisione del documento di budget chiude una fase importante dell'attività di programmazione aziendale. Durante l'anno è richiesta un'attenta attività di verifica dell'andamento complessivo della gestione del budget e della sua coerenza con quanto definito in sede di negoziazione.

La verifica si attua mediante il monitoraggio del budget operativo e dei budget trasversali.

Il controllo periodico e sistemico degli obiettivi e delle risorse concordate in budget avviene mediante il sistema di reportistica aziendale. Tramite tale attività la Direzione generale e i responsabili di Macrostruttura possono verificare l'andamento dell'attività svolta rispetto al budget negoziato.

- ***Monitoraggio del budget operativo e dei costi trasversali***

Il sistema di reporting aziendale a supporto del monitoraggio del budget operativo e dei costi trasversali è reso disponibile con cadenza periodica, coerentemente con le tempistiche aziendali, tendenzialmente trimestrale, di norma entro 40 giorni dalla chiusura del trimestre.

Oggetto del monitoraggio sono:
- il budget operativo;
- i costi trasversali.

I dati finalizzati al monitoraggio sono estratti da sistemi informativi aziendali.

I report di monitoraggio devono riflettere il reale andamento delle voci oggetto di osservazione.

È pertanto auspicabile che vengano indicati:
a) il valore del periodo dell'anno corrente;
b) il valore del periodo dell'anno precedente;
c) il valore dell'anno precedente;
d) il valore dell'anno in corso inserito nel bilancio preventivo e/o nel budget;
e) la proiezione (algebrica o ragionata) dell'anno corrente;
f) i differenziali in valore assoluto e in percentuale tra i diversi aggregati.

L'analisi degli scostamenti è effettuata mediante le evidenze documentali che i gestori trasversali, i direttori di Macrostruttura e i responsabili dei Servizi in staff devono fornire alla direzione strategica a seguito dell'analisi della reportistica. Essa viene divulgata con le stesse modalità previste per la diffusione del budget.

La Direzione generale organizza incontri almeno trimestrali con i responsabili trasversali finalizzati al monitoraggio degli andamenti dei fattori produttivi nel suo complesso.

I Direttori di Macrostruttura e i Responsabili dei Servizi in staff garantiscono inoltre una comunicazione costante dell'analisi degli scostamenti (quindi dell'andamento della gestione) promuovendo periodici incontri, con cadenza almeno semestrale con i propri CdR.

Il monitoraggio è coerente con il debito informativo legato all'invio delle verifiche infrannuali ministeriali (modelli CE trimestrali) e regionali (verifiche straordinarie alla gestione).

Nel corso dell'anno, laddove il monitoraggio rilevi scostamenti rilevanti tra i dati effettivi e quelli di budget, si avvia il processo di revisione del budget. L'ultimo monitoraggio dell'anno (IV trimestre) chiude il processo del controllo periodico e sistemico e coincide con la rendicontazione di fine anno.

- ***Revisione di budget***

La fase della revisione di budget viene prevista per:

a) analizzare le criticità emerse nel monitoraggio del budget operativo e dei budget trasversali;

b) analizzare le criticità formalmente evidenziate dai Direttori di Macrostruttura e dai Responsabili dei Servizi in staff all'U.O. Programmazione e Controllo di gestione.

L'U.O. Programmazione e Controllo di gestione supporta la direzione strategica nell'analizzare le problematiche e le richieste di modifica ai budget negoziati. A tal fine la direzione strategica calendarizza specifici incontri. Questi sono organizzati con cadenza semestrale, al fine di porre tempestivamente in essere, in caso di criticità, le necessarie azioni correttive e l'eventuale ridefinizione degli obiettivi. L'Azienda utilizza tali incontri come strumento di coinvolgimento e di confronto in corso d'anno, anche in assenza di criticità.

Agli incontri partecipano la direzione strategica, i gestori di budget trasversale e le Macrostrutture.

Gli incontri trovano riscontro in un'evidenza documentale.

I budget operativi modificati a seguito della revisione di budget saranno resi disponibili secondo le modalità comunicative già adottate per il budget.

Le linee guida di budget specificheranno annualmente la forma comunicativa scelta (es. e-mail, lettera inviata a mezzo di scrivania virtuale, ecc.).

- ***Rendicontazione di fine anno***

La rendicontazione di fine anno riassume l'andamento degli obiettivi di budget, è destinata alla direzione strategica ed è finalizzata altresì al percorso di valutazione collegato anche alla retribuzione di risultato così come definita negli accordi integrativi aziendali.

La rendicontazione si compone di:

a) dati di pre-consuntivo;

b) relazione finale dei direttori di Macrostruttura e dei responsabili dei Servizi in staff che dia evidenza dell'andamento annuale del budget operativo;

c) relazione finale per la direzione strategica, riassuntiva dei risultati delle Macrostrutture e dei Servizi in staff.

La direzione strategica è la Direzione generale che opera in modo collegiale, assicurando il concorso dei diversi punti di vista tecnici e professionali alle fasi di elaborazione e di verifica dei programmi di sviluppo e di organizzazione dei servizi, realizzando l'integrazione per definire le strategie aziendali. Si compone, della Direzione generale in senso stretto (direttore generale, direttore sanitario e direttore amministrativo), del direttore delle attività socio-sanitarie, delle direzioni tecniche aziendali (direzione medica di presidio, direzione dell'assistenza farmaceutica, direzione infermieristica e tecnica), delle direzioni amministrative (approvvigionamento e personale). Ogni azienda può variamente identificare la propria direzione strategica, richiamando il proprio atto di organizzazione aziendale:

- **macrostruttura o macrogestione aziendale** è un'aggregazione gerarchica di primo livello. Il suo direttore ha un elevato potere decisionale e responsabilità tali da consentirgli di interagire con la sola Direzione generale. Nelle Aziende sanitarie coincide solitamente con il Dipartimento.
- **CDR: Centro di Responsabilità**. Unità organizzativa il cui titolare è ritenuto responsabile del conseguimento di uno specifico insieme di risultati e/o dell'uso di determinati fattori produttivi. Può essere rappresentativo di una struttura organizzativa complessa e/o semplice dell'Azienda.

Capitolo 20
Il contrasto alla corruzione e la trasparenza amministrativa

di *Alberto Fabbri*

20.1. La legge 190/2012 e s.m.i.: le misure di contrasto al fenomeno corruttivo e la successiva decretazione delegata

• ***Lo "stato dell'arte" della corruzione in Europa***

È possibile definire in maniera esaustiva in cosa consiste la "corruzione"? In un'accezione ampia potremmo definirla come *"la condotta illegale ed immorale di un pubblico funzionario che in cambio di denaro o di altra utilità effettivamente ricevuta o semplicemente promessa, compie atti di ufficio oppure agisce in modo contrario ai suoi doveri"*.

Se la esaminiamo invece da un punto di vista prettamente economico, vengono in rilievo i tratti identificativi essenziali del concetto di corruzione: infatti, alla base dello scambio corruttivo vi è frequentemente un coacervo di interessi perseguiti sia dal soggetto corruttore che dal soggetto corrotto; tali interessi possono essere di varia natura (anche non economica, ma comunque potenzialmente suscettibili di valutazione in termini economici) e valgono a connotare il fenomeno stesso.

Definire la "corruzione" quindi non è semplice proprio in considerazione del fatto che tale fenomeno è facilmente comprensibile da parte di ciascuno di noi e per questo può essere descritto in molteplici modi diversi, viste anche le complesse sfaccettature che esso, di volta in volta, potrebbe assumere.

La corruzione viene inoltre spesso sostenuta dagli interessi della criminalità organizzata che sovente si incunea all'interno della pubblica amministrazione, causando una serie di effetti dannosi e sfavorevoli: a riprova di ciò basti pensare alle analisi di impatto della corruzione sull'economia assumendo come parametro di riferimento il *"Corruption Perception Index" (CPI)* elaborato da *"Transparency International"* che, come è noto, viene utilizzato per creare una graduatoria dei Paesi del mondo ordinata sulla base "dei loro livelli di corruzione percepita, come determinati da valutazioni di esperti e da sondaggi di opinione".

Nella recente rilevazione del 2018 a guidare la classifica che misura la percezione che hanno uomini d'affari ed esperti nazionali sulla corruzione nel settore pubblico in diversi Paesi di tutto il mondo è la Danimarca con 88 punti (in una scala da 0 – "altamente corrotto" a 100 – "per niente corrotto"), seguita dalla Nuova Zelanda con 87 punti.

A condividere il terzo gradino del podio sono Finlandia, Singapore, Svezia e Svizzera (85 punti), davanti a Norvegia (84), Paesi Bassi (82), Canada e Lussemburgo (81).

Se si restringe la lista al solo continente europeo, tra i migliori dieci Paesi si trovano anche Germania e Regno Unito (80 punti), Austria e Islanda (76).

Davanti **all'Italia, al 53° posto globale con 52 punti** troviamo anche Belgio (75), Estonia e Irlanda (73), Francia (72), Portogallo (64), Polonia e Slovenia (60), Cipro, Repubblica Ceca e Lituania (59), Lettonia e Spagna (58), Malta (54).

In fondo alla graduatoria dei Paesi europei si piazzano Slovacchia (50), Croazia (48), Romania (47) Ungheria (46), Grecia (45) e Bulgaria (42).

Risultato non certo lusinghiero per il nostro Paese, come evidenziato anche purtroppo da recenti vicende di cronaca giudiziaria che confermano come il sistema della corruzione sia presente nei più disparati settori della vita politico-amministrativa, all'interno del mondo delle professioni, nella società imprenditoriale ecc.

Certamente il **settore della sanità** è inevitabilmente tra quelli più esposti al rischio di corruzione, per ovvie ragioni di ordine finanziario: quantificare l'odioso fenomeno della corruzione in ambito sanitario è certamente impresa ardua.

Negli ultimi anni, la Corte dei conti ha più volte sottolineato che in sanità *"si intrecciano con sorprendente facilità veri e propri episodi di malaffare con aspetti di cattiva gestione, talvolta favoriti dalla carenza dei sistemi di controllo"*.

Il report dal titolo "Corruzione e sprechi in sanità" stilato da "Transparency International" fotografa la situazione considerata ormai critica denunciando come in Italia il sistema sanitario nazionale sia affetto da corruzione endemica.

Una situazione cronica che non è possibile risolvere con la sola repressione ma che richiede un adeguato apparato amministrativo e politico che proponga più ampie **soluzioni** finalizzate a **prevenire** la **corruzione**.

Per questo motivo, "Transparency" ha individuato una serie di indicatori in grado di allertare chi si occupa della gestione del sistema sanitario, sintomi che non possono essere trascurati se si vuole perseguire la salute dei cittadini e la qualità dei servizi erogati.

Lo studio elenca quindi delle soluzioni per combattere efficacemente il fenomeno.

Nell'ambito del progetto europeo "**Unhealthy Health System – Corruzione e sprechi in sanità**", finanziato dalla Commissione europea DG Home Affairs, sono state rilevate da Transparency alcune delle maggiori criticità:

– debolezza del quadro normativo;

- difficoltà dei controlli;
- asimmetria informativa;
- relazioni pubblico-privato;
- ingerenza politica;
- inadeguatezza delle tutele per i *whistleblower* (segnalatori di illeciti);
- scarsi poteri di indagine e sanzionatori;
- basso livello di trasparenza.

Nel Libro bianco 2014 Ispe-Sanità viene indicato che *"il tasso medio stimato di corruzione e frode in sanità è del 5,59 per cento, con un intervallo che varia tra il 3,29 e il 10 per cento (Leys e Button 2013). Per la sanità italiana, che vale circa 110 miliardi di euro annui, questo si tradurrebbe in circa 6 miliardi di euro l'anno sottratti alle cure per i malati, rendendo di fatto il SSN inaccessibile ad una quota sempre più alta di persone e famiglie"*.

Un fenomeno insomma che non è più possibile ignorare e che il legislatore italiano sta affrontando con sempre maggiore attenzione e decisione.

Il problema della corruzione è stato inoltre oggetto di approfondimento da parte delle principali organizzazioni internazionali (quali ad esempio l'ONU ed il Consiglio d'Europa, in particolare), che hanno prodotto importanti e significativi strumenti convenzionali multilaterali, con l'indicazione della necessità di approntare efficaci strumenti di contrasto.

Sulla scia delle sopra citate convenzioni, numerosi Paesi, non solo dell'Unione europea, hanno sviluppato mirate politiche di prevenzione della corruzione: nel nostro ordinamento negli anni del Governo "tecnico" presieduto da Mario Monti sono state varate una serie di misure che potremmo definire quasi "emergenziali" di contrasto al fenomeno della corruzione in funzione del positivo rilancio del Paese.

Da premettere che in passato in Italia la lotta alla corruzione si è quasi esclusivamente svolta con la repressione penale attraverso il proficuo lavoro delle forze dell'ordine e della giurisdizione penale, tanto che la magistratura ha assunto un ruolo predominante rispetto all'inefficacia del sistema dei controlli seppur presenti all'interno del sistema politico ed amministrativo.

Il 28 **novembre 2012** è entrata in vigore la l. 6 novembre 2012, **n. 190**, recante **"Disposizioni per la prevenzione e la repressione della corruzione e dell'illegalità nella P.A."** che ribalta completamente l'ottica in cui fino all'epoca era stata considerata la lotta alla corruzione ponendosi l'obiettivo della prevenzione e della repressione del fenomeno attraverso un "approccio multidisciplinare", ove gli strumenti sanzionatori si configurano solamente come alcuni dei fattori per la lotta alla corruzione ed all'illegalità nell'azione amministrativa.

Non solo, ma con questa legge anche nel nostro Paese approda finalmente una "logica preventiva" come da tempo è presente in ambito europeo, andando in tal modo a colmare la mancanza di un efficace programma anticorruzione coordinato.

Risulta oltremodo indispensabile diffondere nella società civile la cultura della legalità in termini di etica sociale, in modo che possano essere percepiti i costi dell'illegalità.

Successivamente, sulla base di una serie di deleghe contenute nella sopra citata legge, è stato promosso un "pacchetto" più ampio ed articolato di misure anticorruzione introducendo norme in materia di trasparenza amministrativa (d.lgs. 33 del 2013 che verrà successivamente modificato dal d.lgs. 97/2016), in materia di incompatibilità ed inconferibilità degli incarichi presso le pubbliche amministrazioni e presso gli enti privati in controllo pubblico (d.lgs. 39 del 2013) ed emanando un regolamento che disciplina il codice di comportamento dei dipendenti pubblici (d.P.R. 62 del 2013).

La legge 190/2012 è stata concepita dal legislatore italiano per superare l'inadeguatezza dell'ordinamento nazionale, in attuazione del recepimento degli impegni internazionali assunti con la sottoscrizione delle Convenzioni di Mérida e di Strasburgo.

La legge prevede due soli articoli: il primo, composto di ben 83 commi, mostra una evidente attenzione nel disciplinare materie anche fortemente disomogenee (tra l'altro, prevedendo una serie di modifiche al codice penale, al codice di procedura penale, al codice civile, alla legge 241/1990 e s.m.i. recante *"Nuove norme in materia di procedimento amministrativo e diritto di accesso ai documenti"* e ai decreti legislativi 165/2001 e 163/2006), con un coordinamento assai articolato tra le disposizioni introdotte o modificate, soprattutto a causa del diverso rango delle fonti interessate e della necessità di prevedere l'armonizzazione della normativa regionale con quella statale.

Il secondo articolo, composto, invece, di due soli commi, prevede la clausola di invarianza finanziaria o di spesa laddove è previsto che *"dall'attuazione della presente legge non devono derivare nuovi o maggiori oneri a carico della finanza pubblica. Le amministrazioni competenti provvedono allo svolgimento delle attività previste dalla presente legge con le risorse umane, strumentali e finanziarie disponibili a legislazione vigente"*.

- ***Il contrasto alla corruzione***

Il legislatore della l. 190/2012 ha sviluppato pertanto un approccio su cause, effetti e azioni di possibile contrasto del fenomeno corruttivo conformando la norma al fatto che:

- la corruzione ha origine e si sviluppa nella pubblica amministrazione, ma ha sempre un impatto esterno, per l'influenza che il suo ruolo esercita sui rapporti economici nella società;
- il contrasto alla corruzione deve avere origine nella stessa pubblica amministrazione, attraverso sistemi di verifica interni non solo dell'efficienza e dell'efficacia dell'azione amministrativa, ma anche della sua legittimità;
- l'attività di controllo deve essere imputata a ben individuati soggetti che devono essere resi responsabili di eventuali omissioni.

Gli elementi di maggiore spessore della legge 190/2012 sono risultati, di conseguenza:

- la **creazione** di un'**Autorità nazionale anticorruzione**, con compiti di controllo e indagine sulla pubblica amministrazione;
- la designazione di **soggetti responsabili** per il contrasto alla **corruzione** in **tutti** gli **enti pubblici**, inclusi quelli locali, con la previsione di rotazione di cariche e incarichi nei settori più a rischio;
- l'avvio del **percorso** di ***"accountability"*** e della trasparenza dell'attività delle amministrazioni pubbliche, in particolare nel settore degli appalti e degli incarichi nelle società controllate;
- l'**inasprimento** delle **pene** e, in alcuni casi, la ridefinizione dei reati di corruzione e concussione, nonché il recepimento della nuova fattispecie di **"traffico di influenze"**;
- maggiori e più esaurienti tutele per i dipendenti pubblici che denuncino episodi di corruzione con l'introduzione dell'istituto del *"whistleblower"*.

La riforma è certamente ambiziosa e di ampio raggio in quanto si prefigge di disciplinare situazioni eterogenee, per la maggior parte riconducibili nella dimensione dell'attività amministrativa e dell'organizzazione aziendale pubblica, con caratteri anche rilevanti in ambito penale.

Emerge come un dato di fatto che il legislatore italiano ha privilegiato le funzioni di prevenzione della corruzione, nonché di controllo e monitoraggio: in particolare la prevenzione assume il risolutivo ruolo di promuovere, anche per mezzo della formazione dei dipendenti e, più in generale, dei soggetti rivestiti di una pubblica funzione, i valori dell'etica, della legalità, del corretto comportamento e del rispetto dell'azione amministrativa.

Il rinnovato interesse rispetto all'etica diventa inoltre il pilastro fondante su cui vengono aggiornati e adottati i **Codici etici** e di **comportamento**, contrassegnati però da un solido sistema di responsabilità disciplinare e da una efficace definizione delle incompatibilità, con l'innalzamento del livello di trasparenza amministrativa e con il ricorso a procedure di monitoraggio e controllo.

Da evidenziare inoltre l'importante intervento legislativo avvenuto con la legge 27 maggio 2015, **n. 69**, entrata in vigore il 14 giugno del **2015**, che si articola in tre filoni principali:

- l'inasprimento delle pene per i delitti contro la pubblica amministrazione e per i reati di stampo mafioso, comportando così un ulteriore allungamento del periodo necessario affinché scatti la prescrizione per gli stessi;
- l'aumento dei poteri dell'Autorità nazionale anticorruzione;
- la reintroduzione del reato di falso in bilancio.

Il legislatore del 2015 ha comunque previsto uno sconto di pena da un terzo a due terzi a favore di quei condannati per uno dei delitti contro la pubblica amministrazione che si sono adoperati per evitare che l'attività delittuosa fosse portata a conseguenze ulteriori, per assicurare le prove dei reati e per l'individuazione degli altri corresponsabili, ovvero per il sequestro delle somme o delle altre utilità trasferite, "riconoscendo" in tal modo il loro ruolo propositivo.

Per quanto concerne l'ampliamento dei poteri dell'ANAC è stato previsto l'obbligo per il Pubblico Ministero, che esercita l'azione penale per uno dei delitti contro la pubblica amministrazione, di informare il presidente dell'Autorità Nazionale Anticorruzione.

Sempre all'ANAC è stato poi attribuito l'esercizio della vigilanza e del controllo sui contratti esclusi in tutto o in parte dall'ambito di applicazione del Codice dei contratti pubblici (c.d. **"Codice degli appalti"**).

La legge in argomento ha reintrodotto inoltre il **delitto** di **falso** in **bilancio**, prima sanzionato come contravvenzione, per tutte le imprese e non solo per quelle quotate; in particolare, il reato di false comunicazioni sociali viene configurato come un delitto procedibile d'ufficio, salvo le ipotesi di lieve entità, la quale sarà oggetto di accertamento da parte del giudice sulla base della natura e delle dimensioni della società e delle modalità o degli effetti della condotta. Le pene previste, tuttavia, sono diverse a seconda che si tratti di società quotate (dai tre agli otto anni) o società non quotate (da uno a cinque anni).

- ***Il ruolo dell'Autorità Nazionale Anticorruzione***

L'Autorità Nazionale Anticorruzione **(ANAC)** che oggi noi tutti conosciamo può essere considerata un'**autorità amministrativa indipendente** a pieno titolo, dotata di un apparato amministrativo di supporto adeguato allo svolgimento di funzioni e all'esercizio di poteri che nel corso degli anni sono stati ben definiti e riconosciuti.

In precedenza la "Commissione per la valutazione, l'integrità e la trasparenza nelle pubbliche amministrazioni" (CIVIT), istituita e disciplinata dal d.lgs. 150 del 2009 ed in particolare all'art. 13 ne costituiva il suo nucleo originario.

La Commissione era stata concepita dalla c.d. "Riforma Brunetta" al fine di assicurare gli adempimenti centrali in materia di valutazione e misurazione delle *performance* e, nonostante alcuni primi caratteri di indipendenza (in particolare la necessaria conferma da parte delle Commissioni parlamentari con la maggioranza dei due terzi per la nomina effettuata dal Ministro della pubblica amministrazione), essa fu a lungo soprattutto un ufficio distinto dall'ufficio ministeriale (il Dipartimento della funzione pubblica), ma fortemente sottoposto al suo indirizzo.

Con l'entrata in vigore della legge 190 del 2012 la CIVIT viene individuata quale Autorità nazionale anticorruzione, come si evince dall'art. 1, c. 2 della stessa legge:

"La Commissione per la valutazione, la trasparenza e l'integrità delle amministrazioni pubbliche (CIVIT), di cui all'articolo 13 del decreto legislativo 27 ottobre 2009, n. 150, e successive modificazioni, di seguito denominata «Commissione», opera quale Autorità nazionale anticorruzione, ai

sensi del comma 1 del presente articolo. In particolare, la Commissione:

a) collabora con i paritetici organismi stranieri, con le organizzazioni regionali ed internazionali competenti;

b) adotta il Piano nazionale anticorruzione;

c) analizza le cause e i fattori della corruzione e individua gli interventi che ne possono favorire la prevenzione e il contrasto"; ecc.

La scelta della CIVIT come Autorità Nazionale Anticorruzione fu attuata dal legislatore per adempiere ad un obbligo internazionale in quanto molte delle convenzioni sottoscritte (e solo successivamente ratificate) dall'Italia in materia di lotta alla corruzione imponevano al nostro Paese di costituire un'autorità specifica.

Con l'introduzione della l. 190/2012 le competenze in materia di anticorruzione e trasparenza affidate all'organismo di cui trattasi però non sono ancora ben definite ed in particolare si lamenta una faticosa coesistenza con il ruolo del Dipartimento della Funzione Pubblica: ad esempio basti pensare al fatto che il primo "Piano Nazionale Anticorruzione" risalente all'anno 2013 è stato predisposto dal Dipartimento della Funzione Pubblica e successivamente ratificato dalla CIVIT con propria delibera n. 72 dell'11 settembre 2013.

Con la successiva legge 125 del 2013 l'Autorità, *"assume la denominazione di Autorità nazionale anticorruzione e per la valutazione e la trasparenza delle pubbliche amministrazioni (A.N.A.C.)"* (art. 5, co. 3) e viene così definita: *"organo collegiale composto dal presidente e da quattro componenti scelti tra esperti di elevata professionalità, anche estranei all'amministrazione, con comprovate competenze in Italia e all'estero, sia nel settore pubblico che in quello privato, di notoria indipendenza e comprovata esperienza in materia di contrasto alla corruzione, di management e misurazione della performance, nonché di gestione e valutazione del personale. Il presidente e i componenti sono nominati, tenuto conto del principio delle pari opportunità di genere, con decreto del Presidente della Repubblica, previa deliberazione del Consiglio dei Ministri [...] Il presidente è nominato su proposta del Ministro per la pubblica amministrazione e la semplificazione, di concerto con il Ministro della giustizia e il Ministro dell'interno; i componenti sono nominati su proposta del Ministro per la pubblica amministrazione e la semplificazione. Il presidente e i componenti dell'Autorità non possono essere scelti tra persone che rivestono incarichi pubblici elettivi o cariche in partiti politici o in organizzazioni sindacali o che abbiano rivestito tali incarichi e cariche nei tre anni precedenti la nomina e, in ogni caso, non devono avere interessi di qualsiasi natura in conflitto con le funzioni dell'Autorità. I componenti sono nominati per un periodo di sei anni e non possono essere confermati nella carica"*.

Con il successivo d.l. 24 giugno 2014, n. 90, recante *"Misure urgenti per la semplificazione e la trasparenza amministrativa e per l'efficienza degli uffici giudiziari"*, convertito con modificazioni in legge 11 agosto 2014, n. 114, il ruolo dell'Autorità viene ulteriormente definito in quanto in essa vengono concentrate tutte le funzioni in materia di prevenzione della corruzione e di trasparenza.

Si ricorda che il provvedimento dispone, inoltre, la soppressione di un importante organismo quale l'Autorità per la vigilanza dei contratti pubblici (AVCP), promuovendo in tal modo una più chiara divisione dei compiti tra l'Autorità Nazionale Anticorruzione e il Dipartimento della funzione pubblica.

La soppressione dell'Autorità per la vigilanza dei contratti pubblici non ha però comportato affatto l'abolizione delle sue funzioni ed in particolar modo dell'apparato organizzativo a supporto dell'esercizio di queste: il d.l. 90 è chiaro nella volontà di dar luogo ad un'Autorità unificata, nei compiti e nell'organizzazione per mezzo della predisposizione, da parte del Presidente dell'Autorità, di un "piano di riordino" da approvarsi con un d.P.C.M. entro il 31 dicembre 2014.

Nel provvedimento vengono confermate in capo al Dipartimento della funzione pubblica le competenze in materia di valutazione e misurazione della performance (comma 9 dell'art. 19).

È possibile inoltre affermare che il principale carattere dell'Autorità Nazionale Anticorruzione sia l'indipendenza che risulta notevolmente rafforzata e che la preserva dall'indirizzo politico governativo al fine di consentirle di intervenire con autorevolezza anche per proporre, al Parlamento e al Governo, ulteriori innovazioni e modifiche normative e organizzative volte a dare maggiore efficacia alle politiche in materia di prevenzione della corruzione.

- ***Il ruolo del responsabile della prevenzione della corruzione e della trasparenza***

La figura del Responsabile della Prevenzione della Corruzione e della Trasparenza **(RPCT)** è stata istituita dalla legge 6 novembre 2012, n. 190. In particolare l'art. 1, c. 7, l. 190/2012 il quale stabilisce che: *"L'organo di indirizzo individua, di norma tra i dirigenti di ruolo in servizio, il Responsabile della prevenzione della corruzione e della trasparenza, disponendo le eventuali modifiche organizzative necessarie per assicurare funzioni e poteri idonei per lo svolgimento dell'incarico con piena autonomia ed effettività"*.

Il Responsabile della Prevenzione della Corruzione e della Trasparenza deve proporre, in via esclusiva (essendo vietato l'ausilio esterno), ai fini dell'adozione da parte dell'organo politico, il **Piano Triennale** di **Prevenzione** della **Corruzione** e della **Trasparenza** (PTPCT) e gli adempimenti connessi (ad es. attuazione del Piano, applicare il principio della rotazione, selezione e formazione dipendenti, ecc.) in collaborazione con le rispettive strutture competenti e con gli altri organismi di controllo interno (ad es. in materia di performance).

In particolare, il comma 9 dell'art. 1 della legge 190/2012 prevede che il Piano di Prevenzione della Corruzione risponda alle seguenti esigenze:

a) individuare le attività anche ulteriori rispetto a quelle indicate nel Piano nazionale anticorruzione, nell'ambito delle quali è maggiormente elevato il rischio di corruzione, e le relative misure di contrasto, anche raccogliendo le proposte dei dirigenti, elaborate nell'esercizio delle competenze previste dall'articolo 16, comma 1, lettera *a-bis*), del decreto legislativo 30 marzo 2001, n. 165;
b) prevedere, per le attività individuate ai sensi della lettera *a*), meccanismi di formazione, attuazione e controllo delle decisioni idonei a prevenire il rischio di corruzione;
c) prevedere, con particolare riguardo alle attività individuate ai sensi della lettera *a*), obblighi di informazione nei confronti del responsabile, individuato ai sensi del comma 7, chiamato a vigilare sul funzionamento e sull'osservanza del piano;
d) definire le modalità di monitoraggio del rispetto dei termini, previsti dalla legge o dai regolamenti, per la conclusione dei procedimenti;
e) definire le modalità di monitoraggio dei rapporti tra l'amministrazione e i soggetti che con la stessa stipulano contratti o che sono interessati a procedimenti di autorizzazione, concessione o erogazione di vantaggi economici di qualunque genere, anche verificando eventuali relazioni di parentela o affinità sussistenti tra i titolari, gli amministratori, i soci e i dipendenti degli stessi soggetti e i dirigenti e i dipendenti dell'amministrazione;
f) individuare specifici obblighi di trasparenza ulteriori rispetto a quelli previsti da disposizioni di legge.

Inoltre, il comma 10 dell'art. 1 della legge 190/2012 dispone a carico del **Responsabile** della **prevenzione** i **seguenti compiti**:
a) la verifica dell'efficace attuazione del piano e della sua idoneità, nonché a proporre la modifica dello stesso quando siano accertate significative violazioni delle prescrizioni ovvero quando intervengono mutamenti nell'organizzazione o nell'attività dell'amministrazione;
b) la verifica, d'intesa con il dirigente competente, dell'effettiva rotazione degli incarichi negli uffici preposti allo svolgimento delle attività nel cui ambito è più elevato il rischio che siano commessi reati di corruzione;
c) individuare il personale da inserire nei programmi di formazione di cui al comma 11.

La violazione, da parte dei dipendenti dell'amministrazione, delle misure di prevenzione previste dal Piano costituisce **illecito disciplinare**.

Entro il 15 dicembre di ogni anno, il dirigente individuato ai sensi del c. 7 del presente articolo, trasmette all'organismo indipendente di valutazione e all'organo di indirizzo della amministrazione una relazione recante i risultati della attività svolta e la pubblica,contestualmente, nel sito web dell'amministrazione.

Per quanto concerne il versante "trasparenza", l'art. 43 del decreto legislativo 33/2013 e s.m.i. assegna al RPCT *"un'attività di controllo sull'adem-*

pimento da parte dell'amministrazione degli obblighi di pubblicazione previsti dalla normativa vigente, assicurando la completezza, la chiarezza e l'aggiornamento delle informazioni pubblicate, nonché segnalando all'organo di indirizzo politico, all'Organismo indipendente di valutazione (OIV), all'Autorità nazionale anticorruzione e, nei casi più gravi, all'ufficio di disciplina i casi di mancato o ritardato adempimento degli obblighi di pubblicazione".

- ***Il "Piano Nazionale Anticorruzione "e il "Piano Triennale della Prevenzione della Corruzione e della Trasparenza"***

Il comma 2-*bis* dell'art. 1 della l. 190/2012 recita: *"Il Piano nazionale anticorruzione è adottato sentiti il Comitato interministeriale di cui al comma 4 e la Conferenza unificata di cui all'articolo 8, comma 1, del decreto legislativo 28 agosto 1997, n. 281. Il Piano ha durata triennale ed è aggiornato annualmente. Esso costituisce atto di indirizzo per le pubbliche amministrazioni di cui all'articolo 1, comma 2, del decreto legislativo 30 marzo 2001, n. 165, ai fini dell'adozione dei propri piani triennali di prevenzione della corruzione. Esso, inoltre, anche in relazione alla dimensione e ai diversi settori di attività degli enti, individua i principali rischi di corruzione e i relativi rimedi e contiene l'indicazione di obiettivi, tempi e modalità di adozione e attuazione delle misure di contrasto alla corruzione"*. I destinatati del PNA sono dunque tutte le pubbliche amministrazioni di cui all'art. 1, comma 2, del d.lgs. 165 del 2001 ma i suoi contenuti sono, altresì, rivolti agli enti pubblici economici, agli enti di diritto privato in controllo pubblico, alle società partecipate e a quelle da esse controllate ai sensi dell'art. 2359 c.c., per le parti in cui tali soggetti sono espressamente indicati come destinatari.

La funzione fondamentale del Piano consiste nell'assicurare l'attuazione coordinata delle strategie di prevenzione della corruzione nelle pubbliche amministrazioni, elaborate a livello nazionale e internazionale.

Ad un secondo **livello decentrato**, invece, ogni amministrazione definisce un proprio **Piano Triennale** della **Prevenzione** della **Corruzione** e della **Trasparenza** che, sulla base delle indicazioni previste nel PNA, deve effettuare l'analisi e la valutazione dei rischi specifici di corruzione e, conseguentemente, indicare gli interventi organizzativi volti a prevenirli.

Il Piano Nazionale Anticorruzione evidenzia a più riprese l'importanza della **prima fase** del **processo** di **gestione** del **rischio** relativa all'analisi del contesto, inteso quale mezzo per analizzare informazioni che aiutino a maggiormente comprendere il profilo di rischio dell'organizzazione, sia in relazione alle caratteristiche dell'ambiente in cui si trova ad operare che in relazione alle proprie caratteristiche di natura organizzativa.

L'analisi del contesto di riferimento di un'organizzazione deve essere rappresentato sia per l'esterno che all'interno della stessa: ambedue hanno il compito di fornire, anche se con tecniche e modalità diverse, importanti informazioni sugli eventi rischiosi, di natura corruttiva, cui possono essere coinvolte le organizzazioni.

In particolare, l'analisi del contesto interno è necessaria al fine di individuare quegli aspetti dell'organizzazione che possono influenzare la sensibilità della struttura al rischio corruttivo rappresentando all'interno del Piano Triennale della Prevenzione della Corruzione e della Trasparenza dati quali: gli organi di indirizzo, struttura organizzativa, ruoli e responsabilità, obiettivi, strategie, risorse e personale, ecc.

Inoltre l'analisi del contesto interno, con particolare riferimento alla mappatura dei processi a rischio corruttivo, è necessaria al fine di identificare quelle aree dell'amministrazione maggiormente vulnerabili in termini di esposizione al rischio corruttivo.

La **seconda fase** del **processo** di **gestione** del **rischio** è quella relativa all'analisi ed alla valutazione, ove l'amministrazione è interessata ad individuare gli eventi rischiosi che possono manifestarsi nella messa in atto dei processi, ad indicarne le cause, valutando e ponderandone l'esposizione al rischio.

Ovviamente una corretta impostazione della mappatura dei processi non può fare altro che condizionare positivamente la capacità dell'amministrazione di "intercettare" correttamente i rischi a cui è maggiormente esposta, mentre una impostazione non adeguata potrebbe compromettere l'impostazione delle misure di prevenzione, inficiando l'intera strategia di prevenzione della corruzione.

Una mappatura dei processi a rischio corruttivo accurata ed il più possibile completa ha la capacità di migliorare sensibilmente la possibilità delle amministrazioni di individuare le aree di criticità e di identificare i possibili correttivi in termini di misure di prevenzione della corruzione.

La **fase conclusiva** del **processo** di **gestione** del **rischio corruttivo** è quella relativa al trattamento in cui le amministrazioni, dopo aver elencato ed esaminato i rischi a cui sono potenzialmente esposte, individuano prima e progettano, successivamente, le misure organizzative adeguate a prevenire l'evento.

Mentre il Piano Nazionale Anticorruzione 2013 elencava le categorie comuni ed obbligatorie per tutte le PP.AA. identificate in:

a) Area: acquisizione e progressione del personale;
b) Area: affidamento di lavori, servizi e forniture;
c) Area: provvedimenti ampliativi della sfera giuridica dei destinatari privi di effetto economico diretto ed immediato per il destinatario;
d) Area: provvedimenti ampliativi della sfera giuridica dei destinatari con effetto economico diretto ed immediato per il destinatario;

nell'aggiornamento 2015 al PNA, l'ANAC suggerisce due categorie di misure attuabili:

- le misure "generali", individuate e progettate per poter "*incidere sul sistema complessivo della prevenzione della corruzione intervenendo in materia trasversale sull'intera amministrazione o ente*";
- le cosiddette misure "specifiche", "*che si caratterizzano per il fatto di incidere su problemi specifici individuati tramite l'analisi del rischio*".

- ***La corruzione con uno sguardo al SSN***

Con delibera 831 del 3 agosto 2016 recante "Determinazione di approvazione definitiva del Piano Nazionale Anticorruzione 2016", l'Autorità Nazionale Anticorruzione ha fornito una serie di **indicazioni** al **mondo** della **sanità**: in particolare, *"le misure indicate dal Piano in argomento costituiscono possibili soluzioni organizzative per preservare il servizio sanitario nazionale dal rischio di eventi corruttivi e per innalzare il livello globale di integrità, di competenza e di produttività del sistema sanitario nazionale a partire dall'aumento dell'efficacia e dell'efficienza delle singole unità operative in cui si articola"*.

Per realizzare questi obiettivi, viene richiesto un forte investimento formativo, soprattutto sugli RPCT, e, a cascata, su tutti coloro che intervengono nei processi di costruzione ed attuazione delle azioni dei PTPC.

Ciò affinché tutti i soggetti siano in grado di utilizzare al meglio le misure e le indicazioni contenute nel PNA per realizzare il livello di equilibrio ottimale fra i due pilastri: *"la realizzazione piena delle finalità istituzionali di un'Azienda sanitaria, da cui dipende il livello di salute di una popolazione, e il contrasto ai tentativi e/o ai fatti corruttivi che si oppongono o ne ostacolano il perseguimento"*.

Come in precedenza sottolineato, la normativa ha riconosciuto nella figura del Responsabile per la Prevenzione della Corruzione e Trasparenza uno dei più importanti ruoli al fine di attivare le misure volte a promuovere le politiche della prevenzione della corruzione a livello decentrato, anche alla luce dei più recenti interventi legislativi che mirano ad assorbire in un unico soggetto il coordinamento della prevenzione della corruzione e della trasparenza rafforzandone in tal modo il ruolo.

Risulta oltremodo opportuno che il Piano Triennale della Prevenzione della Corruzione e della Trasparenza fornisca informazioni in relazione al ruolo che il Responsabile riveste all'interno dell'organizzazione, ai suoi poteri di interlocuzione e controllo, delle eventuali modifiche organizzative intervenute ai fini di garantire l'auspicata autonomia e indipendenza dall'organo di indirizzo politico-amministrativo e un adeguato supporto operativo e conoscitivo a garanzia di una più efficace azione.

Tra gli attori del sistema per la prevenzione della corruzione a livello decentrato, inoltre, il Piano Nazionale Anticorruzione suggerisce la nomina dei cosiddetti **referenti** che, soprattutto nelle organizzazioni maggiormente complesse, possono fornire qualificato supporto al RPCT nell'ottenimento delle informazioni utili alla corretta implementazione del processo di gestione del rischio.

Ulteriore elemento da evidenziare riguarda la sempre maggiore importanza che riveste il forte coordinamento tra il Piano Triennale per la Prevenzione della Corruzione e della Trasparenza ed il Piano della Performance, in quanto *"la promozione di maggiori livelli di trasparenza costituisce un obiettivo strategico di ogni amministrazione, che deve tradursi nella definizione di obiettivi organizzativi e individuali*" (art. 10, comma 10 del d.lgs. 33/2013 e s.m.i.). Di tali obiettivi deve essere dato riscontro sia nel Piano Triennale della Prevenzione della Corruzione e della Trasparenza che nei documenti di programmazione strategico-gestionale dell'ente.

20.2. La trasparenza e l'Azienda sanitaria: finalità, principi e obiettivi

La conoscibilità degli atti e dei documenti amministrativi è considerata il fondamento della democrazia amministrativa degli Stati moderni ed indubbiamente ha assunto nel corso del tempo un imprescindibile valore anche nel nostro ordinamento.

Secondo l'articolo 1 del decreto legislativo 33 del 14 marzo 2013 e s.m.i. *"la trasparenza è intesa come accessibilità totale dei dati e documenti detenuti dalle pubbliche amministrazioni, allo scopo di tutelare i diritti dei cittadini, promuovere la partecipazione degli interessati all'attività amministrativa e favorire forme diffuse di controllo sul perseguimento delle funzioni istituzionali e sull'utilizzo delle risorse pubbliche"*.

Nell'ottica del legislatore dunque la trasparenza serve ad avvicinare il cittadino alle istituzioni ed a concorrere al controllo sull'andamento delle buone pratiche amministrative (c.d. controllo sociale), evitandone anche i rischi corruttivi.

La trasparenza come la concepiamo attualmente è figlia di un lungo percorso iniziato dalla fine degli anni '80 quando l'ordinamento italiano è stato permeato dalla sempre più pressante esigenza di rendere la Pubblica Amministrazione efficace ed efficiente: questo è stato possibile grazie ad un processo che ha visto al centro delle attenzioni del legislatore il "principio della trasparenza" che in questi ultimi anni è stato caratterizzato, in particolar modo, dalle diverse forme di realizzazione della medesima per il tramite dell'accesso o della pubblicità di dati, documenti ed informazioni.

Con l'approvazione della legge 7 agosto **1990**, n. **241**, il nostro ordinamento fu interessato da una vera e propria rivoluzione copernicana in quanto, come è noto, venne introdotto l'istituto del **procedimento amministrativo** come regola generale dell'"*agere* amministrativo" e il **diritto** di **accesso** ai documenti della pubblica amministrazione, segnando di fatto il passaggio dal regime del segreto amministrativo a quello della trasparenza.

Nel corso del tempo la legge subì svariate modifiche fra cui la più rilevante avvenne con la novella della legge 11 febbraio 2005, n. 15.

Precedentemente a quest'ultima, l'unico riferimento alla trasparenza contenuto nella legge 241/1990 era limitato alla previsione dell'art. 22 che riconosceva il diritto di accesso ai documenti amministrativi per la tutela di situazioni giuridicamente rilevanti al fine di "assicurare la trasparenza dell'attività amministrativa e di favorirne lo svolgimento imparziale".

Solamente però con la legge del 2005 la trasparenza diviene ad ogni effetto principio generale dell'attività amministrativa.

Un ulteriore passaggio significativo per l'evoluzione del concetto di trasparenza che noi tutti oggi conosciamo è avvenuto sul finire degli anni 2000 con l'avvento della c.d. "legislazione Brunetta" con la quale si è proceduto all'introduzione – peraltro in modo abbastanza disomogeneo e in contesti legislativi non sempre coerenti rispetto alle finalità delle disposizioni – di singoli obblighi di pubblicazione sui siti istituzionali delle pubbliche amministrazioni connessi a specifiche finalità di trasparenza.

Ad esempio:

- legge finanziaria 2008 (legge 244/2007), che dispone la pubblicazione, a pena di inefficacia degli atti, degli incarichi presso le amministrazioni pubbliche e delle relative retribuzioni;
- decreto legge 25 giugno 2008, n. 112 (poi convertito in legge 6 agosto 2008, n. 133) che impone la pubblicazione delle autorizzazioni rilasciate ai dipendenti pubblici per lo svolgimento di attività extraufficio;
- legge 69/2009, c. 1 viene stabilito che "*A far data dal 1° gennaio 2010, gli obblighi di pubblicazione di atti e provvedimenti amministrativi aventi effetto di pubblicità legale si intendono assolti con la pubblicazione nei propri siti informatici da parte delle amministrazioni e degli enti pubblici obbligati*".

Solamente con l'approvazione del decreto legislativo 27 ottobre 2009, n. 150, emanato in attuazione della delega contenuta nella legge 4 marzo 2009, n. 15, la trasparenza subisce una vera e propria evoluzione trovando nel testo in argomento la prima definizione specifica.

Le norme del "decreto Brunetta" si prefiggono infatti l'obiettivo di assicurare:

- "la trasparenza dell'operato delle amministrazioni pubbliche anche a garanzia della legalità" (art. 1, comma 2);
- "modalità e strumenti di comunicazione che garantiscono la massima trasparenza delle informazioni concernenti le misurazioni e le valutazioni della performance (art. 3, comma 3).

Inoltre l'art. 11, comma 1, della legge dispone che "*la trasparenza è intesa come accessibilità totale, anche attraverso lo strumento della pubblicazione sui siti istituzionali delle amministrazioni pubbliche, delle informazioni concernenti ogni aspetto dell'organizzazione, degli indicatori relativi agli andamenti gestionali e all'utilizzo delle risorse per il perseguimento delle funzioni istituzionali, dei risultati dell'attività di misurazione e valutazione svolta dagli organi competenti, allo scopo di favorire forme diffuse di controllo del rispetto dei principi di buon andamento e imparzialità*".

Essa costituisce livello essenziale delle prestazioni erogate dalle amministrazioni pubbliche ai sensi dell'**articolo 117**, secondo comma, lettera *m)*, della **Costituzione**" a conferma del fondamento costituzionale del principio di trasparenza dell'azione amministrativa, nonché del collegato "diritto" alla trasparenza spettante a tutti i cittadini.

Vengono così a definirsi in maniera puntuale e precisa obiettivi e contenuti della trasparenza amministrativa in termini di funzionamento degli uffici pubblici in diretto rapporto con i principi costituzionali di "buon andamento e imparzialità dell'amministrazione".

È dunque possibile affermare che la legge **getta** le **basi** per la **legislazione** che **successivamente** troverà nella legge 6 novembre 2012, n. 190 l'introduzione e la definizione degli **obiettivi** di **prevenzione** e **repressione** della **corruzione** dell'illegalità nella pubblica amministrazione.

Il decreto legislativo 14 marzo 2013, n. 33 delinea, inoltre, uno scenario attuativo costituito da molteplici obblighi di pubblicazione, precisi ruoli e responsabilità sul piano organizzativo oltre al più ampio utilizzo degli strumenti e delle tecnologie ICT al fine di rendere effettiva la disponibilità delle informazioni.

L'art. 1, comma 2 dispone che la trasparenza "*concorre ad attuare il principio democratico e i principi costituzionali di eguaglianza, di imparzialità, buon andamento, responsabilità, efficacia ed efficienza nell'utilizzo di risorse pubbliche, integrità e lealtà nel servizio alla Nazione. Essa è condizione di garanzia delle libertà individuali e collettive, nonché dei diritti civili, politici e sociali, integra il diritto ad una buona amministrazione e concorre alla realizzazione di una amministrazione aperta, al servizio del cittadino*".

Gli "obblighi" di trasparenza introdotti dal decreto concernenti l'organizzazione e l'attività delle pubbliche amministrazioni si assolvono per mezzo della **pubblicazione** nei **siti web istituzionali** delle pubbliche amministrazioni dei dati, dei documenti e delle informazioni concernenti l'organizzazione e l'attività delle pubbliche amministrazioni, cui corrisponde il diritto di chiunque di accedere ai siti direttamente ed immediatamente, senza autenticazione ed identificazione.

L'**accesso civico** alle **informazioni** pubblicate per finalità di trasparenza amministrativa è quindi un diritto sostanzialmente privo di limitazioni soggettive, che incontra limiti oggettivi solo negli obblighi di pubblicazione definiti dal decreto legislativo 33/2013 e comporta, nei casi di ritardo o di mancata risposta da parte dell'amministrazione, il ricorso al titolare del potere sostitutivo, così come è previsto nei casi di ritardo o inerzia nella conclusione di un procedimento amministrativo.

Come vedremo sarà proprio l'istituto dell'accesso civico ad avere un profondo sviluppo per mezzo della c.d. riforma Madia (d.lgs. n. 97/2016).

Vi sono peraltro, alcune limitazioni alla trasparenza ed al suo ambito di applicazione, dal quale rimangono esclusi i dati, le informazioni e i documenti coperti dal segreto di Stato, dal segreto d'ufficio e dal segreto statistico, nonché quelli che comporterebbero la diffusione di dati personali idonei a rivelare lo stato di salute e la vita sessuale.

È opportuno precisare che per quanto concerne il dato personale (diverso dal dato sensibile o giudiziario, ovverosia dal "dato particolare" secondo l'accezione introdotta dal GDPR) la legge ne consente la diffusione attraverso i siti web istituzionali, nonché il loro trattamento secondo modalità che ne consentano l'indicizzazione e la rintracciabilità tramite i motori di ricerca ed il loro riutilizzo nel rispetto dei principi generali sul trattamento dei dati personali.

- ***I modelli di riferimento della riforma Madia e del decreto attuativo sulla trasparenza***

L'art. 7 della legge 7 agosto 2015, n. **124** (cd. **legge Madia**) contiene deleghe al Governo in materia di riorganizzazione delle amministrazioni pubbliche: l'approvazione del conseguente schema di decreto legislativo in materia reca la data dell'11 febbraio 2016.

Il suddetto articolo fissa, tra i principi e criteri da realizzare, *"il riconoscimento della libertà di informazione attraverso il diritto di accesso, anche per via telematica, di chiunque, indipendentemente dalla titolarità di situazioni giuridicamente rilevanti, ai dati e ai documenti detenuti dalle pubbliche amministrazioni al fine di favorire forme diffuse di controllo sul perseguimento delle funzioni istituzionali e sull'utilizzo delle risorse pubbliche"* fermi restando gli obblighi di pubblicazione e fatti salvi i casi di segreto o di divieto di divulgazione previsti dall'ordinamento e nel rispetto dei limiti relativi alla tutela di interessi pubblici e privati.

L'art. 2 dello schema di decreto attuativo (che sarà destinato a diventare il d.lgs. 97/2016) modifica il comma 1 dell'art. 1 del d.lgs. 33 del 2013 e, dopo aver ribadito che la finalità della trasparenza (da intendersi con questa riforma come *total disclosure*) è quella di "favorire forme diffuse di controllo sul perseguimento delle funzioni istituzionali e sull'utilizzo delle risorse pubbliche", aggiunge (ed è questa la più incisiva e significativa modifica apportata dallo schema di decreto) che la finalità della trasparenza è anche quella di "tutelare i diritti fondamentali".

Il legislatore della riforma definisce la **trasparenza** come "**condizione** di **garanzia** delle **libertà individuali** e **collettive**, nonché dei **diritti civili**, **politici** e **sociali**, (che) integra il diritto ad una buona amministrazione e concorre alla realizzazione di una amministrazione aperta, al servizio del cittadino".

Il legislatore con l'introduzione dei nuovi principi ha inteso profondamente ribaltare quel rapporto tra strumento (obblighi di pubblicazione) e finalità (diritto di accedere ai dati e ai documenti) che nel testo storico del d.lgs. 33 del 2013 risulta invece invertito rispetto a quello che caratterizza la maggior parte dei modelli di accesso aderenti al modello FOIA (Freedom of Information Act) adottato a livello europeo ed internazionale.

Nella disciplina di cui al testo storico del d.lgs. 33 del 2013, infatti, l'esercizio del diritto di accesso è stato previsto come strumentale all'adempimento dell'obbligo di pubblicazione, mentre nei sistemi liberali che si sono ispirati al FOIA il fine è rappresentato dalla libertà di accedere alle informazioni; e tale fine si realizza non solo facendo ricorso al mezzo della pubblicazione delle informazioni, dei dati e dei documenti delle pubbliche amministrazioni sui siti istituzionali, ma soprattutto per mezzo dello strumento dell'accesso civico generalizzato.

Il decreto stabilisce che *"allo scopo di favorire forme diffuse di controllo sul perseguimento delle funzioni istituzionali e sull'utilizzo delle risorse pubbliche e di promuovere la partecipazione al dibattito pubblico, chiunque ha diritto di accedere ai dati e ai documenti detenuti dalle pubbliche amministrazioni, ulteriori rispetto a quelli oggetto di pubblicazione ai sensi del presente decreto, nel rispetto dei limiti relativi alla tutela di interessi pubblici e privati giuridicamente rilevanti"*.

L'**accesso civico** delineato dalla riforma si traduce in un **diritto di accesso non condizionato** dalla titolarità di situazioni giuridicamente rilevanti ed avente ad oggetto tutti i dati e i documenti detenuti dalle pubbliche amministrazioni, compresi i dati e i documenti per i quali non è stabilito un obbligo di pubblicazione, superando altresì la forma di accesso prevista dal testo storico del d.lgs. 33/2013 finalizzata solo alla verifica della presenza dei dati, dei documenti e delle informazioni previsti dalla legge sui siti istituzionali delle pp.aa.

Il nuovo istituto dell'accesso, ora "governato" dalle disposizioni contenute nel nuovo art. 5-*bis* nel testo del d.lgs. 33 del 2013, prevede, inoltre, ipotesi di esclusione: si tratta dei casi in cui il rifiuto della richiesta di accesso si renda necessario per evitare un pregiudizio alla tutela di interessi pubblici inerenti alla sicurezza pubblica, alla sicurezza nazionale, alla difesa e alle questioni militari, alle relazioni internazionali, alla politica e alla stabilità finanziaria ed economica dello Stato, alla conduzione di indagini sui reati e al loro perseguimento, al regolare svolgimento di attività ispettive.

Ai sensi del comma 2 dell'art. 5-*bis*, la nuova forma dell'accesso civico deve essere esclusa anche nelle ipotesi ove *"il diniego è necessario per evitare un pregiudizio alla tutela di uno dei seguenti interessi privati:*

a) la protezione dei dati personali, in conformità con la disciplina legislativa in materia;
b) la libertà e la segretezza della corrispondenza;
c) gli interessi economici e commerciali di una persona fisica o giuridica, ivi compresi la proprietà intellettuale, il diritto d'autore e i segreti commerciali".

20.3. Il codice di comportamento: dal d.P.R. 62/2013 al codice aziendale

Il disposto di cui all'art. 1, commi 44, 45 e 48, della legge n. 190 del 2012 detta una serie di indicazioni in materia di codici di comportamento dei dipendenti pubblici al fine di assicurare la promozione dei valori dell'etica, della legalità e del buon andamento dell'azione amministrativa ed ispirati al conseguimento degli obiettivi di trasparenza ed integrità all'interno delle stesse pubbliche amministrazioni.

Già nel Testo Unico delle disposizioni concernenti lo statuto degli impiegati civili dello Stato adottato con d.P.R. 10 gennaio 1957, n. 3 erano presenti diverse norme sulla condotta dei dipendenti (artt. 11-17) ma solamente con l'importante complesso di riforme dei primi anni '90 ed in particolare con la c.d. "privatizzazione" del pubblico impiego si è iniziato a prestare particolare attenzione al valore ed al contenuto della deontologia, ribattezzata "etica pubblica" in particolare con il d.lgs. 3 febbraio 1993, n. 29, e con il disposto introdotto dal successivo d.lgs. 23 dicembre 1993, n. 546, dell'adozione di un apposito codice di comportamento (art. 58-*bis*).

Nel marzo del **1994** viene quindi adottato il primo **codice** di **comportamento** dei **dipendenti** delle **pubbliche amministrazioni** il cui intento primario era quello di incidere con una serie di regole chiare e definite sul comportamento dei dipendenti pubblici, evitando di lasciare alla loro discrezionalità la regolazione dei casi dubbi sul piano della liceità ma privi di rilevanza penale: il codice di comportamento viene pertanto impostato non come strumento di controllo e repressione ma di ausilio ed indirizzo.

Successivamente con le modifiche apportate dall'art. 27 del d.lgs. 31 marzo 1998, n. 80 all'art. 58-*bis* sopra citato viene esplicitato che il codice deve venire definito dalle pubbliche amministrazioni unilateralmente e recepito, di conseguenza, nei contratti collettivi.

Al decreto del 1994 è seguito successivamente il d.m. 28 novembre 2000, che ha aggiornato la versione precedente del codice, conservandone comunque la composizione in quattordici articoli e confermando la previsione del collegamento con la contrattazione collettiva.

Con il d.lgs. 30 marzo 2001, n. 165 viene pressoché confermato il precedente impianto, disponendo altresì l'adozione da parte delle singole amministrazioni di propri codici, sulla base del modello generale contenuto nel decreto del 2000 stesso e non apportando particolari innovazioni nemmeno alla regolazione del sistema disciplinare, che rimane fondato, in buona parte, sul ruolo della negoziazione.

Con l'introduzione della legge 190 del 2012, ed in particolare ai commi 44, 45 e 48, vengono riviste le disposizioni precedenti in materia di codici di condotta e in tema responsabilità disciplinare.

L'art. 1, comma 44 della sopra citata legge, in particolare, riforma completamente il testo dell'art. 54 del d.lgs. 165 del 2001, rubricato "codici di comportamento", che recita:

44. L'articolo 54 del decreto legislativo 30 marzo 2001, n.165, è sostituito dal seguente:
"Art. 54. (Codice di comportamento).

1. Il Governo definisce un codice di comportamento dei dipendenti delle pubbliche amministrazioni al fine di assicurare la qualità dei servizi, la prevenzione dei fenomeni di corruzione, il rispetto dei doveri costituzionali di diligenza, lealtà, imparzialità e servizio esclusivo alla cura dell'interesse pubblico. Il codice contiene una specifica sezione dedicata ai doveri dei dirigenti, articolati in relazione alle funzioni attribuite, e comunque prevede per tutti i dipendenti pubblici il divieto di chiedere o di accettare, a qualsiasi titolo, compensi, regali o altre utilità, in connessione con l'espletamento delle proprie funzioni o dei compiti affidati, fatti salvi i regali d'uso, purché di modico valore e nei limiti delle normali relazioni di cortesia.

2. Il codice, approvato con decreto del Presidente della Repubblica, previa deliberazione del Consiglio dei Ministri, su proposta del Ministro per la pubblica amministrazione e la semplificazione, previa intesa in sede di Conferenza unificata, è pubblicato nella Gazzetta Ufficiale e consegnato al dipendente, che lo sottoscrive all'atto dell'assunzione.

3. La violazione dei doveri contenuti nel codice di comportamento, compresi quelli relativi all'attuazione del Piano di prevenzione della corruzione, è fonte di responsabilità disciplinare. La violazione dei doveri è altresì rilevante ai fini della responsabilità civile, amministrativa e contabile ogni qual volta le stesse responsabilità siano collegate alla violazione di doveri, obblighi, leggi o regolamenti. Violazioni gravi o reiterate del codice comportano l'applicazione della sanzione di cui all'articolo 55-*quater*, comma 1.

4. Per ciascuna magistratura e per l'Avvocatura dello Stato, gli organi delle associazioni di categoria adottano un codice etico a cui devono aderire gli appartenenti alla magistratura interessata. In caso di inerzia, il codice è adottato dall'organo di autogoverno.

5. Ciascuna pubblica amministrazione definisce, con procedura aperta alla partecipazione e previo parere obbligatorio del proprio Organismo indipendente di valutazione, un proprio codice di comportamento che integra e specifica il codice di comportamento di cui al comma 1. Al codice di comportamento di cui al presente comma si applicano le disposizioni del comma 3. A tali fini, la Commissione per la valutazione, la trasparenza e l'integrità delle amministrazioni pubbliche (CIVIT) definisce criteri, linee guida e modelli uniformi per singoli settori o tipologie di amministrazione.

6. Sull'applicazione dei codici di cui al presente articolo vigilano i dirigenti responsabili di ciascuna struttura, le strutture di controllo interno e gli uffici di disciplina.

7. Le pubbliche amministrazioni verificano annualmente lo stato di applicazione dei codici e organizzano attività di formazione del personale per la conoscenza e la corretta applicazione degli stessi.

Nella rinnovata visione del legislatore i codici di comportamento non dovranno più solamente limitarsi a garantire la qualità dei servizi resi al cittadino, ma avranno anche il compito di presidiare e garantire l'attuazione di principi costituzionali quali il dovere di diligenza, di lealtà, di imparzialità, di servizio esclusivo alla cura dell'interesse pubblico (di cui agli artt. 54 e 97 Cost.), nonché prevedere strumenti di prevenzione della corruzione.

Con il d.P.R. 62 dell'8 marzo 2013 recante "Codice di Comportamento dei Pubblici Dipendenti" si definiscono i **doveri minimi** dei dipendenti della pubblica amministrazione. Questo – come richiesto dalla stessa legge – deve essere integrato, in tutte le pp.aa., da propri Codici di comportamento per adeguare le prescrizioni del Codice nazionale alle singole realtà.

Tale disposizione prevede dunque la **presenza** in **ogni amministrazione** di **due Codici**: uno **nazionale** ed uno **"personalizzato"** frutto di un percorso intrapreso all'interno di ogni singola amministrazione con l'espressa finalità di integrare e di specificarne i contenuti che dovranno essere osservati dai dipendenti dell'ente di riferimento.

I **codici** delle **singole amministrazioni** sono orientati infatti ad identificare **ulteriori doveri** di **comportamento** che dovranno essere osservati dai loro dipendenti, in rapporto alle specifiche funzioni attribuite e alla relativa organizzazione aziendale sempre nel rispetto dei principi essenziali e della cornice di riferimento normativa tracciata dalla legge nazionale.

Con il provvedimento del 2013 viene, inoltre, espressamente prevista l'estensione degli obblighi anche a quei collaboratori, consulenti, ecc. che, pur non essendo lavoratori subordinati, collaborano, però, ed interagiscono con la p.a. di appartenenza.

Inoltre, viene sancito il principio per cui il funzionario pubblico inteso *latu senso*, qualunque sia la sua collocazione organizzativa e indipendentemente dalle competenze e dai compiti assegnati, deve rispettare i "doveri minimi di diligenza, lealtà, imparzialità e buona condotta" imposti dal Codice.

Costituisce un campanello d'allarme – infatti – *il fatto che il legislatore, in modo progressivo, imponga un comportamento imparziale e corretto al pubblico dipendente attraverso le sanzioni disciplinari, perché ciò rende manifesta la diffusione della mancanza spontanea di adesione a tali principi e valori.*

Va evidenziato dunque a tal proposito con forza il passaggio dalle mere "specificazioni esemplificative degli obblighi di diligenza, lealtà e imparzialità" di cui all'art. 1 del Codice di comportamento del 2000 ai c.d. "doveri minimi" previsti dal d.P.R.

I principi costituzionali di "buon andamento" e di "imparzialità" enfatizzati nelle premesse del Codice vengono ora interpretati dalle norme di legge come obblighi di condotta personale e come regole relative allo svolgimento della corretta azione amministrativa al fine non soltanto **di rafforzare la cultura etica e morale** degli stessi ma di richiamare una "rete normativa" a supporto di comportamenti in precedenza non codificati.

In egual misura il discorso si può estendere per gli importanti principi di "economicità", "efficacia", "efficienza", "trasparenza", "imparzialità", "non discriminazione" e "comunicazione tra amministrazioni".

Altro rilevante principio mai affrontato in precedenza e normato ora dal legislatore riguarda la **disciplina** delle **regalie**.

Si esplicita un divieto più specifico che vede impedita al dipendente pubblico la possibilità di chiedere "regali o altre utilità, anche di modico valore", qualora questi provengano in particolare da soggetti interessati all'adozione di atti e provvedimenti di competenza dell'ufficio di appartenenza del funzionario stesso.

Al proposito preme evidenziare che il c.d. **"modico valore"** viene individuato dal legislatore nazionale nell'importo di **euro 150,00** e che le amministrazioni in sede di adozione del proprio Codice ed in base alle loro sensibilità potranno confermare o potranno rivedere; viene lasciata dunque alla volontà degli enti decidere il "valore" delle "regalie".

In **sanità** infatti è diffusa la prassi di offrire il c.d. "regalo di cortesia" che il paziente o i suoi familiari rivolgono all'équipe dei professionisti per le cure prestate come simbolo di mera gratitudine per le attenzioni offerte (per esempio la puerpera che si dimostra riconoscente per le attenzioni ricevute durante il parto).

Altra zona esplorata con dovizia dal legislatore riguarda la maggiore attenzione alla **prevenzione** di **conflitti di interesse** che possono coinvolgere il pubblico dipendente/amministratore.

Si considerino in questo senso:

a) il **divieto** di **accettare** "**incarichi** di **collaborazione** da soggetti privati che abbiano, o abbiano avuto nel biennio precedente, un interesse economico significativo in decisioni o attività inerenti l'ufficio di appartenenza" (art. 4, c. 6), che va inteso in parallelo con il divieto di assunzione di incarichi presso questi soggetti anche successivamente alla cessazione del servizio (o dell'incarico);

b) gli **obblighi** di **comunicazione** al proprio responsabile circa l'**adesione** o l'**appartenenza** ad **associazioni** od **organizzazioni** a prescindere dal loro carattere riservato o meno, i cui ambiti di interessi possano interferire con lo svolgimento dell'attività dell'ufficio;

c) gli obblighi di comunicazione (degli interessi finanziari e dei conflitti di interesse, della propria appartenenza ad associazioni o della presenza di rapporti di collaborazione retribuiti nel triennio precedente) (d.P.R. 62/2013, art. 6);

d) i doveri di astensione (d.P.R. 62/2013, art. 7).

Altra novità del d.P.R. consiste nel fatto di "legare" in maniera indissolubile le disposizioni ivi contenute al pieno rispetto delle nuove norme in materia di prevenzione della corruzione (art. 8) e in materia di trasparenza ed integrità (art. 9), che i dipendenti hanno il dovere di osservare.

Il legislatore dunque riporta nell'impianto del Codice l'esplicito richiamo ai due fondamentali documenti che devono essere adottati da ciascuna pubblica amministrazione e più precisamente il Piano Triennale della Prevenzione della Corruzione e il Piano Triennale della Trasparenza ed Integrità (da integrare con i Piani delle Performance) che diventano ancor più operative e non formali nella condotta quotidiana di amministratori e dipendenti.

La "visione etica" del nuovo ruolo del pubblico dipendente/collaboratore pensata dal legislatore del Codice è dunque la richiesta di un **comportamento imparziale**: allo stesso dipendente viene richiesto di apparire e di porsi come soggetto neutrale, che sappia offrire precise garanzie al cittadino (e in generale alla pubblica opinione ed agli *stakeholder*).

Il rispetto di questi comportamenti diviene, in quest'ottica, "sostanziale":

si pensi per esempio all'ipotesi del dovere di astensione del dipendente che versi in situazioni di conflitto "anche potenziale" con propri interessi personali, ovvero di suoi parenti, affini entro il secondo grado, del coniuge o di conviventi, oppure di persone con le quali abbia rapporti di frequentazione abituale oltre agli altri casi descritti in maniera minuziosa nell'articolo 7 del d.P.R. 62/2013 di cui trattasi o del fine di preservare "il prestigio e l'imparzialità dell'amministrazione" (art. 4, c. 7).

Il legislatore dispone che la violazione dei doveri contenuti nel Codice di comportamento, compresi quelli relativi all'attuazione del Piano di prevenzione della corruzione, sia fonte diretta di **responsabilità disciplinare** a carico del dipendente/collaboratore.

La violazione dei doveri è altresì rilevante ai fini della responsabilità civile, amministrativa e contabile (art. 54, c. 3 del TUPI).

La stessa conseguenza si riversa espressamente sui principi e sui precetti previsti dai codici adottati da ogni singola amministrazione.

In questa ottica dunque viene completamente cancellato ogni dubbio residuo sul fatto che i Codici rivestano solamente natura etica o deontologica.

Altro elemento di novità in merito ai destinatari dei doveri di comportamento fissati dal d.P.R. n. 62/2013 riguarda la specifica attenzione ai doveri dei dirigenti amministrativi, cui la legge (il nuovo art. 54, c. 1) impone di dedicare una speciale sezione del nuovo Codice nazionale.

Quanto ai **dirigenti** (e alle figure ad essi equiparate) il **Codice non prevede** una vera e propria **sezione apposita**, ma dedica ad essi uno **specifico articolo** (l'art. 13) che si pone l'obiettivo di elencare doveri ulteriori e specifici: in particolare i nuovi obblighi riguardano le dichiarazioni sulla propria posizione personale all'atto dell'assunzione dell'incarico, ma soprattutto doveri, ancora in verità, non particolarmente definiti ma che andrebbero declinati in modo preciso, relativi alla gestione del personale, quali l'assunzione di un "adeguato comportamento organizzativo", la cura del "benessere organizzativo", l'attenzione all'aggiornamento del personale ed all'inclusione, l'equa ripartizione dei carichi di lavoro, la valutazione imparziale del personale, la sollecita attivazione della responsabilità disciplinare.

Al dirigente viene richiesto, in particolare, di farsi parte attiva nella segnalazione di illeciti penali e nella protezione del dipendente che li segnali.

Capitolo 21
Contratti e appalti

di *Andrea Ferroci*

21.1. Il nuovo Codice degli appalti

Il nuovo Codice appalti è stato approvato con il decreto legislativo **n. 50** del **18 aprile 2016** in attuazione alla direttiva CE 2014/24. A distanza di un anno è stato poi sensibilmente modificato con il decreto legislativo n. 56 del 19 aprile 2017, cd "correttivo". La disciplina del codice è integrata da linee guida dell'Autorità Nazionale Anticorruzione, alcune emanate, altre di futura emanazione, che danno luogo al fenomeno della "soft law", cioè della legislazione morbida integrativa delle norme del codice che avviene con i suddetti provvedimenti dell'ANAC. Questa è stata la scelta dell'attuale legislatore, quando in occasione dell'approvazione del precedente codice, nell'anno 2006, si era invece optato per un'unica fonte normativa e per un regolamento attuativo (decreto legislativo n. 163/2006 e Regolamento n. 207/2010), entrambi ora abrogati. Il codice odierno viene quindi integrato da una serie di disposizioni che emana l'ANAC (linee guida) in qualità di autorità indipendente, tramite la funzione di regolazione, che deriva la propria fonte dal codice stesso, quando demanda ad atti dell'ANAC l'integrazione o l'esplicitazione delle proprie norme; ne deriva un quadro d'insieme complesso, in continua evoluzione e di non immediata comprensione, che sarà soggetto, stando alle intenzioni espresse dall'attuale esecutivo, ad un'ulteriore riscrittura nell'anno 2019. Il codice si compone di 220 articoli, mentre il precedente abrogato era costituito da 257 articoli ed il regolamento attuativo da altri 359. Nell'intento, pur apprezzabile, di ridurre e di razionalizzare le disposizioni normative, salvo comunque il ricorso al fenomeno delle linee giuda, alcuni istituti precedentemente regolamentati sono scomparsi nel nuovo testo; non vi è più traccia infatti, ad esempio, del preavviso di ricorso, dell'avviso volontario di pubblicazione *ex ante,* del sorteggio a campione o della revisione dei prezzi. Fenomeno derivante probabilmente dalla fretta con cui il codice è stato scritto, a ridosso del termine di scadenza imposto dalla direttiva 2014/24, per evitare l'applicazione di una procedura d'infrazione da parte della CE per tardivo recepimento.

- ***Le procedure di scelta del contraente***

La disciplina del codice conferma e in parte integra quella precedente, individuando la **procedura aperta** (art. 60), la **procedura ristretta** (art.

61), la **procedura competitiva** con **negoziazione** (art. 62), la **procedura negoziata senza previa pubblicazione** di bando (art. 63), il **dialogo competitivo** (art. 64), il **partenariato** per **l'innovazione** (art. 65). Le prime (procedura aperta, ristretta e negoziata) sono quelle classiche che in passato venivano chiamate asta pubblica, licitazione privata e trattativa privata. Le altre invece (procedura competitiva con negoziazione, dialogo competitivo, partenariato per l'innovazione) sono più recenti e di derivazione comunitaria; esprimono infatti l'evoluzione del mercato in termini di collaborazione con gli operatori economici, che possono fornire informazioni di selezione tecnico-qualitativa (procedura competitiva con negoziazione e dialogo competitivo) o soluzioni tecniche innovative (partenariato per l'innovazione). Ampia è altresì la parte che il codice riserva alle tecniche ed agli strumenti per gli **appalti elettronici**, attraverso le piattaforme telematiche di negoziazione, che possono esitare in accordi quadro, sistemi dinamici di acquisizione, aste o cataloghi elettronici, segno tangibile del *favor* del legislatore verso questa forma di negoziazione immateriale, che costituisce ormai il presente consolidato ed il futuro, con poche eccezioni.

• ***Il processo comunicativo (bandi, avvisi, manifestazioni di interesse)***

Nel processo di scelta del contraente l'elemento della **concorrenza** e della **comparazione** delle **offerte** costituisce la base delle gare. Per garantire la più ampia partecipazione alle procedure competitive, la notizia della volontà di contrattare da parte della Pubblica Amministrazione va pertanto divulgata e resa nota tramite **bandi** ed **avvisi**, comportandone la mancata pubblicazione vizio insanabile della procedura. Il processo comunicativo nei confronti del mercato si estrinseca, quindi, tramite la pubblicazione dei bandi e degli avvisi di gara, secondo le modalità prescritte per legge ed in relazione alla natura e all'entità economica dell'appalto; la pubblicazione avviene:

- sulla GUCE e sulla GURI per le commesse di importo sopra soglia comunitaria, nonché per estratto su 2+2 quotidiani;
- sulla GURI, nonché per estratto su 2+2 quotidiani per le commesse di importo inferiore alla soglia comunitaria.

Un ulteriore ed efficace strumento comunicativo da parte della pubblica amministrazione è costituito dall'**avviso** di **preventiva indagine** di **mercato**, facoltativo, con il quale si manifesta la volontà di stipulare contratti per **beni infungibili**, sollecitando preventivamente eventuali candidature in concorrenza; l'esito positivo dell'indagine di mercato apre alla procedura concorrenziale, altrimenti si negozia in esclusiva con il solo operatore economico noto. Nell'ambito del procedimento di gara in senso stretto, il processo comunicativo con i candidati e gli offerenti è integralmente confermato dal codice, che anzi introduce l'obbligo ulteriore della necessità di pubblicare sul profilo del committente entro due giorni e di notificare agli interessati tramite PEC i provvedimenti che ne determinano l'esclusione dalla gara per la decorrenza dei termini di impugnativa (art. 29). Di rilievo è anche la norma del secondo comma dell'art. 40 del codice che stabilisce che dal 18 ottobre 2018 le comunicazioni e gli scambi di informazioni nell'ambito delle procedure siano eseguiti utilizzando esclusivamente i mezzi di comunicazione elettronici.

- ***L'acquisizione in economia e in urgenza***

L'argomento è molto dibattuto e la quadra è di difficile realizzazione. La norma dell'art. 36, c. 2 del codice, riscritta in sede di correttivo e modificata con la legge di bilancio 2019, consente ora l'**affidamento diretto** per importi contrattuali netti di **beni** e **servizi** fino ad **euro 40.000**, anche **senza previa consultazione** di due o più operatori economici e di lavori fino ad **euro 150.000 previa consultazione** ove esistenti di tre operatori economici. In questo caso, la motivazione dell'affidamento diretto deve ritenersi pienamente necessaria, ancor più di prima, in quanto l'offerta scelta non deriva o può non derivare da un preventivo confronto concorrenziale.

La linea guida ANAC n. 4 approvata con delibera n. 1097 del 26 ottobre 2016, elenca in proposito 3 fasi nel procedimento d'individuazione del contraente (avvio della procedura, criteri di scelta del contraente ed obbligo di motivazione, stipulata del contratto). Riguardo alla motivazione, lo stralcio della linea guida recita in questi termini: *"la stazione appaltante motiva in merito alla scelta dell'affidatario, dando dettagliatamente conto del possesso da parte dell'operatore economico selezionato dei requisiti richiesti nella determina a contrarre o nell'atto ad essa equivalente, della rispondenza di quanto offerto all'interesse pubblico che la stazione appaltante deve soddisfare, di eventuali caratteristiche migliorative offerte dall'affidatario, della congruità del prezzo in rapporto alla qualità della prestazione, nonché del rispetto del principio di rotazione"*.

Non vi è nulla di semplice, come si vede, nel ricorrere a questa presunta libera forma di affidamento diretto, anche perché deve essere rispettato il principio della rotazione degli affidamenti e degli inviti; detto principio, di cui si parla nella stessa linea guida n. 4, si applica all'affidamento immediatamente precedente a quello di cui si tratta, nei casi in cui i due affidamenti, quello precedente e quello attuale, abbiano ad oggetto una commessa rientrante nello stesso settore merceologico.

Il **principio** di **rotazione** comporta di norma il divieto di invito a procedure dirette o di assegnazione di un appalto, nei confronti del contraente uscente e dell'operatore economico invitato e non affidatario nel precedente affidamento. Principio come si può bene intuire di non facile applicazione (ed anche di dubbia comprensione in quanto non si riesce a capire fino in fondo perché debba essere sottratta una chance di partecipazione ad una nuova procedura all'operatore economico già presente, che ha operato sempre bene e che pratica prezzi convenienti) soprattutto nei settori di mercato caratterizzati da una non numerosa concorrenza, a cui tuttavia si può derogare nel caso si applichino le procedure ordinarie di scelta del contraente, cioè quelle precedute da bando in virtù delle quali non si opera nessuna limitazione dei candidati da invitare e nel caso di acquisti di importo inferiore ad euro 1.000, ora euro 5.000 in virtù della modifica apportata dalla legge di bilancio 2019.

L'acquisto in condizione di urgenza è a sua volta ammesso, purché l'urgenza derivi da fatti obiettivi e non imputabili ad inerzia o ad altri comportamenti riconducibili alla stazione appaltante. L'art. 63, c. 2, lett. *c)* del codice ammette infatti questo tipo di acquisto, tramite procedura negoziata senza previa pubblicazione di bando, *"nella misura strettamente necessaria quando, per ragioni di estrema urgenza derivante da eventi imprevedibili dall'amministrazione aggiudicatrice, i termini per le procedure aperte o per le procedure ristrette o per le procedure competitive con negoziazione non possono essere rispettati. Le circostanze invocate a giustificazione del ricorso alla procedura di cui al presente articolo non devono essere in alcun caso imputabili alle amministrazioni aggiudicatrici"*.

Pienamente legittimo il ricorso a questa forma di acquisto nei limiti indicati dalla norma, mentre nei fatti l'istituto viene utilizzato spesso a sproposito per coprire negligenti ritardi nei comportamenti delle stazioni appaltanti.

- ***Le moderne forme di acquisizione***

Si è detto in precedenza che a fianco delle classiche procedure aperte, ristrette o negoziate, il codice prevede nuove modalità di acquisizione che sono la procedura competitiva con negoziazione (art. 62), il dialogo competitivo (art. 64), il partenariato per l'innovazione (art. 65) con cui si esprime, tra gli altri, l'evoluzione del mercato in termini di collaborazione con gli operatori economici che possono fornire informazioni di selezione tecnico-qualitativa o soluzioni tecniche innovative.

Forse non tanto applicata è la **"procedura competitiva con negoziazione"**, che consiste in una procedura per gradi successivi, in cui si ricevono le offerte iniziali degli operatori economici invitati, che costituiscono la base per una successiva negoziazione delle offerte stesse che possono essere presentate per più volte, fino a quella finale. Nel termine fissato dalla stazione appaltante, va quindi inoltrata dall'operatore economico l'offerta finale, conforme alle condizioni di minima fissate, che può essere modificativa o migliorativa di quelle intermedie. Questo tipo di procedura offre notevoli vantaggi, come si può intuire, in quanto consente di costruire per gradi successivi l'offerta tecnica e conseguentemente quella economica migliore per le stazioni appaltanti.

Il **"dialogo competitivo"** è a sua volta una procedura, da aggiudicare con il criterio dell'offerta economicamente più vantaggiosa, in cui la stazione appaltante acquisisce le soluzioni tecniche richieste ai candidati, conformi a requisiti di minima, negoziando fino a quando non si è in grado di individuare la soluzione o le soluzioni che possono soddisfare le proprie necessità. Concluso il dialogo, si invitano i partecipanti a presentare le loro offerte finali, tenendo conto delle soluzioni specificate nella fase del dialogo stesso, e si aggiudica la gara vera e propria sulla base degli elementi di valutazione indicati nel bando. La fase del dialogo può essere incentivata con premi o pagamenti.

Al **"partenariato per l'innovazione"** si ricorre, invece, quando l'esigenza di sviluppare prodotti, servizi o lavori innovativi non può essere soddisfatta ricorrendo a soluzioni disponibili sul mercato. Le offerte dei competitori (partner) possono essere presentate e negoziate per fasi successive nel procedimento per migliorarne il contenuto, con l'obiettivo di acquisire l'offerta finale che sviluppi la soluzione innovativa non ancora presente sul mercato.

Una menzione particolare merita l'**"accordo quadro"**, inserito dal codice all'art. 54 tra le tecniche e gli strumenti per gli appalti elettronici aggregati. È una procedura che consiste nella stipulazione di un contratto generale, in cui si individuano i fabbisogni complessivi ed i prezzi indicativi di durata massima di quattro anni, stipulato con un solo operatore economico, in un caso, o con più operatori economici, in un secondo caso. L'accordo quadro viene aggiudicato ad esito di gara pubblica, secondo le norme del codice (c. 2, art. 54). Nell'ipotesi di accordo quadro sottoscritto con più operatori economici è possibile prevedere che i contratti operativi attuativi dell'accordo siano eseguiti in percentuale dalle varie ditte, facenti parte dell'accordo quadro medesimo.

Nell'ipotesi di accordo sottoscritto con un solo operatore economico, è consentito che la stazione appaltante consulti la ditta parte dell'accordo quadro, per completare se necessario l'offerta a base dell'accordo; in questa ipotesi si svolge quindi una negoziazione successiva con il solo fornitore che ha sottoscritto l'accordo quadro, per l'eventuale integrazione della propria offerta, al fine di renderla più precisa e completa per l'esecuzione della prestazione convenuta e del contratto, quando si manifesta la necessità di fare gli acquisti.

Nell'ipotesi di accordo sottoscritto con più di un operatore economico, per l'esecuzione dell'accordo sono ammissibili invece due possibilità:

- esecuzione del contratto senza riaprire il confronto competitivo, se questa possibilità è prevista negli atti di gara e se l'accordo quadro contiene tutte le condizioni necessarie ed oggettive per eseguire la prestazione (prezzi unitari convenienti, quantità individuate, condizioni di consegna precise) facendo eseguire i contratti attuativi, in percentuale, da tutti gli operatori che hanno sottoscritto l'accordo;
- riaprendo il confronto competitivo tra gli operatori economici parte dell'accordo quadro ed aggiudicando l'appalto a chi nel frattempo avrà prodotto l'offerta migliore, sulla base delle condizioni fissate nei documenti di gara per l'accordo quadro.

Infine, Wikipedia, l'enciclopedia libera in rete, si esprime così sull'accordo quadro: *"nel settore degli appalti pubblici, per accordo quadro si intende un accordo tra una stazione appaltante e uno o più operatori economici - individuati con procedura di gara, in cui si definiscono le condizioni della fornitura (es. prezzi, qualità) rimandando a successivi "appalti specifici" l'approvvigionamento effettivo. L'accordo quadro offre la possibilità di individuare uno o più fornitori in base a determinate condizioni (c.d. 1° round di negoziazione) sulla base delle quali si potrà poi procedere a realizzare singoli acquisti (c.d. 2° round di negoziazione o appalto specifico)"*.

- ***Il processo di centralizzazione degli acquisti***

La normativa nazionale sugli acquisti centralizzati trae origine dalla legge **488** del 23 dicembre **1999** istitutiva della **centrale** di **committenza nazionale Consip** che opera nell'interesse dello Stato e il suo azionista unico è il Ministero dell'economia e delle finanze, del quale è una società in house. La normativa italiana è tra le prime in Europa ad affrontare ed a regolamentare gli acquisti centralizzati con la sopra citata legge e nello stesso modo si è espressa successivamente la direttiva comunitaria 2004/18, ora abrogata, il cui quindicesimo "considerando" recitava: *"in alcuni Stati si sono sviluppate tecniche di centralizzazione delle committenze. Diverse amministrazioni aggiudicatrici sono incaricate di procedere ad acquisti o di aggiudicare appalti pubblici/stipulare accordi quadro destinati ad altre amministrazioni aggiudicatrici. Tali tecniche consentono, dato il volume degli acquisti, un aumento della concorrenza e dell'efficacia della commessa pubblica. Occorre pertanto prevedere una definizione comunitaria di centrale di committenza destinata alle amministrazioni aggiudicatrici. Occorre altresì fissare le condizioni in base alle quali, nel rispetto dei principi di non discriminazione e di parità di trattamento, le amministrazioni aggiudicatrici che acquistano lavori, forniture e/o servizi facendo ricorso ad una centrale di committenza possono essere considerate come aventi rispettato le disposizioni della presente direttiva"*. Parole molto chiare di un legislatore comunitario lungimirante ed attento all'evoluzione del mercato. L'articolo 2, c. 14 della vigente direttiva 2014/24 riconferma la stessa linea interpretativa e l'articolo 37 del codice attuale riprende l'argomento della "centralizzazione degli acquisti", collegandolo a quello della qualificazione delle stazioni appaltanti.

L'aggregazione della domanda per l'acquisto di beni e servizi è quindi la regola e l'eccezione è costituita dagli acquisti decentrati o aziendali. Il fenomeno ha avuto un'ulteriore spinta con l'approvazione del d.P.C.M. 24 dicembre 2015, pubblicato in G.U. il 9 febbraio 2016, che individuava 19 categorie merceologiche di prodotti, per i cui acquisti le stazioni appaltanti possono ancora agire in autonomia, ma soltanto nei limiti di importo che vi sono indicati (soglie di obbligatorietà) che vanno intesi come importo massimo annuo a base d'asta; cessata l'operatività del primo d.P.C.M., nella G.U. del 16 agosto 2018 è stato pubblicato il secondo d.P.C.M.

che estende a 25 le categorie merceologiche riservate alla contrattazione esclusiva dei soggetti aggregatori. I **"soggetti aggregatori"**, cioè le strutture pubbliche deputate agli acquisti centralizzati, sono stati previsti dall'art. 9 del d.l. 66 del 2014 convertito con modificazioni dalla legge 89 del 2014 e ne fanno parte Consip ed una **centrale** di **committenza** per **ogni regione**; possono tuttavia chiedere all'ANAC l'iscrizione all'albo nazionale dei soggetti aggregatori, anche altre strutture dotate di organizzazione stabile e che abbiano svolto acquisti significativi con riferimento ad ambiti anche territoriali, da ritenersi ottimali per l'aggregazione della domanda; rientrano in queste casistiche ad es. le città metropolitane.

Nella piramide organizzativa, dal livello centrale-regionale si scende poi a quello infraregionale, in cui si collocano modelli di aggregazione della domanda come le **aree vaste**; sempre secondo Wikipedia la lettura e l'interpretazione del territorio per "aree vaste" è rinvenibile nel concetto di "rete di relazioni" da intendersi come il superamento della dimensione locale e la ricerca di una dimensione che supera gli ambiti amministrativi provinciali, senza arrivare al livello regionale. Essendo strutture senza personalità giuridica, le aree vaste utilizzano quella dell'azienda capofila per lo svolgimento della procedura unificata, a cui seguono più contratti stipulati da ogni azienda aggregata in relazione al proprio fabbisogno.

Il terzo livello della contrattazione, che ha carattere residuale, è quello riservato alla **singola stazione appaltante** che svolge la gara per le proprie esigenze.

Tutto bene quindi con questo modello organizzativo? L'organizzazione sopra esposta funziona ed ha dato luogo a contratti quadro tempestivi, con acquisti a prezzi omogenei, per l'intero bacino territoriale di riferimento? Non proprio, in quanto la critica più frequente che si rivolge a questo modello è quella del ritardo nell'esecuzione delle gare di competenza, rilevanti per numero e per entità economica, che ha prodotto un significativo numero di proroghe stipulate dalle stazioni appaltanti presenti sul territorio, che si sono viste privare della possibilità di svolgere gare in autonomia e che al contempo non hanno, in diversi casi, la possibilità di aderire alle convenzioni dei soggetti aggregatori, perché non ancora fruibili.

Si è occupata del fenomeno anche l'ANAC in un comunicato del proprio Presidente in data 4 novembre 2015 ad oggetto: *utilizzo improprio delle proroghe/rinnovi di contratti pubblici*, con il quale si è puntato il dito sul cortocircuito determinato dalla regolazione nazionale o regionale che impedisce nuove gare alle stazioni appaltanti, ma al contempo le centrali di acquisto avviano e completano con forti ritardi le gare di loro competenza. Significativo è il seguente stralcio tratto dal testo del suddetto comunicato: *"la necessità di garantire i servizi obbliga le amministrazioni in questa condizione a prorogare i contratti in essere, più volte. Il quadro fattuale delle esperienze di centralizzazione che deriva dalla lettura delle relazioni del campione appare segnato da una carenza di raccordo tra la previsione normativa e la realtà operativa. La proroga «tecnica» – nel quadro prima descritto – non è più uno strumento di «transizione» per qualche mese di ritardo determinato da fatti imprevedibili, ma diventa ammortizzatore pluriennale di palesi inefficienze di programmazione e gestione del processo di individuazione del nuovo assegnatario*".

A distanza di qualche anno, il fenomeno sopra evidenziato è ancora reale e può essere affrontato con una credibile programmazione degli acquisti, coniugata ad una tempestiva azione nello svolgimento e nella conclusione delle gare.

- ***Il sistema dei controlli sulla corretta esecuzione***

La funzione di controllo nei contratti pubblici assume una fondamentale importanza per il corretto e preciso governo delle risorse pubbliche; conclusa la fase di scelta del contraente, si sviluppa infatti il rapporto contrattuale nel quale l'appaltatore è chiamato ad adempiere alle proprie obbligazioni e soltanto un accurato ed attento controllo del committente può fare in modo che la prestazione avvenga nel pieno rispetto delle clausole del contratto e delle condizioni di offerta. Tanto più è efficace questa funzione, tanto maggiore è la possibilità che il contratto venga svolto con precisione, con elevati criteri di efficienza e senza contenziosi. La normativa dei lavori pubblici è impostata da sempre in questa logica di controllo essendo stata istituita, già con l'abrogato regolamento 350 del 25 maggio 1895, la figura del **direttore dei lavori**, che con strumenti contabili precisi controlla il regolare andamento del cantiere fino al collaudo. Solo di recente invece la normativa degli appalti dei servizi e delle forniture ha istituito la figura del **direttore** dell'**esecuzione** del **contratto** (DEC) disciplinata inizialmente dall'art. 300 del d.P.R. 207/2010 (antecedentemente a quella data l'ordinamento giuridico non riconosceva questa funzione) ed ora normata dal decreto del Ministero delle infrastrutture e dei trasporti n. 49 del 7 marzo 2018, in attuazione all'art. 111, c. 2 del vigente codice, che così si esprime: "*il direttore dell'esecuzione del contratto di servizi o di forniture è, di norma, il* ***responsabile unico*** *del* ***procedimento (RUP)*** *e provvede, anche con l'ausilio di uno o più direttori operativi individuati dalla stazione appaltante in relazione alla complessità dell'appalto, al coordinamento, alla direzione e al controllo tecnico-contabile dell'esecuzione del contratto stipulato dalla stazione appaltante, assicurandone la regolare esecuzione da parte dell'esecutore, in conformità ai documenti contrattuali*". Il Direttore dell'esecuzione, anche se è una figura di recente istituzione, coincide quindi, per regola, con il RUP, segno evidente che il legislatore non ha voluto, rimarcare una netta distinzione tra le due funzioni, ma ha evidenziato solamente alcuni casi in cui questa coincidenza non è ritenuta possibile. Non vi può essere infatti coincidenza in questi casi:

1) per contratti di importo superiore ad euro 500.000;

2) per interventi particolarmente complessi sotto il profilo tecnologico;
3) per prestazioni che richiedono l'apporto di una pluralità di competenze (ad es. servizi di supporto della funzionalità delle strutture sanitarie che comprendano trasporti, pulizie, ristorazione, sterilizzazione, vigilanza, socio-sanitario, supporto informatico);
4) per interventi caratterizzati dall'utilizzo di componenti o di processi produttivi innovativi o dalla necessità di elevate prestazioni funzionali;
5) per ragioni concernenti l'organizzazione interna della stazione appaltante che impongano nelle fase esecutiva il coinvolgimento di una unità organizzativa diversa da quella che ha svolto l'affidamento (e quindi di una figura diversa).

Il DEC nella sua funzione di controllo può valutare quanto segue:

a) la qualità del servizio o della fornitura, intesa come aderenza o conformità a tutti gli standard qualitativi richiesti nel contratto o nel capitolato ed eventualmente alle condizioni migliorative contenute nell'offerta;
b) l'adeguatezza delle prestazioni o il raggiungimento degli obiettivi;
c) il rispetto dei tempi e delle modalità di consegna;
d) l'adeguatezza della reportistica sulle prestazioni e sulle attività svolte;
e) la soddisfazione del cliente o dell'utente finale;
f) il rispetto da parte dell'esecutore degli obblighi in materia ambientale, sociale e del lavoro di cui all'articolo 30 del codice.

Gli strumenti con cui il DEC svolge la propria attività sono i seguenti:

- l'ordine di servizio che è l'atto mediante il quale sono impartite all'esecutore le disposizioni e le istruzioni da seguire per l'esecuzione del contratto. L'ordine di servizio, inoltrato al RUP, va comunicato all'esecutore, che lo restituisce firmato per avvenuta conoscenza ed accettazione, fatte salve eventuali contestazioni o riserve che può inserirvi;
- i processi verbali di accertamento di fatti (per l'avvio, la sospensione, la ripresa e l'ultimazione dell'esecuzione);
- le relazioni per il RUP (ad esempio quelle riservate redatte a seguito dell'iscrizione di riserve nei documenti contabili da parte dell'appaltatore in sede di accordo bonario).

Con le norme suddette, il legislatore ha inteso quindi dare rilievo alla fase di controllo sull'esecuzione contrattuale, consapevole dell'importanza di questa funzione, con la quale si amministrano rilevanti risorse pubbliche e che assume ancor maggior importanza nell'ottica della centralizzazione degli acquisti, dove il numero contenuto di centrali di committenza o di soggetti aggregatori che svolgono gare, dà origine a numerosi contratti pubblici in capo alle amministrazioni aderenti, il cui buon governo diffuso sul terrotorio è direttamente proporzionale all'efficacia dei controlli svolti in sede di esecuzione del contratto.

• ***La normativa antimafia e la tracciabilità dei flussi finanziari***

La normativa nazionale antimafia è alquanto articolata e risale almeno alla prima metà degli anni '60 quando l'art. 10 della legge 31 maggio 1965, n. 575 "*Disposizioni contro la mafia*" così recitava:

"1. *Le persone alle quali sia stata applicata con provvedimento definitivo una* ***misura*** *di* ***prevenzione*** *non possono ottenere:*

a) licenze o autorizzazioni di polizia e di commercio;

b) concessioni di acque pubbliche e diritti ad esse inerenti nonché concessioni di beni demaniali allorché siano richieste per l'esercizio di attività imprenditoriali;

c) concessioni di costruzione, nonché di costruzione e gestione di opere riguardanti la pubblica amministrazione e concessioni di servizi pubblici;

d) iscrizioni negli albi appaltatori o di fornitori di opere, beni e servizi riguardanti la pubblica amministrazione e nell'albo nazionale dei costruttori, nei registri della camera di commercio per l'esercizio del commercio all'ingrosso e nei registri dei commissionari astatori presso i mercati annonari all'ingrosso;

e) altre iscrizioni o provvedimenti a contenuto autorizzatorio, concessorio o abilitativo per lo svolgimento di attività imprenditoriali, comunque denominati;

f) contributi, finanziamenti o mutui agevolati ed altre erogazioni dello stesso tipo, comunque denominate, concessi o erogati da parte dello Stato, di altri enti pubblici o delle Comunità europee, per lo svolgimento di attività imprenditoriali".

Il comma 2 dell'articolo affermava che: "*il provvedimento definitivo di applicazione della misura di prevenzione determina la decadenza di diritto dalle licenze, autorizzazioni, concessioni, iscrizioni, abilitazioni ed erogazioni di cui al comma 1, nonché il divieto di concludere contratti di appalto, di cottimo fiduciario, di fornitura di opere, beni o servizi riguardanti la pubblica amministrazione e relativi subcontratti, compresi i cottimi di qualsiasi tipo, i noli a caldo e le forniture con posa in opera. Le licenze, le autorizzazioni e le concessioni sono ritirate e le iscrizioni sono cancellate a cura degli organi competenti*". L'articolo suddetto non è ora più in vigore, essendo stato sostituito dall'art. 3 della legge 19 marzo 1990, n. 55; le **norme antimafia** si sono poi di volta in volta succedute nel tempo, fino a giungere all'attuale codice approvato con d.lgs. 6 settembre 2011, n. 159 ed aggiornato con d.lgs. 18 maggio 2018, n. 54.

Il tratto distintivo dell'intera materia in trattazione è costituito dal fatto che la **normativa antimafia** è considerata **"speciale"** rispetto a quella ordinaria, essendo un complesso normativo a parte rispetto alla legislazione ordinaria con una disciplina di settore specifica. Con l'entrata in vigore del nuovo codice antimafia è divenuta altresì operativa dal 7 gennaio 2016 anche la **"banca dati nazionale unica** della **documentazione antimafia"**; ciò comporta che la certificazione antimafia viene rilasciata dalla Prefettura, mediante l'acquisizione per via telematica dei dati attraverso le banche dati del Ministero dell'interno, di concerto con quelle delle Camere di commercio. Nella vigente normativa del codice, è confermata la tradizionale distinzione fra *comunicazione antimafia* ed *informazione antimafia*:

- la prima deve verificare la presenza o meno di cause di decadenza, di sospensione e di divieto di cui all'art. 67 del d.lgs. 159/2011, che scaturiscono dall'applicazione di misure di prevenzione, o di sentenze di condanna, anche non definitive, per particolari tipologie di reati gravi, strumentali rispetto all'attività della criminalità organizzata;
- la seconda, oltre alle verifiche dei presupposti contenuti nella comunicazione, attiene al controllo della sussistenza o meno di *eventuali tentativi* di infiltrazione mafiosa tendenti a condizionare le scelte e gli indirizzi delle società o imprese.

Le soglie di valore economico dei contratti che impongono l'obbligo di rilascio della comunicazione o dell'informazione, al di sotto delle quali la normativa antimafia non si applica, sono le seguenti:

a) non è richiesta nel caso di contratti di importo non superiore a 150.000 euro;
b) la comunicazione è obbligatoria per la stipula dei contratti di importo superiore a 150.000 euro ed inferiore alla soglia comunitaria;
c) l'informazione è obbligatoria per la stipula di contratti di importo pari o superiore alla soglia comunitaria e per l'autorizzazione di subcontratti di importo superiore a 150.000 euro. In questo caso, le stazioni appaltanti devono acquisire l'informazione antimafia prima di stipulare il contratto, ricordando che in materia di lavori la soglia comunitaria netta è di euro 5.548.000,00 ed in materia di servizi e di forniture è invece di euro 221.000,00.

L'eventuale documento della Prefettura che attesta la sussistenza di tentativi o di reati di stampo mafioso comporta la decadenza dal beneficio acquisito e la risoluzione del contratto nel frattempo eventualmente stipulato.

La tracciabilità dei flussi finanziari in materia di contratti pubblici è stata disciplinata in modo organico, per la prima volta, dalla legge 136 del 13 agosto 2010, la cui *ratio*, come sostiene l'ANAC formulando risposte alle domande delle stazioni appaltanti che sono state formulate, è *"quella di contrastare la criminalità organizzata e le infiltrazioni nelle commesse pubbliche, mediante le seguenti azioni:*

- *anticipare, il più a monte possibile, la soglia di prevenzione, creando meccanismi che consentano di intercettare i fenomeni di intrusione criminale nella contrattualistica pubblica;*
- *rendere trasparenti le operazioni finanziarie relative all'utilizzo del corrispettivo dei contratti pubblici, in modo da consentire un controllo a posteriori sui flussi finanziari provenienti dalle amministrazioni pubbliche"*.

Gli obblighi di tracciabilità si articolano essenzialmente nei sotto indicati tre adempimenti principali:

a) utilizzo di conti correnti bancari o postali dedicati alle commesse pubbliche, anche in via non esclusiva;
b) esecuzione dei movimenti finanziari relativi alle commesse pubbliche

esclusivamente mediante lo strumento del bonifico bancario o postale, ovvero attraverso l'utilizzo di altri strumenti di pagamento idonei a consentire la piena tracciabilità delle operazioni;

c) indicazione negli strumenti di pagamento relativi ad ogni transazione del codice identificativo di gara (CIG) e ove obbligatorio, per i progetti finanziati con risorse dello Stato, del codice unico di progetto (CUP).

Questo percorso consente quindi una piena tracciabilità dell'intero flusso di denaro collegato ai contratti pubblici fin dal primo movimento, al centro del quale si colloca il **CIG (codice identificativo di gara)** che sulla base delle disposizioni della legge 136/2010 ha, tra gli altri, il compito di individuare univocamente (tracciare) le movimentazioni finanziarie relative agli affidamenti delle commesse pubbliche, indipendentemente dalla procedura di scelta del contraente e dall'importo dell'affidamento stesso. Il CIG, acquisito dal RUP nel momento dell'indizione della procedura di gara, è riportato sui documenti emessi sulla contabilità contrattuale (ordini e mandati di pagamento).

Le disposizioni della legge in rassegna sono cogenti e comportano altresì l'obbligo di inserire nei contratti che si stipulano con gli operatori economici la seguente clausola, a pena di nullità del contratto stesso: *"(Obblighi dell'appaltatore relativi alla tracciabilità dei flussi finanziari).*

1. L'appaltatore assume tutti gli obblighi di tracciabilità dei flussi finanziari di cui all'articolo 3 della legge 13 agosto 2010 n. 136 e successive modifiche.

2. L'appaltatore si impegna a dare immediata comunicazione alla stazione appaltante ed alla Prefettura-Ufficio territoriale del Governo della provincia di [...] della notizia dell'inadempimento della propria controparte (subappaltatore/subcontraente) agli obblighi di tracciabilità finanziaria".

- ***L'affidamento di servizi al terzo settore***

Il terzo settore è rappresentato dai soggetti giuridici che svolgono attività sociale e che danno luogo al fenomeno comunemente definito **"mercato parallelo"** rispetto a quello delle imprese ordinarie che esercitano attività con criteri di imprenditorialità per la produzione o per lo scambio di beni o servizi. Rientrano in questo settore le **organizzazioni** di **volontariato** di cui alla legge 266/1991, le **cooperative sociali** di cui alla legge 381/1991 e le **imprese sociali** di cui ai decreti legislativi 112 e 117/2017. L'art. 1 del decreto legislativo 112, riscrivendo completamente i concetti di impresa sociale e di enti del terzo settore, afferma che: *"possono acquisire la qualifica di impresa sociale tutti gli enti privati, inclusi quelli costituiti nelle forme di cui al libro V del codice civile che esercitano in via stabile e principale un'attività d'impresa di interesse generale, senza scopo di lucro e per finalità civiche, solidaristiche e di utilità sociale, adottando modalità di gestione responsabili e trasparenti e favorendo il più ampio coinvolgimento dei lavoratori, degli utenti e di altri soggetti interessati alle loro attività".*

Le attività medesime sopra indicate devono essere svolte in via principale, dovendo produrre ricavi superiori al 70% di quelli complessivi dell'impresa sociale, secondo criteri di calcolo definiti dal Ministero dello sviluppo economico e dal Ministero del lavoro e delle politiche sociali. Il 3 agosto 2017 è poi entrato in vigore il decreto legislativo 117 del 3 luglio 2017, denominato **"Codice del terzo settore"**, con il quale si è inteso istituire un **Registro unico del terzo settore**, anche se non è ancora operativo.

Data questa condizione giuridica, è da precisare che l'aggiudicazione di commesse pubbliche in capo a soggetti del terzo settore avviene secondo le regole comuni del Codice dei contratti pubblici, di trasparenza, imparzialità, correttezza e non discriminazione. L'ANAC ha definito con la delibera n. 32/2016 le *"Linee guida per l'affidamento dei servizi ad enti del terzo settore ed alle cooperative sociali"*. Dopo aver ribadito i principi comuni suddetti, la linea guida ne prende in esame la **deroga** disposta dall'art. 5 della legge 381/1991, integrato dall'art. 1, c. 610 della legge 190/2014, il cui comma 1 che così recita:

"Gli enti pubblici, compresi quelli economici e le società di capitali a partecipazione pubblica, anche in deroga alla disciplina in materia di contratti della pubblica amministrazione, possono stipulare convenzioni con le cooperative che svolgono le attività di cui all'articolo 1 c. 1 lett. b), ovvero con analoghi organismi aventi sede negli altri Stati membri della Comunità europea, per la fornitura di beni e servizi diversi da quelli socio-sanitari ed educativi il cui valore stimato al netto dell'iva sia inferiore agli importi stabiliti dalle direttive comunitarie in materia di appalti pubblici, purché tali convenzioni siano finalizzate a creare ***opportunità*** *di* ***lavoro*** *per le* ***persone svantaggiate*** *di cui all'articolo 4 c. 1. Le convenzioni di cui al presente comma sono stipulate previo svolgimento di procedure di selezione idonee ad assicurare il rispetto dei principi di trasparenza, di non discriminazione e di efficienza"*. In sostanza le **procedure comparative tra cooperative sociali** sono rese **obbligatorie**, negli affidamenti *ex* art. 5 della legge 381/1991 c. 1, a favore di **cooperative sociali di tipo B**, per importi superiori ad euro 40.000, mentre per affidamenti di importo inferiore è ancora ammesso il convenzionamento diretto, cioè l'affidamento diretto, ai sensi dell'art. 36 del codice dei Contratti pubblici.

La normativa del Codice dei contratti pubblici, all'articolo 143 (capo II, appalti di servizi sociali e di altri servizi nei settori ordinari) introduce poi la possibilità di effettuare appalti riservati per determinati servizi, stante il fatto che tale articolo così recita:

"1. ***Le stazioni appaltanti possono riservare alle organizzazioni di cui al comma 2 il diritto di partecipare alle procedure per l'aggiudicazione di appalti pubblici esclusivamente per i servizi sanitari, sociali e culturali di cui all'allegato IX****, [...]*

2. Gli affidamenti di cui al comma 1 devono soddisfare tutte le seguenti condizioni: a) l'organizzazione ha come obiettivo statutario il perseguimento di una missione di servizio pubblico legata alla prestazione dei servizi di cui al comma 1; b) i profitti dell'organizzazione sono reinvestiti al fine di conseguire l'obiettivo dell'organizzazione. Se i profitti sono distribuiti o redistribuiti, ciò dovrebbe basarsi su considerazioni partecipative; c) le strutture di gestione o proprietà dell'organizzazione che esegue l'appalto sono basate su principi di azionariato dei dipendenti o partecipativi, ovvero richiedono la partecipazione attiva di dipendenti, utenti o soggetti interessati; d) l'amministrazione aggiudicatrice interessata non ha aggiudicato all'organizzazione un appalto per i servizi in questione a norma del presente articolo negli ultimi tre anni.

3. La durata massima del contratto non supera i tre anni.

4. Il bando è predisposto nel rispetto di quanto previsto dal presente articolo".

La suddetta riserva in favore degli "organismi no-profit" introduce quindi un regime speciale, prevedendo la possibilità di "riservare" a determinate organizzazioni il diritto di partecipare alle procedure di appalti pubblici relative a determinati specifici servizi sanitari, sociali e culturali, tassativamente elencati nella stessa norma. L'**elenco** è **tassativo** e non suscettibile di estensione analogica, ma numerosi sono comunque i servizi che possono formare oggetto della riserva, tra cui: servizi amministrativi nel settore dell'istruzione e in campo sanitario, servizi di fornitura di personale infermieristico e medico, servizi di istruzione a vari livelli, servizi sanitari e di assistenza sociale, servizi sanitari, servizi ospedalieri e affini, servizi di assistenza medica ambulatoriale, servizi di ambulanza, servizi di assistenza sociale con e senza alloggio, servizi di riabilitazione. Sembra così superata la controversa questione della possibilità o meno di dare luogo a procedure selettive a concorrenza limitata o addirittura "riservate" al terzo settore, che nei limiti indicati dalla predetta norma sono pienamente ammissibili.

- ***I progetti e concorsi di progettazione***

Il **concorso** di **progettazione** è una procedura finalizzata all'acquisizione da parte del committente pubblico di un progetto di ingegneria, urbanistica o architettura, per la successiva realizzazione di un'opera o di un servizio pubblico. Infatti l'art. 3, lett. *ddd)* del codice appalti definisce esattamente i concorsi di progettazione come: *"le procedure intese a fornire alle stazioni appaltanti, nel settore dell'architettura, dell'ingegneria, del restauro e della tutela dei beni culturali e archeologici, della pianificazione urbanistica e territoriale, paesaggistica, naturalistica, geologica, del verde urbano e del paesaggio forestale agronomico, nonché nel settore della messa in sicurezza e della mitigazione degli impatti idrogeologici ed idraulici e dell'elaborazione di dati, un piano o un progetto, selezionato da una commissione giudicatrice in base a una gara, con o senza assegnazione di premi".*

Si tratta come si vede di una definizione molto dettagliata che, oltre alle materia classiche dell'ingegneria e dell'architettura, si estende anche alla pianificazione territoriale ed all'urbanistica; oggetto del concorso è quindi il progetto che i partecipanti realizzeranno secondo le proprie capacità tecniche e professionali, utilizzando al meglio l'ingegno di cui sono dotati, ed il committente sceglierà quello che maggiormente si adatta alle proprie necessità, come descritte negli atti di gara, con l'ausilio di una commissione giudicatrice (art. 155). Il codice regolamenta infatti *i concorsi di progettazione* dall'art. 152 all'art. 156; in particolare gli artt. 152 e 154 prevedono tre tipologie di concorso:

a) il concorso di progettazione ad unico grado (art. 154) finalizzato ad acquisire un progetto di fattibilità tecnica ed economica;
b) il concorso di progettazione a due gradi (art. 154, c. 4) finalizzato ad acquisire in primo grado proposte ideative, mentre in secondo grado un progetto di fattibilità tecnica ed economica;
c) il concorso di progettazione a due fasi (art. 154, c. 5) finalizzato ad acquisire nella prima fase proposte progettuali definite a livello di progetto di fattibilità tecnica ed economica, mentre nella seconda fase un progetto definitivo a livello architettonico più approfondito per la parte strutturale ed impiantistica.

L'art. 156 definisce poi *il **concorso di idee***, il cui oggetto è un'idea progettuale, che si differenzia quindi dal concorso di progettazione il cui oggetto è costituito, come si è già detto, da un progetto vero e proprio. La conseguenza logica è che il concorso di idee può essere assunto come riferimento per un successivo concorso di progettazione, mentre quest'ultimo è predisposto sulla base di un ben definito programma d'intervento, già deliberato e finanziato, che prevede la successiva realizzazione del progetto vincitore; a differenza del concorso di idee, il concorso di progettazione è quindi una vera e propria modalità per l'affidamento dell'incarico di progettazione definitiva ed esecutiva, completa, parziale o per stralci successivi.

La determinazione economica delle soglie di rilevanza comunitaria è contenuta nell'art. 35 del codice che, per i concorsi pubblici di progettazione banditi da stazioni appaltanti non governative appartenenti ai settori ordinari, è di euro 221.000,00.

L'attuale codice dedica invece solo pochi articoli ai servizi di architettura e di ingegneria definiti dall'art. 3, lett. *vvvv*) come "*servizi riservati ad operatori economici esercenti una professione regolamentata ai sensi dell'articolo 3 della direttiva 2005/36/CE*".

L'ANAC è intervenuta su questa materia con la linea guida n. 1 recante "*Indirizzi generali sull'affidamento dei servizi attinenti all'architettura e all'ingegneria*" approvata con delibera 14 settembre 2016 ed aggiornata con delibera del 21 febbraio 2018 dopo l'emanazione del correttivo al codice avvenuta con d.lgs. 56/2017. La rilevante modifica apportata dal correttivo all'art. 157, c. 2 del codice riguarda le procedure di affidamento dei servizi di architettura e di ingegneria e dei servizi tecnici, che devono avvenire tramite gara se l'importo presunto dell'affidamento è superiore ad euro 100.000,00.

- ***I contratti di partenariato pubblico e privato***

Il contratto oneroso di partenariato pubblico-privato (PPP) è regolamentato dall'art. 180 del codice appalti, che all'art. 3, lett. *eee)* lo definisce come: "*una forma di cooperazione tra il settore pubblico e quello privato finalizzata alla realizzazione di opere e alla gestione di servizi, nell'ambito della quale i rischi legati all'operazione sono suddivisi tra le parti sulla base delle relative competenze, fermo restando che è necessario che sia trasferito in capo all'operatore economico, oltre il rischio di costruzione, anche il rischio di disponibilità e il rischio di domanda dei servizi resi*".

I rischi che si trasferiscono all'operatore economico con cui si stipula il contratto sono quindi i seguenti, indicati nella linea guida ANAC n. 9 approvata con delibera n. 318 del 28 marzo 2018:

1) rischio operativo che comporta il fatto che, in condizioni normali di mercato, non sia garantito il recupero degli investimenti;
2) rischio di costruzione legato a possibili difetti di progetto o a tempi lunghi di consegna del lavoro o ad aumento dei costi delle materie prime;
3) rischio di domanda legato al diverso volume della domanda dei servizi realizzati, che può anche sensibilmente variare;
4) rischio di disponibilità in cui rientrano ad es. i costi per una eventuale manutenzione straordinaria dell'immobile anticipata a causa di una costruzione non adeguata, o una riduzione dei ricavi derivante da uno standard tecnico-qualitativo non adeguato dei servizi erogati.

La linea guida ANAC n. 9 traccia tra l'altro i seguenti tratti distintivi del contratto di PPP definendolo in *primis* un contratto complesso, in cui sono presenti aspetti prevalenti di natura economico-finanziaria che richiede un approccio multidisciplinare di figure, giuridiche, tecniche, economiche, che devono affiancare il RUP ed il DEC e che dovranno essere specializzate nella gestione dei singoli contratti da seguire.

I **ricavi** per l'**operatore economico** derivano dal **canone** riconosciuto dall'amministrazione pubblica appaltante e dagli **introiti** della **gestione** dei **servizi** rivolti all'utenza esterna. È necessario garantire l'equilibrio del contratto descritto nel piano economico finanziario (PEF) ed è per questo che il bando di gara può prevedere la corresponsione di un contributo pubblico o la cessione di immobili che non assolvono più alla funzione pubblica, per un importo che non può comunque superare il 49% del costo dell'investimento sostenuto dal privato. L'eventuale revisione del PEF, se viene negoziata tra le parti, deve comunque consentire la permanenza dei rischi legati alla gestione dei lavori o dei servizi in capo all'operatore economico ed in caso di mancato accordo sul riequilibrio del piano economico finanziario, le parti posso recedere dal contratto. Eventi di forza maggiore quali guerre, insurrezioni, fenomeni naturali avversi non imputabili all'operatore economico, danno diritto ad una revisione del PEF che, essendo per natura tipica un documento unitario, deve essere rivisto nella propria interezza analizzando tutti gli scostamenti, in quanto non sono ammissibili revisioni parziali del PEF.

La scelta del contraente con cui attivare il PPP avviene tramite gara ad evidenza pubblica, alla cui base si pongono un progetto definitivo, uno schema di contratto ed un piano economico-finanziario. Allo schema di contratto del PPP è allegata la **matrice** dei **rischi** redatta dal RUP posto che, ai sensi dell'articolo 181, c. 3 del Codice appalti, la scelta di ricorrere a forme di PPP deve essere preceduta da adeguata istruttoria, che riguarda altresì l'intensità dei diversi rischi presenti nell'operazione; anche in sede di eventuale revisione del PEF va accertato che le modifiche apportate non alterino l'allocazione dei rischi, come definita nella documentazione contrattuale. Il RUP, insieme al direttore dei lavori o al direttore dell'esecuzione, deve acquisire dall'operatore economico un periodico resoconto economico-gestionale sull'esecuzione del contratto, nel quale sia evidenziato l'andamento dei lavori in relazione al cronoprogramma. Prima dell'attivazione della gara, possono anche svolgersi indagini preliminari, ai sensi dell'art. 66 del Codice appalti, per acquisire consulenze o documentazione tecnica da parte degli esperti del mercato ed avere in tal modo una raffigurazione precisa delle condizioni del mercato ed un'idea sulla domanda di prestazioni che si sta per collocare.

Nel concetto di partenariato pubblico privato in senso ampio rientrano anche gli istituti della ***finanza di progetto***, la ***concessione di costruzione*** *e* ***gestione***, la ***concessione di servizi*** e *la* ***locazione finanziaria di opere pubbliche***.

La finanza di progetto, che è la procedura più nota ed applicata, riguarda lavori pubblici o di pubblica utilità e può essere affidata tramite concessione di costruzione e di gestione, ponendo alla base della gara un progetto di fattibilità e valutando le offerte con il metodo qualità-prezzo. A gara aggiudicata può costituirsi una società di progetto che diviene la concessionaria e che intrattiene i rapporti con l'amministrazione concedente.

È ammissibile avvalersi anche del contratto di locazione finanziaria immobiliare, che costituisce un appalto pubblico di lavori per la realizzazione, l'acquisizione ed il completamento di opere pubbliche o di pubblica utilità; il soggetto finanziatore, che in genere è una banca, deve essere autorizzato all'esercizio del credito, ai sensi della legge bancaria di cui al d.P.R. 385/1993.

Appendice

Profili generali di diritto pubblico e amministrativo

1. L'ordinamento giuridico

"Dove c'è la società (civile), lì vi è anche il diritto". La massima insegna che l'elemento caratterizzante ed imprescindibile di ogni organizzazione sociale è il suo ordinamento giuridico (il diritto, per l'appunto).

Ogni aggregazione umana, per assicurare una civile convivenza tra i membri che la compongono, non può prescindere, infatti, dalla necessità di creare un complesso di norme idonee a disciplinare l'infinita serie di relazioni e di rapporti che mettono in contatto gli uomini viventi in società. *Ergo*, ogni organizzazione umana costituisce un ordinamento giuridico.

Ma che cos'è esattamente un'ordinamento giuridico?

Esso può essere definito come l'insieme di più elementi (prescrizioni, consuetudini, fatti normativi), accomunati dal fatto di essere tutti espressione di una determinata organizzazione sociale, e coordinati tra loro secondo criteri sistematici.

Affinché un ordinamento giuridico possa costituire un sistema, è indispensabile, però, che la sua unicità, coerenza e completezza siano assicurate:
- da un insieme di principi e valori fondanti;
- dalla catena di produzione di nuove norme (via via destinate a rinnovarlo e ad aggiornarlo), che quei principi devono rispettare.

In altre parole, alla base dell'ordinamento vi è un progetto costituente che si può trovare consacrato (ma non sempre) in atti costitutivi, statuti, tavole di fondazione e altri documenti, aventi le stesse caratteristiche; con riferimento all'ordinamento statale si parla, per lo più, di Costituzione.

La Costituzione può essere scritta o non scritta e, se è scritta, rigida o flessibile. Si considera *rigida* quella costituzione che si può modificare solo con un procedimento di revisione aggravato rispetto al modo di produzione di una legge ordinaria (rinvio).

Viceversa, è *flessibile* quella Costituzione che può essere modificata o a cui si può derogare con la legge ordinaria.

• ***Lo Stato***

Fra tutti gli ordinamenti giuridici che sono stati costruiti nel corso della storia, ha assunto particolare rilievo, a partire dal XVI secolo in poi, lo Stato.

In particolare, gli Stati si affermarono quando, in varie parti d'Europa, alcuni ordinamenti territoriali si organizzarono attorno ad un *princeps*, un feudatario che per forza militare, economica o strategica era in grado di assumere posizioni di preminenza rispetto agli altri.

Il processo si sviluppò in una duplice direzione, affermando:
- da un lato, la propria *autonomia* nei confronti sia del Papato che dell'Impero, i quali pretendevano, seppur molto spesso in conflitto tra loro, di esercitare la giurisdizione sui singoli ordinamenti locali;
- dall'altro, la propria *supremazia* nei confronti degli ordinamenti particolari esistenti al loro interno, dagli ordinamenti feudali a quelli corporativi e municipali.

Lo Stato moderno è caratterizzato da una pluralità di elementi, ma due sono quelli più importanti:

1. la politicità (da *polis*, la città-Stato greca da cui lo Stato riprende talune caratteristiche), la quale sta ad indicare che l'ordinamento statale assume tra le proprie finalità la cura, almeno a livello potenziale, di tutti gli interessi generali che riguardano una determinata collettività in un determinato territorio;
2. la sovranità, vale a dire la supremazia rispetto ad ogni altro potere costituito al suo interno e la sua indipendenza rispetto a poteri esterni. Vi sono altri enti, con il proprio ordinamento giuridico (per esempio, i comuni e le regioni) che possono essere definiti politici, ma non sovrani.

Sulla base delle caratteristiche indicate, si può parlare, quindi, di Stato quando una popolazione, sottomettendosi ad un potere politico, dà vita ad un ordinamento in grado di soddisfare i suoi interessi generali (difesa dal nemico esterno, sicurezza interna, giustizia, ordine pubblico, disciplina delle relazioni economiche, ecc.).

Ne deriva che per aversi uno Stato devono essere presenti tre elementi:
- un popolo (anche plurietnico, ma che sia "uno");
- un territorio;
- un governo sovrano.

• ***Le forme di Stato***

Mentre le forme di governo attengono, come si vedrà subito dopo, al modo in cui il potere politico si distribuisce tra i vari organi dello Stato, ovverosia a come vengono assunte le decisioni politiche da chi governa, le forme di Stato riguardano, più a monte, il modo in cui si atteggia il rapporto tra i cittadini e il potere politico, vale a dire il rapporto tra governanti e governati, nonché i fini ultimi che si pone l'ordinamento.

Si distinguono, pertanto, a seconda, come detto, del variare del rapporto tra governanti e governati, le seguenti forme di Stato:
- Stato *assoluto*, che si afferma dopo la dissoluzione dell'ordinamento feudale, alla fine del Medioevo e all'inizio dell'età moderna. Si caratterizza per: *a)* la legittimazione del sovrano proveniente da Dio; *b)* l'accentramento in capo al sovrano (e ai suoi delegati) di tutto il potere pubblico; *c)* la rigida divisione in classi sociali e il riconoscimento all'aristocrazia di una condizione particolare, grazie a privilegi, immunità, franchigie, ecc.;
- Stato *liberale*. Esso è il frutto della lotta vittoriosa della borghesia contro l'aristocrazia e l'alto clero, che si caratterizza nel periodo che va dalla Gloriosa Rivoluzione del 1688-1689 in Inghilterra alla Rivoluzione americana del 1776, alla Rivoluzione francese del 1798 e alle rivoluzioni europee del 1848. Lo Stato liberale è contraddistinto da una base sociale ristretta – poiché il diritto di voto è riservato a coloro che possiedono un determinato censo e capacità (per questo, è anche detto monoclasse) –, ma riconosce a tutti i cittadini i diritti di proprietà e di libertà, i quali vengono garantiti da regole di diritto generale e astratto, vincolanti anche per la pubblica amministrazione e tutelate da giudici indipendenti;
- Stato *liberal-democratico*, che si comincia a delineare agli inizi del Novecento e si afferma quando l'estensione del suffragio ai ceti esclusi (in Italia, il suffragio universale maschile si raggiunse del 1912) porta non non solo al riconoscimento dei diritti politici a tutti i cittadini maggiorenni, ma favorisce l'organizzazione politica degli stessi in partiti politici e in sindacati, al fine di meglio rappresentare i ceti più deboli. Si parla, perciò, anche di Stato pluriclasse. Queste esigenze, accentuate dalla crisi economica mondiale dopo il crollo di *Wall Street* (il princi-

pale mercato azionario americano) del 1929, portarono a un sempre più massiccio intervento dello Stato nell'economia, oltre al riconoscimento giuridico, accanto ai tradizionali diritti civili e ai conquistati diritti politici, anche di specifici *diritti sociali*: da qui, l'espressione *Stato sociale*, per indicare quella variante della forma di Stato liberal-democratico, fra i cui fini vi è anche la garanzia di importanti prestazioni sociali. La Repubblica italiana, costituita sulla base della Costituzione del 1948, può sinteticamente definirsi uno Stato sociale che si ispira al costituzionalismo liberal-democratico e ha tutte le caratteristiche dello Stato costituzionale;

- Stato *fascista*: fra le due guerre mondiali – mentre la crisi dello Stato liberale aveva portato, nelle più consolidate e omogenee società, allo Stato sociale – si affermò in Italia, Germania e Spagna e in molti altri Paesi europei lo Stato fascista. In Russia, prima con la rivoluzione sovietica del 1917 e poi dopo la Seconda Guerra Mondiale, nacque, invece, lo Stato socialista. Il primo (lo Stato *fascista*) si ispirava alla concezione autoritaria dello Stato (i diritti dei singoli venivano tutelati solo se ritenuti conciliabili con gli interessi statali). Il secondo (lo Stato *socialista*) era ispirato alla lotta di classe propria delle teorie marxiste-leniniste (in base alle quali la direzione dello Stato doveva essere affidata al partito espressione della classe operaia, i mezzi di produzione andavano collettivizzati e le libertà riconosciute solo se funzionali alla creazione di una società socialista);
- lo Stato *confessionale* è del tutto estraneo alla tradizione liberal-democratica (anzi, è ad essa contrapposto). Esso designa tutti quegli ordinamenti che non accettano il principio della separazione della sfera religiosa da quella civile. Si parla, talora, anche di regimi teocratici (ad esempio, l'Arabia Saudita e, dopo la rivoluzione islamica del 1979, l'Iran). La conseguenza di un simile approccio è, da un lato, il disconoscimento dell'idea stessa di pluralismo, nonché del principio di eguaglianza, e, dall'altro, l'insorgere di rilevanti problemi di compatibilità con la tutela dei diritti umani riconosciuti dai trattati internazionali (si abbia riguardo, per esempio, all'amputazione per il furto, alla lapidazione per l'adulterio o alla flagellazione come punizione per infrazioni di vario tipo).

• ***Le forme di Governo***

Come anticipato, la forma di Governo attiene al modo in cui, in un determinato ordinamento giuridico, viene organizzato ed esercitato il potere politico e a come si arriva ad individuare i soggetti, ai quali è riconosciuta, di diritto e di fatto, la capacità di esercitare in tutte le forme lecite la funzione di indirizzo politico.

Si distingue, tradizionalmente, tra le seguenti forme di governo:

- Governo *presidenziale*, caratterizzato dalla presenza di un Presidente direttamente eletto dal corpo elettorale, il quale riveste sia il ruolo di Capo dello Stato sia quello di Capo del Governo, non sfiduciabile dal Parlamento (ne sono un tipico esempio gli Stati Uniti);
- Governo *semi-presidenziale*. Tale forma di Governo è basata sulla presenza di elementi che sono riconducili tanto alla forma di governo presidenziale quanto a quella parlamentare. In particolare, è un elemento peculiare del presidenzialismo l'elezione diretta di un Presidente titolare di importanti poteri di governo, mentre è una caratteristica propria del sistema parlamentare la presenza di un rapporto fiduciario tra Governo e Parlamento (ne è il tipico esempio la Francia);
- Governo *parlamentare*. La principale caratteristica che contraddistingue la forma

di Governo parlamentare è rappresentata dal rapporto fiduciario che lega il Governo al Parlamento. Il primo elabora un programma sul quale chiede il sostegno da parte dell'organo legislativo, della cui maggioranza il Governo diviene, pertanto, espressione;
- Governo *direttoriale*. Essa trova ormai esclusiva applicazione in Svizzera e prevede un Parlamento bicamerale che elegge un Direttorio, non successivamente revocabile, con funzioni di Capo di Governo e di Stato.

2. Le fonti del diritto

Si definiscono *fonti di produzione del diritto* i fatti o gli atti che l'ordinamento giuridico abilita a produrre norme.

Sono dette, invece, *fonti sulla produzione* quelle norme che disciplinano i modi di produzione del diritto, individuando, altresì, i soggetti titolari del potere normativo.

Si parla, infine, di *fonti di cognizione* per riferirsi a tutti quegli atti che non hanno natura normativa, ma svolgono unicamente la funzione di far conoscere il diritto oggettivo (es., la Gazzetta Ufficiale della Repubblica).

Tre sono i criteri in base ai quali, nel nostro ordinamento, sono ordinate le fonti di produzione:
- *cronologico*. Esso regola la successione degli atti normativi nel tempo. In altre parole, sulla base del criterio in questione, in caso di contrasto tra norme appartenenti al medesimo rango (ad esempio, tra una legge ordinaria e un'altra legge ordinaria) prevale e deve essere applicata quella più recente. Solitamente, la nuova disciplina non si applica retroattivamente, ma il divieto di retroattività può essere derogato, ma non nel caso di leggi in materia penale;
- *gerarchico*. Quando il contrasto tra norme si pone tra fonti non equiparate, per risolvere l'antinomia non può farsi ricorso al criterio cronologico, bensì dovrà applicarsi quello gerarchico, in base al quale la norma posta dalla fonte superiore prevale rispetto a quella inferiore. La norma sottordinata non si considera abrogata, ma è *invalida*, ossia viziata per non aver rispettato l'ordine gerarchico delle fonti, e come tale deve essere eliminata dall'ordinamento giuridico mediante annullamento;
- di *competenza*. In base al criterio della competenza, il contrasto tra norme viene risolto applicando la fonte più competente a disciplinare la fattispecie concreta. Ciò accade, ad esempio, quando sia la stessa Costituzione a stabilire che una determinata materia possa essere disciplinata solo ed esclusivamente dalla legge (si parla, in tal caso, di *riserva di legge*), con la conseguenza che la norma non competente è da considerarsi *invalida* e, perciò, deve essere eliminata dall'ordinamento mediante annullamento.

• *La Costituzione e le fonti costituzionali*

La Carta costituzionale, entrata in vigore il 1° gennaio del 1948 e composta da 139 articoli, è l'atto supremo dell'ordinamento giuridico e, perciò, si colloca al vertice della gerarchia delle fonti del diritto.

Sua caratteristica essenziale è la *rigidità*. Ciò significa che la Costituzione può essere modificata solo mediante uno speciale procedimento detto di *revisione costituzionale*, disciplinato dall'art. 138 Cost., il quale prevede una duplice lettura da parte di ciascuna Camera:

- la *prima lettura* si svolge secondo le regole previste per qualunque procedimento legislativo, ma con divieto di approvazione in commissione (rinvio);
- la *seconda lettura*, a distanza non inferiore a tre mesi (pausa di riflessione), richiede, invece, maggioranze qualificate. Occorre distinguere due ipotesi:
  1. se in seconda deliberazione la legge di revisione costituzionale è approvata a maggioranza qualificata (ovverosia dai 2/3 dei componenti di ciascuna Camera), essa viene senz'altro promulgata e pubblicata;
  2. se, invece, il progetto di legge è approvato a maggioranza assoluta (corrispondente al 50%+1 dei componenti di ciascuna Camera), esso viene immediatamente pubblicato sulla Gazzetta Ufficiale a titolo notiziale, affinché entro tre mesi dalla pubblicazione 1/5 dei componenti di ciascuna Camera, 5 Consigli regionali o 500.000 elettori possano eventualmente richiedere il referendum costituzionale.

Nel caso in cui il referendum costituzionale non venga chiesto, la legge di revisione costituzionale verrà promulgata dal Presidente della Repubblica.

Esistono, tuttavia, dei limiti alla possibilità di modificare la Carta costituzionale. Essi possono essere:
- espliciti;
- impliciti;
- logici.

L'unico limite espresso è stabilito dall'art. 139 Cost., secondo cui la *"forma repubblicana non può essere oggetto di revisione costituzionale"*.

Vi sono, poi, anche dei limiti impliciti, ossia quelli non espressamente individuati dalla Costituzione, ma che derivano dalle scelte fondamentali consacrate nella Carta costituzionale. Questi limiti coincidono con i principi supremi dell'ordinamento costituzionale, che la Corte costituzionale ha richiamato nella sentenza n. 1146 del 1988 (ad esempio, il valore della dignità umana, il principio della sovranità popolare, il principio di eguaglianza, ecc.).

Un limite logico alla revisione costituzionale è stato individuato, infine, da parte di alcuni giuristi, nello stesso art. 138 Cost., apparendo, di fatto, illogico modificare l'articolo della Costituzione che disciplina le modalità di revisione della stessa.

L'art. 138 Cost. prevede tra le fonti di rango costituzionale, oltre alle richiamate leggi di revisione costituzionale, anche le *leggi costituzionali*, prevedendo per esse il medesimo procedimento di formazione.

In particolare, le leggi costituzionali sono quelle espressamente richiamate dalla Costituzione, per integrare la disciplina di determinate materie. Esse, in altre parole, affiancano il testo della Carta costituzionale, pur non facendone parte (ne è un esempio la legge che dispone la fusione di regioni).

Si considerano, infine, fonti costituzionali anche gli statuti delle regioni a statuto speciale, perché adottati con legge costituzionale.

• ***Le fonti dell'Unione europea***

Le fonti dell'Unione europea di suddividono in:
- *originarie*: esse comprendono i Trattati istitutivi dell'organizzazione e gli atti che li hanno modificati o integrati. A questi devono aggiungersi i principi generali del diritto enucleati dalla Corte di giustizia, che costituiscono il diritto europeo non scritto;
- *derivate*, che includono tutte le norme giuridiche emanate dalle istituzioni dell'U-

nione europea per il raggiungimento dei propri obiettivi. L'art. 288 del Trattato sul Funzionamento dell'Unione Europea (TFUE) prevede che possano essere adottati:

i. *regolamenti*, che hanno portata generale e sono obbligatori in tutti i loro elementi. Essi sono direttamente applicabili in ciascuno degli Stati membri;
ii. *direttive*: vincolano gli Stati membri a cui sono rivolte per quanto riguarda il risultato da raggiungere, restando salva la competenza dei relativi organi nazionali in merito alla forma e ai mezzi da utilizzare per il loro raggiungimento. L'elemento qualificante è, dunque, la natura dell'obbligo di risultato imposto agli Stati, tenuti ad adottare le misure necessarie per realizzare il risultato voluto dalla direttiva;
iii. *decisioni*: sono obbligatorie in tutti i loro elementi; se designano i destinatari sono obbligatorie solo nei confronti di questi.

• ***Le fonti di rango primario***

Con riferimento agli atti normativi di rango primario, è bene precisare, innanzitutto, che il sistema delle fonti deve considerarsi un *sistema chiuso*. Ciò significa due cose:

– che non sono configurabili atti fonte primari diversi e ulteriori rispetto a quelli espressamente previsti dalla Costituzione;
– che ciascun atto normativo di rango primario non può avere una forza maggiore di quella che la Carta costituzionale stessa ad esso attribuisce.

Agli atti fonte primari va riconosciuta la c.d. *forza di legge*.

Più in generale, la forza (o efficacia formale) di un atto normativo comprende due profili:

1. un profilo *attivo*, cioè la capacità di innovare il diritto, abrogando o modificando atti fonte equiparati o subordinati;
2. un profilo *passivo*, ovverosia la capacità di resistere all'abrogazione o modifica da parte di atti fonte che non siano dotati della medesima forza.

Così, l'efficacia formale di una legge del Parlamento designa al contempo la capacità (attiva) di abrogare o modificare precedenti atti legislativi (e regolamentari) e la capacità (passiva) di non farsi abrogare o modificare da successivi atti subordinati alla legge stessa.

Naturalmente, il concetto di forza di un atto normativo presuppone che le fonti siano ordinate gerarchicamente, di modo che l'atto gerarchicamente superiore prevalga rispetto a quello inferiore.

• ***La legge***

L'atto fonte di rango primario per eccellenza è costituito dalla legge ordinaria del Parlamento (rinvio).

Ad essa sono equiparati il decreto legge e il decreto legislativo, che però sono atti di natura governativa.

Il procedimento legislativo si compone di diversi momenti o fasi:

– fase dell'*iniziativa*. Sono titolari del potere di iniziativa legislativa: *a)* ciascun membro del Parlamento; *b)* il Governo; *c)* ciascun Consiglio regionale; *d)* il Consiglio Nazionale dell'Economia e del Lavoro (CNEL); *e)* il popolo, mediante una proposta firmata da almeno 50.000 elettori;
– fase *istruttoria*, comunque affidata alle commissioni;

- fase *deliberativa*, che si svolge, a sua volta, secondo tre procedure;
- fase della *promulgazione*, affidata al Presidente della Repubblica;
- fase della *pubblicazione*.

L'*istruttoria* in commissione non è una fase che possa essere evitata. Ciò significa che ogni progetto, redatto in articoli secondo la forma della legge, viene assegnato a una delle Commissioni permanenti, a seconda delle rispettive competenze per materia.

Il ruolo delle Commissioni dipende dal tipo di procedimento prescelto. Esistono, infatti, tre diversi procedimenti che possono in parte intersecarsi fra loro, nel senso che è possibile, nel corso della fase istruttoria, passare da un procedimento all'altro. Essi sono:

- procedimento in sede *referente*. È quello che attribuisce alla Commissione un compito meramente istruttorio. In altre parole, compito della Commissione è quello di pervenire ad un testo di legge che poi verrà inviato in Parlamento, ai fini della sua approvazione;
- procedimento in sede *redigente*: in questo caso, alla Commissione è attribuito il compito di formulare un testo semi-definitivo, vale a dire un testo di legge che, approvato dalla Commissione, il Parlamento voterà come tale senza possibilità di modifica alcuna, secondo la formula del "prendere o lasciare";
- procedimento in sede *deliberante*. Alcuni progetti di legge possono essere anche esaminati e approvati dalla Commissione, senza passare dal Parlamento. Il procedimento in sede deliberante non può, tuttavia, avere luogo qualora ad esso si oppongano: *a)* il Governo; *b)* 1/10 dei componenti della Camera; *c)* 1/5 dei componenti della Commissione. A ciò aggiungasi che il procedimento in questione è escluso, in ogni caso, per alcune materie di particolare importanza come quella costituzionale, elettorale, di delegazione legislativa, di autorizzazione alla ratifica di trattati internazionali e di bilancio.

Se il procedimento seguito è quello normale, l'*esame in assemblea* del progetto di legge predisposto dalla Commissione in sede referente si sviluppa attraverso tre momenti:

- la discussione generale, nel corso della quale i deputati o i senatori dibattono sull'opportunità di legiferare su una determinata materia;
- l'esame e la votazione articolo per articolo;
- la votazione finale.

Il progetto di legge dovrà essere approvato da ciascuna delle due Camere nella stessa identica formulazione (c.d. bicameralismo perfetto): qualsiasi modificazione comporta il ritorno alla Camera che lo aveva approvato per primo, senza che vi sia nessuna procedura formale per interrompere questo "su e giù" che infatti si usa chiamare con il termine francese *navette* (che indica la spola del telaio che va e viene in continuazione).

In seguito alla sua approvazione, la *promulgazione* di una legge rientra tra i compiti del Presidente della Repubblica. Egli può, però, con un messaggio motivato, chiedere una nuova deliberazione (c.d. potere di *rinvio*), essendo obbligato a promulgare in caso che questa ci sia.

Alla promulgazione della legge segue l'invio del relativo testo al Ministro della giustizia, ai fini della sua *pubblicazione* sulla Gazzetta Ufficiale della Repubblica.

Se non diversamente disposto, la legge entra in vigore il 15° giorno successivo alla sua pubblicazione (c.d. *vacatio legis*).

• ***La riserva di legge***

Alla legge, la Costituzione affida in via esclusiva la disciplina di determinate materie, mediante le c.d. *riserve di legge*: tale istituto designa i casi in cui, come detto, determinate disposizioni costituzionali attribuiscono alla sola legge la disciplina di talune materie.

La riserva di legge è contraddistinta, perciò, da due diversi aspetti:

- un aspetto *negativo*, vale a dire il divieto di interventi da parte di atti diversi dalla legge;
- un aspetto *positivo*, cioè l'obbligo per la legge di intervenire nella materia ad essa riservata, sicché la legge non può spogliarsi di tale compito a favore di altri atti fonte.

Tradizionalmente, si distingue tra diversi tipi di riserve di legge:

- riserve *assolute*, quando l'intera disciplina della materia è riservata solo alla legge;
- riserve *relative*, quando alla legge spetta la disciplina essenziale o di principio della materia, in modo da circoscrivere adeguatamente la discrezionalità del Governo nel dettare, mediante regolamento, la disciplina di dettaglio;
- riserve *rinforzate*, quando la Costituzione stabilisce che l'intervento legislativo debba avvenire secondo certe procedure (ad es., gli artt. 7 e 8) oppure debba avere certi contenuti prestabiliti (ad esempio, l'art. 16 Cost., secondo cui le limitazioni alla libertà di circolazione e di soggiorno possono essere stabilite solo per motivi di sanità e di sicurezza).

• ***Gli atti aventi forza di legge***

La Costituzione, in deroga al principio della separazione dei poteri (in base al quale il potere legislativo appartiene al Parlamento, quello esecutivo al Governo e, infine, quello giudiziario alla Magistratura), attribuisce, in taluni casi, potestà normativa di rango primario al Governo, il quale può adottare:

- decreti legge;
- decreti legislativi.

Il *decreto legislativo* è adottato dal Governo sulla base di una legge di delegazione del Parlamento, la quale ha, per l'appunto, come oggetto il conferimento al Governo del potere normativo di adottare norme primarie aventi forze di legge.

In particolare, l'art. 76 Cost. stabilisce che essa deve:

- contenere l'individuazione dell'*oggetto* della delega chiaramente definito;
- stabilire tanto i *principi* (ossia le norme generali o di principio di carattere sostanziale che regolano la materia) e i *criteri direttivi* (ossia le regole procedurali di carattere strumentale per l'esercizio in concreto del potere normativo delegato);
- indicare un *termine* entro il quale la delega può essere esercitata.

Il *decreto legge* può essere adottato solo *"in casi straordinari di necessità e urgenza"* (art. 77 Cost.). Esso deve essere presentato alle Camere per l'eventuale conversione lo stesso giorno in cui è stato adottato e le Camere, anche se sciolte, sono tenute a riunirsi entro i successivi 5 giorni.

L'efficacia del decreto legge, stante, come detto, la sua natura straordinaria, è limita nel tempo (60 giorni), sicché, qualora non ne venga disposta la conversione, lo stesso perde efficacia sin dall'inizio (decade, cioè, *ex tunc*).

L'ultimo comma dell'art. 77 Cost. stabilisce anche che, qualora il decreto legge decada perché non convertito in legge, il Parlamento può adottare una *legge regola-*

trice dei rapporti e delle situazioni che, di fatto, si sono determinate nel periodo di provvisoria vigenza dell'atto normativo del Governo. Ciò al fine di evitare che la perdita di efficacia del decreto legge possa determinare incertezze interpretative o, in ogni caso, situazioni di ingiustizia e disparità tra i cittadini.

L'abuso della decretazione d'urgenza, specialmente a partire dagli anni Settanta in avanti, ha prodotto il fenomeno della c.d. *reiterazione* dei decreti legge, ossia la riproduzione delle norme di un decreto legge non convertito in un altro decreto legge, una volta scaduto il termine di decadenza del precedente.

Nella storia della Repubblica, si sono verificati casi di decreti legge reiterati per decine di volte (fino a 23), prima che la Corte costituzionale con la sentenza n. 360/1996 sancisse il divieto di riprodurre (cioè "reiterare") lo stesso decreto, allo scopo di protrarne l'efficacia nel tempo, trasformando così la decretazione d'urgenza in un modo ordinario di produzione del diritto primario.

Nella citata sentenza, la Corte ha stabilito, in particolare, che una simile prassi contrastava con i seguenti principi costituzionali:
- la straordinarietà dell'urgenza;
- la provvisoria efficacia del decreto legge;
- la separazione delle competenze tra Parlamento e Governo.

• ***Le fonti regolamentari***

I *regolamenti* sono fonti secondarie del diritto, ossia subordinate a quelle primarie.

Il termine "regolamenti" comprende tutta una serie di atti normativi di competenza:
- del Governo;
- dei ministri;
- degli organi centrali e periferici della pubblica amministrazione;
- delle regioni;
- degli enti locali.

I regolamenti in questione non vanno assolutamente confusi con altri atti che hanno il medesimo nome. In altre parole, trattandosi di fonti secondarie, essi sono cosa del tutto diversa dai regolamenti dell'Unione europea e dai regolamenti parlamentari (questi ultimi, i quali disciplinano l'organizzazione e il funzionamento del Parlamento, sono da annoverarsi, infatti, nell'ambito delle fonti di rango primario).

I regolamenti del Governo sono disciplinati dall'art. 17 della legge n. 400/1988, che distingue, in particolare, tra:
- regolamenti del Governo;
- regolamenti ministeriali;
- regolamenti interministeriali.

I *regolamenti governativi* sono approvati dal Consiglio dei Ministri, sentito il parere del Consiglio di Stato che deve pronunciarsi entro 90 giorni dalla richiesta, e sono emanati con la forma del "decreto del Presidente della Repubblica".

Tutti i regolamenti devono essere sottoposti al visto e alla registrazione della Corte dei conti.

Sono previsti quattro tipi di regolamenti governativi:
- regolamenti di *esecuzione*: servono per rendere più agevole l'applicazione di leggi, decreti legislativi e regolamenti dell'Unione europea (tutte fonti primarie ed ultraprimarie);

- regolamenti di *attuazione e integrazione*: sono utilizzati per attuare e integrare leggi e decreti legislativi recanti solo norme di principio, esclusi quelli relativi a materie riservate alla competenza regionale;
- regolamenti di *organizzazione*: questo tipo di regolamenti disciplina l'organizzazione e il funzionamento delle amministrazioni pubbliche;
- regolamenti di *delegificazione*.

Questi ultimi, come è facile evincere dal termine stesso (delegificazione), possono determinare, a differenza di tutti gli altri regolamenti, l'abrogazione di vigenti norme di legge, in forza di una delega legislativa.

I regolamenti di delegificazione servono, pertanto, a ridurre l'area delle materie disciplinate dalla legge (delegificare significa, infatti, in buona sostanza, sostituire la disciplina legislativa con quella di natura regolamentare).

L'adozione da parte del Governo di un regolamento di delegificazione avviene secondo un procedimento tipico, il quale è suddiviso in tre momenti:
- deliberazione della *legge di autorizzazione* del potere regolamentare, che deve determinare le norme generali regolatrici della materia oggetto di delegificazione; essa deve inoltre indicare le norme di legge la cui futura abrogazione è contestualmente disposta;
- emanazione del regolamento di delegificazione (previo parere parlamentare);
- abrogazione delle norme legislative vigenti, che è disposta dalla legge di autorizzazione, ma il cui effetto abrogativo si produce nel momento in cui entra in vigore il regolamento di delegificazione (c.d. *abrogazione differita*).

I *regolamenti ministeriali* sono adottati nelle materie di competenza di un ministro o di autorità sottordinate al ministro, mentre quelli *interministeriali* attengono a materie di competenza di più ministri.

Entrambi, peraltro, sono sempre subordinati ai regolamenti del Governo e devono essere comunicati al Presidente del Consiglio prima della loro emanazione, con decreto ministeriale o decreto interministeriale.

Ai regolamenti ministeriali possono essere assimilati i regolamenti approvati con decreto del Presidente del Consiglio dei Ministri, che non sono espressamente previsti dalla legge n. 400/1988.

• ***I regolamenti regionali***

La potestà regolamentare spetta non solo allo Stato, ma anche alle singole regioni.

Quanto alla collocazione, nel sistema delle fonti, dei regolamenti regionali, va detto che essi sono subordinati sia alla legge statale che a quella regionale.

In particolare, in base a quanto stabilito dall'art. 117, comma 6, Cost., la potestà regolamentare "*spetta allo Stato nelle materie di legislazione esclusiva, salva delega alle regioni*", mentre per tutte le altre materie essa appartiene alle regioni.

• ***La ripartizione delle competenze legislative tra Stato e regioni***

Come anticipato, le competenze legislative sono suddivise dall'art. 117 Cost., a seconda del tipo di materia trattata, in:
- competenze esclusive dello Stato;
- competenze concorrenti Stato-regioni;
- competenze residuali delle regioni.

La competenza legislativa è *esclusiva* dello Stato in una molteplicità di materie, quali, per esempio, politica estera, immigrazione, moneta, ecc. Essa impedisce che dette materie possano formare oggetto di disciplina legislativa regionale.

Quanto alla potestà legislativa *concorrente*, l'art. 117, comma 3, Cost. delimita gli ambiti di competenza statale e regionale stabilendo che: *"nelle materie di legislazione concorrente spetta alle regioni la potestà legislativa, salvo che per la determinazione dei principi fondamentali, riservata alla legislazione dello Stato"*.

Per quanto riguarda, infine, la potestà legislativa *residuale*, la Costituzione prevede che la stessa spetta alle regioni. Tale competenza, stante, per l'appunto, la sua natura residuale, riguarderà tutte quelle materie che non siano state espressamente assegnate dalla Carta costituzionale alla competenza esclusiva dello Stato ovvero a quella concorrente Stato-regioni.

• ***Le fonti del diritto regionale e degli enti locali***

Sono fonti del diritto delle regioni:
- gli statuti delle regioni ordinarie;
- le leggi regionali;
- i regolamenti regionali.

Diverso è il caso degli statuti delle Regioni c.d. speciali (Valle D'Aosta, Trentino-Alto Adige, Friuli-Venezia Giulia, Sicilia e Sardegna), che, come già detto, sono da ricomprendersi tra le fonti di rango costituzionale.

Le fonti degli enti locali sono costituite, invece, da:
- statuti (che incontrano il limite della sola legge statale);
- regolamenti (che sono subordinati sia alla legge statale che a quella regionale; ciò in base al principio secondo cui l'organizzazione statutaria dell'ente locale si collega alla legge statale senza l'intermediazione della legge regionale, mentre i regolamenti locali devono rispettare anche le prescrizioni della legge regionale competente in materia).

2. Gli organi

• ***Il Parlamento***

Il Parlamento è l'organo titolare del potere legislativo.

La Costituzione italiana ha esplicitamente optato per un sistema bicamerale. L'art. 55 Cost. recita, infatti, che *"il Parlamento si compone della Camera dei deputati e del Senato della Repubblica"*.

Ciò che è peculiare dell'ordinamento italiano, dal momento che trova riscontro soltanto in pochi altri Stati, è la scelta del *bicameralismo perfetto*, il quale non prevede una differenziazione delle funzioni tra i due rami del Parlamento.

Secondo quanto disposto dall'art. 63 Cost. *"ciascuna Camera elegge fra i suoi componenti il Presidente e l'Ufficio di Presidenza"*; al Senato quest'ultimo assume la denominazione di Consiglio di Presidenza.

Si tratta, in buona sostanza, di un organo collegiale formato dal Presidente, dai vice-Presidenti (in tutto 4), dai Questori (nel numero di 3, che sovrintendono ai servizi, al cerimoniale, alla polizia interna e alle spese) e dai Segretari (il cui numero è variabile e può essere aumentato, al fine di consentire un'adeguata rappresentanza di tutti i gruppi parlamentari).

• ***Gruppi, commissioni e giunte parlamentari***

I *gruppi parlamentari* sono la proiezione, a livello parlamentare, dei partiti politici che hanno partecipato alle elezioni. Sono, quindi, degli organi essenziali per il funzionamento delle Camere, tanto che la loro costituzione è uno dei primi adempimenti a cui sono tenuti coloro che sono stati eletti.

Entro pochi giorni (2 alla Camera, 3 al Senato) dalla prima seduta, i neo-eletti devono dichiarare, infatti, a quale gruppo intendono far parte. Per costituire un gruppo è sufficiente il numero minimo di 20 deputati o 10 senatori.

I parlamentari che non intendono aderire a nessun gruppo oppure che si trovano in numero insufficiente da costituirne uno proprio confluiscono nel c.d. *gruppo misto*.

Le *commissioni parlamentari* sono, invece, organi collegiali nei quali si sviluppano le principali attività delle Camere che, come visto, riguardano tanto la funzione legislativa quanto quella di indirizzo e di controllo.

Sulla base del criterio della durata in carica, le commissioni si distinguono in:

- *permanenti*: sono costituite all'inizio di ogni legislatura in modo da assicurare un'adeguata rappresentanza a tutti i gruppi parlamentari; durano in carica fino allo scioglimento delle Camere. Ogni deputato o senatore deve obbligatoriamente far parte di una commissione. Attualmente sono previste 14 commissioni in entrambi i rami del Parlamento;
- *temporanee*: sono costituite per assolvere ad un compito specifico e cessano, quindi, di esercitare la loro funzione allo scadere del periodo indicato all'interno dell'atto costitutivo. Il tipico esempio è rappresentato dalle c.d. *commissioni di inchiesta*, istituite per l'esame di questioni ben definite e di particolare rilevanza.

Sulla base della composizione, si distingue, inoltre, tra:

- commissioni *monocamerali*, ovverosia costituite da esponenti di un solo ramo del Parlamento;
- commissioni *bicamerali*, formate da un numero pari di rappresentanti della Camera e del Senato.

Il ruolo delle *giunte parlamentari* è connesso all'organizzazione interna delle Camere; pertanto, a differenza delle commissioni, esse non intervengono nell'ambito del procedimento legislativo, anche se al loro interno si cerca di assicurare un'adeguata rappresentanza a tutti i gruppi parlamentari.

Alla Camera sono previste:

- la *Giunta per le autorizzazioni a procedere*, la quale ha il compito di fornire all'Assemblea un parere sull'opportunità o meno di esprimere il voto favorevole alle richieste di arresto o di applicazione di altre misure restrittive della libertà personale da parte dei magistrati;
- la *Giunta delle elezioni*, con il compito di effettuare la c.d. verifica dei poteri, vale a dire di vigilare sulla regolarità dell'elezione di ciascun deputato;
- la *Giunta per il regolamento*, la quale è competente ad esaminare le proposte di modifica del regolamento interno o le questioni attinenti alla sua interpretazione.

Al Senato, le giunte sono, invece, soltanto due:

- la *Giunta delle elezioni e delle immunità parlamentari*;
- la *Giunta per il regolamento*.

• ***Il funzionamento delle Camere***

Il periodo di durata in carica delle Camere è detto *legislatura* e dura in tutto 5 anni.

La legislatura può essere interrotta prima del termine ordinario soltanto con un decreto di scioglimento anticipato adottato dal Presidente della Repubblica.

Oltre ad esercitare la funzione legislativa, il Parlamento svolge anche un importante ruolo di indirizzo politico che si esprime attraverso il conferimento e la revoca al Governo della fiducia, nonché attraverso l'approvazione di:

- *mozioni*, ovverosia di documenti concernenti tutti o determinati aspetti dell'attività del Governo, che l'Assemblea è chiamata a deliberare;
- *risoluzioni*, vale a dire atti con i quali le commissioni e l'Assemblea possono esprimere il loro pensiero e un indirizzo al Governo sull'argomento oggetto di discussione;
- *ordini del giorno*. Essi sono costituiti da documenti che sono approvati, di norma, congiuntamente ad un provvedimento normativo e che hanno lo scopo di circoscrivere o precisare il significato della deliberazione principale, impegnando politicamente il Governo sul mondo in cui essa debba essere interpretata oppure applicata.

Il Parlamento esercita sull'Esecutivo anche una funzione di controllo, mediante atti di tipo ispettivo. Essi sono:

- l'*interpellanza*: un atto presentato per iscritto, consistente in una domanda rivolta al Governo per chiedere delucidazioni in ordine ai motivi o agli intendimenti della sua condotta, con riferimento a questioni di particolare rilievo o di carattere generale;
- l'*interrogazione*: consiste nella domanda presentata da un parlamentare al Ministro competente per avere informazioni o spiegazioni su una determinata questione.

• ***Il Parlamento in seduta comune***

Come recita l'art. 55, comma 2 Cost. *"il Parlamento si riunisce in seduta comune dei membri delle due Camere nei soli casi stabiliti dalla Costituzione"*, per individuare i quali occorre procedere ad una ricognizione di tutta la Carta costituzionale, la quale richiama l'obbligo di una seduta comune del Parlamento in tutti i seguenti casi:

- l'*elezione del Presidente della Repubblica*, alla quale partecipano anche 58 delegati di nomina regionale;
- la *messa in stato d'accusa del Presidente della Repubblica* per i reati di alto tradimento o di attentato alla Costituzione;
- la *ricezione del giuramento di fedeltà alla Repubblica e di osservanza della Costituzione* da parte del Capo dello Stato;
- l'*elezione di 1/3 dei giudici della Corte costituzionale*;
- l'*elezione di 1/3 dei componenti del Consiglio Superiore della Magistratura*;
- la *predisposizione dell'elenco di cittadini* tra i quali devono essere sorteggiati i giudici c.d. aggregati che andranno ad integrare la composizione della Corte costituzionale allorché quest'ultima sia chiamata a giudicare il Presidente della Repubblica che sia stato messo in stato d'accusa dallo stesso Parlamento.

• ***Il Governo***

Il compito principale del Governo, altrimenti detto Esecutivo, è quello di concorrere insieme al Parlamento alla definizione dell'indirizzo politico, da intendersi come la determinazione dei fini generali che lo Stato intende perseguire.

In altre parole, esso deve tradurre in azioni concrete, avvalendosi della complessa struttura burocratica di cui dispone (la pubblica amministrazione) ciò che viene deciso in fase di determinazione dell'indirizzo politico.

Accanto alla funzione esecutiva, il Governo ha anche la capacità di partecipare all'esercizio della funzione legislativa, mediante l'approvazione di:

- regolamenti;
- decreti legge e decreti legislativi;

oppure attraverso la partecipazione alla fase dell'iniziativa, con la titolarità del potere di proporre disegni di legge al Parlamento.

La procedura di nomina del Governo è indicata, in modo estremamente conciso, dal comma 2 dell'art. 92 Cost., il quale recita che *"il Presidente della Repubblica nomina il Presidente del Consiglio e, su proposta di questo, i ministri"*.

Dalla prassi, è possibile comunque evidenziare le seguenti fasi della procedura di formazione del Governo:

- *fase preparatoria* o delle consultazioni, nel corso della quale il Presidente della Repubblica, consultandosi con i Presidenti delle Camere, gli ex Presidenti della Repubblica e i rappresentati dei gruppi parlamentari, cerca di individuare la persona in grado di raccogliere il consenso della maggioranza dei gruppi parlamentari per formare un Governo;
- *fase dell'incarico*. Dopo aver esaurito le consultazioni il Presidente della Repubblica procede al conferimento dell'incarico. Normalmente l'incaricato accetta con riserva, al fine di effettuare una verifica delle forze parlamentari disponibili a sostenere il suo Governo; terminato questo passaggio provvede a sciogliere la riserva e a presentare una possibile lista di ministri al Presidente;
- *fase della nomina*. In seguito all'accettazione dell'incarico, il Presidente della Repubblica procede alla firma dei decreti che completano l'*iter* di formazione dell'Esecutivo.

Con il giuramento nelle mani del Capo dello Stato da parte del Presidente del Consiglio dei Ministri e dei ministri, termina la fase "presidenziale" della procura di nomina e si apre quella parlamentare. Entro 10 giorni dal suo insediamento, il Governo dovrà presentarsi, infatti, alle Camere per ottenerne la *fiducia*.

• ***La crisi di Governo***

Si verifica una crisi *parlamentare* di Governo quando quest'ultimo è costretto a presentare le sue dimissioni al Capo dello Stato a causa del venir meno dell'appoggio al suo programma da parte di uno oppure di entrambi i rami del Parlamento. Si può manifestare:

- con la mancata concessione della fiducia;
- con l'approvazione di una mozione di sfiducia;
- per il voto contrario su un provvedimento sul quale l'Esecutivo abbia posto la c.d. *questione di fiducia*.

Si parla, invece, di crisi *extraparlamentare* in tutte quelle ipotesi in cui le dimissioni non sono indotte da uno specifico atto parlamentare, ma sono il frutto di una serie di contrasti tra i partiti delle coalizione di maggioranza.

• ***Il Presidente della Repubblica***

Nella forma di Governo parlamentare, il Presidente della Repubblica, pur essendo titolare di molteplici attribuzioni, è escluso dalla determinazione dell'indirizzo politico. È inteso, infatti, quale potere neutro, di garanzia del corretto funzionamento dell'ordinamento, ed in particolare del rispetto della Carta costituzionale, oltreché di rappresentanza dell'unità nazionale.

Il Capo dello Stato viene eletto dal Parlamento in seduta comune. Nei primi tre scrutini risulta eletto il candidato che ha ottenuto il voto dei 2/3 dei voti espressi dall'Assemblea. A partire dal quarto scrutinio, è sufficiente ai fini dell'elezione la maggioranza assoluta dei voti (50% + 1 degli aventi diritto al voto).

Una volta eletto, il Presidente della Repubblica presta giuramento di fedeltà alla Repubblica e di osservanza della Costituzione davanti alle Camere riunite in seduta comune.

La durata in carica è di 7 anni.

Per poter essere eletti a Capo dello Stato occorre aver compiuto 50 anni e godere dei diritti civili o politici.

Tra i più importanti compiti del Presidente della Repubblica si richiamano:
- l'indizione delle elezioni e la fissazione della prima riunione delle Camere;
- la promulgazione delle leggi;
- la nomina del Presidente del Consiglio dei Ministri e dei ministri;
- l'emanazione dei decreti aventi valore di legge e dei regolamenti, nonché di tutti gli atti che assumono la forma di "decreto del Presidente della Repubblica" (d.P.R.) ovverosia di tutta una serie di atti di tipo amministrativo individuati in modo tassativo dalla legge;
- la dichiarazione dello stato di guerra deliberato dalle Camere;
- la nomina di 1/3 dei giudici della Corte costituzionale;
- la concessione della grazia e la commutazione delle pene.

• ***La magistratura***

Alla magistratura è affidato l'esercizio del potere giudiziario. In altre parole, essa ha il compito di garantire l'applicazione del diritto vigente, procedendo eventualmente all'irrogazione di sanzioni nelle ipotesi di violazioni.

Si tratta di un'attività che si concretizza nell'emanazione di *sentenze*, ovverosia di provvedimenti con i quali si risolve una controversia tra le parti.

Nello svolgimento della funzione giurisdizionale, il giudice:
- si pone in una posizione di terzietà rispetto alle parti, cioè deve essere un soggetto estraneo agli interessi di queste ultime;
- deve amministrare la giustizia in nome del popolo ed applicare solamente la legge.

Il sistema giurisdizionale italiano si suddivide in:
- *giurisdizione ordinaria civile e penale*. In Italia, la giustizia civile e penale è amministrata da organi detti giudicanti e requirenti. In materia civile i primi si suddividono in organi di primo grado (a seconda dei casi, Giudice di Pace e Tribunale) e organi di secondo grado (a seconda dei casi, Tribunale e Corte d'Appello); anche in materia penale esiste la stessa suddivisione tra organi di primo grado (Giudice di Pace, Tribunale e Corte d'Assise) e organi di secondo grado (Corte d'Appello e Corte d'Assise d'appello). Al vertice del sistema giurisdizionale, si pone la Corte di Cassazione, competente sia in materia civile sia in quella penale. Gli organi requirenti sono rappresentati, invece, dai pubblici ministeri ai quali la Costituzione attribuisce il compito di esercitare l'azione penale.

- *giurisdizioni speciali*, la cui istituzione è vietata dalla Costituzione, che, tuttavia, ha previsto due eccezioni costituite da quelle già esistenti (Consiglio di Stato, Corte dei Conti e Tribunali militari) e dalle giurisdizioni amministrative di primo grado (c.d. Tribunali amministrativi regionali).

• ***La Corte di Cassazione***

Alla Corte di Cassazione, la quale ha sede a Roma, competono le seguenti attribuzioni:

- garantire l'esatta osservanza e l'uniforme interpretazione della legge (c.d. funzione *nomofilattica*);
- regolare i conflitti di competenza, giurisdizione e attribuzione;
- esaminare i ricorsi per violazione di legge contro le sentenze e i provvedimenti sulla libertà personale pronunciate dagli organi giurisdizionali ordinari e speciali. È possibile derogare a tale norma soltanto per le sentenze dei tribunali militari in tempo di guerra.

• ***Il Consiglio Superiore della Magistratura***

Il Consiglio Superiore della Magistratura (CSM) configura l'organo di autogoverno della magistratura.

Esso nasce con l'intento di garantire l'indipendenza della magistratura rispetto agli altri poteri dello Stato e, in particolare, rispetto a quello esecutivo.

Il CSM è presieduto dal Presidente della Repubblica che, unitamente al Primo Presidente e al Procuratore Generale della Corte di Cassazione, è indicato come membro di diritto. Gli altri componenti, attualmente 24, durano in carica 4 anni e sono eletti:

- per 2/3 da tutti gli appartenenti alla magistratura ordinaria (sono in tutto 16 e vengono chiamati membri *togati*);
- per 1/3 dal Parlamento in seduta comune, tra professori universitari in materie giuridiche e avvocati con un minimo di 15 anni di esercizio professionale (sono in tutto 8 e sono definiti membri *laici* del CSM).

Le competenze del CSM sono individuate dalla Costituzione (artt. 105 e ss.) e specificate dalla legge n. 195/1958.

Da sottolineare che la stessa Carta costituzionale attribuisce al Ministro della giustizia l'esercizio di determinati poteri concernenti l'ordinamento giudiziario. In particolare, egli:

- cura l'organizzazione e il funzionamento dei servizi relativi alla giustizia;
- ha facoltà di promuovere l'azione disciplinare nei confronti dei magistrati;
- partecipa al procedimento per il conferimento degli uffici direttivi (ad esempio, Presidente di Tribunale o di Corte d'Appello);
- può esercitare poteri di sorveglianza e attività ispettive nei confronti degli uffici giudiziari.

• ***La giustizia costituzionale***

La giustizia costituzionale ha il compito di risolvere, in forma giurisdizionale, le controversie relative:

- alla legittimità degli atti normativi rispetto alle norme contenute all'interno della Costituzione;
- alle attribuzioni ovvero alle competenze di organi o soggetti istituzionali.

A tal fine, i sistemi di controllo giurisdizionale di costituzionalità possono essere, sostanzialmente, di due tipi:

- il sistema *diffuso*, affidato ad ogni giudice (Stati Uniti);
- il sistema *accentrato*, che si caratterizza per la previsione di un unico tribunale costituzionale, istituto *ad hoc*.

Esistono anche differenti modi di attivazione della giustizia costituzionale, distinguendosi tra:

- *controllo preventivo* (Francia) e controllo successivo (Italia e Germania);
- *controllo in via diretta* (o via d'azione) e *controllo in via indiretta* (o accidentale).

Sulla base delle richiamate distinzioni, il modello di giustizia costituzionale italiano può essere definito *misto*, in quanto, da un lato, è stata istituita la Corte costituzionale e, dall'altro, tutti i giudici possono attivare il giudizio di costituzionalità.

• ***La Corte costituzionale***

La Corte costituzionale è composta da 15 giudici che sono nominati:

- per 1/3 dal Presidente della Repubblica con proprio decreto;
- per 1/3 dal Parlamento in seduta comune;
- per 1/3 dalle supreme magistrature ordinaria ed amministrative (3 dalla Corte di Cassazione, 1 dal Consiglio di Stato, 1 dalla Corte dei Conti).

I giudici costituzionali sono scelti tra:

- i magistrati, anche a riposo, delle supreme giurisdizioni ordinaria e amministrative;
- i professori ordinari di università in discipline giuridiche;
- avvocati con un'anzianità professionale almeno ventennale.

I giudici della Corte costituzionale ricevono un mandato della durata di 9 anni, che decorre dalla data del giuramento e cessa senza possibilità di proroga.

I giudici non possono essere rieletti.

Il Presidente della Corte è eletto dai suoi stessi componenti per 3 anni ed è, invece, rieleggibile.

• ***L'oggetto del giudizio di costituzionalità***

Quali atti possono formare oggetto del sindacato di costituzionalità della Corte?

La risposta la si ritrova nell'art. 134 Cost., il quale limita il controllo della Corte costituzionale alle *"leggi, e agli atti aventi forza di legge, dello Stato e delle regioni"*.

Ne deriva che oggetto del controllo possono essere solo:

- le leggi ordinarie dello Stato;
- le leggi regionali e delle Province autonome di Trento e Bolzano;
- gli atti aventi forza di legge dello Stato;
- nonché, secondo l'interpretazione prevalente, anche le leggi costituzionali e le leggi di revisione costituzionale.

Si distingue, poi, tra due tipologie di vizi dell'atto normativo:

- vizi *formali*, che si hanno quando l'atto non rispetta le regole che ne disciplinano il procedimento di formazione o anche le modalità di pubblicazione;
- vizi *sostanziali*, i quali attengono al contenuto dell'atto, indipendentemente dal modo in cui è stato formato.

Più nello specifico, un atto legislativo è da considerarsi incostituzionale per vizio sostanziale quando:

- il suo *contenuto* lede la disciplina desumibile da una o più norme costituzionali (si parla, in tal caso, di vizio sostanziale *tout court*);

– quando il suo *oggetto* non rispetta l'ambito materiale di competenza assegnato all'atto legislativo da una o più norme costituzionali (si parla, in questo caso, di vizio sostanziale per incompetenza).

• ***Il giudizio in via diretta***

Il giudizio in via d'azione (o diretta) è disciplinato dall'art. 127 Cost. e può essere attivato mediante:

– ricorso dello Stato contro leggi regionali che eccedano la competenza della regione ovvero che disciplinino una materia di esclusiva competenza statale (l'azione del Governo richiede la delibera del Consiglio dei Ministri, cui segue l'iniziativa del Presidente del Consiglio);
– ricorso della regione contro leggi e atti aventi forza di legge dello Stato o di altre regioni che ledano la sua sfera di competenza (in questo caso l'azione richiede una deliberazione della giunta regionale).

• ***Il giudizio in via incidentale***

Il giudizio in via indiretta si ha quando la questione di legittimità sorge nel corso di un processo.

In detta ipotesi, il controllo della Corte presuppone l'esistenza di un giudizio pendente davanti ad un'autorità giurisdizionale, chiamato giudizio principale o anche giudizio *a quo*, in quanto da esso proviene la questione di legittimità costituzionale, per contrapposizione al giudizio incidentale che è quello che si svolgerà davanti alla Corte costituzionale, la quale ha riconosciuto la possibilità di sollevare la questione di legittimità costituzionale:

– ai giudici ordinari ed amministrativi;
– ad altri organi, anch'essi dotati di funzioni giudicanti, ovverosia alla sezione disciplinare del Consiglio Superiore della Magistratura, alla Corte dei Conti, alle commissioni tributarie e ai collegi arbitrali.

L'art. 23 della legge n. 87/1953 legittima, inoltre, a sollevare la questione di costituzionalità:

– le parti in giudizio;
– lo stesso giudice innanzi al quale è pendente il giudizio principale.

Per poter essere sottoposta alla Corte, la questione di legittimità costituzionale deve essere:

– rilevante;
– non manifestamente infondata.

In altre parole, è necessario che il giudizio della Corte abbia ad oggetto questioni concrete relative all'applicazione di atti normativi ovvero questioni ragionevolmente serie e non pretestuose.

Di seguito, l'*iter* di svolgimento del giudizio in via incidentale:

1. se il giudice *a quo* ritiene che sussista un dubbio circa la costituzionalità della legge che in concreto deve essere applicata per la risoluzione della controversia a lui sottoposta (ovverosia accerta che la questione di legittimità costituzionale è rilevante e non manifestamente infondata), sospende il giudizio e rimette con ordinanza la questione di legittimità davanti alla Corte;
2. deciso il rinvio alla Corte, il giudice *a quo* provvede a notificare l'ordinanza sia alle parti che al pubblico ministero, se presente;

3. l'ordinanza che solleva la questione di legittimità costituzionale è anche pubblicata sulla Gazzetta Ufficiale della Repubblica e, quando è necessario, nel Bollettino della Regione.
4. entro 20 giorni dall'avvenuta notifica dell'ordinanza, le parti del processo possono costituirsi in giudizio dinanzi alla Corte costituzionale;
5. trascorsi 20 giorni dalla notifica dell'ordinanza di rinvio, il Presidente della Corte nomina il giudice istruttore e relatore, convocando poi la Corte entro i 20 giorni successivi per la discussione della questione, in vista della decisione definitiva.

• ***Le forme delle decisioni della Corte costituzionale***

Dal punto di vista prettamente formale, le decisioni della Corte costituzionale possono essere di due tipi:
- la *sentenza*, quando la Corte giudica in via definitiva;
- l'*ordinanza*, in tutti gli altri casi.

Tale distinzione ha, però, solo carattere tendenziale.

Tutte le sentenze della Corte costituzionale hanno una struttura tipica. In esse, infatti, è possibile distinguere:
- la *motivazione in fatto*, cioè l'esposizione dei fatti della causa; questa parte della sentenza è introdotta dalla formula "ritenuto in fatto";
- la *motivazione in diritto*, cioè le ragioni che giustificano la decisione adottata; questa parte della sentenza è introdotta, invece, dalla formula "considerato in diritto";
- il *dispositivo*, cioè la soluzione della controversia costituzionale, introdotta dalla formula "per questi motivi" (P.Q.M.).

Le decisioni della Corte possono distinguersi, infine, a seconda del contenuto, in:
- decisioni *processuali*, che lasciano impregiudicata la questione di costituzionalità; esse riguardano, infatti, pronunce di inammissibilità del ricorso, ad esempio, per manifesta infondatezza della questione di legittimità costituzionale prospettata;
- decisioni di *merito*, con le quali la Corte entra nel merito della questione di legittimità sollevata.

• ***Le tipologie di sentenze e i relativi effetti***

A seconda dell'esito del giudizio, le sentenze della Corte costituzionale si suddividono in:
• sentenze di *accoglimento* (a loro volta suddivise in sentenze interpretative di accoglimento; sentenze manipolative: sentenze di accoglimento parziale, sentenze sostitutive, sentenze additive, sentenze additive di principio);
• sentenze di *rigetto* (sentenze interpretative di rigetto);
• sentenze *monito*.

Le sentenze di accoglimento sono destinate ad incidere direttamente sul piano delle fonti del diritto.

L'art. 136, comma 1 Cost. stabilisce, infatti, che "*quando la Corte dichiara l'illegittimità costituzionale [...] la norma cessa di avere efficacia dal giorno successivo alla pubblicazione della decisione*".

L'art. 137, comma 3 Cost. prevede, inoltre, che le decisioni della Corte costituzionale sono inoppugnabili.

4. La pubblica amministrazione: cenni

In ogni ordinamento moderno, sono previste strutture formate da pubblici impiegati con specifiche competenze professionali, il cui compito è quello di curare gli *interessi pubblici* (vale a dire, della collettività), anche mediante la produzione di determinati beni o servizi.

Dette strutture costituiscono, nel loro complesso, la pubblica amministrazione, la quale, per provvedere alla cura di determinati interessi pubblici, adotta specifici atti detti, per l'appunto, amministrativi. Ciò accade, ad esempio, nel caso di espropriazione di un'area edificabile da parte del comune o di rilascio di un'autorizzazione per l'apertura di una determinata attività commerciale.

Nell'esercizio delle funzioni ad esse affidate, le pubbliche amministrazioni operano come *autorità amministrative*, ovvero come *soggetti erogatori di servizi pubblici*. Agiscono come autorità, quando, ad esempio, il comune espropria un'area edificabile o quando il questore vieta una manifestazione ritenuta pericolosa per l'incolumità pubblica; mentre agiscono come soggetti erogatori di servizi nel momento in cui il comune organizza un asilo nido o lo Stato prevede l'insegnamento superiore in una determinata zona.

Nel primo caso, le pubbliche amministrazioni operano in una posizione di supremazia, utilizzando, quindi, gli strumenti del *diritto amministrativo*, vale a dire una serie di regole speciale atte a garantire immediatamente il perseguimento di quello che è stato definito sopra interesse pubblico.

Per contro, nel secondo caso, le pubbliche amministrazioni tendono sempre più ad operare attraverso gli strumenti contrattuali propri del *diritto privato*, ponendosi, in questo modo, sullo stesso piano dei soggetti con i quali vengono in rapporto.

Fra le regole di natura speciale, rivestono sicuramente particolare importanza le procedure di affidamento collegate ai contratti pubblici. Attraverso di esse, infatti, l'amministrazione provvede a selezionare il soggetto con il quale stipulare un contratto volto all'acquisizione dei servizi o di forniture o per l'espletamento di opere pubbliche. L'aggiudicazione è preceduta, però, da un articolato procedimento amministrativo volto a garantire il miglior perseguimento dell'interesse pubblico.

La scelta del regime che deve essere seguito, se, cioè, quello proprio del diritto privato o quello amministrativo, è demandata alla legge, la quale, tuttavia, può lasciare all'autorità amministrativa tale scelta (in ciò consiste quella che si usa chiamare *discrezionalità amministrativa*).

In via generale, le legge n. 241/90 stabilisce, all'art. 1, che "*La pubblica amministrazione, nell'adozione di atti di natura non autoritativa, agisce secondo le norme di diritto privato salvo che la legge disponga diversamente*".

Inoltre, nell'ambito dei poteri autoritativi si distingue tra attività discrezionale e attività vincolata. Si ha attività discrezionale in tutti quei casi in cui la legge demanda alla pubblica amministrazione la possibilità di scegliere, entro certi limiti, le modalità di esercizio del potere. L'attività è, invece, vincolata in tutti quei casi in cui l'amministrazione, in presenza di determinati presupposti, è tenuta ad adottare una determinata decisione. In ogni caso, va detto che la discrezionalità dell'amministrazione non esclude che l'attività dell'amministrazione possa essere sindacata in sede giurisdizionale *ex* art. 113 Cost.

• ***L'organizzazione della pubblica amministrazione***

A livello centrale, l'unità organizzativa della pubblica amministrazione è rappresentata dai ministeri, cui è preposto un ministro.

Ai ministeri spettano compiti di amministrazione diretta, nonché compiti di indirizzo e vigilanza nei confronti degli enti che operano nello stesso settore (es. Ministero della salute, Ministero della giustizia, Ministero del lavoro e delle politiche sociali, ecc.).

Il modello organizzativo dei ministeri, incentrato sul ministro, assistito da un capo di gabinetto, articolato per direzioni generali o per dipartimenti e decentrato in periferia attraverso direzioni provinciali e regionali, è stato ereditato dal Regno di Sardegna.

Esso si basa, come suo necessario presupposto funzionale, sul concetto di *immedesimazione organica* tra il soggetto che agisce per conto dell'amministrazione e l'amministrazione stessa. Ciò consente, detto in altri termini, di imputare direttamente all'amministrazione gli atti che vengono compiuti dal soggetto agente in rapporto con altri soggetti, pubblici o privati che siano. In questo senso, egli è considerato, a tutti gli effetti, un organo dell'amministrazione, il quale può essere inteso sia come persona fisica sia come centro di competenze.

Detto modello è stato, però, progressivamente ridimensionato dalle riforme che si sono suddette nel corso degli ultimi trent'anni e accelerate, nel corso degli anni Novanta, attraverso: *a)* il *decentramento* regionale e locale, mediante il quale sono state trasferite funzioni e risorse dal centro agli enti regionali e locali; *b)* la *costituzione e la riorganizzazione di enti pubblici* dotati di autonoma personalità giuridica (enti previdenziali e assistenziali, enti pubblici economici, ecc.); *c)* le *privatizzazioni*, che hanno riguardato il settore delle partecipazioni statali, in particolare i più importanti enti pubblici economici (Iri, Eni, Enel, Ina), gli istituti di credito e le casse di risparmio; *d)* la *costituzione di agenzie* che svolgono attività a carattere tecnico-operativo un tempo già esercitate da ministeri ed enti pubblici; trattasi di soggetti dotati di autonomia funzionale ed organizzativa, ma sottoposti a poteri ministeriali di indirizzo e vigilanza (ad es., l'Agenzia italiana del farmaco, vigilata dal Ministero della salute, l'Agenzia nazionale per la sicurezza del volo, vigilata, invece, direttamente dalla presidenza del Consiglio); il diffondersi di *autorità amministrative indipendenti*.

Un cenno meritano, infine, gli organi ausiliari del Governo: il Consiglio di Stato e la Corte dei conti.

Come noto, il Consiglio di Stato è l'organo che svolge attività di consulenza giuridico-amministrativa del Governo. In sede consultiva, esso può rendere pareri facoltativi od obbligatori, rispetto ai quali il Governo è libero, però, di uniformarsi o meno, essendo rari i casi in cui il suo parere è anche vincolante.

La Corte dei conti esercita, invece, il controllo preventivo di legittimità sugli atti del Governo e il controllo successivo sulla gestione del bilancio dello Stato. Essa partecipa, altresì, nei casi e nelle forme indicate dalla legge, al controllo sulla gestione finanziaria degli enti a cui lo Stato contribuisce in via ordinaria, riferendo, altresì, alle Camere sul risultato del riscontro eseguito. Infine, alla Corte sono affidate anche competenze giurisdizionali nelle materie di contabilità pubblica e in quelle previste dalla legge.

Infine, va detto che l'art. 99 Cost. annovera tra gli organi di consulenza delle

Camere e del Governo anche il Consiglio nazionale dell'economia e del lavoro nelle materie che sono indicate nella legge n. 936/1986 (economia, finanza pubblica, servizi pubblici, ecc.).

Le c.d. *autorità indipendenti* sono collocate, invece, in posizione di autonomia rispetto al Governo e sono formate da personalità scelte con criteri che dovrebbero garantire autonomia e indipendenza di giudizio rispetto tanto agli organi politici quanto agli apparati dei ministeri. Nel loro complesso, esse realizzano un sistema che non solo scardina il carattere monolitico dell'amministrazione, ma mette anche in discussione il tradizionale circuito politico-Parlamento-responsabilità ministeriale, proprio della forma di governo parlamentare.

Lo scopo delle autorità indipendenti, le cui attività si collegano direttamente alla Costituzione, è quello di assicurare nei settori ad esse dedicati la necessaria imparzialità nella ponderazione di tutti gli interessi, a vario titolo, coinvolti.

Le autorità indipendenti sono: Commissione nazionale per le società e la borsa, Istituto per la vigilanza sulle assicurazioni, Autorità garante della concorrenza e del mercato, Commissione di garanzia dell'attuazione della l. 12 giugno 1990, n. 146, Autorità per la vigilanza sui contratti pubblici di lavori, servizi e forniture, Autorità per l'energia elettrica e il gas, Autorità per le garanzie nelle comunicazioni, Autorità di regolazione dei trasporti e Garante per la protezione dei dati personali.

• ***I principi dell'azione amministrativa***

Per poter svolgere in modo corretto la propria funzione, è necessario che la pubblica amministrazione agisca nel rispetto di una serie di principi generali e di regole specifiche, in buona parte riconducibili, esplicitamente o implicitamente, alla Costituzione.

Tradizionalmente, il principio giuridico fondamentale del diritto moderno delle amministrazioni pubbliche è considerato il *principio di legalità*, in base al quale l'attività delle pubbliche amministrazioni deve mantenersi nei "binari" stabiliti dalla legge o da altre fonti normative a ciò abilitate (anche europee).

Dal principio di legalità deriva che gli atti amministrativi (rinvio), che siano contrari alle norme di legge, possono essere disapplicati (in base al principio della preferenza della legge), oltre che *annullati* dal giudice amministrativo.

Inoltre, sempre secondo quanto previsto dall'art. 97 Cost., *"i pubblici uffici sono organizzati in modo che siano assicurati il buon andamento e l'imparzialità dell'amministrazione"*.

Il *principio del buon andamento* caratterizzerebbe la pubblica amministrazione sotto un profilo c.d. aziendalistico: ciò significa che i pubblici uffici sono tenuti ad operare in modo da garantire l'efficacia, l'efficienza e l'economicità degli interventi dell'amministrazione stessa, intendendosi per:

- *efficacia*: il grado di corrispondenza fra gli obiettivi perseguiti e i risultati conseguiti;
- *efficienza*: il rapporto tra i risultati e la quantità di risorse impiegate per ottenerli;
- *economicità*: il minimo impiego possibile di risorse.

L'art. 97 Cost. stabilisce, infine, che la pubblica amministrazione deve sempre agire in modo imparziale. Detto in altre parole, non solo essa deve essere in grado di ponderare e comporre efficacemente gli interessi pubblici da soddisfare con gli interessi privati da sacrificare, evitando discriminazioni prive di una ragionevole giustificazione, ma gli stessi pubblici amministratori o impiegati dovranno astenersi dal prendere parte a tutti quei procedimenti in cui abbiano interessi di natura personale.

I principi ai quali deve essere informata l'attività della pubblica amministrazione sono puntualmente individuati anche all'interno della legge n. 241/90 (c.d. legge sul procedimento amministrativo) e possono essere compendiati nel seguente elenco:
- obbligo di motivazione degli atti amministrativi;
- trasparenza amministrativa;
- individuazione di un responsabile del procedimento, chiamato ad assumersi le relative responsabilità;
- diritto di accesso agli atti da parte dei soggetti interessati;
- partecipazione dei soggetti interessati all'istruttoria (rinvio);
- contraddittorio fra i soggetti portatori di interessi diversi;
- obbligo di concludere il procedimento con un provvedimento espresso entro un determinato termine, decorso il quale si applica, di regola, l'istituto del c.d. *silenzio-assenso*.

L'art. 3 della legge n. 241/1990 impone all'amministrazione, al fine di assicurare la comprensibilità alle sue determinazioni, di motivare i propri provvedimenti.

Qualora il privato partecipi al procedimento amministrativo, la legge impone, altresì, che la pubblica amministrazione è tenuta a motivare il provvedimento adottato anche in relazione alle osservazioni che sono state avanzate in sede partecipativa dal soggetto interessato.

Si riconnette strettamente al tema della motivazione anche l'art. 10-*bis*, introdotto dalla legge n. 15/2005, il quale prevede che nei procedimenti ad istanza di parte, prima della formale adozione di un provvedimento negativo, l'amministrazione è tenuta a comunicare all'istante i motivi che ostano all'accoglimento della domanda (c.d. *motivazione anticipata*).

Per *trasparenza* deve intendersi una serie molto importante di regole, che riguardano tutte le decisioni della p.a., e che attengono:
- alla pubblicità dell'attività amministrativa;
- all'accesso ai documenti amministrativi;
- al già menzionato obbligo di motivazione dei provvedimenti adottati.

La *pubblicità* è indicata come criterio generale a cui deve attenersi l'attività amministrativa (art. 1 della legge n. 241/1990); più specificatamente è sancito, salvo possibili eccezioni a tutela della riservatezza, che *"tutti gli atti dell'amministrazione comunale e provinciale sono pubblici"* (art. 10, comma 1 TUEL).

Il *diritto di accesso* consiste nel diritto degli interessati di:
- prendere visione dei documenti amministrativi;
- esaminarli;
- estrarne copia.

A tal proposito, l'art. 22 della legge n. 241/1990 dispone che *"l'accesso ai documenti amministrativi, attese le sue rilevanti finalità di pubblico interesse, costituisce principio generale dell'attività amministrativa, al fine di favorire la partecipazione e di assicurarne l'imparzialità e la trasparenza"* (comma 2).

Ciò che è consentito è l'accesso ai documenti amministrativi, intendendosi come tali, secondo la legge n. 241/90, *"ogni rappresentazione grafica, fotocinematografica, elettromagnetica o di qualunque altra specie del contenuto di atti"* (art. 22).

Sono sottratti, invece, all'accesso, secondo quanto previsto dall'art. 24 della medesima legge, i seguenti documenti:

- documenti coperti da segreto di Stato;
- documenti relativi a procedimenti selettivi contenenti informazioni psico-attitudinali;
- documenti la cui secrezione o il cui divieto di divulgazione risultino espressamente previsti dalla legge.

• ***Il procedimento amministrativo***

L'attività delle pubbliche amministrazioni, qualunque sia la finalità (curare specifici interessi pubblici, produrre beni o servizi, ecc.), è normalmente articolata, come già detto, in una serie di provvedimenti amministrativi, l'adozione dei quali consegue al termine di un apposito *procedimento*, detto amministrativo, disciplinato dalla legge n. 241/90.

Esso si sviluppa in quattro distinte fasi:

1. *iniziativa*. L'atto iniziale del procedimento può consistere in un'istanza del soggetto interessato al provvedimento finale (parte privata o soggetto pubblico) oppure in un'autonoma scelta della stessa amministrazione procedente (c.d. procedimento d'ufficio). Dell'avvio del procedimento deve essere data comunicazione, a cura del responsabile, agli interessati, a meno che non sussistano ragioni di impedimento derivanti da particolari esigenze di celerità del procedimento stesso. Più precisamente, la comunicazione deve essere fatta, oltre che ai soggetti che eventualmente siano tenuti per legge a intervenire nel procedimento, anche a coloro nei confronti dei quali il provvedimento finale è destinato a produrre effetti. Inoltre, la notizia deve essere data, sempre che, come detto, non sussistano particolari esigenze di celerità, anche ai soggetti, diversi dai diretti interessati del provvedimento, ai quali questo possa arrecare un pregiudizio (art. 7 della legge n. 241/90). Quanto alla forma della comunicazione, va detto che questa deve essere personale, a meno che ciò non risulti impossibile o sia particolarmente gravoso per l'elevato numero dei destinatari, e deve contenere tutte le indicazioni necessarie per rendere effettivamente possibile la partecipazione, cioè quelle riguardanti, oltre all'oggetto del procedimento, anche l'ufficio e la persona responsabile del procedimento, l'ufficio dove è possibile prendere visione degli atti, nonché l'indicazione della data di presentazione dell'istanza di parte, se del caso. Infine, devono essere indicati la data in cui il procedimento dovrebbe concludersi ed i rimedi esperibili in caso di inerzia dell'amministrazione (art. 8 della legge n. 241/90). L'omissione di talune delle comunicazioni prescritte può essere fatta valere solo dal soggetto nel cui interesse la comunicazione è prevista;
2. *istruttoria*. Nel corso della fase istruttoria, l'amministrazione procedente raccoglie tutti i dati e le informazioni necessari in vista dell'adozione dell'atto finale; ove sia necessario acquisire il consenso di diverse amministrazioni può essere attivata la c.d. *conferenza di servizi*, strumento volto a garantire un esame contestuale (e, quindi, più rapido) dei diversi interessi pubblici coinvolti nello specifico procedimento. Figura cardine della fase istruttoria è il c.d. *responsabile del procedimento*, a cui i soggetti interessati possono rivolgersi per ottenere chiarimenti riguardo all'adozione del provvedimento richiesto. Egli provvede a valutare ai fini istruttori le condizioni di ammissibilità, i requisiti di legittimazione e i presupposti che siano rilevanti per l'emanazione del provvedimento e può chiedere il rilascio di dichiarazioni e la rettifica di dichiarazioni o istanze erronee e

incomplete (art. 6 della legge n. 241/90). Oltre a ciò, il responsabile accerta d'ufficio i fatti disponendo il compimento degli atti ritenuti necessari. A tal fine, tra l'altro, può esperire accertamenti tecnici ed ordinare esibizioni di documenti. Allo stesso è anche attribuito il compito di richiedere ad altri organi della pubblica amministrazione o ad enti dotati di qualificazione e capacità tecnica equipollenti, ovvero ad istituti universitari le valutazioni tecniche che avrebbero dovuto essere acquisite da organi od enti appositi entro 90 giorni dalla richiesta. Infine, va detto che sarà compito del responsabile anche l'acquisizione dei pareri obbligatori;

3. *costitutiva o deliberativa*. La fase costitutiva (detta anche deliberativa) consiste nell'adozione del provvedimento (es. permesso di costruire), secondo le modalità e le procedure previste dalla legge. Il provvedimento finale sarà adottato dallo stesso responsabile del procedimento se è lui il titolare dell'organo competente a prendere la decisione (il che può avvenire, ad esempio, quando egli sia un dirigente). Se, invece, il responsabile non ha tale competenza, è suo compito trasmettere gli atti all'organo a cui spetta detto potere;
4. *integrativa dell'efficacia*. Una volta adottato l'atto finale (che, dunque, è "perfetto", ma ancora "inefficace"), si compiono tutti gli adempimenti (come, ad esempio, determinati controlli o specifiche forme di pubblicità), solo in seguito ai quali il provvedimento diverrà a tutti gli effetti efficace.

• ***Le caratteristiche dell'atto amministrativo***

Le pubbliche amministrazioni, allorché agiscono come autorità amministrative, producono, come detto, atti amministrativi tipici, caratterizzati, cioè, da un regime particolare.

Essi, infatti, oltre ad essere emanati, come si è visto, seguendo determinate procedure amministrative sono:

- *atti sottoposti a verifiche* (più o meno intense e, talora, anche preventive) sulla loro legittimità e, in alcuni casi, sul merito, attraverso specifici controlli;
- *atti imperativi e informati al principio dell'autotutela*, proprio perché assistiti dalla presunzione della legittimità degli stessi. Per imperatività si intende la specifica forza di un provvedimento grazie alla quale la modificazione della sfera giuridica del destinatario dell'atto non richiede la necessaria collaborazione di questo: per esempio, dal riconoscimento del rilevante pregio storico-monumentale di un edificio deriva, di per sé, una serie di vincoli particolari. L'autotutela indica, invece, il potere dell'amministrazione di disporre, in presenza di determinate condizioni: l'*annullamento d'ufficio* (con effetto *ex tunc*), la *revoca* (con effetti *ex nunc*) e la *convalida* (se l'atto mancava di un elemento necessario);
- *atti giustiziabili*: ciò significa che, al pari di qualunque manifestazione del potere amministrativo, anche gli atti amministrativi possono essere sindacati dinanzi ad un giudice, nei modi e nelle forme indicati nel prosieguo del testo.

• ***I vizi dell'atto amministrativo***

L'atto amministrativo emanato a conclusione di un valido procedimento è definito *perfetto* e sarà, quindi, immediatamente *efficace* se non sottoposto a termini o condizioni.

Tuttavia, gli atti perfetti ed efficaci possono essere *invalidi*, vale a dire nulli o annullabili.

I casi di nullità e di annullabilità sono disciplinati dalla legge sul procedimento amministrativo.

In particolare, l'atto amministrativo è *nullo* se manca di un elemento essenziale (ad esempio, perché emanato da un soggetto privo di qualsiasi legittimazione a provvedere o perché trattasi di un atto che abbia un oggetto inesistente o impossibile).

Esso è, invece, *annullabile* quando risulti "viziato":

- per *incompetenza* dell'autorità che lo ha emanato;
- per *violazione di legge* nei contenuti dell'atto;
- per *eccesso di potere*, il quale sussiste ogni qual volta l'atto, pur non contrario alle disposizioni di legge, è stato emanato sviando, però, dalle finalità per le quali è stato riconosciuto ad una pubblica amministrazione il potere di emanare l'atto stesso. L'eccesso di potere, che riguarda il cattivo uso del potere discrezionale da parte dell'amministrazione, può essere rilevato quando: emergono sintomi, quali illogicità manifesta, contraddittorietà interna, insufficienza di motivazione, disparità di trattazione, oppure non viene osservato il principio di proporzionalità fra l'obiettivo da eseguire e il sacrificio imposto al cittadino.

• ***La giustizia amministrativa: cenni***

La Costituzione italiana garantisce, in termini generali, la tutela giurisdizionale anche nei confronti delle pubbliche amministrazioni proclamando che "*[t]utti possono agire in giudizio per la tutela dei propri diritti e interessi legittimi*" (art. 24, comma 1 Cost.).

La caratteristica fondamentale della c.d. *giustizia amministrativa* è costituita dall'esistenza di una dualità di giurisdizioni: infatti, mentre una parte delle controversie nei confronti delle pubbliche amministrazioni appartiene alla giurisdizione del giudice ordinario (ciò accade, di regola, quando ad essere stato violato non è un interesse legittimo, bensì un *diritto soggettivo*), la giurisdizione relativa ad un'altra parte di tali controversie spetta ad un giudice diverso, costituito dai TAR che, istituiti in tutte le regioni (art. 125, comma 2 Cost.), giudicano in prima istanza, e dal Consiglio di Stato che decide in seconda istanza.

Accanto ai rimedi giurisdizionali, esistono anche quelli c.d. *amministrativi*, detti anche *paragiurisdizionali* (d.P.R. n. 1199/71). Si tratta, in buona sostanza, di quei ricorsi che il soggetto interessato può esperire, qualora lamenti di essere stato leso da un atto amministrativo, nei confronti: *a)* della stessa amministrazione che ha emanato l'atto; *b)* al superiore gerarchico dell'autorità che ha emanato l'atto. Il primo prende il nome di *ricorso in opposizione*, mentre nel secondo caso si parla di *ricorso gerarchico*.

È previsto anche il ricorso straordinario al Presidente della Repubblica, ma in realtà la decisione, anche se viene formalmente assunta con decreto presidenziale, spetta al Consiglio di Stato, chiamato a rendere, a tal fine, un parere avente natura vincolante. Si tratta di una via alternativa a quella giurisdizionale, che può essere preferita per due ragioni: il termine per proporre ricorso è doppio (120 giorni) e non è necessario farsi patrocinare da un avvocato.

Schemi di atti e provvedimenti amministrativi

1. U.O. Servizio gestione personale – Determina avviso di mobilità

FRONTESPIZIO DETERMINAZIONE

AOO:

REGISTRO:

NUMERO:

DATA:

OGGETTO: **Attivazione mobilità volontaria da altre pubbliche amministrazioni**, ai sensi dell'art. 30, c. 1 del d.lgs. 165/2001 e s.m.i., di n. ......

SOTTOSCRITTO DIGITALMENTE DA:

ADOTTATO DA:

U.O. Servizio gestione personale

CLASSIFICAZIONI:

[05-03]

DESTINATARI:

DOCUMENTI:

L'originale del presente documento, redatto in formato elettronico e firmato digitalmente, è conservato a cura dell'ente produttore secondo normativa vigente.
Ai sensi dell'art. 3-*bis* c. 4-*bis* d.lgs. 82/2005 e s.m.i., in assenza del domicilio digitale le amministrazioni possono predisporre le comunicazioni ai cittadini come documenti informatici sottoscritti con firma digitale o firma elettronica avanzata ed inviare ai cittadini stessi copia analogica di tali documenti sottoscritti con firma autografa sostituita a mezzo stampa predisposta secondo le disposizioni di cui all'articolo 3 del d.lgs. 39/1993.

U.O. SERVIZIO GESTIONE PERSONALE

DETERMINAZIONE

OGGETTO: Attivazione mobilità volontaria da altre pubbliche amministrazioni, ai sensi dell'art. 30, c. 1 del d.lgs. 165/2001 e s.m.i., di ....

IL DIRETTORE

IN VIRTÙ dei poteri di cui all'art. 4 del d.lgs. n. 165/2001 e s.m.i.;
RICHIAMATE le seguenti deliberazioni:
- n. .... con le quali è stato recepito apposito Accordo Quadro per lo svolgimento delle funzioni provinciali unificate dei servizi sanitari, amministrativi, tecnici e professionali fra le due Aziende;
- n. .... con le quali si dispone di istituire, con decorrenza dalla data di attribuzione dell'incarico apicale di riferimento, nell'ambito dell'organizzazione dell'Azienda USL (nella sua qualità di Azienda Capofila ai sensi dell'art. 2, comma 6 dell'Accordo Quadro), Servizi comuni fra i quali il Servizio Comune Gestione del Personale;

DATO atto che con deliberazione .... dell'Azienda USL è stato conferito al Dott. ...., Dirigente Amministrativo a tempo indeterminato, l'incarico di Direttore del Servizio Comune Gestione del Personale;

Richiamati:
- l'art. 6 del d.lgs. 165/2001, come modificato dall'art. 4 del d.lgs. n. 75/2017 che disciplina l'organizzazione degli uffici ed il Piano Triennale dei Fabbisogni del Personale (PTFP), da adottare annualmente in coerenza con la pianificazione pluriennale delle attività e delle performance, nonché con le linee di indirizzo ministeriali emanate ai sensi del successivo art. 6-*ter*, nel rispetto delle facoltà assunzionali previste a legislazione vigente e tenuto conto della consistenza della dotazione organica del personale in servizio, nonché della relativa spesa;
- l'art. 22, comma 1, del d.lgs. n 75/2017 che stabilisce che in sede di prima applicazione il piano sia adottato dalle amministrazioni pubbliche entro 60 giorni dalla data di pubblicazione delle linee di indirizzo ministeriali in Gazzetta Ufficiale, avvenuta in ....;
- il decreto 8 maggio 2018 del Ministro per la semplificazione e la pubblica amministrazione, pubblicato sulla Gazzetta Ufficiale del 27 luglio 2018, con oggetto "Linee di indirizzo per la predisposizione dei piani dei fabbisogni di personale da parte delle amministrazioni pubbliche", il quale nella specifica sezione dedicata alle aziende ed enti del SSN stabilisce alcuni indirizzi e criteri generali per la predisposizione del PTFP da parte di tali amministrazioni, e prevede che essi siano approvati dalle rispettive regioni di appartenenza secondo quanto eventualmente previsto dalla disciplina regionale in materia e successivamente adottati in via definitiva;

Osservate al riguardo:
- la deliberazione della Giunta della Regione Emilia-Romagna di approvazione della disciplina regionale relativa al procedimento per l'adozione e l'approvazione dei PTFP,

in coerenza con il contenuto del decreto precedentemente citato, affidando al Direttore Generale Cura della Persona, Salute e Welfare la definizione di indicazioni operative regionali per l'applicazione delle linee di indirizzo ministeriali e la predisposizione dei (PTFP), nonché l'applicazione dei PTFP delle Aziende e degli enti del SSR, valutata la loro coerenza con le linee di indirizzo di cui al decreto 8 maggio 2018, con le indicazioni operative regionali e con i contenuti della programmazione regionale;
- le indicazioni operative regionali per la predisposizione dei richiamati PTFP, trasmesse con nota della Direzione Generale Cura della Persona, Salute e Welfare PG. n. ....;
- la deliberazione dell'Azienda USL con la quale è stato adottato in via definitiva il Piano Triennale dei Fabbisogni del Personale (PTFP) anni 2018/2020, redatto in coerenza con le indicazioni regionali di cui alla delibera di Giunta ed approvato con nota della Direzione Generale Cura della Persona, Salute e Welfare PG;

Dato atto che il PTFP come sopra approvato e pubblicato al sistema di cui all'art. 60 del d.lgs. 165/2001 (SICO) in data 28/11/2018 costituisce la cornice programmatoria di riferimento per l'adozione dei provvedimenti aziendali inerenti alla copertura del fabbisogno aziendale per il triennio;
Dato atto che con tale programmazione l'azienda prevedeva fra l'altro di procedere all'assunzione a tempo indeterminato, tramite mobilità da altre pubbliche amministrazioni, di ....;
Dato atto, al riguardo, che in data .... veniva approvato e sottoscritto il Progetto di riordino della Odontoiatria Provinciale nell'ottica di ottimizzare l'utilizzo delle competenze, delle risorse umane e strumentali, degli spazi disponibili sul territorio provinciale, nonché per migliorare il coordinamento e l'integrazione delle attività cliniche, di didattica e di ricerca;
Accertato che con provvedimento n. .... veniva formalizzato il trasferimento della U.O. al fine di dare adeguate garanzie di continuità e qualità al servizio, comandato il personale di area comparto dedicato alle funzioni;
Richiamata la determinazione n. .... esecutiva ai sensi di legge, con la quale è stato indetto Avviso di Mobilità Regionale per titoli e colloquio, per la copertura di ....;
Accertato che il suddetto avviso è stato pubblicato all' Albo dell' Azienda USL e prevedeva, come termine di scadenza per la presentazione delle domande, ...;
Richiamata, a conclusione della citata procedura, la determina n. .... con la quale è stato disposto:
- di approvare i verbali del ...., depositati agli atti del Servizio Comune Gestione del Personale, relativi all'espletamento della procedura di mobilità per la copertura dei posti anzicitati;
- di approvare le relative graduatorie di merito finali dei candidati idonei, distinte per il Profilo Professionale;

Richiamato anche l' art. 32, c. 2-*bis* del d.lgs. 165/2001 in base al quale il personale comandato presso l'Azienda Unità Sanitaria Locale di ...., appartenente ai profili per i quali è stato indetto l'avviso di mobilità, ha precedenza assoluta rispetto agli altri candidati utilmente collocati nella graduatoria degli idonei per i singoli Profili interessati;
Ritenuto, nel rispetto delle graduatorie come sopra formulate, di disporre la mobilità in entrata dei sottoindicati operatori, distintamente per i Profili;
Dato atto che i candidati più utilmente collocati e sopra richiamati sono attualmente in posizione di comando dall'Azienda Ospedaliera a questa Azienda USL, sulle stesse funzioni previste dall'Avviso di mobilità, con scadenza ....;

Osservate:
la legge n. 133 del 6 agosto 2008;
la legge n. 191 del 23 dicembre 2009 "Disposizioni per la formazione del bilancio annuale e pluriennale dello Stato (Legge Finanziaria 2010);
il decreto legge n. 78 del 31 maggio 2010;
la legge 15 luglio 2011, n. 111;
il decreto legge n. 95/2012 convertito nella legge n. 135/2012 (cosiddetta Spending Review);
la legge 6 novembre 2012, n. 190;
la legge di stabilità 2018 e 2019;

Visti:
il C.C.N.L. del personale del S.N.N. - Area Comparto del 01.09.1995 ed in particolare l'art. 14 che detta disposizioni specifiche sul contratto individuale di lavoro;
il C.C.N.L. del personale del S.N.N. - Area Comparto in vigore dal 08.04.1999;
il C.C.N.L. del personale del S.N.N. - Area Comparto del 20.09.2001;
il C.C.N.L. del personale del S.N.N. - Area Comparto - quadriennio normativo 2002-2005 e biennio economico 2002/2003 sottoscritto in data 19.04.2004;
il C.C.N.L. del personale del S.N.N. - Area Comparto - quadriennio normativo 2006-2009 e relativi bienni economici;
il C.C.N.L. del personale del S.S.N. - Area Comparto del 21.05.2018;

Ritenuto di procedere alla costituzione del relativo rapporto di lavoro mediante stipula di apposito contratto individuale di lavoro;
Richiamati l'Atto Aziendale in vigore oltre alla delibera .... relativamente al conferimento dei poteri di rappresentanza stipulare sottoscrivere per conto dell'Azienda USL .... i contratti individuali per la costituzione dei rapporti di lavoro a tempo determinato e indeterminato;

Attestata la legittimità della presente determinazione in base alla normativa nazionale e regionale in materia;

DETERMINA

1) di procedere, in coerenza con il PTFP adottato con delibera dell'Azienda USL .... e pubblicato al sistema di cui all'art. 60 del d.lgs. 165/2001 (SICO) in data ...., all'attivazione della mobilità in entrata dei sottonotati operatori, secondo i rispettivi Profili Professionali di inquadramento, dall'Azienda Ospedaliero-Universitaria di .... a questa Azienda USL di ...., con destinazione alla U.O. di Odontoiatria provinciale - Sede di destinazione
   Profilo: Collaboratore Professionale Sanitario - Infermiere Cat. D;
2) di procedere alla costituzione del relativo rapporto di lavoro tramite stipula di apposito contratto individuale nei termini ed alle condizioni previste dai CC.CC.NN.LL. dell'Area Comparto oggi vigenti;
3) di dare atto che la spesa derivante dall'adozione del presente provvedimento è ricompresa nel limite previsto dai documenti di programmazione aziendale e troverà adeguata copertura ai rispettivi capitoli del bilancio di previsione di competenza.

Responsabile del procedimento ai sensi della l. 241/90:

Firmato digitalmente da: ....

2. U.O. Servizio gestione personale – Determina mobilità di compensazione

FRONTESPIZIO DETERMINAZIONE

AOO:

REGISTRO:

NUMERO:

DATA:

OGGETTO: **Mobilità di compensazione ai sensi** dell'art. 21, comma 5 del CCNL Area Comparto

SOTTOSCRITTO DIGITALMENTE DA:

ADOTTATO DA:

U.O. Servizio gestione personale

CLASSIFICAZIONI:

DESTINATARI:

DOCUMENTI:

L'originale del presente documento, redatto in formato elettronico e firmato digitalmente, è conservato a cura dell'ente produttore secondo normativa vigente.
Ai sensi dell'art. 3-*bis*, c. 4-*bis* d.lgs. 82/2005 e s.m.i., in assenza del domicilio digitale le amministrazioni possono predisporre le comunicazioni ai cittadini come documenti informatici sottoscritti con firma digitale o firma elettronica avanzata ed inviare ai cittadini stessi copia analogica di tali documenti sottoscritti con firma autografa sostituita a mezzo stampa predisposta secondo le disposizioni di cui all'articolo 3 del d.lgs. 39/1993.

U.O. SERVIZIO GESTIONE PERSONALE

DETERMINAZIONE

OGGETTO: Mobilità di compensazione ai sensi dell'art. 21, comma 5 del CCNL Area Comparto

IL DIRETTORE

IN VIRTÙ dei poteri di cui all'art. 4 del d.lgs. n. 165/2001 e s.m.i.;
DATO atto che con deliberazione n. .... è stato conferito al dott. .... – Dirigente Amministrativo a tempo indeterminato l'incarico di Direttore del Servizio Comune Gestione del Personale;
PREMESSO che la Sig.ra ...., dipendente a tempo indeterminato di questa Azienda USL, con la qualifica di Collaboratore professionale sanitario – infermiere – cat. D e ...., dipendente a tempo indeterminato dell'Azienda Ospedaliero nel medesimo profilo professionale, hanno inoltrato domanda di mobilità ai sensi dell'art. 21, c. 5 del C.C.N.L. "Comparto Sanità" del 19.04.2004 con nota agli atti;
RICHIAMATO l'art. 21, comma 5 del C.C.N.L. del 19.04.2004 che prevede:
"*Nell'ambito della disciplina di cui all'art. 19 del C.C.N.L. inegrativo del 20.09.2001, è tuttora consentita la mobilità a compensazione – all'interno del profilo – fra i dipendenti di corrispondente categoria, livello economico e profilo professionale, previo assenso dell'Azienda o Ente interessati;*
CONSIDERATO che la mobilità di compensazione non costituisce incremento di organico e conseguentemente nessun onere aggiuntivo per l'amministrazione;
RITENUTO esprimere parere favorevole alla mobilità di compensazione in oggetto a decorrere dal 01.07.2019, sulla base degli accordi intercorsi con l'Azienda Ospedaliera di ....;
ATTESTATA la legittimità della presente determinazione in base alla normativa nazionale e regionale in materia;

DETERMINA

1) di accogliere la richiesta di mobilità di compensazione, ai sensi dell'art. 21, comma 5 del C.C.N.L. del Comparto Sanità quadriennio normativo 2002/2005, biennio economico 20.02.2003, sottoscritto il 19.04.2004, dei sottonotati Collaboratori professionali Sanitari – Infermieri – cat. D con decorrenza ....:
2) di procedere alla stipula del contratto individuale di lavoro con l'operatore in ingresso,
3) di dare atto che al suddetto dipendente saranno mantenuti, ai fini giuridici ed economici, la posizione di carriera ed il trattamento economico in godimento presso l'Azienda di provenienza alla data di trasferimento;
4) di dare atto che la mobilità di compensazione non costituisce incremento di organico e conseguentemente nessun onere aggiuntivo per questa amministrazione;
5) di inviare copia della presente determinazione all'Azienda Ospedaliera di .... per i seguiti di competenza.

Responsabile del procedimento ai sensi della l. 241/90: ....

Firmato digitalmente da:

....

3. U.O. Servizio gestione personale – Determina indizione concorso

FRONTESPIZIO DETERMINAZIONE

AOO:

REGISTRO:

NUMERO:

DATA:

OGGETTO: **Concorso pubblico per titoli ed esami per la copertura di n. 13 posti nel profilo** professionale di collaboratore professionale sanitario-tecnico della prevenzione nell'ambiente e nei luoghi di lavoro cat. D – Nomina della commissione esaminatrice

SOTTOSCRITTO DIGITALMENTE DA:

ADOTTATO DA:

U.O. Servizio gestione personale

CLASSIFICAZIONI:

DESTINATARI:

DOCUMENTI:

L'originale del presente documento, redatto in formato elettronico e firmato digitalmente, è conservato a cura dell'ente produttore secondo normativa vigente.
Ai sensi dell'art. 3-*bis*, c. 4-*bis* d.lgs. 82/2005 e s.m.i., in assenza del domicilio digitale le amministrazioni possono predisporre le comunicazioni ai cittadini come documenti informatici sottoscritti con firma digitale o firma elettronica avanzata ed inviare ai cittadini stessi copia analogica di tali documenti sottoscritti con firma autografa sostituita a mezzo stampa predisposta secondo le disposizioni di cui all'articolo 3 del d.lgs. 39/1993.

U.O. SERVIZIO GESTIONE PERSONALE

DETERMINAZIONE

OGGETTO: Concorso pubblico per titoli ed esami per la copertura di n. 13 posti nel profilo professionale di collaboratore professionale sanitario-tecnico della prevenzione nell'ambiente e nei luoghi di lavoro cat. D – Nomina della commissione esaminatrice

IL DIRETTORE

In virtù dei poteri di cui all'art. 4 del d.lgs. n. 165/2001 e s.m.i.;
Richiamate le seguenti deliberazioni: ....;
Dato atto che con deliberazione ndell'Azienda USL è stato conferito al, Dirigente Amministrativo a tempo indeterminato, l'incarico di Direttore del Servizio Comune Gestione del Personale;

Atteso che:
- con provvedimento .... esecutivo ai sensi di legge, è stato bandito concorso pubblico per titoli ed esami per la copertura di n. .... posti a tempo indeterminato nel profilo professionale di Collaboratore Professionale Sanitario-Tecnico della Prevenzione nell'Ambiente e nei Luoghi di Lavoro Cat. D indetto in forma congiunta;
- il suddetto bando è stato pubblicato integralmente sul BUR ...., nonché per estratto sulla Gazzetta Ufficiale della Repubblica Italiana .... con scadenza prevista per la presentazione delle domande entro le ....;

Preso atto che con determina del Direttore del Servizio Comune Gestione del Personale .... si è provveduto ad ammettere al concorso pubblico di cui all'oggetto n. 986 candidati tutti in possesso dei requisiti generali e specifici previsti dal d.P.R. 220/2001 nonché dal bando di concorso;
Ravvisata ora la necessità di procedere alla nomina della Commissione Esaminatrice;
Vista la nota prot. n. .... del Direttore Generale dell'Azienda USL capofila del concorso in oggetto con la quale sono stati designati il dott. .... Collaboratore Professionale Sanitario Senior Coordinatore – Tecnico della Prevenzione, Ambiente e Luoghi di Lavoro Azienda USL .... Collaboratore Professionale Sanitario Senior Coordinatore – Tecnico della Prevenzione, Ambiente e Luoghi di Lavoro dell'Azienda USL, rispettivamente quali componenti titolare e supplente;
Preso atto che il Collegio di Direzione dell'Azienda USL su proposta delle Direzioni dei Servizi Infermieristici, assistenziali, tecnici, sanitari e della riabilitazione delle Aziende coinvolte nella seduta del .... ha designato quali componenti della Commissione Esaminatrice del pubblico concorso in oggetto la ...., rispettivamente quali componenti titolare e supplente;
Visto l'art. 44 del d.P.R. 220/2001, dove viene precisato che la presidenza della Commissione Esaminatrice di Pubblico Concorso di Collaboratore Professionale Sanitario è affidata ad un Dirigente del ruolo Sanitario dell'Azienda USL che bandisce il concorso;

Considerato opportuno pertanto nominare quale Presidente della Commissione ....;
Ritenuto infine di nominare Segretario Verbalizzante della procedura in argomento il .... Assistente Amministrativo Cat. C, presso il Servizio Comune Gestione del Personale – Ufficio concorsi dell'Azienda USL di .... e sua supplente .... Collaboratore Amministrativo Professionale – Senior presso il Servizio Comune Gestione del Personale – Ufficio concorsi dell'Azienda USL di ....;
Dato atto che il presente provvedimento risponde ai principi della legittimità, opportunità e convenienza;
Attesa la rappresentazione dei fatti e degli atti riportati dal Direttore del Dipartimento proponente, coadiuvato dal Direttore Sanitario e dal Direttore Amministrativo che, ai sensi dell'art. 3, comma 7 del d.lgs. n. 502/92 e successive modifiche ed integrazioni, esprimono parere favorevole;

DETERMINA

1) di nominare come segue la Commissione Esaminatrice del pubblico concorso in oggetto:

PRESIDENTE TITOLARE ....

COMPONENTI:
TITOLARE .... **SUPPLENTE** ....

2) di individuare quale referente Tecnico Informatico per l'espletamento della procedura in oggetto il ...., Assistente Tecnico Programmatore presso il Servizio Comune Information e Communication Technology, tenuto conto dell'attività di supporto specialistica necessaria in tutte le fasi delle operazioni concorsuali;
3) di dare mandato al Direttore del Servizio Comune Gestione del Personale di liquidare alla conclusione delle procedure concorsuali, ai componenti la Commissione Esaminatrice succitata, i compensi, nonché le spese di viaggio e trasferta se ed in quanto dovute, così come previste dalla normativa vigente citata in premessa;
4) di trasmettere tale atto all'Ufficio della Consigliera di Pari Opportunità della Regione .... per le verifiche di competenza.

Responsabile del procedimento ai sensi della l. 241/90: ....

Firmato digitalmente da:
....

4. U.O. Servizio gestione personale – Determina assunzione

FRONTESPIZIO DETERMINAZIONE

AOO:

REGISTRO:

NUMERO:

DATA:

OGGETTO: **Assunzione a tempo indeterminato di operatori socio-sanitari**

SOTTOSCRITTO DIGITALMENTE DA:

ADOTTATO DA:

U.O. Servizio gestione personale

CLASSIFICAZIONI:

DESTINATARI:

DOCUMENTI:

L'originale del presente documento, redatto in formato elettronico e firmato digitalmente, è conservato a cura dell'ente produttore secondo normativa vigente.
Ai sensi dell'art. 3-*bis*, c. 4-*bis* d.lgs. 82/2005 e s.m.i., in assenza del domicilio digitale le amministrazioni possono predisporre le comunicazioni ai cittadini come documenti informatici sottoscritti con firma digitale o firma elettronica avanzata ed inviare ai cittadini stessi copia analogica di tali documenti sottoscritti con firma autografa sostituita a mezzo stampa predisposta secondo le disposizioni di cui all'articolo 3 del d.lgs. 39/1993.

U.O. SERVIZIO GESTIONE PERSONALE

DETERMINAZIONE

OGGETTO: Assunzione a tempo indeterminato di n. .... operatori socio-sanitari

IL DIRETTORE

IN VIRTÙ dei poteri di cui all'art. 4 del d.lgs. n. 165/2001;
DATO atto che con deliberazione n. .... del .... dell'Azienda USL è stato conferito al............, Dirigente Amministrativo a tempo indeterminato, l'incarico di Direttore del Servizio Comune Gestione del Personale;

- l'art. 6 del d.lgs. 165/2001, come modificato dall'art. 4 del d.lgs. n. 75/2017 che disciplina l'organizzazione degli uffici ed il Piano Triennale dei Fabbisogni del Personale (PTFP), da adottare annualmente in coerenza con la pianificazione pluriennale delle attività e delle performance, nonché con le linee di indirizzo ministeriali emanate ai sensi del successivo art. 6-*ter*, nel rispetto delle facoltà assunzionali previste a legislazione vigente e tenuto conto della consistenza della dotazione organica del personale in servizio, nonché della relativa spesa;
- l'art. 22, comma 1, del d.lgs. n. 75/2017 che stabilisce che in sede di prima applicazione il piano sia adottato dalle amministrazioni pubbliche entro 60 giorni dalla data di pubblicazione delle linee di indirizzo ministeriali in Gazzetta Ufficiale, avvenuta in data 27/07/2018;
- il decreto 8 maggio 2018 del Ministro per la semplificazione e la pubblica amministrazione, pubblicato sulla Gazzetta Ufficiale del 27 luglio 2018, con oggetto "Linee di indirizzo per la predisposizione dei piani dei fabbisogni di personale da parte delle amministrazioni pubbliche", il quale nella specifica sezione dedicata alle aziende ed enti del SSN stabilisce alcuni indirizzi e criteri generali per la predisposizione del PTFP da parte di tali amministrazioni, e prevede che essi siano approvati dalle rispettive regioni di appartenenza secondo quanto eventualmente previsto dalla disciplina regionale in materia e successivamente adottati in via definitiva;

Osservate al riguardo:

- la deliberazione della Giunta della Regione .... n. .... di approvazione della disciplina regionale relativa al procedimento per l'adozione e l'approvazione dei PTFP, in coerenza con il contenuto del decreto precedentemente citato, affidando al Direttore Generale Cura della Persona, Salute e Welfare la definizione di indicazioni operative regionali per l'applicazione delle linee di indirizzo ministeriali e la predisposizione dei (PTFP), nonché l'applicazione dei PTFP delle Aziende e degli enti del SSR, valutata la loro coerenza con le linee di indirizzo di cui al decreto 8 maggio 2018, con le indicazioni operative regionali e con i contenuti della programmazione regionale;
- le indicazioni operative regionali per la predisposizione dei richiamati PTFP, trasmesse con nota della Direzione Generale Cura della Persona, Salute e Welfare;
- la deliberazione dell'Azienda USL con la quale è stato adottato in via definitiva il Piano

Triennale dei Fabbisogni del Personale (PTFP) anni 2018/2020, redatto in coerenza con le indicazioni regionali di cui alla delibera di Giunta n. .... ed approvato con nota della Direzione Generale Cura della Persona, Salute e Welfare;

Dato atto che il PTFP come sopra approvato e pubblicato al sistema di cui all'art. 60 del d.lgs. 165/2001 (SICO) in data 28.11.2018 costituisce la cornice programmatoria di riferimento per l'adozione dei provvedimenti aziendali inerenti alla copertura del fabbisogno aziendale per l'esercizio 2018, nonché per l'avvio della gestione relativa all'esercizio 2019;

Accertato che la richiamata programmazione prevede, per quanto concerne il Profilo: Operatore Socio-Sanitario, la copertura a tempo indeterminato di posti di turnover del triennio, indispensabili a garantire il rispetto dei LEA nell'ambito delle strutture sanitarie aziendali oltre alla stabilizzazione di un contingente di personale in servizio a tempo determinato a fronte di lunghe assenze e non idoneità alla specifica funzione ad incremento degli organici integrativi aziendali;

Ritenuto al momento indispensabile procedere all'assunzione a tempo indeterminato di n. .... Operatori Socio-Sanitari secondo una pianificazione delle assunzioni concordata con la Direzione Infermieristica e Tecnica Aziendale, a garanzia del contingente di organico integrativo anzicitato e coincidende con la cessazione dal servizio di personale a tempo determinato/indeterminato secondo le previsioni del PTFP 2018-2020 e precisamente a fronte della cessazione ....;

Dato atto della coerenza di tali assunzioni con le indicazioni di programmazione economica regionale e pertanto con il PTFP precedentemente citato e relativa dotazione organica approvata in allegato;

Preso atto inoltre che:

- rispettivamente in data .... è stato sottoscritto il protocollo d'intesa tra Aziende per la gestione congiunta di concorsi pubblici di alcuni profili professionali del Comparto;
- il protocollo di intesa sopra richiamato è stato recepito, fra gli altri, con deliberazione dell'Azienda;
- che in base alle intese intercorse tra le amministrazioni dell' Area Vasta oggetto del protocollo di intesa sopra richiamato si era convenuto, tra l'altro, di procedere all'indizione e all'espletamento unitario del concorso pubblico a n. ....;

Richiamata al riguardo la graduatoria di pubblico concorso a n. 1 posto di Operatore Socio-Sanitario, formulata in forma specifica per l'Azienda USL, approvata con determinazione del Servizio Comune Gestione del Personale nell'interesse dell'Azienda Ospedaliero-Universitaria di ....;

Osservate:

la legge n. 133 del 6 agosto 2008;

la legge n. 191 del 23 dicembre 2009 "Disposizioni per la formazione del bilancio annuale e pluriennale dello Stato (Legge Finanziaria 2010);

il decreto legge n. 78 del 31 maggio 2010;

la legge 15 luglio 2011, n. 111;

il decreto legge n. 95/2012 convertito nella legge n. 135/2012 (cosiddetta Spending Review);

la legge 6 novembre 2012, n. 190;

legge di stabilità 2018 e 2019;

Visti:

il C.C.N.L. del personale del S.N.N. – Area Comparto del 01.09.1995 ed in particolare l'art. 14 che detta disposizioni specifiche sul contratto individuale di lavoro;

il C.C.N.L. del personale del S.N.N. - Area Comparto in vigore dal 08.04.1999;

il C.C.N.L. del personale del S.N.N. - Area Comparto del 20.09.2001;
il C.C.N.L. del personale del S.N.N. - Area Comparto - quadriennio normativo 2002-2005 e biennio economico 2002/2003 sottoscritto in data 19.04.2004;
il C.C.N.L. del personale del S.N.N. - Area Comparto - quadriennio normativo 2006-2009 e relativi bienni economici;

Ritenuto di procedere alla costituzione del relativo rapporto di lavoro mediante stipula di apposito contratto individuale;
Richiamati l'Atto Aziendale approvato con Atto Deliberativo n. 100 del 16.04.2009 oltre alla delibera n. 96/2016 relativamente al conferimento dei poteri di rappresentanza a stipulare/sottoscrivere per conto dell'Azienda USL di .... i contratti individuali per la costituzione dei rapporti di lavoro a tempo determinato e indeterminato;
Attestata la legittimità della presente determinazione in base alla normativa nazionale e regionale in materia;

DETERMINA

1) di procedere, in coerenza con il PTFP adottato con delibera dell'Azienda USL e pubblicato al sistema di cui all'art. 60 del d.lgs. 165/2001 (SICO) in data ...., all'assunzione a tempo indeterminato di n. .... operatori Socio-Sanitari, con l'utilizzo della graduatoria di pubblico concorso a n. .... posto di Operatore Socio-Sanitario;
2) di procedere alla costituzione dei relativi rapporti di lavoro tramite stipula di apposito contratto individuale nei termini ed alle condizioni previsti dai CC.CC.NN.LL. dell'Area Comparto oggi vigenti;
3) di dare atto che la spesa derivante dall'adozione del presente provvedimento è ricompresa nel limite previsto dai documenti di programmazione aziendale e troverà adeguata copertura ai rispettivi capitoli del bilancio di previsione di competenza.

Responsabile del procedimento ai sensi della l. 241/90: ....

Firmato digitalmente da:

....

5. U.O. Servizio gestione personale – Avviso strutture complesse

FRONTESPIZIO DETERMINAZIONE

AOO:

REGISTRO: Determinazione

NUMERO:

DATA:

OGGETTO: **Emissione di avviso pubblico per il conferimento di incarico quinquennale di Struttura Complessa di Dirigente Medico di Psichiatria**

SOTTOSCRITTO DIGITALMENTE DA:

ADOTTATO DA:

U.O. Servizio gestione personale

CLASSIFICAZIONI:

DESTINATARI:

DOCUMENTI:

L'originale del presente documento, redatto in formato elettronico e firmato digitalmente, è conservato a cura dell'ente produttore secondo normativa vigente.
Ai sensi dell'art. 3-*bis*, c. 4-*bis* d.lgs. 82/2005 e s.m.i., in assenza del domicilio digitale le amministrazioni possono predisporre le comunicazioni ai cittadini come documenti informatici sottoscritti con firma digitale o firma elettronica avanzata ed inviare ai cittadini stessi copia analogica di tali documenti sottoscritti con firma autografa sostituita a mezzo stampa predisposta secondo le disposizioni di cui all'articolo 3 del d.lgs. 39/1993.

U.O. SERVIZIO GESTIONE PERSONALE

DETERMINAZIONE

OGGETTO: Emissione di avviso pubblico per il conferimento di incarico quinquennale di Struttura Complessa di Dirigente Medico di Psichiatria

IL DIRETTORE

In virtù dei poteri di cui all'art. 4 del d.lgs. n. 165/2001;
Dato atto che con deliberazione n. ...... del ....dell'Azienda USL è stato conferito al Dott. .... Dirigente Amministrativo a tempo indeterminato, l'incarico di Direttore del Servizio Comune Gestione del Personale;
Vista la Deliberazione dell'Azienda USL .... con la quale è stato adottato in via definitiva il Piano Tiennale dei Fabbisogni del Personale (PTFP) anni 2018-2020, redatto in coerenza con le indicazioni regionali di cui alla Delibera di Giunta n. ....;
Dato atto che il PTFP come sopra approvato e pubblicato al sistema di cui all'art. 60 del d.lgs. 165/2001 (SICO) costituisce la cornice programmatoria di riferimento per l'adozione dei provvedimenti aziendali inerenti alla copertura del fabbisogno aziendale per la gestione relativa all'esercizio 2019;
Accertato che il PTFP suddetto prevede tra gli altri la copertura di n. 1 posto di Digente Medico di Psichiatria;
Atteso che la Direzione Generale Cura della Persona e Welfare della Regione Emilia-Romagna ha dato preventiva autorizzazione all'avvio delle procedura per la copertura del posto di cui trattasi;
Preso atto altresì della delibera n. ....del ....con la quale è stato approvato il manuale organizzativo del Dipartimento Assistenziale Integrato Salute Mentale Dipendenze Patologiche che descrive l'organizzazione, il funzionamento e i compiti delle strutture organizzative ad esso afferenti;
Ritenuto pertanto necessario, stante l'ampiezza delle funzioni attribuite alla struttura, avviare le conseguenti procedure che dovranno espletarsi secondo disposizioni previste da:

- art. 15 e seguenti del d.lgs. n. 502/1992 e successive modificazioni e integrazioni e nello specifico dall'art. 4 del d.l. n. 158 del 13 settembre 2012 convertito in legge 8 novembre 2012, n. 189 "Disposizioni urgenti per promuovere lo sviluppo del Paese mediante un più alto livello di tutela della salute" (c.d. decreto Balduzzi) che prevede espressamente la disciplina, da parte della regione, dei criteri e delle procedure per il conferimento degli incarichi di struttura complessa;
- d.P.R. 484/97 "Regolamento recante la determinazione dei requisiti per l'accesso alla Direzione Sanitaria Aziendale, dei requisiti e dei criteri per l'accesso al secondo livello dirigenziale per il personale del ruolo sanitario del SSN";
- art. 8, commi 3 e 4 del l.r. n. 29 del 2004 "Norme generali sull'organizzazione del SSR";

Considerato che ai sensi di quanto indicato dal "decreto Balduzzi" la Regione Emilia-Romagna con delibera di Giunta n. ....ha approvato la "Direttiva regionale criteri e procedure per il conferimento degli incarichi di direzione di struttura complessa delle Aziende del SSR" che disciplina ulteriormente le modalità di selezione relativamente a:

- individuazione del profilo;
- composizione della commissione;
- modalità di valutazione;

- formulazione della rosa degli idonei;
- individuazione del dirigente da incaricare;
- fissazione periodo di prova;

Visto il fabbisogno che caratterizza la struttura complessa relativo all'incarico in oggetto e approvato dal Collegio di Direzione;
Rilevato che per quanto attiene alla Commissione di Sorteggio cui sono attribuite le funzioni indicate al paragrafo n. 3 della citata direttiva regionale si farà riferimento alla Commissione di Sorteggio già individuata a livello aziendale con atto n. ....;
Attestata la legittimità della presente determinazione in base alla normativa nazionale e regionale in materia;

DETERMINA

1) di procedere, per le motivazioni espresse in premessa, all'emissione di avviso pubblico per il conferimento dell'incarico quinquennale di Struttura Complessa di Dirigente Medico di Psichiatria;
2) di prendere atto del fabbisogno che caratterizza la suddetta struttura complessa approvato dal Collegio di Direzione nella seduta .... riportato nel bando stesso e che sarà pubblicato integralmente sul sito internet aziendale;
3) di pubblicizzare il suddetto bando secondo le modalità fissate dalle vigenti disposizioni di legge.

Responsabile del procedimento ai sensi della l. 241/90:......................

Firmato digitalmente da: ....

Prot. rif. det. n. ...., ...

AVVISO PER CONFERIMENTO DI INCARICO QUINQUENNALE DI STRUTTURA COMPLESSA DI DIRIGENTE MEDICO DI PSICHIATRIA

SI RENDE NOTO

In attuazione alla determina del Direttore del Servizio Comune Gestione del Personale n. .... del ...., esecutiva ai sensi di legge, l'Azienda USL di .... ha stabilito di procedere al conferimento di:

INCARICO QUINQUENNALE DI STRUTTURA COMPLESSA DI DIRIGENTE MEDICO DI PSICHIATRIA

Il presente avviso è emanato in conformità all'art. 15 del d.lgs. n. 502 del 30.12.1992 e s.m.i., al d.P.R. 10.12.1997, n. 484, alla l.r. n. 29 del 23.12.2004, al d.lgs. 165/2001, alla l. 190/2012, al d.lgs. n. 33/2013 nonché alla "Direttiva regionale criteri e procedure per il conferimento degli incarichi di direzione di struttura complessa delle Aziende del SSN" approvata con delibera di Giunta Regionale n.........

DEFINIZIONE DEL FABBISOGNO

L'incarico che si intende ricoprire è riferito alla direzione dell'U.O.C., parte del DIPARTIMENTO ASSISTENZIALE INTEGRATO SALUTE MENTALE DIPENDENZE PATOLOGICHE.

Il Dipartimento Assistenziale Integrato Salute Mentale Dipendenze Patologiche garantisce prestazioni finalizzate alla prevenzione, cura e riabilitazione dei disturbi mentali, dei disturbi neuropsichici dell'infanzia e adolescenza, dei disturbi da abuso di sostanze e delle disabilità conseguenti, per un tempo che spazia dall'infanzia fino all'età avanzata.
Il Dipartimento assicura:
- accoglienza e prima visita;
- trattamenti specialistici semplici e integrati;
- trattamenti in Centri diurni;
- trattamenti in Residenza e Comunità Terapeutiche;
- trattamenti in regime di ricovero ospedaliero.

Il Dipartimento è organizzato nelle seguenti aree:
- Psichiatria Adulti;
- Neuropsichiatria Infanzia Adolescenza (UONPIA);
- Ser.D. - Programma Dipendenze Patologiche;
- Psicologia Clinica;
- Servizi Amministrativi;
- Servizi in staff alla Direzione;
- Osservatorio Epidemiologico e Accreditamento.

Caratteristiche della struttura (Profilo oggettivo)

La U.O.C. ha la funzione di prevenzione, cura e riabilitazione nei confronti delle persone con problemi di salute mentale.
L'attività svolta dalla U.O.C. Centro Salute Mentale Centro/Nord si declina nei seguenti interventi:
- Intervenire precocemente sul disturbo mentale e sull'uso di sostanze, intercettando anche il disturbo mentale nei servizi di primo livello;
- Ridurre la frequenza e l'intensità dei sintomi;
- Limitare la disfunzione, la disabilità e l'handicap;
- Ridurre la dipendenza del paziente dal sistema dei servizi;
- Risolvere episodi critici, di origine endogena o esogena, riorganizzando la persona sul piano neurobiologico;
- Fornire ciò di cui il paziente ha bisogno per sopravvivere (sussidi, pensioni, assegni di accompagnamento, alloggio, pasti, assistenza medica);
- Monitorare l'appropriatezza dei ricoveri nelle case di cura private;
- Monitorare l'appropriatezza degli inserimenti nelle residenze aziendali e del privato sociale;
- Farmacoterapia;
- Ridurre le ricadute e le ospedalizzazioni;
- Interventi sul contesto sociale (ambienti lavorativi, ricreativi, scolastici, abitativi), intesi ad aiutare il paziente a non perdere i ruoli sociali assunti;
- Interventi di riabilitazione (apprendimento ed esercizio di abilità);
- Interventi per l'apprendimento di strategie di coping contro i sintomi;
- Interventi di rimedio cognitivo per contrastare le disfunzioni cognitive più gravi;
- Supporti per i bisogni di base (sussidi, buoni pasto, buoni trasporto);
- Gruppi di supporto tra pari;
- Gruppi di supporto tra familiari;
- Incontri di servizio con le associazioni dei familiari e degli utenti.

L'attività di ricerca scientifica è rivolta a:
- Valutare l'appropriatezza dei trattamenti psicosociali evidence based e valutare la loro efficacia attraverso scale di valutazione;

- Valutare l'appropriatezza del trattamento psicofarmacologico alla luce delle recenti linee guida e di quanto esso favorisca o contrasti i processi di recovery.

La U.O.C. Centro Salute Mentale è inserita all'interno del DSMDP.

- Le UOC con le quali si integra sono in primo luogo quelle del Dipartimento: UOC Psichiatria Ospedaliera, UOC Dipendenze Patologiche, UOC Neuropsichiatria Infantile, UOC Psicologia Clinica;
- L'integrazione avviene attraverso lo stesso modello scientifico di riferimento (modello biopsicosociale), la formazione comune, il proseguimento dei piani di trattamento o il loro inizio nei diversi luoghi di cura attraverso incontri sistematici di assessment con i pazienti, i familiari e il gruppo curante;
- Per il proseguimento/inizio dei piani di trattamento l'integrazione deve avvenire con la UOC Psichiatria Ospedaliera, UOC Dipendenze Patologiche, UOC UONPIA, UOC Psicologia Clinica;
- L'integrazione anche gestionale (programmazione clinico-gestionale attraverso il Comitato di Dipartimento, programmazione clinico-gestionale attraverso riunioni mensili con l'organo di Direzione del DSMDP) e attraverso sistemi informatizzati;
- L'integrazione con il Programma Carcere Aziendale;
- L'integrazione con il Privato Accreditato convenzionato per quello che riguarda la degenza avviene anche attraverso la prosecuzione dei piani di trattamento in caso di ricovero (le cui modalità devono essere definite), in quanto la presa in carico resta comunque in capo alla struttura inviante della UOC Centro Salute Mentale CSM, la quale ha compiti di monitoraggio delle degenze che superano i 30 gg. e di valutazione degli obiettivi del ricovero;
- L'integrazione con le strutture residenziali del privato sociale deve anch'essa essere definita da uno specifico protocollo, che regolamenta i rapporti pubblico/privato, attribuendo specifici compiti di monitoraggio all'UOC Centro Salute Mentale Centro/Nord nei confronti della qualità dei trattamenti erogata in tali strutture;
- L'integrazione con i MMG, con particolare riferimento alle case della salute, al fine di intervenire più precocemente sul disturbo mentale;
- La promozione di rapporti di collaborazione con gli enti locali al fine di favorire l'inclusione sociale delle persone con malattia mentale;
- L'integrazione in Area Vasta.

Numero di pazienti in carico e dati di attività

Nella tabella seguente è riportato il numero di utenti in carico (trattati e in cura) e il numero di prestazioni, entrambi relativi ai 2 Servizi Psichiatrici Territoriali operanti che compongono la UOC Centro Salute Mentale.

Utenza trattata ....
Utenti nuovi e rientri ....
Utenti presi in carico ....
Utenti in cura ....
Utenti in cura totali ....
N. totale di prestazioni ....
Utenti dimessi ....

Competenze richieste per ricoprire la funzione (Profilo soggettivo)

Conoscenze scientifiche e competenze professionali

- Conoscere il concetto di guarigione clinica, delle principali conseguenze della malattia mentale e le teorie che sostengono i trattamenti biologici, sociali e psicologici dei disturbi mentali;

- Conoscere gli interventi per contrastare la disabilità, i fattori che contribuiscono alla predisposizione, precipitazione e perpetuazione del disturbo mentale e i fattori protettivi, le linee guida cliniche sulle migliori pratiche farmacologiche e psicosociali basate sulla prova per il trattamento delle urgenze emergenze psichiatriche e per la gestione del rischio e del trattamento dell'aggressività auto ed eterodiretta;
- Conoscere la legislazione relativa alla salute mentale e la storia della psichiatria, con particolare riferimento a come essa abbia influenzato la psichiatria contemporanea;
- Conoscere la stadiazione dei disturbi mentali, le modalità di presentazione della psicosi, del disturbo borderline, del disturbo bipolare e dei disturbi della condotta e del comportamento nella fascia di età compresa tra 15 e 20 anni e le principali linee di trattamento;
- Conoscere i disutrbi del neurosviluppo (autismo adulto e disabilità intellettiva adulta) e le principali linee di trattamento;
- Conoscere i principi della psichiatria forense e i principali sistemi diagnostici internazionali;
- Saper condurre i trattamenti psicosociali gruppali e individuali EB, valutare gli esiti multidimensionali di recovery, utilizzare le strategie finalizzate a ridurre il ricorso al ricovero e le strategie finalizzate a ridurre il ricorso alla residenzialità;
- Saper scrivere una storia psichiatrica completa, fare una valutazione psichiatrica, considerando la diversità culturale, valutare lo stato mentale, riconoscere le condizioni mediche incidentali, consequenziali o potenzianti il disturbo mentale e il suo trattamento, documentare un esame fisico;
- Saper riconoscere i principali segni e sintomi e applicarli a una diagnosi differenziale multiassiale, identificare e valutare i fattori che influenzano il corso e la prognosi dei disturbi mentali, riesaminare la diagnosi psichiatrica nel tempo, determinando quali interventi psichiatrici, biologici, psicoterapeutici e sociali sono disponibili;
- Saper elaborare, documentare ed attuare un piano di trattamento biologico, psicoterapeutico e sociale integrato e individualizzato, comprensivo della gestione del rischio in collaborazione con i pazienti e i professionisti;
- Adottare le procedure di ammissione nei reparti psichiatrici e di trattamento volontario e obbligatorio in modo appropriato, conformemente agli standard legali e ai principi etici;
- Saper riconoscere, prevenire e affrontare effetti avversi dei farmaci psicotropi e monitorare gli interventi medici di base per i problemi di salute fisica riscontrati nel trattamento del disturbo mentale; saper utilizzare in modo sicuro ed efficace i metodi di trattamento biologico in psichiatria sulla base dei valori e delle migliori prove disponibili;
- Saper offrire consulenza e servizi di collegamento agli altri professionisti medici, consigli professionali su una specifica situazione clinica e un secondo parere;
- Saper monitorare e valutare il percorso degenza in strutture pubbliche e private e gli inserimenti nel privato sociale;
- Promuovere nel gruppo di lavoro un orientamento alla partnership e a un approccio "no restraint" nei confronti dei pazienti e dei familiari contrastando un orientamento basato solo sul controllo, sull'assistenza o sull'intervento sulla crisi; promuovere il diritto all'informazione dell'utente e della sua famiglia.

Conoscenze e competenze manageriali

- Conoscere i principi gestionali, della leadership motivazionale e della formazione continua sul luogo di lavoro e le caratteristiche organizzative della struttura sanitaria nazionale, regionale e locale nel campo della salute mentale;
- Conoscere l'importanza della ripartizione equa delle risorse sanitarie, bilanciando l'efficacia, l'efficienza e l'accesso con una cura ottimale dei pazienti e saper allocare le risorse;
- Saper affrontare i reclami dei pazienti, dei familiari e del personale;

- Conoscere i percorsi di accreditamento e qualità e i principi del budget e del *management*; saper pianificare e controllare il budget assegnato;
- Mantenere rapporti di integrazione e costruttivi con la Direzione Dipartimentale;
- Promuovere la partecipazione dei collaboratori alle riunioni di coordinamento con altri Enti/Servizi/Associazioni;
- Promuovere nei collaboratori comportamenti di gestione dell'autonomia tecnico-professionale coerente con le linee guida accreditate, saper condurre gruppi professionali per la predisposizione di linee-guida e protocolli congiunti tra professionisti e gestire le riunioni di carattere organizzativo e clinico con i gruppi di lavoro della propria UOC, verificando ed evidenziando risultati raggiunti;
- Favorire l'integrazione fra la struttura di competenza e le altre strutture aziendali ed extra-aziendali e mantenere rapporti di collaborazione con le altre UOC del Dipartimento attraverso la continuità dei piani di trattamento o la loro definizione e/o modifica in base alla diagnosi clinica e funzionale.

Competenze di governo clinico
- Rendere coerente l'organizzazione della UOC Centro Salute Mentale Centro/Nord con l'approccio metodologico adottato dal DSMDP in base al mandato aziendale;
- Promuovere l'introduzione e l'implementazione di nuovi modelli organizzativi e professionali e/o nuove tecniche, con particolare riferimento all'adozione di trattamenti biopsicosociali evidence based e di comportamenti professionali orientati alla recovery e alla partnership e all'utilizzo dei piani di trattamento individuali basati sulla diagnosi funzionale;
- Saper collaborare e coinvolgere attivamente gli enti e le associazioni rappresentative dei pazienti e dei familiari;
- Definire gli obiettivi formativi, proporre iniziative di aggiornamento e implementare la formazione continua sul luogo di lavoro in funzione dell'approccio metodologico adottato dal DSMDP in base al mandato aziendale;
- Predisporre azioni di miglioramento continuo della qualità dei servizi;
- Saper svolgere la funzione di staff *management* (formazione, coaching, valutazione del personale) e condividere gli obiettivi e le prospettive future dell'organizzazione con tutto il personale;
- Promuovere la crescita professionale dei propri collaboratori e del gruppo di lavoro anche attraverso l'uso corretto ed appropriato della delega; consentire agli operatori l'esercizio di una sufficiente autonomia; stimolare l'iniziativa, la creatività e l'apporto personale; sviluppare il senso di responsabilità individuale, favorire le condizioni che contribuiscano a mantenere alta la motivazione degli operatori;
- Conoscere le principali caratteristiche, risorse e potenzialità degli operatori, chiarire i ruoli e le funzioni propri degli operatori, saper gestire i conflitti interni al gruppo e sviluppare un clima di fiducia reciproca e di mutuo-aiuto;
- Saper identificare e mappare i rischi prevedibili e gestibili collegati all'attività professionale, saper definire il relativo risk *management*, conoscere i principi della gestione dei rischi e assicurare e promuovere comportamenti professionali nel rispetto delle normative generali e specifiche sulla sicurezza.

1) Requisiti generali e specifici di ammissione
- cittadinanza italiana. Salve le equiparazioni stabilite dalle leggi vigenti o cittadinanza di uno dei Paesi dell'Unione europea;
- idoneità fisica alla mansione specifica del profilo oggetto della selezione. Il relativo accertamento è effettuato, a cura dell'Azienda Unità Sanitaria Locale di ...., prima dell'immissione in servizio;

- iscrizione all'albo dell'Ordine dei Medici, attestata da certificato in data non anteriore a sei mesi rispetto a quella di scadenza del bando. L'iscrizione al corrispondente albo professionale di uno dei Paesi dell'Unione europea consente la partecipazione alla selezione, fermo restando l'obbligo dell'iscrizione in Italia prima dell'attribuzione dell'incarico;
- anzianità di servizio di sette anni, di cui cinque nella disciplina di Psichiatria o disciplina equipollente, e specializzazione nella disciplina di Psichiatria o in disciplina equipollente: ovvero anzianità di servizio di dieci anni nella disciplina di Psichiatria. L'anzianità di servizio utile per l'accesso deve essere maturata secondo le disposizioni contenute nell'art. 10 del d.P.R. 10.12.1997, n. 484. Le discipline equipollenti e affini sono quelle previste rispettivamente dal d.m. 30.01.1998 e s.m.i. e dal d.m. 31.01.1998 e s.m.i.

Tutti i suddetti requisiti devono essere posseduti alla data di scadenza del termine stabilito per la presentazione delle domande di ammissione.
Non possono accedere agli impieghi coloro che siano esclusi dall'elettorato attivo e coloro che siano stati destituiti o dispensati dall'impiego, ovvero licenziati presso pubbliche amministrazioni.
Il candidato cui sarà conferito l'incarico avrà l'obbligo di partecipare al corso di formazione manageriale, previsto dall'art. 7 del d.P.R. n. 484/1997, che verrà organizzato dalla Regione .... e/o dalle Aziende Sanitarie, ai sensi della deliberazione della Giunta Regionale n. 318 del 19.03.2012.

2) Domanda di ammissione
Le domande di partecipazione, con l'indicazione della procedura alla quale l'aspirante intende partecipare, redatte in carta semplice secondo l'allegato schema, debitamente sottoscritte, devono essere rivolte al Direttore Generale dell'Azienda Unità Sanitaria Locale e presentate o spedite nei modi e nei termini previsti dal successivo punto "Modalità e termini per la presentazione delle domande".
Nella domanda gli aspiranti devono dichiarare:

- cognome e nome, la data ed il luogo di nascita, la residenza;
- il possesso della cittadinanza italiana, ovvero i requisiti equivalenti;
- il comune di iscrizione nelle liste elettorali, ovvero i motivi della non iscrizione o della cancellazione dalle liste medesime;
- le eventuali condanne penali riportate (anche se sia stata concessa amnistia, indulto, condono o perdono giudiziale), ovvero di non aver riportato condanne penali, nonché i procedimenti penali eventualmente pendenti a loro carico;
- il possesso, con dettagliata specificazione, dei requisiti specifici di ammissione richiesti dall'avviso;
- la posizione nei riguardi degli obblighi militari;
- i servizi prestati come dipendente presso pubbliche amministrazioni e le cause di risoluzione di precedenti rapporti di pubblico impiego, ovvero di non avere mai prestato servizio presso pubbliche amministrazioni;
- il domicilio presso il quale deve essere fatta all'aspirante ad ogni effetto necessaria comunicazione e il recapito telefonico. L'Amministrazione non si assume la responsabilità per disguidi di notifiche determinati da mancata, errata o tardiva comunicazione di cambiamento di domicilio né per eventuali disguidi postali o telegrafici o comunque imputabili a terzi, a caso fortuito o di forza maggiore.

La domanda deve essere firmata in originale in calce: ai sensi dell'art. 3, c. 5 legge 15 maggio 1997, n. 127 non è richiesta l'autentica.
La mancata sottoscrizione della domanda o l'omessa indicazione nella domanda stessa anche di una sola delle sopraindicate dichiarazioni o di un solo requisito richiesto per l'ammissione può determinare l'esclusione dall'avviso.

I beneficiari della legge 5.02.1992, n. 104, debbono specificare nella domanda di ammissione, qualora lo ritengano indispensabile, l'ausilio eventualmente necessario per l'espletamento del colloquio in relazione al proprio handicap, nonché l'eventuale necessità di tempi aggiuntivi.
Nella domanda ciascun candidato dovrà indicare se intende o meno aderire **all'opzione per il rapporto di lavoro esclusivo**; tale opzione è immodificabile per tutta la durata dell'incarico.

3) Documentazione da allegare alla domanda
Alla domanda di partecipazione gli aspiranti devono allegare tutte le certificazioni relative ai titoli che ritengono opportuno presentare agli effetti della valutazione di merito e della formulazione dell'elenco degli idonei e più precisamente:

a) un curriculum datato e firmato, redatto in forma della dichiarazione sostitutiva di atto di notorietà di cui al d.P.R. 445/2000 da cui si evincano le attività professionali, di studio, direzionali, organizzative del candidato con riferimento all'incarico da svolgere, comprensivo dell'attività di ricerca e di produzione scientifica;
b) la produzione scientifica strettamente pertinente alla disciplina e al fabbisogno che definisce la struttura oggetto della presente selezione, edita a stampa e pubblicata su riviste italiane o straniere caratterizzate da criteri di filtro nell'accettazione dei lavori, nonché il suo impatto nella comunità scientifica;
c) l'attestazione relativa alla **tipologia delle istituzioni** in cui sono allocate le strutture presso le quali il candidato ha svolto la sua attività e la **tipologia delle prestazioni** erogate dalle strutture medesime, rilasciate dall'Azienda presso la quale l'attività è stata svolta;
d) l'attestazione relativa alla **tipologia qualitativa e quantitativa delle prestazioni** effettuate dal candidato;
e) i soggiorni di studio o di addestramento professionale per attività attinenti alla disciplina in rilevanti strutture italiane o estere di durata non interiore a tre mesi con esclusione dei tirocini obbligatori;
f) l'attività didattica presso corsi di studio per il conseguimento del diploma universitario, di laurea o di specializzazione ovvero presso scuole per la formazione di personale sanitario con indicazione delle ore annue di insegnamento;
g) la partecipazione a corsi, congressi, convegni e seminari anche effettuati all'estero, in qualità di docente o di relatore;
h) la fotocopia (fronte e retro) di documento di identità personale.

Nel curriculum non si valutano idoneità a concorsi e tirocini, né partecipazioni a congressi, convegni e seminari in qualità di uditore.
I titoli devono essere prodotti in originale o in copia legale o autenticata ai sensi di legge, ovvero autocertificati nei casi e nei limiti previsti dalla normativa vigente.
Chi intende avvalersi dell'autocertificazione deve produrre copia fotostatica non autenticata dei titoli e delle pubblicazioni, accompagnati da apposita "dichiarazione sostitutiva dell'atto di notorietà" (art. 47, d.P.R. 28.12.2000, n. 445).
In conformità a quanto previsto dall'art. 15/1, lett. *a*) della l. 183/2011, che prevede la "decertificazione" dei rapporti tra P.A. e privati, si precisa che il candidato, in luogo delle certificazioni rilasciate dalla pubblica amministrazione, che non potranno essere accettate e/o ritenute utili ai fini della valutazione di merito, deve presentare dichiarazioni sostitutive e, più precisamente:

a) dichiarazione sostitutiva di certificazione: art. 46, d.P.R. n. 445 del 28.12.2000 (stato di famiglia, iscrizione all'Albo Professionale, possesso del titolo di studio, di specializzazione, di abilitazione, ecc.);
b) dichiarazione sostitutiva di atto di notorietà: per tutti gli stati, fatti e qualità personali non compresi nell'elenco di cui all'art. 46 del d.P.R. 28.12.2000, n. 445 (attività di servizio, borse di studio, incarichi libero-professionali, docenze) (all. C).

Gli attestati di partecipazione a corsi, seminari, le pubblicazioni, le comunicazioni a convegni, gli abstracts dovranno essere obbligatoriamente allegati in fotocopie unitamente alla dichiarazione sostitutiva di atto di notorietà attestante la conformità all'originale (All. D).
I facsimile delle suddette certificazioni possono essere scaricati dal sito internet aziendale, nella sezione "bandi e concorsi", link "autocertificazioni-autodichiarazioni" (Allegati C – D).
La dichiarazione sostitutiva dell'atto di notorietà deve essere sottoscritta personalmente dall'interessato dinanzi al funzionario competente a ricevere la documentazione, ovvero può essere spedita per posta o consegnata da terzi unitamente a fotocopia semplice di documento di identità personale del sottoscrittore.
La dichiarazione resa dal candidato, in quanto sostitutiva a tutti gli effetti della certificazione, deve contenere tutti gli elementi necessari alla valutazione del titolo che si intende produrre; l'omissione anche di un solo elemento comporta la non valutazione del titolo autocertificato.
Con particolare riferimento al servizio prestato, la dichiarazione sostitutiva di atto di notorietà deve contenere l'esatta denominazione dell'ente presso il quale è stato svolto, la qualifica, il tipo di rapporto di lavoro (a tempo indeterminato/determinato, tempo pieno/part-time), le date di inizio e di conclusione del servizio, nonché le eventuali interruzioni (aspettative senza assegni, sospensioni cautelari, ecc.) e quant'altro necessario per valutare il servizio stesso.
Nel caso di autocertificazione di periodi di attività svolta in qualità di borsista, di docente, di incarichi libero-professionali, co.co.co. occorre indicare con precisione tutti gli elementi indispensabili alla valutazione (ente che ha conferito l'incarico, tipologia dell'attività, eventuale regime orario, periodo e sede di svolgimento della stessa).
Il candidato può autenticare le copie di qualsiasi altro tipo di documento che possa costituire titolo e che ritenga utile allegare alla domanda ai fini della valutazione di merito, purché il medesimo elenchi specificatamente ciascun documento presentato in fotocopia semplice nella dichiarazione sostitutiva dell'atto di notorietà, resa con le modalità sopraindicate, dichiarando la corrispondenza all'originale.
Non saranno ritenute valide (pertanto non saranno valutati i relativi titoli) generiche dichiarazioni di conformità all'originale che non contengano la specifica descrizione di ciascun documento allegato.
In caso di accertamento di indicazioni non rispondenti a veridicità:
a) l'Amministrazione procederà comunque alla segnalazione all'Autorità Giudiziaria per le sanzioni penali previste ai sensi dell'art. 76 d.P.R. 445/2000;
b) in caso di sopravvenuta assunzione, l'Amministrazione applicherà l'art. 55-*quater* del d.lgs.165/2001;
c) il dichiarante decadrà, ai sensi dell'art. 75 del d.P.R. 28.12.2000, n. 445, dai benefici eventualmente conseguenti al provvedimento emanato sulla base delle dichiarazioni non veritiere.
Ai sensi della legge n. 370/88 le domande di partecipazione all'avviso non sono soggette all'imposta di bollo, compresa l'autentica dei relativi documenti allegati.
Alla domanda deve essere unito in duplice copia, in carta semplice, un elenco dei documenti e dei titoli presentati, datato e firmato.
La documentazione allegata alla domanda di partecipazione può essere ritirata personalmente o da un incaricato munito di delega, previo riconoscimento tramite documento d'identità valido, solo dopo 120 giorni dalla data di conferimento dell'incarico.
La restituzione dei documenti presentati può avvenire anche prima della scadenza del suddetto termine per il candidato non presentandosi al colloquio, ovvero per chi, prima dell'inizio dello stesso, dichiari espressamente di rinunciare alla partecipazione alla procedura.
Trascorsi sei anni dalla data suddetta, la documentazione allegata alla domanda di partecipazione verrà inviata al macero senza ulteriori comunicazioni in merito.
Ai sensi della direttiva regionale, in ottemperanza all'obbligo di trasparenza, nel rispetto delle

indicazioni contenute nella deliberazione, adottata dal Garante per la protezione dei dati personali n. 88 del 2.03.2011 prima della nomina del candidato prescelto, i curricula dei candidati presentatisi al colloquio verranno pubblicati sul sito internet aziendale.

4) Modalità e termini per la presentazione delle domande

La domanda di partecipazione e la documentazione ad essa allegata deve pervenire, a pena esclusione dall'avviso, entro il termine perentorio delle **ore 12 del 30° giorno** non festivo successivo alla data di pubblicazione dell'estratto del presente bando sulla Gazzetta Ufficiale della Repubblica Italiana. Qualora detto giorno sia festivo o cada di sabato, il termine è prorogato alla stessa ora del primo giorno successivo non festivo.

Per l'invio della domanda sono previste le seguenti modalità:

consegna a mano direttamente **all'UFFICIO PROTOCOLLO GENERALE AZIENDA UNITÀ SANITARIA LOCALE** dalle ore 9,00 alle ore 13,00 di tutti i giorni feriali escluso il sabato, il martedì ed il giovedì dalle ore 14.30 alle 16.30; all'atto della presentazione della domanda sarà rilasciata apposita ricevuta attinente al rispetto dei termini di presentazione della domanda;

trasmissione tramite il servizio postale a mezzo di raccomandata con ricevuta di ritorno al seguente indirizzo: **AZIENDA UNITÀ SANITARIA**. Le domande si considerano prodotte in tempo utile anche se spedite a mezzo raccomandata con avviso di ricevimento entro il termine indicato. A tal fine fanno fede il timbro e la data dell'Ufficio Postale accettante. **Non saranno comunque ammessi all'avviso i concorrenti le cui domande, ancorché presentate nei termini all'Ufficio Postale accettante, perverranno all'Ufficio Protocollo dell'Azienda USL con un ritardo superiore a 15 giorni**;

trasmissione tramite utilizzo della casella di posta elettronica certificata, entro la data di scadenza dell'avviso, all'indirizzo .... L'oggetto del messaggio dovrà contenere la dicitura *"contiene domanda all'avviso pubblico di struttura complessa .... (indicare nome e cognome)"*. Si precisa che la validità di tale invio, così come stabilito dalla normativa vigente, è subordinata all'utilizzo da parte del candidato di casella di posta elettronica certificata PERSONALE. Non sarà pertanto ritenuto valido l'invio da casella di posta elettronica semplice/ordinaria anche se indirizzata alla PEC Aziendale.

La validità della trasmissione e ricezione della corrispondenza è attestata rispettivamente dalla ricevuta di accettazione e dalla ricevuta di avvenuta consegna. L'Amministrazione non assume responsabilità in caso di impossibilità di apertura dei file.

La domanda, debitamente sottoscritta, e i relativi allegati devono essere inviati tassativamente **in un unico file in formato PDF** unitamente a fotocopia del documento valido di identità personale.

È esclusa ogni altra forma di presentazione o trasmissione.

Il termine fissato per la presentazione delle domande e dei documenti è perentorio; l'eventuale riserva di invio successivo di documenti è priva di effetto. Non sono inoltre considerate le domande inviate prima della pubblicazione dell'estratto del presente bando sulla Gazzetta Ufficiale.

L'Amministrazione non assume responsabilità per la dispersione di comunicazioni dipendente da inesatta indicazione del recapito da parte del concorrente oppure di mancata o tardiva comunicazione del cambiamento dell'indirizzo indicato nella domanda, né per eventuali disguidi postali o telegrafici o comunque imputabili a fatto di terzi, a caso fortuito o forza maggiore.

5) Commissione di Valutazione

La Commissione di Valutazione, di cui all'art. 15 del d.lgs. 502/1992 e s.m.i., è composta dal Direttore Sanitario dell'Azienda USL e da tre Direttori di Struttura Complessa appartenenti alla medesima disciplina oggetto della presente selezione sorteggiati da un elenco unico nazionale costituito dall'insieme degli elenchi regionali dei Direttori di Struttura Complessa ap-

partenenti ai ruoli regionali del SSN e tenuto dal Ministero della salute. Per ogni componente titolare viene sorteggiato un componente supplente, fatto salvo per il Direttore Sanitario.
Qualora venissero sorteggiati tre nominativi della Regione ...., non si procederà alla nomina del terzo sorteggiato ma si proseguirà nel sorteggio fino ad individuare almeno un componente della Commissione proveniente da regione diversa.
Le operazioni di sorteggio previste dalla normativa di cui sopra si svolgeranno il 1° GIOVEDÌ SUCCESSIVO ALLA SCADENZA DEL BANDO il cui estratto verrà pubblicato sulla Gazzetta Ufficiale.
Tale sorteggio avverrà presso la Sala Riunioni del Servizio Comune Gestione del Personale dell'Azienda USL.
Nella composizione della Commissione di Valutazione si applicano, per quanto compatibili, le disposizioni di cui all'art. 57, c. 1, punto a), del d.lgs. n. 165/2001 (così come novellato all'art. 5 della l. 23.11.2012, n. 215) al fine di garantire pari opportunità tra uomini e donne.
Ai sensi dell'art. 35-*bis*, comma 1, lettera *a*) del d.lgs. 165/2001 così come novellato dall'art. 1, comma 46 della legge 190/2012 "Coloro che sono stati condannati, anche con sentenza non passata in giudicato, per reati previsti nel capo I titolo II del libro secondo del codice penale non possono far parte, anche con compiti di segreteria, di commissioni per l'accesso o la selezione a pubblici impieghi".
La composizione della Commissione è pubblicata sul sito internet aziendale.

6) Modalità di svolgimento della selezione
Ai sensi del novellato art. 15, c. 7-*bis,* punto b) la Commissione effettua la valutazione tramite l'analisi comparativa dei curricula, dei titoli professionali posseduti, avuto anche riguardo alle necessarie competenze organizzative e gestionali, dei volumi dell'attività svolta, dell'aderenza del profilo ricercato e gli esiti di un colloquio.
La Commissione dispone complessivamente di 100 punti così ripartiti:
- 40 punti per il curriculum;
- 60 per il colloquio.

Al fine della formulazione della terna di idonei, la soglia minima di punteggio che deve essere ottenuta è pari almeno al 50% del punteggio massimo attribuibile a ciascun ambito di valutazione (curriculum-colloquio).
Il punteggio per la valutazione del curriculum verrà ripartito come segue:

Esperienza professionale: massimo punti 30
In relazione al fabbisogno definito, in tale ambito verranno prese in considerazione le esperienze professionali del candidato, con prevalente considerazione di quelle maturate negli ultimi 5 anni tenuto conto:
a) della tipologia delle istituzioni in cui sono allocate le strutture presso le quali il candidato ha svolto la sua attività e delle prestazioni erogate dalle strutture medesime;
b) della posizione funzionale del candidato nelle strutture e delle sue competenze con indicazione di eventuali specifici ambiti di autonomia professionale con funzioni di direzione, ruoli di responsabilità rivestiti, lo scenario organizzativo in cui ha operato il dirigente e i particolari risultati ottenuti nelle esperienze professionali precedenti;
c) della tipologia qualitativa e quantitativa delle prestazioni effettuate dal candidato anche con riguardo all'attività/casistica trattata nei precedenti incarichi, misurabile in termini di volume e complessità.

Il relativo punteggio verrà attribuito in relazione a:
a) attinenza e rilevanza rispetto al fabbisogno definito:
b) caratteristiche dell'azienda e della struttura in cui il candidato ha maturato le proprie esperienze, in relazione al fabbisogno oggettivo;
c) durata, continuità e rilevanza dell'impegno professionale del candidato.

Attività di formazione, studio, ricerca e produzione scientifica: massimo punti 10
Tenuto conto del fabbisogno definito, in tale ambito verranno presi in considerazione.
a) i soggiorni di studio o di addestramento professionale per attività attinenti alla disciplina in rilevanti strutture italiane o estere di durata non inferiore a tre mesi con esclusione dei tirocini obbligatori;
b) l'attività didattica presso corsi di studio per il conseguimento di diploma universitario, di laurea o di specializzazione ovvero presso scuole per la formazione di personale sanitario;
c) la partecipazione a corsi, congressi, convegni e seminari, anche effettuati all'estero, in qualità di docente o di relatore;
d) la produzione scientifica, valutata in relazione all'attinenza alla disciplina ed in relazione alla pubblicazione su riviste nazioni ed internazionali, caratterizzata da criteri di filtro nell'accettazione dei lavori, nonché al suo impatto sulla comunità scientifica;
e) la continuità e la rilevanza dell'attività pubblicistica e di ricerca svolte nel corso dei precedenti incarichi.

Il relativo punteggio verrà attribuito in relazione a:
a) attinenza e rilevanza rispetto al fabbisogno definito:
b) durata, continuità e rilevanza dell'impegno professionale del candidato;
c) rilevanza delle strutture nell'ambito delle quali sono state svolte;
d) pubblicazioni su riviste nazionali ed internazionali, caratterizzate da criteri di filtro nell'accettazione dei lavori, e impact factor delle stesse.

COLLOQUIO: massimo punti 60
Il colloquio è diretto alla valutazione delle capacità professionali nella specifica disciplina con riferimento anche alle esperienze professionali documentate, nonché all'accertamento delle capacità gestionali, organizzative e di direzione con riferimento alle caratteristiche dell'incarico da svolgere, rispondenti al fabbisogno determinato dall'Azienda.
Prima dell'espletamento del colloquio, la Commissione, con il supporto specifico del Direttore Sanitario, illustra nel dettaglio il contenuto, oggettivo e soggettivo, della posizione da conferire, affinché i candidati stessi possano esporre interventi mirati ed innovativi volti al miglioramento della struttura, sia dal punto di vista clinico che da quello organizzativo.
La Commissione, nell'attribuzione dei punteggi, dovrà tenere conto della chiarezza espositiva, della correttezza delle risposte, dell'uso di linguaggio scientifico appropriato, della capacità di collegamento con altre patologie o discipline o specialità per la miglior risoluzione dei quesiti anche dal punto di vista dell'efficacia e dell'economicità degli interventi.
Il colloquio è altresì diretto a testare la visione e l'originalità delle proposte sull'organizzazione della struttura complessa, nonché l'attitudine all'innovazione ai fini del miglioramento dell'organizzazione e della soddisfazione degli stakeholder della struttura stessa.
Al fine di integrare gli elementi di valutazione del colloquio, la Commissione potrà altresì prevedere di richiedere ai candidati di predisporre, nel giorno stesso fissato per il colloquio, una **relazione scritta** sui temi individuati dalla Commissione stessa.
In tal caso la relazione scritta costituisce elemento di valutazione nell'ambito del colloquio, contribuendo alla definizione del relativo tetto massimo di punteggio.
I candidati in possesso dei requisiti di partecipazione saranno convocati per lo svolgimento del colloquio con lettera raccomandata con avviso di ricevimento almeno 15 giorni prima del giorno fissato.
Al colloquio i candidati dovranno presentarsi muniti di documento di identità personale in corso di validità. La mancata presentazione al colloquio, indipendentemente dalla causa, comporta la rinuncia all'incarico.

7) Pubblicazione su sito internet aziendale

Ai sensi della direttiva regionale, in ottemperanza all'obbligo di trasparenza e nel rispetto delle indicazioni contenute nella deliberazione del Garante per la protezione dei dati personali ....:

1) il fabbisogno, che caratterizza la struttura in oggetto, sotto il profilo oggettivo e soggettivo;
2) la composizione della Commissione di Valutazione;
3) i curricula dei candidati presentatisi al colloquio;
4) la relazione sintetica della Commissione di Valutazione, contenente anche l'elenco di coloro che non si sono presentati al colloquio;
5) l'atto di attribuzione dell'incarico di direzione.

8) Conferimento dell'incarico

L'incarico di direzione di struttura complessa verrà conferito dal Direttore Generale ad un candidato individuato nell'ambito della terna degli idonei predisposta dalla Commissione sulla base dei migliori punteggi attribuiti.
Ai sensi dell'art. .... della legge regionale n. .... l'esclusività del rapporto di lavoro costituisce criterio preferenziale per il conferimento degli incarichi di struttura complessa.
Nell'ambito della terna il Direttore Generale può nominare uno dei due candidati che non hanno conseguito il miglior punteggio; tale scelta dovrà essere congruamente motivata anche tenendo conto del criterio preferenziale di cui al precedente capoverso.
L'atto di attribuzione dell'incarico di direzione, adeguatamente motivato, sarà formalmente adottato non prima che siano trascorsi 15 gg. dalla data di pubblicazione sul sito internet aziendale delle informazioni di cui ai punti 1), 3) e 4) del paragrafo precedente.
L'incarico, che dovrà essere confermato al termine di un periodo di prova di mesi sei prorogabile di altri sei dalla data di nomina, ha durata di 5 anni con facoltà di rinnovo per lo stesso periodo o per periodo più breve.
L'incarico è revocato, con le procedure previste dalle disposizioni vigenti e dal CCNL di riferimento, in caso di inosservanza delle direttive impartite dalla Direzione Aziendale, mancato raggiungimento degli obiettivi assegnati, responsabilità grave e reiterata, nonché in tutti gli altri casi previsti dai contratti di lavoro.
Il Dirigente di Struttura Complessa sarà sottoposto a verifica al termine dell'incarico. L'esito positivo delle verifiche costituisce condizione per il rinnovo dell'incarico.
In caso di mancato rinnovo, il dirigente sarà destinato ad altra funzione ai sensi del C.C.N.L. di riferimento vigente.
L'incarico dà titolo a specifico trattamento economico, così come previsto dal vigente C.C.N.L. della Dirigenza Sanitaria Professionale Tecnico-amministrativa, dagli Accordi Aziendali, e da quanto stabilito dal contratto individuale di lavoro.
Il concorrente cui verrà conferito l'incarico sarà invitato a stipulare il relativo contratto individuale, a seguito dell'accertamento del possesso dei requisiti prescritti. La data di inizio servizio è concordata tra le parti, ma in ogni caso, salvo giustificati e documentati motivi, dovrà avvenire entro e non oltre 30 giorni dalla data di ricezione della relativa comunicazione salvo diverso accordo tra le parti.
Ai sensi dell'art. 3 del d.lgs. 39/2013 non potrà essere conferito incarico dirigenziale a coloro che siano stati condannati, anche con sentenza non passata in giudicato, per uno dei reati previsti dal capo I del titolo II del libro secondo del codice penale.

9) Disposizioni varie e privacy

L'Amministrazione si riserva la facoltà, ove ricorrano motivi di pubblico interesse, di prorogare, sospendere o riaprire i termini, modificare, revocare o annullare il presente bando.
L'Azienda USL non intende avvalersi:

della possibilità di reiterare la procedura selettiva nel caso in cui i candidati che hanno presentato la candidatura siano inferiori a tre;
della possibilità di utilizzare gli esiti della procedura selettiva, nel corso dei due anni successivi alla data del conferimento dell'incarico, nel caso in cui il dirigente a cui verrà attribuito l'incarico dovesse dimettersi o decadere, conferendo l'incarico stesso ad uno dei due professionisti facenti parte della terna iniziale.
Per quanto non contenuto nel presente avviso, si fa riferimento alle disposizioni di legge vigenti in materia.
La presentazione della domanda comporta l'accettazione incondizionata delle norme contenute nel presente avviso e il consenso alla pubblicazione del curriculum e di ogni altro elemento come indicato nel precedente punto "Pubblicazione su sito internet aziendale".
Si rammenta, infine, che l'Amministrazione è tenuta ad effettuare idonei controlli sulla veridicità del contenuto delle dichiarazioni sostitutive ricevute. In caso di accertamento di dichiarazioni false, oltre a subire gli effetti penali ed amministrativi previsti dalla normativa vigente, l'aspirante verrà dichiarato decaduto dalla procedura e, in caso di accertamento successivo all'instaurazione del rapporto di lavoro, verrà disposta la risoluzione del rapporto di lavoro.
Ai sensi delle disposizioni di cui al d.lgs. 196/2003 "Codice in materia di protezione dei dati personali", in particolare delle disposizioni di cui all'art. 13, questa Azienda Unità Sanitaria Locale, nella persona del Direttore Generale, quale titolare del trattamento dei dati inerenti al presente avviso, informa l'interessato che il trattamento dei dati contenuti nelle domande presentate, che può avvenire con modalità sia manuale che elettronica, è finalizzata all'espletamento della procedura relativa al presente bando (o avviso o selezione o borsa di studio).
La suddetta procedura si concluderà con l'atto formale di attribuzione dell'incarico di Direzione di Struttura Complessa adottato dal Direttore Generale.
La procedura selettiva si concluderà nel termine massimo di 6 mesi a far data dalla scadenza del termine per la presentazione delle domande. È possibile elevare tale termine qualora ricorrano ragioni oggettive che ne comportino l'esigenza.
Il Responsabile del procedimento è la Dr.ssa ....
Copia del presente avviso, nonché facsimile della domanda di partecipazione potranno essere richiesti presso il Servizio Comune Gestione del Personale – Azienda USL.

IL DIRETTORE DEL SERVIZIO COMUNE
GESTIONE DEL PERSONALE
....

Schema di domanda di partecipazione al concorso in carta semplice (*)

AL DIRETTORE GENERALE
DELL'AZIENDA UNITÀ SANITARIA LOCALE
DI ....
Via ....
....

Il/la sottoscritto/a ....
nato/a a.. Prov. .... il ....
residente in .... Prov. ....
Via/Piazza.. n. ....

C.A.P. ....Recapiti telefonici ....
Indirizzo di posta elettronica ....

Domicilio presso il quale deve essere inviata ogni comunicazione inerente alla selezione (se diverso dalla residenza): **Via/Piazza** .... **n.** .... **Località**...**Prov.** .... **CAP** .... **Recapiti telefonici** ....

chiede di essere ammesso/a all'avviso per il conferimento di INCARICO QUINQUENNALE DI STRUTTURA COMPLESSA DI DIRIGENTE MEDICO DI PSICHIATRIA – DIRETTORE DELL'U.O. "CENTRO SALUTE MENTALE CENTRO/NORD" DEL DAI SMDP DELL'AZIENDA USL DI ....
A tal fine, sotto la propria responsabilità, ai sensi degli artt. 46 e 47 del d.P.R. 445/2000 e consapevole delle sanzioni penali previste dall'art. 76 dello stesso d.P.R. per le ipotesi di falsità in atti e dichiarazioni mendaci,

DICHIARA
(barrare le caselle che interessano)

☐ di essere in possesso della cittadinanza italiana
ovvero:
☐ di essere in possesso del seguente requisito sostitutivo della cittadinanza italiana: cittadino .... Stato membro della Comunità europea;
☐ di essere iscritto/a nelle liste elettorali del Comune di ....
ovvero
☐ di non essere iscritto nelle liste elettorali per il seguente motivo: ....
....
☐ di non aver mai riportato condanne penali e di non avere conoscenza di procedimenti penali pendenti a proprio carico
ovvero
☐ di avere riportato le seguenti condanne penali (da indicarsi anche se sia stata concessa amnistia, indulto o perdono giudiziale): ....
ovvero
☐ di avere i seguenti carichi penali pendenti .... – presso il Tribunale di ....
☐ **di essere in possesso dei seguenti requisiti di ammissione:**
☐ diploma di laurea in .... conseguito il .... di .... presso l'Università ....
☐ abilitazione all'esercizio della professione nell'anno:
☐ iscrizione all'albo dell'Ordine dei Medici della Prov. di .... al n. .... diploma di specializzazione nella disciplina di .... conseguita il .... presso l'Università di .... durata legale del corso anni ....
☐ anzianità di servizio di anni .... maturata nella disciplina di ....
☐ **di PRESTARE servizio con rapporto di lavoro subordinato presso la seguente Pubblica Amministrazione:**

Azienda/Ente (denominazione esatta) ....
con la qualifica di ....
disciplina ....

a tempo (determinato/indeterminato) ....
con rapporto di lavoro a tempo (pieno/part-time) .... n. ore sett.li ....
dal ....

☐ **di AVER PRESTATO servizio con rapporto di lavoro subordinato presso le seguenti Pubbliche Amministrazioni:**

Azienda/Ente (denominazione esatta) ....
con la qualifica di ....
disciplina ....
a tempo (determinato/indeterminato) ....
con rapporto di lavoro a tempo (pieno/part-time) .... n. ore sett.li ....
dal .... al ....
causa risoluzione rapporto di lavoro ....

☐ di non essere stato destituito o dispensato dall'impiego, ovvero licenziato presso Pubbliche Amministrazioni

☐ di essere, nei confronti degli obblighi militari, nella seguente posizione:..........................

☐ di optare, nel caso di conferimento dell'incarico, per il rapporto di lavoro esclusivo e di essere consapevole che tale opzione è immodificabile per tutta la durata dell'incarico;

☐ di non optare, nel caso di conferimento dell'incarico, per il rapporto di lavoro esclusivo.

DICHIARAZIONE SOSTITUTIVA DI ATTO DI NOTORIETÀ (artt. 19 e 47 d.P.R. 445/2000)

Il sottoscritto/a preventivamente ammonito/a circa la responsabilità penale cui, ai sensi dell'art. 76 del d.P.R. 445/2000, può andare incontro in caso di falsità in atti e dichiarazioni mendaci

DICHIARA:

– che le dichiarazioni contenute nell'allegato curriculum formativo e professionale sono veritiere;
– che tutte le fotocopie dei titoli allegati sono conformi all'originale.

Al fine della valutazione di merito, il/la sottoscritto/a presenta un curriculum formativo e professionale redatto su carta semplice datato e firmato.
Tutti i documenti e titoli presentati sono indicati nell'allegato elenco redatto in duplice copia, in carta semplice.

Data ....

FIRMA

....

Le domande e la documentazione allegata devono essere trasmesse esclusivamente:

a mezzo raccomandata con avviso di ricevimento, all'**AZIENDA SANITARIA LOCALE DI** ....;

personalmente all'**UFFICIO PROTOCOLLO GENERALE - AZIENDA USL DI** ....
dalle ore 9,00 alle ore 13,00 di tutti i giorni feriali, sabato escluso (martedì e giovedì dalle ore 14,30 alle ore 16,30);

tramite utilizzo della casella di posta elettronica certificata, entro la data di scadenza dell'avviso, all'indirizzo **risorseumanegiuridico@.....................** L'oggetto del messaggio dovrà contenere la dicitura *"contiene domanda all'avviso pubblico di struttura complessa .... (indicare nome e cognome)"*. Si precisa che la validità di tale invio, così come stabilito dalla normativa vigente, è subordinata all'utilizzo da parte del candidato di casella di posta elettronica certificata PERSONALE. Non sarà pertanto ritenuto valido l'invio da casella di posta elettronica semplice/ordinaria anche se indirizzata alla PEC Aziendale.

6. U.O. Servizio economato e gestione contratti – Determina acquisti indizione procedura

FRONTESPIZIO DETERMINAZIONE

AOO:

REGISTRO:

NUMERO:

DATA:

OGGETTO: **Indizione procedura aperta per la fornitura quinquennale in service di sistemi per l'alta disinfezione** di endoscopi flessibili per endoscopia digestiva (lavaendoscopi)

SOTTOSCRITTO DIGITALMENTE DA:

ADOTTATO DA:

U.O. Servizio econom. e gest. contratti

CLASSIFICAZIONI:

DESTINATARI:

DOCUMENTI:

L'originale del presente documento, redatto in formato elettronico e firmato digitalmente, è conservato a cura dell'ente produttore secondo normativa vigente.
Ai sensi dell'art. 3-*bis*, c. 4-*bis* d.lgs. 82/2005 e s.m.i., in assenza del domicilio digitale le amministrazioni possono predisporre le comunicazioni ai cittadini come documenti informatici sottoscritti con firma digitale o firma elettronica avanzata ed inviare ai cittadini stessi copia analogica di tali documenti sottoscritti con firma autografa sostituita a mezzo stampa predisposta secondo le disposizioni di cui all'articolo 3 del d.lgs. 39/1993.

U.O. SERVIZIO ECONOM. E GEST. CONTRATTI

DETERMINAZIONE

OGGETTO: Masterplan 2017-2019: indizione procedura aperta per la fornitura quinquennale in service di sistemi per l'alta disinfezione di endoscopi flessibili per endoscopia digestiva (lavaendoscopi)

IL DIRETTORE

IN VIRTÙ dei poteri di cui all'art. 4 del d.lgs. n. 165/2001 e s.m.i.;
Richiamate le seguenti deliberazioni: ....
con le quali è stato recepito apposito Accordo Quadro per lo svolgimento delle funzioni provinciali unificate dei servizi sanitari, amministrativi, tecnici e professionali fra le due Aziende;
con le quali si dispone di istituire, con decorrenza dalla data di attribuzione dell'incarico apicale di riferimento, nell'ambito dell'organizzazione dell'Azienda USL (nella sua qualità di Azienda Capofila ai sensi dell'art. 2, comma 6 dell'Accordo Quadro), Servizi Comuni fra i quali il Servizio Comune Economato e Gestione Contratti.
Dato atto che con deliberazione del Direttore Generale AUSL .... n. 81 del 27.04.2018, è stato conferito l'incarico di Direttore del Servizio Comune Economato e Gestione Contratti.
Richiamata la deliberazione .... ad oggetto "Aggiornamento della delibera n. .... ad oggetto: "Applicazione del principio di separazione tra funzioni di indirizzo politico-amministrativo e funzioni di attuazione e gestione nell'ordinamento dell'Azienda USL di ...., ai sensi dell'art. 4 d.lgs. 30 marzo 2001, n. 165 e s.m.i.";

Preso atto:
dei contenuti del Masterplan regionale 2017-2019, di cui alla determinazione n. .... del Responsabile della Direzione Generale Cura della Persona, Salute e Welfare della Regione .... che prevede in capo all'Area Vasta .... il livello di aggregazione per l'esecuzione della gara in oggetto a copertura dei fabbisogni;
del recepimento del Masterplan regionale e conseguente approvazione della programmazione acquisti beni e servizi anni;

Dato atto:
che la dott.ssa..................... – dirigente amministrativo del Servizio Comune Economato e Gestione Servizi svolgerà il ruolo di responsabile unico del procedimento in oggetto;
che prima dell'avvio della procedura di gara sono state attivate due consultazioni preliminari del mercato per la preparazione dell'appalto con incontri pubblici con le Imprese del settore, come da documentazione in atti;
che specifico gruppo di lavoro formato da Rappresentanti delle Aziende Sanitarie in unione d'acquisto, esperti del settore, ha messo a punto gli atti di gara;
che gli atti di gara sono costituiti da:
- bando e relativi avvisi
- disciplinare di gara e allegati
- capitolato speciale e allegati

che si conservano agli atti della Struttura Semplice Beni Sanitari;
che gli atti di gara prevedono la fornitura quinquennale in service di sistemi per l'alta disinfezione di endoscopi flessibili per endoscopia digestiva (lavaendoscopi) per la realizzazione in via presuntiva di n. 70.000 cicli (processi) annui complessivi che possono essere indicativamente così suddivisi: ....
per una spesa annua stimata in complessivi € .... Iva esclusa pari ad un importo a base d'asta quinquennale di oltre Iva non superabili;
che è prevista la possibilità di rinnovare il contratto alla scadenza per un ulteriore biennio e inoltre di prorogarne la durata per ulteriori 180 giorni a condizioni invariate;
che la fornitura sarà aggiudicata in unico lotto e ai sensi dell'art. 51, c. 1 del Codice Appalti;
si precisa che:

- la fornitura in service di sistemi per l'alta disinfezione di endoscopi flessibili per endoscopia digestiva già da anni è unica per tutte le Aziende dell'Area Vasta .... a condizioni economiche favorevoli;
- l'unicità dei sistemi ha consentito alle Aziende la massima flessibilità operativa anche nell'ottica della rimodulazione dell'attività sia all'interno delle Aziende stesse che a livello provinciale e questa condizione deve essere confermata anche per il futuro quale garanzia di flessibilità organizzativa del servizio di endoscopia digestiva come indicato dai Componenti del Gruppo Tecnico con nota conservata in atti;

che per l'aggiudicazione della procedura si procederà all'attivazione di procedura aperta ai sensi del Codice dei Contratti con aggiudicazione all'offerta economicamente più vantaggiosa ai sensi dell'art. 95 d.lgs. 50/2016 s.m.i. in base ai criteri indicati nel disciplinare di gara con attribuzione di massimo 70 punti agli elementi qualitativi e 30 punti al prezzo;
che la procedura di gara è interamente svolta attraverso la piattaforma telematica di negoziazione ai sensi dell'art. 58 del d.lgs. n. 50 del 2016, messa a disposizione dall'Agenzia Regionale ....;

Preso atto:
che per dare idonea pubblicità alla gara, ai sensi degli artt. 72 e 73 d.lgs. 50/2016, si deve provvedere alla pubblicazione del bando su:

- G.U.C.E. - Gazzetta Ufficiale delle Comunità Europee;
- G.U.R.I. - Gazzetta Ufficiale della Repubblica Italiana;
- tutti i siti informatici previsti dal d.lgs. 50/2016;

che si procederà inoltre alla pubblicazione del bando per estratto su almeno due dei principali quotidiani a diffusione nazionale e su almeno due a maggiore diffusione locale nel luogo ove si eseguono i contratti, in assenza del decreto del Ministro delle infrastrutture previsto dall'art. 73 d.lgs. 50/2016;
che per la pubblicazione si ritiene di dover prevedere una spesa € 10.000,00 (Iva compresa) circa da iscrivere al conto 818010031 "Pubblicità e inserzioni" del bilancio aziendale;

Verificato:
che sui prodotti oggetto del presente provvedimento non risultano essere attive convenzioni Consip o Intercent-er come risulta da documentazione in atti;

Rilevato:
che il presente provvedimento, inquadrato nella tipologia di procedimento di "scelta del contraente per l'affidamento di lavori, forniture e servizi, anche con riferimento alla modalità di selezione prescelta ai sensi del codice dei contratti pubblici, relativi a lavori, servizi e forniture, di cui al decreto legislativo 18 aprile 2016, n. 50" sarà posto in pubblicazione nella sottosezione "provvedimenti" presente nella sezione di I livello denominata "Amministrazione Trasparente" ai sensi dell'art. 23 del d.lgs. 33 del 14.03.2013;

che il presente provvedimento sarà pubblicato sul profilo committente-amministrazione trasparente dalla data di adozione ai sensi dell'art. 29 d.lgs. 50/2016 s.m.i. Su conforme proposta del Responsabile della Struttura Semplice Beni Sanitari di Consumo Dr.ssa ...., ai sensi della riorganizzazione delle strutture tecnico-amministrative;

Attestata la legittimità della presente determinazione in base alla normativa nazionale e regionale in materia, e che l'attribuzione della stessa ai conti economici o patrimoniali di competenza è regolare in base alle norme di contabilità attualmente in vigore ed al piano dei conti aziendali e che la spesa è compresa nei limiti del budget;

DETERMINA

per quanto sopra esposto, di indire una procedura aperta telematica per l'aggiudicazione della fornitura in service di sistemi per l'alta disinfezione di endoscopi flessibili per endoscopia digestiva (lavaendoscopi), a copertura delle esigenze delle Aziende, con aggiudicazione in unico lotto all'offerta economicamente più vantaggiosa ai sensi dell'art. 95 d.lgs. 50/2016 s.m.i., con possibilità di rinnovo alla scadenza per un ulteriore biennio;
di approvare il bando e l'estratto del bando di gara conservati agli atti della Struttura Semplice Sanitaria di Consumo – Servizio Comune Economato e Gestione Contratti;
di pubblicare il bando di gara su:

- G.U.C.E. - Gazzetta Ufficiale delle Comunità Europee;
- G.U.R.I. - Gazzetta Ufficiale della Repubblica Italiana;
- tutti i siti informativi previsti dal d.lgs. 163/2006;

di pubblicare l'estratto del bando di gara su due dei principali quotidiani a diffusione nazionale e su due a maggiore diffusione locale;
di prevedere per la pubblicità una spesa complessiva pari a € 10.000,00 (Iva compresa) da iscrivere al conto 818010031 "Pubblicità e inserzioni" del bilancio aziendale;
di approvare gli atti di gara (disciplinare di gara, capitolato speciale e relativi allegati) che vengono conservati agli atti della Struttura Semplice Beni Sanitari di Consumo – Servizio Comune Economato e Gestione Contratti;
di confermare responsabile del procedimento la dott.ssa .... Dirigente responsabile Struttura Semplice Beni Sanitari di Consumo - Servizio Comune Economato e Gestione Contratti;
di confermare che il Responsabile dell'esecuzione del contratto sarà nominato dalle singole Aziende Sanitarie in unione al recepimento degli esiti di gara.

Responsabile del procedimento ai sensi della l. 241/90: ....

Firmato digitalmente da:
....

7. U.O. Servizio economato e gestione contratti – Determina acquisti esito gara

FRONTESPIZIO DETERMINAZIONE

AOO:

REGISTRO:

Determinazione

NUMERO:

DATA:

OGGETTO: Aggiudicazione procedura aperta per la fornitura quinquennale in service di sistemi per l'alta disinfezione di endoscopi flessibili per endoscopia digestiva (lavaendoscopi)

SOTTOSCRITTO DIGITALMENTE DA:

ADOTTATO DA:

U.O. Servizio econom. e gest. contratti

CLASSIFICAZIONI:

DESTINATARI:

DOCUMENTI:

L'originale del presente documento, redatto in formato elettronico e firmato digitalmente, è conservato a cura dell'ente produttore secondo normativa vigente.
Ai sensi dell'art. 3-*bis*, c. 4-*bis* d.lgs. 82/2005 e s.m.i., in assenza del domicilio digitale le amministrazioni possono predisporre le comunicazioni ai cittadini come documenti informatici sottoscritti con firma digitale o firma elettronica avanzata ed inviare ai cittadini stessi copia analogica di tali documenti sottoscritti con firma autografa sostituita a mezzo stampa predisposta secondo le disposizioni di cui all'articolo 3 del d.lgs. 39/1993.

U.O. SERVIZIO ECONOM. E GEST. CONTRATTI

DETERMINAZIONE

OGGETTO: Masterplan ....: Aggiudicazione procedura aperta per la fornitura quinquennale in service di sistemi per l'alta disinfezione di endoscopi flessibili per endoscopia digestiva (lavaendoscopi)

IL DIRETTORE

IN VIRTÙ dei poteri di cui all'art. 4 del d.lgs. n. 165/2001 e s.m.i.
Richiamate le seguenti deliberazioni: ....

Dato atto che con deliberazione del Direttore Generale ...., è stato conferito l'incarico di Direttore del Servizio Comune Economato e Gestione Contratti;

Preso atto:
dei contenuti del Masterplan regionale..........., di cui alla determinazione n. .... del Responsabile della Direzione Generale Cura della Persona, Salute e Welfare della Regione che prevede in capo all' Area Vasta il livello di aggregazione per l'esecuzione della gara in oggetto a copertura dei fabbisogni;
dei contenuti delle delibere Azienda Ospedaliero-Universitaria n. .... e Azienda USL n. .... di recepimento del Masterplan regionale e conseguente approvazione della programmazione acquisti beni e servizi anni ....;

Dato atto:
che l'Azienda USL, in base ai richiamati contenuti delle deliberazioni, svolge il ruolo di capofila del procedimento amministrativo di individuazione del fornitore per le Aziende Sanitarie di AVEC prima elencate;
che con determinazione del Responsabile del Servizio Comune Economato e Gestione Contratti n. .... è stata indetta procedura aperta per la fornitura in oggetto e sono stati approvati gli atti di gara;
che la gara è stata indetta ai sensi del d.lgs. 50/2016 "Codice dei contratti pubblici";
che la procedura di gara è interamente svolta attraverso la piattaforma telematica di negoziazione ai sensi dell'art. 58 del d.lgs. n. 50 del 2016, messa a disposizione dall'Agenzia Regionale Intercent – ER;
che ai sensi dell'art. 72 d.lgs. 50/2016 il bando è stato inviato alla G.U.C.E. per la pubblicazione in data 25.6.2018;
che il bando di gara è stato pubblicato su: ....;
che l'avviso di gara è stato inoltre pubblicato sui seguenti quotidiani: ....;
che gli atti di gara codice identificativo gara (CIG): sono stati pubblicati sul sito web dell'Azienda USL;
che la pubblicazione sul SITAR è avvenuta ....;
che entro il ...., termine di scadenza della gara, sono pervenute le offerte di: ....;

Preso atto:
che con provvedimento del Direttore del Servizio Comune Economato e Gestione Contratti

n. .... è stato nominato il seggio di gara per l'apertura delle buste, la verifica e la valutazione della documentazione amministrativa richiesta, relativa alla gara in oggetto;
che con provvedimento del Responsabile del Servizio Comune Economato e Gestione Contratti n. .... sono state ammesse alla fase di valutazione tecnico-economica tutte le offerte presentate;
che il provvedimento è stato pubblicato sul sito aziendale;

Dato atto:
che con provvedimento del Responsabile del Servizio Comune Economato e Gestione Contratti n. .... è stata nominata la Commissione tecnica preposta alla valutazione delle offerte;
che la Commissione in data .... in seduta pubblica ha proceduto alla verifica della presenza sulla piattaforma .... della documentazione tecnica presentata dalle imprese concorrenti, riscontrando la presenza di tutti i documenti;
che la Commissione si è riunita in sedute riservate dedicate all'esame della documentazione tecnica nelle giornate di:............................., come da verbali conservati agli atti del Servizio Comune Economato e Gestione Contratti;
che in data ...., come risulta dal verbale allegato al presente atto quale parte integrante e sostanziale, la Commissione ha proceduto alla valutazione delle offerte assegnando i punteggi tecnici che di seguito si riportano: ....;
che non è stata ammessa alla fase di valutazione dell'offerta economica la ditta .... per non aver superato la soglia del punteggio minimo pari a punti 42/70, come fissato nel disciplinare di gara;
che la Commissione in seduta pubblica, come risulta dal verbale del 26.11.2018 che si allega al presente atto, dopo aver dato lettura ai presenti Rappresentanti di tutte le Ditte concorrenti degli esiti della valutazione tecnica, ha proceduto all'apertura delle offerte economiche sul portale .... e alla loro valutazione;
che in base al valore delle offerte economiche, rilevabile dal prospetto che si allega al presente atto quale parte integrante, è stato attribuito il seguente punteggio economico: ....
che ha determinato la seguente graduatoria di valutazione: ....;

Rilevato:
che non si è reso necessario attivare la verifica dell'anomalia dell'offerta in quanto nessuno dei concorrenti ha raggiunto, per la somma di qualità e prezzo, il punteggio previsto dall'art. 97, c. 3 d.lgs. 50/2016;

Dato atto:
che i prezzi di aggiudicazione sono quelli riportati nell'offerta economica di .... che si allega al presente atto quale parte integrante;
che in base ai fabbisogni indicati negli atti di gara l'importo presunto di spesa per le Aziende di .... ammonta, per la durata quinquennale del contratto, a complessivi € .... oltre Iva pari ad € .... compresa da suddividersi come segue: ....;

Dato atto:
che per l'Azienda Ospedaliero-Universitaria l'importo presunto quinquennale di spesa di .... Iva compresa deve essere imputata al bilancio economico di competenza al conto economico;
che Responsabile dell'esecuzione del contratto per AOU è il Responsabile dell'Endoscopia Digestiva.

Verificato:
che sui prodotti oggetto del presente provvedimento non risultano essere attive convenzioni Consip o Intercent-ER come risulta da documentazione in atti;

Rilevato:
che il presente provvedimento, inquadrato nella tipologia di procedimento di "scelta del contraente per l'affidamento di lavori, forniture e servizi, anche con riferimento alla modalità di selezione prescelta ai sensi del codice dei contratti pubblici, relativi a lavori, servizi e forniture, di cui al decreto legislativo 18 aprile 2016, n. 50" sarà posto in pubblicazione nella sottosezione "provvedimenti" presente nella sezione di I livello denominata "Amministrazione Trasparente" ai sensi dell'art. 23 del d.lgs. 33 del 14.03.2013;
che il presente provvedimento sarà inoltre pubblicato sul profilo committente-amministrazione trasparente dalla data di adozione ai sensi dell'art. 29 d.lgs. 50/2016 s.m.i.;
Su conforme proposta del Responsabile della Struttura Semplice Beni Sanitari di Consumo, ai sensi della riorganizzazione delle strutture tecnico-amministrative;
Attestata la legittimità della presente determinazione in base alla normativa nazionale e regionale in materia, e che l'attribuzione della stessa ai conti economici o patrimoniali di competenza è regolare in base alle norme di contabilità attualmente in vigore ed al piano dei conti aziendali e che la spesa è compresa nei limiti del budget;

DETERMINA

di aggiudicare alla ditta .... la fornitura quinquennale in service di sistemi per l'alta disinfezione di endoscopi flessibili per endoscopia digestiva (lavaendoscopi) al prezzo a trattamento di €................., alle condizioni contrattuali previste dal capitolato speciale accettato dal fornitore in sede di gara, nonché dall'offerta tecnica presentata dalla ditta agli atti del Servizio Comune Economato e Gestione Contratti;
di dare atto che ogni Azienda Sanitaria in unione darà avvio al contratto secondo quanto previsto dal capitolato speciale di fornitura;
di confermare che per determinare la comune decorrenza del contratto si darà applicazione a quanto stabilito dal capitolato speciale di fornitura che dispone:

Art. 7 – Decorrenza
*Il contratto decorrerà, per tutte le Aziende in unione, dalla data di sottoscrizione del primo verbale di collaudo positivo. Tale modalità di definizione della **comune decorrenza contrattuale** si intende **ai soli fini dell'individuazione della scadenza comune dei contratti**.*
Sarà cura del Responsabile del Procedimento dell'Azienda Capofila comunicare la decorrenza del contratto all'Appaltatore.
I corrispettivi contrattuali decorreranno invece ed ovviamente dalla data di effettivo avvio del nuovo contratto presso ogni singola Azienda Sanitaria in unione.

di stimare per la fornitura quinquennale un importo presunto di spesa per l'Azienda Ospedaliero-Universitaria pari ad .... Iva compresa;
di confermare che per l'Azienda Ospedaliera la spesa effettivamente sostenuta verrà imputata al conto economico indicato in premessa del bilancio aziendale di competenza;
di confermare che gli ordini saranno emessi su richiesta dell'Unità Operativa utilizzatrice, compatibilmente con le disponibilità di budget assegnate e nei limiti del budget generale d'Azienda;
di inviare copia del presente provvedimento alle Aziende Sanitarie Responsabile del procedimento ai sensi della l. 241/90:

Firmato digitalmente da:
....

Fornitura in service di sistemi per l'alta disinfezione di endoscopi flessibili per endoscopia digestiva (lavaendoscopi) per le Aziende Sanitarie dell' Area Vasta

Esame offerta tecnica
VI SEDUTA

Oggi .... presso il Servizio Comune Economato e Gestione Contratti - Azienda USL e Azienda Ospedaliero-Universitaria è presente la Commissione di gara, nominata con provvedimento del Direttore del Servizio Comune Economato e Gestione Contratti n. ...., per la valutazione delle offerte relative alla gara in oggetto.
Sono presenti i signori: ....
Svolge le funzioni di segretario verbalizzante la dott.ssa - Dirigente amministrativo - Servizio Comune Economato e Gestione Contratti, RUP della gara.
La Commissione, dopo aver illustrato alla collega .... i contenuti del lavoro della seduta del .... e aver condiviso le osservazioni emerse, termina la lettura della documentazione tecnica presentata.
La Commissione procede poi alla valutazione delle offerte sulla base di quanto previsto dal disciplinare di gara e riportato nel verbale della seduta del 17.9.2018, tenendo conto delle indicazioni contenute nelle Linee Guida n. 2, di attuazione del d.lgs. 18 aprile 2016, n. 50, recanti "Offerta economicamente piu vantaggiosa".
Per i criteri: ....
Le motivazioni che hanno supportato i Commissari nella definizione dei giudizi espressi sono dettagliatamente indicate nel prospetto che si allega al presente documento quale parte integrante e sostanziale.
Per quanto riguarda il criterio "Progetto" la Commissione affida l'attribuzione del giudizio sulle diverse sedi di installazione ai Componenti la Commissione stessa appartenenti alle singole Aziende in unione, che meglio conoscono le realtà aziendali.
I giudizi espressi sono riportati nella TABELLA 1 del prospetto che si allega al presente documento e prima richiamato.
Tutti i Componenti condividono i giudizi espressi e raggiungono l'unanimità della valutazione.
Le motivazioni dei giudizi espressi sono dettagliatamente indicate nel prospetto che si allega al presente documento e prima richiamato.
Assegnati i giudizi la Commissione procede all'attribuzione dei punteggi che di seguito si riportano: ....

Fornitura in service di sistemi per l'alta disinfezione di endoscopi flessibili per endoscopia digestiva (lavaendoscopi) per le Aziende Sanitarie dell'Area Vasta .... (Azienda USL di ...., Azienda Ospedaliera di ...., Azienda Ospedaliera di ...., Azienda USL di ....)

Esame offerte economiche
V SEDUTA

Oggi lunedi 26 novembre .... alle ore 11.30 presso il Servizio Comune Economato e Gestione Contratti - Azienda USL e Azienda Ospedaliero-Universitaria di .... - Corso ...., è presente la Commissione di gara, nominata con provvedimento del Direttore del Servizio Comune Economato e Gestione Contratti n. 1224 del 6.9.2018, per l'apertura delle offerte economiche relative alla gara in oggetto.

Sono presenti i signori:
ing. .... - Responsabile UOC manutenzione Immobili e Progettazione e Sviluppo Impianti - AUSL ...., quale presidente
ing. .... - Servizio Comune Ingegneria Clinica
ing. .... - Ingegneria Clinica e Informatica Medica - AOU .... coord. .... - Endoscopia Digestiva - AOU ....
dott.ssa .... -; Area Rischi Clinici - AUSL .... quali componenti

Svolge le funzioni di segretario verbalizzante la dott.ssa .... - Dirigente amministrativo - Servizio Comune Economato e Gestione Contratti, RUP della gara.
Il Segretario verbalizzante ricorda ai presenti le disposizioni del disciplinare di gara che di seguito si riportano:

6) OFFERTA ECONOMICA
La busta "Offerta economica" contiene, a pena di esclusione, l'offerta economica, ed è predisposta sul SATER secondo le modalità esplicitate nelle guide per l'utilizzo della piattaforma SATER accessibili dal sito http://intercenter....................
Il concorrente deve indicare il prezzo del trattamento di alta disinfezione endoscopi flessibili per endoscopia digestiva (= cicli I processi come definiti negli atti di gara).
Il concorrente dovre inoltre compilare e inserire a sistema l'allegato OE.
Anche nell'allegato OE) dovranno essere riportati i costi aziendali concernenti l'adempimento delle disposizioni in materia di salute e sicurezza sui luoghi di lavoro.
L'offerta economica, a ***pena di esclusione****, è sottoscritta digitalmente dal legale rappresentante del concorrente o da un suo procuratore.*
Nel caso di concorrenti associati, l'offerta dovrà essere sottoscritta con le modalità indicate per la sottoscrizione dell'istanza di partecipazione (allegato A).
Con la presentazione dell'offerta, in caso di aggiudicazione, il concorrente si obbliga irrevocabilmente nei confronti delle Aziende di .... ad eseguire la fornitura, in conformità a quanto indicato nell'Offerta tecnica e nell'Offerta economica. Gli oneri fiscali sono in conformità alle leggi vigenti.
Non saranno valutate le offerte economiche di importo complessivo quinquennale superiore al valore stimato del contratto indicato nella premessa del presente disciplinare. (Importo a base d'asta quinquennale di € 2.625.000,00 oltre Iva non superabili per 350.000 trattamenti).
Il Segretario verbalizzante informa poi i presenti che con avviso sul portale .... del 21.11.2018 sono stati informati i concorrenti della seduta odierna.
Ciò fatto vengono ammessi i rappresentanti delle imprese, muniti di apposita procura/delega.
Sono presenti i signori: **vedi elenco allegato**
Il Segretario verbalizzante informa i rappresentanti delle imprese presenti che per un disguido tecnico la piattaforma non ha consentito che ad operare per la fase di valutazione offerte fosse il Presidente della Commissione.
Alla luce della convocazione già avvenuta e della odierna seduta pubblica che consente a tutti i rappresentanti delle imprese di seguire direttamente sul portale la fase valutativa, nonché della verbalizzazione di tutte le sedute riservate della Commissione che ne illustrano dettagliatamente l'attività, la Commissione ha deciso di fare operare sulla piattaforma la segretaria verbalizzante nonché RUP della gara per consentire la conclusione delle operazioni in data odierna senza necessità di posticipare la chiusura del procedimento.
I presenti concordano senza obiezioni.
Il segretario verbalizzante dà poi lettura ai presenti degli esiti della valutazione della documentazione tecnica presentata e dei punteggi qualità attribuiti dalla Commissione e inseriti in piattaforma .... che di seguito si riportano dopo la riparametrazione calcolata dal sistema:

.... punti 46,40
.... punti 35,11
.... punti 70
.... punti 63,38
Non sarà esaminata economicamente l'offerta della ditta .... per aver ottenuto un punteggio qualità inferiore a 42/70 riparametrazione così come stabilito dal disciplinare di gara.
Al termine della lettura dei punteggi tecnici viene chiesto ai presenti se ritengono di fare mettere a verbale eventuali osservazioni, ricevendo risposta negativa.
Il Presidente della Commissione procede poi all'avvio sul portale della fase di valutazione dell'offerta economica, dando corso all'apertura delle offerte economiche.
La Commissione rileva che le offerte risultano formalmente conformi alle richieste e di importo inferiore alla base d'asta.
La Commissione procede ad attivare sul portale la fase di valutazione offerte economiche che determina ii seguente punteggio:
.... punti 30,00
.... punti 17,21
.... punti 23,84
e alla definizione della seguente graduatoria di valutazione:
1) .... = punti 87,22
2) .... = punti 87,21
3) .... = punti 76,40
La Commissione conclude la seduta alle ore 13.50.

Letto, firmato e sottoscritto.

8. U.O. Servizio economato e gestione contratti – Determina acquisti ammissione concorrenti

FRONTESPIZIO DETERMINAZIONE

AOO:

REGISTRO:

Determinazione

NUMERO:

DATA:

OGGETTO: Procedura aperta per la fornitura quinquennale in service di sistemi per l'alta disinfezione di endoscopi flessibili per endoscopia digestiva (lavaendoscopi): ammissione Concorrenti alla fase di valutazione tecnica

SOTTOSCRITTO DIGITALMENTE DA:

ADOTTATO DA:

U.O. Servizio econom. e gest. contratti

CLASSIFICAZIONI:

DESTINATARI:

DOCUMENTI:

L'originale del presente documento, redatto in formato elettronico e firmato digitalmente, è conservato a cura dell'ente produttore secondo normativa vigente.
Ai sensi dell'art. 3-*bis*, c. 4-*bis* d.lgs. 82/2005 e s.m.i., in assenza del domicilio digitale le amministrazioni possono predisporre le comunicazioni ai cittadini come documenti informatici sottoscritti con firma digitale o firma elettronica avanzata ed inviare ai cittadini stessi copia analogica di tali documenti sottoscritti con firma autografa sostituita a mezzo stampa predisposta secondo le disposizioni di cui all'articolo 3 del d.lgs. 39/1993.

U.O. SERVIZIO ECONOM. E GEST. CONTRATTI

DETERMINAZIONE

OGGETTO: Masterplan……..: procedura aperta per la fornitura quinquennale in service di sistemi per l'alta disinfezione di endoscopi flessibili per endoscopia digestiva (lavaendoscopi): ammissione Concorrenti alla fase di valutazione tecnica

IL DIRETTORE

IN VIRTÙ dei poteri di cui all'art. 4 del d.lgs. n. 165/2001 e s.m.i.;
Richiamate le seguenti deliberazioni: ....
Dato atto che con deliberazione del Direttore Generale ...., è stato conferito l'incarico di Direttore del Servizio Comune Economato e Gestione Contratti;

Preso atto:
dei contenuti del Masterplan regionale……….., di cui alla determinazione n. .... del .... del Responsabile della Direzione Generale Cura della Persona, Salute e Welfare della Regione che prevede in capo all'Area Vasta .... il livello di aggregazione per l'esecuzione della gara in oggetto a copertura dei fabbisogni ....
dei contenuti delle delibere Azienda Ospedaliero-Universitaria n. .... e Azienda USL n. .... di recepimento del Masterplan regionale e conseguente approvazione della programmazione acquisti beni e servizi anni ....;

Dato atto:
che l'Azienda USL, in base ai richiamati contenuti delle deliberazioni n……….. dell'Azienda USL e n. .... dell'Azienda Ospedaliero-Universitaria svolge il ruolo di capofila del procedimento amministrativo di individuazione del fornitore per le Aziende Sanitarie di .... prima elencate;
che con determinazione del Responsabile del Servizio Comune Economato e Gestione Contratti n. .... è stata indetta procedura aperta per la fornitura in oggetto e sono stati approvati gli atti di gara;
che la gara è stata indetta ai sensi del d.lgs. 50/2016 "Codice dei contratti pubblici";
che la procedura di gara è interamente svolta attraverso la piattaforma telematica di negoziazione ai sensi dell'art. 58 del d.lgs. n. 50 del 2016, messa a disposizione dall'Agenzia Regionale ....;
che ai sensi dell'art. 72 d.lgs. 50/2016 il bando è stato inviato alla G.U.C.E. per la pubblicazione in data ....;
che il bando di gara è stato pubblicato su: ....
che l'avviso di gara è stato inoltre pubblicato sui seguenti quotidiani:
che gli atti di gara codice identificativo gara (CIG) sono stati pubblicati sul sito web dell'Azienda USL;
che la pubblicazione sul SITAR è avvenuta il ....;
che entro il……………, termine di scadenza della gara, sono pervenute le offerte di ....:

Preso atto:
che con provvedimento del Direttore del Servizio Comune Economato e Gestione Contratti

n. .... del .... è stato nominato il seggio di gara per l'apertura delle buste, la verifica e la valutazione della documentazione amministrativa richiesta, relativa alla gara in oggetto; che il seggio di gara si è riunito nelle giornate di................, come risulta dai verbali che si allegano quale parte integrante del presente provvedimento, pervenendo alla decisione che tutte le offerte presentate possono essere oggetto di valutazione tecnica da parte della Commissione giudicatrice;

Rilevato:
che il presente provvedimento, inquadrato nella tipologia di procedimento di "scelta del contraente per l'affidamento di lavori, forniture e servizi, anche con riferimento alla modalità di selezione prescelta ai sensi del codice dei contratti pubblici, relativi a lavori, servizi e forniture, di cui al decreto legislativo 18 aprile 2016, n. 50", sarà posto in pubblicazione nella sotto-sezione "provvedimenti" presente nella sezione di I livello denominata "Amministrazione Trasparente" ai sensi dell'art. 23 del d.lgs. 33 del 14.03.2013;
che il presente provvedimento sarà pubblicato sul profilo committente-amministrazione trasparente dalla data di adozione ai sensi dell'art. 29 d.lgs. 50/2016 s.m.i.;
su conforme proposta del Responsabile della Struttura Semplice Beni Sanitari di Consumo, ai sensi della riorganizzazione delle strutture tecnico-amministrative;

Attestata la legittimità della presente determinazione in base alla normativa nazionale e regionale in materia, e che l'attribuzione della stessa ai conti economici o patrimoniali di competenza è regolare in base alle norme di contabilità attualmente in vigore ed al piano dei conti aziendali e che la spesa è compresa nei limiti del budget;

DETERMINA

alla luce di quanto prima esposto, di ammettere alla fase di valutazione tecnica le offerte delle ditte:
di dar corso alla pubblicazione del presente provvedimento nella sezione "Amministrazione Trasparente" del sito dell'Azienda USL di .... ai sensi di quanto previsto dall'art. 29, c. 1 d.lgs. 50/2016.
Responsabile del procedimento ai sensi della l. 241/90:

Firmato digitalmente da: ....

Fornitura in service di sistemi per l'alta disinfezione di endoscopi flessibili per endoscopia digestiva (lavaendoscopi) per le Aziende Sanitarie dell'Area Vasta

Esame documentazione amministrativa
1ª SEDUTA

Oggi mercoledì .... presso il Servizio Comune Economato e Gestione Contratti – Azienda USL e Azienda Ospedaliero-Universitaria – e presente ii Seggio di gara, nominato con provvedimento del Direttore del Servizio Comune Economato e Gestione Contratti n. ...., per l'apertura delle buste e la verifica, in seduta pubblica, della documentazione amministrativa richiesta, relativa alla gara in oggetto.
Sono presenti i signori: ....
Svolge le funzioni di segretario verbalizzante:
I presenti preliminarmente prendono atto:
dei contenuti del Masterplan regionale ...., di cui alla determinazione n. ....

del .... del Responsabile della Direzione Generale Cura della Persona, Salute e Welfare della Regione .... che prevede in capo all'Area Vasta .... il livello di aggregazione per l'esecuzione della gara in oggetto a copertura dei fabbisogni dei contenuti delle delibere Azienda Ospedaliero-Universitaria dell'Azienda USL di recepimento del Masterplan regionale e conseguente approvazione della programmazione acquisti beni e servizi anni ....;
che l'Azienda USL, in base ai richiamati contenuti delle deliberazioni dell'Azienda USL e dell'Azienda Ospedaliero-Universitaria svolge ii ruolo di capofila del procedimento amministrativo di individuazione del fornitore per le Aziende Sanitarie di .... prima elencate;
che con determinazione del Responsabile del Servizio Comune Economato e Gestione Contratti n. 858 del 22.6.2018 è stata indetta procedura aperta per la fornitura in oggetto e sono stati approvati gli atti di gara;
che la gara è stata indetta ai sensi del d.lgs. 50/2016 "Codice dei contratti pubblici";
che la procedura di gara è interamente svolta attraverso la piattaforma telematica di negoziazione ai sensi dell'art. 58 del d.lgs. n. 50 del 2016, messa a disposizione dall'Agenzia ....;
che ai sensi dell'art. 72 d.lgs. 50/2016 il bando è stato inviato alla G.U.C.E. per la pubblicazione in data 25.6.2018;
che il bando di gara è stato pubblicato su: ....;
che l'avviso di gara è stato inoltre pubblicato sui seguenti quotidiani: ....;
che gli atti di gara codice identificativo gara (CIG), sono stati pubblicati sul sito aziendale Azienda USL: ....
che la pubblicazione sul .... è avvenuta ....
Il RUP dà atto che entro, termine di scadenza della gara, sono pervenute le offerte di: ....
La Dott.ssa .... richiama poi le disposizioni previste dal disciplinare di gara in merito alle modalità di presentazione delle offerte e ai documenti amministrativi richiesti a corredo; inoltre la Dott.ssa .... informa i presenti che la seduta odierna era stata già prevista nella testata della gara sul sito ....;
Vengono ammessi i rappresentanti delle imprese, muniti di apposita procura/delega.
Sono presenti i signori: ....
Il RUP procede all'avvio della fase "valutazione offerte" sul portale .... dando corso all'esame della documentazione amministrativa presentata dalle quattro imprese offerenti.
Il sistema non registra per nessuna ditta anomalie sostanziali nella presentazione dei documenti richiesti.
Si procede per ogni concorrente alla verifica della presenza a sistema dei documenti richiesti e dettagliati nel disciplinare di gara, riservandosi la disamina dei contenuti di ogni documento in sede riservata e la successiva comunicazione degli esiti dell'esame ai concorrenti prima dell'apertura della documentazione tecnica.
Le imprese non hanno nulla da osservare.
La seduta viene chiusa alle ore ....

Letto, firmato e sottoscritto.

Fornitura in service di sistemi per l'alta disinfezione di endoscopi flessibili per endoscopia digestiva (lavaendoscopi) per le Aziende Sanitarie dell'Area Vasta

Esame documentazione amministrativa
11ª SEDUTA

Oggi presso il Servizio Comune Economato e Gestione Contratti – Azienda USL e Azienda Ospedaliero-Universitaria – è presente il Seggio di gara, nominato con provvedimento del Direttore del Servizio Comune Economato e Gestione Contratti n. .... per la verifica della documentazione amministrativa richiesta, relativa alla gara in oggetto.
Sono presenti i signori: .... quali testimoni.
Svolge le funzioni di segretario verbalizzante la sig.ra ....
I presenti preliminarmente prendono atto: ....
che in data .... in seduta pubblica alla presenza dei rappresentanti delle ditte concorrenti si e proceduto all'avvio della fase "valutazione offerte" sul portale .... dando corso all'esame della documentazione amministrativa presentata dalle quattro imprese offerenti;
alla presa d'atto che il sistema non ha registrato per nessuna ditta anomalie sostanziali nella presentazione dei documenti richiesti;
alla verifica, per ogni concorrente, della presenza a sistema dei documenti richiesti e dettagliati nel disciplinare di gara, riservandosi la disamina dei contenuti di ogni documento in sede riservata e la successiva comunicazione degli esiti dell'esame ai concorrenti prima dell'apertura della documentazione tecnica.
I presenti procedono quindi all'esame dei contenuti della documentazione presentata a corredo dell'offerta riscontrando che tutti i concorrenti e precisamente: ....

Commissione giudicatrice

Letto, firmato e sottoscritto.
(*segretario verbalizzante*)

9. U.O. Servizio economato e gestione contratti – Determinazione acquisti ammissione candidati

FRONTESPIZIO DETERMINAZIONE

AOO:

REGISTRO:

NUMERO:

DATA:

OGGETTO: Procedura aperta per la fornitura quinquennale in service di sistemi per l'alta disinfezione di endoscopi flessibili per endoscopia digestiva (lavaendoscopi): **nomina commissione giudicatrice**

SOTTOSCRITTO DIGITALMENTE DA:

ADOTTATO DA:

U.O. Servizio econom. e gest. contratti

CLASSIFICAZIONI:

DESTINATARI:

DOCUMENTI:

L'originale del presente documento, redatto in formato elettronico e firmato digitalmente, è conservato a cura dell'ente produttore secondo normativa vigente.
Ai sensi dell'art. 3-*bis*, c. 4-*bis* d.lgs. 82/2005 e s.m.i., in assenza del domicilio digitale le amministrazioni possono predisporre le comunicazioni ai cittadini come documenti informatici sottoscritti con firma digitale o firma elettronica avanzata ed inviare ai cittadini stessi copia analogica di tali documenti sottoscritti con firma autografa sostituita a mezzo stampa predisposta secondo le disposizioni di cui all'articolo 3 del d.lgs. 39/1993.

U.O. SERVIZIO ECONOM. E GEST. CONTRATTI

DETERMINAZIONE

OGGETTO: Masterplan 2017-2019: procedura aperta per la fornitura quinquennale in service di sistemi ....per l'alta disinfezione di endoscopi flessibili per endoscopia digestiva (lavaendoscopi): nomina commissione giudicatrice

IL DIRETTORE

IN VIRTÙ dei poteri di cui all'art. 4 del d.lgs. n. 165/2001 e s.m.i.;

Richiamate le seguenti deliberazioni: ....;

Dato atto che con deliberazione .... è stato conferito l'incarico di Direttore del Servizio Comune Economato e Gestione Contratti;

Richiamata la deliberazione n. .... ad oggetto "Aggiornamento della delibera n. .... ad oggetto: "Applicazione del principio di separazione tra funzioni di indirizzo politico-amministrativo e funzioni di attuazione e gestione nell'ordinamento dell'Azienda USL, ai sensi dell'art. 4 d.lgs. 30 marzo 2001, n. 165 e s.m.i.";

Preso atto:
che con determina del Responsabile del Servizio Comune Economato e Gestione Contratti n. .... è stata indetta procedura aperta per la fornitura di quanto all' oggetto a copertura delle esigenze delle Aziende Sanitarie di Area Vasta;
che la dott.ssa .... – dirigente amministrativo del Servizio Comune Economato e Gestione Servizi svolge il ruolo di responsabile unico del procedimento in oggetto;
che gli atti di gara prevedono la fornitura quinquennale in service di sistemi per l'alta disinfezione di endoscopi flessibili per endoscopia digestiva (lavaendoscopi) per la realizzazione in via presuntiva di n. 70.000 cicli (processi) annui complessivi che possono essere indicativamente così suddivisi:
per una spesa annua stimata in complessivi € .... ad un importo a base d'asta quinquennale di € ....oltre Iva non superabili;
che è prevista la possibilità di rinnovare il contratto alla scadenza per un ulteriore biennio e inoltre di prorogarne la durata per ulteriori 180 giorni a condizioni invariate;
che la fornitura sarà aggiudicata in unico lotto all'offerta economicamente più vantaggiosa ai sensi dell'art. 95 d.lgs. 50/2016 s.m.i. in base ai criteri indicati nel disciplinare di gara con attribuzione di massimo 70 punti agli elementi qualitativi e 30 punti al prezzo;
che la procedura di gara è interamente svolta attraverso la piattaforma telematica di negoziazione ai sensi dell'art. 58 del d.lgs. n. 50 del 2016, messa a disposizione dall'Agenzia Regionale ....;
che entro il termine di scadenza della gara fissato ....sono pervenute n. 4 offerte;

Dato atto:
che ai sensi dell'art. 77 d.lgs. n. 50/2016 testo vigente, la valutazione delle offerte dal punto di vista tecnico ed economico, in base ai criteri indicati nel disciplinare di gara, deve essere affidata ad una commissione giudicatrice, composta da esperti del settore;
che l'art. 77, c. 12 del d.lgs. n. 50/2016 prevede che sino all'adozione della disciplina in

materia di iscrizione all'Albo dei componenti le commissioni giudicatrici presso Anac, la commissione sia nominata secondo le regole di ogni stazione appaltante;
che pertanto sono stati interpellati per l'individuazione dei componenti la commissione il Direttore del Servizio Acquisti Metropolitano per le Aziende ...., l'Ingegneria Clinica, la Direzione Medica e la Direzione delle Professioni per AOU;
che, come da note in atti, a far parte della commissione sono stati individuati i seguenti professionisti:
che svolgerà il ruolo di presidente della Commissione ....;
che ai sensi dell'art. 29 d.lgs. n. 50/2016 è stata richiesta ai componenti la commissione la presentazione dei propri curriculum, da pubblicare sul sito aziendale unitamente alla determina di nomina, che sono stati regolarmente trasmessi al RUP della gara;
che i componenti la Commissione hanno dichiarato l'inesistenza delle cause di incompatibilità ed astensione di cui ai commi 4, 5 e 6 dell'art. 77 d.lgs. n. 50/2016;
che svolgerà il ruolo di segretario verbalizzante delle sedute della commissione la dott.ssa .... – Dirigente Servizio Comune Economato e Gestione Contratti;
che in caso di impedimento, il segretario verbalizzante sarà sostituito da un dirigente o funzionario del Servizio Comune Economato e Gestione Contratti;

Rilevato:
che il presente provvedimento, inquadrato nella tipologia di procedimento di "scelta del contraente per l'affidamento di lavori, forniture e servizi, anche con riferimento alla modalità di selezione prescelta ai sensi del codice dei contratti pubblici, relativi a lavori, servizi e forniture, di cui al decreto legislativo 18 aprile 2016, n. 50" sarà posto in pubblicazione nella sottosezione "provvedimenti" presente nella sezione di I livello denominata "Amministrazione Trasparente" ai sensi dell'art. 23 del d.lgs. 33 del 14.03.2013;
che il presente provvedimento sarà pubblicato sul profilo committente-amministrazione trasparente dalla data di adozione ai sensi dell'art. 29 d.lgs. 50/2016 s.m.i.;

Su conforme proposta del Responsabile della Struttura Semplice Beni Sanitari di Consumo Dr.ssa ...., ai sensi della riorganizzazione delle strutture tecnico-amministrative;
Attestata la legittimità della presente determinazione in base alla normativa nazionale e regionale in materia, e che l'attribuzione della stessa ai conti economici o patrimoniali di competenza è regolare in base alle norme di contabilità attualmente in vigore ed al piano dei conti aziendali e che la spesa è compresa nei limiti del budget.

DETERMINA

per quanto sopra esposto, di nominare la commissione giudicatrice per la valutazione delle offerte per la fornitura in service di sistemi per l'alta disinfezione di endoscopi flessibili per endoscopia digestiva (lavaendoscopi), a copertura delle esigenze delle Aziende Sanitarie di .... (Azienda Ospedaliero-Universitaria di ...., Azienda Ospedaliero-Universitaria di ...., Azienda USL di .... e Azienda USL di ....)
nelle persone di ....:
di individuare la dott.ssa .... quale segretario verbalizzante dei lavori della commissione giudicatrice, di confermare la possibilità che il segretario verbalizzante, in caso di impedimento, possa essere sostituito da altro funzionario del Servizio Comune Economato e Gestione Contratti.

Responsabile del procedimento ai sensi della l. 241/90: ....

Firmato digitalmente da:

....

10. U.O. Servizi sanitari – Convenzione Azienda ospedaliera

FRONTESPIZIO DETERMINAZIONE

AOO:

REGISTRO: Determinazione

NUMERO:

DATA:

OGGETTO: **Approvazione convenzione infettivologica tra l'azienda usl di .... e l'azienda ospedaliero universitaria di .... per l'esecuzione di prestazioni sanitarie a favore di pazienti affetti da infezione da HIV ed epatite**

SOTTOSCRITTO DIGITALMENTE DA:

ADOTTATO DA:

U.O. Servizi sanitari

CLASSIFICAZIONI:

DESTINATARI:

DOCUMENTI:

L'originale del presente documento, redatto in formato elettronico e firmato digitalmente, è conservato a cura dell'ente produttore secondo normativa vigente.
Ai sensi dell'art. 3-*bis*, c. 4-*bis* d.lgs. 82/2005 e s.m.i., in assenza del domicilio digitale le amministrazioni possono predisporre le comunicazioni ai cittadini come documenti informatici sottoscritti con firma digitale o firma elettronica avanzata ed inviare ai cittadini stessi copia analogica di tali documenti sottoscritti con firma autografa sostituita a mezzo stampa predisposta secondo le disposizioni di cui all'articolo 3 del d.lgs. 39/1993.

U.O SERVIZI SANITARI

DETERMINAZIONE

OGGETTO: Approvazione convenzione infettivologica tra l'Azienda USL ..... e l'Azienda ospedaliero-universitaria .... per l'esecuzione di prestazioni sanitarie a favore di pazienti affetti da infezione da HIV ed epatite

IL DIRETTORE

IN VIRTÙ dei poteri di cui all'art. 4 del d.lgs. n. 165/2001 e s.m.i.;
RICHIAMATA la deliberazione n. ....;
VISTI il d.lgs. 230 del 22.06.1999 "Riordino della medicina penitenziaria" e il d.P.C.M. del 29.11.2001 "Definizione dei livelli di assistenza" che attribuiscono alle Aziende Sanitarie Locali, con oneri a carico delle stesse, la responsabilità di garantire i livelli essenziali di assistenza sanitaria, con particolare riguardo alle patologie relative a: tossicodipendenza, malattie psichiatriche e da HIV, anche nei confronti di coloro che sono sottoposti a misure restrittive;
RICHIAMATA la delibera della Regione .... n. .... del ...., ad oggetto: "Approvazione dell'atto di intesa tra la Regione ed il Ministero di giustizia e dell'accordo di collaborazione per il trienno 2007-2009, tra la Regione e il DAP-PRAP, in materia di assistenza sanitaria erogata a favore delle persone detenute negli Istituti Penitenziari del Territorio Regionale" ed in particolare l'allegato 3 che attribuisce il monte ore mensile orientativo delle funzioni di medicina specialistica presso gli istituti penitenziari e definisce il riparto finanziario alle Aziende Sanitarie locali della ...., per l'erogazione delle funzioni di medicina specialistica e spesa farmaceutica presso gli istituti penitenziari;
RICHIAMATO il d.P.C.M. 1° aprile 2008 che definisce le modalità ed i criteri per il trasferimento al SSN delle funzioni sanitarie, dei rapporti di lavoro, delle risorse finanziarie e delle attrezzature e beni strumentali in materia di sanità penitenziaria;
DATO ATTO che alla luce della normativa sopra citata l'obbligo di garantire l'assistenza sanitaria ai detenuti affetti da infezioni da HIV è posto in capo all'Azienda U.S.L.;
DATO ATTO altresì che l'Azienda Ospedaliero-Universitaria .... ha nell'Unità Operativa di Malattie Infettive una struttura idonea a prestare la consulenza professionale e la terapia richiesta;
VISTA l'opportunità di stipulare con l'Azienda Ospedaliero-Universitaria di .... per il periodo .... una convenzione per l'esecuzione di prestazioni sanitarie a favore di pazienti affetti da infezione da HIV ed epatite, allegata quale parte integrante e sostanziale del presente provvedimento;
DATO ATTO che non è possibile determinare preventivamente la spesa complessiva derivante dal presente provvedimento, poiché non possono essere determinati preventivamente il quantitativo e la dettagliata tipologia delle prestazioni erogate;
ATTESTATA la legittimità della presente determinazione in base alla normativa nazionale e regionale in materia, nonché la congruità della spesa rispetto ai prezzi ad alle condizioni di mercato e che l'attribuzione della stessa ai conti economici o patrimoniali di competenza è regolare in base alle norme di contabilità attualmente in vigore ed al piano dei conti aziendali e che la spesa è compresa nei limiti del budget;

DETERMINA

1) di approvare la convenzione con l'Azienda Ospedaliero-Universitaria ...., per il periodo .... per l'esecuzione di prestazioni sanitarie a favore di pazienti affetti da infezione da HIV ed epatite presso .... allegata quale parte integrante e sostanziale del presente provvedimento;
2) di dare atto che la spesa derivante dal presente provvedimento, non preventivamente determinabile, sarà contabilizzata;
3) di dare atto che il responsabile del procedimento *ex* l. 241/1990 e s.m.i. è il dott. ....

Responsabile del procedimento ai sensi della l. 241/90: ....

Firmato digitalmente da:

....

CONVENZIONE INFETTIVOLOGICA PER L'ESECUZIONE DI PRESTAZIONI SANITARIE A FAVORE DI PAZIENTI AFFETTI DA INFEZIONE DA HIV ED EPATITE

TRA

l'Azienda Ospedaliero-Universitaria, con sede in ....,

E

l'Azienda U.S.L.

PREMESSO CHE

- il d.lgs. 230 del 22.06.1999 "Riordino della medicina penitenziaria" ed il d.P.C.M. del 29.11.2001 "Definizione dei livelli di assistenza" attribuiscono alle Aziende Sanitarie Locali, con oneri a carico delle stesse, le responsabilità di garantire i livelli essenziali di assistenza sanitaria, con particolare riguardo alle patologie relative a: tossicodipendenza, malattie psichiatriche e da HIV, anche nei confronti di coloro che sono sottoposti a misure restrittive;
- la necessità e l'obbligo di garantire l'assistenza sanitaria ai detenuti affetti da infezioni da HIV è posta in capo all'Azienda U.S.L.;
- la Regione .... ha deliberato l'atto n. ......, ad oggetto: "approvazione dell'atto di intesa tra la Regione ed il Ministero di giustizia e dell'accordo di collaborazione per il triennio 2007-2009, tra la Regione e il DAP-PRAP, in materia di assistenza sanitaria erogata a favore delle persone detenute negli Istituti Penitenziari del Territorio Regionale";
- l'allegato 3, della sopra citata delibera n. ...., attribuisce il monte ore mensile orientativo delle funzioni di medicina specialistica presso gli istituti penitenziari e definisce il riparto finanziario alle Aziende Sanitarie Locali della ...., per l'erogazione delle funzioni di medicina specialistica e spesa farmaceutica presso gli istituti penitenziari;
- il d.P.C.M. 1° aprile 2008 definisce le modalità ed i criteri per il trasferimento al SSN delle funzioni sanitarie, dei rapporti di lavoro, delle risorse finanziarie e delle attrezzature e beni strumentali in materia di sanità penitenziaria;
- l'Azienda Ospedaliero-Universitaria di .... ha nell'Unità Operativa di Malattie Infettive una struttura idonea a prestare la consulenza professionale e la terapia richiesta;

SI CONVIENE E SI STIPULA QUANTO SEGUE

Art. 1 - Oggetto della convenzione

1. L'Azienda Ospedaliero-Universitaria assicura – a favore delle persone detenute con infezione da HIV, che secondo le linee guida emanate in materia dalla Commissione Nazionale per la Lotta contro l'AIDS e le altre malattie infettive necessitino di terapie antiretrovirali – la prescrizione dei farmaci, il monitoraggio clinico e strumentale, incluso l'esame microbiologico per la tubercolosi, il viral load e la tipizzazione linfocitaria, nonché la supervisione del trattamento stesso;
2. L'Azienda Ospedaliero-Universitaria assicura l'esecuzione di "prelievi difficili" finalizzati all'approfondimento diagnostico della patologia da HIV e della epatite virale cronica B e C per i pazienti provenienti ......;
3. L'Azienda Ospedaliero-Universitaria assicura, inoltre, l'effettuazione nei confronti dei soggetti sopra indicati di tutti gli esami strumentali non eseguibili a cura dell'Istituto, stabiliti nel d.m. 22 luglio 1996;
4. Il personale sanitario dell'Azienda USL, che svolge la propria attività nella ...., provvede alla somministrazione di farmaci antiretrovirali, il cui onere è sostenuto dall'Azienda U.S.L., come disposto dalla delibera della Regione .... n. ....;
5. L'Azienda Ospedaliero-Universitaria assicura, a favore dei detenuti della .... che, secondo le linee guida emanate con circolare ministeriale .... del Ministero di grazia e giustizia, necessitano di controlli sulle infezioni virali croniche epatiche, l'effettuazione di visite specialistiche da parte dei medici dell'Unità Operativa di Malattie Infettive e, laddove sussistano le indicazioni, al trattamento e al monitoraggio della terapia antivirale delle stesse.

Art. 2 - Modalità di espletamento del servizio

L'attività di consulenza infettivologica viene svolta da parte del personale medico dell'Unità Operativa di Malattie infettive, garantendo un accesso alla settimana (indicativamente il lunedì pomeriggio dalle ore 14,00 alle ore 17,00), della durata media di tre ore. A verifica dell'avvenuta prestazione verrà registrato ogni accesso con indicazione del giorno e dell'orario svolto nel tabulato individuale del singolo professionista.
L'Azienda Ospedaliero-Universitaria garantisce ai pazienti detenuti gli accertamenti ritenuti necessari, per l'inquadramento clinico, e non disponibili presso la struttura penitenziaria. Quest'ultima provvede all'accompagnamento degli stessi al Presidio Ospedaliero. Il personale dell'Azienda U.S.L. provvede, altresì, all'invio dei campioni biologici all'Azienda Ospedaliero-Universitaria, secondo quanto previsto dal decreto legislativo n. 626 del 1994 e successive modifiche ed integrazioni.
In particolare, l'attività riferita all'esecuzione dei prelievi difficili viene svolta da parte dei medici del Laboratorio Analisi individuati per tale funzione, o dal Medico dell'Unità Operativa di Malattie Infettive in caso di indisponibilità dei primi. Tale prestazione viene espletata presso la .... In caso di necessità i medici individuati per l'esecuzione dei prelievi difficili possono avvalersi del supporto di un medico anestesista, in base alle disponibilità presenti, di volta in volta, come da accordi con i Direttori della Terapia Intensiva Universitaria e del Servizio Anestesia e Rianimazione. La Casa Circondariale è tenuta a comunicare, tramite email, al personale infermieristico della Sezione di Day Hospital Malattie Infettive, al personale laureato del Laboratorio Analisi preposto e al medico infettivologo referente, il numero dei pazienti e la data del prelievo (max due pazienti per giornata) con una settimana di anticipo.

Art. 3 - Prestazioni

Le prestazioni erogabili nell'ambito della presente convenzione sono le seguenti:

Per pazienti detenuti affetti da HIV (d.m. 22 luglio 1996);

- n. 4 visite annue (espletabili con le modalità di cui all'art. 2);
- eventuali esami strumentali (TAC, RMN ed altro) in rapporto al quadro clinico del paziente;
- monitoraggio clinico e strumentale ogni 3 mesi: emocromo; glicemia; azotemia; creatinina; elettroliti (Na-K-Cl); transaminasi (ALT-AST); bilirubina totale e frazionata; amilasemia;
- n. 1 esame microbiologico per ricerca diretta micobatterio tubercolare, comprese sonde molecolari;
- n. 1 viral load HIVQ (ogni 6 mesi);
- n. 1 tipizzazione linfocitaria (ogni 6 mesi).

Per pazienti detenuti affetti da epatite:

- I nuovi antivirali ad azione diretta (DAA), per il trattamento dell'epatite virale cronica C, saranno ritirati presso la Farmacia Ospedaliera, sportello erogazione diretta, dell'Ospedale di ...., da parte della coordinatrice infermieristica del carcere (............................) o di un suo delegato.

La terapia dell'HCV verrà prescritta nel rispetto dei criteri di arruolamento/eligibilità dei pazienti definiti da AIFA e dalla Regione .... La scelta dei farmaci, nell'ambito di quelli disponibili, verrà effettuata sulla base delle indicazioni specifiche stabilite dalla Regione, periodicamente aggiornate, in relazione alle caratteristiche cliniche dei pazienti. La prescrizione avverrà secondo le norme in vigore che attualmente prevedono la compilazione da parte del medico del Registro AIFA su piattaforma web e l'inserimento della dispensazione su piattaforma web da parte del farmacista ospedaliero.

Criteri di arruolamento dei pazienti con epatite virale cronica C con i nuovi D.A.A.

Nel nostro Paese A.I.F.A. ha deliberato che la prescrizione dei nuovi D.A.A. a carico del S.S.N. deve essere effettuata da parte di centri specificamente individuati dalle regioni, attraverso il Registro web based.

Esami di screening clinico strumentale per l'inquadramento diagnostico: emocromo con formula; ALT; bilirubina totale; gamma GT; elettroforesi proteica; attività protrombinica; colinesterasi serica; creatinina; colesterolo; alfafetoproteina; HCV-RNA quantitativo; HBV-DNA quantitativo; genotipo HCV; HDV Ab; autoanticorpi (ANA, AMA, ANDNA, anti LKM); FT4; TSH; ecografia epatica + FIBROSCAN;

– esami clinici e strumentali periodici di monitoraggio in base al follow-up previsto per il regime terapeutico adottato: emocromo con formula; ALT; Creatinina; gammaGT; bilirubina totale; attività protrombinica; HCV-RNA quantitativo o HBV DNA quantitativo in base al follow-up previsto per la terapia in atto.

Art. 4 - Remunerazione delle prestazioni

Le spese relative all'erogazione delle prestazioni previste nella presente convenzione sono a carico dell'Azienda U.S.L.:

a) Per il complesso delle prestazioni relative ad esami clinici e strumentali, l'Azienda U.S.L. corrisponderà all'Azienda Ospedaliero-Universitaria, trimestralmente, sulla base della documentazione comprovante le avvenute prestazioni, le somme corrispondenti alle prestazioni effettivamente erogate a detenuti ed internati, applicando le tariffe di cui al provvedimento della Giunta Regionale n. .... ad oggetto "Nomenclatore Tariffario delle prestazioni di assistenza specialistica ambulatoriale" e sim.

b) Per la complessità dell'esecuzione riferita al "prelievo difficile" l'Azienda U.S.L. corrisponderà all'Azienda Ospedaliero-Universitaria la tariffa aziendale di euro .... a prelievo.

c) Per gli accessi effettuati dai sanitari dell'Unità Operativa di Malattie Infettive, l'Azienda U.S.L. corrisponderà all'Azienda Ospedaliero-Universitaria, € ...., quale compenso orario a favore del professionista che effettua la prestazione, omnicomprensivo dei tempi di percorrenza e spese di viaggio, maggiorato della percentuale del 5% di competenza dell'Azienda Ospedaliero-Universitaria, dell'IRAP e dell'IVA se ed in quanto dovuta;

d) I costi dei farmaci, di cui verrà fornito l'elenco quali-quantitativo, da parte della Farmacia Ospedaliera saranno quelli sostenuti dall'Azienda Ospedaliera.

e) il rimborso all'Azienda Ospedaliero-Universitaria della copertura assicurativa kasko ed infortuni dei professionisti.

L'Azienda U.S.L. si riserva la facoltà di effettuare, prima del pagamento delle somme di cui ai precedenti punti *a*), *b*), *c*), *d*) ed *e*), verifiche e controlli in ordine alle prestazioni eseguite dall'Azienda Ospedaliero-Universitaria.

L'Azienda Ospedaliero-Universitaria si riserva il diritto di aggiornare le suddette tariffe, qualora intervenissero delle modificazioni al tariffario regionale in merito agli importi sopra descritti. Eventuali variazioni saranno tempestivamente comunicate all'Azienda U.S.L.

Art. 5 - Modalità di pagamento

L'Azienda Ospedaliero-Universitaria, di norma con cadenza mensile, emetterà nota di addebito delle prestazioni effettuate, con l'esatta indicazione dei riferimenti contabili necessari, all'Azienda U.S.L. di Ferrara, per eseguire il controllo. L'Azienda U.S.L. s'impegna a pagare le prestazioni eseguite entro 90 (novanta) giorni data nota di addebito.

Art. 6 - Durata dell'accordo

Il presente accordo contrattuale ha validità dal ....

Art. 7 - Assicurazione

La copertura assicurativa per l'attività oggetto della presente convenzione è garantita dall'Azienda Ospedaliero-Universitaria.

L'Azienda USL, in caso di richiesta di risarcimento danni per fatti inerenti all'oggetto della convenzione da parte di terzi, è obbligata ad informare tempestivamente l'Azienda Ospedaliero-Universitaria e a non effettuare alcuna definizione dell'eventuale controversia senza il benestare dell'Azienda Ospedaliero-Universitaria.

Art. 8 - Bollo

Il presente contratto è sottoscritto in forma digitale. L'imposta di bollo è assolta in modo virtuale ai sensi del d.P.R. 642/1972. L'Azienda USL provvede ad assolvere l'imposta di bollo.

Il presente contratto è soggetto a registrazione in caso d'uso.

Le spese di registrazione in caso d'uso sono a carico del soggetto che ha interesse alla registrazione.

Art. 9 - Referente

Preposto all'esecuzione del presente contratto è il Direttore dell'Unità Operativa Malattie Infettive,

.............................., ...

Per il Direttore Generale dell'Azienda ....

11. U.O. Affari istituzionali e di segreteria – Delibera Piano triennale prevenzione corruzione

FRONTESPIZIO DELIBERAZIONE

AOO:

REGISTRO: Deliberazione

NUMERO:

DATA:

OGGETTO: **Aggiornamento del "piano triennale della prevenzione della corruzione e della trasparenza" dell'azienda USL**

SOTTOSCRITTO DIGITALMENTE DA:
Il presente atto è stato firmato digitalmente da **Direttore generale**
Su proposta di .... - **Affari istituzionali e di segreteria** che esprime parere favorevole in ordine ai contenuti sostanziali, formali e di legittimità del presente atto

CLASSIFICAZIONI:

DESTINATARI:

DOCUMENTI:

DELIBERAZIONE

OGGETTO: Aggiornamento del "piano triennale della prevenzione della corruzione e della trasparenza" dell'azienda USL

IL DIRETTORE GENERALE

PREMESSO che, con la legge 190 del 6 novembre 2012 e s.m.i., recante "Disposizioni per la prevenzione e la repressione della corruzione e dell'illegalità nella pubblica amministrazione", è stato introdotto nel nostro ordinamento un sistema organico di norme finalizzate alla prevenzione del fenomeno corruttivo in virtù del quale:

- l'Autorità Nazionale Anticorruzone predispone il Piano Nazionale Anticorruzione, anche allo scopo di assicurare l'attuazione coordinata delle strategie di prevenzione e delle misure a tal fine previste dal legislatore nell'ambito delle amministrazioni pubbliche (art. 19, comma 15, del d.l. n. 90 del 24 giugno 2014, convertito con modificazioni dalla l. n. 114 dell'11 agosto 2014);
- l'Organo di indirizzo politico di ciascuna P.A., su proposta del Responsabile della Prevenzione della Corruzione e della Trasparenza (RPCT) individuato ai sensi del comma 7 dell'art. 1 della legge 190/2012, entro il 31 gennaio di ogni anno, adotta il Piano Triennale di Prevenzione della Corruzione e della Trasparenza (art. 1, comma 8, della legge 190/2012);

RICHIAMATE le proprie precedenti deliberazioni:

- n. .... ad oggetto "Nomina del Responsabile della Trasparenza dell'Azienda USL ai sensi della legge n. 150/2009 e della delibera CIVIT ...." ad oggetto: "Nomina del Responsabile della Prevenzione della corruzione dell'Azienda USL a seguito di rinuncia all'incarico precedentemente attribuito con deliberazione n............";
- n. .... ad oggetto: "Adozione del Piano Triennale della Prevenzione della Corruzione .... e dell'allegato Programma della Trasparenza ed Integrità .... dell'Azienda USL";

VISTI inoltre in particolare:

- il decreto legislativo 14 marzo 2013, n. 33 cosi come modificato dal d.lgs. 97 del 25 maggio 2016 in materia di "Riordino della disciplina riguardante il diritto di accesso civico e gli obblighi di pubblicità, trasparenza e diffusione di informazioni da parte delle pubbliche amministrazioni";
- a delibera ANAC n. 1310 del 28.12.2016 "Prime linee guida recanti indicazioni sull'attuazione degli obblighi di pubblicità, trasparenza e diffusione di informazioni contenute nel d.lgs. 33/2013 come modificato dal d.lgs. 97/2016";

ATTESO che l'anno .... è stato caratterizzato da importanti e complessi impegni che l'Amministrazione ha dovuto affrontare al fine di consolidare i numerosi obblighi imposti dalla normativa;

DATO ATTO al proposito che:

- è stata garantita un'azione di continuo coinvolgimento di tutte le strutture aziendali, sia attraverso un'azione di impulso mediante l'emanazione di note esplicative a firma del RPCT aventi finalità d'informativa e di direttiva continua sui nuovi obblighi normativi, sia attraverso un'azione di ausilio diretto mediante assistenza per le vie brevi;

- le aziende sanitarie al fine di garantire la migliore qualità dei propri “Piani Triennali della Prevenzione della Corruzione e della Trasparenza” e nell’ottica di una visione condivisa caratterizzata dalla sempre più rafforzata integrazione dei Servizi Comuni hanno consolidato il percorso di formazione legato al massimo coinvolgimento delle Strutture aziendali al fine del sempre più ampio utilizzo dell’applicativo informatico denominato che ha permesso l’avvio di qualificate ed idonee serie di funzionalità e di messa in rete delle risorse disponibili relativamente al percorso dell’aggiornamento dei processi finalizzati alla “mappatura dei processi a rischio corruttivo” consentendo alle singole articolazioni/strutture aziendali di provvedere in autonomia alla costruzione del documento di cui trattasi come altresì richiesto dalla normativa;

DATO ATTO inoltre che fin dall’entrata in vigore della legge n. 190/2012 e del d.lgs. 33/2013 e s.m.i. sono state implementate una serie di iniziative che hanno impegnato e continueranno ad impegnare tutta l’Amministrazione anche nell’arco del prossimo triennio (2019/21) al fine di consolidare la cultura della legalità e dell’integrità e lo studio della progressiva informatizzazione degli obblighi di pubblicità da rendere adeguatamente per mezzo dello sviluppo di sistemi informatici sempre più raffinati;

PRECISATO inoltre che:

- la Regione .... ha ritenuto indispensabile istituire un tavolo istituzionale di confronto fra i Responsabili della Prevenzione della Corruzione anche per mezzo di un “groupware regionale” accessibile dal sito web regionale con l’obiettivo di favorire comuni valutazioni interpretative ed al fine di omogeneizzare azioni e comportamenti comuni in materia di prevenzione della corruzione e della trasparenza fra le Aziende del SSR;
- in sede di Area Vasta Emilia Centro (AVEC) è stata assicurata l’attività di confronto del tavolo di coordinamento fra i RPCT per condividere esperienze e soluzioni organizzative in materia oltre a garantire iniziative formative in comune;
- a livello provinciale è stata istituita e formalizzata con delibera .... una Cabina di regia provinciale per l’armonizzazione delle funzioni di Trasparenza e Prevenzione della Corruzione delle Aziende sanitarie della Provincia ....;

RITENUTO opportuno precisare che per l’aggiornamento del PTPCT relativamente al triennio .... è stata seguita una procedura di consultazione pubblica via web, mediante invito a presentare proposte e suggerimenti, pubblicata sul sito internet aziendale e sulla intranet aziendale nel periodo .... per consentire agli stakeholder esterni ed interni la più ampia possibilità di partecipazione;

PRECISATO che al termine del periodo di consultazione via web non sono pervenute all’Ente proposte di aggiornamento o integrazione;

RILEVATA la necessità di provvedere pertanto all’aggiornamento del “Piano Triennale della Prevenzione della Corruzione e della Trasparenza” adeguando al nuovo triennio di riferimento gli obiettivi e le azioni da intraprendere in materia di prevenzione della corruzione e di trasparenza così come richiesto dalla normativa;

VISTA inoltre la delibera .... recante “Approvazione definitiva dell’Aggiornamento Piano Nazionale Anticorruzione” con la quale l’Autorità propone un aggiornamento al PNA che oltre a contenere una esaustiva disamina del monitoraggio sull’evoluzione della qualità dei PTPCT 2015-2017 e 2017-2019 si focalizza in particolar modo sulla figura del RPCT approfondendo tematiche quali:

- Ruolo e poteri del RPCT;
- Le indicazioni dell’Autorità nei PPNNAA e nei relativi aggiornamenti;
- I rapporti fra Autorità e il RPCT;
- Requisiti soggettivi per la nomina e la permanenza in carica del RPCT;
- Criteri di scelta del RPCT;
- La revoca del RPCT e le misure discriminatorie nei suoi confronti;

– I Rapporti tra RPCT e Responsabile della Protezione dei Dati – RPD.

DATO INOLTRE ATTO che con nota .... acquisita agli atti del PG .... la Regione .... ha trasmesso alle Aziende sanitarie del SSR le linee guida per il coordinamento nei Piani triennali per la prevenzione della corruzione dei processi di acquisto, rischi e misure tra Intercenter-ER e Aziende sanitarie regionali, predisposte da un apposito gruppo di lavoro a cui hanno partecipato l'RPCT della Regione, il Direttore Intercenter, funzionari regionali del SSR, componenti dell'OIV-SSR, alcuni RPCT aziendali e i provveditori coordinatori delle Aree Vaste che si allegano al presente provvedimento dando atto che la mappatura in argomento viene recepita totalmente per quanto concerne i processi di ...., mentre, per quanto riguarda i processi di livello aziendale, dovrà essere oggetto nel 2019 di una armonizzazione e verifica con la mappatura effettuata dal Servizio Comune Economato e Gestione dei Contratti;
Vista pertanto la proposta di aggiornamento al "Piano della Prevenzione della Corruzione e della Trasparenza" valevole per il triennio 2019/2021 trasmesso alla Direzione Strategica, al Sig. Coordinatore ed ai Sigg.ri Componenti dell'Organismo Aziendale di Supporto all'Organismo Indipendente di Valutazione degli Enti e delle Aziende del SSR con nota .... a firma del Responsabile della Prevenzione della Corruzione e della Trasparenza così come peraltro previsto dalla normativa;
PRECISATO che la tabella relativa alla "griglia delle responsabilità" posta in capo alle Strutture aziendali di cui alla determinazione n. .... è stata aggiornata anche alla luce della nota inviata dall'OIV/SSR con nota prot. n. .... acquisita agli atti del PG con n. .... contenente le indicazioni condivise per le Aziende e gli Enti del SSR;
VISTI inoltre gli allegati al sopra citato Piano come di seguito descritti:

- Allegato A) Tabella relativa alla "griglia delle responsabilità" posta in capo alle Strutture aziendali di cui alla determinazione n. .... dell'Autorità Nazionale Anticorruzione ad oggetto: "Prime linee guida recanti indicazioni sull'attuazione degli obblighi di pubblicità, trasparenza e diffusione di informazioni contenute nel d.lgs. 33/2013 come modificato dal d.lgs. 97/2016";
- Allegato B) Mappatura dei processi delle aree a rischio elaborato dai Referenti delegati dai Direttori delle diverse Articolazioni/Strutture aziendali;
- Allegato C) "Relazione del Responsabile della Prevenzione della Corruzione ai sensi dell'art. 1, comma 14, legge n. 190 del 6 novembre 2012 – Anno 2018";

RITENUTO di precisare che il "Piano Triennale di Prevenzione della Corruzione e della Trasparenza" relativo al triennio .... alla luce delle considerazioni espresse in parte narrativa, non si configura come un'attività compiuta bensì come un programma di attività da svilupparsi in una logica di gradualità e che, nelle more di indirizzi regionali, risulta coerente con i contenuti dei vigenti PPNNAA, adeguato al d.lgs. n. 33/2013 e s.m.i., e pare rappresentare il punto di equilibrio tra le azioni poste in essere all'interno dell'Amministrazione in materia di prevenzione della corruzione, trasparenza ed integrità;
DATO ATTO che tale documento all'interno dell'Amministrazione costituisce obiettivo di trasparenza anche nella rinnovata visione del legislatore del d.lgs. 33/2013 e s.m.i. per "garantire la legalità e lo sviluppo della cultura dell'integrità";
Dato atto che il presente provvedimento risponde ai principi della legittimità, opportunità e convenienza.

DELIBERA

1) di approvare il Piano Triennale di Prevenzione della Corruzione e della Trasparenza valevole per il triennio .... ed i rispettivi allegati di seguito descritti:

a. Tabella relativa alla “griglia delle responsabilità” posta in capo alle Strutture aziendali di cui alla determinazione n. .... dell’Autorità Nazionale Anticorruzione ad oggetto: “Prime linee guida recanti indicazioni sull’attuazione degli obblighi di pubblicità, trasparenza e diffusione di informazioni contenute nel d.lgs. 33/2013 come modificato dal d.lgs. 97/2016”;

b. Mappatura dei processi delle aree a rischio elaborato dai Referenti delegati dai Direttori delle diverse Articolazioni/Strutture aziendali;

b1. Mappatura dei processi .... elaborato da un Gruppo di lavoro regionale che riporta le diverse fasi in cui si articola il processo di acquisizione di beni e servizi, i rischi, gli eventi sentinella e le misure generali e specifiche;

c. “Relazione del Responsabile della Prevenzione della Corruzione ai sensi dell’art. 1, comma 14, legge n. 190 del 6 novembre 2012” quali parti integranti e sostanziali del presente provvedimento;

2) di pubblicare il presente provvedimento sul sito istituzionale aziendale .... nell’apposita sezione “Amministrazione trasparente”;

3) di dare atto che i Direttori interessati, per le sezioni di competenza, provvedano ad adeguare ed aggiornare le sezioni e le sottosezioni presenti in “Amministrazione Trasparente” del sito istituzionale .... ed a fornire al RPCT ogni informazioni utile secondo quanto previsto in sede di monitoraggio ed in relazione ai precetti, ai contenuti ed alle indicazioni previste dal Piano;

4) di stabilire che il RPCT aziendale provveda all’inoltro del presente provvedimento via e mail a tutto il personale dipendente.

Responsabile del procedimento ai sensi della l. 241/90: ....

12. Servizio Gestione personale – Delibera Direttore struttura complessa

FRONTESPIZIO DELIBERAZIONE

AOO:

REGISTRO: Deliberazione

NUMERO:

DATA:

OGGETTO: **Conferimento incarico di dirigente farmacista – direttore della U.O. "assistenza farmaceutica ospedaliera e territoriale"**

SOTTOSCRITTO DIGITALMENTE DA: **Direttore Generale**

Il presente atto è stato firmato digitalmente

Su proposta **SERVIZIO GESTIONE PERSONALE** che esprime parere favorevole in ordine ai contenuti sostanziali, formali e di legittimità del presente atto

CLASSIFICAZIONI:

DESTINATARI:

DOCUMENTI:

L'originale del presente documento, redatto in formato elettronico e firmato digitalmente, è conservato a cura dell'ente produttore secondo normativa vigente.
Ai sensi dell'art. 3-*bis*, c. 4-*bis* d.lgs. 82/2005 e s.m.i., in assenza del domicilio digitale le amministrazioni possono predisporre le comunicazioni ai cittadini come documenti informatici sottoscritti con firma digitale o firma elettronica avanzata ed inviare ai cittadini stessi copia analogica di tali documenti sottoscritti con firma autografa sostituita a mezzo stampa predisposta secondo le disposizioni di cui all'articolo 3 del d.lgs. 39/1993.

DELIBERAZIONE

OGGETTO: Conferimento incarico di dirigente farmacista – direttore della U.O. "assistenza farmaceutica ospedaliera e territoriale"

IL DIRETTORE GENERALE

Vista la proposta di adozione dell'atto deliberativo presentata dal Direttore del Servizio Comune Gestione del Personale che esprime parere favorevole in ordine ai contenuti sostanziali, formali e di legittimità del presente provvedimento di cui è di seguito trascritto integralmente il testo: ....

Premesso che con determina del Direttore del Servizio Comune Gestione del Personale .... del .... è stato indetto Pubblico Avviso per il conferimento di n. .... incarico quinquennale di Direttore della U.O. "Assistenza Farmaceutica Ospedaliera e Territoriale";

Dato atto che il suddetto avviso è stato emanato in conformità alle disposizioni di cui:

- all'art. 15 del d.lgs. n. 502/92 e successive modificazioni ed integrazioni – in particolare al comma 7-*bis* aggiunto dal d.l. 13 settembre 2012, n. 158, come sostituito dalla legge di conversione 8 novembre 2012, n. 189;
- alla " *direttiva regionale criteri e procedure per il conferimento degli incarichi di direzione di struttura complessa delle aziende del SSR*", approvata con deliberazione di Giunta Regionale – Regione .... n. .... del ....;

Dato atto che tale direttiva prevede, tra l'altro, che il termine massimo di conclusione della procedura – da intendersi con l'atto formale di attribuzione dell'incarico di Direzione di Struttura Complessa – sia da intendersi in mesi sei da calcolare a far data dalla scadenza del termine per la presentazione delle domande, con possibilità di elevazione del termine stesso qualora ricorrano ragioni oggettive che ne comportino l'esigenza;

Viste le successive determinazioni del Direttore del Servizio Comune Gestione del Personale:

- n. .... del .... con cui si è provveduto all'ammissione dei sottonotati candidati:
- n. .... del .... con cui si è provveduto alla nomina della commissione di valutazione la cui composizione è stata pubblicata sul sito internet aziendale in data ....;

Richiamata anche la determina del Servizio Comune Gestione del Personale n. .... del ...., pubblicata sul sito internet aziendale in data ...., con la quale si è provveduto a rideterminare i termini di conclusione della procedura in oggetto per i tempi strettamente necessari all'adozione dell'atto formale di attribuzione dell'incarico da parte del Direttore Generale;

Dato atto che conformemente a quanto previsto dalle disposizioni della direttiva regionale richiamata, la competente commissione, composta da n. 3 Direttori di Farmacia Territoriale, ha proceduto alla valutazione dei candidati sulla base delle specifiche indicazioni di cui all'art. 15 del d.lgs. n. 502/92 e s.m.i. e di quanto stabilito nel bando, come risultante nel verbale delle operazioni concorsuali condotte in data ....

Atteso che sulla base delle valutazioni effettuate, la commissione ha provveduto a predisporre la sottocitata rosa di candidati idonei, formulata sulla base dei migliori punteggi attribuiti:

Avuto presente che, ai fini dell'individuazione del candidato cui conferire l'incarico:

- il comma 7-*bis*, dell'art. 15 del d.lgs. 502/92 – aggiunto dal d.l. 13.09.2012, n. 158 come sostituito dalla legge di conversione 8.11.2012, n. 189 – alla lettera *b*) prevede che "*... Il direttore generale individua il candidato da nominare nell'ambito della terna predisposta dalla commissione; ove intenda nominare uno dei due candidati che non hanno conseguito il miglior punteggio, deve motivare analiticamente la scelta ...*";

- il paragrafo 5 della direttiva regionale n. 312/2013, prevede che *"... Ai sensi dell'art. 8, comma 4, della legge regionale n. 29/2004, l'esclusività del rapporto di lavoro costituisce criterio preferenziale per il conferimento degli incarichi di Direzione di Struttura Complessa";*
- *"Nel caso in cui il Direttore intenda nominare uno dei due candidati che non hanno conseguito il miglior punteggio, la scelta deve essere congruamente motivata, anche tenendo conto del criterio preferenziale di cui al precedente capoverso ...";*

Atteso che la direttiva regionale sopra citata, in ottemperanza all'obbligo di trasparenza e nel rispetto delle indicazioni contenute nella deliberazione del Garante per la protezione dei dati personali n. .... del ...., prevede che l'atto di attribuzione dell'incarico venga adottato dopo 15 giorni dalla pubblicazione sul sito internet aziendale dei curricula dei candidati presentatisi al colloquio e della relazione della Commissione di Valutazione;
Dato atto che i suddetti elementi sono stati pubblicati sul sito internet aziendale in data ...... e che pertanto è ora possibile procedere al conferimento dell'incarico;
Vista al riguardo la nota del direttore generale in data ....;
Ritenuto di provvedere, sulla base delle indicazioni ivi riportate, al conferimento dell'incarico in oggetto al candidato che ha ottenuto il miglior punteggio da parte della Commissione competente, Dott. ...., recependo le valutazioni dalla stessa effettuate e basate, in rapporto al fabbisogno definito nel bando pubblicato anche sul sito internet aziendale in data ......, sulle esperienze e capacità professionali dallo stesso acquisite, sulle attività di studio e formazione (curriculum), nonché sulle capacità gestionali, organizzative e di direzione evidenziate nella prova-colloquio;
Considerato che ai sensi dell'art. 15, comma 7-*ter*, del d.lgs. n. 502/92 – come aggiunto dall'art. 4 del d.l. 13.09.2012, n. 158, sostituito dalla legge di conversione 8.11.2012, n. 189 – "*L'incarico di direttore di struttura complessa è soggetto a conferma al termine di un periodo di prova di sei mesi, prorogabile di altri sei, a decorrere dalla data di nomina a detto incarico, sulla base della valutazione di cui al comma 5*";
Ritenuto, nel rispetto delle linee di programmazione triennale emanate dalla RER con delibera di Giunta Regionale n. .... del ...., di procedere al conferimento dell'incarico quinquennale di Direttore della U.O. "Assistenza Farmaceutica Ospedaliera e Territoriale" per l'Azienda USL;
Preso atto di quanto disposto con delibera ANAC n. .... del .... in materia di inconferibilità ed incompatibilità degli incarichi apicali presso le pubbliche amministrazioni;
Dato atto che il presente provvedimento risponde ai principi della legittimità, opportunità e convenienza;
Attesa la rappresentazione dei fatti e degli atti riportati dal Direttore del Servizio Comune Gestione del Personale proponente;

DELIBERA

1) di conferire, per quanto citato in premessa, l'incarico quinquennale di Dirigente Farmacista – Direttore della "U.O. Assistenza Farmaceutica Ospedaliera e Territoriale" dell'Azienda USL ...., con periodo di prova come previsto dall'art. 15, comma 7-*ter* del d.lgs. 502/92 e s.m.i.;
2) di precisare che gli effetti giuridici ed economici del presente provvedimento decorreranno dalla data di effettivo inizio dell'incarico e che all'interessato sarà corrisposto il trattamento economico e normativo previsto dai vigenti Contratti Collettivi Nazionali di Lavoro per il personale della Dirigenza Sanitaria non medica;
3) di dare mandato al Servizio Comune Gestione del Personale di procedere alla predisposizione del contratto, nel quadro degli istituti giuridici ed economici previsti dalla vigente normativa;

4) di dare atto che la retribuzione di posizione corrisposta per effetto dell'applicazione del presente provvedimento è finanziata con le risorse del "Fondo per l'indennità di specificità sanitaria non medica, retribuzione di posizione, equiparazione specifico trattamento di cui all'art. 9 del CCNL Area Sanitaria non medica del 6 maggio 2010" contabilizzato nell'ambito dei conti già previsti per il personale dipendente, in conformità alla gradazione economica degli incarichi stabilita con l'Accordo Sindacale Aziendale "Retribuzione di Posizione" vigente, sottoscritto il ...., fatto salvo che il valore economico attribuito con il presente provvedimento deliberativo potrà subire variazioni in relazione alle risorse disponibili sul Fondo sopra citato e in relazione alle determinazioni che saranno contenute negli accordi sindacali che saranno sottoscritti in materia;
5) di dare atto che la spesa derivante dall'adozione del provvedimento troverà adeguata copertura ai competenti capitoli di Bilancio Preventivo Economico di competenza.

Responsabile del procedimento ai sensi della l. 241/90: ....

13. Direttore Generale – Delibera convenzione azienda ospedaliera

FRONTESPIZIO DELIBERAZIONE

AOO:

REGISTRO: Deliberazione

NUMERO:

DATA:

OGGETTO: **Convenzione con azienda ospedaliero-universitaria per trattamenti emodialitici presso il centro emodialisi e nell'ambito del progetto "dialisi vacanze".**

SOTTOSCRITTO DIGITALMENTE DA: **Direttore Generale**

Il presente atto è stato firmato digitalmente

CLASSIFICAZIONI:

DESTINATARI:

DOCUMENTI:

L'originale del presente documento, redatto in formato elettronico e firmato digitalmente, è conservato a cura dell'ente produttore secondo normativa vigente.
Ai sensi dell'art. 3-*bis*, c. 4-*bis* d.lgs. 82/2005 e s.m.i., in assenza del domicilio digitale le amministrazioni possono predisporre le comunicazioni ai cittadini come documenti informatici sottoscritti con firma digitale o firma elettronica avanzata ed inviare ai cittadini stessi copia analogica di tali documenti sottoscritti con firma autografa sostituita a mezzo stampa predisposta secondo le disposizioni di cui all'articolo 3 del d.lgs. 39/1993.

DELIBERAZIONE

OGGETTO: Convenzione con Azienda Ospedaliero-Universitaria di .... per trattamenti emodialitici presso il centro emodialisi nell'ambito del progetto "dialisi vacanze"

IL DIRETTORE GENERALE

Vista la proposta di adozione dell'atto deliberativo presentata dal Direttore del Servizio Comune Gestione del Personale che esprime parere favorevole in ordine ai contenuti sostanziali, formali e di legittimità del presente provvedimento di cui è di seguito trascritto integralmente il testo;
Premesso che con delibera n. .... è stata attivata una Convenzione con l'Azienda Ospedaliero-Universitaria di .... finalizzata ai trattamenti emodialitici presso il Centro di emodialisi assistenza, nell'ambito del Progetto "Dialisi Vacanze", da parte del personale dipendente medico delle strutture complesse di Nefrologia/Dialisi dell'Azienda Ospedaliero-Universitaria;
Richiamati i seguenti atti:

- delibera n. .... del .... della Azienda Ospedaliera-Universitaria di .... e n. .... del .... dell'Azienda USL .... con i quali è stato approvato il Piano Operativo Provinciale per la realizzazione di una rete di Assistenza Nefrologica/Dialisi per le Aziende Sanitarie della Provincia di .... attribuendo contestualmente alla Struttura Complessa di Nefrologia/Dialisi della AOU, diretta dal dirigente medico ...., il compito di garantire l'Assistenza Nefrologica/Dialisi a livello provinciale, in collaborazione con l'AUSL;
- delibera n. .... del .... con la quale è stato approvato il Progetto Dialisi vacanze estive 2019, finalizzato a garantire il servizio dialisi a favore dei pazienti dializzati residenti in altre province, regionali ed extraregionali, che desiderano dializzare presso il C.A.L. dell'Ospedale nel periodo di vacanze estive, prevedendo l'estensione di detto servizio anche nelle ore serali (dalle ore 18,00 alle ore 23,00), in analogia e con le modalità degli anni precedenti;

Considerato che per l'attivazione dello stesso progetto è necessaria un'attività di valutazione delle schede cliniche, di preparazione del Piano Dialitico e di Organizzazione complessiva della struttura in capo alla stessa Struttura Complessa di Nefrologia e Dialisi dell'AOU e che pertanto si rende necessario definire una specifica convenzione in tal senso;
Tenuto conto della rilevanza ed utilità che il servizio suddetto rappresenta per l'utenza, altrimenti in difficoltà ad usufruire dei trattamenti dialitici necessari durante i soggiorni di vacanze sui lidi ferraresi;
Acquisita la disponibilità dell'Azienda Ospedaliera a collaborare per l'esecuzione di trattamenti emodialitici da parte del proprio personale medico;
Richiamata la delibera n. .... del .... dell'Azienda USL .... e n. .... del .... dell'Azienda Ospedaliero-Universitaria .... ad oggetto: "Approvazione della convenzione per la gestione comune dell'attività di assistenza ospedaliera attraverso i Dipartimenti Ospedalieri Interaziendali ad attività integrata (D.A.I.)";
Ritenuto necessario garantire anche per l'anno 2019 il mantenimento dell'attività emodialitica presso il Centro di emodialisi ed assistenza limitata dell'Ospedale del Delta, nell'ambito del Progetto "Dialisi Vacanze 2019";
Richiamato l'art. 58 "Altre attività a pagamento" del C.C.N.L. Area Dirigenza Medica e Veterinaria del S.S.N. sottoscritto l'8 giugno 2000;
Ritenuto, in virtù di quanto sopra, di attivare la convenzione in oggetto, secondo le modalità previste nella convenzione allegata al presente atto;

Dato atto:
- che la spesa è regolarmente attribuita al conto competente ed è ricompresa nelle previsioni del budget autorizzato;
- che il presente provvedimento risponde ai principi della legittimità, opportunità e convenienza;

Attesa la rappresentazione dei fatti e degli atti riportati dal Direttore Servizio Comune Gestione del Personale proponente;

DELIBERA

1) di attivare, per le motivazioni espresse in premessa, la convenzione con l'Azienda Ospedaliero-Universitaria di ...., finalizzata ai trattamenti emodialitici presso il Centro di emodialisi ed assistenza limitata dell'Ospedale del .... per il periodo dal ...., da parte del personale dipendente medico della struttura complessa di Nefrologia/Dialisi dell'Azienda Ospedaliero-Universitaria, secondo le modalità e le condizioni previste nel testo allegato al presente provvedimento di cui forma parte integrante, che viene conservato agli atti del servizio Comune Gestione del Personale;
2) di dare atto che la spesa presunta scaturente dal presente atto di .... verrà contabilizzata sulla base delle prestazioni effettuate rese e documentate al conto n. ....;
3) di delegare il .... alla sottoscrizione della convenzione.

Responsabile del procedimento ai sensi della l. 241/90: ....

CONVENZIONE TRA
L'AZIENDA OSPEDALIERA UNIVERSITARIA
E
L'AZIENDA USL
PER TRATTAMENTI EMODIALITICI PRESSO IL CENTRO DI EMODIALISI ED ASSISTENZA NELL'AMBITO DEL PROGETTO "DIALISI VACANZE 2019"

TRA

L' Azienda Ospedaliero-Universitaria di .... e
L'Azienda USL di ....

Richiamate le delibere n. .... dell'AOU ad oggetto: Convenzione per la gestione comune dell'attività di assistenza ospedaliera attraverso Dipartimenti Ospedalieri Interaziendali ad Attività Integrata

CONSIDERATO

che a seguito degli accordi intercorsi tra i competenti organi dei due enti, nell'ambito del Piano Operativo provinciale per la realizzazione di una rete di assistenza Nefrologica/Dialisi per la Provincia di ...., approvato con delibera n. .... si è convenuto di collaborare con l'Azienda USL con prestazioni di consulenza medica ad opera di dipendenti del profilo professionale: Medici della Struttura Complessa di Nefrologia/Dialisi dell'AOU, al fine di garantire i trattamenti emodialitici presso il C.A.L. dell'Ospedale del .... a favore di pazienti dializzati residenti in altre province nell'ambito del Progetto "Dialisi vacanze" approvato con delibera n. .... del ....

SI CONVIENE E STIPULA QUANTO SEGUE

Art. 1 – Oggetto della convenzione

L'Azienda Ospedaliero-Universitaria di .... si impegna a garantire all'Azienda unità Sanitaria Locale .... la consulenza mediante prestazioni da parte del personale Dirigente Medico della propria Unità Operativa di Nefrologia/Dialisi presso il C.A.L. dell'Ospedale del ....

Art. 2 – Sede e locali

La consulenza di cui al precedente art. 1 viene effettuata presso la struttura ospedaliera del .... e comunque sempre nel rispetto delle esigenze prioritarie dell'Azienda Ospedaliero-Universitaria di ....
L' Azienda Unità Sanitaria Locale di .... assume l'obbligo di mettere a disposizione dei sanitari i locali idonei e le attrezzature necessarie per l'espletamento delle attività presso le sue strutture.

Art. 3 – Modalità di espletamento della consulenza

La consulenza oggetto della presente convenzione dovrà essere effettuata, compatibilmente con le esigenze di servizio dell'Azienda Ospedaliero-Universitaria, al di fuori del normale debito orario di lavoro.
Il personale medico deve garantire la visita dei pazienti del turno serale di dialisi presso l'Ospedale del .... (dalle ore 18.00 alle ore 23.00) dal lunedì al sabato.

Art. 4 – Numero ore di consulenza

È previsto in media un accesso ambulatoriale per turno dialitico di pazienti per due volte a settimana (2 medici per 3 ore di visita).
È previsto un servizio di reperibilità per tutti i turni dialitici durante l'attività dialitica (orientativamente dalle ore 18.00 alle ore 23.00).
Il numero degli accessi ed il tempo necessario per l'espletamento della consulenza saranno riscontrati dall'Azienda USL di .... tramite mezzi di rilevazione presenze e trasmessi al Servizio Comune Gestione del Personale dell'Azienda Ospedaliero-Universitaria di .... per gli adempimenti successivi.

Art. 5 – Determinazione dei compensi e rimborsi spese

Per il personale medico il trattamento economico è così specificato:
– per turno dialisi € .... lordi per ogni ora di attività;
– per reperibilità € .... lordi per ogni turno (circa 60 turni di reperibilità);
– per attività preparatoria (valutazione schede cliniche, preparazione piano dialitico ....) e per coordinamento e gestione complessiva del progetto € .... lordi oltre IRAP se ed in quanto dovuta.

Art. 6 – Responsabilità civile verso terzi

La responsabilità nei confronti di terzi per danni conseguenti all'attività resa nell'ambito della convenzione rimane in capo all'Azienda presso la cui sede/struttura ha luogo la prestazione. La stessa risponde dei danni arrecati a seguito dell'esercizio dell'attività sanitaria posta in essere indipendentemente dal fatto che la prestazione sia stata realizzata da personale dipendente della stessa o da personale dipendente dall'altra Azienda Sanitaria di cui alla presente convenzione.

Art. 7 – Coperture assicurative

Nell'espletamento dell'attività oggetto della presente convenzione, il personale dipendente di ciascuna Azienda Sanitaria (Azienda USL .... ed Azienda Ospedaliero-Universitaria di ....) è assicurato presso l'INAIL a carico delle rispettive Aziende di appartenenza per il tempo di svolgimento dell'attività e per quello strettamente necessario per raggiungere la sede ove viene svolta la prestazione sanitaria.
Ai medesimi dipendenti viene garantita da ciascuna Azienda Sanitaria la copertura della polizza kasko.

Art. 8 – Tutela legale

La tutela legale, nei confronti del personale coinvolto, ai sensi dei CC.NN.LL. viene garantita dall'Azienda Sanitaria di appartenenza del dipendente indipendentemente dal fatto che la prestazione sia stata eseguita presso una sede diversa da quella dell'Azienda di appartenenza (purché l'attività sia stata svolta nell' ambito del rapporto convenzionale).
In caso di notifica di atto giudiziario, al fine di consentire l'attivazione della tutela legale, l'Azienda provvede ad avvisare tempestivamente ai sensi dell'art. 13 della legge n. 24/2017 tutto il personale coinvolto, sia dipendente della stessa che dell'Azienda in convenzione.

Art. 9 – Tutela della privacy

L'Azienda USL .... e l'Azienda Ospedaliero-Universitaria di .... sono tenute, tramite il personale coinvolto, e per quanto di rispettiva competenza, alla scrupolosa osservanza delle disposizioni contenute nel reg. EU 679/2016 e del d.lgs. n. 196/2013 e ss.mm.ii., in particolare per quanto concerne la sicurezza dei dati, gli adempimenti e la responsabilità nei confronti degli interessati e dei terzi, nonché al rispetto dei provvedimenti del Garante per la protezione dei dati personali e di ogni altra disposizione normativa e regolamentare in materia, ed a trattare i dati esclusivamente per le finalità previste dalle vigenti disposizioni normative e strettamente connessi agli scopi di cui alla presente convenzione, in ottemperanza ai principi di proporzionalità, pertinenza e non eccedenza ivi previsti, ed a prevedere tutte le misure di sicurezza necessarie al fine di garantirne la sicurezza, l'integrità e la disponibilità di tutti i dati ed in particolare di quelli particolari.

Art. 10 – Bollo e registrazione

La presente convenzione viene sottoscritta con firma digitale secondo quanto previsto dall'art. 15, comma 2-*bis* della legge n. 241/1990 e s.m.i.
L'imposta di bollo sull'originale informatico di cui all'art. 2 della Tabella Allegato A-Tariffa parte I del d.P.R. n. 642/1972 sarà assolta in modo virtuale dall'AUSL di ....
La presente convenzione è soggetta a registrazione solo in caso d'uso, ai sensi dell'art. 10 del d.P.R. n. 131/1986 Tariffa – parte II le spese di registrazione sono a carico esclusivo della parte che la richiede.

Art. 11 – Durata della convenzione

La presente convenzione decorre da .... salvo recesso di una delle parti da comunicare con formale preavviso di almeno 30 giorni.

Letto, approvato e sottoscritto.

Azienda ospedaliero-universitaria **Azienda unità sanitaria locale**

La presente convenzione è stata sottoscritta con firme digitali ai sensi dell'art. 15 l. 241/90 e s.m.i.

14. U.O. Servizio economato e gestione contratti – Delibera di approvazione della programmazione acquisti beni e servizi

FRONTESPIZIO DELIBERAZIONE

AOO:

REGISTRO: Delibere

NUMERO:

DATA:

OGGETTO: **Approvazione della programmazione acquisti beni e servizi anni 2016-2017, autorizzazione a contrarre**

SOTTOSCRITTO DIGITALMENTE DA: **Direttore Generale**

ADOTTATA DA:

U.O. Servizio econom. e gest. contratti

CLASSIFICAZIONI:

DESTINATARI:

DOCUMENTI:

L'originale del presente documento, redatto in formato elettronico e firmato digitalmente, è conservato a cura dell'ente produttore secondo normativa vigente.
Ai sensi dell'art. 3-*bis*, c. 4-*bis* d.lgs. 82/2005 e s.m.i., in assenza del domicilio digitale le amministrazioni possono predisporre le comunicazioni ai cittadini come documenti informatici sottoscritti con firma digitale o firma elettronica avanzata ed inviare ai cittadini stessi copia analogica di tali documenti sottoscritti con firma autografa sostituita a mezzo stampa predisposta secondo le disposizioni di cui all'articolo 3 del d.lgs. 39/1993.

U.O. SERVIZIO ECONOM. E GEST. CONTRATTI

DELIBERAZIONE

OGGETTO: Approvazione della programmazione acquisti beni e servizi anni 2016-2017. Autorizzazione a contrarre.

IL DIRETTORE GENERALE

Richiamata la delibera di Giunta Regionale n. ...... del .... ad oggetto: "AUSL – Accettazione delle dimissioni del Direttore Generale", assunte le funzioni del Direttore generale in base all'art. 3, co. 6 del d.lgs. 502/92 e s.m.i. così come comunicato dalla Regione .... con nota .... del 30.06.2016, e precisato di partecipare al presente atto anche in qualità di Direttore Sanitario;
Vista la proposta di adozione dell'atto deliberativo presentata dal Direttore del SERVIZIO COMUNE ECONOMATO E GESTIONE CONTRATTI che esprime parere favorevole in ordine ai contenuti sostanziali formali e di legittimità del presente provvedimento di cui è di seguito trascritto integralmente il testo:

Premesso che:
- la delibera della Giunta della Regione .... n. .... del .... "Piano degli obiettivi 2002 per le Aziende Sanitarie della Regione ....", in tema di misure di contenimento della spesa, prevede che le Aziende Sanitarie, in materia di acquisto di beni e servizi, operino in forma aggregata allo scopo di organizzare forme collettive di acquisto e dispone l'aggregazione delle Aziende nelle tre macro-aree territoriali tra le quali l'Area di ....;
- la delibera della Giunta ...., approvando le direttive alle Aziende Sanitarie per le regolamentazioni delle relazioni in ambito di Area Vasta, ribadisce l'esperienza positiva delle strutture di supporto per l'effettuazione di gare centralizzate;
- l'Accordo Quadro sottoscritto dalle Aziende sanitarie delle Province di .... (Area Vasta ....) in data 12 ottobre 2012 ha ribadito l'obiettivo di sviluppo delle attività amministrative di servizi quali quello di svolgimento unificato di procedure volte all'acquisizione di beni e servizi;
- l'all. B delle "Linee di Programmazione e Finanziamento delle Aziende del Servizio Sanitario Regionale per l'anno ....", emanato dalla Regione .... con delibera della Giunta n. ...., che istituisce un governo degli acquisti dei beni e servizi in sanità, ha individuato nell'Agenzia .... il soggetto che ha la responsabilità di guidare la pianificazione e il monitoraggio dell'insieme delle iniziative di acquisto in cui è coinvolto il SSR (su scala nazionale, regionale, di Area Vasta o aziendale);
- tutte le Aziende Sanitarie dell'....................... hanno proceduto conseguentemente alla stesura della programmazione dell'attività relativa alle procedure di acquisto da effettuare nel triennio .... inviandola successivamente all'Agenzia Regionale ....;
- la determinazione n. .... del .... del Direttore Generale Sanità e Politiche Sociali della Regione .... ha recepito il Masterplan .... nonché il Piano investimenti tecnologie biomediche redatto dal Servizio Regionale Strutture e tecnologie in ambito sanitario, socio-sanitario e sociale;

Richiamata la delibera .... con la quale, preso atto di quanto sopra esposto, si approvava la programmazione .... compresa nel Masterplan ....;
Preso atto che la Giunta Regionale, con delibera n. .... del ...., ha approvato, tra l'altro, il Piano di attività .... dell'Agenzia per lo sviluppo dei mercati telematici .... (Documento 1 il cui originale è depositato agli atti del Servizio proponente);
Preso atto altresì della determinazione della Direzione Generale Cura alla persona, Salute e Welfare della Regione ...., comprensiva di lettera di accompagnamento, ... del .... con la quale è stato recepito il Masterplan .... così come rivisto/aggiornato e integrato .... (Documento 2 richiamato nel presente provvedimento il cui originale è depositato agli atti del Servizio proponente);
Ritenuto pertanto necessario approvare la programmazione .... che comprende ulteriori aggiornamenti rispetto a .... dei quali si renderà debita informazione all'Agenzia Intercent .... per beni e servizi di competenza del Servizio Comune Economato e Gestione Contratti e del Servizio Comune Tecnico e Patrimonio nel rispetto delle disposizioni normative, non ultimo l'art. 21 del d.lgs. n. 50/2016;
Considerato che ogni singola procedura verrà espletata da una stazione appaltante .... intendendosi formalmente delegata dalle altre Aziende in unione qualora siano compresi beni/servizi di interesse comune;

Preso inoltre atto che:
- la programmazione .... inoltrata al Servizio Comune Economato e Gestione dei Contratti da ogni articolazione aziendale e riunita nell'allegato 3 a formare parte integrante e sostanziale del presente atto, e i documenti 1 e 2 richiamati nel presente provvedimento, i cui originali sono depositati agli atti del Servizio proponente, comprende anche le procedure che il Servizio Comune Economato e Gestione Contratti e il Servizio Comune Tecnico e Patrimonio dovranno espletare per le altre Aziende Sanitarie .... che verranno comunque approvate dalle rispettive Direzioni Generali.

Considerato che a completamento della programmazione:

a) sono da intendersi compresi e pertanto da autorizzare i rinnovi contrattuali già previsti negli atti di gara e nei contratti sottoscritti dai fornitori;
b) l'Azienda è autorizzata fin da ora a procedere alle necessarie proroghe e ai contratti ponte, ai sensi del d.P.C.M. 24.12.2015, che si renderà necessario adottare in conseguenza delle attività dell'Agenzia Intercenter e anche delle Aziende Sanitarie capofila all'interno .... sino alla conclusione dei procedimenti di gara, per non pregiudicare il regolare svolgimento delle attività sanitarie con eventuale interruzione di pubblico servizio, che pertanto non vengono compresi nell'allegato 3;
c) analogamente è necessario fin da ora riservarsi di apportare nel corso dell'anno tutte le variazioni/integrazioni al programma a seguito dell'emergere di nuove necessità, delegando il Servizio Comune Economato e Gestione Contratti e il Servizio Comune Tecnico e Patrimonio all'adozione dei necessari atti;

Rilevato:
- che per quanto riguarda i beni e i servizi informatici con nota agli atti, pervenuta il 23 maggio prot. .... la Direzione Generale dell'Assessorato Cura della persona, Salute e Welfare, ai sensi della Legge di Stabilità 2016, ha reso noto che il soggetto aggregatore .... prevederà gli acquisti di beni e servizi ICT nel Masterplan 2017-2019 e che pertanto per il 2016 le procedure per tali acquisti saranno effettuate ancora a livello aziendale;
- che gli acquisti aziendali ICT 2017 contenuti nell'allegato 3 sono rilevanti ai soli fini pro-

grammatori interni e verranno successivamente inoltrati a Intercenter quale Soggetto Aggregatore;
- a seguito di tale nota l'Azienda .... ha provveduto ad individuare gli acquisti di beni e servizi ICT per l'anno .... con delibera ....;
- atteso infine che ai sensi dell'art. 31 dello stesso d.lgs. 50/2016 le stazioni appaltanti nominano per ogni contratto pubblico un Responsabile Unico del Procedimento;

Per quanto sopra esposto è necessario pertanto:
- autorizzare la programmazione .... già contenuta nel Masterplan ...., rivisto e aggiornato lo scorso ottobre .... e di cui alla Determinazione della Direzione Generale Cura alla persona, salute e welfare della .... con la quale è stato recepito il Masterplan .... contenuto nel documento n. 2 depositato agli atti del Servizio proponente;
- autorizzare il Servizio Comune Economato e Gestione Contratti e il Servizio Comune Tecnico e Patrimonio all'attivazione delle procedure di pertinenza necessarie alle acquisizioni programmate come da allegato (allegato 3) al presente provvedimento, parte integrante e sostanziale;
- delegare altresì il Direttore del Servizio Comune Economato e Gestione Contratti e il Direttore del Servizio Comune Tecnico e Patrimonio ad attivare le procedure per l'acquisto di beni e servizi non programmati ma che, debitamente autorizzati dalle Direzioni Aziendali, dovessero essere necessari per il regolare andamento delle attività, fatti salvi gli acquisti di valore inferiore a .... per i quali si applicheranno le disposizioni di cui all'art. 36 d.lgs. 50/2016 (Codice Appalti) e acquisti urgenti nei limiti e prescrizioni di cui al d.P.C.M. 24 dicembre 2015;
- prendere atto che l'Azienda USL di .... ha provveduto ad individuare gli acquisti di beni e servizi ICT per l'anno ...., con delibera del .... e che nel Masterplan .... il soggetto aggregatore .... prevederà l'acquisto dei beni e servizi ICT secondo le disposizioni normative in materia;
- nelle more dell'espletamento delle procedure di cui sopra, in base alla programmazione, per assicurare la continuità delle forniture e dei servizi che il Servizio Comune Economato e Gestione Contratti e il Servizio Comune Tecnico e Patrimonio siano autorizzati, ove occorra, a procedere al rinnovo o alla proroga dei contratti per non pregiudicare il regolare svolgimento delle attività sanitarie con eventuale interruzione di pubblico servizio;
- gli acquisti di valore inferiore a 40.000,00 euro ai sensi dell'art. 36 del d.lgs. 50/2016 potranno essere effettuati mediante assegnazione diretta adeguatamente motivata;

Dato atto che il presente provvedimento risponde ai principi della legittimità, opportunità e convenienza;

Attesa la rappresentazione dei fatti e degli atti riportati dal Direttore del SERVIZIO COMUNE ECONOMATO E GESTIONE CONTRATTI proponente, coadiuvato dal Direttore Amministrativo che, ai sensi dell'art. 3, comma 7 del d.lgs. n. 502/1992 e successive modifiche ed integrazioni, esprime parere favorevole;

DELIBERA

Per quanto esposto in premessa da intendersi qui richiamato:
1) di recepire il Masterplan .... di cui alla determinazione della Direzione Generale Cura alla persona, Salute e Welfare ....;

2) di autorizzare la programmazione .... già contenuta nel Masterplan ...., rivisto e aggiornato lo scorso ottobre 2015 (di cui alla determinazione della Direzione Generale Cura alla persona, Salute e Welfare della Regione .... con la quale è stato recepito il Masterplan ....), con le ulteriori integrazioni intervenute in questi ultimi mesi comprese nell'allegato elenco 3, a formare parte integrante e sostanziale del presente atto e che sono in fase di comunicazione a ....;
3) di autorizzare il Servizio Comune Economato e Gestione Contratti e il Servizio Comune Tecnico e Patrimonio all'attivazione delle procedure di pertinenza necessarie alle acquisizioni programmate come da allegato (allegato 3) al presente provvedimento, parte integrante e sostanziale del presente atto, fatti salvi gli acquisti di valore inferiore a € .... per i quali si applicheranno le disposizioni di cui all'art. 36 d.lgs. 50/2016 (Codice Appalti) e acquisti urgenti nei limiti e prescrizioni di cui al d.P.C.M. 24 dicembre 2015;
4) di delegare altresì il Direttore del Servizio Comune Economato e Gestione Contratti e il Direttore del Servizio Comune Tecnico e Patrimonio ad attivare le procedure per l'acquisto di beni e servizi non programmati ma che, debitamente autorizzati dalle Direzioni Aziendali, dovessero essere necessari per il regolare andamento delle attività;
5) di prendere atto che nel Masterplan .... il soggetto aggregatore .... prevederà l'acquisto dei beni e servizi ICT secondo le disposizioni normative in materia;
6) di dare atto che nelle more dell'espletamento delle procedure di cui sopra, in base alla programmazione, per assicurare la continuità delle forniture e dei servizi il Servizio Comune Economato e Gestione Contratti e il Direttore del Servizio Comune Tecnico e Patrimonio sono autorizzati, ove occorra, a procedere al rinnovo, alla proroga e alla stipula di contratti ponte per non pregiudicare il regolare svolgimento delle attività sanitarie con eventuale interruzione di pubblico servizio.

Il Direttore Generale f.f.

Il Direttore Amministrativo Il Direttore Sanitario

Il Responsabile del procedimento deliberativo

Bibliografia

BARBERA A., FUSARO C., *Corso di diritto pubblico*, Il Mulino, Bologna, 2018.

BIN R., PITRUZZELLA G., DONATI G., *Lineamenti di diritto pubblico per i servizi sociali*, Giappichelli, Torino, 2014.

BOSCATI A., *La specialità del lavoro pubblico: fonti legali e fonti contrattuali nella progressiva evoluzione del sistema normativo tra organizzazione e disciplina del rapporto di lavoro*, in "Lavoro nelle Pubbliche Amministrazioni", fasc. 3-2018, Giappichelli Editore, 2018.

BORGHI R., LO BALSAMO B., DE PALMA M.L., FERRARI A., NATALE L., VALENTI A., MORGAGNI C., *La ricerca nel Servizio Sanitario Nazionale*, Bologna, 2009.

BOTTARI C., *Tutela della salute e organizzazione sanitaria*, Giappichelli, Torino, 2009.

BOTTARI C., *Profili innovativi del sistema sanitario*, Giappichelli Editore, Torino, 2018.

BOTTARI C. (a cura di), *La nuova disciplina della responsabilità sanitaria*, Bononia University Press, Bologna, 2019.

CACCIAVILLANI I., *Il diritto del "malato" alle cure*, in "Giust. civ.", 1997, II.

Camera dei deputati, XVIII Legislatura, servizio studi documentazione e ricerche, *Il riparto delle competenze legislative nel Titolo V – I confini nelle materie di competenza legislativa concorrente come delineati dalla giurisprudenza costituzionale*, n. 14-2 agosto 2018, Servizio Studi – Dipartimento Istituzioni, Roma, 2018.

CANTONE R., MERLONI F., *La nuova Autorità nazionale anticorruzione*, Giappichelli Editore, Torino, 2019.

CARINCI F., *Contrattazione e contratto collettivo nell'impiego pubblico "privatizzato"*, in "Lavoro nelle Pubbliche Amministrazioni", fasc. 3-4, 2013, Giappichelli Editore, Torino, 2013.

CARINGELLA F., *Osservazioni su Cass. civ., sez. un., 12 giugno 1997, n. 5297*, in "Foro. it", 1997.

CHESI G., BOSI F., *Ospedali e modelli organizzativi per intensità di cure: il punto di vista dell'internista*, in "Italian Journal of Medicine", 2014.

CILIONE G., *Diritto sanitario*, Maggioli Editore, Rimini, 2012.

CILIONE G., *Il riordino della disciplina in materia sanitaria*, in "Pubblica Amministrazione e Management", 1994.

CORTESELLI E., *Il sistema dei controlli interni delle aziende sanitarie*, in "Diritto Amministrativo-Diritto.it", 2015.

CUNDARI M., *Il riparto della potestà legislativa tra Stato e regioni: luci ed ombre del nuovo progetto di riforma*, in "Giustamm. rivista di diritto amministrativo", n. 12-2016, Editoriale Scientifica, Napoli, 2016.

D'ANGELOSANTE M., *Sistemi universalistici e occupazionali a confronto*, in PIOGGIA A., CIVITARESE MATTEUCCI S., RACCA G.M., DUGATO M. (a cura di), *I servizi sanitari: organizzazione, riforme e sostenibilità. Una prospettiva comparata*, Maggioli Editore, Rimini, 2011.

D'AVINO E., *Il comparto sanità: uno stress test per la disciplina del contratto a termine nel lavoro pubblico*, in "Lavoro nelle Pubbliche Amministrazioni", fasc. 2-2018, Giappichelli Editore, Torino, 2018.

DE VERGOTTINI G., BOTTARI C. (a cura di), *La sanità elettronica*, Bononia University Press, Bologna, 2018.

DIMASI L., *Responsabilità medica e ruolo delle Linee-Guida*, in ROVERSI MONACO F., BOTTARI C. (a cura di), *La tutela della salute tra garanzie degli utenti ed esigenze di bilancio*, Maggioli Editore, Rimini, 2012.

DIMASI L., *Il trattamento dei dati personali in sanità e la circolazione delle informazioni nell'era dell'informatizzazione*, in "Sanità Pubblica e Privata", n. 4-2011.

DIMASI L., *Il difficile panorama della sanità italiana*, in BOTTARI C., FOGLIETTA F., VANDELLI L. (a cura di), *Welfare e servizio sanitario: quali strategie per superare la crisi*, Maggioli Editore, Rimini, 2013.

DIMASI L., *Responsabilità medica e ruolo delle Linee-Guida dopo la riforma Balduzzi*, in "Sanità Pubblica e Privata", n. 3-2014.

DIMASI L., *Mancata informazione del paziente e onere probatorio: quale ripartizione? Commento a Cass. civ., sez. III, 5 luglio 2017, n. 16503*, in "Sanità Pubblica e Privata", n. 4-2017.

DIMASI L., *Il diritto della psiche*, Onorati, Canterano, 2018.

DRAGONETTI S., POZZI A., RICCIARDI M., SPERANZA N., *Il personale delle aziende sanitarie*, Giuffrè Editore, Milano, 2002.

FOGLIETTA F., *Sviluppo storico dei Servizi socio-sanitari territoriali e alcune prospettive per il futuro*, in BOTTARI C. (a cura di), *L'assistenza socio-sanitaria nel rinnovato contesto regionale*, Maggioli Editore, Rimini, 2018.

FOGLIETTA F., *Formazione digitale: fattori indispensabili per i professionisti della sanità*, in "Panorama della Sanità (Dossier)", n. 8-17.

FOGLIETTA F., *Nuove prospettive del Servizio Sanitario: possibili sinergie fra istituzioni e società civile*, in BOTTARI C., FOGLIETTA F., VANDELLI L. (a cura di), *Welfare e servizio sanitario: quali strategie per superare la crisi*, Maggioli Editore, Rimini, 2013.

FOGLIETTA F., *Crisi e dopo-crisi del Servizio Sanitario Nazionale: quali soluzioni possibili a livello nazionale e regionale?*, Maggioli Editore, Rimini, 2016.

FOGLIETTA F., *Il fascicolo sanitario elettronico: stato dell'arte e prospettive*, in DE VERGOTTINI G. e BOTTARI C. (a cura di), *La sanità elettronica*, "Quaderni dell'Accademia delle Scienze dell'Università di Bologna", 2018.

FOGLIETTA F., PINELLI N., *Libro Bianco della Buona Sanità*, Edizione About Pharma, 2008.

GALLO L., MORO P., *Gli appalti di servizi sociali e l'affidamento alle cooperative sociali di inserimento lavorativo*, Maggioli Editore, Rimini, 2018.

GARILLI A., RICCOBONO A., DE MARCO C., BELLAVISTA A., MARINELLI M., NICOLOSI M., GABRIELE A., *Il lavoro alle dipendenze della P.A. dopo la "riforma Madia"*, Wolters Kluwer, CEDAM, Milano, 2018.

GUZZANTI E., *L'ospedale del futuro: origini, evoluzione, prospettive*, in "Recenti progressi in medicina", 2006.

Libro Bianco ISPE-Sanità 2014.

LUCIANI M., *Brevi note sul diritto alla salute*, in CHIEFFI L. (a cura di), *Il diritto alla salute alle soglie del terzo millennio*, Giappichelli, Torino, 2003.

MANGANARO F., *La specialità del lavoro presso le amministrazioni pubbliche*, in "Foro amm. TAR", fasc. 6, 2013, p. 2169, Giuffrè Editore, Milano, 2013.

MAPELI V., *Il diritto sanitario*, Bologna, 2012.

MORANA D., *La tutela della salute fra competenze statali e regionali: indirizzi della giurisprudenza costituzionale e nuovi sviluppi normativi*, in "Osservatorio Costituzionale", fasc. 1-2018, AIC, Roma, 2018.

NARDI R., ARIENTI V., NOZZOLI C., MAZZONE A., *Organizzazione dell'ospedale per intensità di cura: gli errori da evitare*, in "Italian Journal of Medicine", 2012.

NONIS M., BRAGA M., GUZZANTI E., *Cartella clinica e qualità dell'assistenza: passato, presente e futuro*, Il Pensiero Scientifico Editore, Roma, 1998.

PAJNO A., *Crisi dell'amministrazione e riforme amministrative*, in "Rivista Italiana di Diritto Pubblico Comunitario", fasc. 3-4, 1° agosto 2017, Giuffrè Editore, Milano, 2017.

PINELLI C., *Prime impressioni sul rapporto fra i livelli minimi di prestazione pubblica e finanza delle autonomie territoriali secondo il progetto di revisione del Titolo V della Costituzione*, in "Rivista giuridica del Mezzogiorno", 2000.

PINTO V., *Flessibilità e precarietà nel reclutamento delle amministrazioni pubbliche*, in "Lavoro nelle Pubbliche Amministrazioni", fasc. 1-2018, Giappichelli Editore, Torino, 2018.

RAPICAVOLI C., *Il ritorno alla tesoreria unica nel decreto liberalizzazioni*, in "AD-ambiente e diritto", 2012.

Rapporto OASI 2018, "Osservatorio sulle aziende e sul sistema Sanitario italiano".

RICCIARDI W., *La battaglia per la salute*, Edizioni Laterza, Roma-Bari, 2019.

RICCIARELLI G., SOLDATI F., *Manuale per i concorsi nel ruolo amministrativo nelle aziende sanitarie pubbliche*, Maggioli Editore, Rimini, 2012.

ROZZANTE R., *La nuova regolamentazione anticorruzione*, Giappichelli Editore, Torino, 2018.

SANDULLI M.A., *Accesso alle notizie e ai documenti amministrativi*, in *Enciclopedia del Diritto*, 2000.

SERPELLONI G., SIMEONI G., ALDEGHERI F., *Comportamento organizzativo e multidisciplinarietà*, in Team Working, 2002.

TARONI F., *Politiche sanitarie in Italia*, Il Pensiero Scientifico Editore, Roma, 2011.

TOSI P., *Le novelle legislative sul lavoro privato e pubblico privatizzato tra armonizzazione e diversificazione*, in "Rivista italiana di diritto del lavoro", fasc. 1, 1° marzo 2018, p. 17, Giuffrè Editore, Milano, 2018.

TARONI F., *Politiche sanitarie in Italia. Il futuro del SSN in una prospettiva storica*, Il Pensiero Scientifico Editore, Roma, 2011.

VICECONTE N., *L'evoluzione del sistema di finanziamento del Servizio Snitario Nazionale tra federalismo "promesso" ed esigenze di bilancio*, I.S.Si.R.F.A., CNR, Roma, 2012.

VERGALLO G.M., *La nuova responsabilità medica dopo la riforma Gelli-Bianco*, Dike, Roma, 2017.

VILLA A., BARBIERI M., LEGA F., *Restructuring Patient Flow Logistic Around Patient Care Needs: Implication and Practialities from Three Critical Cases*, in "Helthcare Management Science", 2009.

Giurisprudenza

Corte Costituzionale, sentenza n. 39 del 4 marzo 1971
Corte Costituzionale, sentenza n. 245 del 5 novembre 1984
Corte Costituzionale, sentenza n. 455 del 16 ottobre 1990
Consiglio di Stato, ad. gen., parere n. 146 del 31 agosto 1992
Corte Costituzionale, sentenza n. 406 del 29 ottobre 1992
Cassazione civile, sentenza n. 8661 del 3 ottobre 1996
Corte Costituzionale, sentenza n. 211 del 21 giugno 1996
Corte Costituzionale, sentenza n. 313 del 25 luglio 1996
Corte Costituzionale, sentenza n. 399 del 20 dicembre 1996
Corte Costituzionale, sentenza n. 309 del 16 ottobre 1997
Cassazione civile, sentenza n. 9477 del 26 settembre 1997
CGCE, 18 dicembre 1997, in causa C-129/96
Corte Costituzionale, sentenza n. 3 del 29 gennaio 1998
Corte Costituzionale, sentenza n. 27 del 26 febbraio 1998
Corte Costituzionale, sentenza n. 115 del 26 maggio 1998
CGCE, 17 settembre 1998, in causa C-400/96
CGCE, 25 giugno 1998, in causa C-192/96
CGCE, 17 dicembre 1998, in causa C-2/97
Corte Costituzionale, sentenza n. 309 del 16 luglio 1999
Cassazione civile, sentenza n. 85 del 19 febbraio 1999
Cassazione civile, sentenza n. 1197 del 13 febbraio 1999
CGCE, 9 febbraio 1999, in causa C-383/97
CGCE, 11 marzo 1999, in causa C-100/96
Corte Costituzionale, sentenza n. 361 del 26 luglio 2000
Corte Costituzionale, sentenza n. 282 del 26 giugno 2002
Corte Costituzionale, sentenza n. 359 del 19 dicembre 2003
CGCE, 10 aprile 2003, in causa C-65/01
Corte Costituzionale, sentenza n. 282 del 28 luglio 2004
CGCE, 18 marzo 2004, in causa C-8/02
Corte Costituzionale, sentenza n. 36 del 27 gennaio 2005
CGCE, 12 aprile 2005, in causa C-145/03
Corte Costituzionale, sentenza n. 270 del 7 luglio 2005
Corte Costituzionale, sentenza n. 233 del 16 giugno 2006
Corte Costituzionale, sentenza n. 95 del 21 marzo 2007
Corte Costituzionale, sentenza n. 105 del 23 marzo 2007
Cassazione civile, sez. un., sentenza n. 8951 del 16 aprile 2007
Cassazione civile, sentenza n. 8826/2007
Corte Costituzionale, sentenza n. 271 del 11 luglio 2008
CGCE, 24 gennaio 2008, in causa C-257/06
Corte Costituzionale, sentenza n. 16 del 21 gennaio 2010
Corte Costituzionale, sentenza n. 149 del 29 aprile 2010
Corte Costituzionale, sentenza n. 235 del 7 luglio 2010
Cassazione civile, sentenza n. 8254/2011
Corte Costituzionale, sentenza n. 164 del 27 giugno 2012
Corte Costituzionale, sentenza n. 311/2012
Corte Costituzionale, sentenza n. 51 del 28 marzo 2013

Consiglio di Stato, sez. IV, sentenza n. 5104 del 21 ottobre 2013
Corte Costituzionale, sentenza n. 272 del 14 novembre 2013
Corte Costituzionale, sentenza n. 301 del 11 dicembre 2013
Cassazione civile, ss.uu., sentenza n. 14689 del 14 luglio 2015
Cassazione civile, sez. lav., sentenza n. 19626 del 1° ottobre 2015
Corte Costituzionale, sentenza n. 251 del 25 novembre 2016
Consiglio di Stato, comm. spec., parere n. 83 del 17 gennaio 2017
Cassazione civile, sez. I, sentenza n. 4599 del 22 febbraio 2017
Corte Costituzionale, sentenza n. 84 del 13 aprile 2017
Corte Costituzionale, sentenza n. 169 del 12 luglio 2017
Cassazione civile, sez. lav., sentenza n. 23522 del 9 ottobre 2017
Cassazione civile, sentenza n. 16503/17
Tribunale di Napoli, sentenza del 26 novembre 2018
Corte dei Conti, sez. reg. contr. Marche, parere n. 11/2019 del 7 marzo 2019

Normativa

Legge 17 luglio 1890, n. 6972 (in Gazz. Uff., 22 luglio 1890, n. 171) – *Sulle istituzioni pubbliche di beneficenza* (IPAB – CRISPI)

Regio decreto 27 luglio 1934, n. 1265 (in suppl. ordinario alla Gazz. Uff., 9 agosto 1934, n. 186) – *Approvazione del testo unico delle leggi sanitarie* (Testo Unico delle Leggi Sanitarie)

Regio decreto 30 settembre 1938, n. 1631 (in Gazz. Uff., 25 ottobre 1938, n. 245) – *Norme generali per l'ordinamento dei servizi sanitari e del personale sanitario degli ospedali*

Legge 19 gennaio 1942, n. 22 (in Gazz. Uff., 12 febbraio 1942, n. 35) – *Istituzione di un ente nazionale fascista di previdenza ed assistenza per i dipendenti statali* (Istituzione ENPAS)

Legge 11 gennaio 1943, n. 138 (in Gazz. Uff., 3 aprile 1943, n. 77) – *Costituzione dell'ente "Mutualità fascista – Istituto per l'assistenza di malattia ai lavoratori"* (istituzione INAM)

Legge 13 marzo 1958, n. 296 (in Gazz. Uff., 14 aprile 1958, n. 90) – *Costituzione del Ministero della sanità*

Dichiarazione di Helsinki del 1964 adottata nella 18ª Assemblea Generale della World Medical Association (WMA) – *Principi etici per la ricerca biomedica che coinvolge gli esseri umani*

Legge 31 maggio 1965, n. 575 (in Gazz. Uff., 5 giugno 1965, n. 138) – *Disposizioni contro le organizzazioni criminali di tipo mafioso, anche straniere*

Direttiva 65/65/CEE del Consiglio, del 26 gennaio 1965, *per il ravvicinamento delle disposizioni legislative, regolamentari ed amministrative relative alle specialità medicinali*

Legge 12 febbraio 1968, n. 132 (in Gazz. Uff., 12 marzo 1968, n. 68) – *Enti ospedalieri e assistenza ospedaliera* (legge "Mariotti")

Legge 18 marzo 1968, n. 431 (in Gazz. Uff., 20 aprile 1968, n. 101) – *Provvidenze per l'assistenza psichiatrica*

Decreto del Presidente della Repubblica 27 marzo 1969, n. 128 (in suppl. ordinario alla Gazz. Uff. 23 aprile 1969, n. 104) – *Ordinamento interno dei servizi ospedalieri*

Decreto del Presidente della Repubblica 27 marzo 1969, n. 129 (in suppl. ordinario alla Gazz. Uff. 23 aprile 1962, n. 104) – *Ordinamento interno dei servizi di assistenza delle cliniche e degli istituti universitari di ricovero e cura*

Decreto del Presidente della Repubblica 27 marzo 1969, n. 130 (in suppl. ordinario alla Gazz. Uff. 23 aprile 1969, n. 104) – *Stato giuridico dei dipendenti degli enti ospedalieri*

Legge 16 maggio 1970, n. 281 (in Gazz. Uff., 22 maggio 1970, n. 127) – *Provvedimenti finanziari per l'attuazione delle regioni a statuto ordinario*

Regolamento (CEE) n. 1408/71 del Consiglio del 14 giugno 1971 (in Gazz. Uff., 5 luglio 1971, n. 149) *relativo all'applicazione dei regimi di sicurezza sociale ai lavoratori subordinati, ai lavoratori autonomi e ai loro familiari che si spostano all'interno della Comunità*

Decreto del Presidente della Repubblica 14 gennaio 1972, n. 4 (in suppl. ordinario alla Gazz. Uff. 19 gennaio 1972, n. 15) – *Trasferimento alle regioni a statuto ordinario delle funzioni amministrative statali in materia di assistenza sanitaria ed ospedaliera e dei relativi personali ed uffici*

Legge 22 luglio 1975, n. 382 (in Gazz. Uff., 20 agosto 1975, n. 220) – *Norme sull'ordinamento regionale e sulla organizzazione della pubblica amministrazione*

Legge 29 luglio 1975, n. 405 (in Gazz. Uff. 27 agosto 1975, n. 227) – *Istituzione dei consultori familiari*

Decreto del Presidente della Repubblica 24 luglio 1977, n. 616 (in suppl. ordinario alla Gazz. Uff., 29 agosto 1977, n. 234) – *Attuazione della delega di cui all'art. 1 della legge 22 luglio 1975, n. 382* (trasferimento funzioni a regioni ed enti locali)

Legge 13 maggio 1978, n. 180 (in Gazz. Uff., 16 maggio 1978, n. 133) – *Accertamenti e trattamenti sanitari volontari e obbligatori* (legge "Basaglia")

Legge 23 dicembre 1978, n. 833 (in suppl. ordinario alla Gazz. Uff., 28 dicembre 1978, n. 360) – *Istituzione del Servizio Sanitario Nazionale*

Legge 19 marzo 1990, n. 55 (in Gazz. Uff., 23 marzo 1990, n. 69) – *Nuove disposizioni per la prevenzione della delinquenza di tipo mafioso e di altre gravi forme di manifestazione di pericolosità sociale* (Antimafia)

Legge 8 giugno 1990, n. 142 (in suppl. ordinario n. 42 alla Gazz. Uff., 12 giugno 1990, n. 135) – *Ordinamento delle autonomie locali*

Legge 7 agosto 1990, n. 241 (in Gazz. Uff., 18 agosto 1990, n. 192) – *Nuove norme in materia di procedimento amministrativo e di diritto di accesso ai documenti amministrativi*

Direttiva 91/507/CEE della Commissione del 19 luglio 1991 *che modifica l'allegato della direttiva 75/318/CEE del Consiglio relativa al ravvicinamento delle legislazioni degli Stati membri riguardanti le norme ed i protocolli analitici, tossico-farmacologici e clinici in materia di sperimentazione dei medicinali*

Legge 11 agosto 1991, n. 266 (in Gazz. Uff., 22 agosto, n. 196) – *Legge-quadro sul volontariato*

Legge 8 novembre 1991, n. 381 (in Gazz. Uff., 3 dicembre 1991, n. 283) – *Disciplina delle cooperative sociali*

Legge 28 dicembre 1991, n. 421 (in Gazz. Uff., 3 gennaio 1991, n. 2) – *Rifinanziamento di interventi in campo economico*

Decreto ministeriale 28 dicembre 1991 (in Gazz. Uff., 17 gennaio 1992, n. 13) – *Istituzione della scheda di dimissione ospedaliera*

Legge 30 dicembre 1991, n. 412 (in Gazz. Uff., 31 dicembre 1991, n. 305) – *Disposizioni in materia di finanza pubblica*

Trattato di Maastricht del 7 febbraio 1992. *Trattato sull'Unione Europea,* ratificato con legge 3 novembre 1992, n. 454 (in Gazz. Uff., 24 novembre 1992, n. 277)

Legge 23 ottobre 1992, n. 421 (in suppl. ordinario alla Gazz. Uff., 31 ottobre 1992, n. 257) – *Delega al Governo per la razionalizzazione e la revisione delle discipline in materia di sanità, di pubblico impiego, di previdenza e di finanza territoriale*

Decreto legislativo 30 dicembre 1992, n. 502 (in suppl. ordinario alla Gazz. Uff., 30 dicembre 1992, n. 305) – *Riordino della disciplina in materia sanitaria, a norma dell'articolo 1 della legge 23 ottobre 1992, n. 421*

Decreto legislativo 3 febbraio 1993, n. 29 (in suppl. ordinario alla Gazz. Uff., 6 febbraio 1993, n. 30) – *Razionalizzazione dell'organizzazione delle amministrazioni pubbliche e revisione della disciplina in materia di pubblico impiego, a norma dell'art. 2 della legge 23 ottobre 1992, n. 421*

Decreto legislativo 1° settembre 1993, n. 385 (in suppl. ordinario n. 92 alla Gazz. Uff., 30 settembre 1993, n. 230) – *Testo unico delle leggi in materia bancaria e creditizia* (T.U. bancario)

Decreto legislativo 30 giugno 1993, n. 266 (in suppl. ordinario alla Gazz. Uff., 3 agosto 1993, n. 180) – *Riordinamento del Ministero della sanità, a norma dell'art. 1, comma 1, lettera h), della legge 23 ottobre 1992, n. 421* (istituzione AGENAS)

Decreto legislativo 30 giugno 1993, n. 270 (in suppl. ordinario alla Gazz. Uff., 3 agosto 1993, n. 180) – *Riordinamento degli istituti zooprofilattici sperimentali, a norma dell'art. 1, comma 1, lettera h) , della legge 23 ottobre 1992, n. 421*

Decreto legislativo 7 dicembre 1993, n. 517 (in suppl. ordinario alla Gazz. Uff., 15 dicembre 1993, n. 293) – *Modificazioni al decreto legislativo 30 dicembre 1992, n. 502, recante riordino della disciplina in materia sanitaria, a norma dell'art. 1 della legge 23 ottobre 1992, n. 421*

Decreto del Presidente della Repubblica 9 maggio 1994, n. 487 (in suppl. ordinario alla Gazz. Uff., 9 agosto 1994, n. 185) – *Regolamento recante norme sull'accesso agli impieghi nelle pubbliche amministrazioni e le modalità di svolgimento dei concorsi, dei concorsi unici e delle altre forme di assunzione nei pubblici impieghi*

Decreto Ministero della sanità 14 dicembre 1994 (in suppl. ordinario alla Gazz. Uff., n. 300 del 24 dicembre) – *Tariffe delle prestazioni di assistenza ospedaliera*

Legge 28 dicembre 1995, n. 549 (in suppl. ordinario alla Gazz. Uff., 29 dicembre 1995, n. 302) – *Misure di razionalizzazione della finanza pubblica* (finanziaria 2006)

Decreto legislativo 25 febbraio 1995, n. 77 (in suppl. ordinario n. 33 alla Gazz. Uff. n. 65 del 18 marzo 1995) – *Ordinamento finanziario e contabile degli enti locali*

Legge 23 dicembre 1996, n. 662 (in suppl. ordinario alla Gazz. Uff., 28 dicembre 1996, n. 303) – *Misure di razionalizzazione della finanza pubblica*

Trattato di Amsterdam del 2 ottobre 1997 *che modifica il trattato sull'Unione europea, i trattati che istituiscono le Comunità europee ed alcuni atti connessi, con allegato e protocolli ratificato con legge 16 giugno 1998, n. 209* (in suppl. ordinario alla Gazz. Uff., 6 luglio 1997, n. 155)

Legge 15 marzo 1997, n. 59 (in suppl. ordinario alla Gazz. Uff., 17 marzo 1997, n. 63) – *Delega al Governo per il conferimento di funzioni e compiti alle regioni ed enti locali, per la riforma della pubblica amministrazione e per la semplificazione amministrativa*

Legge 15 maggio 1997, n. 127 (in suppl. ordinario alla Gazz. Uff., 17 maggio 1997, n. 113) – *Misure urgenti per lo snellimento dell'attività amministrativa e dei procedimenti di decisione e di controllo*

Decreto del Presidente della Repubblica 10 dicembre 1997, n. 483 (in suppl. ordinario alla Gazz. Uff., 17 gennaio 1997, n. 13) – *Regolamento recante la disciplina concorsuale per il personale dirigenziale del Servizio Sanitario Nazionale*

Decreto del Presidente della Repubblica 10 dicembre 1997, n. 484 (in suppl. ordinario alla Gazz. Uff., 17 gennaio 1997, n. 13) – *Regolamento recante la determinazione dei requisiti per l'accesso alla direzione sanitaria aziendale e dei requisiti e dei criteri per l'accesso al secondo livello dirigenziale per il personale del ruolo sanitario del Servizio sanitario nazionale*

Decreto legislativo 15 dicembre 1997, n. 446 (in suppl. ordinario alla Gazz. Uff., 23 dicembre 1997, n. 298) – *Istituzione dell'imposta regionale sulle attività produttive, revisione degli scaglioni, delle aliquote e delle detrazioni dell'Irpef e istituzione di una addizionale regionale a tale imposta, nonché riordino della disciplina dei tributi locali (IRAP)*

Legge 27 dicembre 1997, n. 449 (in suppl. ordinario alla Gazz. Uff., 30 dicembre 1997, n. 302) – *Misure per la stabilizzazione della finanza pubblica* (finanziaria 1998)

Convenzione di Oviedo del 1997 – *Convenzione per la protezione dei diritti dell'uomo e della dignità dell'essere umano nei confronti dell'applicazioni della biologia e della medicina: Convenzione sui diritti dell'uomo e la biomedicina*

Contratto Collettivo Nazionale di Lavoro quadriennio 1998-2001 dell'area della dirigenza sanitaria professionale tecnica ed amministrativa del Servizio Sanitario Nazionale parte normativa quadriennio 1998-2001 e parte economica biennio 1998-1999

Legge 30 novembre 1998, n. 419 (in Gazz. Uff., 7 dicembre 1998, n. 286) – *Delega al Governo per la razionalizzazione del Servizio Sanitario Nazionale e per l'adozione di un testo unico in materia di organizzazione e funzionamento del Servizio Sanitario Nazionale. Modifiche al decreto legislativo 30 dicembre 1992, n. 502*

Decreto legislativo 31 marzo 1998, n. 80 (in suppl. ordinario alla Gazz. Uff., 8 aprile1998, n. 82) – *Nuove disposizioni in materia di organizzazione e di rapporti di lavoro nelle amministrazioni pubbliche, di giurisdizione nelle controversie di lavoro e di giurisdizione amministrativa, emanate in attuazione dell'articolo 11, comma 4, della l. 15 marzo 1997, n. 59*

Legge 16 giugno 1998, n. 191 (in suppl. ordinario alla Gazz. Uff., 20 giugno 1998, n. 142) – *Modifiche e integrazioni alle leggi 15 marzo 1997, n. 59, e 15 maggio 1997, n. 127, nonché norme in materia di formazione del personale dipendente e di lavoro a distanza nelle pubbliche amministrazioni*

Piano Sanitario Nazionale 1998-2000 approvato con decreto del Presidente della Repubblica del 23 luglio 1998 (in Gazz. Uff., 10 dicembre 1998, n. 288)

Legge 13 maggio 1999, n. 133 (in suppl. ordinario alla Gazz. Uff., 17 maggio 1999, n. 113) – *Disposizioni in materia di perequazione, razionalizzazione e federalismo fiscale*

Decreto legislativo 19 giugno 1999, n. 229 (in suppl. ordinario alla Gazz. Uff., 16 luglio 1999, n. 165) – *Norme per la razionalizzazione del Servizio Sanitario Nazionale, a norma dell'articolo 1 della legge 30 novembre 1998, n. 419*

Decreto legislativo 23 luglio 1999, n. 296 (in Gazz. Uff., 26 agosto1999, n. 200) – *Istituzione dell'Istituto nazionale di astrofisica - INAF, a norma dell'art. 11 della legge 15 marzo 1997, n. 59*

Legge 23 dicembre 1999, n. 488 (in suppl. ordinario n. 227/L alla Gazz. Uff., 27 dicembre 1999, n. 302) – *Disposizioni per la formazione del bilancio annuale e pluriennale dello Stato* (legge finanziaria 2000)

Decreto legislativo 18 febbraio 2000, n. 56 (in Gazz. Uff., 15 marzo 2000, n. 62) – *Disposizioni in materia di federalismo fiscale, a norma dell'art. 10 della legge 13 maggio 1999, n. 133*

Legge 10 agosto 2000, n. 251 (in Gazz. Uff., 6 settembre 2000, n. 208) – *Disciplina delle professioni sanitarie infermieristiche, tecniche, della riabilitazione, della prevenzione nonché della professione ostetrica*

Decreto ministeriale 27 ottobre 2000, n. 380 (in Gazz. Uff., 19 dicembre 2000, n. 283) – *Regolamento recante norme concernenti l'aggiornamento della disciplina del flusso informativo sui dimessi dagli istituti di ricovero pubblici e privati*

Legge 8 novembre 2000, n. 328 (in suppl. ordinario alla Gazz. Uff., 13 novembre 2000, n. 265) – *Legge quadro per la realizzazione del sistema integrato di interventi e servizi sociali*

Carta dei diritti fondamentali dell'Unione europea del 7 dicembre 2000 (2000/C 364/01) (in Gazzetta Ufficiale delle Comunità europee C 364/1 del 18 dicembre 2000)

Legge 23 dicembre 2000, n. 388 (in suppl. ordinario alla Gazz. Uff., 29 dicembre 2000, n. 302) – *Disposizioni per la formazione del bilancio annuale e pluriennale dello Stato* (legge finanziaria 2001)

Decreto del Presidente del Consiglio dei Ministri 14 febbraio 2001 (in Gazz. Uff., 6 giugno 2001, n. 129) – *Atto di indirizzo e coordinamento in materia di prestazioni socio-sanitarie*

Decreto legge 19 febbraio 2001, n. 17 (in Gazz. Uff., 20 febbraio 2001, n. 42) – Decreto convertito, con modificazioni, in l. 28 marzo 2001, n. 129 (in Gazz. Uff., 19 aprile 2001, n. 91) – *Interventi per il ripiano dei disavanzi del Servizio Sanitario Nazionale al 31 dicembre 1999, nonché per garantire la funzionalità dell'Agenzia per i servizi sanitari regionali*

Decreto del Presidente della Repubblica 27 marzo 2001, n. 220 (in suppl. ordinario alla Gazz. Uff., 12 giugno 2001, n. 134) – *Regolamento recante disciplina concorsuale del personale non dirigenziale del Servizio Sanitario Nazionale*

Decreto legislativo 30 marzo 2001, n. 165 (in suppl. ordinario alla Gazz. Uff., 9 maggio 2001, n. 106) – *Norme generali sull'ordinamento del lavoro alle dipendenze delle amministrazioni pubbliche* (T.U. pubblico impiego)

Direttiva 2001/20/CE del Parlamento europeo e del Consiglio, del 4 aprile 2001, *concernente il ravvicinamento delle disposizioni legislative, regolamentari ed amministrative degli Stati membri relative all'applicazione della buona pratica clinica nell'esecuzione della sperimentazione clinica di medicinali ad uso umano*

Legge 3 agosto 2001, n. 317 (in Gazz. Uff., 6 agosto 2001, n. 181) – *Conversione in legge, con modificazioni, del decreto-legge 12 giugno 2001, n. 217, recante modificazioni al decreto legislativo 30 luglio 1999, n. 300, nonché alla legge 23 agosto 1988, n. 400, in materia di organizzazione del Governo (istituzione del Ministero della salute)*

Accordo della Conferenza Permanente per i rapporti tra lo Stato, le regioni e le Province autonome di Trento e Bolzano 8 agosto 2001 (in Gazz. Uff., 6 settembre 2001, n. 207) – *Accordo tra Governo, regioni e le Province autonome di Trento e Bolzano recante integrazioni e modifiche agli accordi sanciti il 3 agosto 2000 (repertorio atti 1004) e il 22 marzo 2001 (repertorio atti 1210) in materia sanitaria*

Decreto legge 18 settembre 2001, n. 347 (in Gazz. Uff., 19 settembre 2001, n. 218) – Decreto convertito, con modificazioni, in legge 16 novembre 2001, n. 405 (in Gazz. Uff., 17 novembre, n. 268) – *Interventi urgenti in materia di spesa sanitaria*

Legge costituzionale 18 ottobre 2001, n. 3 (in Gazz. Uff., 24 ottobre 2001, n. 248) – *Modifiche al titolo V della parte seconda della Costituzione*

Decreto del Presidente del Consiglio dei Ministri 29 novembre 2001 (in suppl. ordinario n. 26 alla Gazz. Uff., 8 febbraio 2001, n. 33) – *Definizione dei livelli essenziali di assistenza*

Decreto del Presidente della Repubblica 23 maggio 2003 (in suppl. ordinario n. 95 alla Gazz. Uff., 18 giugno 2003, n. 139) – *Approvazione del Piano sanitario nazionale 2003-2005*

Decreto legislativo 30 giugno 2003, n. 196 (in suppl. ordinario alla Gazz. Uff., 29 luglio 2003, n. 174) – *Codice in materia di protezione dei dati personali*

Decreto legislativo 16 ottobre 2003, n. 288 (in Gazz. Uff., 27 ottobre 2003, n. 250) – *Riordino della disciplina degli Istituti di ricovero e cura a carattere scientifico, a norma dell'articolo 42, comma 1, della legge 16 gennaio 2003, n. 3*

Legge 9 gennaio 2004, n. 6 (in Gazz. Uff., 19 gennaio 2004, n. 14) – *Introduzione nel libro primo, titolo XII, del codice civile del capo I, relativo all'istituzione dell'amministrazione di sostegno e modifica degli articoli 388, 414, 417, 418, 424, 426, 427 e*

429 del codice civile in materia di interdizioni e di inabilitazione, nonché relative norme di attuazione, di coordinamento e finali

Decreto del Presidente della Repubblica 24 settembre 2004, n. 272 (in Gazz. Uff., 13 novembre 2004, n. 267) – *Regolamento di disciplina in materia di accesso alla qualifica di dirigente, ai sensi dell'articolo 28, comma 5, del decreto legislativo 30 marzo 2001, n. 165*

Decreto del Ministero della salute del 17 dicembre 2004 (in Gazz. Uff., 22 febbraio 2004, n. 43) – *Prescrizioni e condizioni di carattere generale, relative all'esecuzione delle sperimentazioni cliniche dei medicinali, con particolare riferimento a quelle ai fini del miglioramento della pratica clinica, quale parte integrante dell'assistenza sanitaria*

Legge 30 dicembre 2004, n. 311 (in suppl. ordinario alla Gazz. Uff., 31 dicembre 2004, n. 306) – *Disposizioni per la formazione del bilancio annuale e pluriennale dello Stato* (finanziaria 2005)

Direttiva 2005/28/CE della Commissione, dell'8 aprile 2005, *che stabilisce i principi e le linee guida dettagliate per la buona pratica clinica relativa ai medicinali in fase di sperimentazione a uso umano nonché i requisiti per l'autorizzazione alla fabbricazione o importazione di tali medicinali*

Contratto Collettivo Nazionale di Lavoro del personale della dirigenza medico – veterinaria del Servizio Sanitario Nazionale quadriennio normativo 2006-2009 e biennio economico 2006-2007

Contratto Collettivo Nazionale di Lavoro del personale della dirigenza sanitaria, professionale, tecnica ed amministrativa del Servizio Sanitario Nazionale quadriennio normativo 2006-2009 e biennio economico 2006-2007

Decreto del Ministro della salute 21 novembre 2005 (in Gazz. Uff., 5 dicembre 2005, n. 283) – *Affiornamento dei sistemi di classificazione adottati per la codifica delle informazioni clilniche contenute nella scheda di dimissione ospedaliera, e per la renumerazione delle prestazioni ospedaliere*

Decreto del Presidente della Repubblica 7 aprile 2006 (in suppl. ordinario alla Gazz. Uff., 17 giugno 2006, n. 139) – *Approvazione del "Piano sanitario nazionale" 2006-2008*

Decreto del Ministero della salute 12 maggio 2006 (in Gazz. Uff., 22 agosto 2006, n. 194) – *Requisiti minimi per l'istituzione, l'organizzazione e il funzionamento dei Comitati etici per le sperimentazioni cliniche dei medicinali*

Legge 27 dicembre 2006, n. 296 (in suppl. ordinario alla Gazz. Uff., 27 dicembre 2006, n. 299) – *Disposizioni per la formazione del bilancio annuale e pluriennale dello Stato* (Finanziaria 2007)

Intesa, ai sensi dell'articolo 8, comma 6, della legge 5 giugno 2003, n. 131, tra il Governo, le regioni e le Province autonome di Trento e di Bolzano concernente un nuovo *Patto sulla salute per gli anni 2007-2009* (G.U. serie generale, n. 256 del 3 novembre 2006)

Legge 24 dicembre 2007, n. 244 (in suppl. ordinario n. 285 alla Gazz. Uff., 28 dicembre 2007, n. 300) – *Disposizioni per la formazione del bilancio annuale e pluriennale dello Stato* (Finanziaria 2008)

Trattato di Lisbona *che modifica il trattato sull'Unione europea e il trattato che istituisce la Comunità europea*, firmato a Lisbona il 13 dicembre 2007 ratificato con legge 2 agosto 2008, n. 130 (in suppl. ordinario alla Gazz. Uff., 8 agosto 2008, n. 188)

Decreto del Presidente del Consiglio dei Ministri 25 gennaio 2008 (in Gazz. Uff., 26 febbraio 2008, n. 48) – *Recepimento dell'accordo 15 novembre 2007, tra il Governo, le regioni e le Province autonome di Trento e Bolzano, concernente la disciplina per l'accesso alla qualifica unica di dirigente delle professioni sanitarie infermieristiche, tecniche, della riabilitazione, della prevenzione e della professione di ostetrica*

Decreto legge 25 giugno 2008, n. 112 (in suppl. ordinario alla Gazz. Uff., 25 giugno 2008, n. 147) – Decreto convertito, con modificazioni, in legge 6 agosto 2008, n. 133 – *Disposizioni urgenti per lo sviluppo economico, la semplificazione, la competitività, la stabilizzazione della finanza pubblica e la perequazione Tributaria* (finanziaria triennale)

Legge 6 agosto 2008, n. 133 (in suppl. ordinario alla Gazz. Uff., 21 agosto 2008, n. 195) – *Conversione in legge, con modificazioni, del decreto-legge 25 giugno 2008, n. 112, recante disposizioni urgenti per lo sviluppo economico, la semplificazione, la competitività, la stabilizzazione della finanza pubblica e la perequazione tributaria*

Legge 4 marzo 2009, n. 15 (in Gazz. Uff., 5 marzo 2009, n. 53) – *Delega al Governo finalizzata all'ottimizzazione della produttività del lavoro pubblico e alla efficienza e trasparenza delle pubbliche amministrazioni nonché disposizioni integrative delle funzioni attribuite al Consiglio nazionale dell'economia e del lavoro e alla Corte dei conti*

Legge 5 maggio 2009, n. 42 (in Gazz. Uff., 6 maggio 2009, n. 103) – *Delega al Governo in materia di federalismo fiscale, in attuazione dell'articolo 119 della Costituzione*

Legge 18 giugno 2009, n. 69 (in suppl. ordinario n. 95 alla Gazz. Uff., 19 giugno 2009, n. 140) – *Disposizioni per lo sviluppo economico, la semplificazione, la competitività nonché in materia di processo civile* (farmacie dei servizi)

Decreto legislativo 3 ottobre 2009, n. 153 (in Gazz. Uff., 4 novembre 2009, n. 257) – *Individuazione di nuovi servizi erogati dalle farmacie nell'ambito del Servizio Sanitario Nazionale, nonché disposizioni in materia di indennità di residenza per i titolari di farmacie rurali, a norma dell'articolo 11 della legge 18 giugno 2009, n. 69*

Decreto legislativo 27 ottobre 2009, n. 150 (in suppl. ordinario alla Gazz. Uff., 31 ottobre 2009, n. 254) – *Attuazione della legge 4 marzo 2009, n. 15, in materia di ottimizzazione della produttività del lavoro pubblico e di efficienza e trasparenza delle pubbliche amministrazioni*

Intesa, ai sensi dell'articolo 8, comma 6, della legge 5 giugno 2003, n. 131, tra il Governo, le regioni e le Province autonome di Trento e di Bolzano concernente il nuovo *Patto per la salute per gli anni 2010-2012* (in Gazz. Uff. serie generale, n. 3 del 5 gennaio 2010)

Legge 15 marzo 2010, n. 38 (in Gazz. Uff., 19 marzo 2010, n. 65) – *Disposizioni per garantire l'accesso alle cure palliative e alla terapia del dolore*

Legge 13 agosto 2010, n. 136 (in Gazz. Uff., 23 agosto 2010, n. 196) – *Piano straordinario contro le mafie, nonché delega al Governo in materia di normativa antimafia*

Direttiva 2011/24/UE del Parlamento europeo e del Consiglio, del 9 marzo 2011, *concernente l'applicazione dei diritti dei pazienti relativi all'assistenza sanitaria transfrontaliera*

Decreto legislativo 6 maggio 2011, n. 68 (in Gazz. Uff., 12 maggio 2011, n. 109) – *Disposizioni in materia di autonomia di entrata delle regioni a statuto ordinario e delle province, nonché di determinazione dei costi e dei fabbisogni standard nel settore sanitario*

Decreto legislativo 23 giugno 2011, n. 118 (in Gazz. Uff., 26 luglio 2011, n. 172) – *Disposizioni in materia di armonizzazione dei sistemi contabili e degli schemi di bilancio delle regioni, degli enti locali e dei loro organismi*

Decreto legislativo 30 giugno 2011, n. 123 (in Gazz. Uff., 3 agosto 2011, n. 179) – *Riforma dei controlli di regolarità amministrativa e contabile e potenziamento dell'attività di analisi e valutazione della spesa, a norma dell'articolo 49 della legge 31 dicembre 2009, n. 196*

Decreto legge 13 settembre 2012, n. 158 (in Gazz. Uff., 13 settembre 2012, n. 214) – *Decreto convertito, con modificazioni, in legge 8 novembre 2012, n. 189 – Disposizioni urgenti per promuovere lo sviluppo del Paese mediante un più alto livello di tutela della salute* (Decreto Balduzzi)

Decreto legge 18 ottobre 2012, n. 179 (in suppl. ordinario alla Gazz. Uff., 19 ottobre 2012, n. 245) – *Decreto convertito, con modificazioni, in legge 17 dicembre 2012, n. 221 – Ulteriori misure urgenti per la crescita del Paese* (decreto Sviluppo *Bis*)

Legge 6 novembre 2012, n. 190 (in Gazz. Uff., 13 novembre 2012, n. 265) – *Disposizioni per la prevenzione e la repressione della corruzione e dell'illegalità nella pubblica amministrazione*

Intesa, ai sensi dell'articolo 8, comma 6, della legge 5 giugno 2003, n. 131, tra il Governo, le regioni e le Province autonome di Trento e di Bolzano concernente un nuovo *Patto sulla salute per gli anni 2014-2016*

Decreto legislativo 14 marzo 2013, n. 33 (in Gazz. Uff., 5 aprile 2013, n. 80) – *Riordino della disciplina riguardante il diritto di accesso civico e gli obblighi di pubblicità, trasparenza e diffusione di informazioni da parte delle pubbliche amministrazioni*

Decreto del Presidente della Repubblica 16 aprile 2013, n. 62 (in Gazz. Uff., 4 giugno 2013, n. 129) – *Regolamento recante codice di comportamento dei dipendenti pubblici, a norma dell'articolo 54 del decreto legislativo 30 marzo 2001, n. 165*

Decreto del Presidente della Repubblica 16 aprile 2013, n. 70 (in Gazz. Uff., 24 giugno 2013, n. 146) – *Regolamento recante riordino del sistema di reclutamento e formazione dei dipendenti pubblici e delle Scuole pubbliche di formazione, a norma dell'articolo 11 del decreto-legge 6 luglio 2012, n. 95, convertito, con modificazioni, dalla legge 7 agosto 2012, n. 135*

Legge 30 ottobre 2013, n. 125 (in Gazz. Uff., 30 ottobre 2013, n. 255) – *Conversione in legge, con modificazioni, del decreto-legge 31 agosto 2013, n. 101, recante disposizioni urgenti per il perseguimento di obiettivi di razionalizzazione nelle pubbliche amministrazioni*

Regolamento (UE) n. 536/2014 del Parlamento europeo e del Consiglio, del 16 aprile 2014, *sulla sperimentazione clinica di medicinali per uso umano e che abroga la direttiva 2001/20/CE*

Legge 11 agosto 2014, n. 114 (in suppl. ordinario alla Gazz. Uff., 18 agosto 2014, n. 190) – *Conversione in legge, con modificazioni, del decreto-legge 24 giugno 2014, n. 90, recante misure urgenti per la semplificazione e la trasparenza amministrativa e per l'efficienza degli uffici giudiziari*

Piano nazionale della prevenzione 2014-2018 approvato in sede di Conferenza Stato-regioni del 13 novembre 2014

Legge 23 dicembre 2014, n. 190 (in suppl. ordinario alla Gazz. Uff., 29 dicembre 2014, n. 300) – *Disposizioni per la formazione del bilancio annuale e pluriennale dello Stato*

Decreto del Ministero della salute 2 aprile 2015, n. 70 (in Gazz. Uff., 4 giugno 2015, n. 127) – *Regolamento recante definizione degli standard qualitativi, strutturali, tecnologici e quantitativi relativi all'assistenza ospedaliera*

Legge 27 maggio 2015, n. 69 (in Gazz. Uff., 30 maggio 2015, n. 124) – *Disposizioni in materia di delitti contro la P.A. di associazioni mafiose e di falso in bilancio*

Decreto legislativo 15 giugno 2015, n. 81 (in suppl. ordinario alla Gazz. Uff., 24 giugno 2015, n. 144) – *Disciplina organica dei contratti di lavoro e revisione della normativa in tema di mansioni, a norma dell'articolo 1, comma 7, della legge 10 dicembre 2014, n. 183*

Legge 7 agosto 2015, n. 124 (in Gazz. Uff., 13 agosto 2015, n. 187) – *Deleghe al Governo in materia di riorganizzazione delle amministrazioni pubbliche*

Decreto del Presidente del Consiglio dei Ministri 24 dicembre 2015 (in Gazz. Uff., 9 febbraio 2016, n. 32) – *Individuazione delle categorie merceologiche ai sensi dell'articolo 9, comma 3 del decreto-legge 24 aprile 2014, n. 66, convertito, con modificazioni, dalla legge 23 giugno 2014, n. 89, unitamente all'elenco concernente gli oneri informativi*

Programma Nazionale per la Ricerca 2015-2020 (in Gazz. Uff., 6 agosto 2016, n. 183)

Decreto legislativo 18 aprile 2016, n. 50 (in suppl. ordinario alla Gazz. Uff., 19 aprile 2016, n. 91) – *Codice dei contratti pubblici* (Codice degli appalti)

Regolamento (UE) 2016/679 del Parlamento europeo e del Consiglio, del 27 aprile 2016, *relativo alla protezione delle persone fisiche con riguardo al trattamento dei dati personali, nonché alla libera circolazione di tali dati e che abroga la direttiva 95/46/CE – regolamento generale sulla protezione dei dati* (GDPR)

Decreto legislativo 25 maggio 2016, n. 97 (in Gazz. Uff., 8 giugno 2016, n. 132) – *Revisione e semplificazione delle disposizioni in materia di prevenzione della corruzione, pubblicità e trasparenza, correttivo della legge 6 novembre 2012, n. 190 e del decreto legislativo 14 marzo 2013, n. 33, ai sensi dell'articolo 7 della legge 7 agosto 2015, n. 124, in materia di riorganizzazione delle amministrazioni pubbliche*

Decreto legge 24 giugno 2016, n. 113 (in Gazz. Uff., 24 giugno 2016, n. 146) – *Decreto convertito, con modificazioni, dalla legge 7 agosto 2016, n. 160 – Misure finanziarie urgenti per gli enti territoriali e il territorio*

Decreto legislativo 4 agosto 2016, n. 171 (in Gazz. Uff., 3 settembre 2016, n. 206) – *attuazione della delega di cui all'articolo 11, comma 1, lettera p), della legge 7 agosto 2015, n. 124, in materia di dirigenza sanitaria* come successivamente modificato dal decreto legislativo 26 luglio 2017, n. 126 (in Gazz. Uff., 18 agosto 2017, n. 192) – *Disposizioni integrative e correttive al decreto legislativo 4 agosto 2016, n. 171, di attuazione della delega di cui all'articolo 11, comma 1, lettera p), della legge 7 agosto 2015, n. 124, in materia di dirigenza sanitaria*

Piano nazionale della cronicità 2016 – Accordo tra lo Stato, le regioni e le Province autonome di Trento e di Bolzano del 15 settembre 2016

Decreto del Ministero della salute 7 dicembre 2016, n. 262 (in Gazz. Uff., 8 febbraio 2017, n. 32) – *Regolamento recante procedure per l'interconnessione a livello nazionale dei sistemi informativi su base individuale del Servizio Sanitario Nazionale, anche quando gestiti da diverse amministrazioni dello Stato*

Decreto del Presidente del Consiglio dei Ministri 12 gennaio 2017 (in suppl. ordinario alla Gazz. Uff., 18 marzo 2017, n. 65) – *Definizione e aggiornamento dei livelli essenziali di assistenza, di cui all'articolo 1, comma 7, del decreto legislativo 30 dicembre 1992, n. 502*

Legge 8 marzo 2017, n. 24 (in Gazz. Uff., 17 marzo 2017, n. 64) – *Disposizioni in materia di sicurezza delle cure e della persona assistita, nonché in materia di responsabilità professionale degli esercenti le professioni sanitarie* (Legge Gelli-Bianco)

Decreto legislativo 19 aprile 2017, n. 56 (in suppl. ordinario alla Gazz. Uff., 5 maggio 2017, n. 103) – *Disposizioni integrative e correttive al decreto legislativo 18 aprile 2016, n. 50*

Decreto legislativo 25 maggio 2017, n. 74 (in Gazz. Uff., 7 giugno 2017, n. 130) – *Modifiche al decreto legislativo 27 ottobre 2009, n. 150, in attuazione dell'articolo 17, comma 1, lettera r), della legge 7 agosto 2015, n. 124*

Decreto legislativo 25 maggio 2017, n. 75 (in Gazz. Uff., 7 giugno 2017, n. 130) – *Modifiche e integrazioni al decreto legislativo 30 marzo 2001, n. 165, ai sensi degli articoli 16, commi 1, lettera a), e 2, lettere b), c), d) ed e) e 17, comma 1, lettere a), c), e), f), g), h), l) m), n), o), q), r), s) e z), della legge 7 agosto 2015, n. 124, in materia di riorganizzazione delle amministrazioni pubbliche*

Decreto legge 7 giugno 2017, n. 73 (in Gazz. Uff., 7 giugno 2017, n. 130) – *Decreto convertito, con modificazioni, dalla legge 31 luglio 2017, n. 119 – Disposizioni urgenti in materia di prevenzione vaccinale, di malattie infettive e di controversie relative alla somministrazione di farmaci*

Decreto legislativo 3 luglio 2017, n. 112 (in Gazz. Uff., 19 luglio 2017, n. 167) – *Revisione della disciplina in materia di impresa sociale, a norma dell'articolo 1, comma 2, lettera c) della legge 6 giugno 2016, n. 106*

Decreto legislativo 3 luglio 2017, n. 117 (in suppl. ordinario alla Gazz. Uff., 2 agosto 2017, n. 179) – *Codice del Terzo settore, a norma dell'articolo 1, comma 2, lettera b), della legge 6 giugno 2016, n. 106.*

Legge 22 dicembre 2017, n. 219 (in Gazz. Uff., 16 gennaio 2018, n. 12) – *Norme in materia di consenso informato e di disposizioni anticipate di trattamento* (Biotestamento)

Direttiva 24 aprile 2018, n. 3 – Ministero per la semplificazione e la pubblica amministrazione recante *Linee guida sulle procedure concorsuali emanate ai sensi dell'art. 35, comma 5.2 d.lgs. 165/2001* (in Gazz. Uff., 12 giugno 2018, n. 134)

Decreto del Ministro per la semplificazione e la pubblica amministrazione 8 maggio 2018 (in Gazz. Uff., 27 luglio 2018, n. 173) – *Linee di indirizzo per la predisposizione dei piani dei fabbisogni di personale da parte delle P.A.*

Decreto legislativo 18 maggio 2018, n. 54 (in Gazz. Uff., 26 maggio 2018, n. 121) – *Disposizioni per disciplinare il regime delle incompatibilità degli amministratori giudiziari, dei loro coadiutori, dei curatori fallimentari e degli altri organi delle procedure concorsuali, in attuazione dell'articolo 33, commi 2 e 3, della legge 17 ottobre 2017, n. 161*

Decreto legislativo 10 agosto 2018, n. 101 (in Gazz. Uff., 4 settembre 2018, n. 205) – *Disposizioni per l'adeguamento della normativa nazionale alle disposizioni del regolamento (UE) 2016/679 del Parlamento europeo e del Consiglio, del 27 aprile 2016, relativo alla protezione delle persone fisiche con riguardo al trattamento dei dati personali, nonché alla libera circolazione di tali dati e che abroga la direttiva 95/46/CE* (regolamento generale sulla protezione dei dati)

Legge 30 dicembre 2018, n. 145 (in suppl. ordinario alla Gazz. Uff., 31 dicembre 2018, n. 302) – *Bilancio di previsione dello Stato per l'anno finanziario 2019 e bilancio pluriennale per il triennio 2019-2021*

Gli autori

Fosco Foglietta, una vita nel Sistema sanitario italiano: direttore amministrativo nella ASL di Cesena, poi dal 1998 al 2010 Direttore generale nelle ASL di Bologna Sud e Ferrara. Vice presidente FIASO (Federazione italiana delle aziende sanitarie ed ospedaliere) nel secondo quinquennio degli anni 2000. Dal 2011 al 2017, presidente del Consiglio di amministrazione CUP 2000 s.p.a. (sanità elettronica dell'Emilia-Romagna). Docente a contratto di varie università e di organismi di formazione internazionali. Autore di numerose pubblicazioni (7 volumi e centinaia di articoli in riviste specializzate).

Mattia Altini, Direttore sanitario della Azienda IRST-IRCCS oncologico di Meldola.

Stefano Carlini, Direttore amministrativo dell'Azienda USL di Ferrara dal 2015 ove precedentemente aveva ricoperto l'incarico di Direttore dei servizi economico-finanziari e del controllo di gestione. Lavora in sanità dal 1992. Ha conseguito il master di specializzazione in Amministrazione Sanitaria presso l'Università L. Bocconi di Milano.

Luca Dimasi, assegnista di ricerca e docente a contratto di Diritto dei Servizi Sociali nell'Università di Bologna. Specializzato in Diritto Sanitario, è autore di numerose pubblicazioni e svolge la propria attività di ricerca sulle tematiche legate alla tutela della salute, ai diritti umani e al biodiritto. Esercita la professione di avvocato nel Foro di Forlì-Cesena, occupandosi prevalentemente di controversie in materia di Diritto Sanitario e Amministrativo. Ha partecipato, in qualità di relatore, a diversi convegni e seminari inerenti al diritto alla salute e alla responsabilità medica.

Alberto Fabbri, Dirigente responsabile Modulo operativo affari istituzionali e di segreteria della ASL di Ferrara.

Andrea Ferroci, Direttore del servizio economato e gestione contratti delle Aziende ASL di Ferrara e Ospedaliera Sant'Anna.

Diego Lorenzetti, laureato in giurisprudenza presso l'Alma Mater Studiorum Università di Bologna, ha conseguito il Master in Diritto Sanitario presso la Scuola di specializzazione in Studi sull'Amministrazione Pubblica. Cultore della materia in Diritto Pubblico, collabora con la cattedra di Diritto Costituzionale e Sanitario della Facoltà di Giurisprudenza, titolare il Ch.mo Prof. Carlo Bottari. È avvocato del Foro di Bologna, ove esercita la libera professione all'interno dello Studio legale Boccioletti e Pescerelli, specializzato in diritto amministrativo e sanitario.

Elena Prati, medico di direzione sanitaria della Azienda IRST-IRCCS di Meldola.